民法典
侵权责任编释论

条文缕析、法条关联与案例评议

孟 强◎著

中国法制出版社
CHINA LEGAL PUBLISHING HOUSE

前　言

一

2020 年 5 月 28 日下午，《中华人民共和国民法典》终于正式高票通过了，几代民法人的夙愿总算得偿！

《中华人民共和国民法典》是新中国成立以来第一部以“法典”命名的法律，是新时代我国社会主义法治建设的重大成果。我国属于成文法国家，也是大陆法系国家，而大陆法系的标志就是民法典。新中国成立后曾四次编撰民法典，但均未成功。这次民法典能够成功顺利编纂，说明我国社会主义市场经济已经进入成熟发展的时期，社会、政治、经济、文化均非常稳定，所以具备制定民法典的社会背景。同时，我国经过改革开放四十年的探索，已经结束了摸着石头过河的探索阶段，对于社会主义市场经济的基本规律已经有了较为深入的了解，可以对人身权的保护、财产权的运行等基本制度做出较为长远的规划。

此外，经过改革开放四十多年分散式立法、成熟一部制定一部的立法模式，我国民事领域的法律、法规和司法解释已经具有了相当的体量，显得零散，其相互之间存在一定的重复或冲突，需要对之进行体系化整理。这些都是民法典颁布的时代背景。在党中央的高度重视下，编纂民法典写入党的十八届四中全会决议中，立法机关制定了分两步走的明确时间表，在法学界、司法界、社会各界的共同努力下，经过五年多的努力，民法典终于问世。

关于民法典的时代意义，2020 年 5 月 29 日下午，中共中央政治局就“切实实施民法典”举行第二十次集体学习，中共中央总书记习近平对于我国编纂民法典的意义进行了高屋建瓴、深远透彻的归纳：“民法典在中国特色社会主义法律体系中具有重要地位，是一部固根本、稳预期、利长远的基础性法律，对推进全面依法治国、加快建设社会主义法治国家，对发展社会主义市场经济、巩固社会主义基本经济制度，对坚持以人民为中心的发展思想、依法维护人民权益、推动我国人权事业发展，对推进国家治理体系和治理能力现代化，都具有重大意义。”

二

民法典是关于平等主体之间人身关系和财产关系的基本法律规范，具有高位阶性、权威性、稳定性、体系性、科学性、全面性等特征。民法典一旦颁行，必将对一个国家的政治、经济、文化和社会生活的方方面面，产生极为深远的影响，甚至能够从长远的角度塑造国家和民族的精神气质！

从功能上讲，民法典具有如下功能：

一是作为权利保障法，全面确认并保护民事主体的人身权益和财产权益，回应网络信息科技时代对人的保护的需求，推动我国人权事业的发展。

二是作为市场交易法，确立市场交易的主体制度，树立市场交易的基本规则，通过物权和债权的具体制度实现财产的确权归属和有序流转，并通过侵权责任来实现对违法行为的制裁，使市场交易健康有序进行。

三是家庭关系塑造法，通过对婚姻家庭和继承制度的调整，强化并塑造具有中国特色的家庭关系，既强调家庭作为社会基本单位的重要性，又实现对妇女、儿童、老人的特殊保护。

四是民事纠纷解决法，民法典是民事法律的集大成者，具有内在的体系性，可以通过对具体制度和基本原则的解释而不断适应新的情况，具有旺盛而持久的生命力，民事纠纷的解决，必须主要依赖民法典，而相关法律法规、司法解释必须基于民法典适用的必要才能制定，形成一个以民法典为核心的规范群。

五是普法教育法，民法典是最接近百姓生活实际的法律，任何人的生老病死、衣食住行都离不开民法典的规则，通过民法典来进行普法教育，是最为适宜的普法形式，也最能够培育人们的权利意识和规则意识。

三

在我国民法典的七编中，最后一编是“侵权责任编”，这意味着我国民法典编纂的逻辑和主线，是从民事主体的权利确认开始，到各类人身及财产权利的运行，最后落脚到权利受到侵害之后的保护和救济。

“侵权责任编”是专门规定对各类人身权益和财产权益具体救济措施的一编，当民法典其他各编中规定的人身财产权益受到侵害之后，除了依据合同编的违约责任和物权编的部分物权请求权来进行救济之外，主要就得依靠“侵权责任编”来实现对权利的救济。一个法律条文，如果只规定民事主体享有何种权利，但却不规定此种权利受到侵害之后如何救济，那么这个条文无疑只停留在权利的宣示上，虽然好看，但是很难落到实处。“无救济则无权利”，这是讲究实用的英美法所信奉的箴言。如果没有侵权责任，那么规定再多的民事权利也形同虚设。

“侵权责任编”是关于侵权责任的集中规定，在民法典中独立成编，其地位得到彰显。可以说，“侵权责任编”是《民法典》的牙齿，是司法机关裁判民事案件的重要依据，《民法典》从纸面上的法转化为行动中的法的关键。

四

我国改革开放以后民事立法的发展历程中，可以看出侵权责任独立成编的种子其实早已埋下，经过多年蓄力，终于借助于《侵权责任法》的颁行而长出地面，并在《民法典》中成为枝繁叶茂的大树。

我国1986年颁布的《民法通则》第六章“民事责任”中，共有四节内容，第一节是“一般规定”，第二节是“违反合同的民事责任”，而第三节是“侵权的民事责任”，共十七个条文，第四节是“承担民事责任的方式”，共一个条文。在这一部极简版的“民法典”中，侵权责任已经隐隐然与违约责任平分秋色，共担大任。

2002年全国人大常委会审议过的《中华人民共和国民法（草案）》虽然未能走到最后，但却奠定了今天民法典的大致框架。该《草案》第八编就名为“侵权责任法编”，包含了十个章节、六十八个条文，分别为：第一章“一般规定”、第二章“损害赔偿”、第三章“抗辩事由”、第四章“机动车肇事责任”、第五章“环境污染责任”、第六章“产品责任”、第七章“高度危险作业责任”、第八章“动物致人损害责任”、第九章“物件致人损害责任”和第十章“有关侵权责任主体的特殊规定”。这直接成为2009年《侵权责任法》的立法基础和样本。

《侵权责任法》加上附则共十二章、九十二个条文。分别为：第一章“一般规定”、第二章“责任构成和责任方式”、第三章“不承担责任和减轻责任的情形”、第四章“关于责任主体的特殊规定”、第五章“产品责任”、第六章“机动车交通事故责任”、第七章“医疗损害责任”、第八章“环境污染责任”、第九章“高度危险责任”、第十章“饲养动物损害责任”、第十一章“物件损害责任”和第十二章“附则”。由于《侵权责任法》在内容上也属于基本民事法律，虽然当时该法由全国人大常委会而非全国人大通过，但一般都认为该法将会作为现行重要民事法律而被吸收进未来民法典之中，并且作为独立一编。从《侵权责任法》实施效果来看，确实在很多民事侵权案件中都得到了适用，效果良好。

此后，在2014年党的十八届四中全会决定“编纂民法典”之后，侵权责任作为独立一编便未再引起多少争论。《民法典》在《侵权责任法》的基础上，做出了少量增加、较多修改、部分调整和少数删除的改动，形成了第七编“侵权责任”。该编共十章、九十五个条文，分别为：第一章“一般规定”、第二章“损害赔偿”、第三章“责任主体的特殊规定”、第四章“产品责任”、第五章“机动车交通事故责任”、第六章“医疗损害责任”、第七章“环境污染和生态破坏责任”、第八章“高度危险责任”、第九章“饲养动物损害责任”和第十章“建筑物和物件损害责任”。

五

对于侵权责任规定的条文数，从《民法通则》的十八个条文，到《中华人民共和国民法（草案）》的六十八个条文，到《侵权责任法》的九十二个条文，再到《民法典》侵权责任编的九十五个条文，数量在不断增加，终于达到成为民法典独立一编的条文数。如果侵权责任只有寥寥数条规定，或者仅有二三十条规定，是断然难以独立成编的。

这一发展过程其实也符合民法自身的发展规律。1804年《法国民法典》在第四编“非因约定而发生的债”的第二章“侵权行为与准侵权行为”和第四编（二）“有缺陷的产品引起的责任”中，以五个条文规定了侵权责任。1900年《德国民法典》的第二编“债之关系法”第八章“各种之债”中，第一节到第二十六节均是各类有名合同及无因管理和不当得利之债，仅在第二十七节规定了“侵权行为”，共二十九个条文。施行于1996年的《俄罗斯民法典》的第二部分中，第四编“债的种类”第五十九章规定了“因损害发生的债”，共三十八个条文。而2011年由德国学者克里斯蒂安·冯·巴尔领衔的欧洲民法典研究组起草的《欧洲示范民法典》第六卷即名为“侵权责任”，用了五十七个条文来规定侵权责任。

可见，随着时代的发展，有机会编纂民法典的国家，都会增加侵权责任的内容。这是因为随着社会的发展，大规模的工商业活动深入影响到人们生活的方方面面，人们所面临的风险无处不在，尤其是进入二十一世纪，更是网络化、信息化越加发达的时代，侵权的形态愈加复杂，损害赔偿的规则愈加繁杂。而与此同时，科技的发展又带来了人的进一步解放，人们权利意识高涨，需要保护各种各样、不断涌现的权益。在这样的时代背景下，丰富和完善侵权责任规范、强化对权利的救济，是一种必然的选择。我们的《民法典》顺应时代潮流，做出了正确的选择。相对于已经法典化了的国家，这也就使得我们的民法典独具特色，与众不同。如果法德等老牌法典化国家在二十一世纪能够重新选择，我想它们也一定会在其民法典中赋予侵权责任独立一编的地位。无他，侵权责任规范的数量已经足够庞大，而且能够形成体系，足以独立成编而已。

六

由于民法典的编纂是分两步走，先制定总则，再制定分则。前者于2017年形成《民法总则》的单独立法，后者则在2017年之后将现行的几部民事法律整合修改编纂，加上新增起草人格权编草案，由此形成分则各编的草案。

其中关于侵权责任编，其草案是在2009年《侵权责任法》的基础上进行修改而成，按照我国立法程序，立法草案由全国人大常委会法工委民法室形成相对成熟的草案之后，提交全国人大常委会进行审议，审议的过程需要经过三轮，逐步完善。全国人大常委会每一次审议的草案都会对社会公开，征求改进意见，所以一般就将全国人大常委会审议的草案称为一审稿二审稿、三审稿。由于民法典分两步走的特殊情况，在分则各编草案行成后，还与总则编的草案合并形成一部完整的民法典草案对外公开争取意见。当然，在最后全国人民代表大会正式召开时，还会对三审稿或者征求意见稿进行修改以形成最终公布的、正式的法律文本。在此对涉及侵权责任编的相关草案说明如下：

1.《一审稿》

书中的《一审稿》是指十三届全国人大常委会第五次会议首次审议的民法典各分编草案，其中《民法典各分编（草案）》（2018年8月27日委员长会议审议稿）的“侵权责任编”即为《一审稿》。

2.《二审稿》

书中的《二审稿》是指2018年12月23日十三届全国人大常委会第七次会议审议的《民法典侵权责任编（草案）》（二次审议稿），在民法典草案的第二次审议中，没有像第一次审议和第三次审议那样对民法典草案全文同时进行审议，而是分编进行的二次审议，其中，民法典合同编草案、侵权责任编草案则于2018年12月23日由十三届全国人大常委会第七次会议进行了审议；民法典物权编草案、人格权编草案则于2019年4月23日由十三届全国人大常委会第十次会议进行审议；民法典婚姻家庭编草案、民法典继承编草案则于2019年6月25日由十三届全国人大常委会第十一次会议进行了二次审议。

3.《三审稿》

2019年8月22日十三届全国人大常委会第十二次会议，《民法典侵权责任编（草案）》和《民法典人格权编（草案）》一起，由全国人大常委会进行第三次审议，此为民法典侵权责任编的《三审稿》。

4.《征求意见稿》

2019年12月23日，十三届全国人大常委会第十五次会议审议了“合体”而成的完整版民法典草案，并于2019年12月28日向全社会发布了《中华人民共和国民法典草案》以征求意见，此为本书中的民法典侵权责任编的《征求意见稿》。

七

侵权责任是民事主体实施侵害他人民事权益之后应当承担的不利法律后果。我国2009年颁布了《侵权责任法》，该法成为侵权法律关系的基础性法律，并奠定了侵权责任在民法典中独立成编的基础。该法自实施以来，在保护民事主体的合法权益、预防和制裁侵权行为方面发挥了重要作用，因此，本编是在《侵权责任法》的基础上，总结其实施以来的实践经验，针对侵权领域出现的一些新情况、回应人民群众的意见，并吸收和借鉴司法解释的有关规定，对该法进行必要的补充和修改完善而形成。本编作为《民法典》的第七编，共分为十章，条文有九十五条。

本编的主要内容有：

第一，关于侵权责任的一般规定。本编第一章规定了侵权责任的归责原则、多数人侵权的责任承担、侵权责任的减轻或者免除等一般规则。并在现行侵权责任法的基础上作了进一步的完善，新增加了“自甘风险”规则和“自助行为”制度，以及预防性的责任方式。

第二，关于损害赔偿的规定。本编第二章主要规定了侵害人身权益和财产权益的赔偿规则、精神损害赔偿规则等。同时，在现行侵权责任法的基础上，完善了精神损害赔偿制度，增加了知识产权侵权的惩罚性赔偿制度。

第三，关于责任主体的特殊规定。本编第三章规定了无民事行为能力人、限制民事行为能力人及其监护人的侵权责任，用人单位的侵权责任，网络侵权责任以及公共场所的安全保障义务等。同时，在现行侵权责任法的基础上，增加规定了委托监护和承揽关系中的侵权责任，并对网络侵权责任制度进行了细化完善。

第四，关于各种具体侵权责任。本编的其他各章属于典型侵权行为的类型化规定，以七章的形式分别对产品责任、机动车交通事故责任、医疗损害责任、环境污染和生态破坏责任、高度危险责任、饲养动物损害责任、建筑物和物件损害责任的相关规则作出了具体规定。

其中，在现行侵权责任法的基础上，一是在产品责任中完善了生产者、销售者召回缺陷产品的责任，增加规定了生产者、销售者应当负担召回中被侵权人因此支出的必要费用；二是在机动车交通事故责任中，明确了交通事故损害赔偿的顺序，增加规定了挂靠机动车交通事故的责任承担和无偿搭乘中的责任减轻事由；三是在医疗损害责任中进一步明确了医务人员的相关说明义务，加强了医疗机构及其医务人员对患者隐私和个人信息的保护；四是在环境污染和生态破坏责任中，增加规定了生态环境损害的惩罚性赔偿制度，并明确规定了生态环境损害的修复和赔偿规则；五是在高度危险责任中，完善了民用核设施及核材料致害的责任规则，并将高放射性、强腐蚀性、高致病性物品纳入高度危险物的范围；六是在饲养动物损害责任中，完善了动物饲养人或者管理人的免责事由的规定；七是在建筑物和物件损害责任中，完善了建筑物、构筑物或者其他设施倒塌、塌陷造成他人损害的责任，完善了高楼抛物坠物的责任主体与综合治理规则。

八

2019年5月25日，在武汉汤逊湖畔召开的“中国民法典物权编立法研讨会”上，我正巧与在司法部工作的袁雪石师兄相邻而坐。按照中央的立法分工，民法典编纂由全国人大法工委负责牵头，最高法、最高检、司法部、中国法学会和社科院五家单位协助，而袁师兄正好是司法部参与民法典编纂工作小组的主要成员，对于民法典的编纂工作十分了解。袁师兄邀请我参加中国法制出版社一套《民法典》释义的撰写工作，彼时民法典草案已经完成二审，很快就要三审，想到还有大半年的时间，我便答应了，并感谢了袁师兄的信任与美意。在秋季学期繁忙的教学工作中，并无暇动笔，我只能搜集资料做些准备。等到寒假总算得闲，却暴发新型冠状病毒引发的肺炎，春节待在北京，但却对湖北家乡整日忧心忡忡。后来疫情逐渐严重，学校控制办公楼的开放时间，每天只开放半天，周末一律锁门。在家有两个调皮又可爱的小朋友无休止地打扰，撰写书稿自然是不太现实的，所以工作时间较为有限。等到三月底疫情逐渐得控、局势开始明朗，学校办公楼正常开放，才可以整日加班加点撰稿，勉强按时完成。

虽然为本科生讲授过侵权责任法的课程，但系统解释一遍法律条文，对我来说也绝非易事，可以说又重新学习了一遍侵权法。在研习的过程中，我经常感叹民法的博大精深，任何制度如果深入挖掘，就似乎可以无止境地深入下去，就像挖矿一样，能够挖到地心中去。同时在研究侵权责任编的条文时，我也逐渐拉扯出了侵权责任法背后隐藏的一张由近百部单行法律、行政法规、部门规章、司法解释组成的大网，相对于这些规范性文件细密的网眼，侵权责任编的网眼简直巨大。所以我又不得不担心《民法典》颁行之后去法典化、解法典化时代的迅速来临——甚至早已来临。

感谢我指导的硕士研究生刘娅楠同学在撰写毕业论文的时期还费心帮我整理案例、核对民法典草案，感谢成珊同学帮我搜集整理立法观点，感谢杨恬同学、张晨同学、卓志旭同学帮我搜集案例。尤其是延续快一个学期的疫情期间，同学们不能返校，杨恬同学组织了七场在线读书会，让同学们不至于在居家学习期间丧失读书的动力和热情，实属不易。还要感谢中国法制出版社的刘晓霞编辑，没有她礼貌而频繁的催促，我可能也很难完成这部书稿。

侵权法历史悠久，内容复杂，书稿只是本人对于侵权责任编学习的一些初步心得，不妥之处，敬请各位读者不吝指教！

孟 强

2020 年 6 月 2 日

目　录*

* 带★号条文为实质修改条文或新增条文。

第一章　一般规定

本章概要

本章为侵权责任的一般规定，由于侵权责任编属于民法典第一部分，因此本章不再规定立法目的，而是规定了侵权责任编的调整范围。此外，本章还规定了侵权责任的归责原则，包括过错责任原则、无过错责任原则。本章还规定了侵权责任承担方式中预防性的责任形式，并对数人侵权中的共同侵权、教唆与帮助行为、共同危险行为、聚合因果关系和竞合因果关系的无意思联络数人侵权都作出了规定。本章还对免责事由作出了规定，如过失相抵、受害人故意、第三人过错、自甘风险、自助行为，还规定了免责事由的法律适用原则。

第一千一百六十四条　【侵权责任编的调整范围】[①]

本编调整因侵害民事权益产生的民事关系。

本条来源

《侵权责任法》第二条第一款规定："侵害民事权益，应当依照本法承担侵权责任。本法所称民事权益，包括生命权、健康权、姓名权、名誉权、荣誉权、肖像权、隐私权、婚姻自主权、监护权、所有权、用益物权、担保物权、著作权、专利权、商标专用权、发现权、股权、继承权等人身、财产权益。"

立法演变

《民法典侵权责任编草案》（一审稿）第九百四十三条规定："本编调整侵

① 条文主旨为编者所加，下同。

害民事权益产生的民事法律关系。”

《民法典侵权责任编》（二审稿）第九百四十三条规定：“本编调整因侵害民事权益产生的民事关系。”此后无变化。

条文释义

该条是关于民法典侵权责任编调整范围的规定。

一、概述

《侵权责任法》第2条曾规定：“侵害民事权益，应当依照本法承担侵权责任。”那么，在《侵权责任法》经修改成为民法典的一编后，关于侵权责任法的调整范围，就变成了《民法典》侵权责任编的调整范围。根据本条规定，侵权责任编调整因侵害民事权益产生的民事关系。

侵权责任编的调整范围，是整个民法典调整范围的具体化，也是整个民法典调整范围的一部分。关于整个民法典的调整范围，《民法典》总则编第2条规定：“民法调整平等主体的自然人、法人和非法人组织之间的人身关系和财产关系。”那么因侵害民事权益产生的民事关系，即侵权法律关系，也属于平等主体之间人身关系和财产关系的一种。

本条规定，将侵权责任编的调整范围与民法典其他各分编的调整范围区分开来，使各编的不同功能和宗旨能够得到体现。例如，《民法典》物权编第205条规定：“本编调整因物的归属和利用产生的民事关系。”《民法典》合同编第463条规定：“本编调整因合同产生的民事关系。”《民法典》人格权编第989条规定：“本编调整因人格权的享有和保护产生的民事关系。”《民法典》婚姻家庭编第1040条规定：“本编调整因婚姻家庭产生的民事关系。”《民法典》继承编第1119条规定：“本编调整因继承产生的民事关系。”

可见，在平等主体的人身关系和财产关系的大范围之下，民法典各分编分别调整物的归属和利用、合同、人格权的享有和保护、婚姻家庭、继承和侵害民事权益而产生的各类民事法律关系。这充分体现了民法典以权利为中心的立法逻辑，各编从民事主体的权利确认出发，到人身与财产权利的行使，落脚于权益受侵害后的救济。

需要注意的是，有别于传统大陆法系将侵权行为作为债的发生原因之一、将侵权责任规定在债法之中、以合同作为债法的重点，我国民法典将侵权责任独立作为一编进行规定，从而使侵权之债取得了与合同之债并列的地位，这一立法体例是对大陆法系的创新。当然，这一立法模式最初从2002年全国人大常委会审议过的民法典草案就已见端倪，后来在2009年《侵权责任法》颁布之后，就注定这一模式将会被民法典所采纳。人格权和侵权责任的独立成编，使我国民法典采取七编制的体例，有别于法国民法典的三编制和德国民法典的五编制，体现了我国民法典在体例上对大陆法系传统的创新与发展。

二、内容

《侵权责任法》第2条具体列举了民事权益中的权利类型，由于民法典总则部分已经规定了典型的民事权利类型，所以侵权责任编就不再规定民事权利的类型，而是概括强调本编调整因侵害民事权益产生的民事关系。对于该条规定可以从如下几方面进行理解：

（一）“侵害”

“侵害”是指违反他人意愿的、对他人的加害行为。任何人不得侵害他人的民事权益，是现代社会的一项基本原则，也是每个民事主体所应当遵守的基本义务。没有法律依据或者他人的同意，任何人不得损害他人的民事权益，否则就要承担不利的法律后果。作为加害行为的侵害，包括作为和不作为两种情况。

作为，是指行为人主动实施了某种加害行为。在大多数情况下，行为人都是因为对他人的民事权益实施了积极的加害行为而构成对他人民事权益的侵害，进而需要承担侵权责任，例如伤害他人身体、诽谤他人名誉、窥探他人隐私、散布他人个人信息、侵占他人财产、制造销售有瑕疵的产品，等等。所以以作为形式出现的侵害，是侵权责任传统的、常见的形态。

不作为，是指行为人应当从事某种行为但却未从事该行为，最终造成他人损害的情形。也就是说，行为人依据法律法规的规定、合同的约定或者自己先前的某些行为等原因，而对他人负有了某种作为的义务、但却未尽到该作为义务，并致他人遭受损害的行为。从传统的作为扩大到不作为，是侵权责任法在现代社会的发展趋势。不作为也能够成侵权，强调了行为人在特定情形下对他人负有的积极保护的义务。常见的不作为构成侵权的情形，包括违反安全保障义务而产生的责任，例如，根据《民法典》第1198条的规定，宾馆、商场、银行、车站、机场、体育场馆、娱乐场所等经营场所、公共场所的经营者、管理者或者群众性活动的组织者就负有安全保障义务，如果未履行此种安全保障义务而造成他人损害的，则这些经营者、管理者或者组织者就应当承担侵权责任。再如，行为人带他人到偏远的水域去游泳，当他人发生溺水情形时，行为人就因为自己的这一行为而负有积极救助的义务，当其不进行救助而导致他人损害时，就负有侵权责任。又如，《民法典》第1258条第1款规定："在公共场所或者道路上挖掘、修缮安装地下设施等造成他人损害，施工人不能证明已经设置明显标志和采取安全措施的，应当承担侵权责任。"因此，当行为人在公共场所或道路等地面施工时，对过往行人车辆就负有保护和提示的义务，如果行为人未在施工的地面设置明显标志或采取安全措施而导致他人受损时，也因其不作为而承担侵权责任。总之，不作为的侵害行为是行为人应当履行某种作为的义务而未履行该义务时产生的，若没有作为义务，行为人的不作为并不构成侵权。行为人的这种作为义务既可能是源自法律明确规定的某种义务，也可能是基于行为人先前具有一定风险性的行为而产生的，还可能是基于行为人与他人的约定而产生的。

（二）民事权益

民事权益在理解上应当是民事权利加上民事利益的集合。也就是说，所谓民事权益，是指私法上的权利或利益，即民事权利＋民事利益。这就说明侵权责任编保护的范围，既包括权利，也包括利益。所谓民事权利，是指法律为了满足民事主体的需要或者为了保护民事主体的某种利益而赋予他的法律上的力，典型的民事权利就是民法典总则编第五章所列举的那些权利类型，包括民事主体的人身权利和财产权利，例如生命权、身体权、健康权、姓名权、名称权、肖像权、名誉权、荣誉权、隐私权、婚姻自主权、物权、债权、知识产权、继承权等，民法典物权编还具体规定了物权的权利类型，例如所有权，包括国家所有权和集体所有权、私人所有权、业主的建筑物区分所有权、相邻权；用益物权，包括土地承包经营权、建设用地使用权、宅基地使用权、居住权、地役权；担保物权，包括抵押权、质权、留置权。可见权利具有法定性，必须要由法律明确规定。

所谓民事利益，是指虽然尚未形成权利，但应当受到法律保护的特定利益。单纯的利益并不是民法保护的对象，必须是法律所承认的利益才能构成民法上的权利。但是由于成文法具有固化和僵化的缺陷，所以当时代前进、生活发展而出现了一些权利之外、越发重要的利益时，法院如果认为确有保护的必要，也可以进行保护。这些利益就属于“民事权益”中权利之外的利益。也有学者把受法律保护的利益称为“法益”，将其与权利合称为“权益”。民事法益有两层含义，其一指民事权利的具体内容，其二指独立于民事权利但仍然受到民事法律保护的人身或财产利益。民事利益同样包括人身利益和财产利益。这些民事利益受到司法的保护之后，经过发展，往往会被立法所吸收，成长为新兴的民事权利。例如，在日本法上通过法院判例所保护的日照权，逐渐就成为相邻权的内容之一。此外，立法和学说采用民事权益的表述，是因为在一些情形下不宜用“权利”来表述，采用其他表述方式又过于冗长，因此采用了“民事权益”或“利益”的表述方式以便归纳。例如，当权利主体已经死亡，此时不可能享有人格权利，但死者的近亲属和利益相关者对死者的人格仍享有某种利益，于是人们采用“死者的人格利益”“英雄烈士的人格利益”的表述，类似的情形还有虚拟财产和个人信息之上的权利类型均较为复杂，于是立法和学说回避了用权利的命名方式，此时用权益来归纳显然更为合适。目前司法中常见的权利之外的利益的保护，主要是对于死者的人格利益如姓名、肖像、名誉、隐私、遗体、遗骨等人身利益、某些尚未上升为民事权利的精神利益、某些纯经济损失的财产利益、某些财产性质的信赖利益、占有利益、虚拟财产利益等的保护，这些都是现代侵权责任法在发展过程中通过司法实践逐步予以承认并提供保护的民事利益。

对于权利之外利益的保护，司法机关应当持谨慎态度，保护过度则容易出现受保护的利益泛滥的现象，甚至导致“权利大爆炸”情形的出现，造成概念不严谨、法律适用不科学、司法理念混乱。例如，实践中曾出现当事人主张亲吻权、性福权、被遗忘权、变性权、生育权、亲属死亡的知情权、亲属丧事办理的平等协商权、祭奠权、瞻仰权、悼念权等各种新型“权利”的现象，甚至有些法院的判决不加甄别地在裁判文书中予以承认，这无疑造成权利类型的混乱，也混淆了不同权利保护的范围，将可以通过解释论而得出应当予以保护或不予以保护结论的问题，统统交给新创设一些权利类型的方式去解决，这无疑是不科学的，长此以往不利于民法典权威性和科学性的维护，不利于对司法机关稳定预期的形成。

例如，实践中曾多次出现关于亲吻权的权利主张。在一个案例中，2001年7月24日，四川省广汉市法院受理了由一起交通事故引发的全国首例“亲吻权”索赔案。6 月 1 日晚，被告吴某驾车将陶女士撞伤，医生诊断：“车祸造成上唇裂伤，全身软组织挫伤，门牙折，脑震荡。”陶女士称，车祸后两颗门牙折断，不仅破坏了身体的完整性，而且损害了撕咬食物的功能。更让她感到难受的是：不但与丈夫不能感受到亲吻时醉人的甜蜜，而且其女儿像往常一样向她“索吻”，她都不能给予，身为母亲的她为之愧疚。陶女士在诉状中称吴某的行为侵犯了她的身体权、亲吻权、健康权、财产权等。请求法院判令吴某赔偿其损失 3.9 万元。在另一个案例中，2009 年某日，杨女士新婚“回门”当天下午和丈夫开车，路上与一辆突然从岔路开出的轿车相撞，丈夫紧急刹车，杨女士的头撞在了车的工作台上，鼻子出血，两颗门牙撞飞。对方司机倒也大方，拿出 5000 元让杨女士补牙。回到家中，杨女士看着自己本来洁白的小牙残缺不全了，未免伤心。特别是她发现自己和丈夫接吻时，丈夫被她的牙划到了，她觉得心里过意不去，只能避免和丈夫接吻。处在蜜月期的夫妻却无法接吻，杨女士一怒之下，欲以“接吻权”受侵害为由状告对方司机。

一般说来，未经法律条文列举但需要侵权责任编保护的“利益”或“法益”，不宜由当事人主张（这里主要依靠律师提供专业意见）或由下级法院在个案中自行确定，否则极易出现同案不同判、同法不同解的现象，不利于全国司法裁判的统一。如果实践中出现了较多需要保护的新型法益，则应当由最高人民法院通过研究之后作出决定，通过个案答复或制定司法解释的方式加以认可，进而确定受保护的“法益”之效力。对“利益”进行严格把控的观念，在侵权责任法的理论上被称为“水闸”理论，即由特定的机构和机制来控制受保护的“法益”的范围，像大坝的水闸一样决定水流量的大小，避免失之过宽或失之过严，也避免各个法院各行其是、自定范围。

（三）民事关系

民事权益界定了其保护的权益属于私法上的权益，而民事关系同样界定了此种法律关系不是属于其他法律部门形成的法律关系，而是民事法律关系。“民事”，就意味着不是刑事法律关系，也不是行政法律关系，而是私法上的法律关系。因此，作为宪法上的权利或者其他公法上的权利就不属于侵权责任编的保护之列。

在我国，民事主体的宪法权利或者基本权利，存在两种保护途径，一种是经由民事基本法律，将宪法权利转化为民事权利，通过私法进行保护；另外一种则是通过公法上的手段，主要是通过行政诉讼等手段寻求保护。这既是侵权责任法的性质所限，亦是公法与私法功能的合理区分。强调侵权责任编保护的是民事权益，是因为民法典属于私法，保护的是私法上的权利，宪法上的基本权利如果没有具体化为民事权利，则不应由侵权责任编保护，同样的，公权力也不纳入侵权责任编的保护范围之中，而是交由公法进行保护。

法条关联

◆《民法典》总则编

第二条　民法调整平等主体的自然人、法人和非法人组织之间的人身关系和财产关系。

◆《民法典》合同编

第四百六十三条　本编调整因合同产生的民事关系。

第四百六十八条　非因合同产生的债权债务关系，适用有关该债权债务关系的法律规定；没有规定的，适用本编通则的有关规定，但是根据其性质不能适用的除外。

◆《国家赔偿法》

第二条　国家机关和国家机关工作人员行使职权，有本法规定的侵犯公民、法人和其他组织合法权益的情形，造成损害的，受害人有依照本法取得国家赔偿的权利。

本法规定的赔偿义务机关，应当依照本法及时履行赔偿义务。

◆《消费者权益保护法》

第二条　消费者为生活消费需要购买、使用商品或者接受服务，其权益受本法保护；本法未作规定的，受其他有关法律、法规保护。

◆《产品质量法》

第二条　在中华人民共和国境内从事产品生产、销售活动，必须遵守本法。

本法所称产品是指经过加工、制作，用于销售的产品。

建设工程不适用本法规定；但是，建设工程使用的建筑材料、建筑构配件和设备，属于前款规定的产品范围的，适用本法规定。

案例评议①

齐玉苓诉陈某等以侵犯姓名权的手段侵犯宪法保护的公民受教育的基本权利纠纷案②

◆ **裁判规则**

一审法院认为，原告齐玉苓主张的受教育权，属于公民一般人格权范畴。它是公民丰富和发展自身人格的自由权利。本案证据表明，齐玉苓已实际放弃了这一权利，即放弃了上委培的机会。其主张侵犯受教育权的证据不足，不能成立。齐玉苓基于这一主张请求赔偿的各项物质损失，除律师代理费外，均与被告陈某的侵权行为无因果关系，故不予支持。但原告齐玉苓的姓名权被侵犯，除被告陈某、陈某父亲应承担主要责任外，被告济宁商校明知陈某冒用齐玉苓的姓名上学仍予接受，故意维护侵权行为的存续，应承担重要责任；被告滕州八中在考生报名环节疏于监督、检查，并与被告滕州教委分别在事后为陈某、陈某父亲掩饰冒名行为提供便利条件，亦有重大过失，均应承担一定责任。原告齐玉苓的考试成绩及姓名被盗用，为其带来一定程度的精神痛苦。对此，除有关责任人应承担停止侵害、赔礼道歉的责任外，各被告均应对齐玉苓的精神损害承担给予相应物质赔偿的民事责任。最后判决被告陈某停止对原告齐玉苓姓名权的侵害；被告陈某、陈某父亲、济宁商校、滕州八中、滕州教委向原告齐玉苓赔礼道歉；原告齐玉苓支付的律师代理费825元，由被告陈某负担，于判决生效后10日内给付，被告陈某父亲、济宁商校、滕州八中、腾州教委对此负连带责任；原告齐玉苓的精神损失费35000元，由被告陈某、陈某父亲各负担5000元，被告济宁商校负担15000元，被告滕州八中负担6000元，被告滕州教委负担4000元，于判决生效后10日内给付。

二审法院山东省高级人民法院请示最高人民法院进行法律适用的解释，最高人民法院研究后认为：当事人齐玉苓主张的受教育权，来源于我国《宪法》第46条第1款的规定。根据本案事实，陈某等以侵犯姓名权的手段，侵犯了齐

---

① “案例评议”中的完整案例详情，请按照封面前勒口处的操作步骤，登录数据库逐一查阅，全书同。

② 载《中华人民共和国最高人民法院公报》2001年第5期，第158－161页。

玉苓依据宪法规定所享有的受教育的基本权利，并造成了具体的损害后果，应承担相应的民事责任。据此，最高人民法院以法释（2001）25号司法解释批复了山东省高级人民法院的请示。

山东省高级人民法院据此讨论后认为：各被告的行为从形式上表现为侵犯齐玉苓的姓名权，其实质是侵犯齐玉苓依照宪法所享有的公民受教育的基本权利。各被上诉人对该侵权行为所造成的后果，应当承担民事责任。由于各被上诉人侵犯了上诉人齐玉苓的姓名权和受教育的权利，才使得齐玉苓为接受高等教育另外再进行复读，为将农业户口转为非农业户口交纳城市增容费，为诉讼支出律师费。这些费用都是其受教育的权利被侵犯而遭受的直接经济损失，应由被上诉人陈某、陈某父亲赔偿，其他各被上诉人承担连带赔偿责任。齐玉苓后来就读于邹城市劳动技校所支付的学费，是其接受该校教育的正常支出，不是侵权造成的经济损失，不应由侵权人承担赔偿责任。为了惩戒侵权违法行为，被上诉人陈某在侵权期间的既得利益（以上诉人齐玉苓的名义领取的工资扣除陈某的必要生活费）应判归齐玉苓所有，由陈某、陈某父亲赔偿，其他被上诉人承担连带责任。各被上诉人侵犯齐玉苓的姓名权和受教育的权利，使其精神遭受严重的伤害，应当按照山东省高级人民法院规定的精神损害赔偿最高标准，给齐玉苓赔偿精神损害费。齐玉苓要求将陈某的住房福利、在济宁商校期间享有的助学金、奖学金作为其损失予以赔偿，该请求于法无据，不予支持。

◆ 评议

该案在宪法学界和民法学界均引起过较大争议和较多讨论。在该案中，最大的争议在于陈某冒名顶替齐玉苓上学接受高等教育的行为，究竟是侵犯了齐玉苓的何种权利。一审法院一方面认为，受教育权属于一般人格权的范畴，是公民丰富和发展自身人格的自由权利，另一方面又认为，齐玉苓主张侵犯受教育权的证据不足，因此以姓名权受侵害做出了裁判。

二审法院在请示最高人民法院之后，认为陈某等以侵犯姓名权的手段，侵犯了齐玉苓依据宪法规定所享有的受教育的基本权利，并造成了具体的损害后果，应承担相应的民事责任。这一裁判就引发了三个问题：一是民事案件的裁判能否直接引用宪法的规范作为裁判依据；二是受教育权在民法上究竟是何种定位；三是本案的请求权基础究竟是什么。

宪法学界认为该案开创了我国宪法司法化的先河，宪法学者们撰写了大量的论文和著作来研究宪法适用的实体法和程序法问题。但是根据《宪法》第67条的规定，全国人民代表大会常务委员会行使解释宪法、监督宪法的实施和解释法律的职权。《立法法》第45条第1款也强调，法律解释权属于全国人民代表大会常务委员会。《立法法》第104条还强调，最高人民法院、最高人民检察院作出的属于审判、检察工作中具体应用法律的解释，应当主要针对具体的法律条文，并符合立法的目的、原则和原意，并且“两高”以外的审判机关和检察机关不得作出具体应用法律的解释。如果司法机关在具体个案的裁判中，直接引用宪法规范作为裁判依据，而宪法条文一般都比较原则和抽象，根据“法无解释不得适用”的原理，法院一般都需要对宪法条文的具体含义进行解释，才便于在个案中作为裁判依据。而这无疑又违反了《宪法》和《立法法》对立法机关和司法机关解释法律权限的分工规定。因此存在缺乏宪法和法律依据的困境。

此外，受教育权不属于平等主体之间人身与财产的法律关系，是宪法上的权利、公法性权利，不能将之解释为一般人格权。一般人格权是指基于人格尊严、人格平等、人身自由而应当受到保护的权益，且未被法定化为具体人格权的人格权益。本案中对于齐玉苓的保护，能够适用的请求权基础，应当是《民法通则》第99条第1款对于姓名权保护的规定，即“公民享有姓名权，有权决定、使用和依照规定改变自己的姓名，禁止他人干涉、盗用、假冒。”当然，在《民法典》实施之后，对于姓名权的各项规定以及侵权责任的规定就更为详细充实了。

最高人民法院针对齐玉苓案做出的批复，即《最高人民法院关于以侵犯姓名权的手段侵犯宪法保护的公民受教育的基本权利是否应承担民事责任的批复》，在《最高人民法院关于废止2007年底以前发布的有关司法解释（第七批）的决定》作出后，于2008年12月24日正式废止，停止适用。

最高人民法院2016年6月28日发布的《人民法院民事裁判文书制作规范》在“裁判依据”中规定：“裁判文书不得引用宪法和各级人民法院关于审判工作的指导性文件、会议纪要、各审判业务庭的答复意见以及人民法院与有关部门联合下发的文件作为裁判依据，但其体现的原则和精神可以在说理部分予以阐述。”因此，在民事案件的裁判依据中，法院不能直接引用宪法条文作为裁判依据，但是可以在说理部分引用宪法原理进行阐述论证。

第一千一百六十五条　【过错责任原则】

行为人因过错侵害他人民事权益造成损害的，应当承担侵权责任。

依照法律规定推定行为人有过错，其不能证明自己没有过错的，应当承担侵权责任。

本条来源

《侵权责任法》第六条规定："行为人因过错侵害他人民事权益，应当承担侵权责任。根据法律规定推定行为人有过错，行为人不能证明自己没有过错的，应当承担侵权责任。"

立法演变

《民法典侵权责任编草案》（一审稿）第九百四十四条规定："行为人因过错损害他人民事权益，应当承担侵权责任。根据法律规定推定行为人有过错，行为人不能证明自己没有过错的，应当承担侵权责任。"

《民法典侵权责任编草案》（二审稿）第九百四十四条规定："行为人因过错侵害他人民事权益造成损害的，应当承担侵权责任。根据法律规定推定行为人有过错，行为人不能证明自己没有过错的，应当承担侵权责任。"

《民法典侵权责任编草案》（三审稿）第九百四十四条规定："行为人因过错侵害他人民事权益造成损害的，应当承担侵权责任。依照法律规定推定行为人有过错，行为人不能证明自己没有过错的，应当承担侵权责任。"此后稍有调整。

条文释义

该条规定是对侵权责任基本归责原则的规定，即过错责任原则的规定。

一、概述

侵权责任法上的"归责"，是指确认和追究赔偿义务人的民事责任。而归责原则，是指以何种根据确认和追究赔偿义务人的民事责任，它所解决的是侵权的民事责任之基础问题。也就是说，侵权责任的归责原则所要解决的是侵权责任的伦理和正义性的基础问题，即行为人之所以要承担侵权责任，是因为什么原因。该条规定行为人因过错侵害他人民事权益造成损害的，应当承担侵权责任，那么就表明行为人之所以要承担侵权责任，是因为其行为具有过错，并且给他人造成了损害。这种规则就具有了伦理上的正当性和正义性，因为任何人不得侵犯他人的权利，是古老的法谚，这也是源自权利的固有含义，即受到法律保护的利益。

该条和紧接着的《民法典》侵权责任编第1166条一起构成了我国民法典上归责原则的体系，即过错责任与无过错责任的二元规则体系。当然，自侵权责任法开始，我国对于侵权责任究竟采取了何种归责原则体系，一直存在理论上的争议。一种观点认为我国采取的是单一的过错责任归责原则，这种观点认为唯一的归责原则就是过错责任原则，主张通过扩大过错责任原则来解决侵权法领域的新问题，将无过错责任原则视为过错责任原则的扩大适用和特殊情形。另一种观点认为我国采取的是二元归责原则体系，即过错责任原则与无过错责任原则共同构成的归责原则体系。还有观点认为我国采取的是多元归责原则体系，既有认为我国的归责原则由过错责任原则、无过错责任原则和公平责任原则三种规则原则构成，还有认为我国的归责原则由过错责任原则、过错推定责任原则、无过错责任原则和公平责任原则四种归责原则构成。笔者认为二元归责体系在理论解释上更具有合理性，也就是说，我国民法典的侵权责任编采取的是过错责任原则和无过错责任原则的二元归责体系。因为过错推定原则并不构成独立的一种归责原则，而只是过错责任原则的举证责任倒置的特殊情形，在归责上仍然强调过错，所以不具有独立性。而公平责任原则其实无法作为归责的原则，因为其不具有明确的归责基础，毋宁说其是归责原则，不如说是损失分担原则。“过错责任原则—无过错责任原则”的二元化归责原则体系，以过错作为归责的基础进行逻辑的二元划分，其具有逻辑上的周延性，也具有伦理上的正当性，与从比较法上看也与其他主要国家的做法较为一致，也符合侵权责任法的现代发展趋势。

在侵权责任编明确规定侵权责任的归责原则，具有从立法到理论上的诸多意义。首先，这体现了国家对侵权行为的民事立法政策，通过规定过错责任原则，体现了国家对于行为人过错的消极评价，也体现了侵权责任法传统的规范功能。而对于无过错责任原则的规定，则体现了国家对于风险的预防和控制，体现了现代侵权法保护弱者、实现社会公平的宗旨。其次，对于裁判者而言，通过归责原则可以明确诉讼双方举证责任的负担、行为人的免责事由、赔偿范围、最高限额等要点，便于诉讼案件的审理和纠纷的解决。例如，《民事诉讼法》第64条第1款规定："当事人对自己提出的主张，有责任提供证据。"2019年修正的《最高人民法院关于民事诉讼证据的若干规定》第50条规定："人民法院应当在审理前的准备阶段向当事人送达举证通知书。举证通知书应当载明举证责任的分配原则和要求、可以向人民法院申请调查收集证据的情形、人民法院根据案件情况指定的举证期限以及逾期提供证据的法律后果等内容。"所以掌握不同的归责原则对于正确审理案件具有十分重要的意义。再次，对于侵权纠纷中的当事人而言，知悉不同的归责原则有利于其知道如何正确行使权利和如何保护自己的合法权益。最后，对于侵权法的理论而言，建立科学的归责原则体系有助于厘清侵权责任法中的基本问题，对于侵权责任编的法律规范具有统率作用，有利于对侵权责任相关规范进行科学分类和识别归纳。

二、内容

（一）过错责任原则的理解与适用

过错责任原则是指，当行为人基于自身过错而侵害他人民事权益，并给他人造成损害时，行为人就负有侵权责任。这一原则强调过错是行为人承担侵权责任的伦理依据和正义性基础。之所以规定由行为人在过错情况下要承担侵权责任，是因为行为人在主观上具有可以归责的事由，因为其主观心态上存在故意或者过失的不正当状态，也说明了其行为具有不正当性和非道德性。如果行为人在主观上不存在任何过错，其当然也就不应当承担侵权责任，即使其他的责任构成要件具备，例如他人遭受了损害，此时行为人也不用承担侵权责任，因为其没有过错。

民法典的该条规定，相对于《侵权责任法》第6条而言，有一定程度的修改，主要是在第一款对过错责任原则的规定上。《侵权责任法》第6条第1款规定："行为人因过错侵害他人民事权益，应当承担侵权责任。"《民法典》第1165条第1款则规定："行为人因过错侵害他人民事权益造成损害的，应当承担侵权责任。"这里民法典主要强调了"造成损害"。也就是说，对于行为人是否承担侵权责任，还要看是否造成了损害。事实上，在侵权法的学理上，损害一直是过错责任原则的构成要件之一，仅有过错而没有造成实际损害后果的，一般也无法追究行为人的侵权责任。此次民法典将这一学理上的要件直接吸纳进来，写入法条，使得过错责任原则构成要件的判断更为明确清晰。

过错是一种主观心态，过错责任原则强调过错作为行为人承担侵权责任的归责基础，故过错责任原则也是一种主观归责原则，其以行为人的主观心态作为确定和追究责任的依据。行为人是否具有过错，是其是否承担侵权责任的构成要件，而行为人过错的大小，对于其责任范围的决定也具有决定性的作用。可见过错责任原则体现了法律的公平正义理念，为人们确立了行为规范的标准，并维护了人们的行为自由。

过错包括故意和过失。故意是指行为人明知或应当知道自己的行为将会造成他人权益受损的结果，但却故意追求或放任此种损害后果出现的心态，这种心态是应受谴责的不良心态。过失则是指行为人怠于履行其应当负有的注意义务并造成损害后果出现的主观心态。过失是行为人注意义务的违反，这种注意义务是其应当注意到，而且客观上能够注意到，但却基于疏忽或懈怠等而未能履行该义务。

在罗马法上，判断行为人是否有过失，要看行为人是否尽到了“善良家长的注意”（diligentia bonus pater familias），即“具有一般知识、经验的人诚实地处理事务时所用的注意”。[①] 罗马法上将过失分为重过失（cuipa lata）和轻过失（culpa levis）两大类，“所谓重过失，即行为人欠缺一般人具有的起码注意，他只要稍加注意，损失就不会发生”。[②] 可见重过失对于注意义务的违背是相当严重的，未能尽到一般人所应当具有的注意，所以在罗马法上，重过失等同于故意，两者的法律效果相当。罗马法上的轻过失又叫一般过失、抽象过失、抽象轻过失，是以善良家长所普遍应当尽到的注意义务来衡量是否有过失，这一标准是以抽象出来的善良家长应尽的注意作为标准，故具有抽象性和客观性，不考虑行为人的具体情况。相对于此种抽象轻过失，罗马法上还发展出了具体轻过失的概念，即“对管理自己事务兼管理他人事务的，以尽了与处理自己事务相同的注意为无过失。这项注意系指行为人日常处理自己事务所惯用的注意，是根据具体的人所确定的注意程度，而不是抽象的一般人的注意标准”。[③]

---

① 周枏：《罗马法原论》（下册），商务印书馆 2009 年 11 月版，第 696 页。
② 周枏：《罗马法原论》（下册），商务印书馆 2009 年 11 月版，第 697 页。
③ 周枏：《罗马法原论》（下册），商务印书馆 2009 年 11 月版，第 697 页。

在我国的学说和司法实践中，一般将过错分为故意和过失两大类，对于故意，当行为人主观恶意十分强烈时，立法或司法实践有时还会对此种故意使用“恶意”的概念，从字面上即可见谴责之意。对于过失，一般不采用罗马法上重过失、抽象轻过失、具体轻过失、最轻过失的分类层次，但在司法事件中能够也大致会分为重大过失、一般过失和轻微过失的不同程度，用以表述行为人对其注意义务违反背离的严重程序。其中一般过失类似于罗马法上的抽象轻过失，是指行为人违反了常人、理性人所普遍应当具有的注意，轻微过失类似于罗马法上的具体轻过失，是指行为人未能尽到与处理自己事务相同之注意。

过错责任原则作为最传统和最为普遍适用的归责原则，其普遍适用于一般的侵权行为，相对于推定过错和无过错责任原则而言，过错责任不需要法律作出特别的规定。因此，在出现新类型的侵权行为时，判断行为人是否要承担侵权责任，也应当适用过错责任原则来进行判断，而不能擅自类推适用无过错责任原则。根据民事诉讼中“谁主张，谁举证”的基本举证规则，在过错责任原则的适用中由被侵权人首先举证，证明行为人存在侵权行为，且此种行为出于过错，而且给自己的民事权益造成了损害。如果行为人对此不认同并进行反驳的，法院应当组织质证，行为人应当证明自己不存在过错，或者未给被侵权人的民事权益造成损害。最后由法院进行证据的审核认定，并结合举证责任的负担来认定案件的事实和各方的责任。

（二）过错推定责任的理解与适用

《民法典》第1165条第2款规定：“依照法律规定推定行为人有过错，其不能证明自己没有过错的，应当承担侵权责任。”这一规定是对第一款过错责任原则的特殊规定，通过该款规定，设置了过错推定责任。如前所述，过错推定责任并不是一项独立的归责原则，其仍然属于过错责任原则，但是具有特殊性，这一特殊性主要体现在过错推定中实行了举证责任的倒置。

法谚有云：“举证之所在，败诉之所在。”举证责任的倒置，将对诉讼中的原被告双方产生实质性的影响。按照一般过错责任原则，原告（被侵权人、受害人）在侵权之诉中需要举证证明被告（即侵权人、行为人）存在过错。但是在举证责任倒置之后，原告则只需要证明被告存在侵权行为、自己因被告的侵权行为而受到损害，以及损害后果与侵权行为之间具有因果关系即可。此时如果被告不同意原告的诉求，则需要证明自己没有过错才能免除自己的责任。在这种情形下，原告胜诉的概率增大而被告败诉的概率增大，可见，在过错推定原则中，立法有意对被侵权人进行倾斜保护。也就是说，过错推定原则更有利于被侵权人的保护。

虽然采取举证责任倒置，但过错推定仍然以侵权人一方的过错为责任的根据或标准，所以过错推定原则不算是一种独立的归责原则，而是过错责任原则的一种特殊适用情形。由于过错推定对于当事人影响重大，所以根据本条第二款的规定，必须是“依照法律规定”才能适用过错推定原则，法官不能自行决定举证责任的倒置，而必须由立法事先作出规定。这里的法律是指民事法律，包括但不限于民法典的侵权责任编，在民法典施行之前，《民法通则》《侵权责任法》《道路交通安全法》以及这些法律的相关司法解释，都规定了一些适用过错推定的具体情形。例如，《民法通则》关于物件致人损害的规定，《道路交通安全法》关于机动车造成非机动车驾驶人、行人人身损害的交通事故责任的规定等。但最为集中的规定仍然还是《民法典》侵权责任编中的规定，主要体现在第三章“责任主体的特殊规定”、第八章“高度危险责任”、第九章“饲养动物损害责任”和第十章“建筑物和物件损害责任”的一些规定之中。

法条关联

◆《民法典》总则编

第三条 民事主体的人身权利、财产权利以及其他合法权益受法律保护，任何组织或者个人不得侵犯。

◆《最高人民法院关于审理人身损害赔偿案件适用法律若干问题的解释》

第一条 因生命、健康、身体遭受侵害，赔偿权利人起诉请求赔偿义务人赔偿财产损失和精神损害的，人民法院应予受理。

本条所称“赔偿权利人”，是指因侵权行为或者其他致害原因直接遭受人身损害的受害人、依法由受害人承担扶养义务的被扶养人以及死亡受害人的近亲属。

本条所称“赔偿义务人”，是指因自己或者他人的侵权行为以及其他致害原因依法应当承担民事责任的自然人、法人或者其他组织。

案例评议

一、张某1、张某2诉朱某生命权纠纷案[①]

◆ **裁判规则**

在认定朱某的行为是否具有过错时，法院认为，从朱某的行为过程看，其并没有侵害张某3生命权的故意和过失。根据被告朱某的手机视频和机动车行驶影像记录，双方始终未发生身体接触。在张某3持刀声称自杀意图阻止他人追赶的情况下，朱某拿起木凳、木棍属于自我保护的行为。在张某3声称撞车自杀，意图阻止他人追赶的情况下，朱某和路政人员进行了劝阻并提醒来往车辆。考虑到交通事故事发突然，当时张某4处于倒地昏迷状态，在此情况下被告朱某未能准确判断张某4的伤情，在追赶过程中有时喊话传递的信息不准确或语言不文明，但不构成民事侵权责任过错，也不影响追赶行为的性质。在张某3为逃避追赶，跨越铁路围栏、进入火车运行区间之后，被告朱某及时予以高声劝阻提醒，同时挥衣向火车司机示警，仍未能阻止张某3死亡结果的发生。故该结果与朱某的追赶行为之间不具有法律上的因果关系。故，朱某在本案中不需要承担侵权责任。

◆ **评议**

根据过错责任原则，只有当行为人基于自身过错而侵害他人民事权益，并给他人造成损害时，行为人才应当承担侵权责任。过错是一种应受谴责的不良心理状态。那么当行为人的行为属于见义勇为，是为了制止正在发生的违法犯罪行为，并且没有超过必要限度，即便最终造成了他人受损的后果，行为人也并没有过错。

二、文某、苏某与李某、高某建筑物、构筑物倒塌损害责任纠纷案[②]

◆ **裁判规则**

在认定文某、苏某应否承担就李某1死亡的赔偿责任时，法院认为，《侵权

① 河北省唐山市中级人民法院民事裁定书，（2018）冀02民终2730号。最高人民法院指导案例98号《张庆福、张殿凯诉朱振彪生命权纠纷案》（最高人民法院审判委员会讨论通过，2018年12月19日发布）。

② 内蒙古自治区呼和浩特市中级人民法院民事判决书，（2018）内01民终671号。

责任法》第85条规定："建筑物、构筑物或者其他设施及其搁置物、悬挂物发生脱落、坠落造成他人损害，所有人、管理人或者使用人不能证明自己没有过错的，应当承担侵权责任。所有人、管理人或者使用人赔偿后，有其他责任人的，有权向其他责任人追偿。"房屋门顶的水泥横梁与大门发生塌落导致李某、高某之女李某1身亡，房屋所有人文某、苏某不能证明自己没有过错，该房是否属于租住，房屋所有人依法均应承担侵权责任，文某、苏某应当赔偿李某、高某丧葬费、死亡赔偿金、精神抚慰金、误工费等费用。

◆ **评议**

过错推定是过错责任原则的一种特殊适用情形，必须在法律有规定的情况下才能适用。那么在法律规定了由行为人来证明自己没有过错的情况下，行为人就必须负担举证责任，在行为人不能证明自己没有过错的情况下，就应当对损害承担侵权责任。

第一千一百六十六条　【无过错责任原则】

行为人造成他人民事权益损害，不论行为人有无过错，法律规定应当承担侵权责任的，依照其规定。

本条来源

《侵权责任法》第七条规定："行为人损害他人民事权益，不论行为人有无过错，法律规定应当承担侵权责任的，依照其规定。"

立法演变

《民法典侵权责任编草案》（一审稿）第九百四十五条规定："行为人损害他人民事权益，不论行为人有无过错，法律规定应当承担侵权责任的，依照其规定。"

《民法典侵权责任编草案》（二审稿）第九百四十五条规定："行为人侵害他人民事权益造成损害，不论行为人有无过错，法律规定应当承担侵权责任的，依照其规定。"

《民法典侵权责任编草案》（三审稿）第九百四十五条规定：“行为人造成他人民事权益损害，不论行为人有无过错，法律规定应当承担侵权责任的，依照其规定。”此后无变化。

条文释义

本条是关于无过错责任归责原则的规定。

一、概述

无过错责任是一种侵权责任的归责原则，是指在法律有特别规定的情形下，只要行为人的行为造成了他人民事权益的损害，不论对此是否存在过错，都应当承担侵权责任。

无过错责任原则，在不同的著述中也被学者称为无过失责任、严格责任、危险责任或风险责任。这些概念之间因其存在语境和所在国法律体系的不同而有一定的差别，但核心含义是一致的，即因行为人的行为或其管控的物品具有特殊的危险性而由法律特别规定的、不以其过错为要件的侵权责任归责原则。偏重大陆法系表述习惯的学者可能更多的使用危险责任的概念，而偏重英美法系表述习惯的学者则可能会使用严格责任的表述概念，概念之间自然有其差异，但所指基本上为同一类情形。诚如王泽鉴教授所言：“侵权行为法上的归责原则，除过失责任外，尚有无过失责任，即侵权行为的成立不以行为人的故意或过失为要件，德国法则称为危险责任。英美法称为严格责任……即持有或经营某特定具有危险的物品、设施或活动之人，于该物品、设施或活动所具危险的实现，致侵害他人权益时，应就所生损害负赔偿责任，赔偿义务人对该事故的发生是否具有故意或过失，在所不问。无过失责任的用语消极地指明‘无过失亦应负责’的原则，危险责任的概念较能积极地凸显无过失责任的归责原因，本书采之，为行文方便，与无过失责任互用。”①

二、内容

（一）无过错责任原则的起源与发展

无过错责任原则滥觞于罗马法，伴随着 19 世纪工业化大生产的迅速发展而发展壮大。在罗马法上，对债务人发展出来无过错责任原则的归责原则，例如，

① 王泽鉴：《侵权行为》（第三版），北京大学出版社 2016 年版，第 15 页。

“为了保证商旅的安全，大法官规定，凡船东和旅店、马厩的主人对旅客携带的物品、马匹负有特别保管的义务，除由于旅客的过失或不可抗力所造成的损害外，对其毁坏、丢失，都要负赔偿责任，即使他们对受雇人的选任和监督是无可指责的”。[①] 罗马法上的无过错责任原则主要是针对旅店业主的特别要求，加重其契约责任，将免责事由限定在受害人自身过错和不可抗力中，非常有利于保护旅客的利益，对于保障出行安全和通行秩序具有积极的作用。可见，罗马法上的无过错责任原则仅作为个别准契约中的例外规定而存在，并未发展成为普遍的归责原则。

到了 19 世纪，西方国家的工业化生产发展迅猛，具有高度危险性的工业企业大规模兴建，这对社会物质文明做出了巨大贡献，使人类物质文明跨入了新的阶段，但同时，工业化生产的普及以及各种新式工业产品的运用，也给人们带来了新的挑战，例如工业灾害频生、交通事故骤增、环境污染严重等，这些工业化的负面效应严重损害了人们的身体健康甚至给人们带来生命危险，并且污染了人们生存所依赖的自然环境。对于工业化引起的事故，法院对责任的认定，最初也是实行传统的过错责任归责原则，即受害人必须证明事故导致的侵权行为的存在、损害后果、因果关系以及事故的责任者在主观上存在过错这些要件之后，事故的责任者才需要承担侵权责任，受害人才能获得损害赔偿。然而，面对工业化制造的产品或引发的危险，由受害人去举证证明责任者存在过错，是十分困难的事情，所以经常因为受害人无法证明侵权人的过错而得不到任何赔偿，引发不公平的后果。

在此情形下，民事立法者和英美法系的裁判者便开始寻找不同于传统的过错责任原则的、能够为受害人提供更为充分的救济的归责原则。最初，裁判者尝试让这些侵权行为中的行为人来承担过错方面的举证责任，即进行举证责任的倒置，但后来发现这种方式对受害人的保护依然不力，因为行为人很容易证明自己没有过错。随后，裁判者进一步尝试抛开传统的过错责任原则，不再将过错作为责任的构成要件，在过错责任原则之外寻求新的归责原则，这就是无过错责任原则，并随着时代的发展而最终在立法上形成了无过错责任的归责原则。可见，无过错责任是伴随着社会化大生产尤其是大型危险性工业的迅速发

---

① 周枏：《罗马法原论》（下册），商务印书馆 2009 年 11 月版，第 699 页。

展而产生和发展出来的归责原则，其核心在于分配正义和损害补偿，并不考虑行为人的主观状态，只考虑损害结果，是一种损失分担的制度设计，属于基于危险的客观责任。正如王泽鉴教授所言："危险责任的基本思想，不是对不法行为的制裁。民用航空器的使用、原子能设施的经营、商品的制造销售等，虽具危险性，乃现代社会必要的经济活动，法所容许，无不法之可言，不得以之作为违法性判断的客体，原则上不得对之主张侵害除去或侵害防止请求权。危险责任的基本思想在于'不幸损害'的合理分配，乃基于分配正义的理念。"①

传统的过错责任原则是从微观层面着手，在个人主观方面体现公平正义，而无过错责任原则是从宏观层面着手，在社会化大生产条件下从社会整体利益上体现公平正义，其重要使命在于处理现代社会化大生产中的诸如高度危险作业、环境污染等致人损害的赔偿责任问题。因此过错责任原则与无过错责任原则分别建立在不同的侵权法哲学基础上。这也导致从个案的处理效果来看，无过错责任原则对一些案件的适用可能有失公正，但它却体现了社会的整体利益，维护了整体的公正。

（二）无过错责任原则的理论基础

无过错责任的理论基础，主要有如下几种学说：一是风险说，主张享有利益者同时应当负担其风险，即一个为自己利益而自愿经营某项事业的人，应当承担该事业性质所生的或相关的致损风险；二是公平说，主张一个人应对从其支配下的某物或某项活动（无论是亲手或是假他人之手进行）所致的损害承担责任；三是遏制说，主张让事故原因的控制者承担责任，可以刺激其采取措施来防止事故的发生；四是利益均衡说，主张在发生损害的情况下，应当根据公共政策权衡冲突双方的利益，以达到合理的损失分配。这些理论基础大同小异，其与罗马法上的"受其利者蒙其害""谁受益，谁负担"的朴素公平观念在本质上是相同的。

作为一种归责原则，无过错责任原则虽然不是建立在过错的基础上，但其也有自身的归责基础，适用无过错责任原则的"可归责事由"主要是：第一，具有高度危险性的行为或物品，即使尚未发生对于他人合法民事权益的损害，也已经包含着产生损害的极大可能性，因为这种危险是"高度的""超常的"或"不合理"的。第二，侵权人与被侵权人之间在先存在某种特定的法律关

① 王泽鉴：《侵权行为》（第三版），北京大学出版社 2016 年版，第 15 页。

系，例如监护关系或雇佣关系等，在这样的法律关系中，占优势的一方如监护人或雇主对另一方如被监护人或雇工具有控制力，并且往往具有某种利益。第三，从经济地位上说，相对于受害人而言，行为人一般都处于优势地位，例如企业与消费者。因此，行为或物品的高度危险性，某种在先的特定法律关系，以及行为人的经济优势地位，无论是单独存在还是同时存在，均可构成无过错责任原则的责任基础，这也就是无过错责任原则中行为人的可归责事由，其核心在于行为或物品的高度危险性。

（三）无过错责任原则的司法适用

由于无过错责任原则对行为人极为不利，对其利益影响极大，因此必须是在有法律明文规定的情况下才能适用，没有法律的特别规定不得仅以损害事实作为侵权责任归责的标准，更不能将无过错责任原则进行类推适用。这也正是该条所强调的，“法律规定应当承担侵权责任的，依照其规定”。所以无过错责任原则的适用必须以法律的明文规定作为前提，法律的范围较广，相关的规定也是散见在各部法律之中，具有分散性，因此适用于个别侵权行为。此外，无过错责任原则虽然不考虑行为人的过错，但却应当考虑受害人的过错。因为当受害人有过错时，例如受害人故意或重大过失等，这种受害人的过错往往可以成为行为人减轻甚至免除责任的依据。例如，《民法典》侵权责任编第 1239 条规定的“……但是，能够证明损害是因受害人故意或者不可抗力造成的，不承担责任。被侵权人对损害的发生有重大过失的，可以减轻占有人或者使用人的责任”。又如，《民法典》侵权责任编第 1245 条规定的“……但是，能够证明损害是因被侵权人故意或者重大过失造成的，可以不承担或者减轻责任”。

从《民法典》侵权责任编的规定来看，无过错责任原则的适用范围主要集中在如下几种情形：被监护人造成他人损害的监护人责任；用人者的雇主责任；产品缺陷致人损害的责任；机动车交通事故责任中机动车一方对非机动车或行人致害的责任；环境污染和生态破坏责任致人损害责任；高度危险活动或设施致人损害的责任；非动物园饲养的动物致人损害责任。

总之，无过错责任原则是适应社会化大生产和大工业的发展而逐渐形成的、有利于保护受害人的归责原则，其有利于减轻被侵权人的举证负担，简化诉讼程序，保护弱势群体。但同时由于这一原则对于行为人而言要求较为严苛，所以也难免存在其局限性，对此，法律通常设有一些补救措施以消减其局限性，例如对其适用范围做出严格限制，规定最高赔偿限额等。也就是说，由于赔偿义务人没有过错也需要承担责任，因此责任容易成立，加之适用无过错责任的侵权行为所造成的损害往往非常巨大，受害人众多，为了避免使赔偿义务人承担过重的负担，以致面临经济上的毁灭性打击，法律上一般都要限制无过错责任的最高赔偿额度，以缓解赔偿义务人的压力。这是立法为了在行为人的行为自由与受害人的权益保护之间取得一定的平衡而作出的系统性制度设计。

法条关联

◆《道路交通安全法》

第七十六条　机动车发生交通事故造成人身伤亡、财产损失的，由保险公司在机动车第三者责任强制保险责任限额范围内予以赔偿；不足的部分，按照下列规定承担赔偿责任：

（一）机动车之间发生交通事故的，由有过错的一方承担赔偿责任；双方都有过错的，按照各自过错的比例分担责任。

（二）机动车与非机动车驾驶人、行人之间发生交通事故，非机动车驾驶人、行人没有过错的，由机动车一方承担赔偿责任；有证据证明非机动车驾驶人、行人有过错的，根据过错程度适当减轻机动车一方的赔偿责任；机动车一方没有过错的，承担不超过百分之十的赔偿责任。

交通事故的损失是由非机动车驾驶人、行人故意碰撞机动车造成的，机动车一方不承担赔偿责任。

◆《保险法》

第六十五条　保险人对责任保险的被保险人给第三者造成的损害，可以依照法律的规定或者合同的约定，直接向该第三者赔偿保险金。

责任保险的被保险人给第三者造成损害，被保险人对第三者应负的赔偿责任确定的，根据被保险人的请求，保险人应当直接向该第三者赔偿保险金。被保险人怠于请求的，第三者有权就其应获赔偿部分直接向保险人请求赔偿保险金。

责任保险的被保险人给第三者造成损害，被保险人未向该第三者赔偿的，保险人不得向被保险人赔偿保险金。

责任保险是指以被保险人对第三者依法应负的赔偿责任为保险标的的保险。

案例评议

一、澄江供电有限公司、黄某触电人身损害责任纠纷案①

◆ **裁判规则**

在认定澄江供电有限公司是否应当承担侵权责任时，法院根据《侵权责任法》第7条的规定："行为人损害他人民事权益，不论行为人有无过错，法律规定应当承担侵权责任的，依照其规定。"第69条的规定："从事高度危险作业造成他人损害的，应当承担侵权责任。"第73条的规定："从事高空、高压、地下挖掘活动或者使用高速轨道运输工具造成他人损害的，经营者应当承担侵权责任。但能够证明损害是因受害人故意或者不可抗力造成的，不承担责任。被侵权人对损害的发生有过失的，可以减轻经营者的责任。"特殊侵权的案件，应适用无过错责任原则，即使高度危险作业者无过错，也应承担民事赔偿责任的规定，认为本案中任某3系被澄江供电有限公司所有的架空高压线电击死亡引起，属典型的触电人身损害责任纠纷，澄江供电有限公司作为引起任某3死亡的高压线路的产权所有人，对任某3的损害后果即使无过错亦应承担民事赔偿责任，因此，适用无过错责任原则认定澄江供电有限公司应当承担损害赔偿责任。

◆ **评议**

无过错责任原则是适应社会化大生产和大工业的发展而逐渐形成的、有利于保护受害人的归责原则，其有利于减轻被侵权人的举证负担，简化诉讼程序，保护弱势群体。那么在法律已经明确规定要适用无过错责任原则的情况下，一旦造成损害，就要推定行为人应当承担侵权责任、对损害负责，此时行为人如果想提出抗辩，就必须证明自己存在符合法定免责事由的情形。在因高压电致人损害的情形下，经营者就必须证明受害人存在故意，或者发生了不可抗力事件，才能免于承担责任；如果能够证明被侵权人对损害的发生也有过失的，则可以减轻经营者的责任。

那么在行为人是高压电经营者的情况下，被侵权人在明知大门上空架设有

① 云南省玉溪市中级人民法院民事判决书，(2017)云04民终245号。

高压线路，但在拖拉钢筋过程中未尽到谨慎注意义务，致钢筋接触到高压线引发触电事故的发生，也具有一定的过错，因此可以适当减轻供电公司的责任。

二、中铁四局集团第四工程有限公司、西峡县龙耀大鲵养殖有限公司噪声污染责任纠纷案①

◆ 裁判规则

在认定中铁四局集团第四工程有限公司是否应当承担侵权责任时，法院认为，根据《侵权责任法》第7条“行为人损害他人民事权益，不论行为人有无过错，法律规定应当承担侵权责任的，依照其规定”；第65条“因污染环境造成损害的，污染者应当承担侵权责任”；第66条“因污染环境发生纠纷，污染者应当就法律规定的不承担责任或者减轻责任的情形及其行为与损害之间不存在因果关系承担举证责任”，确定环境污染侵权责任适用无过错归责原则，污染者应当对法定免责事由及其污染行为与损害之间不存在因果关系承担举证责任。中铁四局集团第四工程有限公司不能提供噪声污染行为与原告大鲵伤、残、死和生长受影响之间不存在因果关系以及其他法定免责事由，应承担对其不利的法律后果，即承担相应的赔偿责任。

◆ 评议

在生态环境损害责任中，同样实行无过错责任的归责原则，行为人应当就法律规定的不承担责任或者减轻责任的情形及其行为与损害之间不存在因果关系承担举证责任。因此，行为人不能提供其噪声污染行为与受害人财产损害之间不存在因果关系以及其他法定免责事由时，依法应当承担对其不利的法律后果，对被侵权人承担损害赔偿责任。

第一千一百六十七条　【预防性责任形式】

侵权行为危及他人人身、财产安全的，被侵权人有权请求侵权人承担停止侵害、排除妨碍、消除危险等侵权责任。

---

① 安徽省南阳市中级人民法院民事判决书，（2017）豫13民终2415号。

本条来源

《侵权责任法》第二十一条规定：“侵权行为危及他人人身、财产安全的，被侵权人可以请求侵权人承担停止侵害、排除妨碍、消除危险等侵权责任。”

立法演变

《民法典侵权责任编草案》（一审稿）第九百四十六条规定：“侵权行为危及他人人身、财产安全的，被侵权人有权请求侵权人承担停止侵害、排除妨碍、消除危险等侵权责任。”此后无变化。

条文释义

本条是关于侵权责任承担方式中预防性责任形式的规定。即侵权行为人的行为对他人有危险之虞但却尚未真正造成损害时，行为人所应当承担的责任形式。

一、概述

关于承担侵权责任的方式，2009 年《侵权责任法》第 15 条列举了 8 种方式，即停止侵害；排除妨碍；消除危险；返还财产；恢复原状；赔偿损失；赔礼道歉；消除影响、恢复名誉。同时，《侵权责任法》又在第 21 条专门针对预防性的侵权责任方式作出了规定，所以在侵权行为危及他人人身、财产安全时，被侵权人有权请求侵权人承担的责任形式，正是《侵权责任法》第 15 条所列举的前三种责任形式。

《民法典》侵权责任编删除了《侵权责任法》第 15 条集中规定侵权责任的承担方式的规定，因为 2017 年《民法总则》专门对承担民事责任的方式作出了集中规定，这一规定在《民法典》总则编中被沿袭下来，即第 179 条：“承担民事责任的方式主要有：（一）停止侵害；（二）排除妨碍；（三）消除危险；（四）返还财产；（五）恢复原状；（六）修理、重作、更换；（七）继续履行；（八）赔偿损失；（九）支付违约金；（十）消除影响、恢复名誉；（十一）赔礼道歉。法律规定惩罚性赔偿的，依照其规定。本条规定的承担民事责任的方式，可以单独适用，也可以合并适用。”民法典总则编规定的民事责任形式能够普遍适用于民法典的各个部分，如合同编、物权编、侵权责任编等。如此一来，《侵权责任法》第 15 条的规定便与《民法典》总则编第 179 条的规定相重复了，所以《侵权责任法》第 15 条的规定便显得多余而被删掉，未在《民法典》侵权责任编中予以保留。

但是，该条对停止侵害、排除妨碍、消除危险这三种预防性的侵权责任方式却作出了保留规定，这是立法机关有意强调预防性侵权责任方式的重要性，也是对当代侵权法预防功能的重视。传统的侵权法重视侵权发生之后的损害赔偿功能，而当代侵权法则更加重视损害发生前的预防功能，这是通过对侵害的预防和制止，以及侵权法的教育功能来实现的。赔偿于后不如预防于前，事后补救不如事先防范，救水火于事后不如防祸患于未然。本条规定，凡是存在危及他人人身、财产安全的侵权行为，被侵权人均可以请求侵权人承担停止侵害、排除妨碍、消除危险等侵权责任，这充分赋予了被侵权人更为积极主动地预防损害发生或扩大的权利，更加有助于保护民事主体的合法权益，并且能够有效发挥侵权法的预防功能，减少损害的发生和扩大。

二、内容

侵权行为危及他人人身、财产安全的，被侵权人有权请求侵权人承担停止侵害、排除妨碍、消除危险等侵权责任。具体而言，“危及”是指侵权行为已经发生或客观存在，并且具有持续性，对被侵权人的合法权益形成一定的威胁或危险，但尚未造成损害后果，或者造成的损害后果比较轻微尚不严重。“人身、财产安全”是指人身权益和财产权益的正当保有和行使，例如隐私权、名誉权、物权等权利可能因他人的不当行为而遭受侵害。

在该条的责任形式中，“停止侵害”是指正在进行的行为对他人人身、财产造成了现实的损害或足以危及他人人身财产安全，受害人得依法请求行为人停止其行为。停止侵害的适用范围比较广泛，对于各种具有绝对性的权益均具有适用余地。此处的侵害必须是现实的、已经客观存在的，而不是尚不存在的、未来的可能性。当然，侵害行为并不限于导致现实损害的行为，还包括危险行为，即有致人损害之虞的行为。适用于停止侵害责任形式的侵权行为必须是持续性的侵权行为，如果是即时性的、一次性的侵权行为，一旦完成，损害即造成，侵权行为也完成，而且具有瞬间性，无法适用停止侵害的责任形式。持续性的侵权行为是指侵权行为已经发生且处于持续性状态，造成侵害的行为已经开始，但尚未结束，因此有必要予以及时制止，防止损害的进一步扩大。停止侵害可适用于各种侵权情形，但仅适用于各种正在进行的侵权行为，对于已经终止和尚未实施的行为不适用。所谓正在进行是指行为的进行状态尚未完成，或者侵害结果尚未出现或未完全出现的情况。如果正在进行的持续性侵权行为已经造成了被侵权人的损害，那么被侵权人可以同时主张侵权行为人对其进行损害赔偿和停止侵害，损害赔偿如赔偿损失等责任形式是针对已经造成的损害后果，而停止侵害是针对尚未造成损害后果、但有造成损害之虞的侵权行为。

“排除妨碍”是指侵权行为人的侵权行为导致他人无法行使或不能正常行使其人身、财产权益，受害人得请求行为人采取有效措施以排除此种妨碍。排除妨碍是侵权行为人的行为对他人的权益造成了妨碍，不利于他人权益的行使，但尚未造成现实侵害，所以是一种预防性的责任方式，其并不要求实际损害的发生。同时，妨碍也应当是对他人人身、财产安全的持续性的妨碍，不能是即时性的妨碍，因为瞬间发生、瞬间消灭的妨碍无法事后主张排除，所以妨碍不仅要是实际存在的，而且还必须是处于持续状态的，才能通过被侵权人行使侵权请求权而加以排除。

“消除危险”是指侵权行为人的侵权行为对他人的人身、财产安全形成了威胁，如果此种威胁持续存在则有较大的可能性会对他人人身或财产权益造成现实的侵害，因此，被侵权人有权请求侵权行为人采取有效的措施来消除此种危险。此处所讲的危险必须是现实存在的，而非被侵权人自己想象的。危险还必须是基于侵权行为人的侵权行为而导致，不能是他人正当行使权利而导致。危险尚未造成损害，但根据一般人的生活经验，或者依据常人的标准，这种危险持续下去有较大的概率会导致损害后果的真实发生，即确有可能会引发现实的损害后果。例如《最高人民法院关于贯彻执行〈中华人民共和国民法通则〉若干问题的意见（试行）》第 103 条就曾规定：“相邻一方在自己使用的土地上挖水沟、水池、地窖等或者种植的竹木根枝伸延，危及另一方建筑物的安全和正常使用的，应当分别情况，责令其消除危险，恢复原状，赔偿损失。”消除危险与排除妨碍存在一定的区别，危险不会造成他人权利行使的障碍，但具有对权利本身造成损害的较大可能性，而妨碍是对他人权利的正当行使形成了障碍和阻碍。消除危险与损害赔偿也有一定的区别，消除危险一般并未发生实际的损害后果，只是有发生损害之虞，而赔偿损失则要求实际发生了损害后果。所以当侵权行为人制造的危险已经转化为现实、导致损害已经发生，就不再适用消除危险的责任形式，而应当适用损害赔偿的责任形式。

法条关联

◆《民法典》总则编

第一百七十九条　承担民事责任的方式主要有：

（一）停止侵害；

（二）排除妨碍；

（三）消除危险；

（四）返还财产；

（五）恢复原状；

（六）修理、重作、更换；

（七）继续履行；

（八）赔偿损失；

（九）支付违约金；

（十）消除影响、恢复名誉；

（十一）赔礼道歉。

法律规定惩罚性赔偿的，依照其规定。

本条规定的承担民事责任的方式，可以单独适用，也可以合并适用。

案例评议

一、庞某与俞某大气污染责任纠纷案①

◆ **裁判规则**

在认定俞某是否存在侵权行为、是否应当承担侵权责任时，法院认为，公民在行使自由和权利的时候，不得损害国家、社会、集体的利益和其他公民的合法的自由和权利。环境侵权是一种特殊的侵权，其侵权行为既包括已造成他人人身、财产或者社会公共利益现实损害的行为，也包括尚未造成实际损害但足以危及他人人身、财产安全的行为。侵害客体既包括财产权益，也包括生命、健康权益，还包括社会公共利益。侵权后果不仅表现为已造成损害事实，也表

① 江苏省南京市中级人民法院民事判决书，（2018）苏01民终3986号。

现为尚未造成实际损害，但极有可能给他人造成损害的状态，具有潜伏性与滞后性。

本案中，上诉人与被上诉人作为同一幢楼同一单元的上下层的邻居，应当按照有利生产、方便生活、团结互助、公平合理的精神，正确处理通行、通风、采光等方面的相邻关系。相邻当事人之间一方正当行使权利时，另一方负有一定程度的容忍义务，但是该容忍限度不能超过一般人可容忍的限度，如果超出可容忍的限度，则需要打破一般原则对受侵犯的利益给予必要的保护。

具体到本案，被上诉人安装的冷凝式燃气暖浴两用炉工作时排放的白色烟气包括一氧化碳和氮氧化物有毒物质。一氧化碳极易与血红蛋白结合，形成碳氧血红蛋白，使血红蛋白丧失携氧的能力和作用，对全身的组织细胞均有毒性作用，尤其对大脑皮质的影响最为严重。氮氧化物包括多种化合物，如一氧化二氮、一氧化氮、二氧化氮等，环境中接触的氮氧化物主要为一氧化氮和二氧化氮，并以二氧化氮为主，氮氧化物都具有不同程度的毒性。从上诉人提供的视频光盘中可以看出，被上诉人排放的白色烟气通过上诉人的窗户进入室内，烟气中含有的一氧化碳和一氧化氮、二氧化氮等有毒气体也随之而入，长期排放足以危及上诉人及其家人的人身、财产安全，故被上诉人应当承担停止侵害、排除妨碍的民事责任。

◆ **评议**

侵权行为已经发生或客观存在，并且具有持续性的时候，行为人就应当承担停止侵害、排除妨碍、消除危险形式的侵权责任。停止侵害是请求行为人停止其行为；排除妨碍，是请求行为人采取有效措施不再导致他人无法行使或不能正常行使权利；消除危险是请求行为人采取有效措施消除其行为对他人的人身、财产安全形成的威胁。

本案中，行为人作为楼下住户，安装冷凝式燃气暖浴两用炉后，持续性地向楼上排出含有一氧化碳和氮氧化物有毒物质的白色烟雾，影响了被侵权人的健康，法院认定构成侵权，因此，行为人应当承担停止侵害、消除危险的侵权责任，改造其燃气暖浴两用炉排烟管道，以确保排出的烟气不进入被侵权人室内，逾期不能实现的，则由法院对该燃气暖浴两用炉排烟管道进行拆除。

二、吴某与侯某排除妨害纠纷案[①]

◆ **裁判规则**

在认定侯某是否应当承担侵权责任时，法院认为侯某将围墙扩建后，使吴某的大门形成了视觉死角，吴某大门内出入的人和在道路上过往的车辆的视线均受到阻挡，给吴某的家人出行造成了安全隐患。侯某扩建围墙的行为，对吴某的权利构成侵害，侯某应当将围墙进行拆除，排除对吴某生产生活的妨碍。

◆ **评议**

“排除妨碍”是指侵权行为人的侵权行为导致他人无法行使或不能正常行使其人身、财产权益，受害人得请求行为人采取有效措施以排除此种妨碍。妨碍不仅要是实际存在的，而且还必须是处于持续状态的，才能通过被侵权人行使侵权请求权而加以排除。本案中，行为人扩建围墙，使被侵权人的大门形成了视觉死角，为出行造成了安全隐患。故应当排除此种妨害，拆除遮挡视线部分的围墙，以消除被侵权人的出行隐患。

此外，适用停止侵害、排除妨碍、消除危险责任形式的侵权行为往往是持续性行为，侵害行为处于持续状态，被侵权人的权益遭受侵害的状态也处于持续状态，故请求停止侵害、排除妨碍、消除危险类的请求权不适用诉讼时效的规定。

第一千一百六十八条　【共同侵权】

二人以上共同实施侵权行为，造成他人损害的，应当承担连带责任。

本条来源

《侵权责任法》第八条规定：“二人以上共同实施侵权行为，造成他人损害的，应当承担连带责任。”

---

① 山西省阳泉市中级人民法院民事判决书，(2017) 晋03民终525号。

立法演变

《民法典侵权责任编草案》（一审稿）第九百四十七条规定："二人以上共同实施侵权行为，造成他人损害的，应当承担连带责任。"此后无变化。

条文释义

本条是关于狭义共同侵权责任的规定。

一、概述

（一）共同侵权的概念与分类

本条是关于具有主观意思联络的共同侵权行为之责任的规定，此类共同侵权行为也被称为主观的共同侵权行为或狭义的、典型的共同侵权行为，即由数个行为人共同实施侵权行为而造成了同一损害后果所应当承担的侵权责任。根据该条规定，共同侵权的责任形式为连带责任。在侵权责任法领域，单一责任主体对损害后果独自承担侵权责任的形态为常见形态，但二人以上的数个民事主体共同造成同一损害后果并对此承担连带责任的形态也不少见。

在我国民事立法传统上，从我国《民法通则》再到《侵权责任法》到《民法典》，以及最高人民法院的多部司法解释，可以把共同侵权分为广义和狭义两种。广义的共同侵权主要包括三种类型，即共同加害行为、共同危险行为、教唆与帮助行为。在广义上，这三种侵权行为都可以纳入共同侵权行为的范畴之中，具体而言，共同加害行为又被称为典型的共同侵权行为、狭义的共同侵权行为；共同危险行为又被称为准共同侵权行为，而教唆与帮助行为因其行为特征和后果而被视为共同侵权行为。

在现代社会的侵权行为中，侵权行为人为二人以上的数人的情形日益普遍，在数人共同侵权领域，如果要受害人证明数个侵权人各自的过错和因果关系，则会面临着举证上的困难，同时，裁判者在认定共同侵权行为人彼此之间的责任分担时，也较为困难，因此需要立法对共同侵权的裁判规则作出明确规定，事先设定共同侵权的责任承担方式，以保障受害人的合法权益，统一裁判结论，维护法治权威。

（二）共同侵权与单独侵权的区别

共同侵权与单独侵权存在如下区别：首先，在单独侵权中，实施侵权行为的主体为单数，即单一的民事主体实施了侵害他人合法权益的行为；而在共同侵权中，按照立法的术语表达，“二人以上”包括本数，因此数人侵权是指二人或者多于二人的数人共同实施的侵权行为。所以在共同侵权中，实施加害行为的主体为复数，即两人或两个以上的人对他人的合法权益实施了侵害。其次，单独侵权既然由单一民事主体实施，自然也就由单一民事主体作为责任人来承担侵权责任；而共同侵权的责任人自然也是复数责任人。最后，单独侵权体现的是个人责任主义，不存在责任人之间的责任划分问题；而共同侵权中，数个责任人应当就受害人的全部损害承担连带责任，并且在责任人内部存在着责任的划分问题。

二、内容

（一）共同侵权行为人的主观心态

本条所规定的共同侵权行为，是狭义上的、具有意思共同关联的共同侵权，所以在主观心态上，行为人之间具有共同的意思联络，包括共同故意和共同过失两种心态。首先，共同故意是指不仅每个行为人对其所实施的侵权行为都存在故意，而且行为人相互之间存在必要的共谋，即相互之间具有共同的意思联络行为，例如针对共同侵权行为而进行的共同谋划、协商、分工、合作配合等。其次，共同过失是指数个侵权行为人对于损害发生的可能性有一定的共同认识，虽然没有积极追求损害后果的发生，但却因为自身的过失如疏忽大意或盲目自信等，而对损害后果的发生存在共同的过失。可以说，共同过失是数个行为人对应当共同遵守、共同履行的注意义务存在共同违反的行为而导致损害后果的发生，从而各个行为人构成共同侵权行为。

（二）连带责任的功能与意义

依据本条规定，共同实施侵权行为而造成他人损害的，行为人应当承担连带责任。根据《民法典》总则编对连带责任的规定，连带责任必须由法律规定或者当事人约定，连带责任中的债权人，有权请求部分或者全部连带责任人承担责任，连带责任人的责任份额根据各自责任大小确定，难以确定责任大小的，互相平均承担责任，实际承担责任超过自己责任份额的连带责任人，有权向其他连带责任人追偿。简单地说，连带责任中的债权人（被侵权人、受害人）有权向连带责任人中的任何一人或数人请求赔偿部分或者全部的损失，而被请求的连带责任人不得以超出自己的责任份额为由对抗被侵权人的赔偿请求，当然，如果连带责任人中的一人或数人已全部赔偿了被侵权人的损失，则免除其他连带责任向被侵权人应负的赔偿责任。

可见，连带责任对于受害人的保障远较单独责任更为有利，所以学界一般认为，连带责任制度虽无保证之名，但在功能上有保证之实，甚至比一般保证的担保功能更强，其效果完全与连带责任保证相类似。连带责任作为法定连带债务的一种，其目的在于加重行为人（债务人）的责任，通过各个行为人都需对被侵权人承担赔偿责任的规定，实现了对被侵权人获得赔偿的保障，使被侵权人处于更为有利的地位。因为债权人可以向债务人中最具有清偿能力者主张债权，这样债权人就避开了其他不具有清偿能力的债务人清偿不能的风险，而把这一风险转嫁给了债务人中的清偿能力最强者。

例如，在被侵权人对侵权人提起侵权之诉时，被侵权人在不能找到所有侵权行为人时，或者发现有些侵权行为人财力不足时，可以选择对其中某个或者数个侵权行为人提起诉讼，此时由于连带责任是一种整体责任，所以被侵权人无需证明各个连带责任人之间的内部责任比例，便可以对自己的全部损失主张赔偿，而法院也无需认定各个责任人内部的责任份额划分，因为内部责任的认定和划分是另外一件诉讼所要解决的问题，除非在同一案件中承担了超出自己责任份额的连带责任人对其他连带责任人提起了追偿之诉，或者部分连带责任人另案提起了追偿之诉，法院才需要解决连带责任人内部的责任划分问题。如此，被侵权人就可以确保自己的债权得到实现，而无需顾及作为被告的债务人在对自己承担责任后如何向其他债务人追偿，以及其追偿能否实现的问题。

共同侵权中行为人连带责任的依据，在于各个行为人对于侵权造成的损害后果均具有共同的过错，这一共同的过错使数人的行为形成了一个统一的、不可分割的整体行为，也就是说，在数人共同侵权中，每个行为人的行为都属于造成损害后果的原因，所以各个行为人基于共同的过错都应当对损害后果共同承担责任，而共同承担责任的具体形式就是承担连带赔偿责任。

（三）连带责任的适用前提

对于行为人而言，连带责任是一种很重的共同责任，对于行为人的利益影响重大，所以除了当事人事先自愿作出约定以外，连带责任的适用必须以法律有明确规定为前提，而不能由法官在案件中自行决定适用或者自行类推适用。《民法典》总则编第 178 条第 3 款也强调“连带责任，由法律规定或者当事人约定”。在《民法典》中，侵权责任编以外的部分中规定连带责任的情形有：法人分立时，其权利和义务由分立后的法人享有连带债权，承担连带债务；复数设立人对法人未成立时的法律后果享有连带债权，承担连带债务；营利法人的出资人滥用法人人格而严重损害法人的债权人利益时，对法人债务承担连带责任；恶意串通的代理人和相对人对被代理人承担连带责任；违法事项的被代理人和知情代理人承担连带责任；不动产或动产的共有人对外享有连带债权、承担连带债务；连带责任保证人对债务人的债务承担连带责任；共同承揽人对定作人承担连带责任；复数受托人共同处理委托事务时，对委托人承担连带责任；合伙人对合伙债务承担连带责任。在侵权责任编中，规定连带责任的情形有：共同侵权行为人承担连带责任；共同危险行为人承担连带责任；无意思联络的数个侵权行为人承担连带责任；未及时采取必要措施的网络服务提供者与网络用户对扩大的损害承担连带责任；未采取必要措施的知情网络服务提供者与网络用户承担连带责任；挂靠机动车造成的交通事故，挂靠人和被挂靠人承担连带责任；转让人和受让人对转让拼装车、报废车的交通事故承担连带责任；盗抢机动车的行为人与机动车使用人对交通事故承担连带责任；所有人将高度危险物交由他人管理时有过错的，与管理人承担连带责任；未尽到高度注意义务的所有人、管理人，与高度危险物的非法占有人一起承担连带责任；建筑物倒塌致人损害的，建设单位与施工单位承担连带责任。

（四）共同侵权行为人连带责任的效力层次

共同侵权行为人所承担的连带责任的效力可以分为对外效力和对内效力两个层次。在对外效力上，连带责任是侵权行为人对被侵权人的整体责任，各个连带责任人都有义务就部分或者全部的损害赔偿对被侵权人承担赔偿责任，每个连带责任人都对被侵权人的赔偿请求承担全部责任，而被侵权人享有选择权，其既可以请求连带责任人承担部分赔偿责任，也可以请求连带责任人承担全部赔偿责任。在对内效力上，连带责任人的责任份额根据各自责任的大小来确定相应的赔偿数额，这种责任大小的确定，主要是考虑各个行为人的过错程度和原因力，在有些情况下还要考虑行为人是否从中获利以及行为人的责任承担能力等情况。如果连带责任人内部难以确定彼此责任大小的，则在各个责任人之间平均承担责任。实际承担责任超过自己责任份额的连带责任人，有权向其他连带责任人追偿。这种内部的追偿，在法律上产生了一种新的债务即追偿之债，追偿之债属于法定之债、分担之债，其中已经对被侵权人承担了责任的人是债权人，未承担责任或未承担相应责任的人是债务人，债务人应当按照自己的责任份额，向已承担赔偿责任的连带责任人进行补偿，这种连带责任人之间的追偿，是对最终侵权责任的实现。

法条关联

◆《民法典》总则编

第一百七十八条 二人以上依法承担连带责任的，权利人有权请求部分或者全部连带责任人承担责任。

连带责任人的责任份额根据各自责任大小确定；难以确定责任大小的，平均承担责任。实际承担责任超过自己责任份额的连带责任人，有权向其他连带责任人追偿。

连带责任，由法律规定或者当事人约定。

◆《最高人民法院关于审理人身损害赔偿案件适用法律若干问题的解释》

第三条 二人以上共同故意或者共同过失致人损害，或者虽无共同故意、共同过失，但其侵害行为直接结合发生同一损害后果的，构成共同侵权，应当依照民法通则第一百三十条规定承担连带责任。

二人以上没有共同故意或者共同过失，但其分别实施的数个行为间接结合发生同一损害后果的，应当根据过失大小或者原因力比例各自承担相应的赔偿责任。

案例评议

一、李某、梁某等与陈某1、陈某2生命权、健康权、身体权纠纷案[①]

◆ **裁判规则**

在认定陈某与陈某1是否构成共同侵权、是否应承担连带责任时，根据《侵权责任法》第8条“二人以上共同实施侵权行为，造成他人损害的，应当承担连带责任”的规定。成立共同侵权的要件包括：(1) 加害主体为二人或以上；(2) 加害

① 广东省江门市中级人民法院民事判决书，(2016) 粤07民终1569号。

行为的协作性；(3) 主观意思的共同性；(4) 损害结果的统一性。

陈某纠集陈某1在内的数人持械聚众斗殴，其明知自己的行为有可能产生伤害他人的后果，仍然纠集数人参加聚众斗殴。陈某、陈某1主观上均对聚众斗殴行为侵害他人身体健康存在认识上的故意，且陈某、陈某1相互之间具有共同的意思联络。客观行为上，陈某虽未直接与受害人李某1有打斗行为，但陈某通过打电话等方式实施了纠集陈某1到现场帮忙打斗的行为，陈某1到现场后实施了持刀刺伤受害人李某1的行为，二人的行为互相分担、彼此支持，结合为一个侵权行为整体。损害结果上，陈某纠集陈某1在内的数人聚众斗殴，陈某、陈某1应当预见到斗殴过程中可能产生伤害他人身体健康甚至生命的后果，并未超出陈某、陈某1共同意思的目的范围。综上，陈某与陈某1符合共同侵权的构成要件，陈某与陈某1对李某1的人身损害构成共同侵权，陈某与陈某1应承担连带责任。

◆ **评议**

二人以上共同实施侵权行为，其存在行为上的共谋和主观上的意思联络，当造成他人损害时，复数行为人应当承担连带责任。本案中，在斗殴事件中，无论是直接实施持刀伤人的行为人，还是打电话进行通知、纠集的行为人，其相互之间存在共同的故意，具有意思联络和目的通谋，所以构成共同侵权行为，应当对损害后果承担连带责任。

二、张某与冯某饲养动物损害责任纠纷案①

◆ **裁判规则**

在认定张某侵权责任的承担问题时，法院根据查明的事实，冯某的右腿受大黄狗挤压，致使其身体失去重心，之后又因小黑狗撞击其左腿，导致其双脚无法着力，最后摔倒，因此，冯某的摔倒是因大黄狗和小黑狗的行为直接结合导致的。依照《最高人民法院关于审理人身损害赔偿案件适用法律若干问题的解释》第3条第1款“二人以上共同故意或者共同过失致人损害，或者虽无共同故意、共同过失，但其侵害行为直接结合发生同一损害后果的，构成共同侵权，应当依照民法通则第130条规定承担连带责任”的规定，冯某的受伤是因

① 湘西土家族苗族自治州中级人民法院民事判决书，(2013) 州民一终字第147号。

大黄狗和小黑狗行为直接结合导致的，两者构成共同侵权，因此，张某应承担连带赔偿责任。

另外，因冯某未起诉小黑狗的饲养人或管理人，本院对大黄狗与小黑狗之间内部责任不予划分，张某可另行解决，待两者之间的内部划分责任确定后，张某就超出自己赔偿数额的部分，有权向小黑狗的饲养人或管理人追偿。

◆ **评议**

二人以上共同实施侵权行为，不仅包括复数行为人的行为直接造成他人损害，也包括复数行为人的物品造成他人损害，还包括部分行为人的行为与部分行为人的物品相结合造成他人损害的情况。只要复数行为人存在共同的过错，就应当承担连带责任。本案中，行为人管理的狗与其他人的狗发生追逐，共同造成被侵权人受伤的后果，因此两个动物的管理人应当对损害承担连带赔偿责任。

既然是连带责任，被侵权人作为债权人，有权选择全部责任人履行赔偿责任，也有权仅选择部分甚至单一行为人主张赔偿责任。承担责任的行为人，事后可以根据其内部责任份额，就超出其份额的部分向其他责任人进行追偿，但行为人不能以此种追偿权对抗债权人。

第一千一百六十九条　【教唆、帮助行为】

教唆、帮助他人实施侵权行为的，应当与行为人承担连带责任。

教唆、帮助无民事行为能力人、限制民事行为能力人实施侵权行为的，应当承担侵权责任；该无民事行为能力人、限制民事行为能力人的监护人未尽到监护职责的，应当承担相应的责任。

本条来源

《侵权责任法》第九条规定："教唆、帮助他人实施侵权行为的，应当与行为人承担连带责任。教唆、帮助无民事行为能力人、限制民事行为能力人实施侵权行为的，应当承担侵权责任；该无民事行为能力人、限制民事行为能力人的监护人未尽到监护责任的，应当承担相应的责任。"

立法演变

《民法典侵权责任编草案》（一审稿）第九百四十八条规定："教唆、帮助他人实施侵权行为的，应当与行为人承担连带责任。教唆、帮助无民事行为能力人、限制民事行为能力人实施侵权行为的，应当承担侵权责任；该无民事行为能力人、限制民事行为能力人的监护人未尽到监护职责的，应当承担相应的责任。"此后无变化。

条文释义

本条是对教唆、帮助行为的侵权责任规定。

一、概述

在教唆、帮助行为中，行为的主体是教唆人和帮助人，他们对行为人进行了教唆和帮助，因此构成侵权。至于实际从事了对他人侵害行为的行为人是否需要承担侵权责任，则取决于行为人是否具有侵权责任能力。如果行为人具有责任能力，则教唆人或帮助人与行为人承担连带责任；如果行为人本身是无民事行为能力人或限制民事行为能力人的，则由教唆人和帮助人来承担侵权责任，行为人不承担侵权责任，但如果在此过程中其监护人监护失职的，则要承担相应的监护责任。

因此，当教唆、帮助的对象是完全民事行为能力人时，教唆人、帮助人和行为人构成共同侵权，此种共同侵权是有意思联络的共同侵权，属于狭义的共同加害型的共同侵权；当教唆、帮助的对象是无民事行为能力人或限制民事行为能力人时，则不构成共同侵权，而是属于教唆人、帮助人单独实施的侵权行为。

（一）教唆与帮助的含义

教唆是指基于某种目的而对他人的意志施加影响，使他人产生实施侵权行为的决意，并付诸行动。教唆是就特定目的而对他人的意志产生影响，致使他人实施侵权行为，所以教唆人在我国台湾地区"民法"上，也被称为"造意人"。教唆的方式和手段很多，例如使唤、唆使、劝说、利诱、收买、怂恿、威胁等，只要是能够让他人产生实施侵权行为决意的，都可以构成教唆。所以教唆人与被教唆人之间不一定会形成侵权行为的通谋，只要教唆人通过教唆，使他人产生了实施侵权行为意思决定，并付诸实施即可。教唆必须有具体的指向，教唆人针对特定的对象，教唆他人实施侵权行为。所以教唆与泛泛的传播犯罪思想、危害他人的思想等的区别就在于，教唆是有针对性地使他人实施特定的侵权行为，而后者虽然可能诱导他人实施违法犯罪行为，但教唆本身并不针对不特定对象实施特定的侵权行为。这一区分在刑法中体现得更为明显。

帮助，是指基于过错而为他人的侵权行为提供帮助的行为。帮助的方式有很多种，常见的是为行为人提供物质上的帮助，例如提供加害工具、创造加害条件、排除加害障碍、对行为人提供窝藏、包庇条件等。帮助也可以是精神上、心理上的帮助，例如对行为人予以鼓励和支持。但这种精神和心理上的帮助，很容易和教唆混淆，两者的区别在于，教唆是让原本没有侵权意愿的人产生实施侵权行为的决意，如果行为人已经产生了具体的侵权意愿，而帮助人只是促使行为人自身的侵权意愿更为坚定，则不属于教唆，而属于帮助。

（二）教唆、帮助完全民事行为能力人的侵权责任

本条第 1 款规定，“教唆、帮助他人实施侵权行为的，应当与行为人承担连带责任。”这里的行为人指的就是完全民事行为能力人。教唆、帮助完全民事行为能力人实施侵权行为，教唆人和帮助人所承担的侵权责任与狭义的共同侵权行为是一样的，需要与行为人承担连带责任。从责任构成要件来看，教唆、帮助完全民事行为能力人实施侵权行为的侵权责任要件是：第一，教唆人或帮助人对他人实施了教唆、帮助的行为，即教唆人、帮助人必须在客观上对他人进行了教唆、帮助的行为；第二，被教唆人在接受教唆、帮助之后，实施了相应的行为，并给他人造成了损害。民事侵权强调损害后果，这与刑法不太一样。因此，民法上的教唆帮助行为，教唆人、帮助人要承担侵权责任，一个条件是行为人实施了侵权行为并给他人造成了损害，如果行为人最终未实施被教唆和帮助的侵权行为，则教唆人和帮助人就无需承担侵权责任。但是在刑法上，根据《刑法》第 29 条的规定：“教唆他人犯罪的，应当按照他在共同犯罪中所起的作用处罚。教唆不满十八周岁的人犯罪的，应当从重处罚。如果被教唆的人没有犯被教唆的罪，对于教唆犯，可以从轻或者减轻处罚。”因此，即使被教唆人最终未实施被教唆的行为，此时教唆人仍然可能成立教唆罪，但在犯罪形态上构成未遂犯罪，仍然要承担刑事责任，只不过可以从轻或减轻处罚。第三，教唆人、帮助人和行为人三者都具有过错。行为人虽然是被教唆、被帮助的人，但其对自己所实施的侵权行为通常具有故意的心态，如果教唆人、帮助人也是

出于故意的心态，那么在行为人给他人造成损害时就会构成教唆、帮助的共同侵权行为，三者需要对受害人承担连带赔偿责任。而如果教唆人、帮助人的教唆和帮助行为是出于过失而非故意，此时教唆人、帮助人是否应当与行为人一起构成共同侵权，则存在不同的认识。我国台湾地区裁判实务及学者认为此时可以构成共同侵权，例如在“过失教唆：屋顶滴水修缮案”和“过失帮助：出借汽车予无驾驶执照未成年人案”中，相关判决均认为基于过失的教唆和帮助造成他人损害时，教唆者、帮助者也得以和受教唆者和被帮助者一起承担连带责任。[①] 我国台湾地区学者常列举的一个例子是：银行职员出于过失而将一张银行单据交给行为人，行为人伪造数据填写单据后向银行冒领了钱款。此时出于过失的银行职员与出于故意的行为人之间构成了帮助行为与被帮助的行为，台湾地区学者认为此时也可以构成共同侵权。也有大陆学者举例，如甲谎称自己的车钥匙丢失而请求乙专业开锁公司为其开锁，乙公司工作人员未查验甲的证件便为甲打开了他人的汽车门锁，从而造成他人的汽车被盗。此时乙公司工作人员出于过失，但甲出于故意，两者结合起来造成他人的财产损失。学者认为此时两者不构成基于帮助的共同侵权，而构成无意思联络的数人侵权，但是在结果上一致，即均是承担连带责任。第四，教唆、帮助行为与实行行为之间存在因果关系。教唆、帮助行为是针对具体对象的教唆和帮助，因此行为人所实施的行为应当是被教唆、被帮助的具体行为，所以教唆与帮助行为虽然没有直接损害他人权益，但却通过行为人的实行行为而给他人的权益造成了损害，故教唆、帮助行为与他人的损害结果之间存在因果关系，此种因果关系属于相当因果关系，即教唆与帮助行为在实质上提高了损害结果发生的可能性，或者说按照常人的标准来判断，教唆与帮助行为与他人损害后果的发生之间具有因果联系即可。

（三）教唆、帮助无民事行为能力人、限制民事行为能力人的侵权责任

本条第二款规定：“教唆、帮助无民事行为能力人、限制民事行为能力人实施侵权行为的，应当承担侵权责任；该无民事行为能力人、限制民事行为能力人的监护人未尽到监护职责的，应当承担相应的责任。”该款实际上是规定了被教唆和帮助的对象是无民事行为能力人、限制民事行为能力人时，教唆人、帮助人和无民事行为能力人、限制民事行为能力人监护人的责任。

---

① 参见王泽鉴：《侵权行为》（第三版），北京大学出版社 2016 年 4 月版，第 442－443 页。

根据《民法典》总则编的规定，无民事行为能力人包括三种类型的民事主体：第一种是不满8周岁的未成年人；第二种是8周岁以上、18周岁以下的不能辨认自己行为的未成年人；第三种是不能辨认自己行为的成年人。也就是说，8周岁以下的儿童当然是无民事行为能力人；8周岁以上的未成年人本来是限制民事行为能力人，但如果其不能辨认自己的行为，则仍然是无民事行为能力人；年满18周岁的成年人本来应该是完全民事行为能力人，但如果不能辨认自己行为的，也属于无民事行为能力人。凡是属于无民事行为能力人的，则由其法定代理人代理实施民事法律行为。

类似地，限制民事行为能力人也包括两种类型的民事主体：第一种是8周岁以上的未成年人；第二种是不能完全辨认自己行为的成年人。对于限制民事行为能力人而言，除了纯获利益的民事法律行为或者与其年龄、智力、精神健康状况相适应的民事法律行为可以由其独立实施以外，其他的民事法律行为都需要由其法定代理人代理或者经其法定代理人同意和追认。

由民法典总则编的规定可以看出，无民事行为能力人和限制民事行为能力人一般不具有独立作出决定的意思能力，所以也不能独立承担民事法律责任。当被教唆和帮助的对象是无民事行为能力人、限制民事行为能力人时，他们其实是被教唆人和帮助人当作了实施侵权行为的工具，因此，当造成他人的损害后果时，应当由教唆人和帮助人来承担侵权责任，而不存在教唆人、帮助人与无民事行为能力人、限制民事行为能力人之间的连带责任。

根据《民法典》总则编的规定，无民事行为能力人、限制民事行为能力人的监护人是其法定代理人，代无民事行为能力人和限制民事行为能力人实施民事法律行为。监护人还应当照顾、保护、监督、教育无民事行为能力人和限制民事行为能力人。当无民事行为能力人和限制民事行为能力人被他人教唆或帮助而从事了侵害他人权益的行为时，往往表明此时的监护人未尽到监护义务，疏于对被监护人进行监管。否则，一旦发现有人试图教唆或帮助被监护人从事不当行为时，监护人就应当立即予以制止，不至于最终造成他人的损害后果。所以该条第二款规定，当被教唆或帮助的无民事行为能力人、限制民事行为能力人的监护人未尽到监护职责的，应当承担相应的责任。

根据《民法典》总则编的规定，未成年人的监护人是其父母，当父母已经死亡或者没有监护能力的，则由（1）祖父母、外祖父母；（2）兄、姐；（3）经未成年人住所地的居民委员会、村民委员会或者民政部门同意的其他愿意担任监护人的个人或者组织来按照顺序担任监护人。无民事行为能力或者限制民事行为能力的成年人的监护人顺序为：（1）配偶；（2）父母、子女；（3）其他近亲属；（4）经被监护人住所地的居民委员会、村民委员会或者民政部门同意的其他愿意担任监护人的个人或者组织。

对无民事行为能力人、限制民事行为能力人进行教唆和帮助的，教唆人、帮助人本应承担全部的侵权责任，如果该监护人也有过错并承担相应的责任，该责任与教唆、帮助人的责任应构成按份责任，因为监护人的过错和教唆人的过错均对损害的发生具有原因力，两者应当承担各自过错所对应的损失。因此，监护人未尽到监护责任时承担的“相应的责任”，属于过错责任、按份责任，并不是要监护人与教唆人、帮助人一起承担连带责任，而是承担与其未尽到监护职责的过错相适应的责任即可。监护人承担的责任属于自己的责任，应当根据其过错的大小来确定责任的轻重。同时，被侵权人对监护人未尽监护责任的事实要负担举证责任。例如，成年人甲对走在放学回家路上 7 岁的小孩乙说：“你敢砸丙家的玻璃，我就给你一颗糖。”于是乙捡起石头扔了出去，砸烂了丙家的玻璃。那么对于丙的损失，应当由谁承担？此时，虽然实施扔石头砸玻璃行为的是乙，但由于乙是无民事行为能力人，而且是基于甲的教唆才实施这一行为，故应当由教唆人甲承担侵权赔偿责任。同时，由于这一行为发生在乙放学回家的途中，而且具有瞬时性，其监护人难以监管，所以监护人没有未尽到监护义务的情形，故由甲对丙的损失单独承担全部赔偿责任。

同时，根据《民法典》侵权责任编第 1188 条第 2 款的规定，“有财产的无民事行为能力人、限制民事行为能力人造成他人损害的，从本人财产中支付赔偿费用；不足部分，由监护人赔偿”。那么确定监护人“相应的责任”的具体赔偿数额之后，如果无民事行为能力人、限制民事行为能力人有财产的，则从其本人财产中支付赔偿费用，不足部分，由监护人赔偿。如果无民事行为能力人、限制民事行为能力人没有财产的，则直接由监护人以自己的财产来承担该部分责任。例如，在一个案例中，徐某年满 16 岁，但患有轻微的精神疾病，故属于限制民事行为能力人。一天，成年人田某逗徐某玩，怂恿徐某拿石头砸人，徐某便捡起一块石头向身边的王某砸去，将王某头部砸伤，导致王某缝合 3 针，住院 7 天共花费医疗费 3000 元。王某出院后，拿着医疗费单据找徐某的父母和田某要求赔偿，但遭到拒绝，于是王某将田某和徐某的父母告上法庭要求双方赔偿医疗费。经审理，法院判决田某对王某的损失承担70%的赔偿责任，赔偿王某2100元，认为徐某的父母未尽到监护义务，需承担30%的赔偿责任，赔偿王某900元。那么在本案中，田某作为教唆人，是完全民事行为能力人，徐某作为被教唆人，是限制民事行为能力人，徐某在田某的教唆下对王某实施了侵权行为，造成了王某的损害，田某和徐某构成共同侵权，但田某应承担主要的民事责任。而徐某的父母作为徐某的监护人，放任患有精神疾病的徐某在外游荡伤人，未尽到监督、看管、保护的监护义务，故也应当对徐某给他人造成的损害后果承担相应的民事责任，这一部分责任被法院认定为30%，由于徐某自身无财产，故由徐某的父母以其财产进行赔偿。

法条关联

◆《民法典》总则编

第一百七十八条 二人以上依法承担连带责任的，权利人有权请求部分或者全部连带责任人承担责任。

连带责任人的责任份额根据各自责任大小确定；难以确定责任大小的，平均承担责任。实际承担责任超过自己责任份额的连带责任人，有权向其他连带责任人追偿。

连带责任，由法律规定或者当事人约定。

◆《刑法》

第二十九条 教唆他人犯罪的，应当按照他在共同犯罪中所起的作用处罚。教唆不满十八周岁的人犯罪的，应当从重处罚。

如果被教唆的人没有犯被教唆的罪，对于教唆犯，可以从轻或者减轻处罚。

案例评议

一、刘某a、刘某b财产损害赔偿纠纷案①

◆ **裁判规则**

在认定刘某3、刘某2是否应当承担侵权责任时，法院根据廉江市公安局石

① 广东省湛江市中级人民法院民事判决书，(2016)粤08民终943号。

角派出所所查明的情况，以及《侵权责任法》第9条第2款“教唆、帮助无民事行为能力人、限制民事行为能力人实施侵权行为的，应当承担侵权责任；该无民事行为能力人、限制民事行为能力人的监护人未尽到监护责任的，应当承担相应的责任”的规定，认为在本案中刘某3教唆无民事行为能力人刘某1向刘某a、刘某b的水井投放污染液体，故应当由刘某3承担侵权责任；虽然该侵权行为是由刘某1直接实施的，但刘某a、刘某b并未提供证据证明刘某1的监护人刘某2未尽到监护责任，故刘某a、刘某b主张刘某2承担侵权责任于法无据，法院不予支持。

◆ **评议**

当教唆、帮助的对象是无民事行为能力人或限制民事行为能力人时，不构成共同侵权，而是属于教唆人、帮助人单独实施的侵权行为，应当由教唆人、帮助人承担侵权责任。但如果此时实施侵权行为的无民事行为能力人、限制民事行为能力人的监护人也存在未尽到监护职责的情形的，监护人也应当承担相应的责任。本案中，行为人提供侵权工具并教唆年仅8周岁的未成年人对他人实施侵权行为，在此过程未成年人的监护人并不知情，被侵权人也未能证明监护人存在未尽到监护职责的情形，因此应当由行为人单独承担侵权责任。

二、陈某1与蔺某1生命权、健康权、身体权纠纷案①

◆ **裁判规则**

在认定蔺某1、王某1和李某1是否应当承担侵权责任时，法院认为，根据《侵权责任法》第9条的规定：“教唆、帮助他人实施侵权行为的，应当与行为人承担连带责任。教唆、帮助无民事行为能力人、限制民事行为能力人实施侵权行为的，应当承担侵权责任；该无民事行为能力人、限制民事行为能力人的监护人未尽到监护责任的，应当承担相应的责任。”蔺某1、王某1在双方发生争执得到平息后，未能理智、妥善和冷静地去化解矛盾，而是采取了过激且不当的方式，上前在陈某1臀部各踢了一脚，当在张某1犹豫不决时，敦促张某1再次采取斗殴的行动，将事态激化并扩大，进而致张某1与陈某1相互殴打中侵害了陈某1的身体健康权；李某1虽未直接参与斗殴事件，但其为张某1致

① 甘肃省庆阳市中级人民法院民事判决书，(2012) 庆民终字第13号。

伤陈某1提供了工具，故其三人对张某1伤害陈某1并致残均具有一定的原因力，为张某1实施侵害陈某1的行为提供了帮助。因而，其三人与张某1对陈某1实施了共同侵权行为，作为共同侵权行为人应当对受害人因此遭受的身体损害承担法定侵权民事赔偿责任。

◆ 评议

教唆是指基于某种目的而对他人的意志施加影响，使他人产生实施侵权行为的决意，并付诸行动。教唆的形式很多，只要是能够让他人产生实施侵权行为决意的，都可以构成教唆。帮助，是指基于过错而为他人的侵权行为提供帮助的行为。帮助可以是精神上、心理上的帮助，也可以是提供工具等物质上的帮助。本案中，行为人直接实施了侵权行为，但其他行为人为其提供了精神支持，起到了帮衬作用，还有的行为人为其递去侵权工具，导致被侵权人遭受严重身体损害的后果。因此，其他未直接实施侵害行为的参与人，构成对侵权行为的教唆和帮助行为，各个行为人应当承担连带责任。法院在判决中既明确指出了各个行为人所应当承担的赔偿数额，同时又明确指出各个行为人应当相互承担连带责任，这一做法既不影响被侵权人债权人的实现，又有利于一并解决事后各个责任人内部追偿的份额确定问题，值得肯定。

第一千一百七十条　【共同危险行为】

二人以上实施危及他人人身、财产安全的行为，其中一人或者数人的行为造成他人损害，能够确定具体侵权人的，由侵权人承担责任；不能确定具体侵权人的，行为人承担连带责任。

本条来源

《侵权责任法》第十条规定："二人以上实施危及他人人身、财产安全的行为，其中一人或者数人的行为造成他人损害，能够确定具体侵权人的，由侵权人承担责任；不能确定具体侵权人的，行为人承担连带责任。"

立法演变

《民法典侵权责任编草案》（一审稿）第九百四十九条规定："二人以上实

施危及他人人身、财产安全的行为，其中一人或者数人的行为造成他人损害，能够确定具体侵权人的，由侵权人承担责任；不能确定具体侵权人的，行为人承担连带责任。”此后无变化。

条文释义

本条是对共同危险行为的规定。

一、概述

（一）共同危险行为的概念

共同危险行为也称为“准共同侵权行为”，是指数个行为人实施了危及他人权利的行为，并给他人造成了损害，但无法确定究竟谁是具体加害人，为保障受害人权益，从而要求数个行为人对受害人承担连带赔偿责任的法律规定。例如，几名小学生放学路上经过一条小河时，各自玩耍，均捡起石头片儿向河对面打水漂，其中有一个石头片儿从水面飞起击中正在河对岸洗手的一名小学生的眼睛，导致其失明。此时无法确定造成损害的石头片儿究竟是哪个小学生投出，故要求一起打水漂的几名小学生各自的监护人对受害人承担连带赔偿责任。

该条其实规定了两种情形：第一种情形是普通的侵权行为，即二人以上实施了可能危及他人人身、财产安全的行为，其中只有一人或数人的行为给他人造成了损害，但能够确定造成损害的具体行为人，那么就由该名或数名行为人承担侵权责任，这是一种单独侵权行为；第二种情形才是本条的核心和关键，即共同危险行为，那就是二人以上实施了危及他人人身、财产安全的行为，其中一人或者数人的行为造成了他人的损害后果，但在事后无法确定具体的侵权人，因此要求所有行为人共同承担连带赔偿责任。

可见共同危险行为是面对数人从事了具有侵害他人权益之虞的危险行为的情形下，当受害人无法对谁是具体加害人的事实进行举证时，法律为了保护受害人、避免因其无法举证而承担不利的诉讼后果，而作出的特别规定，即推定每个行为人的行为均与损害后果之间具有因果关系，从而要求他们承担连带赔偿责任。不过，既然这一规定是一种法律上的推定，那么就应当允许被推定者进行反证，即如果这些行为人中有人能够证明自己的行为确实未造成受害人的损害后果，那么他就可以免于承担赔偿责任，而由其他的行为人继续承担连带赔偿责任；或者行为人能够证明损害后果是被侵权人自己的行为所导致，亦得以免除行为人的责任。

（二）共同危险行为侵权责任的理论基础

共同危险行为的规定，是防止那些无辜的受害人在因非可归责于自己的原因而无法证明损害后果与侵害行为的因果关系时，无法获得救济。因为共同危险的规定，虽然对行为人而言，未必公正，因为真正造成损害的行为可能仅是其中一名行为人的行为，但最终却导致其他人均要承担连带责任，不免过于严苛。然而，这种不公正与将举证责任完全交给受害人导致的不公正相比，其不公正程度相对较弱一些。因为行为人从事了共同危险行为，本身就可能对他人的人身、财产权益造成损害，这一行为本身就具有可谴责性，而受害人则是无辜的，其并未从事任何危险行为或侵害行为，但却遭受了人身或财产权益的损害。如果要求其完成举证责任才能获得赔偿，则必将在事实上被置于无法获得赔偿的境地，这一结果无疑是极不公正的。两害相权取其轻，故法律对各个行为人从事的危险行为与损害后果之间的因果关系进行了推定，在具体加害人不明时，要求凡是从事了危险行为的行为人均对受害人的损害承担连带赔偿责任，是相对较为合理的做法。在罗马法上，类似的制度是“倒泼和投掷责任之诉”，即“如果从建筑物中落下或投出的任何物品在公共场所造成损害，住户无论是否具有过错，均可受到‘落下物或投掷物致害之诉’的追究，被要求双倍地赔偿损失”。[①] 这一制度是罗马法为了解决道路两边高楼居民向下泼水或投掷物品伤人却无法找到具体加害人的责任问题，其解决方案是：“建筑物的占有人对从该建筑物中向公共场所投掷或者倾倒的任何物品所造成的损害承担双倍赔偿责任，不管有关的投掷行为或者倾倒行为是由谁实施的。”[②] 并且，“同一房间的数名房客将负连带责任”。[③] 这种“倒泼和投掷责任之诉”所形成的法律后果也构成一种债，其性质属于准私犯。罗马法上的这一制度与我们今天的共同危险行为制度有一定相似之处，可以说是这一制度的滥觞。

---

① ［意］彼德罗·彭梵得：《罗马法教科书》，黄风译，中国政法大学出版社 1992 年 9 月版，第 405 页。

② ［英］巴里·尼古拉斯：《罗马法概论》，黄风译，法律出版社 2004 年 3 月版，第 240 页。

③ ［意］彼德罗·彭梵得：《罗马法教科书》，黄风译，中国政法大学出版社 1992 年 9 月版，第 406 页。

二、内容

（一）共同危险行为的构成要件

共同危险行为的构成要件包括如下几个方面：

第一，数个行为人之间没有意思联络。共同危险行为的主体具有复数性，即二人以上，这一点与狭义的共同侵权即共同加害行为是一样的，但是，共同加害行为要求各个行为人之间是基于共同的过错而共同实施了侵权行为，各个行为人之间具有相互间的意思联络。但共同危险行为的各个行为人之间，则并没有共同的意思联络，对于所实施的加害行为也缺乏共同的认识。还以上文所举小孩打水漂伤人案为例，如果案例中的数名小孩不是各自分头玩耍打水漂伤人，而是共同玩耍、约定打水漂比赛，在明知对岸有人时仍然比赛看谁能打到对岸，结果将对岸一名小孩的眼睛打伤，此时就不是共同危险行为，而是狭义的共同侵权行为。行为人之间没有意思联络，是指虽然每个行为人在主观上均存在故意或者过失，从而实施了具有危险性的行为，但数名行为人之间则并无共同的意思联络，也没有商定侵害方案，而是各自独立地实施了危险行为，对于损害后果并没有共同的认识和追求，各个行为人甚至可能并不知道其他行为人的存在。例如，一名猎人在野外追踪一头鹿良久，准备伺机猎杀之，待鹿终于停下来吃草时，猎人悄然扣动扳机，但同时响起了两声枪响，原来也有另外一名猎人潜伏于附近的灌木丛之中，但鹿在枪响前警觉逃走，两位猎人均未能击中鹿，却击中了不远处一名路过的行人，无法鉴别究竟是谁的子弹击中了路人，此时两位猎人并无任何意思联络，但在时间和空间上共同从事了开枪的危险行为，构成共同危险行为，应当对损害后果承担连带责任。

第二，共同实施了危险行为。所谓“危险行为”，是指会危及他人人身、财产安全的行为，即每一行为人的行为均具有致他人人身损害或者财产损失的可能性，并且在实际上最终发生了损害结果，虽然这一实际损害后果仅是数名行为人中的一人或者数人的行为而造成的。此处的“危险行为”与高度危险责任中的危险，还不太一样，危险行为中的行为，往往还是一般的人的行为，最常见的就是投掷物品的行为，这与高度危险中由于工业文明而带来的高空、高压、高速、剧毒、核辐射等危险不同，后者大多是物品本身所具有的高度危险性。既然共同危险行为中的数名行为人不能基于共同的意思联络而实施危险行为，那么此处的“共同”就与狭义共同侵权行为即共同加害行为中的“共同”

有所不同。共同危险行为中的共同，是一种时间或空间上的共同参与，也就是说，在损害结果发生之后，将可能造成损害后果的行为纳入考察范围的时间和空间之中。例如，在美国法上，为解决药物潜在缺陷致人损害无法确定加害人的问题，法院创设出根据当时产品的市场份额来承担损害赔偿责任份额的做法，各个药品生产者被视为“共同”实施了危险行为，构成了危险共同体。

第三，造成了他人权益受损的后果。这一要件与一般侵权行为的要件相同，即造成了他人人身权益或财产权益受损的结果。

第四，无法确定具体加害人，即加害人不明。在损害后果发生后，能够确定行为人的范围，但是无法进一步明确究竟是哪一名或数名行为人的行为造成的损害后果，即具体侵权人无法查明。也就是说，从因果关系的角度来观察，受害人受损害的后果必然是实施了共同危险行为中的一人或数人的行为而造成，但究竟是谁的行为实际造成损害结果的，这一事实却难以认定。这种无法查明具体侵权人的状态，是共同危险行为案件裁判中的疑难之处，也是共同危险行为法律制度诞生的原因。无法查明具实主要是基于当时的侦查技术、物证技术而难以查明，或者可以查明但所耗成本过大而不宜在民事案件中采用，因此，为解决受害人的赔偿问题，法律规定，在此类案件的责任承担上，不能确定具体侵权人的，则由实施了共同危险的行为人一起承担连带赔偿责任。例如，甲、乙违章采石，各自在公路两边的山上开山放炮采石，罔顾山下公路上车辆来往和行人安全，结果有一次两人又实施爆破采石，飞落的一个石块将正好从公路上路过的一辆汽车砸坏并导致车上人员受伤。此时难以确定砸到汽车的石块究竟是甲的爆破采石行为而产生的，还是基于乙的爆破采石行为而产生的，但甲、乙两人的行为均足以造成山下公路上通行者的人身、财产损害，甲和乙的行为就属于共同危险行为，应当承担连带赔偿责任。

在 2009 年《侵权责任法》颁布之前，《民法通则》在民事责任部分只规定了共同侵权行为的责任，没有规定共同危险行为的责任。因此，在司法实务中造成法官寻找大前提的困难。在被认为是国内最早适用共同危险行为法理认定连带责任的一起案例中，法官大胆采用学者的主张，确认共同危险行为的连带责任，做出了判决，较好地处理了案件的纠纷，并在司法中树立了通过共同危险行为的侵权规则来处理这类案件的范例，对后续相关司法裁判规则的确立和推动我国侵权法律制度的完善具有重要的意义。在该案中，被告傅某、曹某、吴某三人均为儿童，无民事行为能力，原告马某某、张某某系夫妻，原被告为同一幢高层住宅楼的住户。1992 年 2 月 22 日下午 5 时许，傅某、吴某、曹某三人一起在该楼 15 层电梯走道间玩耍，各拿起一只酒瓶，分别从电梯走道间北面破损的玻璃窗空洞中往下扔投。此时原告马某某怀抱 2 周岁的儿子马某从该楼房的底层大门往外走，楼上坠下的一只酒瓶砸在马某的头上，致马某当场昏迷，经医院抢救无效于 2 月 24 日凌晨死亡，损失医药费等费用 1.1 万余元。原告起诉到法院，要求 3 名被告傅某、曹某、吴某各自的法定代理人赔偿医药费和精神损害等损失。由于无法确定击中受害人的酒瓶究竟系三名行为人中的哪一名所投掷，故法院认定本案的性质是共同危险行为，并参照适用共同侵权行为的法律规定，判决三个行为人的法定代理人承担连带赔偿责任。

（二）共同危险行为中的举证责任

共同危险行为的关键是举证责任的分配，在一般的侵权纠纷中，归责原则为过错责任原则，故原告须承担举证责任，证明自己受有损害、侵权行为人具有过错、侵权行为与损害结果之间存在因果关系等，才能获得法院的支持。那么如果按照一般侵权纠纷的举证责任，则共同危险行为中的受害人根本无法指认具体的侵权行为人，从而无法获得赔偿，这等于是纵容了共同危险行为。在《侵权责任法》颁布之前，最高人民法院 2001 年发布的《最高人民法院关于民事诉讼证据的若干规定》[①] 第 4 条对此就曾规定："下列侵权诉讼，按照以下规定承担举证责任：……（七）因共同危险行为致人损害的侵权诉讼，由实施危险行为的人就其行为与损害结果之间不存在因果关系承担举证责任……"也就是说，在共同危险行为的裁判中，已经实现了举证责任的倒置，受害人无需确定具体的加害人，而只需要确定可能的加害人范围，即指定共同危险行为人即可，然后由实施危险行为的人来证明自己的行为与损害结果之间不存在因果关系，如果能够完成这一举证，则可以免于承担侵权责任，否则就应当承担侵权责任。自《侵权责任法》到《民法典》侵权责任编对于共同危险行为的规定，理论上也就包含了这一举证规则。事实上，在共同危险行为中，受害人要证明其损害后果究竟是哪位具体加害人的行为所导致是很困难的，而反过来，参与

① 该司法解释已经根据 2019 年 10 月 14 日最高人民法院审判委员会第 1777 次会议《关于修改〈关于民事诉讼证据的若干规定〉的决定》而做出修正。

共同危险行为的行为人要想证明损害后果不是自己的行为所造成的，也同样困难。因此，“举证之所在，败诉之所在”，举证责任的倒置也就意味着立法已经对双方之间的风险分配做出了设计，对于受害人进行了倾斜保护。

在责任承担上，如果能够查明造成损害的具体行为人，无论是一名还是数名，则由其对受害人承担赔偿责任。但更多的是无法查明具体行为人的情形，此时，由从事共同危险行为的行为人对受害人承担连带赔偿责任。这一连带赔偿责任，适用连带责任的一般规则，即权利人有权请求部分或者全部连带责任人承担责任。由于共同危险行为中，行为人内部其实也并不清楚造成损害的具体行为人，因此内部的责任份额往往也难以分清，那么，根据连带责任的一般规定，连带责任人内部难以确定责任大小的，则数人平均承担责任。如果在完成对受害人的赔偿之后，共同危险行为人内部得知或查明了具体行为人，则其他承担了赔偿责任的行为人有权向具体行为人进行追偿。

法条关联

◆《最高人民法院关于审理人身损害赔偿案件适用法律若干问题的解释》

第四条 二人以上共同实施危及他人人身安全的行为并造成损害后果，不能确定实际侵害行为人的，应当依照民法通则第一百三十条规定承担连带责任。共同危险行为人能够证明损害后果不是由其行为造成的，不承担赔偿责任。

案例评议

一、储某与陆某、殷某生命权、健康权、身体权纠纷案①

◆ **裁判规则**

在认定关于陆某是否应对储某的损失承担连带责任时，法院认为，根据《侵权责任法》第10条“二人以上实施危及他人人身、财产安全的行为，其中一人或者数人的行为造成他人损害的，能够确定具体侵权人的，由侵权人承担责任；不能确定具体侵权人的，行为人承担连带责任”的规定，本案中，陆某与储某存在邻里纠纷，陆某带着殷某等人前往储某家中讨要说法，在双方理论

① 江苏省常州市中级人民法院民事判决书，（2016）苏04民终1927号。

的过程中发生肢体冲突，导致储某受伤。常州市钟楼区人民法院（2015）钟刑初字第296号刑事判决，已经明确侵害储某的主体为殷某，故殷某在承担刑事责任的基础上，依法还应承担相应的民事责任。在已经确定了具体侵权人的前提下，陆某对储某的损失不必承担连带责任。

◆ **评议**

在共同危险的责任承担上，如果能够查明造成损害的具体行为人，无论是一名还是数名，则由其对受害人承担赔偿责任。只有在不能确定具体侵权人时，复数行为人之间才承担连带责任。本案中，虽然是因为邻里纠纷，两名行为人上门并在争执中造成了被侵权人受伤的后果，但由于能够查明具体实施侵害行为的仅是其中一名行为人，故被侵权人要求两名行为人对其承担连带赔偿责任的诉求，未得到法院的支持，法院仅判定由已查明的、具体实施侵权行为的行为人单独承担侵权责任。

二、刘某1、刘某2侵权责任纠纷案①

◆ **裁判规则**

在认定刘某2、刘某3、刘某4是否应当承担侵权责任时，法院认为，根据《侵权责任法》第10条："二人以上实施危及他人人身、财产安全的行为，其中一人或者数人的行为造成他人损害，能够确定具体侵权人的，由侵权人承担责任；不能确定具体侵权人的，行为人承担连带责任。"第13条："法律规定承担连带责任的，被侵权人有权请求部分或者全部连带责任人承担责任。"引发本案火灾发生的原因是当地村民到涉案众厅祭祖、点香蜡，其行为均属于引发火灾的共同危险行为。瑞金市公安消防大队是经《消防法》授权的火灾救援、火灾原因调查的行政主管部门，其就本案事故作出的《火灾事故简易认定书》应作为本案认定事实的依据。结合上诉人刘某2、刘某3、刘某4在一审期间的陈述，足以认定3人在事发前均到涉案众厅祭祖、点香蜡，实施了引发火灾的共同危险行为。在不能确定其他共同危险行为人的情况下，上诉人刘某1以能够确定的共同危险人作为被告，向3人主张权利符合法律规定，并无不当。

---

① 江西省赣州市中级人民法院民事判决书，（2018）赣07民终4025号。

◆ **评议**

火灾是共同危险行为的高发领域，当火灾可能是由潜在的数个行为人的原因而引起时，那么数个行为人就可能构成共同危险行为，如果无法确定造成火灾的具体行为人的，则数个行为人要承担连带责任。

本案中，有3名行为人先后在案涉失火房屋门口点香蜡进行了祭拜，且房屋门口堆放了松针等杂物，消防部门只能确定起火原因并非由于雷击、人为放火、电器线路故障，但无法排除可能因外来火源、遗留火种（点香蜡）等引起火灾，更无法确定究竟是3家中的哪一家的祭拜行为引起的火灾。在此情形下，法院认为3名行为人的行为构成共同危险行为，并判决3名行为人对于火灾的损害承担连带赔偿责任。

第一千一百七十一条 【分别侵权承担连带责任】

二人以上分别实施侵权行为造成同一损害，每个人的侵权行为都足以造成全部损害的，行为人承担连带责任。

本条来源

《侵权责任法》第十一条规定：“二人以上分别实施侵权行为造成同一损害，每个人的侵权行为都足以造成全部损害的，行为人承担连带责任。”

立法演变

《民法典侵权责任编草案》（一审稿）第九百五十条规定：“二人以上分别实施侵权行为造成同一损害，每个人的侵权行为都足以造成全部损害的，行为人承担连带责任。”此后无变化。

条文释义

本条与《民法典》侵权责任编第1172条一起，构成了对无意思联络的数人侵权的制度规定，而本条是侧重对聚合因果关系类型的无意思联络数人侵权的规定。

一、概述

（一）无意思联络数人侵权的概念

共同侵权行为，可以分为主观的意思联络共同加害行为和客观的行为关联共同加害行为。前者即基于共同的主观过错和意思联络而进行的数人共同侵权行为，即典型的共同侵权行为，也被称为主观的共同侵权行为，为《民法典》侵权责任编第1168条所规制。客观的行为关联共同加害行为是指并非基于共同的主观过错和意思联络，而是基于各个加害行为是造成损害的共同原因这一行为上的客观关联而构造的非典型共同侵权制度，故也被称为客观的共同侵权行为。客观的行为关联共同加害行为要求行为人对于同一损害后果承担连带赔偿责任，可以避免出现受害人就同一损害后果获得多次赔偿的不合理局面。

（二）无意思联络数人侵权的分类

从概念上讲，无意思联络的数人侵权，是指数人并非基于共同故意而分别实施侵权行为，造成了他人同一损害后果的情形。正是由于无意思联络的数人侵权虽然被归为共同侵权，但行为人之间却没有共同侵权中共同故意的意思联络，与典型的共同加害行为所构成的共同侵权不同，故此种侵权虽然也属于共同侵权行为，但学者大多不愿将之称为无意思联络的共同侵权，而是宁愿称之为无意思联络的数人侵权，仅强调主体的复数性，不愿强调共同性。

无意思联络数人侵权具有一些共同的特征：第一，各行为人无共同过错；第二，各行为人的行为偶然结合造成对受害人的同一损害；第三，在责任后果上，采用连带责任或按份责任。无意思联络的数人侵权与上一条文规定的共同危险行为不同，因为在共同危险行为中，具体的行为人即致害人其实是不明确的，而无意思联络的数人侵权中，侵权人则是明确的，主体的明确与否也决定了行为与后果之间因果关系的存在与否。此外，根据民法典的规定，两者责任的形式也有所不同，无意思联络的数人侵权，行为人承担的责任形式可能是连带责任，也可能是按份责任，而共同危险行为中的行为人承担的责任形式只有连带责任。

无意思联络数人侵权可以分为聚合因果关系的无意思联络数人侵权和竞合因果关系的无意思联络数人侵权两类，对应的法律规定分别是《民法典》侵权责任编的第1171条和第1172条。

聚合因果关系的无意思联络数人侵权，是指二人以上分别实施侵权行为造成同一损害，每个人的侵权行为都足以造成全部损害的，行为人承担连带责任。这一类无意思联络数人侵权中，每个行为人独立的行为均足以造成全部的损害后果，即各侵权人的行为均为发生损害后果的直接原因，每一独立的侵权行为均具有造成全部损害后果的原因力。这就意味着各个行为人的行为可以相互替代，但损害结果的同一性并不会因此而发生改变。那么这种侵权行为中的行为与后果之间的因果关系，就被称为聚合因果关系或等价因果关系，其形式上是各等价因果关系的聚合，而非各原因力的累积或叠加。也就是说，每个人的侵权行为都足以造成全部的损害后果，而不是各个行为人的侵害行为加起来才能造成最终的损害后果。

二、内容

（一）聚合因果关系的无意思联络数人侵权责任的构成要件

本条所规定的聚合因果关系的无意思联络的数人侵权责任的构成要件为：

第一，数个行为人之间无意思联络。首先，行为主体具有复数性，为二人以上。根据《民法典》附则第1259条的规定，民法所称的“以上”、“以下”、“以内”、“届满”，包括本数；所称的“不满”、“超过”、“以外”，不包括本数。那么“二人以上”无疑也包括正好二人和多于二人的情形。此外，数行为人之间没有意思联络，即不存在关于从事侵害行为的共同过错，这种过错形式主要是共同故意，特殊情况下也包括共同过失。或者说，每个行为人在实施侵权行为之前和实施侵权行为的过程之中，并没有与其他行为人进行意思联络，例如共同商议谋划，也没有认识到还有其他人也在实施类似的侵权行为。

第二，数个行为人分别实施了侵权行为。分别实施侵权行为是没有意思联络的行为特征，因为彼此之间没有意思联络和整体方案，所以各自分别实施了侵权行为，每一行为人的行为都是独立的，不构成预谋的侵权行为的一部分，因此每个行为人都可以独立构成侵权行为。对于侵权行为的判断，则适用关于侵权行为成立要件的一般规则。

第三，造成了同一损害。也就是说，损害后果具有同一性，即数个侵权行为所造成的损害的性质是相同的，均是人身权益的损害或者均是财产权益的损害，而且损害的内容具有关联性。例如，甲购买了乙生产的电热水器，担心热水器漏电而影响自身安全，甲同时又购买了丙生产的漏电保护器。然而，电热水器因存在设计缺陷而发生漏电，漏电保护器因质量不过关而没有发挥漏电保护作用，致甲在沐浴时触电身亡。此时乙和丙的行为均造成了甲人身伤亡的后果，两者的行为便属于造成了同一损害的侵权行为。

第四，每个行为人的侵权行为都足以造成全部损害。每个侵权行为是否足以造成全部损害，是区别本条和第1172条的关键。足以造成全部损害中的“足以”，是指每个行为人的行为都具备造成全部损害后果的可能性，而并不要求每个侵权行为都实际上造成了全部损害。每个人的行为，即便没有其他侵权行为的共同作用，其分别独立的单个侵权行为也有可能造成全部的损害后果。事实上，从损害后果上也难以清晰判断并分清谁的行为造成了多大程度的损害，而只能从行为的性质和危险程度判断该行为是否可能造成这一损害后果。也就是说，各个侵权人的行为都是发生损害后果的直接原因、都具有造成全部损害后果的原因力，所以各个人的行为可以相互替代，而损害结果的同一性并不因此发生改变。例如前述电热水器漏电案例中，电热水器和漏电保护器都具有缺陷，并且都足以发生漏电致人死亡的情形，所以从甲的死亡后果无法推断乙的产品缺陷和丙的产品缺陷究竟是如何发生作用的，但无论如何，电热水器漏电或者漏电保护装置任何一者不能发挥防止漏电的作用，家用电流均足以导致使用人的死亡，或者说乙和丙的两种产品若有一个是合格产品，就能够起到安全保护作用，不至于造成甲的死亡后果，但乙和丙的缺陷产品均足以造成全部损害后果的发生，其行为与后果之间存在聚合因果关系、等价因果关系。经常列举的例子还有不同的人对同一栋房屋放火，造成房屋被烧毁的后果，任何一个人的放火行为在当时的现场环境下都足以造成房屋烧毁的结果，则也是属于不同人的行为均足以造成全部损害。

（二）聚合因果关系的无意思联络数人侵权的责任形式

在责任形式上，聚合因果关系的无意思联络数人侵权的责任形式为连带责任，符合本条规定的责任要件时，数个行为人就应当对损害后果承担连带责任。连带责任的含义和司法适用，与前文所讲述的共同侵权中的连带责任相同，于此不再赘述。

法条关联

◆《民法典》总则编

第一百七十八条 二人以上依法承担连带责任的，权利人有权请求部分或者全部连带责任人承担责任。

连带责任人的责任份额根据各自责任大小确定；难以确定责任大小的，平均承担责任。实际承担责任超过自己责任份额的连带责任人，有权向其他连带责任人追偿。

连带责任，由法律规定或者当事人约定。

案例评议

一、青岛嘉凯城房地产开发有限公司、崔某财产损害赔偿纠纷案①

◆ 裁判规则

在认定开发商以及装饰公司的侵权责任时，法院认为，根据《侵权责任法》第11条“二人以上分别实施侵权行为造成同一损害，每个人的侵权行为都足以造成全部损害的，行为人承担连带责任”的规定，本案中，厨房地暖主管道一处直立部分与交付房屋地面相交点处有一处针孔状小孔漏点导致被上诉人厨房地面渗水造成被上诉人及案外人王某某的财产损失，而可能造成地暖管道出现问题的或是装饰公司装修不当，或是开发商提供的管道有质量问题等，每一种侵权行为都足以造成损害的，应由行为人承担连带责任，故由开发商以及装饰公司承担连带责任。

◆ 评议

在聚合因果关系的无意思联络数人侵权中，每个行为人独立的行为均足以造成全部的损害后果，即各侵权人的行为均为发生损害后果的直接原因，每一独立的侵权行为均具有造成全部损害后果的原因力。这就意味着各个行为人的行为可以相互替代，但损害结果的同一性并不会因此而发生改变。虽然数个行为人之间并没有共同的意思联络，但每个人的侵权行为都足以造成全部损害，

① 山东省青岛市中级人民法院民事判决书，（2018）鲁02民终10292号。

此时行为人应当承担连带责任。本案中，因新房地暖管道存在渗漏，导致房屋漏水并给他人造成损失，但漏水的原因，既可能是开发商的建造问题，也可能是装饰公司的装修问题，法院委托建筑设计研究院对现场进行勘查，但由于地暖管道渗漏点位置已经不是原始状态，无法对其作出渗漏原因鉴定。因此造成损害的真实原因无法查明，但是无论是开发商的原因，还是装饰公司的原因，都有可能造成管道渗漏，并都足以造成目前的损害状况，因此法院判决两者承担连带责任。

二、北京京谷京环环境服务有限公司等与李某生命权、健康权、身体权纠纷案[①]

◆ 裁判规则

在认定刘某小吃店、京谷京环公司的侵权责任时，法院认为，根据《侵权责任法》规定，二人以上分别实施侵权行为造成同一损害，每个人的侵权行为都足以造成全部损害的，行为人承担连带责任，本案系刘某小吃店泼水导致路面结冰而造成李某摔伤，亦是京谷京环公司未能及时有效清扫路面结冰导致李某摔伤，刘某小吃店、京谷京环公司的行为均足以导致李某摔伤，且造成了李某摔伤这一同一损害结果，故刘某小吃店、京谷京环公司应当对李某的损害结果承担连带责任。

◆ 评议

聚合因果关系的无意思联络数人侵权中，数个行为人并没有共同实施侵权行为的意思联络，但各个行为人的行为都具有足以造成全部损害后果的可能性。本案中，被侵权人在早上骑电动车经过一段道路时，因该段道路结冰而滑倒受伤。关于导致路面结冰的原因，法院查明系人为泼水导致，并且监控视频显示泼水来自距离摄像头最近的一家小吃店，同时泼水行为发生在凌晨两点，而环卫公司于早晨5点应当对该路段进行清扫作业，这表明环卫公司并没有对涉案结冰路面进行处理或有效处理。因此，小吃店泼水的行为和环卫公司疏于清扫作业的行为，都是导致涉案路面结冰的原因，都可能造成全部损害后果。故法院判决小吃店和环卫公司应当对被侵权人的损害结果承担连带责任。

---

① 北京市第三中级人民法院民事判决书，（2018）京03民终10506号。

第一千一百七十二条　【分别侵权承担按份责任】

二人以上分别实施侵权行为造成同一损害，能够确定责任大小的，各自承担相应的责任；难以确定责任大小的，平均承担责任。

本条来源

《侵权责任法》第十二条规定："二人以上分别实施侵权行为造成同一损害，能够确定责任大小的，各自承担相应的责任；难以确定责任大小的，平均承担赔偿责任。"

立法演变

《民法典侵权责任编草案》（一审稿）第九百五十一条规定："二人以上分别实施侵权行为造成同一损害，能够确定责任大小的，各自承担相应的责任；难以确定责任大小的，平均承担赔偿责任。"

《民法典侵权责任编草案》（三审稿）第九百五十一条规定："二人以上分别实施侵权行为造成同一损害，能够确定责任大小的，各自承担相应的责任；难以确定责任大小的，平均承担责任。"此后无变化。

条文释义

该条仍是无意思联络数人侵权的规定，是对竞合因果关系的无意思联络数人侵权的规定。这一规定也被称为分别侵权行为制度，即关于分别实施侵权行为承担按份责任的规定。

一、概述

竞合因果关系，也被称为累积因果关系或部分因果关系，是指损害后果是数个行为人的行为累积在一起所造成的，单个行为人的行为无法造成如此后果。

竞合因果关系的无意思联络数人侵权，就是指数个行为人之间无意思联络而分别实施了侵权行为，结果造成了被侵权人的同一损害。这就与前一条文规定的聚合因果关系的数人无意思联络侵权不同，因为聚合因果关系的数人无意思联络侵权中，每一个行为人的行为都足以造成全部损害后果的发生。

《最高人民法院关于审理人身损害赔偿案件适用法律若干问题的解释》第3

条第2款曾规定："二人以上没有共同故意或者共同过失，但其分别实施的数个行为间接结合发生同一损害后果的，应当根据过失大小或者原因力比例各自承担相应的赔偿责任。"这一司法解释的规定，是侵权责任法及民法典中关于竞合因果关系的无意思联络数人侵权制度的来源。

二、内容

（一）竞合因果关系的无意思联络数人侵权责任的构成要件

竞合因果关系的无意思联络数人侵权责任的构成要件包括如下几方面：

第一，数个行为人之间无意思联络。这一点与前一条文的要件相同，即要求数个行为人之间没有意思联络，不形成通谋，所以不构成狭义上的共同侵权行为。

第二，数个行为人分别实施了侵权行为。这同样要求数个行为人的行为是独立的，即各个行为人是基于各自的、个别的故意或者过失的主观过错实施了侵害他人民事权益的行为。这也是各个行为人之间无意思联络下的必然结果，各自的行为不能作为整体行为的组成部分而存在。

第三，数个行为人的行为造成了同一损害。这一要件与前一条文中"造成同一损害"的含义相同。如果数个侵权行为造成的损害后果不同、可以明显区分，则不属于无意思联络数人侵权制度所需要解决的问题。

第四，数个侵权行为是损害结果发生的共同原因或者竞合原因。竞合因果关系也被称为部分因果关系，是说各个行为人的行为只是造成最终损害后果的部分原因，是各个行为人的行为结合起来才造成了最终的严重后果。数个行为人行为的结合，从损害后果上看，存在两种情况，即能够分清各个行为的原因力和无法分清各个行为的原因力两种情况。前者是指数个行为人的侵权行为相互结合、构成损害结果的共同原因，其原因力不可分。后者是指数个行为人的侵权行为偶然结合并互相发生作用，导致了同一损害后果的发生，各个行为分别构成损害后果发生的直接原因或者间接原因，其原因力是可分的。前一种情形中的因果关系也被称为累积的因果关系，后一种情形中的因果关系也被称为竞合的因果关系。

（二）竞合因果关系的无意思联络数人侵权的责任形式

在责任形式上，竞合因果关系的无意思联络数人侵权的责任形式为按份责任，而非连带责任。也正是基于此种无意思联络数人侵权中的原因力存在能够分清各个行为的原因力和无法分清各个行为的原因力两种情况，该条规定还将按份责任细分为能够确定责任大小的情形和无法确定责任大小的情形两种。能够确定各个行为人的责任大小的，行为人各自承担相应的责任；难以确定各个行为人责任大小的，平均承担赔偿责任。

这就是说，在竞合因果关系的无意思联络数人侵权中，要对损害后果进行原因力的分析，看哪部分损害是由哪些行为人的行为造成的，因为这种侵权行为造成的损害后果，不是单一的侵权行为所能够造成的，而是数个行为人在无意思联络下共同造成的，所以一般可以进行因果力的倒推拆解分析。此即学者所言的，“若被害人遭数人侵害受有多重损害，自应先就其‘全部损害’一一拆解，分别找出应对各该‘部分损害’负责之加害人，令各该加害人于各该‘部分损害’范围内负责”。①

“能够确定责任大小”，是指根据各行为人主观上的过错程度和比例，以及其行为与损害后果之间原因力大小而能够确定出各自责任的大小。“难以确定各个行为人责任大小”，是指面对造成的损害结果，难以分清各个行为人的主观过错比例或者难以区分各个行为与损害后果之间原因力的大小，而无法按照比例划分责任，此时为公平起见，只能要求各个行为人平均承担赔偿责任。所以在处理竞合因果关系的无意思联络数人侵权案件时，只能由法官根据案件的具体情况，对各个行为人的过错程度、原因力的大小比例进行斟酌权衡，来确定各个行为人的责任份额。

法条关联

◆《最高人民法院关于审理人身损害赔偿案件适用法律若干问题的解释》

第三条 二人以上共同故意或者共同过失致人损害，或者虽无共同故意、共同过失，但其侵害行为直接结合发生同一损害后果的，构成共同侵权，应当依照民法通则第一百三十条规定承担连带责任。

二人以上没有共同故意或者共同过失，但其分别实施的数个行为间接结合发生同一损害后果的，应当根据过失大小或者原因力比例各自承担相应的赔偿责任。

① 陈聪富：《中国大陆民法侵权责任编评析》，载《月旦民商法杂志》2019 年第 64 期，第 161 页。

案例评议

一、林某、杨某医疗损害责任纠纷案①

◆ 裁判规则

在认定三明市第二医院就患者死亡应承担责任的比例时，法院认为，根据西南政法大学司法鉴定中心“三明市第二医院对林某某的诊疗行为有过错，建议为共同因素。(有过错、共同因素：指医疗行为存在过错，损害后果由医疗行为与患方自身或其他因素共同造成，但不能区分双方因素所作用的大小)”的鉴定意见及《侵权责任法》第12条“二人以上分别实施侵权行为造成同一损害……难以确定责任大小的，平均承担赔偿责任”之规定，三明市第二医院应承担50%的赔偿责任。

◆ 评议

竞合因果关系的无意思联络数人侵权中，数个行为人无意思联络而分别实施了侵权行为，造成了被侵权人的同一损害后果，并且各个行为人的行为只是造成最终损害后果的部分原因，互相结合起来才造成了最终的严重后果，因此对于竞合因果关系的无意思联络数人侵权，应当根据各个行为人的过错而分别承担责任，属于按份责任，无法分清责任大小时，平均承担责任。

本案中，被侵权人先是驾驶轻型厢式货车追尾碰撞重型半挂牵引车，造成自己受伤，且自身负事故的主要责任，随后，在被送往医院就医治疗过程中，手术存在瑕疵，导致被侵权人腹腔重度感染、全身器官衰竭而死亡。经过司法鉴定，认为医院对被侵权人的十二指肠损伤手术方式选择不当，术后未能及时发现病情恶化，以及患者自身伤情较重的因素，最终造成患者治疗无效而死亡。死亡后果是医疗行为与患方自身或其他因素共同造成，鉴定意见认为诊疗行为和患者自身原因为死亡的共同因素。在此基础上，法院认为被侵权人自身在交通事故中所受损伤与医疗过错结合起来造成了其死亡的后果，并因此认定医疗机构承担50%的赔偿责任。

① 福建省三明市中级人民法院民事判决书，(2017)闽04民终135号。

二、重庆元飞建设（集团）有限公司、张某追偿权纠纷①

◆ **裁判规则**

在认定张某、元飞公司各自的侵权责任比例时，法院认为，根据《侵权责任法》第12条关于“二人以上分别实施侵权行为造成同一损害，能够确定责任大小的，各自承担相应的责任……”之规定，按照双方过错大小，张某应当承担60%的责任、元飞公司承担40%的责任。

◆ **评议**

二人以上分别实施侵权行为造成同一损害时，构成竞合因果关系的无意思联络数人侵权，如果能够确定各个行为人责任大小的，则行为人各自承担相应的责任。本案中，元飞公司租用张某压路机一台，并约定由张某提供操作人员进行作业。张某本人亲自操作压路机作业两个月后，开始雇用不具备特种机械操作资格的李某继续操作压路机在工地上作业，发生操作事故，导致李某受伤死亡。

对于李某死亡的赔偿责任，法院认为，张某违反合同约定聘请无资质的李某到工地上操作压路机，其明知不具备特种机械操作资格的人员操作压路机在工地上作业存在一定的安全隐患仍然违反合同约定，故其对涉案事故的发生以及李某的死亡存在过错，应承担主要责任。而元飞公司既未对李某操作压路机的资质进行必要审查，在李某为涉案工地进行作业的数月期间亦未对其资质提出异议，又未在涉案事故发生时充分履行现场安全管理和指挥义务，因此也存在相应的过错，应承担次要责任。最后法院按照双方过错大小，判定张某承担60%的责任、元飞公司承担40%的责任。

第一千一百七十三条　【过失相抵】

被侵权人对同一损害的发生或者扩大有过错的，可以减轻侵权人的责任。

---

① 贵州省遵义市中级人民法院民事判决书，（2019）黔03民终2220号。

本条来源

《侵权责任法》第二十六条规定："被侵权人对损害的发生也有过错的，可以减轻侵权人的责任。"

立法演变

《民法典侵权责任编草案》（一审稿）第九百五十二条规定："被侵权人对同一损害的发生有过错的，可以减轻侵权人的责任。"

《民法典侵权责任编草案》（二审稿）第九百五十二条规定："被侵权人对同一损害的发生或者扩大有过错的，可以减轻侵权人的责任。"此后无变化。

条文释义

该条是对过失相抵的规定。

一、概述

（一）过失相抵的概念与沿革

被侵权人自身对于损害后果的发生也存在过错的，侵权行为人有权据此主张减轻其责任，这种抗辩被称为过失相抵。过失相抵制度在大陆法系民法中也被称为"与有过失"，在英美法系的侵权法中则被称为"比较过失""比较过错""助成过失"等。

免责事由，即免责和减轻责任的事由，是指导致行为人的侵权责任不成立或得以减轻的法律事实。过失相抵是侵权法上免责事由的一种。根据该条规定，过失相抵的法律后果仅得以减轻侵权人的责任，而不能免除其责任；关于免除侵权人责任的规定，则应当通过《民法典》侵权责任编第 1174 条有关受害人故意的规定来实现。

早在 1986 年《民法通则》第 131 条即规定："受害人对于损害的发生也有过错的，可以减轻侵害人的民事责任。"此后，该条为《侵权责任法》所沿袭，规定在其第三章"不承担责任和减轻责任的情形"之中，在编纂《民法典》过程中，将《侵权责任法》第三章并入了《民法典》"侵权责任编"第一章"一般规定"之中，并且该条也作出了修改。《侵权责任法》第 26 条的规定是："被侵权人对损害的发生也有过错的，可以减轻侵权人的责任。"在《民法典》

中被修改为："被侵权人对同一损害的发生或者扩大有过错的，可以减轻侵权人的责任。"修改之处在于，一是强调了被侵权人的过错必须是相对于同一损害后果而言的过错，进一步限定了"损害"的范围，强调了受害人过错与损害的直接关联和对应关系；二是扩大的过失相抵的适用范围，不仅对于损害的发生可以适用，而且对于损害的扩大也可以适用。

（二）过失相抵的理论基础

过失相抵是基于公平理念而产生的免责事由，侵权人造成被侵权人的损害固然值得谴责，但如果受害人对于损害的发生或者扩大也具有故意或者过失，甚至是较为明显的过错，此时如果仍然要求侵权人承担全部赔偿责任而受害人无需承担任何责任，则无异于纵容了受害人的过错，这是不公平的，也无法实现对属于被侵权人部分的过错的惩戒。因此，无论是大陆法系还是英美法系，被侵权人对于损害的发生或扩大存在过错时，均得以据此减轻或者免除侵权人的赔偿责任。

二、内容

（一）过失相抵的构成要件

过失相抵的构成要件包括：

第一，侵权人的行为与被侵权人的行为是导致损害发生或扩大的共同原因。过失相抵是侵权法上的免责事由，因此，发生侵权行为仍然是这一制度适用的前提条件，也就是说，存在侵权人对被侵权人的侵害行为，并造成了被侵权人民事权益的损害后果。但与一般的侵权行为不同的是，在适用过失相抵的情形下，侵权人的行为并非造成损害的唯一原因，而被侵权人自身的行为也是导致损害发生或扩大的原因之一，加害人与被害人、侵权人与被侵权人双方行为的结合，共同造成了同一损害后果的发生或扩大。

第二，被侵权人具有过错。如前所述，过失相抵意味着首先存在一个侵权行为，侵权行为人实施了侵害他人权益的行为本身就存在过错，即便是在无过错责任中，侵权行为人也违反了其应负的高度注意义务，在一定程度上也可以说存在过错。而被侵权人对于同一损害后果具有过错，这种过错往往是疏于对自己的人身财产权益进行保护的过错，也就是说，受害人未能采取合理的措施来保护自身权益，或未能尽到合理的注意义务来保护自身的人身财产权益，结果在出现侵权人的侵害行为时，两者结合发生了损害，或者导致损害的扩大。从理论上讲，过错包括故意和过失两种情形，但过失相抵的适用中，最常见的情形是被侵权人存在过失，即疏于保护自己的过失。

过失相抵中受害人的过错是否包括故意在内，理论上存在一定的争议。有些学者认为过失相抵中受害人的过错仅限于过失，而不包括故意，否则构成受害人故意，将导致侵权行为人责任的彻底免除而非减轻。这种观点有一定道理，毕竟实践中常见的形态是被侵权人疏于保护自己，此种过错为过失。但是，立法采取了“过错”而非“过失”的表述，表明立法者认为过失相抵制度也包括被侵权人的过错状态为故意的情形，当然，过失相抵概念本身不能说明仅包含过失的情形，因为这是概念长久适用之后约定俗成的，并非对概念内涵和外延的精准概况。

从司法实践来看，虽然被侵权人存在故意的情形较为少见，但并非不存在。2003 年《最高人民法院关于审理人身损害赔偿案件适用法律若干问题的解释》第 2 条就明确规定：“受害人对同一损害的发生或者扩大有故意、过失的，依照《民法通则》第 131 条的规定，可以减轻或者免除赔偿义务人的赔偿责任。但侵权人因故意或者重大过失致人损害，受害人只有一般过失的，不减轻赔偿义务人的赔偿责任。适用《民法通则》第 106 条第 3 款规定确定赔偿义务人的赔偿责任时，受害人有重大过失的，可以减轻赔偿义务人的赔偿责任。”这表明司法实践认为过失相抵中，受害人的过错仍然存在故意和过失两种情形。

过失相抵与受害人故意存在一定的区别，过失相抵中，仍然存在着侵权行为人的侵权行为，即便是被侵权人存在着故意，也只是对侵害后果的发生或扩大产生影响，即使没有被侵权人的故意，侵权行为人的侵权行为仍然成立，只不过损害后果会减轻。而受害人故意中，并不存在一个独立的侵权行为，损害纯粹是受害人故意造成的，如果没有受害人的故意，则根本不会产生损害后果。因此，过失相抵若非基于概念的惯用，应称为过错相抵更为准确，其包括被侵权人的故意和过失两种情形。

第三，被侵权人的过错与损害之间具有同一性。同一性强调的是被侵权人的过错行为所导致的损害，和侵权行为人所导致的损害，是同一损害。如果被侵权人的过错导致的损害，与侵权行为人的侵权行为导致的损害无关，则表明两者的行为未能紧密结合，导致了因果关系的中断，就不属于过失相抵的情形。例如，甲乙两位女生为大学同一间宿舍的室友，某日甲新购置一件品牌长裙，挂在宿舍准备晚上穿出去参加晚会，结果乙上完绘画课端着颜料盘回来，不慎将颜料倾洒在甲的长裙上，甲见状愤怒异常，一时失去理智，歇斯底里，抓起长裙用力撕扯，结果将长裙撕破。在此例中，甲作为被侵权人，其对长裙的撕扯行为就不属于过失相抵中的被侵权人过错，因为这一行为与乙造成长裙沾染污渍的行为所造成的损害，不具有同一性，不属于同一损害。

此外还需要强调的是，过失相抵中的同一损害，指的是被侵权人一方的损害，因为只有被侵权人的损害才需要运用过失相抵来考虑是否需要减轻侵权行为人的责任。如果在实施侵权行为过程中，侵权行为人不慎造成了自身的损害，或者侵权人与被侵权人双方互有损害，例如相互打斗，则属于两个独立的侵权行为，与过失相抵制度所考虑的损害不同，不能适用过失相抵制度，而应分别考虑各自的责任。过失相抵必须聚焦在被侵权人所遭受的、其自身过错与侵权行为人的侵害行为相结合而产生的同一损害之上。

第四，被侵权人的过错包括造成损害的发生和造成损害的扩大两种情形。被侵权人的过错造成损害的发生，是指被侵权人的行为参与到了损害的产生过程中。例如甲同学在课间休息时偷偷把玩一把锋利的管制刀具，后排的乙同学对此并不知情，猛地抽离甲的座椅，试图制造恶作剧让甲跌倒，结果甲跌倒时手掌按在刀具上，导致手掌被严重划伤。甲作为被侵权人，其自身的过错与乙的侵权行为相结合，直接导致了损害后果的发生。

被侵权人的过错造成损害的扩大，是指侵权人的侵权行为造成被侵权人的损害之后，被侵权人本来应该及时采取措施防止损害的扩大，但却未能采取合理措施，最后导致其遭受的损害扩大，那么侵权行为人对于该扩大的损失就可以主张减轻其责任。当然，扩大的损害也必须是基于同一损害的扩大，而不能是独立的、可以与侵权人所造成的损害后果相区分开的损害，否则便属于被侵权人自身行为引起的新的损害。判断被侵权人是否应当对损害的扩大负有责任，应当根据常人或理性人标准来判断，即常人或其他处于相同地位的人在此情形下一般会采取合理措施以避免损害扩大，但被侵权人却未采取合理措施避免损害扩大的，则认为被侵权人对此存在过错。

（二）过失相抵与受害人特殊体质

受害人特殊体质也是侵权法上一个比较引人关注的问题，即受害人自身的体质与常人有异，往往是更为虚弱、脆弱，或是有某种基础疾病因而更容易受到伤害，那么在受到他人的侵害时，损害后果往往比常人更为严重。所以受害人特殊体质问题，也常被形象地称为“蛋壳脑袋”问题，即一个人的头骨像鸡蛋壳那么脆弱，另一个人开玩笑拍了他脑袋一下，结果就引发颅骨骨折。

受害人特殊体质所引发的问题在于，当受害人因侵权行为而遭受损害时，那么行为人在承担责任时，究竟是承担全部责任，还是要求受害人基于其特殊体质而需要自行承担一部分损失？也就是说，受害人的特殊体质是否构成一种自身的过失？行为人能否主张无法预料受害人的特殊体质作为免责事由的抗辩？

实践中被归入受害人特殊体质的大致可以分为如下几类，第一类是受害人本身患有罕见病。[①] 例如，血友病患者就存在遗传性凝血功能障碍，凝血时间延长，遭受轻微创伤亦可出血不止，重症患者甚至没有明显外伤也可发生“自发性”出血。那么当侵权行为人刺伤被侵权人身体的非要害部位造成轻伤，不料被侵权人患有血友病，结果出血不止，等送往医院抢救时已经身亡。此时侵权行为人是否应当对被侵权人生命权遭受侵害的死亡后果承担全部赔偿责任？第二类是受害人具有心肺等脏器功能的基础疾病。例如受害人患有心脑血管类的疾病、骨关节疾病、肝病肾病等基础病症，平时并无大碍，但是在一些特殊情况下，如进行剧烈运动或遭受某些侵害时，其基础病症就会扩大损害后果。例如在我国台湾地区法院作出的一起判决中，[②] 某女性患有心脏扩大症，[③] 某日与一名男性友人驾车外出游玩时，两人情浓而在车内发生性关系，因男性友人将车窗紧闭，导致该女呼吸困难、缺氧而导致心肺循环衰竭死亡。对此行为人主张受害人并未事先告知其自身特殊疾病，导致未能保持车内良好通风，认为受害人与有过失，应当减轻自己的赔偿责任，最后法院对此抗辩予以认可，认为受害人与有过失。第三类是受害人年迈体弱。此类案件中受害人往往因为年迈而格外容易遭受骨折等损害，有时行为人会以受害人与有过失进行抗辩。

对于这一问题，理论上主要有两种观点，一种是认为无论受害人是否存在特殊体质，行为人造成了损害，就应当对全部损害后果承担责任，因为侵权行

---

① 2018 年 5 月 22 日，国家卫生健康委员会、科技部、工业和信息化部、国家药品监督管理局、国家中医药管理局等五部门联合发布了《第一批罕见病》目录，共涉及 121 种疾病，包括了被称为“玻璃人”的血友病、被称为“瓷娃娃”的成骨不全症（脆骨病）等容易导致患者受伤害的罕见病症。

② 我国台湾地区“最高法院”2003 年度台上字第 173 号判决。

③ 该病症表明患者心脏功能受损，一般运动耐量会明显下降。左心房扩大会出现胸闷、咳嗽、阵发性呼吸困难甚至端坐呼吸；右心房扩大会导致肝脏瘀血、消化道瘀血甚至双下肢水肿。

为与损害后果之间具有因果关系，符合侵权责任的构成要件时，侵权行为人就应当承担侵权责任。另一种则认为受害人的特殊体质是行为人无法预料的事实，行为人的行为所造成的后果远远超出其预料的后果，要求其承担全部损害后果并不公平，受害人自己也应当承担部分后果。

对此，如果认为无需考虑受害人特殊体质对行为人责任的减免，则是基于侵权责任的构成要件而判断行为人的责任，不加以特别考虑。如果认为受害人的特殊体质增加了损害后果的严重程度，受害人自己应当负担部分损害后果，则实质上是认为受害人与有过失，从而可以减轻侵权行为人的责任。本书认为，受害人的特殊体质确实会导致行为人的预见性不足，完全不予考虑则有失公平，但受害人特殊体质并非受害人自身过错，简单将受害人特殊体质归为受害人与有过失，则无疑对受害人并不公平，只会使受害人所遭受的损害雪上加霜。对此，应当在承认与有过失制度可以适用于受害人特殊体质的情况下，对受害人的“过错”进行认真审查。第一，受害人存在特殊体质本身并非过错，不能一遇到受害人特殊体质的纠纷，就当然认定受害人存在过错。第二，要限定受害人特殊体质的范围，不能将年迈体弱都纳入受害人特殊体质的范围，因为特殊体质的特殊，是相对于受害人所属性别、年龄群体的一般情况而言的，不宜根据普通人、常人的一般标准来认定。第三，应当区分受害人是否知晓自身的特殊体质，如果受害人自身都不知道或不应知道其具有特殊体质，则难以适用与有过失制度。第四，在受害人知晓自身存在特殊体质的情况下，要区分其是否负有说明自身特殊体质的义务，对行为人说明自身的特殊体质，属于受害人履行照顾自身的基本义务，否则即存在疏于照顾自身安全的过失。第五，要区分行为人实施侵权行为是故意还是过失，如果是故意实施侵权行为，则其无权主张受害人与有过失作为免责事由进行责任减免，如果是过失，则法官可以结合受害人是否知晓自身的特殊体质、是否应当事先予以说明等情况，来决定是否对行为人的责任进行相应的减免。

例如，在一起案件中，原告龙某与龙某某系同村人，两家之前因故关系不和。2018 年 3 月 14 日，双方因琐事发生纠纷，龙某某被原告龙某打伤，后经乡政府干部、村委干部及沙市派出所多次协调处理不成。3 月 29 日上午 9 时许，龙某某因 3 月 14 日被原告龙某打伤一事与其内兄即被告贺某等人来到原告龙某家中讨要医药费，被告贺某与原告龙某发生口角，被告贺某用手抓了原告龙某的衣领并顺手拖拽了一下，造成原告龙某心脏病复发到江西省人民医院治疗，花费医疗费 1.2 万余元。对此，法院裁判时，“综合考虑被告过错程度与原告实际损害结果之间的差距、受害人的经济状况等因素，原告应当承担主要责任，被告则承担次要责任”。其理由在于，“被告的主要目的是向原告讨要医药费，对原告是否患有心脏病并不知情，因此可以排除被告存在故意或重大过失的可能，被告的主观过错为一般过失”。[①] 在该起案件中，贺某对龙某实施了身体接触类的侵害行为，拖拽龙某身体，造成龙某心脏病复发。应当说，贺某的行为是故意实施的侵犯身体权的行为，而在此情形下，受害人并无事先说明的义务，故法院认定受害人与有过失而需要承担主要责任，似有不妥。

（三）过失相抵的适用要点

过失相抵制度适用的后果是侵权行为人得以减轻其侵权责任，其减轻的部分，便转为由被侵权人自己承担。也就是说，过失相抵制度要求被侵权人对自己的过错承担相应的责任，这也是公平原则的一种体现。当然，过失相抵的效力仅限于减轻侵权人的侵权责任，而不能完全免除。并且侵权人因故意或者重大过失致人损害，被侵权人仅存在一般过失的，基于法益的衡量，也不宜减轻侵权人的赔偿责任。

司法实践中，过失相抵并非必须由侵权行为人主张才得以适用，法院也可以在当事人未主张时，依职权而主动适用，在厘清双方责任时，减轻侵权人的侵权责任，要求被侵权人自行承担相应的损失。

法条关联

◆《道路交通安全法》

第七十六条第一款　机动车发生交通事故造成人身伤亡、财产损失的，由保险公司在机动车第三者责任强制保险责任限额范围内予以赔偿；不足的部分，按照下列规定承担赔偿责任：

（一）机动车之间发生交通事故的，由有过错的一方承担赔偿责任；双方都有过错的，按照各自过错的比例分担责任。

---

① 彭金德、肖康、郭瀚翔：《受害人特殊体质 侵权人是否承担责任》，载《人民法院报》2018 年 8 月 23 日。

（二）机动车与非机动车驾驶人、行人之间发生交通事故，非机动车驾驶人、行人没有过错的，由机动车一方承担赔偿责任；有证据证明非机动车驾驶人、行人有过错的，根据过错程度适当减轻机动车一方的赔偿责任；机动车一方没有过错的，承担不超过百分之十的赔偿责任。

◆《水污染防治法》

第九十六条第三款 水污染损害是由受害人故意造成的，排污方不承担赔偿责任。水污染损害是由受害人重大过失造成的，可以减轻排污方的赔偿责任。

◆《电力法》

第六十条第二款 电力运行事故由下列原因之一造成的，电力企业不承担赔偿责任：

（一）不可抗力；

（二）用户自身的过错。

◆《最高人民法院关于审理人身损害赔偿案件适用法律若干问题的解释》

第二条 受害人对同一损害的发生或者扩大有故意、过失的，依照民法通则第一百三十一条的规定，可以减轻或者免除赔偿义务人的赔偿责任。但侵权人因故意或者重大过失致人损害，受害人只有一般过失的，不减轻赔偿义务人的赔偿责任。

适用民法通则第一百零六条第三款规定确定赔偿义务人的赔偿责任时，受害人有重大过失的，可以减轻赔偿义务人的赔偿责任。

案例评议

郝某与白城市第一职业高中健康权、身体权纠纷案①

◆ 裁判规则

在认定白城市第一职业高中应对郝某的损失承担的赔偿责任时，法院认为，白城市第一职业高中主张升降机系其食堂专用并严禁载人，但该升降机并未设置警示标志引起人们足够的注意，也未设置阻碍禁止人乘坐，主观过错明显，故白城市第一职业高中应当承担侵权责任。“被侵权人对损害的发生也有过错

① 吉林省高级人民法院民事判决书，（2018）吉民再5号。

的，可以减轻侵权人的责任”。郝某作为完全民事行为能力人，并在白城市第一职业高中工作一年以上，对于该升降机主要用来送货的事实应当有所了解，自身存在过错。因此，白城市第一职业高中应对郝某的损失承担60%的赔偿责任。

◆ **评议**

被侵权人对同一损害的发生或者扩大也有过错的，构成过失相抵，而过失相抵制度适用的后果是侵权行为人得以减轻其侵权责任，其减轻的部分，便转为由被侵权人自己承担。

本案中，郝某乘坐某学校食堂的电梯前往4楼，突然发生电梯坠落事故，造成郝某伤残的后果。但是对于损害的原因，法院发现行为人和被侵权人各有过错。首先，该部电梯是学校食堂专用电梯，属于货梯，理论上不允许外人乘坐。但是学校并没有对该电梯设置警示标志以引起人们足够的注意，也没有摆放其他设置以阻碍他人乘坐，作为该电梯的所有人及管理人，该学校不能证明自己没有过错，应当承担侵权责任。

但是，被侵权人自身也存在过错，因为该电梯作为货梯，平时极少有人乘坐，被侵权人作为完全民事行为能力人，且长期往返食堂4楼，对此是知情的，其应当预见该电梯有可能承受不了人的重量、无法保证人身的安全却仍乘坐了该电梯，所以被侵权人自身也存在过错。

由于被侵权人对同一损害的发生也有过错，所以法院认为应当减轻学校的责任，被侵权人自身也应当承担一部分责任。至于两者承担责任的比例，一审法院认为学校应当承担60%、被侵权人承担40%。二审法院对此予以了纠正，判决学校承担损失的40%、被侵权人自己承担60%。

第一千一百七十四条　【受害人故意】

损害是因受害人故意造成的，行为人不承担责任。

本条来源

《侵权责任法》第二十七条规定：“损害是因受害人故意造成的，行为人不承担责任。”

立法演变

《民法典侵权责任编草案》（一审稿）第九百五十三条规定："损害是因受害人故意造成的，行为人不承担责任。"此后无变化。

条文释义

本条是对受害人故意的规定。

一、概述

（一）受害人故意的概念

受害人故意，是指受害人有意造成自身权益受损害的后果。对此，行为人可以免于承担侵权责任。受害人故意是侵权责任免责事由的一种。大陆法系中，一般将受害人故意视为过失相抵的一种表现形式，英美法系一般也会将受害人故意作为责任分担的理由，可以免除行为人的侵权责任。可见受害人故意是各国侵权法都普遍认同的免责事由。

本条中，将受害人故意以单独一个条款的形式进行了规定，属于民法典侵权责任编总论部分的内容，同时在民法典侵权责任编的分则部分，也有不少条款再次提到或规定了受害人故意的法律效果。例如，根据第1237条的规定，民用核设施或者运入运出核设施的核材料发生核事故造成他人损害的，民用核设施的营运单位应当承担侵权责任，但该损害是因为受害人故意而造成的，则营运单位不承担责任。再如，根据第1238条的规定，民用航空器造成他人损害的，民用航空器的经营者应当承担侵权责任，但该损害是因受害人故意造成的，则经营者不承担责任。

因此，本条作为受害人故意的一般条款，属于总括性规定，而侵权责任编分则中规定的受害人故意，则属于具体条款，两者为一般与特殊的关系，在适用上是一般法与特别法的关系，即优先使用特别规定，因为特别规定是立法者针对具体情形专门作出的考量和规定，应当以立法为中心，优先适用分则中的规定。

（二）受害人故意的理论基础

损害是因受害人故意而造成的，则行为人不承担责任，即产生完全免除行为人侵权责任的法律效果。这一规定基于两方面的理论依据，一是因果关系的切断，即在受害人故意造成损害时，行为人的行为与损害后果之间不存在因果关系，故不符合侵权责任的成立要件。在受害人故意造成损害的情况下，受害人的故意行为介入了行为人的行为，改变了行为人行为的轨迹，造成了损害后果。也就是说，如果仅有行为人的行为，是不会产生如此损害后果的，而受害人的故意才是损害发生的唯一原因，行为人的行为与损害后果之间并无因果关系，不能成立侵权行为，所以受害人的故意切断了行为人的行为与损害后果之间的因果关系。既然不存在因果关系，自然也就没有承担责任的依据。

二是基于为自己的过错承担责任的原理，在受害人故意造成的损害中，行为人的过错完全被受害人的过错所覆盖，面对损害后果所呈现出来的过错，是受害人自己的过错。基于法国民法典以来近代民法所确立的自己责任的基本原则，自己应当对自己的过错承担责任，从过错的角度来看，在受害人故意的情况下，损害的后果正是受害人所希望和追求的，所以损害完全是由于受害人的过错行为而造成，故应当由受害人自己承担这一损害后果，如果让并无多少过错的行为人来承担这一责任，则明显不公平。既然受害人故意造成损害后果，那么就应当由受害人对自己的行为负责，自己承担相应的后果，而无需行为人来承担侵权责任。

（三）受害人故意与过失相抵的比较

《民法典》侵权责任编第1173条规定了过失相抵制度，即“被侵权人对同一损害的发生或者扩大有过错的，可以减轻侵权人的责任”。而本条规定的是受害人故意。两者属于侵权责任的免责事由，而且都与受害人自身的过错有关，在比较法上，也有国家不对二者进行区分而统一归入过失相抵制度的。所以两者存在较多相似之处。但我国《民法典》侵权责任编沿袭《侵权责任法》的立法经验，将两者分别进行规定，表明两者存在着一些重大差异，主要体现在如下几方面：

第一，免责的理论基础不同。过失相抵的理论依据是衡平原则和诚信原则，重在衡平加害人与受害人之间的利益，受害人故意的免责依据为因果关系中断理论。

过失相抵是基于公平理念而产生的免责事由，当受害人对于损害的发生或者扩大也具有过错时，仅侵权行为人单方承担全部赔偿责任而受害人不承担任何责任，是不公平的。而基于受害人故意而对行为人进行免责的理论基础，一是因果关系中断理论，即在受害人故意造成损害时，行为人的行为与损害后果之间的因果关系发生了中断，不符合侵权责任的成立要件；二是自己过错责任原理，即在受害人故意造成的损害中，损害的发生是基于受害人自己的过错，故应由其自己而非他人来承担相应后果。

第二，受害人过错的形态不同。过失相抵中，被侵权人即受害人的过错，包括故意和过失两种形态，且主要是过失，即被侵权人对保护自身的安全或利益存在疏忽的过失。这种过失，也被称为非真正意义上的过失。在出现侵权人的侵害行为时，被侵权人自身的过错与侵害行为相结合，发生了损害，或者导致损害的扩大。基于公平原则，要求受害人自己也要承担一些损害后果，减轻侵权行为人的一些责任。而在受害人故意制度中，过错的形态仅限于故意，这种故意是受害人主动实施了对自己的人身或财产权益的破坏、伤害行为，受害人在主观上积极追求自我受损害的不利后果的出现，其过错是造成损害的原因。

第三，免责的程度不同。在过失相抵制度中，被侵权人虽然对于损害的发生或者扩大有过错，但其过错并非损害发生的唯一原因，而是与行为人的行为相结合才造成了损害或者扩大了损害，故侵权行为人的责任只可以减轻，而不能完全免除。也就是说，作为免责事由的过失相抵制度，在免责的程度上只能减轻侵权人的责任而不能免除侵权人的责任。但是在受害人故意中，受害人的行为是造成损害发生的唯一原因，所以由受害人自己承担全部责任，而完全免除行为人的责任，即作为免责事由的受害人故意，在免责程度上是完全免除行为人的责任。

二、内容

（一）受害人故意的构成要件

受害人故意作为免责事由的成立，需具备如下要件：

第一，受害人存在故意。这种故意与侵权法上的故意范畴相同，可以分为直接故意和间接故意。受害人的直接故意，是指受害人在主观上积极追求损害后果的发生，尽管其明知这种后果是造成自身的损害，例如受害人一时想不开，而决意跳江自杀，或受害人因情感受挫，而用小刀进行自残。受害人的间接故意，是指受害人预见到了自己的行为可能造成自己受损害的后果，但却并不停止该行为，而是放任损害后果的发生，结果造成自身受损结果的发生，例如明知攀爬某处高墙很危险，但仍然要试一试，结果爬到一半脚滑摔下来摔骨折。

第二，受害人的行为造成了自身权益受损的后果。受害人的行为造成了自身权益受损的后果是受害人故意适用的前提，如果是造成了他人受损的结果，则构成对他人的侵权，需要向他人承担侵权责任。受害人自身权益受损，包括自身的人身权益受损和财产权益受损，例如造成自身的生命权、身体权、健康权等人格权受损，或造成自己的物品损坏等。

第三，受害人的行为与损害之间具有因果联系。受害人故意中，受害人遭受的损害是其自身的行为或者其物件造成的，受害人的行为与其自身受损的后果之间具有相当因果关系，即受害人故意实施的行为，是导致其遭受损害的唯一原因。例如实践中多次发生的“碰瓷”事件，行为人以敲诈勒索为目的，故意碰撞机动车，并造成自身轻微伤，再通过伪装等形式，在表面上形成受重伤的假象，进而对机动车驾驶人索要高价作为“私了”的条件。有的情况下，机动车驾驶人正常行驶无违规，而“碰瓷”者故意躺倒在机动车前面甚至钻进机动车底，结果造成自身受重伤甚至死亡的后果，这种情况下，受害人的行为是其自身受损的唯一原因，都属于受害人故意，在这样的情形下，机动车驾驶人无需承担责任。

当然，在审判程序中，主张受害人故意而免除自己责任的行为人一方，需要负担证明责任，拿出证据证明损害系受害人故意而造成的。此时，如果受害人对此存在异议，则应当进行反证，证明自己不存在造成自身损害的故意，损害是由行为人的行为而造成的。

（二）受害人故意的适用要点

在一般的侵权案件中，以过错责任原则为归责原则，行为人没有过错而仅有受害人的故意，此时基于受害人故意的免责事由而免除行为人的责任，较易判断。但是在适用无过错责任原则的一些案件中，则情况相对复杂一些。

首先，受害人故意作为免责事由，规定在侵权责任编的总则部分，表明其是一般规定，能够适用于过错责任原则的和无过错责任原则的案件。

其次，在无过错责任原则中，侵权责任的成立并不以行为人的主观过错为要件，即行为人无论是否存在过错，依据法律的规定，其都要承担责任。但是，这并不意味着同时也不用考虑受害人的过错问题。受害人的过错，尤其是受害人的故意，往往在侵权责任编的分则中也会作为法定的免责事由而加以规定。

例如，在侵权责任编分则中，在适用无过错责任原则的侵权类型中，也多处规定了受害人故意得以免除行为人的侵权责任。具体而言，《民法典》侵权责任编第 1237 条规定，民用核设施的营运单位在发生核事故造成他人损害的，应当承担侵权责任，但损害是因受害人故意造成的，则不承担责任。《民法典》

侵权责任编第1238条规定，民用航空器的经营者对民用航空器造成的他人损害承担侵权责任，但损害是因受害人故意造成的，则不承担责任。《民法典》侵权责任编第1239条规定，易燃、易爆、剧毒、高放射性、强腐蚀性等高度危险物造成他人损害的，占有人或者使用人应当承担侵权责任，但损害是因受害人故意造成的，不承担责任。《民法典》侵权责任编第1240条规定，从事高空、高压、地下挖掘活动或者使用高速轨道运输工具造成他人损害的，经营者承担侵权责任，但损害是受害人故意造成的，则不承担责任。《民法典》侵权责任编第1245条规定，饲养的动物造成他人损害的，动物饲养人或者管理人承担侵权责任，但损害是被侵权人故意造成的，可以不承担责任。

此外，一些单行法如《道路交通安全法》《水污染防治法》等，也规定了被侵权人故意造成损害的情形下，可以免除行为人的赔偿责任。如，《道路交通安全法》第76条第2款就规定，交通事故的损失是由非机动车驾驶人、行人故意碰撞机动车造成的，机动车一方不承担赔偿责任。《水污染防治法》第96条第3款就规定，水污染损害是由受害人故意造成的，排污方不承担赔偿责任。可见，受害人故意在无过错责任案件中也具有较多的适用空间。

法条关联

◆ **《道路交通安全法》**

第七十六条第二款 交通事故的损失是由非机动车驾驶人、行人故意碰撞机动车造成的，机动车一方不承担赔偿责任。

◆ **《机动车交通事故责任强制保险条例》**

第二十一条第二款 道路交通事故的损失是由受害人故意造成的，保险公司不予赔偿。

◆ **《水污染防治法》**

第九十六条第三款 水污染损害是由受害人故意造成的，排污方不承担赔偿责任。水污染损害是由受害人重大过失造成的，可以减轻排污方的赔偿责任。

◆ **《电力法》**

第六十条第一款、第二款 因电力运行事故给用户或者第三人造成损害的，电力企业应当依法承担赔偿责任。

电力运行事故由下列原因之一造成的，电力企业不承担赔偿责任：

（一）不可抗力；

（二）用户自身的过错。

◆《最高人民法院关于审理人身损害赔偿案件适用法律若干问题的解释》

第二条第一款　受害人对同一损害的发生或者扩大有故意、过失的，依照民法通则第一百三十一条的规定，可以减轻或者免除赔偿义务人的赔偿责任。但侵权人因故意或者重大过失致人损害，受害人只有一般过失的，不减轻赔偿义务人的赔偿责任。

案例评议

赵某1与赵某2、陈某、何某生命权、健康权、身体权纠纷案[①]

◆ **裁判规则**

在认定赵某1、赵某2、陈某的侵权责任时，法院认为，根据《侵权责任法》第27条规定，损害是因受害人故意造成的，行为人不承担责任。上诉人何某与被上诉人赵某1、赵某2、陈某均是聚众斗殴的参加者，其行为均构成聚众斗殴罪，其中赵某1犯故意伤害罪，赵某2、陈某、何某犯聚众斗殴罪，并分别被处以刑罚。根据“举轻以明重”的法律原则，民事侵权法律关系中损害系由受害人的故意造成的，行为人不承担责任；在严重侵害社会公共秩序和他人身体健康的刑事聚众斗殴犯罪案件中，聚众斗殴的参加人只有在受重伤且不构成犯罪的情形下，才可以向对方被告人提起附带民事诉讼，人民法院方可判决致害人承担相应的赔偿责任。

◆ **评议**

受害人故意，是指受害人有意造成自身权益受损害的后果，此时，行为人依法无需承担责任，而由受害人自己承担损害后果，产生完全免除行为人侵权责任的法律效果。本案中，受害人何某与两名同伙一起，先后打电话给他人约架，后与行为人一伙5人发生群体持械斗殴，受害人右臀部被刀刺伤，导致右侧坐骨神经部分离断，遗留右踝关节活动功能严重障碍，构成重伤。

行凶者已被追究故意伤害罪的刑事责任。但对于受害人主张7万元的民事

① 江苏省连云港市中级人民法院，（2014）连民终字第0341号。

赔偿问题，法院认为，受害人也是聚众斗殴的参加者，其行为也构成聚众斗殴罪，其对于自身的受损存在故意的心态，根据受害人故意的规则，当损害是由受害人的故意造成时，行为人不承担责任，因此驳回其诉讼请求，行为人无需承担赔偿责任。

第一千一百七十五条　【第三人过错】

损害是因第三人造成的，第三人应当承担侵权责任。

本条来源

《侵权责任法》第二十八条规定：“损害是因第三人造成的，第三人应当承担侵权责任。”

立法演变

《民法典侵权责任编草案》（一审稿）第九百五十四条规定：“损害是因第三人造成的，第三人应当承担侵权责任。”此后无变化。

条文释义

本条是对第三人过错的规定。

一、概述

第三人过错是侵权责任免责事由的一种，即如果损害是因第三人而造成的，第三人应当承担侵权责任，同时行为人相应的减轻或免除其侵权责任。在实践中，有些损害结果表面看起来是行为人造成的，但实质上却是由第三人导致的，此时，如果还要求行为人负责，则明显不公平。何谓“第三人”？因为侵权的结果是债的发生，侵权行为是债的发生原因之一，侵权关系仍然是债权债务关系，故侵权法律关系是双方当事人之间的法律关系，一方为侵权之诉的被告、侵权行为人、加害人、侵权之债的债务人，而另一方则为侵权之诉的原告、被侵权人、被害人、侵权之债的债权人。那么在这双方当事人之外的其他人，就是第三人。这与合同关系中的双方当事人和第三人相类似。

也就是说，在表面上最终形成侵权关系的双方当事人之外，还存在一个应当对损害负责的第三人，正是因为该第三人的过错，才造成了损害后果，或者扩大了双方当事人之间的损害后果。学者们经常列举的一个例子是，甲乙两人吵架，甲用力推搡乙，丙正好骑车从此经过，乙被推搡至丙的车前，丙撞上了乙并导致乙受伤，表面上看，丙是侵权行为人，乙是被侵权人，但实质上乙受伤的后果是甲的推搡行为导致的，丙正常骑车的行为并不会撞上乙。在这样一起案件中，丙和乙就是侵权行为人与被侵权人的双方当事人关系，而甲则是第三人，乙受伤的后果是甲造成的，所以甲应当承担侵权责任，而丙则无需承担侵权责任。

所以要理解第三人和双方当事人，就看最终形成的侵权损害后果发生在谁和谁之间，那么这两方就是侵权之债的双方当事人关系，尽管这是表面上的，而实质上造成损害发生（或扩大）的其他人，就是第三人。

在比较法上，不少国家并未对第三人过错的免责事由专门作出规定，当然也有一些作出规定的立法例。之所以如此，是因为第三人过错造成受害人的损害时，受害人可以针对第三人提起侵权之诉，如果是在原来的诉讼中被告一方发现了第三人才是导致损害发生或扩大的真正原因，自然可以根据侵权责任的构成要件来提出抗辩，法院可以追加第三人作为被告，查明事实，进行责任分配。而且，第三人过错认定的后果，尤其是第三人并非损害发生的唯一原因而是损害扩大的原因时，第三人过错往往与广义上的共同侵权制度如共同危险行为、无意思联络的数人侵权等制度的适用糅合在一起，需要运用这些制度来分清责任。因此，是否单独规定第三人过错的制度，对于案件的合理裁判并无实质上的影响。但是，把第三人过错作为免责事由单独进行规定，也有其立法上的考量。对这一免责事由单独进行规定，有助于简化法律的适用，对相关案件的裁判做出明确的指引，同时也便于当事人提出抗辩。更重要的是，在侵权责任编的分则部分，多处都规定了第三人过错导致损害发生应当承担责任，因此，在侵权责任编的总则部分，将分则部分中的这一具有共通性的制度抽象出来作为免责事由进行集中规定，也符合潘德克顿立法例的总—分特征。因此，《民法典》侵权责任编沿袭了《侵权责任法》在总则部分规定第三人过错的做法，继续将第三人过错作为免责事由予以规定。

对于第三人过错的免责事由，学界采用了不同的概念，既有称之为“第三人过错”的，也有称之为“第三人原因”的[①]，如学者认为，“所谓第三人的原因，是指除原告和被告之外的第三人对原告的损害的发生或扩大具有过错，此种过错包括故意和过失”。[②] 有的将之称为“第三人行为”。有的学者认为仅有“第三人行为”的概念才算准确，因为“‘第三人的原因’过于模糊，事实上，只有第三人所从事的行为才可能对损害结果发生影响；但另一方面，尽管能够免除被告人侵权赔偿责任的第三人行为基本上都是第三人有过错的行为，但使用‘第三人的过错’易使人误认为第三人行为仅仅是适用过错责任的一般侵权行为”。[③]

对此，本书认为，无论是“第三人过错”，还是“第三人原因”，或者是“第三人行为”，都强调了第三人对于侵权行为中因果关系的介入作用，并都将导致原来因果关系的中断，所以最终的损害结果是由于第三人而造成的。在这一点上，这几种概念无疑都可以使用，它们都强调了免责的原因是第三人，而非受害人。

但是，如果要在这些概念之中进行仔细厘清甄别，“第三人过错”仍然是最为准确、最为直接的概念。诚如学者所言，“原因”一说确实过于模糊。万物皆有因，万物皆为果，所以第三人的原因必须通过侵权责任构成要件来进行限缩，才能判断是否构成侵权。也就是说，第三人的原因过于宽泛和遥远，必须具体化为行为、过错之类更为明确的要素。

同时，“第三人行为”的概念，虽然较“第三人原因”明确，但从字面意思上，过于强调行为，似乎无法涵盖第三人的物件致人损害的情形。虽然采用“第三人行为”概念者，担心“第三人过错”仅强调过错，无法涵盖第三人无过错但仍然应当承担责任的情形，但事实上第三人适用无过错责任原则的情形在实践中不会发生，所以无需产生这种担心。如上文所述，判断谁是当事人、谁是第三人，要以表面上损害最终发生的主体来认定当事人双方，以实质上造成损害的为第三人。那么无论当事人之间是适用过错责任原则还是无过错责任原则，第三人都是基于过错才造成了当事人的损害，基于无过错责任原则而引

---

① 张新宝：《侵权责任法》（第三版），中国人民大学出版社 2013 年版，第 69 页。

② 王利明：《侵权责任法研究（上卷）》（第二版），中国人民大学出版社 2016 年 4 月版，第 437 页。

③ 程啸：《侵权责任法》（第二版），法律出版社 2015 年 9 月版，第 307 页。

发了别人之间的损害并需要承担责任的情形，在实践中是难以发生的。所以相较而言，“第三人过错”的概念更为直接明了，更有利于揭示这一制度的核心含义。

二、内容

（一）第三人过错的适用要件

第一，存在形式上的侵权法律关系，即存在原告和被告双方当事人。这是因第三人过错而作为侵权责任免责事由的前提。如果不存在形式上的侵权法律关系，而是第三人直接侵害他人、成为侵权之诉的被告，也就不需要适用第三人过错这一制度了，受害人可以直接对第三人提起诉讼。这里的形式上的侵权法律关系，是损害最终发生时呈现出来的表面上的侵权与被侵权双方的法律关系。之所以说是形式上或表面上的侵权法律关系，是因为一旦第三人过错被认定，原来的侵权行为人可能被完全免除侵权责任，进而转变为由案外第三人成为侵权行为人对受害人承担赔偿责任。当然，如果第三人的过错仅对损害的扩大发生作用，则原来的侵权行为人仍然不能完全免责，只能减轻其责任，第三人加入侵权责任的承担之中，依据其过错的程度和行为的性质来依法承担相应的责任。

第二，存在独立于双方当事人之外的第三人。如前所述，侵权法律关系是一种债的关系，存在债权人和债务人双方，债权人是被侵权人、受害人，债务人是侵权行为人、加害人。而在第三人过错中，必须存在独立于双方当事人之外的第三人，其不属于被告或原告任何一方。如果第三人与被告构成共同侵权，则其行为就与被告的行为构成一个整体，应当同属于被告一方，此时就不存在第三人的问题。在此情形下，第三人的过错就不再作为免责或减轻责任的事由，而是直接可以要求第三人与被告一起承担连带责任。此外，第三人还必须具有法律地位上的独立性，不能在法律上隶属于原被告任何一方，即不存在原告或被告一方应当对第三人的行为负责的情形。例如，第三人不能是原被告任何一方的分公司，也不能是原被告双方任何一方的雇员，还不能与原被告任何一方存在夫妻关系或监护关系。否则，就会出现原告或被告方需要为第三人的行为承担责任的情形，此时再追究第三人的过错，也就没有意义了，因为无法成为被告方的免责事由，此时的第三方在法律上应当归入原被告一方。

第三，第三人具有过错。第三人的过错是指第三人对被侵权人所遭受的损害之发生或扩大具有过错，这种过错包括故意和过失。如果第三人毫无过错，其行为完全是合法正当的，则其并不需要对损害后果承担责任。例如，第三人的行为是正当防卫或紧急避险，就不需要对损害承担责任，因为在必要限度内的这些行为完全是正当的，第三人不存在过错。举例说，甲是一名篾匠，某日正在路边的打谷场内使用篾刀编制竹筐，其邻居乙从此处经过，因两人素有积怨，乙搭讪后三言两语不合，于是争吵了起来，乙仗着自己个子大，乘甲不备，猛地将甲推向路边，丙正好肩扛锄头路过去干农活，忽见甲手持篾刀踉踉跄跄朝自己冲来，大吃一惊，立即用锄头对准甲进行阻挡，导致甲面部撞上锄头，血流满面。那么丙的行为属于正当防卫，无需对甲的受伤承担责任，而应当由乙单独承担责任。

由于第三人的过错是减轻或免除行为人责任的根据，故第三人的过错也必须具有独立性，其和行为人之间不能具有共同故意和共同过失。如果第三人和行为人之间基于共同的意思联络而导致损害后果的发生，则他们将构成共同侵权，应当同属共同侵权行为人一方而对受害人负连带责任。第三人和行为人对损害的发生虽无共同的故意和过失，但他们的行为对损害的发生都起了一定的作用，第三人和行为人的行为可能构成无意思联络的数人侵权，此时应当根据相关的法律规定来确定各自的责任。第三人和行为人都可能具有过错，两者是此消彼长的关系，即行为人或第三人一方对于损害具有故意和重大过失，就可能导致另一方责任的免除；行为人或第三人一方对于损害仅具有轻过失，那么另一方的责任就很难得到减免。

第四，第三人的过错行为与损害后果的发生或扩大具有因果关系。这就是指，第三人的行为介入并阻断了侵权行为人与损害后果之间的因果关系，或者改变了侵权行为人与损害后果之间的因果关系。这可以分为两种情况，第一种是第三人的过错行为是损害后果发生的唯一原因，在这种情形下，第三人过错行为的介入完全阻断了原来的因果关系，使得损害后果不再根据侵权行为人的行为而发生，而是根据后来介入的第三人的行为而发生。第二种是第三人的过错行为并非损害发生的唯一原因，但却扩大了损害后果。也就是说，即便没有第三人的行为，在原本侵权法律关系中，侵权行为人的行为也会造成被侵权人权益受损的结果，但是有了第三人过错行为的介入，导致损害后果进一步加剧或严重化，第三人的行为扩大了损害后果。那么第三人无疑应当对扩大的损害承担责任。

（二）第三人过错作为免责事由的法律效果

本条仅规定损害是因第三人造成的，第三人应当承担侵权责任，没有明确规定此时行为人是否还需要承担侵权责任、如何承担侵权责任。但基于一次损害不能获得多次赔偿的原则，如果第三人承担了侵权责任而对受害人进行了赔偿，那么必然会减轻或免除行为人的赔偿责任，因为责任的总额是固定的。

根据本条的规定，如果损害是因第三人造成的，则第三人应当承担侵权责任。该条强调的是第三人对受害人的直接责任，如果第三人无需直接对受害人承担赔偿责任，而只是在事后可能面临行为人的追偿时，则不属于本条规定的情形。因此，适用本条作为免责事由，就必然排斥《民法典》侵权责任编第1168条到第1174条的适用。

从第三人过错作为免责事由适用后的法律效果来看，可以分为如下两类：

第一，第三人承担全部侵权责任，行为人的责任得以免除。当第三人基于其过错而实施的行为是损害发生的唯一原因，并且行为人和受害人对损害的发生都不成立侵权行为时，第三人是唯一应当对损害后果承担侵权责任的主体，其应当承担全部的侵权责任，而行为人的责任得以免除。在举证责任上，行为人主张第三人过错作为免除自身责任事由的，应当证明第三人存在过错、其行为造成了损害后果等侵权责任构成要件，来证明应当由第三人承担侵权责任，同时证明自己的行为不存在侵权责任的构成要件，因为第三人的介入已经将行为人的行为与损害之间的因果关系完全中断，故应当由第三人对受害人承担责任。这对于行为人而言，无论其行为是适用过错责任原则还是无过错责任原则，依据法律规定的侵权责任构成要件，第三人的介入导致行为人不成立侵权行为时，均可以免除其责任。例如《民法典》侵权责任编第1252条第2款规定，因第三人的原因而导致建筑物、构筑物或者其他设施倒塌，造成他人损害的，应当由第三人承担侵权责任，此时建设单位与施工单位就不用承担责任。再如，《海洋环境保护法》第89条第1款规定，造成海洋环境污染损害的责任者应当承担责任，但如果完全是由于第三者的故意或者过失而造成海洋环境污染损害的，则由第三者排除危害，并承担赔偿责任。

第二，第三人承担部分侵权责任，行为人的责任因此得以减轻，但仍需承担剩余部分的责任。第三人承担侵权责任，遵循的是过错责任原则，当第三人对于损害的发生或者扩大存在过错但又不是损害发生或扩大的唯一原因时，第三人应当承担部分侵权责任，同时可以减轻行为人的侵权责任。对此又可以分为两种情形：

1. 行为人的行为适用过错责任的归责原则时，第三人的过错无疑减轻了行为人的过错，所以第三人和行为人的责任承担应当根据两者过错比例来确定。当第三人的过错是损害发生或者扩大的主要原因时，应当减轻行为人的大部分民事责任；当第三人的过错是损害发生或扩大的重要原因时，应当减轻行为人相应部分的民事责任；当第三人的过错是损害发生或扩大的次要原因时，则行为人的民事责任只减轻很少或不减轻。核心就是要在故意—重大过失——般过失—轻过失这四种主要的过错形态之中，对第三人和行为人侵权责任进行此消彼长的调整。根据第三人和行为人的过错程度来调整到适当的比例，具有故意或重大过失者，应当增加其承担责任的比例，而一般过失或轻过失者，则应减轻承担责任的比例。

2. 行为人的行为适用无过错责任的归责原则时，如果法律对特殊侵权类型中，第三人过错可以减轻行为人责任作出了具体规定，就可以据此减轻行为人的责任。在适用无过错责任归责原则的特殊侵权行为中，法律一般都会对行为人的免责事由作出明确规定，如果某项特殊侵权行为的法律明确规定了第三人过错可以减轻行为人的责任，则应依照其规定来处理。由于第三人过错是规定在侵权责任编总则部分的免责事由，具有在分则的普遍适用性，因此第三人过错能够在无过错责任的特殊侵权类型中适用，而无论具体侵权类型中是否对第三人过错作出了明确的规定。当然，适用无过错归责原则的侵权类型，例如高度危险物品、高度危险作业致人损害的侵权，对于行为人要求都比较严格，一般不得以第三人过错作为免责事由的抗辩，但在其他无过错的责任类型中，第三人过错可以作为减轻行为人的责任的免责事由。但对此需要把握两点，一是在无过错责任原则适用中要完全免除行为人的责任，就必须要有法律的明确规定；二是减轻行为人责任的，必须是基于第三人的故意或重大过失这些程度较为严重的过错，第三人的一般过失、轻微过失，不能作为行为人减轻责任的理由，否则不利于对受害人的保护。

（三）第三人过错的适用要点

《民法典》侵权责任编单独将第三人过错作为免责事由进行规定，就意味着这一制度能够发挥独立的价值，而第三人过错在实践中又极易和行为人或受害人的过错产生混淆，因此在适用中必须仔细甄别。

1. 受害人的过错能够影响第三人过错中的责任总额

受害人在侵权行为中也可能存在过错，其自身的过错将深刻影响到侵权责任的分配。《民法典》侵权责任编对受害人自身过错通过与有过失和受害人故意两个条文进行了规定。即受害人对同一损害的发生或者扩大有过错的，可以减轻侵权人的责任；受害人故意造成损害的，行为人不承担责任。与有过失和受害人过错的制度是站在行为人视角而规定的，但是对于第三人而言，这两个制度同样有适用的余地。

例如，甲和乙发生争吵，并伴有推搡行为，但程度并不激烈，此时丙开车慢速经过，乙乘甲推搡自己时，假装被推得大步倒退，直到撞上了丙的车身才躺倒在地。实际上，甲推搡力度很轻，根本不至于将乙推到路中间撞上丙的车。在这样一起案例中，表面上看，丙是道路交通事故的侵权行为人，乙是被侵权人、被害人，甲是第三人，根据第三人过错的免责事由，丙驾驶汽车并无过错，既然碰撞是甲推搡乙造成的，那么丙就可以主张甲承担责任进而免除自己的责任。但实际上甲的推搡并不是真正的原因，而是基于乙自身的故意造成的碰撞损害。那么甲就可以主张基于受害人故意而免除自己的责任。

在这样存在第三人的案件中，因为损害赔偿的总量是固定的，受害人的过错虽然是针对行为人的责任进行减免，但减少了责任总额，因为行为人的责任可以再次通过第三人过错进行减免。通过这样的过程，受害人自身的过错也就等于减免行为人和第三人需要承担的责任总额。因此在第三人过错的适用中，如果同时存在受害人自身过错的，两种制度可以同时适用，但需要仔细厘清各方的责任并进行合理分配。

2. 排除狭义共同侵权的适用

狭义共同侵权是指有意思联络的共同侵权，即共同加害型的共同侵权行为，包括第 1168 条规定的一般共同侵权和第 1169 条规定的教唆、帮助型的共同侵权。

在狭义共同侵权中，即便表面上存在“第三人”，但该“第三人”其实与行为人具有意义联络，两人是基于一个共同的过错而实施的侵害行为，所以两人的行为是一个整体，依照法律的规定，两人应当承担连带责任，行为人不能基于“第三人”的过错而要求对自己的责任进行减免。例如，村民甲与村民乙素来不合，一次甲与村民丙聚餐饮酒，甲对丙说了乙的很多坏话，并怂恿身体强壮的丙去教训乙一顿，丙仗着酒劲果然去把乙殴打了一顿。这里表面上看甲是第三人，丙是基于甲的过错才造成了乙被侵害的后果，但由于甲和丙具有意思联络，甲是教唆人，丙是行为人，双方的过错是一个整体，依法应当对乙承担连带责任。所以当所谓的“第三人”实际上与行为人构成狭义共同侵权时，就不存在第三人过错作为行为人免责事由的适用余地了，而应当按照法律的规定由行为人与“第三人”承担连带责任。

3. 在共同危险行为中不能适用第三人过错

《民法典》侵权责任编第1170条规定的共同危险行为中，事后能够确定具体侵权行为人的，其实不是真正的共同危险，因为此时具体责任人已经查明，仅构成单独侵权。共同危险行为制度，主要解决的是无法查明具体行为人时的责任承担问题。

如果数人在无意思联络的情形下，分别实施了危险行为并造成了受害人受损的后果，受害人选择了其中一人提起诉讼，此被告能否主张还存在其他实施了危险行为的人，并进而要求适用第三人过错的免责事由对自己的责任进行减免？答案是否定的。虽然在这种情形下，具体造成损害的行为确实可能是第三人而非被告实施的，但问题的关键在于无法查清和确定具体谁是真正的侵权人，如果被告可以要求其他实施了危险行为的人承担责任，那么其他人也同样可以持此主张，最后仍然无法确定责任的承担者。共同危险制度的价值，就在于解决这一困局，法律的方案是，凡是被确定为实施了危险行为的，全部行为人承担连带责任。因此，在共同危险行为中，不能适用第三人过错对其中某些行为人进行免责。

4. 聚合因果关系的无意思联络数人侵权中不能适用第三人过错

《民法典》侵权责任编第1171条规定了聚合因果关系的无意思联络数人侵权，即二人以上分别实施侵权行为造成同一损害，且每个人的侵权行为都足以造成全部损害的情形。如果受害人对其中一个行为人提起诉讼，那么被告在得知还存在其他行为人时，能否将其他行为人作为第三人，进而主张第三人过错而减免自己的责任？对此答案同样是否定的。因为一旦存在其他行为人，虽然他们之间无意思联络，但每个行为人都可能是受害人所受损害的真正行为人，而且每个人的侵权行为都足以造成此种损害后果，可见每个行为人的行为都具有较大的危险性，此时法律规定行为人都必须承担连带责任。那么，某一个行为人就不能将其他行为人当作第三人而主张减免自己的责任，否则就相当于逃避了连带责任，如果每个行为人都如此主张，最后受害人的损害就得不到任何赔偿。聚合因果关系的无意思联络数人侵权的法律后果之所以是连带责任，就是因为难以分清究竟是谁的侵权行为造成的损害后果，避免行为人之间互相推诿而设置的连带责任，从而实现对受害人的保护。

5. 竞合因果关系的无意思联络数人侵权可以适用第三人过错的免责事由

《民法典》侵权责任编第 1172 条规定了竞合因果关系的无意思联络数人侵权，这也被称为行为间接结合的共同侵权，即数人在无意思联络的情况下，分别实施的侵权行为互相结合，造成了同一损害的情形。竞合因果关系的无意思联络数人侵权的法律后果是行为人之间承担按份责任，即如果能够确定各个行为人责任大小的，就各自承担相应的责任；难以确定责任大小的，则互相平均承担责任。在这种情形下，如果受害人对某个行为人提起诉讼，被告人得知其他行为人的存在后，就可以将其他行为人作为第三人，主张第三人的过错也是损害发生的原因，要求第三人承担责任并免除自己相应的责任。因为按份责任的前提是每个行为人的责任是固定的，每个人只需要对自己应当负责的部分承担责任，而无需对全部损害的整体承担责任，那么在责任总额是固定的情况下，如果能够要求其他行为人承担一部分责任，则无疑会减少自己需要承担的责任份额。因此，当行为人的侵权行为与第三人的侵权行为结合起来，造成了受害人所遭受的同一损害时，行为人和第三人构成竞合因果关系的无意思联络数人侵权，此时行为人就可以主张第三人过错的免责事由来减少自己的责任份额。

法条关联

◆《民法典》侵权责任编

第一千一百九十二条第二款　提供劳务期间，因第三人的行为造成提供劳务一方损害的，提供劳务一方有权请求第三人承担侵权责任，也有权请求接受劳务一方给予补偿。接受劳务一方补偿后，可以向第三人追偿。

第一千一百九十八条第二款　因第三人的行为造成他人损害的，由第三人承担侵权责任；经营者、管理者或者组织者未尽到安全保障义务的，承担相应的补充责任。经营者、管理者或者组织者承担补充责任后，可以向第三人追偿。

第一千二百零一条 无民事行为能力人或者限制民事行为能力人在幼儿园、学校或者其他教育机构学习、生活期间，受到幼儿园、学校或者其他教育机构以外的第三人人身损害的，由第三人承担侵权责任；幼儿园、学校或者其他教育机构未尽到管理职责的，承担相应的补充责任。幼儿园、学校或者其他教育机构承担补充责任后，可以向第三人追偿。

第一千二百五十二条第二款 因所有人、管理人、使用人或者第三人的原因，建筑物、构筑物或者其他设施倒塌、塌陷造成他人损害的，由所有人、管理人、使用人或者第三人承担侵权责任。

◆《水污染防治法》

第九十六条第四款 水污染损害是由第三人造成的，排污方承担赔偿责任后，有权向第三人追偿。

◆《电力法》

第六十条第三款 因用户或者第三人的过错给电力企业或者其他用户造成损害的，该用户或者第三人应当依法承担赔偿责任。

案例评议

××防治研究院、马某提供劳务者致害责任纠纷案①

◆ 裁判规则

在认定上诉人××防治研究院的侵权责任时，法院认为，马某是在履行职务的过程中受到张某人身攻击，因此本案马某的死亡系第三人侵权行为所致。《侵权责任法》第28条规定：“损害是因第三人造成的，第三人应当承担侵权责任。”《最高人民法院关于审理人身损害赔偿案件适用法律若干问题的解释》第11条规定：“雇员在从事雇佣活动中遭受人身损害，雇主应当承担赔偿责任。雇佣关系以外的第三人造成雇员人身损害的，赔偿权利人可以请求第三人承担赔偿责任，也可以请求雇主承担赔偿责任。雇主承担赔偿责任后，可以向第三人追偿……”从上述法律规定可以看出上述条款系为了充分保障受害人的利益

① 河南省郑州市中级人民法院，（2019）豫01民终4620号。

而制定的，张某系直接侵权人，上诉人在本案中系不真正连带责任人，法律赋予上诉人追偿权，故上诉人在本案中承担的是一种替代责任。虽然被上诉人在本案中并未起诉张某，但上诉人应承担的责任应与张某承担的责任相当。

◆ **评议**

如果损害是因第三人而造成的，则第三人应当承担侵权责任，同时行为人相应地减轻或免除其侵权责任。本案中，被侵权人受聘在××防治研究院从事保安工作，一日在工作中因劝阻案外人张某，情绪激动，急性病发作而身亡。其近亲属将聘用单位告到法院请求死亡赔偿金、丧葬费和精神抚慰金等费用60余万元。

一审法院判决被告××防治研究院承担被侵权人66万余元的赔偿责任。二审法院认为，被侵权人是在履行职务的过程中受到第三人的辱骂和人身攻击而导致死亡，属于第三人侵权行为所致，并根据相关司法解释的规定，认为赔偿权利人可以请求第三人承担赔偿责任，也可以请求雇主承担赔偿责任。因此，法院一方面认定第三人构成侵权，系直接侵权人，应当承担侵权责任，另一方面要求聘用单位先行承担赔偿责任，事后可以向第三人进行追偿，其有权追偿的范围与自己所承担的责任相当。

第一千一百七十六条 【自甘风险】

自愿参加具有一定风险的文体活动，因其他参加者的行为受到损害的，受害人不得请求其他参加者承担侵权责任；但是，其他参加者对损害的发生有故意或者重大过失的除外。

活动组织者的责任适用本法第一千一百九十八条至第一千二百零一条的规定。

本条来源

本条为新增条文。

立法演变

《民法典侵权责任编草案》（二审稿）第九百五十四条之一规定：“自愿参

加具有危险性的活动受到损害的，受害人不得请求他人承担侵权责任，但是他人对损害的发生有故意或者重大过失的除外。活动组织者的责任适用本法第九百七十三条的规定。”

《民法典侵权责任编草案》（三审稿）第九百五十四条之一规定：“自愿参加具有一定风险的文体活动，因其他参加者的行为受到损害的，受害人不得请求其他参加者承担侵权责任，但是其他参加者对损害的发生有故意或者重大过失的除外。活动组织者的责任适用本法第九百七十三条至第九百七十六条的规定。”

《民法典侵权责任编草案》（征求意见稿）第一千一百七十六条规定：“自愿参加具有一定风险的文体活动，因其他参加者的行为受到损害的，受害人不得请求其他参加者承担侵权责任，但是其他参加者对损害的发生有故意或者重大过失的除外。活动组织者的责任适用本法第一千一百九十八条至第一千二百零一条的规定。”此后稍有调整。

条文释义

本条是关于自甘风险的规定。

一、概述

（一）自甘风险的概念

自甘风险是指受害人自愿参加具有一定风险的文体活动，因其他参加者的行为而受到损害时，其不得请求其他参加者承担侵权责任，但是其他参加者对损害的发生有故意或者重大过失的除外。

在民法学说和审判实践中，自甘风险有时也被称为自冒风险、自甘风险、自愿冒险、风险自负等，无论概念如何使用，在侵权法上的核心含义是一致的，所以无需纠缠于种种大同小异的概念与提法，而应探讨制度的具体含义与适用标准。该条是《民法典》侵权责任编对《侵权责任法》所作出的新规定，因为自甘冒险规则此前并未在《侵权责任法》中进行明确规定，尤其并未作为免责事由在总则部分进行规定，而只是在分则部分第76条规定有所提及。

自甘风险制度旨在解决日常生活中常见的一类情形而带来的疑问，即某人在未受到欺诈、胁迫的情形下，基于自身的判断而自愿从事了具有一定危险性的活动，这种活动本身是合法的，但依照其性质必然具有一定的危险性，即参加者面临因此受到某种程度损害的风险，那么在参加者果真因此活动而遭受损害时，他的这种自愿加入的行为是否意味着其已经放弃了自身的索赔权利、能否成为侵权责任人的有效抗辩、进而减轻或免除责任人的侵权责任？抑或他的这种自愿参加行为对侵权责任的认定并不产生任何影响，依然将此情形作为一类普通的侵权案件加以处理？

《侵权责任法》并没有对自甘冒险作出明确规定，该法第76条规定："未经许可进入高度危险活动区域或者高度危险物存放区域受到损害，管理人已经采取安全措施并尽到警示义务的，可以减轻或者不承担责任。"此处强调管理人采取安全措施并尽到警示义务的行为，可以作为免责事由，因此这意味着受害人已经受到警示而知悉风险的存在，却依然冒险进入高度危险活动区域，从而导致自身受损。这种基于受害人知悉风险并自愿冒险的抗辩事由，被认为是在高度危险责任领域确立了自甘风险的规则。但《侵权责任法》并未将自甘风险上升为一种普遍的免责事由。

在《侵权责任法》立法过程中，立法者其实已经充分讨论过自甘风险是否应当写入立法的问题了，立法者认为，"考虑到国外对'自愿承担损害'和'自甘风险'作为抗辩事由规定的成文法不多，只有《葡萄牙民法典》有规定，《欧洲民法典》和《欧洲侵权法基本原则》目前还都是草案，美国侵权法重述也属于示范法，因此在我国的侵权责任法中暂不规定'自愿承担损害'和'自甘风险'作为不承担责任和减轻责任的情形，留待司法实践中发现问题后再予以考虑"。可见当时立法者有意将自甘风险制度留给司法实践去探索一段时间，等各方面意见较为成熟统一之后再写入立法。

那么在本次民法典编纂过程中，各方对于自甘风险制度的理解更为深入，尤其是为了方便案件审理时分清责任、准确适用法律，《民法典》侵权责任编从第二次审议稿开始，增加了自甘风险的免责事由规定，并一直保留到三次审议稿和最终的民法典之中。对此，立法机关介绍道："参加攀岩、击剑等具有危险性的体育活动受伤，责任由谁来承担？实践中，这类问题经常产生纠纷。对此，侵权责任编草案二审稿新增'自甘风险'规则，并根据有的委员提出的进一步明确'危险性活动'的范围相关建议，在草案三审稿中对该规则作出进一步完善……全国人大常委会组成人员纷纷对这一规定点赞。陈竺副委员长表示，草案确立'自甘风险'原则，有利于明确正常开展此类活动的责任界限，让活动的开展更加有章可循，也能有效引导人们谨慎参与危险活动，从而分散和预防社会风险。”[①]

（二）比较法上的自甘风险规则

自甘风险规则通常认为源于罗马法上的“愿者不受害”规则，这一法谚也被称为“自愿招致危害者不得主张所受损害”，即 Volenti Non Fit Injuria，“意思是说：自愿接受某一行为损害结果的人不被视为该行为的受害人”。[②] 罗马法上的这一规则强调当被害人知道并自愿接受对自己不利的后果时，就可以免除行为人的侵权责任。当然，在学者的论述中，这一法谚也经常被认为是受害人故意或与有过失的罗马法起源，因为这一法谚可以做出多种解释，只要是强调受害人自身原因的免责，均可以从中进行解释。

在欧洲，自甘风险并非是成文法所明确规定的免责事由，“自甘冒险是一个非法定概念，其要件和法律效果都是不特定的、含糊不清的”。[③] 因此大多数国家通过风险接受理论来理解自甘风险的免责事由，认为受害人自愿接受某种风险而受到伤害，因此对其他活动参与者放弃了损害赔偿请求权，除非是基于其他人的故意等重大过错，否则损害后果应当由受害人自行承担。这一风险接受理论在德国、法国、意大利、西班牙、匈牙利、奥地利等欧洲国家的司法实践中基本都得到了承认，当然主要是体育运动领域，并且在法院裁判相关案件中得到普遍适用。但是，究竟是将此种受害人对风险的接受解释到哪种既有免责事由之中，则各国做法不同，且不同时期的理论说法也不同，“德国法早期采默示免责，其后改采被害人对侵害的默示允诺（同意），目前则适用过失相抵”。[④] 德国学说上，根据司法实践的情况，将自甘风险细分为两类，即真正的自甘风险和与有过失的自甘风险。前者主要是适用于体育竞赛领域，存在固有风险，在此范围内可以免除行为人的责任；而后者则指搭乘、参加危险活动等，受害人存在一定的过失，但是并不能免除行为人的责任，而只能视情况予以减轻。这一分类与英美法上对默示的自甘风险的分类相似，后文对此有介绍。

---

① 张钰钗、舒颖：《侵权责任编草案：民生无小事 字句总关情》，载《中国人大》2020 年第 3 期，第 27 页。

② 黄风编著：《罗马法词典》，法律出版社 2001 年 12 月版，第 256 页。

③ ［德］埃尔温·多伊奇、［德］汉斯－于尔根·阿伦斯：《德国侵权法——侵权行为、损害赔偿及痛苦抚慰金》（第 5 版），叶名怡、温大军译，中国人民大学出版社 2016 年 4 月版，第 82 页。

④ 王泽鉴：《损害赔偿》，北京大学出版社 2017 年 12 月版，第 320 页。

但无论理论上的解释采取何种进路，均不影响欧洲国家对于这一免责事由的普遍运用，例如，德国“在审判实践中逐渐形成了自甘冒险行为的若干典型的案例类型，即搭乘、参加危险活动以及进入他人土地或他人设施中。新近，参加体育竞赛也被纳入其中。”① 之所以认为体育赛事中应当适用自甘风险进行免责，是因为这种运动的风险是固有的，人们参加这种运动，就必然知道其中的风险，即受伤是很可能的。此时，“如果对加害人提起诉讼，这就构成前后行为矛盾（Venire contra factum proprium），因此，这样的诉讼应该被排除。”②

再如，“与上述情况相似，意大利法院也将以下规则适用于竞技性体育活动，即因为自愿接受风险，参与者放弃了彼此之间的损害赔偿请求权，只要损害在与运动性质相关的典型风险之内，损害与违反规则无关，并非故意，并非由不当的暴力造成。”③

我国台湾地区同属大陆法系，且受到德国法制影响较深，对于自冒风险的理论基础，由于其民事立法上并未设有单独的自冒风险条款，所以目前也主要通过对受害人与有过失条款进行解释来适用，即对我国台湾地区“民法”第217条（损害之发生或扩大，被害人与有过失者，法院得减轻赔偿金额，或免除之。重大之损害原因，为债务人所不及知，而被害人不预促其注意或怠于避免或减少损害者，为与有过失。）来进行解释，从而实现对自甘风险中行为人责任的减免，合理分配责任的负担。正如学者所言：“自甘冒险的情形，例如前揭明知驾驶人酒醉仍搭乘其车；众人群殴在旁观看；擅进危屋举行派对；接近并挑衅凶猛动物等。运动伤害如何处理，常生争议。在遵守运动规则的情形下，如摔跤比赛使用规则允许的攻击造成对手受伤，得认系阻却违法。其他情形，得适用过失相抵，如划船竞赛因严重违规而互撞，舟损人伤。”④

---

① ［德］埃尔温·多伊奇、［德］汉斯－于尔根·阿伦斯：《德国侵权法——侵权行为、损害赔偿及痛苦抚慰金》（第5版），叶名怡、温大军译，中国人民大学出版社2016年4月版，第82页。

② ［德］克里斯蒂安·冯·巴尔、［英］埃里克·克莱夫主编：《欧洲私法的原则、定义与示范规则：欧洲示范民法典草案：全译本》（第5卷、第6卷、第7卷），王文胜等译，法律出版社2014年6月版，第629页。

③ ［德］克里斯蒂安·冯·巴尔、［英］埃里克·克莱夫主编：《欧洲私法的原则、定义与示范规则：欧洲示范民法典草案：全译本》（第5卷、第6卷、第7卷），王文胜等译，法律出版社2014年6月版，第628页。

④ 王泽鉴：《损害赔偿》，北京大学出版社2017年12月版，第320页。

在英美法上，自甘风险也是古老的过失侵权行为，其作为一个抗辩事由，被普遍适用于多数具体的侵权责任案件中。“自甘风险规则之所以重要且受到持久关注，是因为起初被认为是在英美法上过失侵权责任中主要抗辩事由之一，而且被广泛用于雇主责任、场所占有人责任、产品责任、娱乐与运动侵权责任等法律关系中。”①

在英美法上，从受害人是否知悉风险、是否做出同意的角度出发，可以把自甘风险（Assumption of risk）分为两大类，即明示的自甘风险和默示的自甘风险。明示的自甘风险（Expressed assumption of risk），是指受害人通过明示的方式表达出自己知悉风险的存在，并愿意承担相关的损害后果。这种明示，往往是通过签订书面或口头合同，或单方作出宣告的形式来进行表达。常见的明示的自甘风险，例如在医院进行手术之前所签订的手术同意书中就有相关的内容。还有就是一些旅游合同、游乐服务合同或保管合同中，会有类似“某某活动有一定风险，请旅客遵守规则，风险自负”“旅客应自行保管随身物品，如有遗失本社概不负责”“公共场所请妥善保管私人物品，贵重物品请随身携带，丢失本馆概不负责”这样的告示，这些往往会成为相关合同的一部分内容，起到风险提示和转移的作用。此类条款在旅游业、保险业、酒店住宿业、交通运输业等服务行业广泛存在。

默示的自甘风险（Implied assumption of risk）是在明示的自甘风险的基础上，为了适应社会的发展而通过判例产生的理论，19 世纪末、20 世纪初才产生，是指虽然受害人没有通过明示的方式，来明确表达其知悉并愿意承担相关的风险及其损害后果，但基于受害人的行为和活动的性质，法官可以推断出受害人对风险是知悉并在一定程度上是同意的。也就是说，明示的自甘风险是通过受害人事先的声明等可以为外界所知的、主动的方式来进行责任自负的判断，而默示的自甘风险则不存在受害人主动的声明，只能事后进行推论。随着社会的发展，人们活动的复杂性也不断增加，于是默示的自甘风险理论也不断发展，细分为两类，一类是主要的默示自甘风险，另一类是次要的默示自甘风险。

主要的默示自甘风险（Primary assumption of risk），顾名思义，是默示的自甘风险中最为常见且最容易解释的一类，即受害人参加的是本身就具有固有风

---

① 杨艳：《侵权法上自甘风险规则研究》，吉林大学法学院 2016 年度博士学位论文，第 24 页。

险性的活动，这种风险按照常人标准均可识别知悉，此时受害人受到的伤害，很可能并非其他人的过错造成。主要的默示自甘风险最常见的就是体育活动，尤其是具有一定身体对抗性的体育活动，如竞赛类的活动，像球类运动、击剑、拳击等具有身体对抗性和一定程度危险性的活动。

次要的默示自甘风险（Secondary assumption of risk），是指受害人知道或应当知道行为人的过失行为可能引发某种风险，但仍然自愿参与行为人的活动，最终受到了损害。主要的默示自甘风险与次要的默示自甘风险的差别，主要在于受害人是否应当知悉风险、行为人是否对受害人负有一定程度的注意义务。在次要的默示自甘风险中，风险更为隐蔽，不似体育活动所固有的风险，而且风险主要依赖行为人的行为。次要的默示自甘风险中，最常见的例子便是乘客明知司机饮酒或存在其他违章驾驶的情形，但依然自愿乘坐司机驾驶的车辆，后车辆果然因为驾驶不当而肇事，导致乘客受损害。可见在次要的默示自甘风险中，风险并非某种行为所固有的，例如驾驶车辆，而是基于行为人的过失造成。因此，次要的默示自甘风险中，往往并不能免除行为人的责任，因为其具有明显的过错，但由于受害人知悉此种风险，却依然自愿参与行为人的行为，所以法院一般会适量减少行为人的责任，而判令受害人自行承担部分损失。

（三）自甘风险与受害人故意的对比

自甘风险与受害人故意存在一定的相似性，因为两者都是基于受害人自身的原因而给行为人提供了免责的正当事由。从本质上说，两者均是受害人对自身权益的疏忽或放弃，而导致其在法律上损害赔偿请求权的丧失，所以两者的结果相同，即行为人不承担责任而由受害人自行承担损失。但两者仍然存在较多的不同，这也是立法对二者分别进行规定的原因。两者的区别主要体现在如下几个方面：

第一，风险或危险的来源不同。在自甘风险中，风险并非来自受害人自己的行为，而是来自受害人所参加的文体活动固有的风险，是这些活动所必然具有的一定程度的危险。在受害人故意中，受害人所处的危险状态是受害人自己造成的，使自己处于此种危险状态下，正是受害人有意追求的结果。

第二，受害人对于自己将遭受的危险认识程度不同。在自甘风险中，受害人对于文体活动所固有的风险是知道或者应当知道的，但是对于自己将遭受的危险则并没有明确的认识，其并不希望自己遭受活动中的危险。在受害人故意中，受害人对于自己将遭受的危险是有着明确的认识的，因为此种危险正是受害人自己的行为造成的。

第三，受害人对于损害后果出现的主观心态不同。在自甘风险中，受害人虽然对于风险有所知悉，但并不希望出现任何损害后果，换言之，遭受损害并不是受害人所希冀的结果。而在受害人故意中，受害人是有意追求或故意放任损害后果的出现，损害后果的出现是其预料之中的事。

此外，在比较法和学理上，两者的法律后果也存在差异，因为受害人故意的法律后果是行为人完全免责，而自甘风险的后果是行为人免除或者减轻责任。但是在我国民法典中，对于自甘风险的规定有自己的特色，并不同于比较法或学理上的自甘风险规则。我国民法典上自甘风险的法律效果也是完全免除行为人的责任，所以在我国民法典上的自甘风险与受害人故意，在法律效果上并无差异。

二、内容

（一）我国法上自甘风险的适用要件

自甘风险作为行为人的免责事由，在适用时应当符合如下要件：

1. 受害人存在参加文体活动的自愿。

受害人基于自愿而参加活动，是适用自甘风险的前提。自甘的含义本来就是指自愿进行、自愿承受。当然，自愿的前提是知情，即对于活动的风险是知情的，这种知情包括知道和应当知道。例如，受害人是某项体育活动的爱好者，多次参加此类活动，那么他必然对于该类活动的基本规则是知悉的，甚至是熟悉的。如果受害人并没有多次参加某类体育活动的经历，但是作为观众曾多次现场旁观或通过电视转播观看过此类活动，那么他对于此类活动的基本规则、基本情况也是了解的。如果一个人从未接触过某项活动，对其规则也一无所知，贸然上场，则不属于自愿，因为其不符合知情的前提。

参加文体活动，表明受害人是以参与者的身份进入到该活动中，是活动的直接参与者，而非旁观者。因此，本条在主体上仅限于活动的参与人，排除了观众。在文娱活动中，例如泼水节，参与人就可以适用本条；在体育活动中，观众和场外第三人便不适用本条规定。例如，在观众席上观看棒球比赛时，被选手击飞的棒球击中，或者在高尔夫球场外散步，被飞越防护网的高尔夫球击中的路人，就不属于本条所规定的受害人范围。因为对于观众和场外其他人而言，其并未参与活动之中，活动的固有风险对其并不存在，其所面临的风险均是临时的、意外的，而非文体活动所固有的。因此，对于观众和场外人员的损害，便不适用自甘风险的抗辩，[①] 而应当根据侵权法的其他规则来判断各方的责任，尤其是活动组织者的责任。

2. 适用的范围仅限于文体活动。

本条在民法典侵权责任编二审稿首次出现时，对于适用的范围规定的是“具有危险性的活动”，等到了三审稿时，适用的范围变成了“具有一定风险的文体活动”，这一改动被保留到了最后通过时的民法典草案。从“活动”到“文体活动”，这是对自甘风险适用范围的明显限缩。如果将自甘风险的范围表述为“具有危险性的活动”，则这一范围更类似于英美法上的默示自甘风险的范围，但将范围限定于“具有一定风险的文体活动”之后，则这一范围则仅相当于英美法上主要的默示自甘风险的范围。

虽然此前《侵权责任法》并没有明确规定自甘风险规则，但是法官们在裁判侵权案件时，基于法理而主动提及自甘风险规则并以此作为说理依据进行责任分配的案件并不少见。这些案件的范围绝不仅仅限于文体活动，据学者归纳，“从案由来看，这些案件主要可以分为几类：1. 体育运动伤害或娱乐活动伤害的生命权、健康权、身体权纠纷案件；2. 交通事故中的生命权、健康权、身体权纠纷案件；3. 不同特殊场中发生的生命权、健康权、身体权纠纷案件，这包括侵权人的安全保障义务的违反，触电侵权责任，溺水造成的生命权、健康权、身体权纠纷案件等；4. 自助旅行活动中的生命权、健康权、身体权纠纷案件。”[②] 因此，立法将自甘风险的适用限定于文体活动，缺点是限制了自甘风险规则在侵权法中作为一般性的免责事由的适用范围，优点是适用起来更为简单明晰，也避免了法官们将这一制度与其他制度尤其是与有过失、受害人故意等产生混淆。

所谓文体活动，其实并非法律术语，而是生活化的术语，是文娱和体育

---

① 当然，对于观众能否适用自甘风险抗辩，各国情况不同，甚至同一国家或地区不同的法院判决也不同，观众受伤主要是棒球运动，因为在此类运动中，棒球甚至球棒飞出场地掉落观众区域伤人的可能性要远大于其他运动，有的法院判决观众选择现场观看比赛便属于自甘风险，但也有的法院认为不构成自甘风险。由于棒球运动在我国尚未普及，中国职业棒球联赛筹备工作会议在 2019 年 6 月才召开，所以尚未形成大型赛事局面，棒球比赛中观众受伤的案件尚未出现。

② 杨艳：《侵权法上自甘风险规则研究》，吉林大学法学院 2016 年度博士学位论文，第 36 页。

（recreation and sports）的简称。根据汉语词典的解释，文娱，是指看戏、看电影、唱歌、跳舞等娱乐活动；体育，则是指一种娱乐消遣活动，或需体力、智慧与技巧的比赛或竞技，它要求用或多或少的体力，按照传统的形式或一组规则进行，有时还作为一种职业在户外或室内进行。可见文娱活动，一般并没有多少固有风险，因为看戏、看电影均是以观看而且是安静观看为主，唱歌一般也是歌手自己演唱，较少与别人互动，而跳舞则除了少数比较剧烈的双人或团体舞，如拉丁舞等，一般较为平缓，且舞蹈成员之间的动作交流不多，或者不剧烈。因此，我国民法典上的自甘风险规则，主要还是适用于体育活动。

在体育活动中，凡是具有对抗性的项目或者要求爆发力的项目，本身就容易造成参加者身体受伤害。由于本条还限定在其他参加者的行为而导致的损害，所以主要集中在具有对抗性质的体育活动之中，这类活动一般有双方进行竞赛，具有较为激烈的对抗，有的还会发生直接的身体接触，因此比较容易受到其他队员的伤害，例如足球、篮球、橄榄球、羽毛球、排球、拳击、击剑等，都容易引起激烈对抗性导致参与人受伤。在其他一些非对抗性的体育活动中，由于参赛的人员较多，彼此之间也容易发生身体接触而造成伤害，例如赛跑、自行车赛、赛艇、滑雪等，一旦发生运动员之间的冲撞或者跌倒而引发的踩踏，也会引起严重的伤害后果。

正因为文体活动并非一个严谨的法律概念，而是一个生活概念，因此，哪些活动属于文体活动，其范围并不固定，这就给了法官解释的空间，其优点是能够不断适应社会发展的需求，对于新出现的文娱体育活动可以纳入进去，缺点是有可能会过度扩张或者限缩解释适用。从文体活动的字面意思来看，除了前面提到的这些典型的文娱体育活动之外，例如啦啦队、奔牛等一些西方国家常见的具有一定危险性的活动，还有我国民间的一些文体活动，如端午节赛龙舟、云南地区的泼水节、春节舞狮舞龙、庙会，以及越来越多的景区、游乐园开始举行的花车巡游、欢庆嘉年华等大型活动等，也可纳入文体活动的范围内。

3. 受害人在活动中因其他参加者的行为而遭受损害。

参加较为剧烈的文体活动的时，参加者受到的伤害可能来自不同的方面，例如对方选手的犯规动作、己方搭档的失误动作、场馆场地不合格、观众的干扰投掷，以及赛场外的因素等。但本条将受害人受到损害的原因限定在“因其他参加者的行为”，这就排除了其他因素造成的损害，而仅限于其他参加者的行为。因此，在文体活动中常见的因器械、体育运动场地及设施、活动的组织者及举办者的疏忽等方面原因造成的损害，就不属于本条规定的自甘风险的范围。当然，根据本条第 2 款规定，活动的组织者及举办者的责任适用公共场所和群众性活动的安全保障义务之规定。

在解释上，能够造成文体活动固有风险的其他参加者，包括两类人员：一是与受害人参加同一比赛的对方选手。例如，在足球比赛中争抢禁区内高球时，受害人以鱼跃争顶，对方选手则试图大脚解危，结果对方选手踢中受害人头部导致受伤。又如，在自行车比赛时，对方选手车速过快而失控，冲撞到受害人，导致受害人连人带车跌倒受伤。二是与受害人参加同一比赛的同一方选手，即己方搭档。虽然同一方选手之间并不是对抗关系，但是毕竟距离近，在配合不够、协调不够默契时，也容易发生肢体接触而导致受伤。例如在现实案例中，四人进行羽毛球双打时，对方选手击出一个高远球，受害人和其搭档均侧身后退，竞相回击，搭档挥拍时球拍框打在了受害人的脸上，由于羽毛球挥拍速度很快、打击力较强，故导致受害人眼睛受伤。

其他如与受害人在同一场地中参加不同比赛活动的人员，就不属于该条的“其他参加者”，例如羽毛球馆有数块场地，临近的甲乙两个场地都在进行双打比赛，甲场地的一名选手救球时跑动幅度太大而闯进了乙场地，并将乙场地的一名选手撞倒在地，这就不属于自甘风险的调整范围。因为来自其他场地的人员的侵害，不是文体活动的固有风险，超出了受害人的预期，其对此风险并不能够事先知悉并同意，所以这种情形直接适用一般侵权来认定责任，行为人不能主张受害人自甘风险来减免自己的责任。

至于受害人遭受的损害，并不局限于人身损害，也包括财产损害。文体活动中常见的损害是人身损害，尤其是受害人的生命权、健康权、身体权受到损害，例如被撞伤、跌倒骨折、擦伤等。但也存在财产受损的情形，例如打篮球时眼镜被撞掉到地上摔碎，名牌球拍被搭档的失误动作碰坏，昂贵的比赛用自行车被对方选手撞到摔坏，等等。从解释论的角度，该损害应当还包括精神损害，根据《民法典》侵权责任编第 1183 条第 1 款的规定，侵害自然人人身权益造成严重精神损害的，被侵权人有权请求精神损害赔偿。因此，在文体活动中因其他参加者的行为而造成受害人人身权益受损的同时，还遭受严重精神损害的，此种损害自然也属于自甘风险中损害的范围，因此精神损害赔偿在自甘风险适用的领域也可以同时适用。

4. 行为人仅具有一般过失或轻微过失。

典型的自甘风险的适用，将会完全免除行为人的侵权责任。而对于行为人的过错，本条强调行为人对损害的发生有故意或者重大过失的除外，因此行为人只能基于一般过失或轻过失，否则不能免除其责任。“自甘冒险可能由于面对的是高度危险行为或者是重大过错而会退隐，以至于无足轻重。不过，通常情况下，自甘冒险会导致削减损害赔偿请求权。”①

与受害人同意强调故意侵权不同，自甘风险仅适用于过失侵权，而且主要是一般过失或轻微过失，因为自罗马法以来，重大过失在严重性上往往被视为等同于故意。重大过失表明行为人虽然没有放任或积极追求损害后果的出现，但是其对于最基本的注意义务都产生了背离，这种疏忽是对他人合法权益的漠视，主观态度上具有较强的应受谴责和非难性。在适用自甘风险抗辩时，如果法官查明认定行为人造成受害人的损害，是基于故意或重大过失，则应当驳回行为人的此种抗辩，不予以免除其责任。

在文体活动中，尤其是体育活动中，对于行为人过错的判断与行为人的行为是否犯规有着密切的联系。体育比赛中的犯规，是指对比赛规则的违反，含有与对方队员的非法身体接触以及违反体育道德的举止。犯规有多种表现，以国际篮球联合会（FIBA）制定的篮球规则为例，犯规包括侵人犯规、双方犯规、技术犯规、打架四类。其中技术犯规是没有身体接触的犯规，那么剩余的侵人犯规、双方犯规、打架这三类犯规，都有因发生身体接触而很可能造成他人的身体伤害。国际足球协会理事会（IFAB）制定的足球比赛规则，也列明了7种因“队员草率地、鲁莽地或使用过分的力量”而造成的犯规：踢或企图踢对方队员；绊摔或企图绊摔对方队员；跳向对方队员；冲撞对方队员；打或企图打对方队员；抢截对方队员；推对方队员。这些犯规行为在赛场上的后果是对方将获得直接任意球，但在法律上，这些行为都可能造成对方球员的身体受伤。

是否可以将行为人的故意或重大过失与犯规行为画等号？本书认为，由于犯规行为种类较多，严重程度也各不相同，所以不能简单画等号，不能认为凡

---

① ［德］埃尔温·多伊奇、［德］汉斯－于尔根·阿伦斯：《德国侵权法——侵权行为、损害赔偿及痛苦抚慰金》（第5版），叶名怡、温大军译，中国人民大学出版社2016年4月版，第83页。

是行为人存在犯规行为的，受害人的自甘风险失效，即可以因行为人的“故意或重大过失”而获得请求赔偿的权利。这是因为犯规是体育活动中很常见的，甚至是很难避免的。因为犯规并不等于侵权，犯规几乎都是为了比赛，而极少是针对特定人的侵害。如果所有的犯规行为在民法上都会引致侵权责任，无疑与现实产生巨大的脱节，其结果要么被从事体育活动者无视，或者事先做出声明而放弃，要么对体育活动产生巨大冲击，尤其是对民间非专业体育爱好者之间的体育活动产生摧毁性的打击。因此，犯规不能等于故意或重大过失。只有类似于足球比赛中将会导致红牌罚下的犯有暴力行为或严重犯规者，才构成故意或重大过失。

因此，在适用自甘风险规则时，判断行为人是否属于故意或重大过失，不能简单根据是否存在犯规行为来判断。判断行为人的故意，应当运用侵权法关于故意的一般理论，即行为人的目的是积极追求或有意放任受害人受害的结果，此时行为人的行为已经超出了正常的比赛目的，存在“对人不对事”的情形。前些年在一些关于足球比赛的报道中，经常有一方球迷出谋划策，认为上场后应当围攻对方关键球员，并派某己方球员冒着不惜红牌罚下的代价，运用铲腿等恶意犯规的方式将对方关键球员“废掉”，然后增大赢球概率。如果球员在赛场上真的如此行为，则无疑属于故意。对于重大过失，可以借鉴比赛中针对球员身体的严重犯规和暴力行为来作为参考，即属于红牌警告的行为中，发生身体接触的行为属于重大过失。这两类不可以作为行为人的免责事由。除此之外的犯规行为，则属于一般过失或轻微过失，行为人可以主张受害人自甘风险而免除自己的责任。

总之，在判断体育活动中行为人的过失时，需要结合该项运动的自身特性，看行为人的行为是否超出了该项运动通常具有的风险，即运动的固有风险。如果行为人的行为尚属该项运动的固有风险范围内，即便是犯规，也不能认为是故意或重大过失，如果行为人的行为过于异常或危险，超出了该项运动的特性和固有风险，则可以认为行为人具有故意或重大过失。

（二）自甘风险的法律效果

根据本条规定，自甘风险的法律效果是“受害人不得请求其他参加者承担侵权责任”，即构成免除责任的事由。然而，紧随这一表述之后，是一个但书规定，即“但是，其他参加者对损害的发生有故意或者重大过失的除外”。从文义解释上看，此处的“但是”，针对的是前面受害人不得请求行为人承担侵权责任。那么从反面解释来看，其他参加者对于损害的发生有故意或重大过失的，受害人可以请求其他参加者承担侵权责任。

问题在于，受害人基于行为人的故意或重大过失而主张损害赔偿时，行为人固然已经不能主张免除责任，但其还能否基于受害人的自甘风险而主张责任的减轻？从文义上讲，这属于立法空白，只规定了免除责任，而没有规定减轻责任。对此，如果进行法的续造，似乎可以解释出“其他参加者对损害的发生有故意或者重大过失的，应当对受害人承担侵权责任，但可以适当减轻其责任”这一立法保持沉默的表述，甚至可以基于此解释出：故意造成损害的，不能减轻责任，重大过失者，可以减轻责任。但这只是单纯从字面意思上进行的解释。文义解释是一切解释的开端，但却并不是唯一的解释方法，也不是效力最高的解释方法。文义解释只适用于法律条文从字面含义本身可以解释清楚的情景，对于此种立法有意的空白，则难以通过文义解释来完全实现解释的目的。

首先，从立法解释的角度，立法者在十余年前《侵权责任法》起草过程中，就已经认识到了自甘风险的问题，并进行了较为深入的思考和探讨，多方斟酌之后，决定暂不写入《侵权责任法》，留待今后立法。于是多年后启动的《民法典》编纂中，二审稿开始写入自甘风险规则。在《侵权责任法》起草过程中，立法者在探讨自甘风险规则时，就已经清楚认识到了这一规则的法律效果可能是免除或减轻行为人的责任。表明立法者对于这一规则的法律效果认识比较全面，不存在以为自甘风险只存在免除责任这一种法律效果的情形。

其次，从体系解释的角度，我国的立法机关在民事立法中，对于民事责任的规定十分注意相关概念的表述，尤其在涉及责任承担时分别使用了“应当承担侵权责任”“不承担民事责任”“承担适当的民事责任”“减轻侵权人的责任”“给予适当补偿”等表述，层次分明，区分十分清楚。例如，《民法典》总则编规定了不可抗力和正当防卫不承担民事责任；防卫过当和紧急避险不当的，承担适当的民事责任；自愿实施紧急救助他人的，不承担民事责任。《民法典》侵权责任编规定了被侵权人与有过失的，可以减轻侵权人的责任；受害人故意的，行为人不承担责任。那么针对本条自甘风险规则，立法机关只规定受害人不得请求其他参加者承担侵权责任和故意及重大过失的除外，这说明立法机关并非遗漏了是否存在减轻责任的规则，而是认为本条不必规定减轻责任的规则。

也就是说，在适用本条自甘风险的规则时，适用的效果便是：行为人不存在故意或重大过失的，受害人不得主张行为人承担侵权责任，而是由受害人自行承担损失；行为人存在故意或重大过失，应当对受害人承担侵权责任，不能依据本条主张责任的减轻。

在此需要注意的是，不少关于比较法上立法或司法经验的介绍，或者学者的论述上，涉及自甘风险规则的，其效果不仅包括免除行为人的责任，还包括减轻行为人的责任。这似乎与本条规定不相同。对此要注意的是，比较法上关于自甘风险的范围界定，要远远宽于本条的范围，所以才会出现这种落差。如前所述，我国民法典上的自甘风险，仅限于文体活动范围，仅相当于英美法上的主要的默示自甘风险和德国法上的真正的自甘风险，所以比较法上和学说上的自甘风险还包括了文体活动之外的范围，而那些范围里面，受害人的疏忽冒失可以成为减轻行为人责任的理由。在我国，涉及文体活动之外的、关乎受害人对于风险知悉或者应当知悉的责任减免问题，应当转而适用《民法典》侵权责任编第 1173 条受害人与有过失的规定，这也与比较法上的经验相符合。

（三）自甘风险中活动组织者的安全保障义务

本条第 2 款规定："活动组织者的责任适用本法第一千一百九十八条至第一千二百零一条的规定。"这是对自甘风险中涉及活动组织者责任的转致性规定。《民法典》侵权责任编第 1198 条规定的是公共场所的经营者、管理者和群众性活动组织者的安全保障义务，第 1199 条到第 1201 条，规定的是幼儿园、学校或者其他教育机构对无民事行为能力人和限制民事行为能力人的保护义务和侵权责任。

在文体活动中，参与者受伤的因素既可能来自其他参赛者，也可能来自因器械、体育运动场地及设施缺陷、场外人员的行为、活动的组织者及举办者的疏忽等方面原因。由于本条对于自甘风险的适用主体仅限于文体活动的参与人和其他参加者，所以活动的组织者的责任便不能使用本条来进行判断，更不能基于参与人的自甘风险而主张免责，只能根据《民法典》侵权责任编有关活动组织者的责任规定来判断。所以在同一案件中，受害人既对其他参加者提出赔偿请求，也对活动组织者提出赔偿请求，那么法院对不同被告方的责任判断，需要适用不同的法律条文。

法条关联

◆《民法典》侵权责任编

第一千一百六十五条第一款 行为人因过错侵害他人民事权益造成损害的，应当承担侵权责任。

第一千一百九十八条第一款 宾馆、商场、银行、车站、机场、体育场馆、娱乐场所等经营场所、公共场所的经营者、管理者或者群众性活动的组织者，未尽到安全保障义务，造成他人损害的，应当承担侵权责任。

案例评议

一、赵某1诉平某1、李某1、平某2、长春市第二实验中学健康权纠纷案①

◆ **裁判规则**

在认定平某1及长春市第二实验中学是否存在过错时，法院认为，赵某1受伤系与平某1及其他同学打篮球时发生碰撞导致的，篮球运动系激烈的、对抗性的体育运动，参加运动的人员对比赛中有可能出现的危险是可以预见的，该危险是一种具体的现实的危险，而损害的结果却并非必然发生，而是能够避免的，但赵某1仍自愿参加比赛，系自甘冒险行为，平某1对该损害的发生虽无过错，亦应承担赔偿责任。事故发生时，平某1系未成年人，李某1、平某2作为其法定代理人也应承担赔偿责任。赵某1在校期间发生人身损害，长春市第二实验中学对此应承担补充赔偿责任。

◆ **评议**

自甘风险制度是《民法典》侵权责任编新增加的规定，此前的《侵权责任法》并未规定。按照本条规定，自愿参加具有一定风险的文体活动，因其他参加者的行为受到损害的，受害人不得请求其他参加者承担侵权责任。但在此前的判决中，由于缺乏明确的法律依据，法院往往不敢完全免除其他参加者的责任，而倾向于要求其他参加者也承担一定的责任。此案即为典型。

双方均是同一所高中的学生，某日下午一起在学校操场打篮球时，一方用肘

① 吉林省长春市中级人民法院民事判决书，(2017)吉01民终1700号。

部将另一方鼻子碰伤，花去医疗费4000余元。法院认为，被侵权人已年满16周岁，其对参加篮球运动可能产生危险是明知的，而篮球运动系激烈的、对抗性的体育运动，参加运动的人员对比赛中有可能出现的危险是可以预见的，该危险是一种具体的现实的危险，而损害的结果却并非必然发生，而是能够避免的，篮球比赛中产生的风险应由其本人承担相应的责任，被侵权人系自甘冒险，行为人对该损害的发生虽无过错，亦应承担一定的赔偿责任，中学应当承担补充赔偿责任。

最后，在责任的划分上，法院判决受害人自己承担损失的60%，行为人承担20%，中学承担20%。那么在《民法典》施行后，根据自甘风险的规则，一同参加活动的行为人对于损害的发生不存在故意或者重大过失的，就无须承担此种赔偿责任。

二、谢某1、中山市律师协会群众性活动组织者责任纠纷案①

◆ 裁判规则

在认定中山律协是否应当承担赔偿责任时，法院认为，首先，中山律协组织全市律师参加篮球比赛，该赛事并不具有强制性，谢某1作为律协会员自愿参加该赛事，对参加比赛的风险应当有所预见，并应承担相应的责任。其次，现有证据不足以证明中山律协作为比赛组织者未尽到合理限度内的安全保障义务。最后，谢某1在没有严重违反比赛规则的情况下因摔倒而受伤，属于意外事件，与中山律协的赛事组织活动并无直接的因果关系。中山律协已在合理限度内尽到了安全保障义务，且向谢某1发放22000元以示慰问。因此，中山律协不需要再承担赔偿责任。

◆ 评议

在自甘风险规则中，其他参与者没有故意或重大过失的，可以免责，而对于活动组织者的责任判断，要适用安全保障义务的规定，即要看活动的组织者是否尽到了安全保障义务，如果未尽到，则造成他人损害应当承担相应的侵权责任。

本案中，律师协会组织全市律师参加篮球比赛，受害人报名参赛，后在比赛过程中因摔倒而受伤，其自身没有严重违反比赛规则，别的参与者也没有违反比赛规则，律师协会组织这一体育活动本身并非过错，而活动方案、比赛规

① 广东省高级人民法院民事裁定书，（2017）粤民申8529号。

则、赛程安排等也都没有明显不合理之处，因此，法院认为律师协会已在合理限度内尽到了安全保障义务，无需承担侵权责任，但可以自愿对受害人发放一定的慰问金进行慰问。

第一千一百七十七条 【自助行为】

合法权益受到侵害，情况紧迫且不能及时获得国家机关保护，不立即采取措施将使其合法权益受到难以弥补的损害的，受害人可以在保护自己合法权益的必要范围内采取扣留侵权人的财物等合理措施；但是，应当立即请求有关国家机关处理。

受害人采取的措施不当造成他人损害的，应当承担侵权责任。

本条来源

本条为新增条文。

立法演变

《民法典侵权责任编草案》（二审稿）第九百五十四条之二规定："合法权益受到侵害，情况紧迫且不能及时获得国家机关保护的，受害人可以在必要范围内采取扣留侵权人的财物等合理措施。受害人实施前款行为后，应当立即请求有关国家机关处理。受害人采取的措施不当造成他人损害的，应当承担侵权责任。"

《民法典侵权责任编草案》（三审稿）第九百五十四条之二规定："合法权益受到侵害，情况紧迫且不能及时获得国家机关保护，不立即采取措施将使其权益受到难以弥补的损害的，受害人可以在必要范围内采取扣留侵权人的财物等合理措施，但是应当立即请求有关国家机关处理。受害人采取的措施不当造成他人损害的，应当承担侵权责任。"

《民法典侵权责任编草案》（征求意见稿）第一千一百七十七条规定："合法权益受到侵害，情况紧迫且不能及时获得国家机关保护，不立即采取措施将使其合法权益受到难以弥补的损害的，受害人可以在必要范围内采取扣留侵权人的财物等合理措施；但是，应当立即请求有关国家机关处理。受害人采取的措施不当造成他人损害的，应当承担侵权责任。"此后稍有调整。

条文释义

本条是关于自助行为的规定。

一、概述

（一）自助行为的概念

自助行为是指当民事主体的合法权益受到侵害，情况紧迫且不能及时获得国家机关保护，不立即采取措施将使其合法权益受到难以弥补的损害时，有权在必要范围内先行采取扣留侵权人的财物等合理措施，然后立即请求有关国家机关处理的行为。在自助行为中，行使自助行为的人为自助行为人，他其实是违法行为的受害者，因此也是受害人，同时也是债权人，而侵害了自助行为人的合法权益的人，则属于加害人，同时其也是债务人。

自助行为与正当防卫、紧急避险一样，都属于私力救济、自力救济，是指民事主体遇到权利受侵害的紧急情况而来不及请求国家机关予以保护时，不得已依靠自身力量采取措施来保护自己合法权益免受侵害的行为。因此，自助行为、正当防卫和紧急避险也被称为自救行为。当然，自助行为保护的是民事主体自身的合法权益，而正当防卫和紧急避险不仅可以保护民事主体自身的权益，还可以保护其他主体的权益，因此范围更广。

在国家形成之前，人类的纠纷都是依靠自己解决，或者通过家庭、宗族、村落的力量去解决，所以自力救济是维护自己权益的基本途径。在国家形成后，随着国家对于社会管理能力的增强，这种自力救济的行为就受到越来越多的限制。因为自力救济具有同态复仇的性质，“犹太法律中的另一项原始因素是同态复仇，这是一种严格的报复方法。违法者被告知‘若有伤害，就要以命偿命、以眼还眼、以牙还牙、以手还手、以脚还脚、以烙还烙、以伤还伤、以打还打’。”[①] 然而在实践中，同态复仇并不容易控制，很容易超出限度，而且究竟谁对谁错、谁是谁非，往往争执的双方各执一词，很难平息事态。所以依靠人们自己的力量去进行救济，是一种法律的私人执行，虽然动力足、效率高，但容易引发更大的纷争，使社会秩序处于不稳定状态。

---

① ［美］约翰·麦克西·赞恩：《法律的故事：最新最全译本》，于庆生译，中国法制出版社2019年4月版，第90页。

所以国家形成之后，逐渐发展起来了专业的司法机关来解决人们之间的纠纷，例如法院，现代社会还都具有侦查机关、公诉机关、司法机关、监督机关的一套完整的纠纷解决机构来解决人们之间的纠纷。所以随着人类社会的进步，纠纷的解决权已经由国家设立的专门机关进行垄断，人们之间的纠纷尤其是容易引发暴力冲突的纠纷，不再允许人们自行解决。即便是民间的调解，要想获得效力，也必须经过法律的认可。通过专门的国家机关来解决各类纠纷，虽然具有专业、公平、权威和强制执行力等巨大优势，但是国家公权力的救济毕竟不可能覆盖到生活中的方方面面，尤其是不能及时到达现场。因此，在私法领域，各国均允许在特定情形下权利人得以通过自身力量来保护自己的权利不受侵犯，这往往可能伴随着一定的暴力行为，即双方当事人之间发生肢体冲突并使用强制的力量，但这是弥补公权对于私权保护之不足的必要措施，所以在自助行为、正当防卫、紧急避险中，允许民事主体依靠自身力量进行救济和保护。这就是这类私力救济行为得以合法存在的依据。当然，为了避免私力救济导致的暴力行为泛滥，各国法律一般都要求在采取私力救济之后，应当立即请求公权机关介入，将私力救济导入公力救济的程序之中，并由公权机关完成纠纷的解决。

（二）自助行为在我国的立法史

1986 年的《民法通则》只规定了正当防卫和紧急避险，而未规定自助行为。2002 年 12 月九届全国人大常委会审议的《中华人民共和国民法（草案）》中的侵权责任法部分，曾规定了自助行为。该草案第 23 条规定：“在自己的合法权益受到不法侵害，来不及请求有关部门介入的情况下，如果不采取措施以后就难以维护自己的合法权益的，权利人可以采取合理的自助措施，对侵权人的人身进行必要的限制或者对侵权人的财产进行扣留，但应当及时通知有关部门。错误实施自助行为或者采取自助措施不当造成损害的，应当承担侵权责任。”可以说这是自助行为正式进入我国民事基本法律的草案之中。

由于 2002 年起草《民法典》时机不够成熟，草案也很不完善，所以立法机关决定暂停编纂《民法典》，仍然采取制定单行法的方式来继续完善相关民事立法。因此在《物权法》颁布之后，立法机关集中精力起草《侵权责任法》。在《侵权责任法》一审稿草案中，沿袭了 2002 年《民法典草案》的规定，写入了自助行为。参与立法的一些委员和代表认为，“在我国现阶段的民事生活中，‘自助行为’对于保护民事主体的权益具有积极的作用，例如，遇到在饭店吃‘白饭’的人，以及在超市购物不付款的人，应允许饭店或超市的经营者采取临时限制侵权人的人身自由并尽快报警的自助行为。如果没有此规定，侵权人可能会以饭店或超市的经营者限制其人身自由为由，要求承担侵权责任。”① 但该草案在2008年12月十一届人大常委会第6次会议进行第二次审议时，删除了“自助行为”的规定，在《侵权责任法》草案的三审稿中，也未再增加进去，所以最终通过的《侵权责任法》就没有规定自助行为。

虽然自助行为未能进入立法，但是由于自助行为符合人们的朴素正义观，而且为现实所必须，且在民法教学中几乎都会加以论述，所以这一规则实际上为广大司法工作人员所认可。在司法实践中，为了保护自己的合法权益而在情势紧迫时采取必要保护措施、限制对方权利的，一般都会得到法院的认可，甚至直接在说理部分运用自助行为理论而对自助行为人进行免责，此类案件为数不少。

在本次启动的民法典编纂过程中，《民法典》侵权责任编的一审稿以现行《侵权责任法》为基础，未作过多修改，所以也未增加自助行为的规定，但到了民法典草案的二审稿，开始增加了自助行为的规定，这一规定在三审稿中予以保留并增加了“不立即采取措施将使其权益受到难以弥补的损害的”的限制性条件，这一完善后的规定一直保留到最终通过的民法典草案之中。至此，我国民法上终于有了关于自助行为的正式规定，从而这一制度不再停留在学者的论述之中，而是成为法律依据。草案审议过程中，曹建明副委员长对“自助行为”制度的设立给予了高度评价，他认为：“草案规定了自助行为制度即私立救济，是对国家机关保护即公立救济的有益补充，有利于更好地保护受害人的合法权益，具有合理性，是我国民事立法的新发展。”②

二、内容

（一）自助行为的构成要件

自助行为作为自力救济手段和免责事由，在适用时必须符合如下要件：

第一，自助行为人必须是为保护自己的合法权益。

自助行为是在权利人自身的合法权益受到侵害、又来不及获得国家机关保

① 王胜明主编：《中华人民共和国侵权责任法释义》，法律出版社2010年1月版，第134－135页。

② 张玉钗、舒颖：《侵权责任编草案：民生无小事，字句总关情》，载《中国人大》2020年第3期，第26页。

护的情况下，才允许自行采取的救济措施。因此，行为人的目的必须是保护自己的合法权益。如果是基于非法目的，例如为了保护毒品交易中的货款，或者为了保护赌博行为中赢得的赌债，就不属于合法权益，就不能认为其采取的行为属于自助行为。至于何谓“权益”，其范围与侵权责任编保护的范围相同，即民事权利和值得保护的民事利益。

当然，从实践来看，自助行为保护的主要是权利，尤其是请求权。请求权是指法律关系的一方主体请求另一方主体为或不为一定行为的权利，请求权的权利人不能对权利标的进行直接支配，而只能请求义务人配合，所以不同于支配权。无须相对人进行给付的权利，如支配权、形成权、抗辩权，则无需权利人采取自助行为来保护自己的权利，除非这些权利受到侵害的同时产生了请求权。在请求权中，最为典型的是债权，但请求权并不限于债权，还包括物权请求权（如确认所有权、返还原物、恢复原状、停止侵害、消除危险、排除妨害）、占有保护请求权、知识产权请求权（如停止侵害、排除妨害）、人格权上的请求权和身份权上的请求权（如支付抚养费、赡养费）等。因此，能够通过自助行为进行保护的，包括合同之债的请求权和基于对物权、知识产权、人格权、人身权等权益被侵害而产生的请求权。

应当注意的是，有些请求权虽然是合法权益，但是不能通过法律进行强制执行，例如具有人身属性的请求权，就不能通过自助行为予以自力救济。比如承诺提供劳务服务的服务人员，未提供约定的服务就想私自离开，权利人也不能通过自助行为扣留其财务，除非同时因其违约引发其他损害赔偿。此外，已经失去法律强制执行保护的权利，也不能进行自助救济。例如诉讼时效期间已经届满的债权，即自然债务的债权，债务人取得了时效届满的抗辩权，故权利人无法获得法律的强制执行保护，该权利是否能够实现，只能消极接受债务人的履行。因此，时效届满的债权，权利人不能通过自助行为要求债务人履行。

第二，必须是合法权益受到了侵害，且可能受到难以弥补的损害。

只有在合法权益受到侵害的情况下，才有必要采取救济措施。受到侵害意味着合法权益处于无法实现的危险境地，例如食客用餐后拒绝付款就欲离去。作为请求权，权利的实现依赖于相对人的对待给付，所以相对人不为给付，即为权利受到侵害。但现代法律也不能过于僵化，不能将“受到侵害”解释为仅限于正在受到侵害。对于债权的保护，现代合同法早已发展出了不安抗辩权，在债务人的债务尚未到期时，如有经营状况严重恶化、转移财产、抽逃资金等表明存在或可能存在丧失履行债务能力的情形时，债权人即可主动采取措施，而无需等到对方履行期限届满、处于违约状态时才能采取措施。因此，本条规定的“受到侵害”在解释上完全应当包括“正在受到侵害”和“有受到侵害的可能”两种情况。

合法权益受到侵害还必须考虑到侵害后果的严重程度，即不采取措施将会使合法权益受到难以弥补的损害。难以弥补的损害正是指权益有可能落空、不能实现，或者实现的成本将会剧增。在此需要注意的是，衡量侵害后果的严重程度，不能从权利的价值上来衡量，即不能只考虑标的额等因素。难以弥补仅是指合法权益自身将会遭受严重侵害，且难以通过获得赔偿或恢复原状等手段对权利人进行补偿，所以与金额大小并无直接关系。事实上，生活中经常需要用到自助行为的，往往是一些金额较小的债权纠纷，例如因为餐费、保管费、停车费等而引起的纠纷，需要扣留债务人的财务。金额较大的纠纷，在交易时双方当事人也会更加慎重，往往会采取提供担保或缴纳保证金等方式对债权提供保障，加上这种交易的当事人往往较具实力，责任财产较多，“跑得了和尚跑不了庙”，所以金额大的债权反而较少需要用到自助行为。

第三，必须是情况紧迫且不能及时获得国家机关保护。

正常情况下，民事主体的合法权益受到侵害，只需遵循程序法的规定，通过诉讼程序来主张其实体权利的实现即可。但通过法定程序来实现自己的权利，无疑时间周期较长。一旦遇到了情况紧迫而来不及得到国家机关保护的情况，如果仍然按照法定程序一步步进行，则很可能导致自己的权益落空，因为请求权的实现最终要靠相对人的责任财产来作为保障，如果相对人下落不明，或者转移、隐匿财产，则无疑会对权利人权利的实现制造极大的障碍，甚至会使其权利落空。因此，在情况紧迫又不能及时获得国家机关的保护时，权利人如果不及时采取有效的自助措施，则只会徒增权利落空的风险。

情况紧迫是指事态较为严重，即合法权益正在受到侵害，或者将会造成权利落空的不利后果。不能及时获得国家机关保护，是指按照正常程序而获得国家机关保护之前，很可能权益就已经被侵害，或者权益落空就将成为定局。因此，不能及时获得国家机关保护，往往是因为时间上来不及，也就是时间紧迫。国家机关是指从事国家管理和行使国家权力的机关，依据宪法的规定，国家机关包括国家元首、立法机关、行政机关、监察机关、审判机关、检察机关和军事机关。但一般保护民事权益的国家机关，主要是行政机关、审判机关、检察机关这几类。如果权利人的权利虽然受到侵害，例如债务人处于违约状态，但情况并不紧迫，也来得及通过国家机关例如去法院提起民事诉讼来保护权利，则无需进行自助行为，也不得进行自助行为。例如甲公司拖欠乙公司货款，乙公司不得随意派员工去甲公司库房索要货物冲抵货款。

第四，自助行为人采取的自助措施合理。

虽然自助行为是法律允许的自力救济手段，但自助行为人也不能采取任意措施来保护自己的权益不受侵害。判断自助行为人采取的措施是否合理，有两个判断标准：

一是要看其采取的措施是否为适当的、合理的。在比较法上，自助行为人采取的自助行为主要包括暂时限制债务人的人身自由、扣押债务人的财产、破坏债务人的部分财产等方式。这些方式都必须要在必要的限度内，而且应当是合理的措施。判断采取的措施是否适当合理，应当遵循常人的标准，即普通人可能会采取的措施才是合理的措施。由于自助行为一般都会涉及自助行为人身体强制力量的行使，例如争夺债务人的财务、扣留债务人的交通工具等，往往会与债务人发生肢体冲突，此种身体力量的行使，必须遵循克制的原则，能够实现自助目的即可，不能扩大其力度和程度，且方式和手段应当符合公序良俗原则。例如，食客用餐后借口服务质量不好、饭菜难吃而拒绝付款并欲离去的，其携带的有放置在桌上的皮包，挂在椅背的大衣，其口袋里还装有手机和钱夹，此时一般选择扣留其放置在餐桌上的皮包即可，而不能先选择搜出其手机或钱夹。再如，自助行为人在扣留债务人的车辆时，如果能够给车轮上锁，或者设置障碍物阻止离开的，就不应当采取给车轮放气甚至刺破车轮的行为，因为这不当增加了债务人事后恢复财物状态的成本。总之，自助行为人在采取救济措施的同时，必须考虑到对债务人人格尊严的保护，还必须考虑所采取的措施对债务人带来的不利程度，其手段必须合理适当，不能借机恶意对债务人进行侮辱、羞辱。

二是看其采取措施所针对的是否在保护自己合法权益的必要范围内。保护自己合法权益是指自助措施的目的只能是保护自己受到侵害的权益，不能超出这一目的范围。必要范围就意味着自助行为人针对债务人的财产所采取的措施，与其债权数额相当即可，不得随意扩大采取措施涉及的财务范围。例如债务人有多项财物可以采取措施的，选择与债权额大致相当者即可，而不能故意选取价值最昂贵者，也不能故意将债务人的全部财物都予以扣押。

第五，自助行为只能针对侵权人的财物而非人身。

在比较法上，大多允许自助行为适当限制债务人的人身自由，例如债务人即将逃脱时，限制其人身自由，以防止其逃脱。例如我国台湾地区“民法”第151条规定：“为保护自己权利，对于他人之自由或财产施以拘束、押收或毁损者，不负损害赔偿之责。但以不及受法院或其他有关机关援助，并非于其时为之，则请求权不得实行或其实行显有困难者为限。”

但是本条规定，明确指出自助行为人只能采取扣留侵权人的财物的手段，这就排除了对债务人的人身自由进行限制的手段。如此规定，对于自助行为的效果必然会有所减损，但是总体而言，这一规定是符合时代特征的进步性规定，理由有二：

一是允许限制债务人的人身自由容易导致债权人权利滥用，侵害债务人的人格权利。虽然设想的典型场景是债务人不履行债务就将要逃逸，且事后难以追踪，但如果允许针对债务人的人身自由进行限制，则很容易导致债权人对债务人采取跟踪围堵、非法拘禁甚至侮辱殴打等非法措施。尤其是在民间借贷较为普遍的情况下，通过互联网借贷而形成的债务催收，已经成为一个黑色产业，催收的手段违法且严酷，并由此引发了不少债务人自杀的悲剧。在这样的背景下，如果允许限制债务人人身自由，则很容易导致自助行为被滥用，违背立法的宗旨。而且在学理上，人格权与财产权相比，是更为重要且优先的权利。如果为了保护债权人的债权而允许限制债务人的人身自由，则属于“重物轻人”，将会导致权利失衡。

二是在信息化的时代，限制债务人人身自由的方式已经失去其重要性。由于我国的民法典是21世纪制定的民法典，必须符合时代的特征，反映出现代生活方式。在欧洲各国法典化的时代，远未进入信息化时代，个人信息难以查询，对于个人行踪的追踪极为困难，因此在一些即时结清的债权债务关系中，一旦债务人逃逸，则势必导致这一债权彻底落空。所以在以往的法典中，大都允许债权人临时限制债务人的人身自由，直到其清偿债务或者提供担保。但是在21世纪的今天，社会生活深度融入互联网，摄像头随处可见，手机会显示使用人的即时定位，刷银行卡或使用手机支付等任何消费行为都会指向行为人的身份，而住宿甚至乘坐地铁的实名制认证，使得任何相关消费行为也都会暴露行为人的身份和行踪。在这样的信息化的时代，每个人都是透明人，无法隐藏身份行踪，人们的个人信息在不同的场景、不同的时间被反复搜集、追踪，任何人要想再从社会中逃逸隐蔽，基本是不可能的了。再加上我国法院执行力度的空前加大，任何被纳入执行失信人名单的债务人，其个人信息会被法院公布，权利受到扣减，行为自由大大受限，被限制出境、限制高消费等。例如，根据《最高人民法院关于公布失信被执行人名单信息的若干规定》第 6 条规定，作为被执行人的自然人公布其姓名、性别、年龄、身份证号码。根据第 7 条规定，各级人民法院可以将失信被执行人名单通过报纸、广播、电视、网络、法院公告栏等方式予以公布，并可以采取新闻发布会或者其他方式定期公布。在这样强大的法院执行力度下，诉诸公权力来解决纠纷，效果只会更好，所以，当场限制住债务人的人身自由的意义，已经大大减弱了。所以权衡之后，我国《民法典》作出了改变，要求自助行为仅能针对债务人的财产，是一种时代的进步，也体现了尊重债务人人格权利的人文主义精神。

第六，采取自助措施后，行为人应当立即请求有关国家机关处理，结束自助行为。

自助行为是一种临时措施，是在损害发生之后、公权力机关介入之前的时间段内，通过行为人的自力救济，来保全其权益。所以自助行为具有较短的时效性，必须尽快过渡到公权力介入的状态，将纠纷交给国家公权力机关去依照法定程序来解决。所以，行为人在实施自助行为扣留侵权人的财物以后，应当立即向有关国家机关报告并请求其保护，例如报警或提起诉讼、要求诉前保全等。

如果不对自助行为进行时间限制，则很容易将短暂的扣押变成长久的占用，将较小的、临时性的损害变成较大的、长久的损害。这将会导致债权人和债务人的利益失去平衡，有违法律的公平正义。因此，自助行为人采取自助措施后，应当立即采取措施申请国家机关保护，如果不能及时获得国家机关保护的，或者无故拖延的，均失去了其所采取的措施的正当性，此时应当取消一切限制措施，例如把扣押的债务人财产返还给债务人、解除对债务人交通工具的限制，等等。如何理解“应当立即请求有关国家机关处理”的“立即”？这在解释上其实并没有统一的时间规定，而应当根据纠纷的实际情况，并结合债权人采取措施所针对的财产的性质和状态，以及有关国家机关介入纠纷所需要的程序和时间来决定。客观来讲，我国民法典上的自助行为不允许针对债务人的人身自由而仅允许针对其财务，那么在时间的限制上应当比比较法上的自助行为时间限制更为宽松一些。因为在允许自助行为限制债务人的立法例上，限制债务人的时间必须尽可能短暂，否则会对债务人的人身权益造成过大限制，甚至会造成生命健康的危险。所以一般仅允许对债务人数小时的人身自由限制为极致，以当天为限，绝不允许限制债务人过夜。对于财物的限制时间则相对宽松一些，因为不至于引发生命健康方面的危险。但也应当及时、尽快联系公权力机关，对于债务人的易腐烂、易损坏、鲜活产品等财物，必须根据财产的性质采取合理的措施和合理的限制时间，不得因其限制措施造成这些财产的毁损。

在国家机关介入后，债权人的权益便开始由国家机关进行保护，此时债权人必须与国家机关完成对接，并解除对债务人的自助措施。如果国家机关介入后认为债权人采取的措施不当，或者认为债权人无权采取此种措施，债权人都必须立即解除对债务人所采取的措施。

（二）自助行为的法律效果

表面上看，自助行为是自助行为人对他人财物的侵害，例如抢夺他人财物、扣留他人财产等，但实质上，自助行为人是基于自身合法权益而采取的这些措施，在自助行为人与债务人之间，已经事先存在一定的法律关系，这主要是请求权关系，所以自助行为不成立侵权，债务人无权就债权人对其采取的自助措施而主张侵权赔偿。但是当自助行为存在失当的情形时，债务人则有权主张相应的赔偿。所以自助行为的法律效果分为两种：

一是自助行为不构成侵权，自助行为人无需承担侵权责任。这就是说，如果行为人的行为被认定为自助行为，则其对债务人的财产所采取的各种自助措施，如限制、扣押等，均不构成对债务人的侵权行为，自助行为人对此免于承担任何侵权责任。

二是在自助行为不当而造成债务人损害的，则构成侵权，自助行为人应当承担侵权责任。由于采取措施合理适当是自助行为的构成要件之一，所以当自助行为人采取的自助措施不当时，其实已经不构成自助行为，而是侵权行为。

因此，受害人采取的措施不当造成他人损害的，应当承担侵权责任。例如，只能针对债务人的财产采取措施的，却针对债务人的人身权利采取了限制自由、殴打、辱骂等措施。再如，扣押债务人的财产范围远大于债权范围，导致债务人遭受损失的；或者有其他财产可供扣留却选择了债务人急需使用的财产，造成债务人无法使用而蒙受损失的；以及扣押债务人财产之后不及时请求国家机关的保护，导致扣押时间过长而造成债务人损失的。这些都属于自助行为人即受害人采取的措施不当，而造成了债务人的损失。此时原本为受害人的自助行为人，却变成了侵权行为人；原来的债务人现在却变成了债权人，有权对自助行为人主张侵权之债的赔偿。此种侵权行为的成立要件和赔偿范围，适用有关侵权责任成立和损害赔偿的相关规定即可。

案例评议

一、卢某1与黄某1、黄某2侵权责任纠纷案[①]

◆ 裁判规则

在评价卢某1扣留吊车的行为时，法院认为，卢某1为维护自己的权益，在双方就赔偿事宜未能达成协议的前提下扣留吊车不让其离开，其行为是一种自助行为，具有合法的前提，不需因此赔偿黄某1主张的营运损失、误工费、交通差旅费。

◆ 评议

自助行为与正当防卫、紧急避险一样，都属于私力救济的方式，但我国民事立法长期以来只规定了正当防卫和紧急避险作为免责事由，对于自助行为迟迟未加规定，本次民法典中才加以规定。那么在此前长期的司法实践中，为了保护自己的合法权益而在情势紧迫时采取必要保护措施、限制对方权利的，一般也都会得到法院的认可，法院在说理中会主动以自助行为进行说理，将之作为免责事由进行裁判。

本案中，汤某的搅拌车在运送混凝土过程中掉入卢某1鱼塘，汤某向卢某1支付了赔偿款3万元。后来在派吊车将搅拌车吊出鱼塘过程中，吊绳松脱，致使搅拌车再次掉进了卢某1承包的另一口鱼塘。汤某立即打电话报警并通知了卢某。卢某1到场后，由于双方就赔偿问题款未能达成协议，卢某1就拒绝让吊车离开。后来在派出所的主持下，双方达成赔偿协议。汤某在聘请挖掘车将搅拌车从鱼塘挖起拖走过程中，又将卢某1鱼塘中的一段电缆挖断。汤某又向卢某1支付了一部分赔偿款，并与卢某1签订了《协议书》。此后，对于剩余的赔偿款20000元，卢某1一直未得到赔偿，遂诉至法院。

---

① 广东省佛山市三水区人民法院民事判决书，(2017)粤0607民初3545号。

在诉讼中，汤某提出反诉，要求卢某1返还扣车时强制要求支付的20000元，并支付相关损失。法院认为，汤某的搅拌车掉入卢某的鱼塘，必然会因其污染而对卢某1的鱼塘造成损害，卢某1为维护自己的权益，在双方就赔偿事宜未能达成协议的提前下扣留吊车不让其离开，其行为是一种自助行为，具有合法的前提，无需赔偿扣留行为给对方造成的损失。

二、姚某某与刘某1、刘某2等机动车交通事故责任纠纷案①

◆ 裁判规则

在认定田某1在本案中是否应当承担侵权责任时，法院认为，由于李某所驾驶的摩托车擦挂田某1的轿车后，李某并未主动停车与田某1进行协商赔偿一事，而是驾车驶离。在事发当时这种特定情况下，田某1驾驶轿车对李某驾驶的摩托车进行追赶，应当属于民事自助行为，该行为是否超过了必要的限度成为田某1是否承担责任的关键。田某1虽然对姚某某进行了追赶，在追赶的过程中也有闯红灯的行为，但田某1的轿车在整个追赶过程中，轿车并未与摩托车发生摩擦和碰撞，也未对李某驾驶的摩托车采取堵、左右逼停等危险驾驶行为，而李某发现轿车在追赶之后，非但不停下摩托车而是继续超速行驶，甚至在发现田某1的轿车放慢追赶速度之后，由于自己内心的害怕以及姚某某的催促，仍然未放慢行驶速度，致使发生涉案交通事故。田某1的追赶行为与本案交通事故的发生并不存在必然的因果关系，因此，田某1的民事自助行为并未超过必要的限度，田某1在本案中不需要承担责任。

◆ 评议

本案中，姚某某与李某系同学关系，2017年8月9日下午，李某借二轮摩托车，搭乘姚某某，行驶中与田某1驾驶的汽车发生擦挂，李某逃逸，田某驾车跟随其后。后李某的摩托车撞上路边停放的面包车，造成李某、姚某某受伤及两车受损的后果。

那么针对田某1驾车追赶的行为，自然与交通事故的发生具有一定的联系，其是否构成侵权，成为争议的焦点之一。对此，法院认为，由于李某所驾驶的摩托车擦挂田某1的轿车后，李某并未主动停车与田某1进行协商赔偿一事，

① 重庆市第二中级人民法院民事判决书，(2018)渝02民终1728号。

而是驾车驶离。在事发当时这种特定情况下，田某1驾驶轿车对李某驾驶的摩托车进行追赶，应当属于民事自助行为。虽然田某1进行了追赶，在追赶的过程中也有闯红灯的行为，但其在整个追赶过程中，并未与摩托车发生摩擦和碰撞，也未对李某驾驶的摩托车采取堵、左右逼停等危险驾驶行为，而李某发现轿车在追赶之后，非但不停下摩托车而是继续超速行驶，甚至在发现田某1的轿车放慢追赶速度之后，由于自己内心的害怕以及姚某某的催促，仍然未放慢行驶速度，致使发生涉案交通事故。最后，法院认为田某1的民事自助行为并未超过必要的限度，无需承担赔偿责任。

该案同样是在民事法律尚未规定自助行为的情况下，法院自发运用自助行为的法理进行说理裁判的体现。本案中的自助行为是对肇事逃逸者进行追赶，此种自助行为的措施应当属于扣留侵权人的财物之外的“等合理措施”，能够为自助行为所涵盖。

第一千一百七十八条　【免责事由的法律适用】

本法和其他法律对不承担责任或者减轻责任的情形另有规定的，依照其规定。

本条来源

《侵权责任法》第五条规定：“其他法律对侵权责任另有特别规定的，依照其规定。”

立法演变

《民法典侵权责任编草案》（一审稿）第九百五十五条规定：“本法和其他法律对不承担责任或者减轻责任的情形另有规定的，依照其规定。”

《民法典侵权责任编草案》（三审稿）第九百五十五条规定：“本编和其他法律对不承担责任或者减轻责任的情形另有规定的，依照其规定。”

《民法典侵权责任编草案》（征求意见稿）第一千一百七十八条规定：“本法和其他法律对不承担责任或者减轻责任的情形另有规定的，依照其规定。”此后无变化。

条文释义

本条是免责事由法律适用原则的规定。

一、概述

（一）特别法优于一般法的法律适用原理

按照法律的效力范围，法律可分为一般法和特别法。一般法有时也被称为普通法，但由于普通法的概念容易和英国法上相对于衡平法的普通法概念相混淆，所以国内主要使用一般法的概念，以免产生歧义。一般法是指在一国的范围内，对一般的人和事都有效力的法，特别法是指对于特定的人群和事项，或者在特定的地区和时间内适用的法律。一般法适用的地域范围、人群范围、时间范围、事项范围，都比特别法要更为广泛。

但正如哲学上一般与特殊的关系具有相对性一样，一般法与特别法也是相对而言的，是可以分为不同层次的。例如，在民法领域，《民法典》相对于《公司法》《农村土地承包法》《城市房地产管理法》《道路交通安全法》《著作权法》等法律而言，《民法典》就是一般法，其他这些法律就是特别法。在《民法典》内部，其“总则编”相对于“物权编”“合同编”“人格权编”“婚姻家庭编”“继承编”“侵权责任编”等各编而言，总则编就是一般法，其他各编就是特别法。而在其他具体各编内部，还可以进行此种区分，例如在《民法典》的第二编“物权”中，第一分编“通则”相对于第二分编到第五分编的“所有权”“用益物权”“担保物权”“占有”诸编，通则编就是一般法，其他各分编就是特别法。在各分编乃至各具体章节内部，根据条文的概括程度不同，还可以进行一般法与特别法的区分。甚至在同一个法条内部，如果存在但书规定的，则该条前半部分是一般法，但书部分是特别法。

根据《立法法》第92条的规定，“同一机关制定的法律、行政法规、地方性法规、自治条例和单行条例、规章，特别规定与一般规定不一致的，适用特别规定”。因此，特别法优于一般法是法律适用的一项基本原则。民法典虽然在效力层级上属于法律，但其作为基本民事法律，是由全国人大而非其常委会通过的法律。所以对于民法典而言，“同一机关制定的法律”，仅限于由全国人大通过的法律。但由于本条还规定，其他法律对免责事由有特别规定的，依照其规定。这就相当于民法典授权其他法律在侵权责任的免责事由上有不同规定的，也具有优先适用的效力。所以，无论是全国人大制定的法律，还是全国人大常委会制定的法律，基于这一规定，均可以在侵权责任的免责事由上优先于民法典关于侵权责任免责事由的规定适用。

（二）本条的沿革

自1986年《民法通则》开始，就非常重视民事基本法与其他法律的互动关系，并贯彻了特别法优于一般法的法律适用原则，《民法通则》中，多处都规定“法律另有规定的除外”。这是因为改革开放以来，我国长期处于“摸着石头过河”的状态，社会处于从计划到市场的转型时期，新情况、新问题层出不穷，法律的滞后效应十分明显，所以立法秉持“宜粗不宜细”的原则，将新问题的解决方法留待新的法律进行规定，所以要强调优先适用其他法律的规定，因为其他法律的相关规定，往往是具体的、有针对性的、更为成熟的规定。

2009年《侵权责任法》沿袭了《民法通则》以来的这一立法传统，在第5条规定：“其他法律对侵权责任另有特别规定的，依照其规定。”这是作为侵权责任领域基础性法律的《侵权责任法》，对其他法律中侵权规范持有的开放态度。2017年《民法总则》第11条也规定：“其他法律对民事关系有特别规定的，依照其规定。”

本次民法典编纂中，自草案的一审稿开始，便对《侵权责任法》的这一条进行了修改，将之修改为：“本法和其他法律对不承担责任或者减轻责任的情形另有规定的，依照其规定。”修改之处主要有二，一是增加了“本法”，二是特别法优先适用的情形限制在“不承担责任或者减轻责任的情形”，即仅限于免责事由。

首先，增加“本法”，是因为民法典是对以往多部民事法律内容的统合，除了《侵权责任法》以外，还包括了《民法通则》《民法总则》《合同法》《物权法》《担保法》《婚姻法》《继承法》《收养法》几部法律。这些法律相对于当时的《侵权责任法》而言，是属于“其他法律”，但此时相对于民法典而言，则属于“本法”内部的各编规定。而民法典各编中不少都涉及了对于侵权责任免责事由的规定，因此，有必要在本条中强调“本法”内部也适用特别法优于一般法的原则。

其次，从“侵权责任”到“不承担责任或者减轻责任的情形”的限制，是对侵权责任领域特别法优于一般法适用原则的细化规定，是对免责事由适用中，特别法优于一般法原则的强调。因为就侵权责任的成立而言，过错原则和无过错原则能够适用到各个特别法，差异不大，但对于侵权行为人责任的免除或者减轻，事关受害人的切身利益，是其损失由谁承担、能否得到赔偿的关键。所以本条格外强调了侵权责任免责事由的特别法优于一般法的适用原则，当本法内部或其他法律对免责事由作出不同规定时，依照其规定进行适用。此外，根据法律适用的一般原则，如果其他法律对于侵权责任的成立、责任的形式等作出了具体规定的，这些规定同样具有优先适用的效力。

二、内容

（一）《民法典》侵权责任编与其他法律中侵权规则的关系

《民法典》侵权责任编第一章“一般规定”，主要是关于调整对象、归责原则、共同侵权、免责事由等一般事项的规定。在《民法典》颁布之后，实现了民事立法的法典化，但并不意味着其他法律就不能够对民事责任作出规定。事实上，虽然1986年《民法通则》就专设了“民事责任”一章，对归责原则、责任方式、典型的侵权类型等作出了规定，但在《民法通则》之外，我国陆续制定的单行法中，有40多部法律都有涉及侵权责任的规定，例如知识产权类的法律、商事法律、涉及食品药品安全的法律、环境保护类的法律、生产事故责任类的法律，等等。这是因为在现代社会，工业越是发达，人为制造的危险物品和危险领域也就越多，侵权责任的类型和规则也就越来越繁杂，所以需要法律进行专门的规定。

民法典只是民事领域的基本法，其侵权责任编只能针对侵权责任中的最为一般性的规则进行总括性规定，在具体侵权类型中，也只能针对最为典型的少数侵权类型中的突出问题作出规定，因此并不能涵盖生活中的所有侵权责任问题。民法典并不能解决民事领域的一切立法问题，其必须和其他法律之间保持良性互动关系，向其他法律开放接口，实现民法典与其他法律的对接。就侵权责任的规定而言，虽然本编集中作出了规定，但其他法律也可以对侵权责任做出规定，尤其是涉及责任减免事由的，即不承担责任或者减轻责任的情形的，对当事人的利益影响重大，所以应当在民法典中明确法律适用的规则。

（二）本条的具体含义

本条规定是“特别法优于一般法”的法律适用规则的具体体现，因为《民法典》是民事领域的一般法，侵权责任编的第一章又是侵权责任编中的一般法，那么“另有规定的，依照其规定”便体现了优先适用特别法的原则。具体而言，本条包含两方面的含义：

一是在《民法典》内部，《民法典》侵权责任编之外的其他各编，如人格权编、物权编等，如果对侵权责任的免责事由作出了不同规定或具体规定的，则优先适用其规定。例如，《民法典》总则编规定了在不可抗力、正当防卫、紧急避险、自愿实施紧急救助行为的情形下，行为人不承担责任，这一免责事由就应当优先适用。此外，在《民法典》侵权责任编除了第一章之外的其他各章，尤其是关于具体侵权类型的章节中，如果对侵权责任的免责事由作出了不同规定或者具体规定的，则优先适用其他各章的规定。例如，《民法典》侵权责任编第六章“医疗损害责任”第1224条第1款规定：“患者在诊疗活动中受到损害，有下列情形之一的，医疗机构不承担赔偿责任：（一）患者或者其近亲属不配合医疗机构进行符合诊疗规范的诊疗；（二）医务人员在抢救生命垂危的患者等紧急情况下已经尽到合理诊疗义务；（三）限于当时的医疗水平难以诊疗。”那么这些免责事由就不同于侵权责任编第一章免责事由的规定，因此也应当在医疗损害责任中优先适用。

二是民法典之外的其他法律，如果针对侵权责任的免责事由作出了不同规定或具体规定的，则优先适用其他单行法中的规定。例如，《民法典》侵权责任编第四章专门规定了产品责任，但《产品质量法》第41条第2款更为具体地规定：“生产者能够证明有下列情形之一的，不承担赔偿责任：（一）未将产品投入流通的；（二）产品投入流通时，引起损害的缺陷尚不存在的；（三）将产品投入流通时的科学技术水平尚不能发现缺陷的存在的。”那么关于生产者的这些免责事由，则应当优先适用，即凡是生产者存在这些情形的，就可以作为抗辩事由而主张免除自己的侵权责任。

法条关联

◆《民用航空法》

第一百二十四条 因发生在民用航空器上或者在旅客上、下民用航空器过程中的事件，造成旅客人身伤亡的，承运人应当承担责任；但是，旅客的人身伤亡完全是由于旅客本人的健康状况造成的，承运人不承担责任。

第一百二十五条 因发生在民用航空器上或者在旅客上、下民用航空器过程中的事件，造成旅客随身携带物品毁灭、遗失或者损坏的，承运人应当承担责任。因发生在航空运输期间的事件，造成旅客的托运行李毁灭、遗失或者损坏的，承运人应当承担责任。

旅客随身携带物品或者托运行李的毁灭、遗失或者损坏完全是由于行李本身的自然属性、质量或者缺陷造成的，承运人不承担责任。

本章所称行李，包括托运行李和旅客随身携带的物品。

因发生在航空运输期间的事件，造成货物毁灭、遗失或者损坏的，承运人应当承担责任；但是，承运人证明货物的毁灭、遗失或者损坏完全是由于下列原因之一造成的，不承担责任：

（一）货物本身的自然属性、质量或者缺陷；

（二）承运人或者其受雇人、代理人以外的人包装货物的，货物包装不良；

（三）战争或者武装冲突；

（四）政府有关部门实施的与货物入境、出境或者过境有关的行为。

本条所称航空运输期间，是指在机场内、民用航空器上或者机场外降落的任何地点，托运行李、货物处于承运人掌管之下的全部期间。

航空运输期间，不包括机场外的任何陆路运输、海上运输、内河运输过程；但是，此种陆路运输、海上运输、内河运输是为了履行航空运输合同而装载、交付或者转运，在没有相反证据的情况下，所发生的损失视为在航空运输期间发生的损失。

◆《水污染防治法》

第九十六条第二款　由于不可抗力造成水污染损害的，排污方不承担赔偿责任；法律另有规定的除外。

◆《电力法》

第六十条第二款　电力运行事故由下列原因之一造成的，电力企业不承担赔偿责任：

（一）不可抗力；

（二）用户自身的过错。

第二章　损害赔偿

本章概要

本章是关于侵权损害赔偿的一般规则和基本制度，规定了人身损害的赔偿范围、同一侵权行为致多人死亡时死亡赔偿金数额的确定、受害人死亡或不再存续时赔偿请求权的主体、侵害人身权益造成财产损失的赔偿、精神损害赔偿、财产损失的计算方式、知识产权的侵权惩罚性赔偿、双方均无过错时的损失分担以及赔偿费用的支付方式。

第一千一百七十九条　【人身损害的赔偿范围】

侵害他人造成人身损害的，应当赔偿医疗费、护理费、交通费、营养费、住院伙食补助费等为治疗和康复支出的合理费用，以及因误工减少的收入。造成残疾的，还应当赔偿辅助器具费和残疾赔偿金；造成死亡的，还应当赔偿丧葬费和死亡赔偿金。

本条来源

《侵权责任法》第十六条规定："侵害他人造成人身损害的，应当赔偿医疗费、护理费、交通费等为治疗和康复支出的合理费用，以及因误工减少的收入。造成残疾的，还应当赔偿残疾生活辅助具费和残疾赔偿金。造成死亡的，还应当赔偿丧葬费和死亡赔偿金。"

立法演变

《民法典侵权责任编草案》（一审稿）第九百五十六条规定："侵害他人造

成人身损害的，应当赔偿医疗费、护理费、交通费、营养费等为治疗和康复支出的合理费用，以及因误工减少的收入。造成残疾的，还应当赔偿残疾辅助器具费和残疾赔偿金。造成死亡的，还应当赔偿丧葬费和死亡赔偿金。”

《民法典侵权责任编草案》（征求意见稿）第一千一百七十九条规定：“侵害他人造成人身损害的，应当赔偿医疗费、护理费、交通费、营养费等为治疗和康复支出的合理费用，以及因误工减少的收入。造成残疾的，还应当赔偿辅助器具费和残疾赔偿金；造成死亡的，还应当赔偿丧葬费和死亡赔偿金。”此后稍有调整。

条文释义

本条是对人身损害赔偿范围的规定。

一、概述

（一）人身损害赔偿的概念

人身损害赔偿，即人身侵权的损害赔偿责任，是指行为人因侵犯他人的生命权、身体权、健康权等权益而造成受害人受伤或死亡等后果，从而应当对受害人承担的金钱赔偿责任。本条侧重于侵权行为造成他人人身伤亡后果的赔偿，而且是对财产赔偿的规定，因此本条也可称为人身伤亡的财产损害赔偿规则。人身损害赔偿是自然人在生命健康权益遭受侵害时的一种民事法律救济制度，对于全面保护自然人的生命健康权益具有重要意义。

“侵害他人造成人身损害”，强调损害的后果是人身损害，而非财产损害，因此，无论侵权行为人所针对的对象是被侵权人的人身或者财产，只要造成了人身损害的后果，对于此部分的赔偿，就应当适用本条的规定。例如，行为人以为他人家中无人，于是用石块击碎了他人卧室窗户的玻璃，不料卧室正有人睡觉，被扔进的石块击中，并在下床查看时被碎玻璃扎伤。那么受害人所遭受的身体伤害便适用本条规定的赔偿范围，至于窗户破损的财产损失，则适用财产损失赔偿的规定进行赔偿。

人身损害是相对于财产损害的概念，也有别于精神损害。侵权行为造成他人人身损害的，可能会同时引起受害人的精神损害，但也可能不会造成受害人的精神损害；而侵权行为造成他人精神损害的，可能会同时引起受害人人身伤亡的后果，但也可能不会造成受害人人身伤亡的后果。所以人身损害和精神损害，两者有重合的部分，但并不能完全等同。

能够造成人身损害的，首先只能是民事主体的中的自然人。至于法人和非法人组织，归根结底是法律拟制出来的主体，它们虽然在法律上存在，但在自然世界中并不存在，它们不是有血有肉的生物体，所以不会遭到人身伤害。其次能够造成自然人人身损害的，主要是对自然人的人身权利进行了侵害，而且是对人格权中的物质性人格权进行了侵害，才会造成人身伤亡的后果。

物质性人格权是相对精神性人格权的概念，是对人格权的进一步分类。物质性人格权是指自然人对于其生命、身体、健康等物质性的人格利益所享有的支配权；精神性人格权是指民事主体对其精神性的人格利益所享有的支配权。物质性人格权主要包括生命权、身体权和健康权，而精神性人格权包括姓名权、名称权、肖像权、名誉权、荣誉权、隐私权、个人信息之上的权利等。两者的区别主要在权利所依附的人格利益是否为物质的、有形的，因此物质性人格权也被称为物质层面的人格权利，精神性人格权也被称为精神层面的人格权利。物质性人格权只有自然人才能享有，此种权利受到侵犯之后，会造成受害人人体上的伤害，表现在生命的丧事、身体完整性的破坏、器官组织功能的损坏等。因此，人身损害赔偿针对的就是物质性人格权遭受侵害之后的赔偿。

（二）人身损害赔偿范围的沿革

人身损害赔偿直接关乎自然人的生命健康，因此是侵权法上的重大问题，也是侵权立法所要首先解决的问题。对此，我国改革开放以来的立法均十分重视，自1986年《民法通则》开始，便专门规定了人身损害赔偿的范围，其间经过《消费者权益保护法》和最高人民法院相关司法解释的补充完善，并在2009年《侵权责任法》中进行了更为细致的规定，而本次《民法典》编纂中，又对《侵权责任法》的规定略作补充，使之更加完善。人身损害赔偿范围的沿革可见下表：

名　称	一般赔偿范围	造成残疾的特别赔偿范围	造成死亡的特别赔偿范围	备　注
1986年《民法通则》第119条	①医疗费 ②误工费	①残废者生活补助费	①丧葬费 ②被扶养人生活费	均有“等费用”的兜底性规定

续表

名　称	一般赔偿范围	造成残疾的特别赔偿范围	造成死亡的特别赔偿范围	备　注
1993年《消费者权益保护法》第41条、第42条	①医疗费 ②护理费 ③误工费	①残疾者生活自助具费 ②生活补助费 ③残疾赔偿金 ④被扶养人生活费	①丧葬费 ②死亡赔偿金 ③被扶养人生活费	均有“等费用”的兜底性规定
2003年《最高人民法院关于审理人身损害赔偿案件适用法律若干问题的解释》第17条	①医疗费 ②误工费 ③护理费 ④交通费 ⑤住宿费 ⑥住院伙食补助费 ⑦必要的营养费	①残疾赔偿金 ②残疾辅助器具费 ③被扶养人生活费 ④康复费 ⑤护理费 ⑥后续治疗费	①丧葬费 ②被扶养人生活费 ③死亡补偿费 ④亲属交通费 ⑤亲属住宿费 ⑥亲属误工费	致死特别赔偿范围中有“等其他合理费用”的兜底性规定
2009年《侵权责任法》第16条	①医疗费 ②误工费 ③护理费 ④交通费	①残疾生活辅助具费 ②残疾赔偿金	①丧葬费 ②死亡赔偿金	一般赔偿范围中有“等为治疗和康复支出的合理费用”的兜底规定
2020年《民法典》侵权责任编第1179条	①医疗费 ②误工费 ③护理费 ④交通费 ⑤营养费 ⑥住院伙食补助费	①残疾辅助器具费 ②残疾赔偿金	①丧葬费 ②死亡赔偿金	一般赔偿范围中有“等为治疗和康复支出的合理费用”的兜底性规定

表格来源：本书作者自行整理。

从上述我国改革开放以来法律和司法解释关于人身损害赔偿范围的规定来看，展现出三个明显趋势和特征：一是赔偿范围不断增加，这体现了伴随着社会的发展、人们生活水平的提高，对于人身权益的保护水平也越来越高；二是赔偿项目的列举从具体到抽象，体现了立法水平的进步；三是注重兜底性规定，避免了立法的僵化，授权法官针对具体案件作出合理的调整，更有利于对受害人的保护。

例如，对于一般赔偿范围的规定，《民法通则》只考虑到了医疗费和误工费，而经过司法实践经验的归纳，在立法上便对护理费、交通费进行了增加，而本次民法典编纂进一步将营养费列入进去。对于致残的特别赔偿范围，《民法通则》只规定了残废者生活补助费一项，后来逐步增加，并在立法中稳定为残疾辅助器具费和残疾赔偿金两大项，司法解释所列举的一些小项，可以归入这两大项之中。对于致死的特别赔偿范围，立法则稳定为丧葬费和死亡赔偿金两项。当然，由于司法解释更侧重于解决审判实践中的具体问题，而无需考虑长久适用和广泛调整的问题，所以司法解释的规定和法律的规定在立法风格上存在一些固有的差异，司法解释更为琐碎具体，而立法更为抽象概况。

二、内容

（一）一般人身损害的赔偿范围

本条规定可以分为三个层次，即关于一般人身损害赔偿的范围、受害人因伤致残的特别赔偿范围和受害人死亡的特别赔偿范围。

就一般人身损害赔偿的范围而言，是指侵犯他人人身权益、造成他人人身损害之后，一般应当进行赔偿的项目。也就是说，无论是损害的后果是一般性的损伤，还是造成受害人残疾，甚至造成受害人的死亡，只要是发生了一般赔偿范围内所列明的项目的费用支出，侵权行为人都应当进行赔偿。如果行为人的侵权行为虽然造成他人的人身伤害后果，但后果不是十分严重、未造成残疾或死亡的严重后果的，则行为人只需要赔偿一般人身损害赔偿范围内列明的赔偿项目。当然，这是针对人身权益受损的财产损失赔偿范围而言，如果同时符合精神损害赔偿的要件，则行为人同时还应当承担精神损害赔偿责任。

在一般情况下，侵权行为人给受害人造成人身损害的，侵权行为人应当赔偿医疗费、护理费、交通费、营养费等为治疗和康复支出的合理费用，以及因误工减少的收入。

1. 医疗费。

医疗费是指被侵权人治疗因为侵权行为而给自己造成的人身伤害所支出的费用。由于治疗伤痛一般都需要去医疗机构进行，所以医疗费主要是被侵权人在医疗机构接受医学检查、治疗与康复训练所支出的必要费用，常见的费用包括挂号费、检查费、医药费、治疗费、手术费、住院费和其他费用如器官移植、专家会诊等，医疗费不仅包括过去的医疗费用，如治疗费、医药费，也包括将来的医疗费用，如康复费、整容费以及其他后续治疗所需要的费用。对于医疗费的赔偿一般都会贯彻全部赔偿原则，即支出或需要支出多少就赔偿多少，赔偿数额与损失相一致。

在司法实践中，[①] 对于医疗费金额的判断，一般根据医疗机构出具的医药费、住院费等收款凭证，结合病历和诊断证明等相关证据确定，赔偿数额按照一审法庭辩论终结前实际发生的数额确定。对于器官功能恢复训练所必要的康复费、适当的整容费以及其他后续治疗费，赔偿权利人可以待实际发生后另行起诉。但根据医疗证明或者鉴定结论确定必然发生的费用，可以与已经发生的医疗费一并予以赔偿。因此无论是已经发生的医疗费，还是将来确定要产生的后续医疗费，包括康复费、整容费等，都能够得到法院的支持，但受害人必须提供医疗机构或鉴定机构的相关证明，无法在诉讼中一并解决的，可以在今后发生相关费用的支出后，再次针对侵权行为人提起给付之诉。

2. 护理费。

护理费是指受害人因遭受侵害而导致生活无法自理或需要特殊照顾，需要他人进行护理而支出的费用。护理费产生的前提条件，是受害人受到损害而导致自己生活不能自理或者不能完全自理，或者需要特殊照顾，所以必须由他人进行护理。例如，受害人腿部骨折，治疗期间只能卧床休养，不能下床走动，这种情况下受害人生活无法自理，必须有人进行照护。此处的护理，是指护士进行医疗护理之外的生活上的护理。在受害人住院治疗期间，医院统一安排的护士护理的费用，已纳入医疗费之中，性质上属于医疗费，所以不能列入此处的护理费之中。是否需要护理，不是受害人自行决定的，而是根据受害人的伤情而决定的，一般会以医疗机构的证明为准，确实需要陪护的，才赔偿护理费。

---

① 见《最高人民法院关于审理人身损害赔偿案件适用法律若干问题的解释》第19条。

在司法实践中,[①] 护理费一般根据护理人员的收入状况和护理人数、护理期限来确定。护理人员有收入的，护理费一般参照其因误工而减少的收入计算；护理人员没有收入，或者雇佣专门护工的，则参照当地护工从事同等级别护理的劳务报酬标准来计算护理费。从事护理的人员或聘请的护工，以必要为原则，一般只限一人，但医疗机构或者鉴定机构有明确意见需要多人进行护理的，也可以参照专业意见来确定护理人员的人数。护理期限的长短，应当从开始护理起算，直至受害人恢复生活自理能力时止；受害人因残疾不能恢复生活自理能力的，可以根据其年龄、健康状况等因素确定合理的护理期限，但最长不超过20年。如果受害人因伤致残，意味着生活不能自理的程度较重，那么受害人定残后的护理，应当根据其对护理的依赖程度，并结合配制残疾辅助器具的情况来确定其应当受到的护理级别，并以此来计算护理费用。

3. 交通费。

交通费是指受害人在接受治疗和进行康复护理期间用于交通运输所支出的必要费用。因为受害人前往就医往往需要乘坐交通工具，在治疗过程中有可能还需要辗转于不同的医疗机构，因此需要乘坐交通工具进行转院就医。交通费不限于受害人自己乘坐交通工具的费用，也包括必要的陪护人员陪同就医或者转院所实际发生的用于交通的费用，因为在伤情比较严重的情况下，受害人自己很难单独前往就医并完成相关的诊疗手续，往往需要他人陪伴同往。但受害人的亲属、朋友等，对受害人进行探望或陪同而支出的交通费，则不包括在内，除非其亲属朋友属于必要的陪护人员。对于交通费的计算，实践中往往容易产生纠纷，因为涉及举证的问题，但在案件的审理中只能依据有效证据来进行认定，所以司法实践中，一般要求交通费应当以正式票据等凭据为准，并且有关凭据还应当与就医地点、时间、人数、次数相符合。[②] 法院通过此种证据方面的要求，来确保交通费的支出在必要范围内，不至于随意扩大交通费的支出。但法院对于交通费支出的必要性和数额的合理性也不能过于固化，对于难以提供正式票据等凭证的费用请求，应当按照常人的标准，根据实际情况来判断这些费用是否属于合理费用，如果确实属于合理的交通支出，则应当纳入交通费

① 见《最高人民法院关于审理人身损害赔偿案件适用法律若干问题的解释》第21条。
② 见《最高人民法院关于审理人身损害赔偿案件适用法律若干问题的解释》第22条。

的范围内由侵权行为人予以赔偿。

4. 营养费。

营养费，顾名思义，是补充受害人营养而支出的费用。此处的营养是指在正常的餐饮之外补充的营养，是受害人通过日常饮食的摄入仍不能满足身体治疗康复的需求，而需要以额外的营养品对身体养分摄入进行补充而支出的费用。营养费的支出，是以受害人对膳食之外的营养品的必要需求为准，为身体康复所必须，因此也可以将此种营养摄入视为一种辅助治疗手段。

受害人遭受身体侵害的程度不同，造成的伤情不同，在治疗和康复中对于摄入营养的要求也不同，而且不少治疗措施也需要营养支持作为提高疗效的手段，例如在治疗严重创伤、烧伤、感染等病例时，患者身体十分虚弱、疼痛，或者对治疗措施或药物不适应，都会影响患者的消化、吸收功能，如果不进行营养辅助，很难顺利治愈。尤其是对于一些病情十分严重的患者，甚至无法通过正常进食来为身体提供营养，而必须通过鼻饲等方式来提供精细的营养齐全、比例合适的流汁饮食。营养费的支出，要根据受害人的受伤害的程度，结合其治疗和康复的情况，来判断具体数额。因此，营养费数额的确定具有一定的专业性，司法实践中一般由法院根据受害人伤残情况，并参照医疗机构的意见来确定。

5. 因误工减少的收入。

因误工减少的收入，是指被侵权人由于所遭受的人身伤害而导致无法从事正常工作或者劳动，因而失去或者减少的工作或劳动收入。受害人受到伤害但并未造成残疾或者死亡的，因误工减少的收入就是受害人从受到损害起，到身体恢复正常能参加工作、劳动时止，这段时间内的工作劳动收入方面的损失。受害人家属因陪护而影响的劳动收入不能计入本项“因误工减少的收入”之中，符合条件的，可以计入护理费之中。因为本项是专门针对被侵权人自身收入损失的。司法实践中，[①] 对于误工费的判断，一般根据受害人的误工时间和收入状况确定。而误工时间则根据受害人接受治疗的医疗机构出具的证明来进行确定，受害人因伤致残持续误工的，误工时间可以计算至定残日前一天。如果受害人有固定收入的，误工费按照实际减少的收入计算。受害人无固定收入的，按照其最近 3 年的平均收入计算；受害人不能举证证明其最近 3 年的平均

① 见《最高人民法院关于审理人身损害赔偿案件适用法律若干问题的解释》第 20 条。

收入状况的，可以参照受诉法院所在地相同或者相近行业上一年度职工的平均工资计算。

6. 住院伙食补助费。

在《民法典》侵权责任编起草过程中，“住院伙食补助费”在前三次草案及征求意见稿中，均未列明。但是在解释上，仍然可以对住院伙食补助费进行赔偿，可以将之纳入“等为治疗和康复支出的其他合理费用”之中，由侵权行为人对受害人进行赔偿。因为在《最高人民法院关于审理人身损害赔偿案件适用法律若干问题的解释》第 17 条中，对于赔偿义务人应当赔偿的受害人遭受人身损害的各项费用及支出中，就列明了住院伙食补助费一项。

在 2020 年“两会”期间，在审议民法典草案时，针对草案第 1179 条列举的人身损害赔偿的具体赔偿项目，有的代表提出，在人身损害赔偿中，“住院伙食补助费”是受害人治疗和康复中需要支出的合理费用，建议参照司法解释的相关规定，将“住院伙食补助费”明确列为人身损害赔偿项目。宪法和法律委员会经研究，建议采纳这一意见，在这一条中增加相关内容。[①] 广西壮族自治区国有资产监督管理委员会主任李杰云也提议：在人身损害赔偿中，“住院伙食费”是受害人治疗和康复中需要支出的合理费用，建议参照司法解释的相关规定，将“住院伙食费”明确列为人身损害赔偿项目。草案修改稿采纳了该意见。[②]

对于住院伙食补助费的具体标准，2002 年《医疗事故处理条例》第 50 条就规定，住院伙食补助费按照医疗事故发生地国家机关一般工作人员的出差伙食补助标准计算。而《最高人民法院关于审理人身损害赔偿案件适用法律若干问题的解释》第 23 条也规定，住院伙食补助费可以参照当地国家机关一般工作人员的出差伙食补助标准予以确定。受害人确有必要到外地治疗，因客观原因不能住院，受害人本人及其陪护人员实际发生的住宿费和伙食费，其合理部分应予赔偿。

7. 为治疗和康复支出的其他合理费用。

为治疗和康复支出的其他合理费用，是一项兜底性的表述，是为了防止在

---

① 董柳：《从“性骚扰”到“高空抛物”，各代表团审议后民法典草案作了 100 多处修改》，载《羊城晚报》2020 年 5 月 28 日。

② 陈程：《民法典草案审议，广西代表团这些建议被采纳了》，载《南国早报》2020 年 5 月 27 日，http：//www. ngzb. com. cn/news/83804. htmlhttp：//www. ngzb. com. cn/news/83804. html。

具体列举诸如医疗费、护理费等数项费用之后挂一漏万而作出的概括性规定。本条所明确列举的赔偿项目，只是几种比较典型的费用支出，实践中发生的费用可能并不限于此，或者难以归纳到这些项目之中。因此，只要是因为治疗和康复所支出的合理费用，都是因为侵权行为人的侵权行为而引起的，都应当纳入一般人身损害的赔偿范围之中得到赔偿，而不应遗漏并导致受害人自担损失。

填补损害是侵权法的基本任务，填平原则也是损害赔偿的基本原则，对于人身损害的赔偿，也应当坚持损害与责任相一致的原则，既要达到受害人获得充分赔偿的效果，同时也不能使其获得不当利益。因为与赔偿责任相对应的，是行为人的行为自由。行为自由与权利救济，是侵权法必须平衡的两大利益，不能偏废任何一方。为治疗和康复支出的其他合理费用，本条虽然没有明确说明包含哪些费用，但这些费用都必须属于“合理费用”才能得到法院的支持，否则将不当地加重行为人的赔偿责任，并可能使受害人提出不合理的费用请求，从而有失公平。对于立法上的这一兜底性的规定，就只能在具体案件中由法官来进行解释适用，判断哪些费用属于合理费用、应该得到赔偿。所以法官必须在查清事实的基础上，结合医疗诊断和鉴定结论，参照医疗机构的专业意见，来判断人身损害的一般赔偿范围，并在此基础上，判断明确列举的赔偿项目之外，是否还有哪些费用支出属于必要而合理的支出，然后决定哪些属于本项中的“合理费用”。随着立法的不断完善，在《民法通则》中未加以规定的护理费、交通费和营养费都曾作为其他合理费用而进行赔偿，但这些项目陆续被《侵权责任法》和《民法典》所吸收并成为明确列举的项目。根据此前的司法实践经验，其他的合理费用支出主要是受害人确有必要到外地治疗，因客观原因而不能住院，受害人本人及其陪护人员实际发生的住宿费等费用。①

（二）造成残疾的特别赔偿范围

1. 造成残疾的特别赔偿范围的理论基础。

侵权行为给受害人造成残疾的，除了治疗康复的费用支出外，对于受害人今后的生活劳动也会造成不同程度的影响，这必然会影响到受害人的收入状况和生活水平。在确定赔偿标准时，基于侧重点的不同，有三种不同的标准。一是“生活来源丧失说”，即行为人应当赔偿受害人的生活费，使其能够恢复和

① 见《最高人民法院关于审理人身损害赔偿案件适用法律若干问题的解释》第 23 条。

维持一定的生活来源。二是“收入所得丧失说”，即根据受害人受伤之前和之后的收入差额来进行赔偿，赔偿的是因伤残导致的收入减少。三是“劳动能力丧失说”，即行为人不是简单根据受害人收入的减少，而是对受害人劳动能力的减少、丧失进行赔偿。

“生活来源丧失说”主要是赔偿受害人致残前后生活费的差额，这明显会导致赔偿数额比较低，仅能够维持受害人在当地的较低生活水平。“收入所得丧失说”按照受害人致残前后的收入差额来计算，总体来说简单易行，但对于一些没有稳定收入的弱势群体，例如尚未参加工作的未成年人、已经失业的人、全职家庭主妇等，由于此前没有固定收入，那么在获得赔偿上就处于十分不利的地位，并不公平。而“劳动能力丧失说”以劳动能力代替具体收入，相对更为宽松，比较符合损害发生时的实际情况，但当时的劳动能力不等于未来的劳动能力，尤其是未来劳动能力有较大提升空间的年轻人等，此种标准未必十分合理，而且不同受害人的有关劳动能力的具体情况如受教育程度、年龄等也各不相同，计算起来也有一定困难。总体而言，“劳动能力丧失说”相对更为合理，在比较法上采用比较多，我国司法实践也是主要采纳这一标准，同时对一些特殊情况兼采“收入所得丧失说”来进行补充。

从历史沿革来看，对于人身侵权行为造成受害人残疾的特别赔偿范围，我国学说和立法大致经历了从“生活来源丧失说”向“劳动能力丧失说”的转向。1986年《民法通则》规定的造成残疾的特别赔偿范围，就只有一项“残疾者生活补助费”，这就是采纳了“生活来源丧失说”。此种学说认为，受害人遭受人身侵权而造成残疾的，无法再像正常人一样工作劳动，所以将会导致劳动能力的减少或丧失，进而丧失生活来源，所以侵权行为人应当赔偿受害人在生活来源丧失上的损失，对受害人进行生活费的补助，使受害人能够维持生活来源，不至于因伤而造成生活困难。这种学说强调赔偿的是受害人的生活来源，主要依据受害人在致残前后生活来源上的差额来确定赔偿额，着力于维持受害人一定的生活水准。1988年《最高人民法院关于贯彻执行〈中华人民共和国民法通则〉若干问题的意见（试行）》第146条也规定：“侵害他人身体致使其丧失全部或者部分劳动能力的，赔偿生活补助费一般应补足到不低于当地居民基本生活费的标准。”

由此可见，《民法通则》及其司法解释对于残疾赔偿范围的规定，标准都比较低，主要是为了受害人能够维持当地的基本生活水平。这与我国改革开放初期社会经济发展程度还不高的背景是相适应的，当时人们生活水平也普遍不高，就业机会、致富机会不多，劳动者的潜力未能充分释放，所以法律对于因伤致残者的保护，主要是保障其基本的生活水准。随着改革开放后我国社会的飞速发展，社会进步很快，在1994年施行的《消费者权益保护法》第41条中，就增加了生活补助费、残疾赔偿金、被扶养人生活费三项。

此后的学说和立法及司法实践开始转向“劳动能力丧失说”，认为受害人因残疾导致部分或者全部劳动能力丧失本身就是一种损害，无论受害人残疾后其实际收入是否减少，行为人都应对劳动能力的丧失进行赔偿，不能简单看致残前后的差额。2003年《最高人民法院关于审理人身损害赔偿案件适用法律若干问题的解释》便主要采纳了“劳动能力丧失说”，规定残疾赔偿金主要应当根据受害人丧失劳动能力程度或者伤残等级来确定，同时也规定特殊情况下采“收入所得丧失说”来进行补充。

从2009年《侵权责任法》开始，对于造成残疾的特别赔偿范围，便以残疾生活辅助具费和残疾赔偿金这两项来代替更为具体的列举，以残疾赔偿金来涵盖生活补助费、被抚养人生活费等费用，这也是对“劳动能力丧失说”的采纳，因为补偿了受害人的劳动能力丧失的损失，自然也就能够对这些项目做出补偿。这是对受害人因伤致残后人身权益获得赔偿的更加合理的规定，也符合我国社会发展和人们生活水平提高的需求。

那么根据本条规定，如果侵权行为造成受害人残疾的后果的，行为人还应当赔偿辅助器具费和残疾赔偿金作为造成残疾的特别赔偿范围。既然是特别赔偿范围，那就是在一般人身损害赔偿之外，额外增加的赔偿项目。因为造成受害人残疾的，必然是对其身体健康造成了侵害，一般都会经过一个治疗的过程，所以一般人身损害中所发生的费用，造成受害人残疾时，也都会发生。

所以造成受害人残疾的，侵权行为人的赔偿范围，首先包括实际发生了的医疗费、护理费、交通费、营养费等为治疗和康复支出的合理费用，以及因误工减少的收入，在此基础上，再增加赔偿辅助器具费和残疾赔偿金两项。

2. 辅助器具费。

辅助器具费在我国此前的法律术语上也曾使用过残疾辅助器具费、残疾者生活自助具费和残疾生活辅助具费的概念，是指受害人因遭受侵权行为而造成身体的器官组织功能全部或者部分丧失，需要配备相关补充功能的辅助器具的费用。辅助器具在我国也被称为残疾人用品用具、康复辅具等，简称为辅具。

根据 ISO 9999《残疾人专用辅助器具 – 分类和术语》（Technical aids for persons with disabilities – Classification and terminology）的界定，辅助器具是指功能障碍者使用的，特殊制作的或通常可得到的任何产品（包括器械、仪器、设备和软件），用于活动和参与，或为保护、支撑、训练、测量或替代身体功能（结构），或为防止损伤、活动或参与限制。

由于第七次全国人口普查将于 2020 年 11 月 1 日开展，所以目前对于全国残疾人口的统计，只有第六次全国人口普查的数据。那么根据第六次全国人口普查的全国总人口数，及第二次全国残疾人抽样调查我国残疾人占全国总人口的比例和各类残疾人占残疾人总人数的比例，推算 2010 年末我国残疾人总人数为 8502 万人，其中肢体残疾者 2472 万人。① 根据中国残疾人联合会的年度统计报告，“2019 年，1043.0 万残疾儿童及持证残疾人得到基本康复服务，其中包括 0—6 岁残疾儿童 18.1 万人。得到康复服务的持证残疾人中，有视力残疾人 112.2 万、听力残疾人 73.1 万、言语残疾人 4.4 万、肢体残疾人 553.6 万、智力残疾人 82.3 万、精神残疾人 161.5 万、多重残疾人 46.8 万，未持证残疾儿童 9.1 万。全年共为 314.5 万残疾人提供各类辅助器具适配服务。”② 对于为数众多的肢体残疾者而言，安装辅助器具是对其受损的身体机能的必要弥补，是像身体健康的正常人一样生活行动的必要辅助器具。

辅助器具是残疾人士自理生活的依靠、全面康复的工具和回归社会的桥梁，对残疾人士的生活有着非常重要的意义。从功能上讲，辅助器具一是具有补偿因伤而减弱的身体机能，例如配戴助听器能够使听力受损者听到外界的声音；二是具有恢复和改善的功能，例如受害人通过使用牵引矫正的器具进行康复训练而逐渐恢复身体功能；三是代偿失去的功能，例如为肢体受损者安装假肢，

---

① 参见《2010 年末全国残疾人总数及各类、不同残疾等级人数》，载中国残疾人联合会官方网站，网址 http://www.cdpf.org.cn/sjzx/cjrgk/201206/t20120626_387581.shtml，最后访问日期：2020 年 4 月 20 日。

② 《2019 年残疾人事业发展统计公报》，中国残疾人联合会 2020 年 3 月 31 日发布，载中国残疾人联合会官方网站，网址 http://www.cdpf.org.cn/sjzx/tjgb/202004/t20200402_674393.shtml，最后访问日期：2020 年 4 月 20 日。

就可以通过人工手段恢复其失去的肢体功能。尤其是伴随着科技的发展，人工智能的技术进步越来越快，智能穿戴、智能家居的发展，也使得智能辅助器具得到了较快的发展，通过人工智能的运用，未来的辅助器具能够更好地起着弥补、替代受害人身体器官功能的作用，对于受害人的损害赔偿、权益保障有着积极的作用。

按照《残疾人辅助器具－分类和术语》，可以将残疾人辅助器具分为 11 个主类、135 个次类和 741 个支类，这 11 个主类包括：个人医疗辅助器具；技能训练辅助器具；矫形器和假肢；生活自理和防护辅助器具；个人移动辅助器具；家务辅助器具；家庭和其他场所使用的家具及其配件；通讯、信息和讯号辅助器具；产品和物品管理辅助器具；用于环境改善的辅助器具和设备，工具和机器；休闲娱乐辅助器具。而生活中常见的残疾辅助器具主要包括假肢、轮椅、助听器、拐杖、助行架，残疾人专用碗筷刀勺、盲人写字板、盲人电脑和打字机、聋人可视语音系统、供高位截瘫人专用的电脑操作系统（如著名物理学家霍金的轮椅上的电脑）、站立架、各类智力玩具等。

国务院制订的《国家残疾预防行动计划（2016—2020 年）》中就明确规定将推广辅助器具服务作为显著改善残疾人康复服务的一项重要内容："开展残疾人辅助器具个性化适配，重点普及助听器、助视器、假肢等残疾人急需的辅助器具。将贫困残疾人基本型辅助器具补贴纳入基本公共服务项目清单，鼓励有条件的地方对残疾人基本型辅助器具适配给予补贴。开展辅助器具租赁和回收再利用等社区服务，就近就便满足残疾人短期及应急辅助器具需求。残疾人基本型辅助器具适配率达 80% 以上。"可见适用辅助器具对于提升残疾人士生活质量意义重大，但在实践中，由于不同等级档次的辅助器具，质量和功能相差较大，而价格也是相差极大，所以一旦涉及辅助器具费的赔偿，如何确定购买和使用辅助器具的档次，便是一个争议较大的问题。

因为残疾辅助具从低端到高端、从国产到进口、从量化到定制，费用相差极大。例如轮椅、助听器、假肢，都有不同的档次，价格差别较大。著名的残疾人短跑名将"刀锋战士"奥斯卡·皮斯托瑞斯使用的运动假肢，就是用高性能碳纤维复合材料制成的，属于定制产品，价值超过 20 万元人民币。而患有肌肉萎缩性侧索硬化症（俗称渐冻症）的著名物理学家斯蒂芬·威廉·霍金，在生前因患病，其说话、写字、行走的功能都已丧失多年，只剩下面部局部肌肉的动作和眼球动作，而由英特尔公司专门为其设计的智能轮椅，安装了智能交互系统，并不断进行升级完善，只需要霍金动动手指或者一个脸部动作就能捕捉其想要表达的思想并进行语音合成，借此霍金可以发表演讲、写作、旅行、参加聚会等，对于霍金的重要性毋庸置疑。而这样的高科技定制轮椅据称价格至少600万元美金。

正因如此，如果残疾辅助器具费的赔偿标准过低，自然不利于受害人的身体功能弥补，而赔偿标准过高，又会造成行为人面临的赔偿责任过重，甚至无力负担，在一定程度上也是对人们行为自由的过多限制。为解决这一问题，在司法实践中，对于残疾辅助具费的计算标准，一般按普通适用器具的合理费用标准来计算，[①] 即一般就按照国产、中等档次的器具价格来计算，当然也要根据具体的器具来决定，例如在医疗康复行业普遍采用的是什么类型和档次，是否合理，要根据具体情况来判断，并且要尊重相关机构的专业意见。如果受害人的伤情有特殊需要的，可以参照辅助器具配制机构的意见来确定相应的合理费用标准。此外，辅助器具往往有一定的使用年限，不可能一次安装就无限期使用下去，所以后期还会发生相关的维护、更换等费用。对于辅助器具的使用期限和更换事宜，司法实践一般也是尊重专业机构的意见，对于辅助器具的更换周期和赔偿期限参照配制机构的意见来确定。

3. 残疾赔偿金。

残疾赔偿金，顾名思义，是对受害人因侵权行为而致残所获得的赔偿金。如前所述，我国立法和学说对于造成残疾的特别赔偿范围主要采取“劳动能力丧失说”作为理论基础，因此，残疾赔偿金是指行为人因其人身侵权行为而造成受害人残疾的，对受害人因此所丧失或部分丧失的劳动能力而进行的财产赔偿。因此，残疾赔偿金赔偿的主要是受害人劳动能力丧失所带来的损失。

残疾赔偿金既然是对受害人未来劳动能力丧失所带来预期收入的损失赔偿，就意味着不是已经发生的固定损失，所以带有一定的预期性，因此对于残疾赔偿金的赔偿标准，也只能根据相对固定的标准来进行计算。在司法实践中，[②] 法院一般根据受害人丧失劳动能力程度或者伤残等级，并根据受害人的户籍身

① 见《最高人民法院关于审理人身损害赔偿案件适用法律若干问题的解释》第26条。
② 见《最高人民法院关于审理人身损害赔偿案件适用法律若干问题的解释》第25条。

份是城市户籍还是农村户籍，分别按照受诉法院所在地上一年度城镇居民人均可支配收入或者农村居民人均纯收入标准来计算，计算的时长为20年，从受害人定残之日起计算。但如果受害人年龄较大、为60周岁以上的，则年龄每增加1岁减少1年；75周岁以上的，按5年计算。例如，据国家统计局的统计，2019年北京市城镇居民人均可支配收入为73849元，农村居民人均可支配收入为28928元。那么北京城镇居民20年的人均可支配收入就是1476980元，北京农村居民20年的人均可支配收入就是578560元。

为弥补“劳动能力丧失说”的缺陷，权衡行为人和受害人双方的利益，对“受害人因伤致残但实际收入没有减少”和“受害人受伤不严重但收入严重减少”两种例外情况进行补充，实践中如果遇到受害人因伤致残但实际收入没有减少，或者伤残等级较轻但造成职业妨害、严重影响其劳动就业的，司法实践中一般会对残疾赔偿金再进行适当调整。

同时，由于我国自《侵权责任法》以来，就不再具体列举造成残疾的诸多具体事项，而是以残疾赔偿金涵盖了以往司法实践中单列的被扶养人生活费项目，而被扶养人生活费的丧失也是侵权行为人的行为所导致的损害后果，所以在上述计算残疾赔偿金的标准之外，法院还会单独对被受害人抚养人的生活费进行计算，合并要求侵权行为人赔偿。这一项目的费用，在立法上仍然归入残疾赔偿金项下。也就是说，根据“劳动能力丧失说”，在我国实践中对受害人收入损失的赔偿是分为残疾赔偿金和被抚养人生活费两部分的，虽然名义上都被称为残疾赔偿金。

被扶养人是指受害人依法应当承担扶养义务的未成年人或者丧失劳动能力又无其他生活来源的成年近亲属，例如受害人的未成年子女或父母等长辈亲属。被抚养人生活费，是指受害人应当向其所抚养的人支付的生活费用。即依法应当由受害人扶养，但受害人在遭受人身损害之后无力继续抚养的人的生活费。

在司法实践中，被扶养人生活费的计算，一般主要参考三方面因素，一是受害人因遭受侵害而丧失劳动能力的严重程度；二是被扶养人的户籍；三是被扶养人的年龄。具体而言，被扶养人生活费根据扶养人丧失劳动能力程度，按照受诉法院所在地上一年度城镇居民人均消费性支出和农村居民人均年生活消费支出标准来计算。如果被扶养人为未成年人的，则计算至18周岁为止；如果被扶养人无劳动能力又无其他生活来源的，则计算20年。但对于60周岁以上的被扶养人，其年龄每增加1岁则减少计算1年；75周岁以上的，按5年计算。以北京为例，据国家统计局统计，2019年北京市城镇居民人均消费支出为46358元，农村居民人均消费支出为21881元。那么北京城镇居民20年人均消费性支出就是927160元，北京农村居民20年人均消费性支出就是437620元。

如果被扶养人能够举证证明其住所地或者经常居住地城镇居民人均可支配收入或者农村居民人均纯收入高于受诉法院所在地标准的，则被扶养人生活费也可以按照其住所地或者经常居住地的相关标准来计算，这体现了实质公平原则。

如果受害人的被扶养人并非只有受害人这一个抚养人，而是还有其他扶养人的，例如受害人的被扶养人是其父母，但受害人还有兄弟姐妹一起扶养父母的，则侵权行为人只赔偿受害人依法所应当负担的抚养费部分。如果受害人的被扶养人不止一人而是有数人的，则侵权行为人的年赔偿总额累计不超过上一年度城镇居民人均消费性支出额或者农村居民人均年生活消费支出额。

（三）造成死亡的特别赔偿范围

如果侵权行为人对受害人的人身侵害十分严重，就可能造成受害人死亡的后果。这是受害人生命权被侵犯的后果。那么根据本条规定，被侵权人因侵权行为死亡的，行为人赔偿的范围除了用于医疗抢救的一般性赔偿费用之外，还应当赔偿丧葬费和死亡赔偿金。

此前司法解释对于造成死亡的特别赔偿范围列举较为细致，《最高人民法院关于审理人身损害赔偿案件适用法律若干问题的解释》中规定，受害人死亡的，赔偿义务人除应当根据抢救治疗情况赔偿医疗费、护理费、营养费等相关费用外，还应当赔偿丧葬费、被扶养人生活费、死亡补偿费以及受害人亲属办理丧葬事宜支出的交通费、住宿费和误工损失等其他合理费用。自《侵权责任法》开始，便统一规定为丧葬费和死亡赔偿金两项。

1. 丧葬费。

丧葬费是指行为人侵害自然人的生命权致使受害人死亡的，受害人的近亲属对死亡的受害人进行安葬所产生的丧葬费用支出。简单地说，丧葬费就是因安葬死者所支出的费用。丧葬费一般是基于对死者的安葬和告别仪式所进行的支出，例如死者服饰、遗体整容、遗体存放、运送、火化、骨灰盒、存放埋葬等和遗体告别的场地物品等费用开支。

丧葬费列入侵权致人死亡的特别赔偿范围，体现了对死者的人道关怀和对中华传统风俗习惯的尊重。但是丧葬费的赔偿数额必须进行严格控制，否则，各地的丧葬风俗不同，城市和农村习惯不同，如果不进行控制，则各地的赔偿标准将会产生较大差异，甚至还会助长从事封建迷信活动、丧事大操大办、铺张浪费、盲目攀比的丧葬陋习，不利于丧葬礼俗的改革和移风易俗。我国《殡葬管理条例》第 2 条就规定："殡葬管理的方针是：积极地、有步骤地实行火葬，改革土葬，节约殡葬用地，革除丧葬陋俗，提倡文明节俭办丧事。"

司法实践中，[①] 对于丧葬费的赔偿是侵权案件受诉法院所在地上一年度职工月平均工资为标准，以 6 个月总额计算。例如，据统计，2018 年北京市全口径城镇单位就业人员平均工资为 94258 元，月平均工资为 7855 元，那么 6 个月就是 47130 元。超出 6 个月总额范围的丧葬费赔偿请求，法院一般不予支持。

2. 死亡赔偿金。

死亡赔偿金是指行为人因侵害他人生命权导致受害人死亡的，应当向受害人近亲属赔偿的金额。死亡赔偿金是一种财产损害，是对由于侵权人死亡而产生的财产损失的赔偿。由于受害人已经死亡，所以有权主张死亡赔偿金的主体，只能是死者的近亲属。根据《民法典》的规定，配偶、父母、子女、兄弟姐妹、祖父母、外祖父母、孙子女、外孙子女为近亲属。因此有权主张死亡赔偿金的主体，就只能是死者的这些近亲属。近亲属主张死亡赔偿金获得支持的，所获得的死亡赔偿金应当在近亲属之间进行合理分配，例如根据与受害人的关系亲近程度、是否有抚养关系等来分配。事实上，《民法典》在列举近亲属的范围时，基本上遵循的就是近亲属间的亲疏远近顺序，这也是人伦常情。

关于死亡赔偿金的性质，即死亡赔偿金赔偿的究竟是什么，有扶养丧失说与继承丧失说两种观点。扶养丧失说认为，受害人被侵害致死的，其生前负有法定扶养义务的人因此而失去了抚养来源，遭受了财产损失，所以死亡赔偿金是对被扶养人的赔偿。根据这种理解，死亡赔偿金就等同于被扶养人生活费。继承丧失说则认为，死亡赔偿金赔偿的是受害人的继承人因为受害人的死亡而丧失的继承利益。即如果受害人没有因为侵权行为而死亡，那么其多年后正常死亡时，能够为继承人留下一定的遗产，但因为这一侵权行为，导致受害人提

---

① 见《最高人民法院关于审理人身损害赔偿案件适用法律若干问题的解释》第 27 条。

前死亡，其继承人也就无法获得未来继承遗产所带来的利益。相比较而言，继承丧失说着眼于受害人的继承人未来可能获得的财产，所以其数额一般比抚养丧失说的数额要高，对于受害人近亲属利益的保护更为周全。但是，受害人的继承人未来究竟能够获得多少继承利益，不确定性太大，例如对于受害人寿命和获得财富的能力的预期，都是高度不确定的，计算起来有一定难度。

由于我国司法解释一直在死亡赔偿金之外还单独列有被扶养人生活费一项，因此可以认为，我国司法实践对于死亡赔偿金性质的理解，是更倾向于继承丧失说的理论基础。这在实践中也有其合理性，因为总体而言，只有死者的部分近亲属才属于死者负有抚养义务的人，只能是死者依法应当承担扶养义务的未成年人或者丧失劳动能力又无其他生活来源的成年近亲属。如果只有他们能够获得赔偿，对于其他近亲属的利益保护则难免遗漏。更何况，对于被扶养人生活费的赔偿，其标准并不高，因此在被扶养人生活费之外，再由侵权行为人向死者近亲属支付一笔死亡赔偿金，更有利于死者近亲属利益的保护。

我国司法实践对于死亡赔偿金的计算标准也一直有着明确的规定。[①] 一般而言，死亡赔偿金按照受诉法院所在地上一年度城镇居民人均可支配收入或者农村居民人均纯收入标准，按 20 年来计算。但受害人为 60 周岁以上的，年龄每增加 1 岁减少 1 年；75 周岁以上的，则按 5 年计算。

虽然《侵权责任法》开始，将侵权致人死亡的特别赔偿范围归纳为丧葬费和死亡赔偿金两项，但一般认为，和残疾赔偿金类似，死亡赔偿金实际上也是分为被扶养人生活费和死亡赔偿金两项来分别计算然后合并的。被扶养人生活费的支付标准与残疾赔偿金相同。在此需要留意被扶养人的范围问题，因为致人死亡和致人残疾的情况不同。致人残疾的情况下，由于受害人仍然生存，所以被扶养人的范围容易界定。但是在致人死亡的情况下，就出现了在法律上尚未开始抚养关系、但正常情况下应当是由死者抚养的人，是否属于被扶养人的问题。

此前的《民法通则》《消费者权益保护法》等法律，均使用的是“死者生前扶养的人所必需的生活费”，在解释上是否应当将“生前抚养”扩大为“生前已经抚养和生前应当抚养”？这其实涉及胎儿利益的保护问题。如果能够将被

① 见《最高人民法院关于审理人身损害赔偿案件适用法律若干问题的解释》第 29 条。

扶养人的范围扩大到胎儿，则在胎儿出生前，如果行为人导致胎儿父亲或者母亲死亡的，则胎儿出生后，就有权请求行为人支付必要的生活费等费用。2017年《民法总则》第16条仅规定“涉及遗产继承、接受赠与等胎儿利益保护的，胎儿视为具有民事权利能力。”但在解释上，一般认为胎儿的保护涉及侵权损害赔偿，同时在被扶养人的范围上，也应当包括死者生前所应当抚养的人。

事实上，我国司法实践也已经采纳了这一立场，对于死者生前抚养的人的范围，理解为既包括生前实际抚养的人，也包括应当由死者抚养，但因为死亡事故发生，死者尚未抚养的子女。即便是尚未出生的胎儿，出生后为活体的，也有权获得被抚养人生活费。例如，在《最高人民法院公报》2006年第3期刊载的“王德钦诉杨德胜、泸州市汽车二队交通事故损害赔偿纠纷案”中，法院认为，《民法通则》第119条所规定的“死者生前扶养的人”，既包括死者生前实际扶养的人，也包括应当由死者抚养，但因为死亡事故发生，死者尚未抚养的子女。原告王德钦与王先强存在父子关系，是王先强应当抚养的人。王德钦出生后，向加害王先强的人主张赔偿，符合《民法通则》的这一规定。由于被告杨德胜的加害行为，致王德钦出生前王先强死亡，使王德钦不能接受其父王先强的抚养。本应由王先强负担的王德钦生活费、教育费等必要费用的二分之一，理应由杨德胜赔偿。

至于死亡赔偿金是否属于死者的遗产，学界有不同看法，司法实践一般认为，死亡赔偿金不属于遗产的范围，因为死亡赔偿金是行为人基于死者死亡的事实而对死者近亲属所支付的赔偿，获得死亡赔偿金的权利人是死者近亲属，而不是死者，因此，在交通事故等侵权事故中对被侵权人做出的死亡赔偿金赔付，不宜认定为遗产而由继承人进行继承，而是应当由其近亲属对侵权责任人进行主张。

法条关联

◆《产品质量法》

第四十四条　因产品存在缺陷造成受害人人身伤害的，侵害人应当赔偿医疗费、治疗期间的护理费、因误工减少的收入等费用；造成残疾的，还应当支付残疾者生活自助具费、生活补助费、残疾赔偿金以及由其扶养的人所必需的生活费等费用；造成受害人死亡的，并应当支付丧葬费、死亡赔偿金以及由死者生前扶养的人所必需的生活费等费用。

因产品存在缺陷造成受害人财产损失的，侵害人应当恢复原状或者折价赔偿。受害人因此遭受其他重大损失的，侵害人应当赔偿损失。

◆《消费者权益保护法》

第四十九条 经营者提供商品或者服务，造成消费者或者其他受害人人身伤害的，应当赔偿医疗费、护理费、交通费等为治疗和康复支出的合理费用，以及因误工减少的收入。造成残疾的，还应当赔偿残疾生活辅助具费和残疾赔偿金。造成死亡的，还应当赔偿丧葬费和死亡赔偿金。

◆《最高人民法院关于审理人身损害赔偿案件适用法律若干问题的解释》

第十七条 受害人遭受人身损害，因就医治疗支出的各项费用以及因误工减少的收入，包括医疗费、误工费、护理费、交通费、住宿费、住院伙食补助费、必要的营养费，赔偿义务人应当予以赔偿。

受害人因伤致残的，其因增加生活上需要所支出的必要费用以及因丧失劳动能力导致的收入损失，包括残疾赔偿金、残疾辅助器具费、被扶养人生活费，以及因康复护理、继续治疗实际发生的必要的康复费、护理费、后续治疗费，赔偿义务人也应当予以赔偿。

受害人死亡的，赔偿义务人除应当根据抢救治疗情况赔偿本条第一款规定的相关费用外，还应当赔偿丧葬费、被扶养人生活费、死亡补偿费以及受害人亲属办理丧葬事宜支出的交通费、住宿费和误工损失等其他合理费用。

案例评议

一、刘某与魏某、张某等机动车交通事故责任纠纷案①

◆ **裁判规则**

关于刘某主张的各项费用认定，法院认为，应根据《侵权责任法》第16条的规定展开具体评判。该条规定：“侵害他人造成人身损害的，应当赔偿医疗费、护理费、交通费等为治疗和康复支出的合理费用，以及因误工减少的收入。造成残疾的，还应当赔偿残疾生活辅助具费和残疾赔偿金。”

① 江苏省高级人民法院民事判决书，（2016）苏民再401号。

◆ 评议

人身损害赔偿是自然人在生命健康权益遭受侵害时的一种民事法律救济制度，对于全面保护自然人的生命健康权益具有重要意义。对于人身损害赔偿各个项目的计算，是司法实践所需要解决的具体问题。本案是一起道路交通事故，被侵权人因车祸而导致右侧额枕顶硬膜下血肿等颅脑损伤导致轻度智能障碍，日常活动能力部分受限，已构成道路交通事故9级伤残。针对被侵权人提出的索赔请求，法院逐项展开审理，并根据证据情况确定具体金额。关于医疗费，被侵权人提供了医疗费相应的票据，其中主要包括服用特定药物的费用及相关检查、挂号费等。关于护理费，法院结合被侵权人的护理依赖程度、当地护理劳务报酬水平等因素，对护理费进行了酌定。关于交通费，由被侵权人提供相应票据予以证明。

二、董某1等与左某1生命权、健康权、身体权纠纷①

◆ 裁判规则

关于对左某1残疾赔偿金的认定，法院认为，依据《侵权责任法》第16条："侵害他人造成人身损害的，应当赔偿医疗费、护理费、交通费等为治疗和康复支出的合理费用，以及因误工减少的收入。造成残疾的，还应当赔偿残疾生活辅助具费和残疾赔偿金。造成死亡的，还应当赔偿丧葬费和死亡赔偿金……"本案被申诉人左某1经鉴定致残程度等级为10级，故董某1、董某2应当赔偿相应的残疾赔偿金。

◆ 评议

侵害他人人身权益、造成残疾的，还应当赔偿受害人的残疾生活辅助具费和残疾赔偿金。而关于残疾赔偿金的确定，实践中需要结合伤残等级的鉴定结论。本案中，行为人和受害人在日常工作中发生争执，并上升为斗殴，导致受害人受伤的后果，具体伤情为：左内、外、后踝粉碎骨折，左踝关节脱位，左内侧副韧带部分断裂，左前臂、左足软组织损伤，基底动脉供血不足。相关行为人已经被追究故意伤害罪的刑事责任，但对于受害人的民事赔偿，则产生了争议。

一审判决行为人赔偿受害人医疗费15707.59元、住院伙食补助费400元、

① 北京市高级人民法院民事判决书，（2017）京民再66号。

护理费 900 元、交通费 100 元、营养费 100 元、残疾赔偿金 85642 元，共计 102849.59 元。

行为人不服，上诉请求改判仅赔偿受害人住院费 1 万元，住院伙食补助费 400 元，交通费 100 元。双方争议主要在于残疾赔偿金是否应当赔偿、医疗费和护理费的数额上。二审维持原判。

再审认为，本案受害人经鉴定致残程度等级为 10 级，故应当获得相应残疾赔偿金的赔偿，并最后改判行为人赔偿受害人医疗费 15707.59 元、住院伙食补助费 400 元、护理费 900 元、交通费 100 元、营养费 100 元、残疾赔偿金 80642 元，共计 97849.59 元。

第一千一百八十条　【以相同数额确定死亡赔偿金】

因同一侵权行为造成多人死亡的，可以以相同数额确定死亡赔偿金。

本条来源

《侵权责任法》第十七条规定："因同一侵权行为造成多人死亡的，可以以相同数额确定死亡赔偿金。"

立法演变

《民法典侵权责任编草案》（一审稿）第九百五十七条规定："因同一侵权行为造成多人死亡的，可以以相同数额确定死亡赔偿金。"此后无变化。

条文释义

本条是对同一侵权行为致多人死亡时，可以以相同数额确定死亡赔偿金的规定，是对死亡赔偿金计算标准的特别规定。

一、概述

（一）立法目的与沿革

本条规定沿袭《侵权责任法》的规定而来，而《侵权责任法》的这一规定，在当时立法时被认为是一大亮点，体现了"同命同价"的原则，实现了对弱者的人文关怀。

当然，关于死亡赔偿金的性质，学者指出："在法律性质上，死亡赔偿金是用以赔偿死者的近亲属以使其大致能够保持如同受害人没有死亡的收入和生活水平，而不是'命价'。人的生命是无价的，不能用金钱来衡量，也不能用金钱来交换。因此，法律不承认'同命同价'的'命价'，也不承认'同命不同价'的'命价'。"[①] 因此，"同命不同价"只是对死亡赔偿金数额的一个通俗的说法。

《民法典》第1179条规定了致人死亡时的特别赔偿范围，包括死亡赔偿金，而由于我国在户籍上实行城乡二元化的划分，所以在死亡赔偿金的计算标准上，也一直是根据死者是城镇居民还是农村居民户籍身份的不同，而分别按照受诉法院所在地上一年度城镇居民人均可支配收入或者农村居民人均纯收入标准来计算，在处理人身伤害侵权案件时，如果遇到在同一起侵权行为中存在同时死亡的不同户籍身份的受害人的案件时，侵权行为人对于不同受害人的赔偿金额就会存在较大差异，这种差异在同一案件中被放大，格外容易引起人们的关注，因此便产生了对人身损害赔偿制度导致"同命不同价"的批评声音。其中"重庆三少女死亡赔偿案"便是当时引起学界和社会各界广泛关注、引发"同命不同价"大讨论的一起典型案件。

该案发生于2005年12月15日，同在重庆市江北区某中学读书的三位14岁花季少女，搭乘同一辆三轮车结伴去学校，三轮车行驶到郭家沱长城公司上坡路段时，一辆对面驶来的满载货物的卡车刹车不及，车辆失控，发生侧翻，正好将三轮车压在下边，造成三位少女同时死亡的严重后果。经人民法院判决，其中一名受害少女因是农村户口，其近亲属仅获得5.07万元的死亡赔偿金，而对于另外两名城市户口的少女，其近亲属获得的死亡赔偿金却为20余万元。[②] 同样是同学关系的三位少女，一旦因同一侵权事故死亡，死亡赔偿金却有十几万元，整整3倍的差异，这引起了人们强烈的不公平感。

由于《民法通则》未规定死亡赔偿金制度，所以在《侵权责任法》出台前，对于死亡赔偿金的适用依据，主要是《最高人民法院关于审理人身损害赔

---

① 张新宝：《侵权责任编草案实现四方面制度创新——访中国人民大学法学院教授张新宝》，载《中国法学杂志社》2020年4月1日，https://mp.weixin.qq.com/s/uhiGtc4uCLKzq8sOhgYLrg。

② 《重庆首例"同命不同价"案一审宣判控方败诉》，载《重庆晚报》2007年6月12日。

偿案件适用法律若干问题的解释》。这一案件的判决结果也是据此做出的，在法律适用上并无错误。按照该司法解释，其中一名受害人属于农村居民，赔偿的标准是2004年度的重庆市全年农村居民人均纯收入。另外两名受害人是城市居民，应基于全年城市居民人均可支配收入计算。而当时重庆市全年城市居民人均可支配收入为9221元，全年农村居民人均纯收入2535元，在计算20年的赔偿年限之后，得出的总额自然会产生巨大差距。① 但是在大众的眼中，死亡赔偿金应是对死者“命价”的赔偿。同一案件，不同赔偿，就属于“同命不同价”。但死亡赔偿金在法律上是基于死者劳动能力、未来收入等方面而对其近亲属做出的赔偿，与大众的认知存在一定的差异。

为了解决这一问题带来的巨大争论，最高人民法院（2005）民一他字第25号《经常居住在城镇的农村居民因交通事故伤亡如何计算赔偿费用的复函》指出，人身损害赔偿案件中，残疾赔偿金、死亡赔偿金和被扶养人生活费的计算，应当根据案件的实际情况，结合受害人住所地、经常居住地等因素，确定适用城镇居民人均可支配收入（人均消费性支出）或者农村居民人均纯收入（人均年生活消费性支出）的标准。也就是说，如果受害人已经在城镇居住，且以城镇为主要生活来源，应以城镇居民的标准计算残疾赔偿金或死亡赔偿金。但是该批复仍未解决“重庆三少女案”所遇到的问题，因为如果受害人的“户口”和“经常居住地”均在农村，则仍不能参照该复函的规定。

死亡赔偿金的计算根据我国城乡的二元差异而划分两个标准，这在当时是由我国国情和客观经济发展水平所决定的，但随着社会的发展和人们生活水平的提高以及权利意识的培养，这一制度越来越显得滞后。法律制度的规定，不能脱离人民的普遍法感情；被人们广泛认为不公平、不正义的制度，一定不是好的制度。由于该案的轰动效应，2006年11月1日，重庆市高级人民法院开始施行的《关于审理道路交通事故损害赔偿案件适用法律若干问题的指导意见》，就提出有条件地实行“同命同价”赔偿原则，即在城市有固定工作和稳定收入并实际居住达到一定年限的农村居民，其损害赔偿标准可以和城镇居民大体一致。2006年3月10日，最高人民法院民庭的两位庭长做客中国法院网与网友交流时，就重庆首例“同命不同价”案做出回应。民一庭庭长纪敏说，该案赔偿

① 参见《3少女遇车祸 赔偿“同命不同价”》，载《南国都市报》2007年6月13日。

是按照《最高人民法院关于审理人身损害赔偿案件适用法律若干问题的解释》。该《解释》在当时的历史情况下，确定城市和农村两个标准比较符合中国的实际，但这两年确实出现了一些问题，主要表现在一起事故中，受害方既有城市人又有农村人，根据两个标准赔偿的数额相差很大。纪敏表示，社会对“同命不同价”比较关注，法院也了解到此情况，并且近两年来都在做这方面的调研。目前，仍然存在一些分歧。但在同一事故中，既有城市受害者，又有农村受害者，大家普遍认为，应该按一个标准执行。最高人民法院已经注意到这一问题，并开始准备出台相关决定解决“同命不同价”问题。①

“同命不同价”的大讨论，到了最后有一点基本形成一致意见，即在同一事故中，死亡受害人有农村居民，又有城镇居民的，应适用同一标准赔偿。由于该案正好发生在《侵权责任法》制定过程中，所以各界的关注便反映到了立法草案上，最终在《侵权责任法》第 17 条规定：“因同一侵权行为造成多人死亡的，可以以相同数额确定死亡赔偿金。”这便是被称为同一事故中“同命同价”的规定。如果按照这一规定，“重庆三少女死亡赔偿案”就可以由人民法院作出决定，以相同的数额来确定三位受害少女的死亡赔偿金，可以都根据城镇居民的赔偿标准来进行赔偿，就不会产生如此显著的差异了。

这一规定被认为具有积极的意义，也符合人们的公平正义观念。随后最高人民法院不断探索如何在审判实践中具体落实这一规定。2011 年全国民事审判工作会议纪要（法办〔2011〕442 号）第 37 条规定：“审理人身损害赔偿案件时，应根据案件的实际情况，结合受害人住所地、经常居住地、主要收入来源等因素，确定适用城镇居民人均可支配收入（人均消费性支出）或者农村居民人均纯收入（人均年生活消费支出）的标准计算受害人的残疾赔偿金或死亡赔偿金。受害人是农村居民但经常居住地在城镇的，应适用城镇居民标准，其被扶养人经常居住地也在城镇的，被扶养人生活费也采用城镇居民标准计算。”但在实践中，此类侵权赔偿案件的举证任务相当复杂，受害人一方需要提供证明经常居住地在城镇的证据、证明主要收入来源地在城镇的证据等才能获得支持，而有些证据的获得并非易事。

城乡二元划分导致的损害赔偿不统一的问题，也受到了中央的高度关注。

---

① 《最高院回应“同命不同价”城乡赔偿标准将出新规》，载《北京晨报》2006 年 3 月 11 日。

2019 年 4 月 15 日《中共中央 国务院关于建立健全城乡融合发展体制机制和政策体系的意见》在第 17 项“统筹城乡社会救助体系”中明确指出：“改革人身损害赔偿制度，统一城乡居民赔偿标准。”

2019 年 9 月 2 日，最高人民法院印发《关于授权开展人身损害赔偿标准城乡统一试点的通知》（法明传〔2019〕513 号），指出：“当前，我国户籍制度改革的政策框架基本构建完成，城乡统一的户口登记制度全面建立，各地取消了农业户口与非农业户口性质区分”，因此通知：“授权各省、自治区、直辖市高级人民法院及新疆维吾尔自治区生产建设兵团分院根据各省具体情况在辖区内开展人身损害赔偿纠纷案件统一城乡居民赔偿标准试点工作。试点工作应于今年内启动。”这一试点工作开展顺利，目前已有 16 个省市的试点开始作出了各自的规定。例如，河南省制定的、于 2019 年 12 月 20 日起施行的《关于开展人身损害赔偿案件统一城乡标准试点工作的意见（试行）》就规定：“一、全省法院机动车交通事故责任纠纷案件、医疗损害赔偿责任纠纷案件、产品质量责任纠纷案件，不再区分受害人住所地或经常居住地、收入来源等因素，其残疾赔偿金、死亡赔偿金统一按照河南省上一年度城镇居民人均可支配收入标准计算。二、全省法院机动车交通事故责任纠纷案件、医疗损害赔偿责任纠纷案件、产品质量责任纠纷案件，被扶养人生活费统一按照河南省上一年度城镇居民人均消费性支出标准计算。”

虽然在一般的人身损害侵权案件中，关于残疾赔偿金、死亡赔偿金，基于《最高人民法院关于审理人身损害赔偿案件适用法律若干问题的解释》的规定，仍然会根据被侵权人的户籍身份来确定，但是在因同一侵权行为造成多人死亡的案件中，法官可以判决相同数额的死亡赔偿金。

但是这一规定正随着我国社会经济的发展而不断被打破，从上述各地的新规就可以看出，不再区分城乡户籍而适用较高的标准对人身损害案件的被侵权人进行赔偿，是非常明确的趋势，应该很快就会在全国统一开来，届时最高人民法院也会对《最高人民法院关于审理人身损害赔偿案件适用法律若干问题的解释》作出修改。

二、内容

（一）对“同一侵权行为”的理解

由于本条规定仅适用于“同一侵权行为造成多人死亡的”情形，所以只能是在同一侵权行为造成的死亡案件中，才能适用同一赔偿原则。同一侵权行为即基于行为人同一时间范围内、同一性质的侵权行为。这一规定最初就是为了解决类似车祸、矿难等容易引起多人伤亡后果的严重事故的赔偿问题。因此，只要是在同一事故或行为造成多人死亡的，如同一交通事故、火灾事故、踩踏事故、倒塌事故等，均可以根据实际情况援引此条。但如果发生的事故构成工伤事故，属于《工伤保险条例》调整的劳动关系和工作保险范围的，则应当根据《工伤保险条例》的规定解决赔偿的问题，不能简单依据此条而主张同等赔偿。

（二）对“多人死亡”的理解

首先，在法律上的“多人”往往和“数人”的概念含义相同，都是指“二人或二人以上”，并不要求三人以上。只要是存在城乡户籍差异，那么即便是同一事故中只造成两人死亡的后果，而这两名死者正好一人是城市居民、一人是农村居民，就依然会出现“同命不同价”的问题，就会导致本条的立法目的落空。所以“多人”只要求不少于二人即可。

此外，本条是关于死亡赔偿金计算标准的特别规定，所以仅限于造成受害人死亡的情形。如果事故有两名受害人，一名遭受重伤，另一名死亡，则同样不能适用本条主张同等赔偿，因为造成死亡的后果不是多人，而是一人。所以必须是在同一侵权事故中造成了多人死亡的后果时，才有本条适用的余地。

（三）对“可以”的理解

本条规定是完全沿袭《侵权责任法》的规定，未作一字改动。在《侵权责任法》颁布时，关于如何理解“可以以相同数额确定死亡赔偿金”中的“可以”，就产生过讨论。例如，立法机关的理解是：“本条特别强调，对因同一侵权行为造成多人死亡的，只是‘可以’以相同数额确定死亡赔偿金，而不是任何因同一侵权行为造成多人死亡的案件都‘必须’或者‘应当’以相同数额确定死亡赔偿金。至于什么情况下可以，什么情况下不可以，法院可以根据具体案情，综合考虑各种因素后决定。实践中，原告的态度也是一个重要考虑因素，多数原告主动请求以相同数额确定死亡赔偿金的，当然可以；原告没有主动请求，但多数原告对法院所提以相同数额确定的死亡赔偿金方案没有异议的，也可以适用这种方式。”①

---

① 王胜明主编：《中华人民共和国侵权责任法释义》，法律出版社 2010 年 1 月版，第 93 页。

但也有学者对此提出不同理解，认为这一规定中的“可以”，并不是任意性规范，而是强制性规定，因为“第一，该条规定体现了一种价值取向，要求在这些事故中尽可能地采取统一赔偿标准，减少争议和纠纷，但是，在适用这种统一标准时，法官负有提供合理理由的说明义务。在特殊情况下，如受害人年龄、经济状况等个人因素差距过大时，可以采取特别处理，对个别受害人的赔偿可以高于其他受害人。第二，采同一标准只能是就高不就低，因为采纳过低标准或中等标准，都会对某个受害人不利，只有采用高标准，才对所有的受害人都有利，但如此可能导致责任人承担了过重的责任……正是从这个意义上说，《侵权责任法》第 17 条并非任意性而是强制性。”①

对此，如果通过法律解释的方法，首先从文义解释来看，“可以”代表着的自然是一个任意性的规范，即可以如此这般，也可以不如此这般。然后，通过立法机关的起草说明，即立法的历史解释来看，立法机关选择这一用语也是刻意进行的，属于立法已经做出过价值判断了。由此可见，立法机关使用“可以”而非“必须”的用语表述，是有意采取一种较为缓和的态度，是对司法机关做出了更多的授权，即授权司法机关在实践中去根据案件的具体情况，来判断如何确定死亡赔偿金的标准。

但由于同一损害同一赔偿更符合人们的公平正义观念，加上中央对此问题的高度关注，最高人民法院推进的行动已经走在了立法的前面。如前所述，最高人民法院《关于授权开展人身损害赔偿标准城乡统一试点的通知》已经要求各省开展人身损害赔偿纠纷案件统一城乡居民赔偿标准试点工作，各地纷纷响应，制定了赔偿标准，基本上都是要求按照城乡居民的赔偿标准来进行赔偿，但涉及的案件类型、范围宽窄有所不同。改革比较彻底的，要求所有人身伤害的侵权赔偿案件，都按照城镇居民标准来赔偿；有些地方则仅限于某些类型的人身伤害案件才可以对受害人都按照城镇居民标准来赔偿。

例如，《北京市高级人民法院关于开展人身损害赔偿纠纷案件统一城乡居民赔偿标准试点工作的通知》就规定：“全市法院受理的侵权行为发生于 2020 年 4 月 1 日（含本日）后的机动车交通事故责任纠纷案件、交通肇事刑事案件的

---

① 王利明：《侵权责任法研究（上卷）》（第二版），中国人民大学出版社 2016 年 4 月版，第 698 – 699 页。

附带民事诉讼案件不再区分城镇居民与农村居民，试行按统一赔偿标准计算残疾赔偿金、死亡赔偿金及被扶养人生活费（被扶养人生活费计入残疾赔偿金或死亡赔偿金）：残疾赔偿金、死亡赔偿金按照北京市上一年度全市居民人均可支配收入标准计算；被扶养人生活费按照北京市上一年度全市居民人均消费性支出标准计算。”可见，其仅限于机动车交通事故侵权责任案件。而前文河南省的规定则限制在“全省法院机动车交通事故责任纠纷案件、医疗损害赔偿责任纠纷案件、产品质量责任纠纷案件”，这三类案件不再区分受害人住所地或经常居住地、收入来源等因素，其残疾赔偿金、死亡赔偿金统一按照河南省上一年度城镇居民人均可支配收入标准计算。

2019 年 12 月 20 日发布的《广东省高级人民法院关于在全省法院民事诉讼中开展人身损害赔偿标准城乡统一试点工作的通知》则规定：“对 2020 年 1 月 1 日以后发生的人身损害，在民事诉讼中统一按照有关法律和司法解释规定的城镇居民标准计算残疾赔偿金、死亡赔偿金、被扶养人生活费，其他人身损害赔偿项目计算标准保持不变。”自 2020 年 1 月 1 日起施行的《上海市高级人民法院关于开展人身损害赔偿标准城乡统一试点工作的实施意见》也规定：“本意见适用于全市法院受理的各类人身损害赔偿纠纷案件，包括民事案件、刑事附带民事案件、海事案件。”可见广东、上海等地的法院，已经在所有人身损害案件中都按照城镇居民赔偿标准来确定赔偿金额了。

（四）对“相同数额”确定死亡赔偿金的理解

强调相同数额，是对同一侵权行为中死亡的多位受害人死亡赔偿金最终数额相同的要求，即此时不再区分城乡农村户籍的差异，不再区分年龄、收入状况等个体差异上的因素，而是让所有受害人近亲属获得相同的定额赔偿。

在民法典侵权责任编草案的起草及研讨过程中，据立法专家张新宝教授介绍，各界对“同命不同价”问题有两种比较极端的意见，一是主张全面实现相同数额的死亡赔偿金，真正做到“同命同价”；二是完全否定“同命同价”，主张根据死者的年龄、生前的收入情况等个别化地确定死亡赔偿金。由于意见分歧，未形成修改的共识，所以目前草案对现行侵权责任法的规定未作修改。[①]

---

① 参见张新宝：《侵权责任编草案实现四方面制度创新——访中国人民大学法学院教授张新宝》，载《中国法学杂志社》2020 年 4 月 1 日，https://mp.weixin.qq.com/s/uhiGtc4uCLKzq8sOhg YLrg。

相同数额不同于相同标准，因为某一项相同标准还不能确保最终计算出来的数额也是相同的。相同数额就要求法院直接确定一个数额，然后所有的受害人均按照这一数额来赔偿死亡赔偿金。

相同数额究竟是按照什么标准来计算？由于城乡二元结构尚未得到根本改变，所以一般的人身损害赔偿中，存在城镇居民和农村居民两个计算标准，前者普遍较高，后者普遍较低。那么相同数额究竟是按照较高者还是较低者确定？对此，表面上看似乎可以选择，但其实只能参照较高者来统计。因为都按照较低者计算的话，无疑侵犯了城镇居民原本可以获得较高赔偿的权利，而按照较高者计算，对于农村居民来说，是提高了赔偿标准，增加了其福利，不存在侵害其权利的情形。故只能按照较高者来确定死亡赔偿金。

事实上，根据前述引用的多地法院新近出台的规定，也可以看出，普遍不再区分受害人住所地或经常居住地、收入来源等因素，而是统一按照受诉法院所在地上一年度的城镇居民人均可支配收入标准来计算。至于计算的年限，也只能是就高不就低，受害人中有 60 岁以下的，就统一计算 20 年。也就是说，法院根据城镇居民的标准，并按照受害人中最长可计算年限来确定一个具体数额，然后统一作为该案中所有受害人的死亡赔偿金数额。

案例评议

一、秦某 1 等与秦某 2 等公路旅客运输合同纠纷案①

◆ **裁判规则**

在认定秦某某的死亡赔偿金数额时，法院认为，依据《侵权责任法》第 17 条“因同一侵权行为造成多人死亡的，可以以相同数额确定死亡赔偿金”的规定，即在矿难、车祸等同一事故中发生两人或两人以上人死亡的情况下，在不考虑受害者收入、居住地点差异的因素下，实现同命同价，以同一标准确定死亡赔偿金。冯某和秦某某因同一起事故死亡，虽然冯某系北京城镇居民，秦某某为吉林农村居民，但是，对于秦某某的死亡赔偿金按照北京城镇居民的标准计算符合上述条文的规定，故对于秦某某的死亡赔偿金可以按照北京城镇居民的标准进行赔偿，即 1145500 元（57275 ×20 年）。

---

① 吉林省长春市中级人民法院民事判决书，（2017）吉 01 民终 5990 号。

◆ 评议

由于死亡赔偿金和残疾赔偿金需要根据被侵权人的户籍身份来确定赔偿标准，所以在同一个侵权行为造成多人死亡的情境下，会出现“同命不同价”的局面，为改变这一不公平局面，根据本条规定，因同一侵权行为造成多人死亡的，可以不再区分城镇户籍和农村户籍，而可以以相同数额确定各个受害人的死亡赔偿金。

本案中，2016 年 11 月 9 日，24 名乘客乘坐一辆客车时发生交通事故，两名乘客当场死亡，其余乘客受伤。其中一名死者秦某某为长春某区农村村民，系农业家庭户口，另一名死者冯某为北京城镇居民。一审法院判决客运公司赔偿冯某近亲属死亡赔偿金 1145500 元，秦某某近亲属死亡赔偿金 319701.7 元。

秦某近亲属对判决不服，要求按照冯某的赔偿标准进行赔偿。二审法院认为，“因同一侵权行为造成多人死亡的，可以以相同数额确定死亡赔偿金”。其立法本意就是在矿难、车祸等同一事故中发生两人或两人以上人死亡的情况下，在不考虑受害者收入、居住地点差异的因素下，实现同命同价，以同一标准确定死亡赔偿金。交通事故作为最经常发生的侵权行为，原审法院将交通事故排除于该法条所规定的侵权行为之外，对法条做了限缩性解释确有不当，应予纠正。故改判秦某某的死亡赔偿金可以按照北京城镇居民的标准进行赔偿，

但二审法院同时认为，这一规定仅限于死亡赔偿金，对于被抚养人生活费的赔偿标准，则仍然要根据被扶养人的具体情况来决定，不能要求按照同一侵权事故中其他受害人的标准来进行。这一理解不能算错误，因为《最高人民法院关于审理人身损害赔偿案件适用法律若干问题的解释》也有相关规定，但与当前中央要求统一城乡赔偿标准的意见不相一致，而且当前已有多个省市开始在同一损害中扩大同一赔偿的项目，使之不限于死亡赔偿金这一项。

二、中国人民财产保险股份有限公司莱阳支公司、蔡某某机动车交通事故责任纠纷案①

◆ 裁判规则

在认定蔡某某的残疾赔偿金、被扶养人生活费数额时，法院认为，根据

① 山东省青岛市中级人民法院民事判决书，(2017) 鲁 02 民终 3841 号。

《侵权责任法》第17条“因同一侵权行为造成多人死亡的，可以以相同数额确定死亡赔偿金”的规定，并且随着我省农村城镇化水平的提高，城乡差别逐步缩小，从保护受害者利益出发，在两种标准存在交叉的情形下，可以按照“就高不就低”的原则确定具体的赔偿标准。在本次事故另一伤者吴某某已经按照城镇标准计算相关赔偿的情况下，应该本着“就高不就低”的原则确定蔡某某亦按照城镇标准计算残疾赔偿金及被抚养人生活费。

◆ **评议**

本案中，重型半挂车与小轿车相撞，小轿车驾驶员和一名乘客均受伤，乘客是农村户口。法院认为，随着我省农村城镇化水平的提高，城乡差别逐步缩小，对于同一事故同时致城镇居民和农村居民人身损害的，从保护受害者利益出发，在两种标准存在交叉的情形下，可以按照“就高不就低”的原则确定具体的赔偿标准。同时需要看到，法院对于被抚养人生活费也按照同样的城镇标准计算，这一审判理念是比较先进的。

第一千一百八十一条　【被侵权人死亡的请求权主体】

被侵权人死亡的，其近亲属有权请求侵权人承担侵权责任。被侵权人为组织，该组织分立、合并的，承继权利的组织有权请求侵权人承担侵权责任。

被侵权人死亡的，支付被侵权人医疗费、丧葬费等合理费用的人有权请求侵权人赔偿费用，但是侵权人已经支付该费用的除外。

本条来源

《侵权责任法》第十八条规定：“被侵权人死亡的，其近亲属有权请求侵权人承担侵权责任。被侵权人为单位，该单位分立、合并的，承继权利的单位有权请求侵权人承担侵权责任。被侵权人死亡的，支付被侵权人医疗费、丧葬费等合理费用的人有权请求侵权人赔偿费用，但侵权人已支付该费用的除外。”

立法演变

《民法典侵权责任编草案》（一审稿）第九百五十八条规定："被侵权人死亡的，其近亲属有权请求侵权人承担侵权责任。被侵权人为组织，该组织分立、合并的，承继权利的组织有权请求侵权人承担侵权责任。被侵权人死亡的，支付被侵权人医疗费、丧葬费等合理费用的人有权请求侵权人赔偿费用，但是侵权人已支付该费用的除外。"此后稍有调整。

条文释义

本条是受害人死亡或不再存续时赔偿请求权主体的规定。

一、概述

本条是对自然人和组织作为被侵权人时，发生死亡或分立、合并而不再存续的情况下，如何确定侵权损害赔偿请求权主体的规定。从主体来看，本条分别涉及了自然人和组织。从侵权原因来看，涉及人身侵权和其他侵权。但是从内容来看，又是以自然人遭受人身损害死亡后的请求权主体问题为主。

本条基本沿袭了《侵权责任法》第 18 条的规定，仅做了部分修改，即将"被侵权人为单位，该单位分立、合并的，承继权利的单位有权请求侵权人承担侵权责任。"改为："被侵权人为组织，该组织分立、合并的，承继权利的组织有权请求侵权人承担侵权责任。"也就是说，主要是将"单位"改为"组织"，其余未加改动。

这一改动是为了与《民法典》总则编保持一致，因为 2017 年《民法总则》对《民法通则》中的非自然人主体部分做了较大改动。《民法通则》将个人合伙、个体工商户、农村承包经营户规定为自然人的范围，将法人分为企业、法人机关法人、事业单位法人和社会团体法人四大类，在法人之外就只剩一种日渐式微了的"联营"。《民法总则》对于个体工商户和农村承包经营户依然纳入自然人的范围，但是将法人分为营利法人、非营利法人和特别法人三大类。在法人之外，还设立了非法人组织一类主体，是指不具有法人资格，但是能够依法以自己的名义从事民事活动的组织，包括个人独资企业、合伙企业、不具有法人资格的专业服务机构等。这一民事主体制度的改革保留到了《民法典》总则编之中。

因此，《侵权责任法》对于非自然人民事主体的规定，采用了“单位”的概念来统一称之。“单位”一般指组织机构，并非严格的法律术语，其内涵比法人更宽泛，应当包括法人和非法人团体。按照当时的法律规定，非法人团体尚未获得实体法的地位，但是可作为诉讼法上的主体，在诉讼法上被称为“其他组织”，包括正式常设性机构，如银行或非银行金融机构的分支机构，也包括非正式机构，如一些市政工程筹建指挥部等。自《民法总则》开始，我国民法对于非自然人的主体制度进行了较大幅度的改革，那么在《民法典》侵权责任编也必须与这一主体的改革相适应，故将“单位”的概念改为“组织”，用以指代自然人之外的民事主体，即法人和非法人组织。

二、内容

（一）人身伤害导致死亡时的赔偿请求权主体

1. 概述

人身伤害导致死亡时的赔偿请求权主体，是指因侵权行为而导致受害人死亡时，对侵权责任人享有赔偿请求权的民事主体。在一般的人身伤害侵权中，即便是发生了受害人致残的后果，但只要受害人依然生存，则受害人本人是侵权损害赔偿请求权的主体。至于无民事行为能力人或限制民事行为能力人，可以由他们的代理人代为主张权利。

但是在人身伤害导致受害人死亡的情形下，受害人的生命权遭受侵害，从而失去了生命，不再生存。已经去世的人不再是民事主体，不能享有民事权利、承担民事义务，死者不可能以权利主体资格请求侵权人承担侵权责任。因此，受害人因为人身侵权而死亡的，对于行为人的赔偿请求权只能由他人来行使。

至于他人的范围，则包括两类主体，一是死者的近亲属，二是其他债权人。前者是近亲属基于对受害人的亲属利益而主张损害赔偿，后者则是行使对受害人支付的相关费用的债权。

2. 死者的近亲属

根据本条规定，被侵权人死亡的，其近亲属有权请求侵权人承担侵权责任。在《侵权责任法》颁布之前，《民法通则》并没有明确规定被侵权人死亡后哪些主体可以请求侵权人承担侵权责任。1994 年的《国家赔偿法》曾规定受害的公民死亡后，其继承人和其他有扶养关系的亲属有权要求赔偿；受害的法人或者其他组织终止，承受其权利的法人或者其他组织有权要求赔偿。此后《最高人民法院关于审理人身损害赔偿案件适用法律若干问题的解释》对于受害人死亡后的请求权主体问题作出了较为明确的规定，即赔偿权利人是指因侵权行为或者其他致害原因直接遭受人身损害的受害人、依法由受害人承担扶养义务的被扶养人以及死亡受害人的近亲属。因此，近亲属作为请求权主体的规定，就被《侵权责任法》吸收进去，并沿袭到《民法典》侵权责任编的规定之中。

关于近亲属的范围，《民法通则》未作规定，《最高人民法院关于贯彻执行〈中华人民共和国民法通则〉若干问题的意见（试行）》中，作出了补充规定，其第12条规定："民法通则中规定的近亲属，包括配偶、父母、子女、兄弟姐妹、祖父母、外祖父母、孙子女、外孙子女。"这一关于近亲属的范围规定，为《民法典》婚姻家庭编所采纳，《民法典》第1045条第1款、第2款规定："亲属包括配偶、血亲和姻亲。配偶、父母、子女、兄弟姐妹、祖父母、外祖父母、孙子女、外孙子女为近亲属。"因此，被侵权人因为侵权行为死亡时，这些范围内的近亲属均有权请求侵权人承担侵权责任。

近亲属的范围是否等于继承人的范围？对此答案是否定的。虽然近亲属享有请求权的基础，一般认为是基于继承权的丧失，但近亲属与继承人的范围并不能完全重合。严格地说，死者的继承人都是其近亲属，但死者近亲属中有些不是其继承人。

我国自《继承法》开始，就对法定继承人的范围作出了明确的、分层次的列举，而《继承法》第10条的这一规定，被《民法典》继承编所完全吸收沿袭。《民法典》第1127条规定："遗产按照下列顺序继承：（一）第一顺序：配偶、子女、父母；（二）第二顺序：兄弟姐妹、祖父母、外祖父母。继承开始后，由第一顺序继承人继承，第二顺序继承人不继承；没有第一顺序继承人继承的，由第二顺序继承人继承。本编所称子女，包括婚生子女、非婚生子女、养子女和有扶养关系的继子女。本编所称父母，包括生父母、养父母和有扶养关系的继父母。本编所称兄弟姐妹，包括同父母的兄弟姐妹、同父异母或者同母异父的兄弟姐妹、养兄弟姐妹、有扶养关系的继兄弟姐妹。"

虽然《民法典》对于近亲属的范围规定中，未规定子女、父母、兄弟姐妹的具体含义，即是否包括《民法典》继承编所列举的这些非婚生子女、养父母子女兄弟姐妹、继父母子女兄弟姐妹等情况，但一般都认为近亲属中对于父母子女兄弟姐妹的范围，与此相同，并不仅限于有血缘关系的父母子女兄弟姐妹，也包括法律上的父母子女兄弟姐妹。

但从上述范围的对比可以看出，虽然继承人均属于近亲属的范围，但近亲属中的孙子女、外孙子女则并不在继承人的范围之中。《民法典》对于近亲属并未像继承人范围那样分为两个顺序，那么在被侵权人死亡时，近亲属对侵权行为人提起赔偿请求时，是否也要遵循继承中的顺序呢？本书认为，近亲属的请求权行使并不需要遵循此种顺序，无论是列举在第一位的配偶，还是列举在最后一位的外孙子女，都可以直接对侵权行为人提起损害赔偿请求。但是，在分配死亡赔偿金时，还是应当根据与死者的亲属关系远近、生活紧密程度等来分配，而不能平均分配。

此外，被侵权人死亡后其近亲属有权请求侵权人承担侵权责任，此处的侵权责任即侵害人身权益致人死亡的赔偿责任，在赔偿范围上，既包括了一般人身损害的赔偿范围，也包括了致人死亡的特别赔偿范围，即丧葬费和死亡赔偿金。

3. 其他债权人

本条第 2 款特别规定，被侵权人死亡的，支付被侵权人医疗费、丧葬费等合理费用的人有权请求侵权人赔偿费用，但是侵权人已经支付该费用的除外。这一规定主要是为了解决在第三人支付费用的情况下，通过赋予第三人损害赔偿请求权的方法，便利其向侵权人求偿。

第三人为被侵权人支付医疗费，一般的情况是，被侵权人死亡之前处于受伤状态，需要进行急救治疗，或者生死状态不明，尚有抢救空间，此时第三人为其支付了医疗费进行抢救，那么这一行为是对受害人的无因管理行为，第三人对受害人享有无因管理之债的债权，受害人是债务人。但由于受害人最终死亡，第三人的这一债权变成了对受害人的继承人所应当在遗产价值范围内进行清偿的债务。

而第三人为被侵权人支付丧葬费等合理费用，则处于被侵权人已经死亡的状态，此时是对被侵权人继承人的无因管理之债，由被侵权人的继承人进行清偿。

但无论是医疗费还是丧葬费，虽然从继承的程序上来讲，是受害人的继承人应当在继承遗产的范围内承担的债务，但该笔债务实际上应当由侵权行为人赔偿给继承人，然后继承人再支付给第三人。所以，即便本条不作此种规定，第三人行使债权在法律上也并无障碍。

但由于第三人通过继承人行使债权，再由继承人向侵权人行使债权，程序不免复杂，而且间隔诸多主体，容易产生纠纷，拖沓时间，难免对第三人的债权保护不利。更何况，第三人支付的是医疗费、丧葬费等费用，在当时的情境下必然属于救急、富有人道主义的行为，对此种债权应当予以特别保护，以鼓励和褒扬此类行为。

为此，从《侵权责任法》开始，以法律明确规定的形式，直接赋予了第三人对侵权行为人的请求权。这一法定的赔偿请求权，就避开了继承人这一环节而直接指向实质债务人，这样就可以节省流程、避免第三人的债权不能及时实现，或者行使遇到障碍。对于侵权行为人而言，被侵权人的医疗费和丧葬费等合理费用原本就属于其赔偿范围，向谁支付并不会增加其责任。那么基于本条的规定，当第三人有证据证明其支付了相关费用时，侵权行为人便可以直接向第三人支付这些费用，并将支付的费用从自己将要承担的赔偿责任中予以扣除。

当然，如果侵权人已支付了医疗费、丧葬费等必要费用的，则可以对抗第三人的请求，无需再支付此种费用。这是指，虽然第三人支付了医疗费、丧葬费等合理费用，但死者的近亲属已经向侵权人主张过这些费用，并且侵权人已经将相关费用支付给了死者近亲属，此时，第三人再向侵权人主张债权，就不应由侵权人再来承担，否则将导致侵权人支付两次相关费用，这无疑是不公平的。

此时，第三人就不能根据本款前半段的规定向侵权人主张医疗费、丧葬费等费用，而只能向死者的近亲属来主张这些费用，其请求的依据还是回到对死者近亲属的无因管理之债。

（二）作为被侵权人的组织不再存续时的请求权主体

当自然人死亡时，其法律上的主体资格不复存在，同样地，当法人、非法人组织发生分立、合并的，其法律主体资格也同样消失，类似于自然人的死亡。因此，当法人、非法人组织作为被侵权人时，发生了分立、合并的，其也不可能以权利主体的身份去请求侵权人承担侵权责任，此时，享有请求权人也只能是被侵权人以外的主体。

对此，本条专门规定，被侵权人为组织，该组织分立、合并的，承继权利的组织有权请求侵权人承担侵权责任。应当说，组织并非自然人，不可能享有身份权益，也不可能成为生命权、身体权、健康权这些物质性人格权侵权中的被侵权人。但是，组织并非不能享有任何人格权益，《民法典》在总则编和人格权编均规定，法人、非法人组织享有名称权、名誉权、荣誉权等权利。这些权利都属于人格权，在遭受侵权之后，法人、非法人组织对于侵权行为人也享有侵权损害赔偿请求权。

此外，法人、非法人组织还享有广泛的财产权益，例如各类物权、债权。法人、非法人组织还可以享有作为综合性权利的知识产权。这些权利遭受侵害之后，都会产生损害赔偿请求权。当法人、非法人组织发生分立、合并时，同样涉及权利的行使主体问题。

此前《侵权责任法》采用的是“单位”的概念，但单位并非一个法律概念，实际上规定的是在单位作为被侵权人的情况下，该单位分立、合并时，承受其权利的单位应当享有请求侵权人承担侵权责任的权利。在理解上，单位既包括了法人组织，也包括了非法人团体，它们都可以作为诉讼主体，在法院提起诉讼、主张权利。本条的“组织”也不是一个真正意义上的法律概念，而是对法人组织和非法人组织的合并简称。

法人的分立合并，尤其是企业法人的分立合并，是商事主体的一个基本问题，对此，《民法通则》第 44 条第 2 款就曾规定：“企业法人分立、合并，它的权利和义务由变更后的法人享有和承担。”《公司法》第九章更是专门规定了“公司合并、分立、增资、减资”的相关事宜，即公司合并时，合并各方的债权、债务，由合并后存续的公司或者新设的公司承继；公司分立前的债务由分立后的公司承担连带责任。对于法人组织的合并分立，《民法总则》也专门作出了规定，《民法典》总则编第 67 条也规定：“法人合并的，其权利和义务由合并后的法人享有和承担。法人分立的，其权利和义务由分立后的法人享有连带债权，承担连带债务，但是债权人和债务人另有约定的除外。”

可以说，法人分立之后，由分立后形成的数个法人享有连带债权，承担连带债务；法人合并后，权利义务由合并后的法人享有和承担。这一原理在立法上得到了确认，在学理上也早已成为共识。因此，是否在侵权责任编中规定法人的分立合并事项，均无关紧要，因为都已经有成熟的法律制度来规制。

但是对于个人独资企业、合伙企业、不具有法人资格的专业服务机构等非法人组织，无论它们依据《民法通则》《民法总则》或《民法典》，应当被归入何种主体，其情况均较为复杂，其分立合并之后的债权债务问题，均需要作出合理的规定。

在侵权责任编对请求权的承继问题作出明确规定，有利于保障被侵权人的合法权益，避免因组织的分立、合并事项而使其侵权请求权的行使受到影响。作出这一明确规定，既强调了侵权责任不会因为被侵权人的分立、合并而消灭，又为请求权的主体作出了明确指引，便于司法适用。

对此，本条以概括性的“组织”概念，涵盖了法人组织和非法人组织的不同情况，并使用了“承继权利的组织”这一抽象的表述，来概括变更后的主体情况，无论是新设的或存续的组织，只要是承继了作为被侵权人的组织的权利的，就享有请求权，得以向侵权人主张侵权损害赔偿请求权。

在实践操作中，为操作的简化，还是应当依托既有的法律规范来甄别承继权利的主体。具体来说，可以分为两种情形：第一，在组织分立的情况下，除非有明确的约定，分立后的各个组织享有连带债权，都有权对侵权人主张侵权损害赔偿。第二，在组织合并的情况下，无论是合并后存续的组织，或者合并后新设的组织，都享有合并前各个组织享有的请求权，有权对侵权人主张损害赔偿。至于承继权利的组织能够主张的赔偿范围，应当根据侵权责任编的其他规定来判断行为人的责任范围。

法条关联

◆《民法典》总则编

第六十七条 法人合并的，其权利和义务由合并后的法人享有和承担。

法人分立的，其权利和义务由分立后的法人享有连带债权，承担连带债务，但是债权人和债务人另有约定的除外。

◆《民法典》婚姻家庭编

第一千零四十五条 亲属包括配偶、血亲和姻亲。

配偶、父母、子女、兄弟姐妹、祖父母、外祖父母、孙子女、外孙子女为近亲属。

配偶、父母、子女和其他共同生活的近亲属为家庭成员。

◆《国家赔偿法》

第六条 受害的公民、法人和其他组织有权要求赔偿。

受害的公民死亡，其继承人和其他有扶养关系的亲属有权要求赔偿。

受害的法人或者其他组织终止的，其权利承受人有权要求赔偿。

案例评议

一、李某1、李某2机动车交通事故责任纠纷案[①]

◆ **裁判规则**

在认定本案适格的诉讼主体时，法院认为，依照《侵权责任法》第18条第1款“被侵权人死亡的，其近亲属有权请求侵权人承担侵权责任。被侵权人为单位，该单位分立、合并的，承继权利的单位有权请求侵权人承担侵权责任”的规定，田某1的近亲属周某1、李某1、李某2、李某3、李某4及李某5均是本案的适格诉讼主体，均有权请求谢某1承担侵权责任。

◆ **评议**

在人身伤害导致受害人死亡的情形下，受害人的生命权遭受侵害，死者不可能以权利主体资格请求侵权人承担侵权责任。因此，对于行为人的赔偿请求权只能由死者的近亲属来行使。近亲属的范围包括配偶、父母、子女、兄弟姐妹、祖父母、外祖父母、孙子女、外孙子女，并且近亲属的请求权行使并不需要遵循顺序的限制，都可对侵权行为人提起损害赔偿请求。本案中，交通事故造成被侵权人死亡的后果，因此被侵权人的数名近亲属均可以作为原告提起诉讼，均具有诉讼主体资格。

二、徐某与唐某、梁某共有纠纷案[②]

◆ **裁判规则**

在认定被侵权人死亡情况下，取得赔偿款的主体时，法院认为，根据《侵权责任法》第18条第1款“被侵权人死亡的，其近亲属有权请求侵权人承担侵权责任。被侵权人为单位，该单位分立、合并的，承继权利的单位有权请求侵权人承担侵权责任”的规定，徐某作为死者唐某1的儿子有权获得死亡赔偿金、精神损害抚慰金等赔偿款，因此徐某应当享有与唐某、梁某共同分割赔偿款

① 广东省茂名市中级人民法院民事裁定书，(2018)粤09民终65号。

② 广西壮族自治区北海市银海区人民法院民事判决书，(2018)桂0503民初501号。

418200元的权利。

◆ **评议**

本案中，因交通事故造成被侵权人死亡的后果，责任方一次性支付赔偿金418200元。该笔款项由被侵权人的父母领取。5个月后，徐某出生，经鉴定，死亡的被侵权人为徐某的生物学父亲。徐某的母亲代理徐某提起诉讼，要求参与被侵权人死亡赔偿金的分配。

法院认为，被侵权人死亡的，其近亲属有权请求侵权人承担侵权责任。那么徐某作为死者唐某1的儿子有权获得死亡赔偿金、精神损害抚慰金等赔偿款，因此原告应当享有与两被告共同分割赔偿款418200元的权利。故在扣除丧葬费32395元和交通费3000元后，被侵权人的父母应当将余下赔偿款382805元中的三分之一即127602元返还给徐某。

本案其实也关系到胎儿利益的保护。根据《民法典》第16条的规定，涉及遗产继承、接受赠与等胎儿利益保护的，胎儿视为具有民事权利能力。但是，胎儿娩出时为死体的，其民事权利能力自始不存在。本案中被侵权人死亡时，其后代徐某尚未出生。由于死亡赔偿金是否属于遗产在理论上尚有争议，司法机关认为获得死亡赔偿金的权利人，是死者近亲属而非死者，故死亡赔偿金不宜被认定为遗产。但由于民法典的该条规定并未限定列举的两种情形，而是包括了“等”其他情形，因此，徐某作为胎儿，有权主张参与到被侵权人死亡赔偿金的分配之中，获得自己应得的份额。

第一千一百八十二条　【侵害人身权益造成财产损失的赔偿】

侵害他人人身权益造成财产损失的，按照被侵权人因此受到的损失或者侵权人因此获得的利益赔偿；被侵权人因此受到的损失以及侵权人因此获得的利益难以确定，被侵权人和侵权人就赔偿数额协商不一致，向人民法院提起诉讼的，由人民法院根据实际情况确定赔偿数额。

本条来源

《侵权责任法》第二十条规定：“侵害他人人身权益造成财产损失的，按照被侵权人因此受到的损失赔偿；被侵权人的损失难以确定，侵权人因此获得利益的，按照其获得的利益赔偿；侵权人因此获得的利益难以确定，被侵权人和侵权人就赔偿数额协商不一致，向人民法院提起诉讼的，由人民法院根据实际情况确定赔偿数额。”

立法演变

《民法典侵权责任编草案》（一审稿）第九百五十九条规定：“侵害他人人身权益造成财产损失的，按照被侵权人因此受到的损失或者侵权人因此获得的利益赔偿；被侵权人因此受到的损失以及侵权人因此获得的利益难以确定，被侵权人和侵权人就赔偿数额协商不一致，向人民法院提起诉讼的，由人民法院根据实际情况确定赔偿数额。”此后无变化。

条文释义

本条是关于侵害人身权益造成财产损失的赔偿的规定。

一、概述

本条的立法目的是保护人身权益所能够给权利人带来的财产利益，而这必须是社会发展到一定阶段才会出现的法律需求。也就是说，对于人身权益中财产利益的保护，是伴随着人格权商品化的发展过程才出现的需求，这实质上是我国社会主义市场经济发展的结果，也是人民权利意识培育发展的结果。同时，对于人身权益所包含的财产权益的保护，也伴随着学界对人格权的内涵丰富性和重要性的不断认识而在立法和司法实践中逐步得到完善。

我国关于侵权赔偿范围的规定，对此也经历了一个认识的过程。就立法沿革来看，侵权责任编最初可以追溯到 2002 年 12 月的《民法典草案》第八编“侵权责任法”，第 8 条规定：“侵害他人人身、财产造成损害的，侵权人应当赔偿损失。”随后在该草案的第 10 条对侵害他人人身造成人身伤害的赔偿范围作出了规定，草案并没有针对侵害人身权益造成财产损失的赔偿问题作出专门规定。

2008 年 12 月 22 日审议的《侵权责任法（草案）》（二次审议稿）也没有规定人身侵权中的财产损害赔偿规则。在草案审议中，有的常委委员、法院和专家提出，侵害姓名权、名誉权、肖像权、隐私权等造成财产损失的，不少情况下损失赔偿额难以计算，草案应当进一步对侵害人身权如何赔偿作出规定。法律委员会经研究，建议对此问题增加规定，这就形成了2009年11月6日《侵权责任法（草案）》（三审稿）第20条的规定："侵害他人人身权造成财产损失的，按照被侵权人因此受到的损失赔偿；被侵权人的损失难以确定，侵权人因此获得利益的，按照其获得的利益赔偿。"至此，对于侵害他人人身权益造成财产损失的赔偿规则开始正式形成。

但对于这一规定，学界认为不够完善，也有些常委委员提出，当侵权人获得的利益难以计算时如何确定赔偿数额，草案应当作出进一步规定。法律委员会经同有关部门研究，建议对草案第20条的内容进行增加，尤其是针对侵权人获得的利益难以确定时的赔偿问题进行增加。对此，2009年12月22日《侵权责任法（草案）》（四审稿）第20条作出了修改，即"侵害他人人身权益造成财产损失的，按照被侵权人因此受到的损失赔偿；被侵权人的损失难以确定，侵权人因此获得利益的，按照其获得的利益赔偿；侵权人因此获得的利益难以确定，被侵权人和侵权人就赔偿数额协商不一致，向人民法院提起诉讼的，由人民法院根据实际情况确定具体赔偿数额"。该条草案的内容被完整保留到最终颁布的《侵权责任法》之中，成为该法的第20条。

在《侵权责任法》实施之后，该条款发挥了积极的作用，对于保护民事主体人身权益中的财产利益发挥了重要作用。因此，在《民法典》编纂工作启动之后，社会各界对于该条是否应当保留并无异议，因此立法机关在《民法典》的数次审议稿中，均对该条进行了保留，只是从第一次审议稿开始，对条文内容进行了微调，主要是将计算损失的方式顺序调整，将被侵权人所受损失先于侵权人获利的计算顺序，改为两者并列，形成"或者"的并列选择关系。

二、内容

（一）本条的适用范围

侵害他人人身权益造成财产损失的赔偿，即人身权益的财产损害赔偿，是指侵权人因侵害他人人格权、身份权等人身利益造成财产损失所应当承担的赔偿责任。从适用范围来看，应当注意以下三方面：

1. 本条适用于侵害他人人身权益而非财产权益的情形。

民事权益分为人身权益和财产权益，侵害他人财产权益给他人造成损害的，不适用本条规定。人身权益的范围十分广泛，不仅包括《民法典》在总则编、人格权编、婚姻家庭编和继承编所列举的一系列人格权和身份权，还包括这些法定权利以外的应受保护的利益。但对于财产权利的侵害所引发的损害赔偿，则不适用本条规定。

2. 本条适用于侵害他人人身权益造成财产损失的情形，而不适用于侵害他人人身权益造成人身损害的情形。

虽然人身损害也可能带来财产损失，包括被侵权人的所受损害和所失利益，但财产损失和人身损害还是有一定的区别，本条规定的情形正好与《民法典》第1179条规定的情形相对应，互为补充。本条是侵害他人人身权益造成财产损失的赔偿规定，而后者是关于侵害他人造成人身损害的赔偿规定。可见本条适用的范围，仅限于行为人对他人的人身权益实施侵害并造成了受害人的财产损害的情形，如果同时还造成了受害人的人身损害，那么对于人身损害部分所涉及的医疗费、护理费等费用，则适用《民法典》第1179条的规定。

当然，侵害他人人身权益造成人身损害的同时，也会引起一些财产损失，例如支出医疗费、护理费、营养费等，有的观点认为这些都属于侵害他人人身权益造成的财产损失，也适用本条的规定，只不过在具体计算这些人身伤亡的财产损失时，要按照《民法典》第1179条的规定来计算。[①] 此种理解自然有其道理，也符合文义解释的结论。但如此一来，难免会出现立法的重复现象，即如果本条包括人身损害发生后受害人基于物质性人格权受侵害而遭受的损失，那么这两条的规定在很大程度上存在重复，完全可以在一个法条中进行规定，而无需分开规定。因此从体系解释上讲，本条规定与《民法典》第1179条的规定所调整的范围必然不一样。这也符合立法过程中的历史解释，从下文梳理的立法草案中能够清楚看到这一点。

因此，本条所指的侵害他人人身权益造成财产损失，专指侵害他人精神性、标表性、情感性、关系型的人身权益所造成的财产损失，而非侵害他人的生命、健康、身体等物质性的人格权并造成人身损害所带来的财产损失。因此，也有学者将本条归纳为“侵害其他人身权益的损害赔偿”，即“所谓其他人身权益，是指生命权、身体权与健康权之外的人身权益……一般来说，只有能够被商业

---

① 参见王胜明主编：《中华人民共和国侵权责任法释义》，法律出版社2010年1月版，第101－102页。

化利用的人身权（如姓名权、名称权、肖像权）遭受侵害后，才可能造成被侵权人的财产损失”。[①] 这种观点具有科学性。但在表述上，“其他人身权益”必须和生命权、身体权和健康权并列表述才能彰显其含义，单独出现则容易引起含义不明的问题。

对于本条的调整范围与《民法典》第1179条所调整的范围能否用精神性人格权与物质性人格权来进行区分？这一区分能够表达出各自最典型情形的区别，但并不能涵盖所有的情形，因此不宜采用此种区分。在造成人身伤亡的侵权行为中，绝大多数侵害的是被侵权人的物质性人格权，即生命权、身体权、健康权，但也有例外情形，例如侵害他人的名誉权或隐私权，使受害人遭受重大打击并生病住院，也可能产生医疗费、护理费等相关费用。此外，精神性人格权的概念也不能涵盖身份关系中的权益，例如配偶之间的权益、亲权、监护权等，所以，精神性人格权与物质性人格权的区分并不十分准确。从立法术语的表述上看，《民法典》第1179条使用“侵害他人造成人身损害”，第1182条使用“侵害他人人身权益造成财产损失”，立法机关在表述上已经有意对两者的调整范围做出了区分，即前者指向的是人身损害，而后者指向的则是人身权益中的财产利益。因此，从条文本身的含义去理解，就能够对其正确适用。

3. 本条适用于侵害他人人身权益所引起的财产损害赔偿，而不适用于侵害他人人身权益所引起的精神损害赔偿。

基于人身权益更侧重于民事主体的人格利益和身份利益，而财产权益更侧重于民事主体的财产利益，所以在大多数情况下，行为人侵害他人的人身权益所造成的后果主要是人身损害和精神损害，即受害人因为侵权行为而遭受身体伤痛和精神痛苦。但随着时代的发展，人身权益尤其是人格权所包含的内容越来越广泛，许多人格权不仅具有人身属性，而且具有财产属性，可以进行市场化利用，为权利人带来经济上的利益。例如，演艺明星授权他人使用自己的姓名、肖像、声音对商品进行广告宣传，收取巨额的广告费。此时，侵害他人的人身权益，例如未经权利人许可而擅自使用，就可能会给权利人带来财产上的损失。可见，伴随着社会的发展、市场的发达，侵害他人人身权益，也可能会给权利人造成财产上的损失。因此，在侵害人身权益的情况下，仅适用精神损

① 程啸：《侵权责任法》（第二版），法律出版社2015年9月版，第697页。

害赔偿已经无法弥补权利人的损失，必须对人身权益受侵害时的财产损害赔偿单独进行计算，如此才能对被侵权人进行充分而全面的救济。如果侵害他人人身权益还给受害人造成严重精神损害的，则适用《民法典》第1183条的规定，对精神损害进行赔偿。

（二）对自然人人身权益的理解

《民法典》第3条开宗明义，规定："民事主体的人身权利、财产权利以及其他合法权益受法律保护。"这表明在我国对于民事主体所享有民事权利的划分，除了人身权利、财产权利之外，还有其他的合法权益。社会经济生活的日益复杂化使得侵权行为的保护对象不仅包括民事权利，还包括民事利益。这些民事利益虽未上升为权利，但与民事主体的切身利益息息相关，具有保护的必要性和正当性，也受到了立法的确认。因此，为表述上的周延，往往使用权益的概念来指代权利和合法的、应受保护的利益。

但必须注意的是，本条所保护的人身权益，仅限于自然人的人身权益，不包括法人、非法人组织的人身权益。这一方面是因为法人、非法人组织虽然也享有人身权益，但主要限于人格权益，一般不包括身份权益。而且这些非自然人的主体所享有的人格权益范围也不广泛，主要限于名称权、名誉权和荣誉权等，这些权利的保护往往和知识产权相关权利的保护结合在一起，例如商标、商号等，而且非自然人人格权益的侵害，在损害赔偿的计算上更多遵循的是市场规则，相对较为固定。所以本条仅专门针对侵害他人人身权益造成财产损失的情形进行规定。

本条将侵权行为的侵害对象规定为自然人人身权益，以涵括自然人的人身权利和人身利益两种情形。自然人的人身权包括人格权和身份权。根据《民法典》的列举式规定，人格权主要包括生命权、身体权、健康权、姓名权、肖像权、名誉权、荣誉权、隐私权、婚姻自主权等。而身份权虽然在《民法典》中没有作出具体的规定，但在多个条文中均有所涉及。学理上，一般认为身份权主要包括配偶权、亲权、监护权、亲属权，以及知识产权中的人身权，例如著作权中的署名权、发表权、修改权、保护作品完整权，邻接权中的表演者的表明身份权、保护表演形象权，录音制品录制者的署名权、发表权、修改权、保护录音制品完整权，出版者的署名权、修改权等。而除了这些人身权利之外的人身利益，是指与这些人身权利有密切联系，但尚未上升为法定权利，司法实践中认为值得保护的自然人所享有的民事利益。

(三)被侵权人所受损失的赔偿标准

在计算行为人侵害他人人身权益造成财产损失的赔偿范围时，被侵权人所受损失是一个首要参考标准。被侵权人所受损失，即被侵权人因行为人侵害其人身权益而受到的财产损失。如前所述，本条规定是伴随着社会的发展、人格权利用形式的多样化而产生的，对于一些具有广泛社会影响力的公众人物而言，其人格权益的商业化使用，能够为其带来财产收益。某些名人的姓名权、肖像权具有一定的商业价值，如果用于广告等商业目的，取得使用的同意一般需要付给相应的对价，未经同意擅自使用其姓名或者肖像，直接影响了其应当获得的财产利益，这种财产损失是可计算的。

例如影视明星授权他人使用自己的姓名、肖像做广告，可以收取一定数额的广告费，广告费可以根据双方的合同来商定。此时如果有其他商家未经明星授权而擅自使用明星的肖像为自己的产品做广告，便侵犯了明星的肖像权，此时明星所遭受的财产损失，便可以根据该明星为同类产品进行代言所能够收取的广告费来确定。

被侵权人主张按照其所受损失来进行赔偿时，应当举证证明自己因为行为人的侵权行为而遭受的损失，提供相应的证据，例如类似情形的收费标准等。

(四)侵权人所获利益的赔偿标准

在侵犯他人人身权益造成被侵权人财产损失时，有些被侵权人所遭受的损失比较容易计算，但更多的情况下，被侵权人所遭受的损失难以确定，尤其是在被侵权人尚未对自己的人身权益进行稳定的、成熟的市场化利用的状态下，要确定被侵权人的损失并不容易，因为缺乏可靠的参考标准。例如平时尚未从事过有偿广告的某位知名人士，其肖像被某商家擅自用于广告宣传，此时要确定该位人士所丧失的广告收入究竟是多少，就比较困难。此时，如果适用“谁主张、谁举证”的原则，要求被侵权人举证证明自己所遭受的损失，那么就很可能导致被侵权人无法得到救济，同时侵权人还因此而获益，这显然是不公平的。

此类情形下，如何确定赔偿数额就成为一个问题。当然，从因果关系上讲，侵权人的获益其实就是被侵权人所遭受的损失，两者是天平的两端。也就是说，侵权人的获益是其实施侵权行为的结果，其获益与权利人的受损之间存在关联关系。因此，通过侵害他人人身权益而使自己获益的情形，并没有合同和法律的依据，此种利益属于不当得利，应当予以返还。此时，权利人人身损害的财产损失赔偿请求在性质上是不当得利之债的请求。在总结我国多年司法实践经验的基础上，[①]《侵权责任法》开始规定，当侵害他人人身权益，财产损失难以确定的情况下，如果侵权人因此获得利益的，则按照其所获得的利益对被侵权人进行赔偿。

根据《民法典》的本条规定，被侵权人所受损失的标准和侵权人的获利标准，是并列关系，法院可以在案件审理中根据具体情况来决定采用何种标准。如果侵权人的获利情况较为明显，查证较为容易，或者侵权人的获利要高于被侵权人能够证明的损失情况，则法院有权选择适用侵权人获利的赔偿标准。

（五）损失与获利均难以确定时的赔偿

正如前文关于本条立法沿革的梳理所展示的，在《侵权责任法》的起草过程中，增加关于侵害他人人身权益造成财产损失的赔偿规则之后，最初只有被侵权人所受损失和侵权人获利的赔偿标准，未曾考虑到侵权人获利也难以确定的情形。随着对草案讨论的深入，实践中的一些疑难情况也引起了立法的关注，故“侵权人因此获得的利益难以确定，被侵权人和侵权人就赔偿数额协商不一致，向人民法院提起诉讼的，由人民法院根据实际情况确定具体赔偿数额”。在常委会三次审议之后开始加入草案。此后，这一规定被保留到《民法典》之中，而且进一步扩大了其适用情形，从获利难以确定，扩充为受损与获利均难以确定的情形。

立法之所以考虑到难以确定侵权人获利的情况，主要考虑到了现实中存在“损人不利己”的复杂情况。侵权责任法草案三审稿提交十一届全国人大常委会第十一次会议审议时，有的常委委员就提出，实践中存在“损人不利己”的情况，有的侵权人将别人的隐私放在网络上造成很坏的影响，他自己并没有获利，如果在侵害他人人身权时，仅是获利的给予赔偿，没有获利的不予赔偿，

---

① 例如，《最高人民法院关于贯彻执行〈中华人民共和国民法通则〉若干问题的意见（试行）》第 151 条规定：“侵害他人的姓名权、名称权、肖像权、名誉权、荣誉权而获利的，侵权人除依法赔偿受害人的损失外，其非法所得应当予以收缴。”《最高人民法院关于确定民事侵权精神损害赔偿责任若干问题的解释》第 10 条规定：“精神损害的赔偿数额根据以下因素确定：……（四）侵权人的获利情况；……”

则不能很好地保障被侵害人的权益，侵权人也得不到惩罚，因此建议明确规定，没有获利利益的侵权人也应当负责任，责任大小可以通过相应的司法程序解决。

经过《民法典》的适当修改，将这一情形扩大到被侵权人因此受到的损失以及侵权人因此获得的利益难以确定的情形，也就是两方面都难以确定时，如何确定赔偿标准的问题。对此，《民法典》本条规定的解决方案是：被侵权人和侵权人就赔偿数额协商不一致，向人民法院提起诉讼的，由人民法院根据实际情况确定赔偿数额。

对于这一方案的理解，应当包括如下三方面：

第一，法院首先应当就被侵权人所受损失以及侵权人所获利益的情况进行查明，在双方提交的证据进行质证的基础上，对证据的效力进行认定，进而确定案件的事实情况。如果能够确认被侵权人因此受到的损失的，法院就可以判决责任人按照被侵权人因此受到的损失进行赔偿。如果能够确认侵权人因此获得的利益的，法院就可以判决责任人按照所获利益进行赔偿。如果两者都能够确认的，则法官可以行使自由裁量权，选择其一作为赔偿标准。

第二，在被侵权人因此受到的损失以及侵权人因此获得的利益两个标准都难以确定的情况下，即两方面的举证都存在困难，或者双方均无法完成证明任务的，在起诉前双方自然可以进行协商，如果已经起诉的，此时法院可以建议原被告双方进行协商、和解，协商不成的，法院可以主持调解。根据《民事诉讼法》第 50 条的规定，双方当事人在诉讼过程中可以自行和解。因此，原被告双方在关于侵权事实已经确定但赔偿标准无法确定的情况下，可以就赔偿问题进行协商，达成和解。根据《民事诉讼法》的规定，人民法院审理民事案件，根据当事人自愿的原则，在事实清楚的基础上，分清是非，进行调解，直至判决前能够调解的，都还可以进行调解。如果原被告双方协商不成，法院可以就赔偿标准问题主持调解，促成双方就这一问题达成一致。

第三，双方无法达成协商或经调解达成一致的，法院根据实际情况来确定赔偿数额并作出判决。人民法院根据实际情况确定赔偿数额，是指法院根据审理过程中所展示的侵权人的主观过错程度、采取的具体侵权行为和方式、对被侵权人造成的后果和社会影响等因素，进行综合判断，从而确定一个合理的赔偿数额。

法条关联

◆《著作权法》

第四十九条 侵犯著作权或者与著作权有关的权利的，侵权人应当按照权利人的实际损失给予赔偿；实际损失难以计算的，可以按照侵权人的违法所得给予赔偿。赔偿数额还应当包括权利人为制止侵权行为所支付的合理开支。

权利人的实际损失或者侵权人的违法所得不能确定的，由人民法院根据侵权行为的情节，判决给予五十万元以下的赔偿。

案例评议

昆明都市俪人美容医院有限公司与孟某肖像权、名誉权纠纷案①

◆ **裁判规则**

在认定本案中经济损失的赔偿数额时，法院认为，根据“侵害他人人身权益造成财产损失的，按照被侵权人因此受到的损失赔偿；被侵权人的损失难以确定，侵权人因此获得利益的，按照其获得的利益赔偿；侵权人因此获得的利益难以确定，被侵权人和侵权人就赔偿数额协商不一致，向人民法院提起诉讼的，由人民法院根据实际情况确定赔偿数额”的规定，考虑到孟某作为演艺人员具有一定的社会知名度，其肖像具有一定商业价值，都市俪人公司擅自使用孟某照片势必会对孟某造成一定损失，因此，应当根据都市俪人公司使用照片情况及孟某的知名度等对孟某的赔偿数额酌情予以确定。

◆ **评议**

侵害他人人身权益造成财产损失的赔偿，即人身权益的财产损害赔偿，是指侵权人因侵害他人人格权、身份权等人身利益造成财产损失所应当承担的赔偿责任。本案中，被侵权人是一名演员，而都市俪人公司未经许可，擅自在其发布的网络文章中使用被侵权人的7张照片，构成对被侵权人肖像权的侵犯。

对于赔偿范围的认定，按照被侵权人因此受到的损失或者侵权人因此获得的利益赔偿，被侵权人因此受到的损失以及侵权人因此获得的利益难以确定也

① 北京市第三中级人民法院民事判决书，（2018）京03民终2837号。

无法协商一致的，由法院根据实际情况确定赔偿数额。本案中，对于经济损失的认定，法院考虑到被侵权人作为演艺人员，具有一定的社会知名度，其肖像具有一定商业价值，其照片被擅自使用势必会对其造成一定损失，而涉诉网站及文章系对行为人都市俪人公司及其相关整形美容项目的宣传和推广，具有营利目的。故法院根据都市俪人公司使用照片情况及被侵权人的知名度等，要求行为人赔偿被侵权人经济损失12万元、公证费2000元。同时法院认为，行为人的行为尚不足以给被侵权人造成严重精神损害，故不支持精神损害赔偿的请求。

第一千一百八十三条　【精神损害赔偿】

侵害自然人人身权益造成严重精神损害的，被侵权人有权请求精神损害赔偿。

因故意或者重大过失侵害自然人具有人身意义的特定物造成严重精神损害的，被侵权人有权请求精神损害赔偿。

本条来源

《侵权责任法》第二十二条规定："侵害他人人身权益，造成他人严重精神损害的，被侵权人可以请求精神损害赔偿。"

立法演变

《民法典侵权责任编草案》（一审稿）第九百六十条规定："侵害自然人人身权益造成严重精神损害的，被侵权人有权请求精神损害赔偿。故意侵害自然人具有人身意义的特定物品造成严重精神损害的，被侵权人有权请求精神损害赔偿。"

《民法典侵权责任编草案》（二审稿）第九百六十条规定："侵害自然人人身权益造成严重精神损害的，被侵权人有权请求精神损害赔偿。因故意或者重大过失侵害自然人具有人身意义的特定物造成严重精神损害的，被侵权人有权请求精神损害赔偿。"此后无变化。

条文释义

本条是关于精神损害赔偿的规定。

一、概述

精神损害赔偿，是指行为人对他人人身权益实施侵害并造成他人严重精神损害时，应当对他人的精神损害所承担的赔偿责任。基于精神损害所支付的赔偿款，也被称为精神损害赔偿金、精神损害抚慰金等。

对于受害人精神损害的赔偿，是一种法律上的进步，也是社会经济发展到一定阶段的产物。美国心理学家亚伯拉罕·马斯洛（Abraham Harold Maslow）提出过著名的需求层次理论，把人类的需求分成生理需求、安全需求、社交需求、尊重需求和自我实现需求五类，依次由较低层次到较高层次。这体现为从生存利益到精神利益再到人的全面发展利益。对于侵权行为所造成的人身损害，从只赔偿人身损害，到还赔偿精神损害，这体现了法律随着社会的发展而对人的关怀的升级。

在1986年《民法通则》中，对于侵权的民事责任并未规定精神损害赔偿。1993年《消费者权益保护法》第43条曾规定，经营者侵害消费者的人格尊严或者侵犯消费者人身自由的，应当停止侵害、恢复名誉、消除影响、赔礼道歉，并赔偿损失。此处赔偿损失被认为包含有精神损害赔偿的含义，但立法并未提炼出精神损害赔偿的概念。虽然我国法律中长期没有明确规定精神损害赔偿，但对于人身损害赔偿中的残疾赔偿金、死亡赔偿金，其赔偿性质，是在支付被扶养人生活费的同时又支付的残疾赔偿金、死亡赔偿金，不少人认为，这里的残疾赔偿金、死亡赔偿金其实就包含精神抚慰金的含义。在学理上，对精神损害赔偿没有多大争议，司法实践也普遍认可，比较法上，世界大多数国家也都规定了精神损害赔偿制度。

到2001年《最高人民法院关于确定民事侵权精神损害赔偿责任若干问题的解释》颁布，才以司法解释的形式专门对精神损害赔偿作了详细规定。这一司法解释对于精神损害赔偿的适用范围规定是比较广泛的，适用要件也规定得比较详细，在实践中发挥了重要的作用，极大地促进了精神损害赔偿理论与实务的发展。

因此，在2009年《侵权责任法》中，便吸收这一有益司法经验，正式将精神损害赔偿制度引入，该法第 22 条规定：“侵害他人人身权益，造成他人严重精神损害的，被侵权人可以请求精神损害赔偿。”但该条规定无疑是高度抽象的，也是比较简略的。相比人身损害赔偿和财产损害赔偿的客观性，精神损害赔偿则具有主观性、抽象性，因此不易精确量化。而且在制定《侵权责任法》过程中，对于是否扩大精神损害赔偿的适用范围，若扩大，扩大到什么范围；是否规定精神损害赔偿额，若规定，如何规定等问题，均存在不同意见，难以统一。有的认为，应规定具体的精神损害赔偿限额以限制法官滥用自由裁量权。有的则认为，精神损害赔偿制度在我国还处于起步和摸索阶段，在立法上规定具体的精神损害赔偿限额不切合实际，也不科学，应当交由法院根据具体案情确定赔偿数额。为此，立法者权衡各方利弊之后，在《侵权责任法》中只对精神损害赔偿作出了原则性的规定，在构成要件上主要强调了后果的严重性，对于保护的范围甚至还不如司法解释保护的范围广泛。在司法实践中，《侵权责任法》的这一规定显然不够用，因此在本次《民法典》编纂过程中，对这一条文进行了修改完善，继续吸收成熟的司法实践经验。

在《民法典》侵权责任编的一审稿中，对《侵权责任法》第 22 条增加了保护具有人格纪念意义物品的规定，作为第 2 款内容，即“故意侵害自然人具有人身意义的特定物品造成严重精神损害的，被侵权人有权请求精神损害赔偿”。在二审稿中，对第 2 款中的“故意”做了修改，改为“故意或者重大过失”。随后，这一修改被保留到了三审稿和征求意见稿之中。由此，精神损害赔偿的保护范围，在立法上正式扩张至特定物品的保护上，实现了对成熟司法实践经验的吸收采纳。

二、内容

（一）侵害自然人人身权益的精神损害赔偿适用要件

1. 保护对象

侵害自然人人身权益造成严重精神损害的，被侵权人有权请求精神损害赔偿。这一类型的精神损害赔偿，保护的对象是自然人的人身权益，不保护法人和非法人组织的人格权益。这主要是因为法人和非法人组织并非生命体，无法感知到精神上的痛苦，故不需要精神损害赔偿的保护。需要指出的是，实践中常有法人的法定代表人以法人的名誉权受到侵害为由而主张精神损害赔偿，这同样是不妥的，这种请求缺乏请求权基础，是不能成立的。针对法人的名誉侵权行为，不能给法人造成精神痛苦，如果法人的法定代表人或者其他员工因此感受到了精神痛苦，也不能以法人的名义起诉并主张精神损害赔偿，只能基于其自身的层面，看是否对其自身构成了人身侵权，进而判断是否可以主张个人的精神损害赔偿。

至于自然人的人身权益的含义，则和此前条文涉及的人身权益的含义相同，本条的人身权益也是指人格权和身份权及其相关的利益。从此前司法解释的归纳来看，实践中涉及自然人人身权益的精神损害赔偿所保护的人身权益，主要有如下一些权益：

第一，在人格权领域，有人身自由、人格尊严、生命权、身体权、健康权、姓名权、肖像权、名誉权、荣誉权。

第二，人格权相关的受保护的利益，主要有违反社会公共利益、社会公德侵害他人隐私或者其他人格利益，司法实践中也有不少对性自主权或贞操权进行保护的案例。

第三，在身份权领域，主要有非法使被监护人脱离监护，导致亲子关系或者近亲属间的亲属关系遭受严重损害。

第四，涉及死者人格要素的保护，主要是对死者的姓名、肖像、名誉、荣誉、隐私等人格利益的保护。

第五，对死者遗体、遗骨的保护，这主要是针对非法利用、损害遗体、遗骨，或者以违反社会公共利益、社会公德的其他方式侵害遗体、遗骨的行为。

需要注意的是，涉及死者人格利益和遗体遗骨的保护，保护的是死者近亲属的人身权益，而非死者的人身权益，因为死者不再享有民事主体资格，也就不再享有民事权益。死者虽然失去民事主体资格，但死者近亲属基于亲属关系而对死者的人格要素具有特定的利益，这种利益是值得法律保护的，也符合社会的风俗伦理。

2\. 主观过错

侵害自然人人身权益引起的精神损害赔偿，在主观过错方面，立法并未设置特别要求，因此，根据行为人的行为性质，适用相应的归责原则进行判断即可。就适用过错责任原则的情形而言，无论是故意、重大过失，还是一般的过失甚至轻微过失，只要符合本条构成要件，尤其是符合人身侵权给受害人造成严重精神损害的后果的要件，行为人都可能需要承担精神损害赔偿责任。

相对于各种已经取得法定地位的人格权、身份权而言，对于人格利益、身份利益的保护，在司法上要更为谨慎。因为利益毕竟不同于权利，对于利益的保护要受到“水闸”理论的控制，不然各种对于利益保护的请求将会铺天盖地而来，形成“诉讼爆炸”的局面。一般认为，利益的保护虽然交由法院来行使，但法院必须仔细衡量，必须是具有正当性、符合公序良俗、确实值得保护的民事利益，才能通过司法予以保护。而且在程序上，对于法律未规定的民事利益的保护，还应当由层级较高的法院作出决定，而不能由基层法院作出决定，否则可能会出现裁判不统一的局面。

就民事利益的保护而言，现有司法经验要求法官在判断是否应当予以保护时，要求行为人的主观过错比较明显才能保护被侵害的民事利益，例如行为人的行为明显违反了社会公共利益或者社会公德而侵害他人的人格利益，这就要求行为人具有故意或者重大过失，因为公序良俗很难受到较轻程度过失的违反，故对于公序良俗的违反，一般都存在故意或者重大过失。

3. 损害后果

对于侵害自然人人身权益的精神损害赔偿，《民法典》要求具备严重精神损害的后果。这就意味着，如果行为人对他人人身权益的侵害，仅给受害人造成了一般的、轻微的精神损害后果，那么受害人就无权主张精神损害赔偿。与此类似，《国家赔偿法》同样要求对受害人“造成严重后果的，应当支付相应的精神损害抚慰金”，这也强调以精神损害的严重性作为国家赔偿的构成要件。如果侵权行为人对他人人身权益进行了侵害，但未造成受害人严重精神损害的后果，则受害人只能请求侵权人停止侵害、恢复名誉、消除影响、赔礼道歉等，而无法得到精神损害赔偿。

之所以要求严重精神损害的后果，这一如此严格的限制，是为了避免精神损害赔偿诉讼的泛滥。因为凡是侵权行为，行为人的行为都是对他人合法权益的侵犯，一般都会引起被侵权人主观上的气愤、反感、厌恶、痛苦等负面情绪。也就是说，只要是侵权行为，都可能会给受害人造成一定程度的精神损害。如果不在后果的严重程度上进行限制，则所有的侵权损害赔偿在范围上都会增加精神损害赔偿的项目。所以一般的、程度较低的精神不愉快甚至精神痛苦，并不需要进行精神损害赔偿。而精神痛苦本身是受害人较为主观的、内心的一种感受，难以充分外化、量化，因此在赔偿时，如何确定赔偿的数额将会引起很多争议。所以，如果不加以严重程度的控制，则必然会导致精神损害索赔主张的泛滥成灾，并因为赔偿数额的确定问题而引发无数纠纷、徒增诉累，造成不良的社会效应。

如何判断被侵权人遭受的精神损害的程度达到了严重程度？对此，应当由法官在具体案件中，结合被侵权人遭受侵害后的身心健康状态、行为人实施侵权行为的场合、时间、手段、方式，并按照常人的标准来判断精神损害是否达到了严重程度。

对此，法院在进行裁判时，应当依序考察如下几方面因素：

首先，要看被侵权人在遭受侵害之后的身心健康状况，尤其是被侵权人遭受侵害后，是否遭受了医学上的精神障碍和创伤，例如被侵权人是否因此罹患抑郁症、自闭症等精神疾病。

其次，要看侵害后果的严重性，例如被侵权人是否因遭受的痛苦而进行自残、自杀等极端行为。

再次，要看行为人实施侵权行为的场合、时间、手段、方式等，是否展现了极大的恶意、具有较强的负面效应，例如在“晏某某、郑某某诉某某巴士股份有限公司、朱某某等人身损害赔偿案”中，行为人在公交车上当着被侵权人的父母及其他乘客的面，将被侵权人活活掐死，手段极为恶劣，影响极为负面，法院最终做出了30万元精神损害金的判决。①

最后，要从常人的角度来判断受害人因为侵权行为是否遭受了其他的精神层面的损害，例如引起婚姻关系破裂、社会地位降低、社会评价负面等情形，或者侵权行为将会对被侵权人今后的正常生活、工作、学习等产生较大影响等。

总之，由于精神痛苦的内在性，立法无法事先规定一个清晰的关于精神损害严重性的标准，而只能由法院在裁判具体案件时，结合上述因素进行综合考量。

---

① 2005年10月4日下午，清华大学晏教授一家三口乘坐被告北京某巴士公司的726路公交车回家时，为车票票款之纠纷，晏教授13岁的女儿与售票员朱某发生口角，朱某竟当众将晏教授未成年的女儿掐死。2006年5月朱某被法院以故意伤害罪判处死刑，缓期二年执行。受害人晏教授夫妇针对巴士公司、朱某以及另外两名司售人员提起侵权之诉。一审判决巴士公司承担赔偿10万元精神损害金，二审改判被告赔偿30万元精神损害金。参见刘岚：《公交售票员掐死清华大学教授女儿案终审——北京一中院改判精神赔偿30万元教授夫妇共获赔75万元》，载《人民法院报》2007年11月27日。

（二）侵害特定物的精神损害赔偿适用要件

1. 保护对象

本条第 2 款保护的是具有人身意义的特定物。严格地说，特定物也是物，物之上的权利，是被侵权人的物权，而不是人身权益。但具有人身意义的特定物与一般的物不同，其与被侵权人具有人格上的联系，或者具有人格象征意义，或者具有特殊的纪念意义，承载了被侵权人的人格利益。如果按照普通的物进行损害赔偿，则被侵权人只能获得物本身的赔偿，其因为物品的毁损而遭受的精神层面的痛苦，就无法得到补偿。因此，基于对人的保护，各国大多允许将此类特别的物品纳入精神损害赔偿的保护范围。我国在《最高人民法院关于确定民事侵权精神损害赔偿责任若干问题的解释》中也开始将具有人格象征意义的特定纪念品纳入精神损害赔偿的保护范围。虽然在《侵权责任法》中未被吸收，但由于其具有较强的现实意义，故几经反复，在《民法典》侵权责任编起草中，将之吸收进来，并成为《民法典》的正式规定。

具有人身意义的特定物，在司法解释中也被称为具有人格象征意义的特定纪念品，一般来说，是承载权利人的某种精神寄托，或者是能够给权利人以精神满足和安慰的特定物品。是指与权利人的人格能够发生紧密联系的特别物品，例如能够记载或表彰权利人的特定才能、品行、形象等方面人格的特别物品，或者与权利人的亲属有关并对权利人具有重要纪念意义的物品，例如照片、影集、纪念品、祖传的饰品等。

具有人身意义的特定物，必须遵循一定的判断标准，不然也会导致基于物权而引发的精神损害赔偿的滥用。

第一，具有人身意义的特定物，只能是有体物，而不能是权利等无体物。本款规定是专门针对有体物的毁损灭失所导致的精神损害，因此此处的特定物，是狭义上的物，专指有体物。如果行为人侵犯他人的权利，例如隐私权、名誉权、著作权等，也会给权利人带来精神痛苦，但这些侵权行为可以通过本条第 1 款或知识产权的有关法律规则来处理，无须适用本款的规定。

第二，该标的物必须是特定物，而不能是种类物。特定物是指具有特有的属性、不能以其他物代替的物，即具有独特性的物。种类物是指具有共同的特征，能以品种、规格、质量或者某种衡量标准进行确定的物。当然，特定物与种类物的区分也具有相对性，在种类物中，经过选定之后能够具体确定的物，也就成为特定物。本条也强调具有人身意义的物品必须是特定物，不能是市场上随时可以购买、批量生产的种类物。具有人身意义的物品本身也可能是种类物，但经过权利人的长期使用，或者在该物品上记载了特定的事件而具有了特殊的意义，从而这些物品特定化，成为特定物。

第三，该特定物的价值主要体现为对权利人具有特定的精神利益，具有与特定人格相联系的专属性质或人格象征意义，或者具有重大感情价值或特定纪念意义。实践中，关于具有人身意义的特定物的精神损害赔偿，最常见的便是记录了特定时刻的相片、胶片、底片，摄影摄像的电子记录，遗物，荣誉证书，功勋章等，这些物品本身价值并不大，但是这些物品往往是和权利人的婚礼庆典、某个旅游景点的珍贵照片、权利人对父母、亲人的追忆等结合在一起，从而具有珍贵的纪念意义。

2. 主观心态

不同于本条第1款对于人身权益侵害的精神损害赔偿，本款要求行为人必须出于故意或者重大过失的主观心态而造成受害人具有人身意义的特定物毁损，给受害人造成严重精神损害的，受害人才有权请求精神损害赔偿。之所以强调必须基于故意或重大过失的主观心态，也是对基于特定物引发的精神损害赔偿的一种限制。因为对于他人物品的侵权行为，本身就构成对他人物权的侵犯，被侵权人对行为人享有物权请求权，可以主张返还原物、修理、重做、恢复原状，以实现对特定物的保护，还可以主张损害赔偿请求权，要求赔偿损失。

因此，再赋予物权权利人额外的精神损害赔偿请求权，是对侵权人的一种加重惩罚，那么就必须是因为侵权人的行为具有较强的可谴责性和非难性，所以才需要加重对其的惩罚。既然如此，那么行为人在主观心态上不可能是出于一般过失或轻微过失的状态，因为这些过失并不严重，只是行为人对注意义务的较低程度的违反，可谴责性不强。只有基于故意或者重大过失的主观心态，才表明行为人对于具有人身意义的特定物的毁损后果是积极追求、放任不管或重大疏忽的态度，这些态度才是对于常人应当具有的注意义务的严重背离，才是值得谴责和非难的心态。因此，行为人必须是基于故意或重大过失而侵犯被侵权人的物权，导致被侵权人具有人身意义的特定物毁损灭失，此时，被侵权人才享有精神损害赔偿的请求权。

3. 损害后果

侵害自然人具有人身意义的特定物而引起的精神损害赔偿，同样要求侵权行为给被侵权人造成严重精神损害的后果。此种严重后果与人身权益受损的严重精神损害后果不同，因为这种后果毕竟是基于物品损害的表现形式，不同于单纯的精神痛苦。这种严重精神损害，体现在两个方面：

第一，必须造成具有人身意义的特定物永久性毁损灭失的后果。自然人具有人身意义的特定物遭受侵害，一般是指此种特定物因行为人的侵权行为而永久性地灭失或者毁坏。此种毁损灭失无法或者难以通过修复、更换、重做等行为来恢复原状，给权利人造成不可逆转的损失。实践中，这种永久性毁损灭失，常表现为纪念品的摔坏、相片的灭失、底片的丢失、电子摄像记录的永久性删除，等等。

第二，被侵权人因此而遭受严重精神损害。权利人因为具有人身意义的特定物被侵害而遭受严重精神损害，主要表现在特定物永久性地毁损灭失之后，而感到的失望、伤心、悲痛、空虚等负面心理情绪。客观地说，本款中的严重精神损害，就被侵权人的精神状态而言，要比第 1 款中的严重精神损害更为宽松。本款中的严重精神损害，主要是基于特定物已经永久性地毁损灭失的事实，以及该物品对被侵权人的重要意义，在此基础上，使用常人的标准进行判断，如果普通人一般都会感到较严重的精神痛苦，就可以认定为被侵权人遭受严重的精神损害。例如，在某精神损害赔偿案中，原告王某于 1976 年唐山地震中父母双亡，当时其仅 3 岁，后经其多年苦心寻找，才找到其父母亲免冠照片各一张。1996 年某日，王某到摄影公司对父母照片进行翻版放大，不料原版照片由于摄影公司保管不善而遗失。于是王某诉至法院，要求摄影公司赔偿精神损失费 10 万元，法院认为被告的失误给原告造成了精神上难以挽回的经济损失和精神痛苦，因此判令被告赔偿原告人民币 8000 元。

可见在此类案件中，法院主要基于常人的判断标准，认为特定物本身对被侵权人具有重要的精神意义，并且客观上该特定物被行为人毁损灭失，则无论被侵权人是否展现出遭受严重心理创伤的状态，一般均可以支持被侵权人的精神损害赔偿请求。

（三）精神损害赔偿的标准

关于精神损害赔偿的数额和标准，难以事先进行明确的规定，因为精神损害本身具有内在性、无形性和个体的差异性，类似的精神打击对于不同背景和个性的个体，所造成的精神损害很可能各不相同。因此，在立法和司法实践中均难以用单一标准直接确定精神损害赔偿的具体数额，而只能由法官在具体案件中综合多种因素来考量并最终确定精神损害赔偿的数额。

难以事先确定具体的标准，并不意味着不能事先制定一些参考标准。否则，任由法官自行决定赔偿的标准，会使得法官的自由裁量权过大，很可能会造成类案的不同裁判，从而造成司法不统一，有损司法的权威性。因此，为了给涉及精神损害赔偿的案件裁判提供有价值的指引，对法官的自由裁量权做出必要的限制，《最高人民法院关于确定民事侵权精神损害赔偿责任若干问题的解释》中对于确定精神损害赔偿数额的因素作出了列举式的规定，这些因素将作为案件审理中确定精神损害赔偿的参考标准，包括：第一，侵权人的过错程度，法律另有规定的除外；第二，侵害的手段、场合、行为方式等具体情节；第三，侵权行为所造成的后果；第四，侵权人的获利情况；第五，侵权人承担责任的经济能力；第六，受诉法院所在地平均生活水平。法官可以在参考上述因素的基础上，对精神损害赔偿的标准和数额进行综合决定。

同时，在精神损害赔偿的案件中，也有受害人有过失的适用余地，即受害人对损害事实和损害后果的发生也过错的，则可以根据其过错程度适当减轻或者免除侵权人的精神损害赔偿责任，对精神损害赔偿的数额做出适当调整。

各地法院也结合最高人民法院的司法解释和本省的经济发展状况，制定了一些更为具体的精神损害赔偿标准，这对于当地精神损害赔偿案件的审理具有重要的指导意义。例如，在《最高人民法院关于确定民事侵权精神损害赔偿责任若干问题的解释》颁布之前，重庆市高级人民法院于2000年1月13日通过的《重庆市高级人民法院关于审理精神损害赔偿案件若干问题的意见（试行）》第6条就规定："精神损害赔偿的标准：（一）公民的姓名权、肖像权、名誉权、荣誉权遭受损害的，精神损害赔偿金额一般不超过1000元；侵权行为情节恶劣、后果严重的，赔偿金额为1000－5000元。（二）侵害公民身体权、健康权的精神损害赔偿，按伤残程予以划分。1. 对公民的身体权、健康权造成一般侵害的，赔偿金额一般不超过1000元。2. 对公民的身体权、健康权造成严重侵害的，赔偿金额一般不超过5000元。3. 侵害公民的身体权、健康权，致使受害人轻微伤残的，赔偿金额一般不超过10000元。4. 侵害公民的身体权、健康权，致使受害人严重伤残的，赔偿金额一般不超过100000元。5. 精神损害赔偿金额最高限一般为100000元。”

四川省高级人民法院于2002年5月23日发布的《四川省高级人民法院贯彻执行最高人民法院〈关于确定民事侵权精神损害赔偿责任若干问题的解释〉的意见》第3条就规定：“侵犯他人姓名权、肖像权、名誉权、荣誉权、人格尊严权、人身自由权、监护权、隐私及其他人格利益等精神性人格权利的，其精神损害抚慰金的数额标准原则上应掌握在500元至50000元的幅度内。”

随着时间的推移和社会经济的发展，各地司法实践中对于精神损害赔偿的标准也在不断提高。例如，温州市中级人民法院于2014年5月22日发布的《关于适当提高精神损害抚慰金数额的意见》第1条就规定：“根据浙江省高级人民法院民一庭浙高法民一〔2013〕5号《关于人身损害赔偿费用项目有关问题的解答》第十五条的规定，精神损害抚慰金数额应依据最高人民法院《关于确定民事侵权精神损害赔偿责任若干问题的解释》第十条的规定确定，根据我市审判实践，一般以5万元为限。如果侵权行为情节特别恶劣，被侵权人的损害程度特别严重或者社会影响特别大，可适当提高赔偿金额，但原则上不超过10万元。”

法条关联

◆《消费者权益保护法》

第五十一条　经营者有侮辱诽谤、搜查身体、侵犯人身自由等侵害消费者或者其他受害人人身权益的行为，造成严重精神损害的，受害人可以要求精神损害赔偿。

◆《最高人民法院关于审理人身损害赔偿案件适用法律若干问题的解释》

第十八条　受害人或者死者近亲属遭受精神损害，赔偿权利人向人民法院请求赔偿精神损害抚慰金的，适用《最高人民法院关于确定民事侵权精神损害赔偿责任若干问题的解释》予以确定。

精神损害抚慰金的请求权，不得让与或者继承。但赔偿义务人已经以书面方式承诺给予金钱赔偿，或者赔偿权利人已经向人民法院起诉的除外。

◆《最高人民法院关于确定民事侵权精神损害赔偿责任若干问题的解释》

第一条　自然人因下列人格权利遭受非法侵害，向人民法院起诉请求赔偿精神损害的，人民法院应当依法予以受理：

（一）生命权、健康权、身体权；

（二）姓名权、肖像权、名誉权、荣誉权；

（三）人格尊严权、人身自由权。

违反社会公共利益、社会公德侵害他人隐私或者其他人格利益，受害人以侵权为由向人民法院起诉请求赔偿精神损害的，人民法院应当依法予以受理。

第二条 非法使被监护人脱离监护，导致亲子关系或者近亲属间的亲属关系遭受严重损害，监护人向人民法院起诉请求赔偿精神损害的，人民法院应当依法予以受理。

第三条 自然人死亡后，其近亲属因下列侵权行为遭受精神痛苦，向人民法院起诉请求赔偿精神损害的，人民法院应当依法予以受理：

（一）以侮辱、诽谤、贬损、丑化或者违反社会公共利益、社会公德的其他方式，侵害死者姓名、肖像、名誉、荣誉；

（二）非法披露、利用死者隐私，或者以违反社会公共利益、社会公德的其他方式侵害死者隐私；

（三）非法利用、损害遗体、遗骨，或者以违反社会公共利益、社会公德的其他方式侵害遗体、遗骨。

第四条 具有人格象征意义的特定纪念物品，因侵权行为而永久性灭失或者毁损，物品所有人以侵权为由，向人民法院起诉请求赔偿精神损害的，人民法院应当依法予以受理。

第五条 法人或者其他组织以人格权利遭受侵害为由，向人民法院起诉请求赔偿精神损害的，人民法院不予受理。

案例评议

一、李某1与李某2人格权纠纷案①

◆ 裁判规则

在认定是否对李某2予以精神损害赔偿时，法院认为，依据《侵权责任法》第22条“侵害他人人身权益，造成他人严重精神损害的，被侵权人可以请求精

① 北京市第三中级人民法院民事判决书，（2018）京03民终11172号。

神损害赔偿”的规定，李某1故意隐瞒其婚姻状态与李某2交往，主观上具有过错；李某1的行为侵害了李某2的人格权益，给李某2的身体及精神带来了严重伤害，依法应当承担侵权责任，依据李某1的侵权情节及李某2的损害后果等情况酌定李某1赔偿李某2精神损害抚慰金8万元。

◆ **评议**

本案中，男方和女方均系某婚恋网站的注册会员，男方隐瞒自己已婚的事实，与女方通过该网站结识并建立恋爱关系，后双方多次发生性关系并导致女方两次怀孕并流产。

法院认为，男方作为已婚人士，隐瞒其婚姻状态在婚恋网站注册会员，通过该网站与女方相识，自称离异状态与女方建立恋爱关系，交往期间多次发生性关系并致使女方两次怀孕、两次流产。男方的行为明显违背社会公德及公序良俗，主观上具有过错，侵害了女方的人格权益，给女方的身体及精神带来了严重伤害，应当承担侵权责任。女方作为完全民事行为能力人，应认识到从事相关行为的后果，但女方仍然放任自身处于有可能受损之处，存在一定过错，故综合具体案情，对男方应承担的赔偿责任酌情减少。

对于女方的精神损害赔偿请求，法院认为，男方的行为侵害了女方的人格权益，给女方的身体造成严重损害，必然给其精神造成严重伤害，因此依据男方的侵权情节及女方的损害后果等情况，酌定男方赔偿女方精神损害抚慰金8万元。

本案中男方的行为侵犯的是女方的性自主权，导致女方怀孕并流产，则又侵犯了女方的身体权。由于我国民法典未将性自主权作为单独的人格权进行规定，所以司法实践中只能将其作为值得受保护的人格利益进行保护，或者纳入人格尊严等一般人格权的范围进行保护。但法院大多认为此种人格权益值得保护，并且在造成被侵权人严重精神损害时，还应当承担精神损害赔偿责任。

二、榆树市殡仪馆与蔡某1侵权责任纠纷案①

◆ **裁判规则**

在认定本案中是否支持精神损害赔偿以及精神损害赔偿数额时，法院认为，根据《最高人民法院关于确定民事侵权精神损害赔偿责任若干问题的解释》第

① 吉林省长春市中级人民法院民事判决书，(2019) 吉01民终874号。

4 条的规定："具有人格象征意义的特定纪念物品，因侵权行为而永久性灭失或者毁损，物品所有人以侵权为由，向人民法院起诉请求赔偿精神损害的，人民法院应当依法予以受理。"榆树市殡仪馆系为公众提供骨灰寄存的服务，在保管骨灰的过程中应尽到合理的注意义务，在保管期间，榆树市殡仪馆未能妥善保管好孙某 2 的骨灰，致使骨灰永久性灭失，使得蔡某 1 及其子女无法对孙某 2 寄托哀思，亦使得蔡某 1 失去去世后夫妻合葬的希望，故考虑侵权的过错程度、侵害的手段、场合、行为方式等具体情节，侵权行为所造成的后果等因素酌情确定赔偿蔡某 1 精神损害抚慰金 70000 元。

◆ **评议**

本条吸收《最高人民法院关于确定民事侵权精神损害赔偿责任若干问题的解释》的经验，将自然人具有人身意义的特定物也纳入精神损害赔偿的范围之内。

具有人身意义的特定物，往往是具有纪念意义的物品，常见的有照片（含电子照片）、纪念品、证书、信函等。《最高人民法院关于确定民事侵权精神损害赔偿责任若干问题的解释》第 3 条规定，非法利用、损害遗体、遗骨，或者以违反社会公共利益、社会公德的其他方式侵害遗体、遗骨的，近亲属可以请求赔偿精神损害。

但本案表明，死者的遗体遗骨也可以作为具有人身意义的特定物进行保护。本案中，殡仪馆将他人寄存的骨灰盒不慎遗失，死者近亲属提起诉讼，要求殡仪馆赔偿精神损害抚慰金 10 万元。法院认为，骨灰是对死者近亲属具有人格象征意义的特定纪念物品，因殡仪馆保管不善而灭失，造成了死者近亲属巨大的精神痛苦，使死者配偶在去世后进行夫妻合葬的希望化为泡影，也使得近亲属无法对死者寄托哀思，根据我国的公序良俗，榆树市殡仪馆应承担一定的过错责任，对死者近亲属给予一定的精神损害赔偿。最后判决殡仪馆承担精神损害抚慰金 7 万元的赔偿责任。

第一千一百八十四条　【财产损失的计算方式】

侵害他人财产的，财产损失按照损失发生时的市场价格或者其他合理方式计算。

本条来源

《侵权责任法》第十九条规定："侵害他人财产的，财产损失按照损失发生时的市场价格或者其他方式计算。"

立法演变

《民法典侵权责任编草案》（一审稿）第九百六十一条规定："侵害他人财产的，财产损失按照损失发生时的市场价格或者其他合理方式计算。"此后无变化。

条文释义

本条是关于财产损失计算方式的规定。

一、概述

本条规定的是针对侵害他人财产所造成的财产损失的赔偿计算方法。侵权行为既能够造成被侵权人的人身损害，也能够造成被侵权人的财产损失，还可能同时造成人身损害和财产损失。从《侵权责任法》开始，到《民法典》侵权责任编，对于侵权行为所直接引起的后果是人身权益受损还是财产权益受损，均有意分别使用了不同的概念，对于人身权益受损，立法使用的是"损害"的概念，而对于财产权益受损，立法使用的是"损失"的概念。虽然损害与损失在含义上并没有明确的区别，但从字面意思上可以看出，损害的严重性比损失要大。立法者使用不同的概念分别指称人身权益受损和财产权益受损的后果，也体现了立法者对于人身权益在位阶上高于财产权益的态度，这也是人文主义和人文关怀的体现。

侵权损害赔偿以填平损失为原则，因为"损害赔偿法的基本目的在于填补受害人所受的损害，学说上称为'损害填补原则'"。[①] 填平原则是侵权损害赔偿的基本原则，通过法律的适用和侵权责任的追究，应当能够尽可能使被侵权人恢复到未遭受侵害之前的正常状态。当然，损害发生后无法恢复到原来状态，或者恢复原状的费用要大于被侵害财产的总价值从而不合理的情形下，就不能适用恢复原状的责任方式，而应当采取赔偿损失的责任方式。赔偿损失便面临

① 王泽鉴：《损害赔偿》，北京大学出版社 2017 年版，第 25 页。

着损失如何计算的问题，损失的计算方式决定着责任人承担责任的范围和数额。

本条所规定的财产损失的计算方法，专指侵害他人财产的侵权行为所造成的被侵权人财产损失的计算方法。对于侵害他人人身权益所带来的财产损失，则根据《民法典》第1179条和第1182条规定的方法来计算。

侵害他人财产造成的损失，包括直接损失和间接损失。直接损失是因侵权行为导致已经获得利益的丧失而造成的损失，是已经支出的或者必然支出的费用损失。直接损失是一种经济上的损失，是财产上遭受的经济上的不利益，尤其是基于侵权行为而直接造成的财产的损失。直接损失的存在比较直观，在计算上相对也比较容易。

间接损失，又被称为消极损失、可得利益损失，是指被侵权人因侵权行为而遭受的可得财产利益的损失。间接损失中，被侵权人损失的仅是一种未来的可得利益、一种财产取得的可能性，在侵害行为实施时，它还并不是已经现实存在的利益。典型的间接损失，例如生产利润损失、经营利润损失、转卖利润损失等，都存在一定的不确定性，其实现可能受到诸多其他因素的制约。由于损害后果与侵权行为之间的因果关系较为遥远，而且容易受到其他因素的影响，所以在间接损失赔偿的具体范围上一直存在争议。“从因果关系的角度看，直接损害是因加害行为直接造成的，与加害行为的联系最为密切，间接损害则与加害行为的关系较为遥远。”[①] 如果间接损失都予以赔偿，则将导致赔偿范围过于宽泛，从而侵权法在行为自由与权利保障两端之间失去平衡。不同于合同当事人之间能够预料并实现配置风险，侵权之债为被动之债，当事人之间往往无法事先预料并配置风险，如果侵权之债赔偿的范围过广、链条过长，显然无法维系民事主体的行为自由。是故，“在契约责任，系以当事人的契约约定作为控制损害范围的手段。是以，在发生债务不履行时，债务人应赔偿债权人的所有履行利益。反之，侵权责任，须依赖侵权行为法，作为制度上对损害范围管制的机制。”[②] 所以，学者大多认为，侵权损害赔偿中，被侵权人的间接损失可以得到赔偿，但必须严格加以限制，即限定在合理的范围内，“对于间接损失只能合理赔偿，这是由间接损失较高的不确定性决定的：一方面，如果没有受到侵害，

① 冉克平：《产品责任理论与判例研究》，北京大学出版社2014年版，第250页。
② 陈聪富：《侵权行为法原理》，元照出版有限公司2017年版，第138页。

当事人是否能获得这些‘间接损失’是不确定的；另一方面，由此导致哪些损失项目应该属于可获赔偿的间接损失也是不确定的。”[①] 否则，一旦间接损失的认定标准变得宽泛，则既有不利于行为人行为自由的维护，也不利于合同法与侵权法的功能区分。

由于间接损失的认定缺乏较为明确的标准，便具有较多的不确定性，从而在客观上赋予法官以自由裁量权。而依据动态系统论主张者的观点，“动态系统论并非预先唯一确定评价内容的理论，它最多也只是提供能够作合理评价的框架……在可能的评价中，选择哪一个，只要依靠动态系统论，最终将依赖各个判断者的决断。”[②] 但是，法官在行使自由裁量权时，也不能超出损害赔偿法所考察的要素和范围，并应当注重举证责任的分配与证据的质证和采信，例如，对于被侵权人所主张的间接损失，其必须负担举证责任，证明哪些间接损失属于如果不发生侵权行为其势必能够获得的利益。

对于侵害他人财产造成财产损失的计算方法，《民法通则》未作出规定。在《侵权责任法》起草过程中，于第二次审议稿中开始增加了“按照损失发生时的市场价格计算”的规定，后来在三审稿中又增加了“或者其他标准计算”的规定。最终《侵权责任法》第 19 条的规定是：“侵害他人财产的，财产损失按照损失发生时的市场价格或者其他方式计算。”

本次《民法典》编纂过程中，对于财产损失的计算方法，只稍微做了改动，将“其他方式”改为“其他合理方式”，对其他方式做了一个概括性的限制。

二、内容

（一）本条的适用范围

如前所述，本条仅适用于财产遭受侵害的损失计算。《民法典》第 113 条规定：“民事主体的财产权利受法律平等保护。”在财产权利类型上，《民法典》总则编列举了物权、债权、知识产权、继承权、股权等其他民事权利和利益。侵害他人财产权利，主要是侵害的绝对权，对于相对权如债权的侵害，由于债权具有相对性、非公开性，所以第三人侵害债权仅限于极为特殊的情形，实践

---

① 张新宝：《民法分则侵权责任编立法研究》，载《中国法学》2017 年第 3 期，第 56 页。

② ［日］山本敬三：《民法中的动态系统论——有关法律评价及方法的绪论性考察》，谢亘译，载梁慧星主编：《民商法论丛》（总第 23 卷），金桥文化出版（香港）有限公司 2002 年版，第 236 页。

中也并不常见，即便发生了债权遭受侵害的情形，对于损失的计算也难以用市场价格等方式来计算，还是要参考合同本身的对价来计算，较为特殊。故实践中本条主要适用于如下几种财产权利类型：

1. 侵权他人物权。

侵权他人物权，从权利的角度来看，是物权遭受侵害，是指因侵权行为而导致他人的所有权、用益物权、担保物权等遭受损害。对物的侵害，在法律上就体现为对权利人权利的侵害，或者是对所有权的侵害，或者是对他物权的侵害，还可能是对占有的侵害。物权遭受侵害，是财产遭受侵害的最主要、最常见、最基本的表现形式。行为人对他人的不动产、动产等财产进行毁损破坏，将会导致该财产的外形、功能、作用等遭到破坏甚至完全丧失。物权遭受侵害之后，物的使用价值和价值均可能受到影响或贬损，给权利人带来损失。例如，将他人的手机摔坏或非法挖掘导致他人房屋地基下陷、墙面开裂等。

2. 侵害他人知识产权。

《民法典》第123条第1款规定："民事主体依法享有知识产权。"知识产权也被称为智慧财产权，是对于从事智力创造性活动取得的成果所享有的权利，例如著作权、商标权、专利权等。在现代社会，拥有知识产权的人越来越多，知识产权的价值也越来越大。知识产权是一种综合性权利，或者称为权利束，其中既包括人身权利，也包括财产权利。知识产权中的人身权利，也被称为精神性权利，是其中与取得智力成果的人的人身不可分离的权利，如署名权、发表权、修改权等。知识产权中的财产权利，也被称为经济权利，是指权利人合法利用其智力成果获取报酬和收益的权利。

财产权属性是知识产权的重要内容，对知识产权而言，本条主要适用于知识产权中的财产权利受侵害的情形。侵害知识产权所造成的财产损害，侵权人应当承担相应的赔偿责任。

从权利性质来看，知识产权中的财产权利与其他财产权利如物权、股权等，在赔偿上可以适用相同的原则。但由于我国有关知识产权类的法律大多对侵犯知识产权的民事责任作出了特别规定，按照特别法优于一般法的适用原则，当知识产权类的法律对其财产损失赔偿作出了特别规定时，则应当优先适用其规定。

3. 侵害他人继承权、股权和其他投资性权利。

《民法典》第124条规定："自然人依法享有继承权。自然人合法的私有财产，可以依法继承。”《民法典》第 125 条规定：“民事主体依法享有股权和其他投资性权利。”由于我国不存在身份上的继承关系，例如不能继承某种爵位，所以继承权在我国也是财产权，继承人可以基于继承权继承被继承人的遗产。股权是指股东得以向公司主张的各种权利。应当说，股权也是一种综合性权利，既包含了投票权、查阅权、提名权、选举权等人身性的权利，也包含了分红权、出质权、转让权等财产性的权利。也有人将股权中的财产性权利称为狭义的股权，即股东对公司享有的具有可转让性的财产性权利。继承权、股权中的财产权和其他投资性权利，都是典型的财产权，在遭受侵害之后，也会给权利人带来经济上的损失。

（二）财产损失计算的时间起点

关于侵害他人财产的赔偿责任计算的时间起点，本条采纳“损失发生时”作为计算起点，也就是说，损失何时发生，就从何时开始计算赔偿的数额。

根据这一起算标准，对于财产价值的计算，不是以侵权行为开始时计算，也不是以侵权行为结束时起算，也不是以原被告双方诉讼时计算，而是按照财产开始发生损失时起算。这一起算点以损失发生时的价格为准，便于损失的确定，也有利于保护受害人。因为生活中遭受他人侵害的财产，主要是动产，而现代社会的动产大多是批量生产的种类物，价格并不固定，甚至大多处于不断贬值之中。例如电子产品、家用电器、汽车等。那么以损失发生时作为时间起点计算被侵权人的财产损失，在日常用品不断贬值降价的市场环境下，无疑对受害人更为有利。例如，行为人将被侵权人刚花费 5000 元人民币购买的一部新款手机摔坏，此时受害人的损失是 5000 元，但过了半年之后，双方的纠纷还未得到解决，此时该款手机已经降价到 3000 元，如果只按照 3000 元计算受害人的损失，对受害人显然是不公平的。

当然，对于一些价格上涨的动产或者不动产来说，在计算损失时如果从损失发生时计算，对受害人不利，因为上涨后的价格高于损失发生时的价格，以此前的价格计算损失，无法填平受害人的损失。此时便可以由法官根据案件情况，采用种类物赔偿或其他合理的方式来计算受害人的损失，而无需严守损失发生时的市场价格标准。

（三）对市场价格标准的理解

财产损失按照损失发生时的市场价格计算，即以损害发生时的市场价格标准，这是财产损失赔偿的主要标准和基本标准，是指在计算财产损失时，应当按照损失发生时的市场价格来确定赔偿的数额。

行为人的行为对他人的财产造成侵害，引起财产损失，要求行为人支付市场价格来填补受害人的损失，这是用外化的、客观化的标准计算受害人的损失，也是对行为人侵权行为成本的一种定价。对于受害人财产损失的计算，不能够按照行为人或者受害人任何一方的主观价值标准来确定，否则必然出现受害人认为损失价值巨大而行为人却认为不名一文的现象。如前所述，现代社会的财产大多是种类物，很容易在市场上找到替代品，通过支付价款就可以购买，从而使得赔偿损失更为简单易行。即便是难以找到相同替代物的特定物，也往往能够找到类似物品进行定价参考。例如某栋房屋被损坏，难以找到完全相同的另一栋房屋，但是通过对类似地段、类似面积、类似朝向的房屋市场价格的参照，也能够确定损失的数额。按照损失发生时的市场价格计算，是一种客观计算方法，是价值法则的反映。如果侵权行为只造成了财产的部分毁坏，应当可以考虑该部分的市场价格或者损坏部分所占财产的比例来确定赔偿数额。

（四）其他合理的计算方式

虽然按照市场价格计算是最常见、最易行的损失计算方法，但并不是唯一的计算方法。因为不是所有的财产损失都能够通过市场价格来进行计算，也不是所有的财产损失通过市场价格计算就能得出公平合理的结论。如果某种财产因缺乏交易市场因而价格难以估算，或者财产本身并不因为侵害行为而导致市场价格变化的情形，或者因为某种原因导致市场价格的计算明显不公平时，就需要引入其他计算方法。

因此，“其他合理方式”也是一种兜底性的规定，并未限定在某一种计算方式上。例如，针对知识产权侵权的损失计算，有关知识产权的法律就作出了不同的规定。《著作权法》第49条规定，侵权人应当按照权利人的实际损失给予赔偿，实际损失难以计算的，可以按照侵权人的违法所得给予赔偿，都不能确定的，人民法院根据侵权行为的情节判决给予50万元以下的赔偿。《商标法》第63条第1款也规定，侵犯商标专用权的赔偿数额按照权利人的实际损失确定，实际损失难以确定的，可以按照侵权人因侵权所获得的利益确定，两者都难以确定的，可以参照该商标许可使用费的倍数合理确定。对恶意侵犯商标专用权情节严重的，还可以在按照上述方法确定数额的1倍以上5倍以下确定赔偿数额。《专利法》第65条第1款也有类似规定，即赔偿数额按照权利人的实际损失确定，实际损失难以确定的，可以按照侵权人因侵权所获得的利益确定，都难以确定的，参照该专利许可使用费的倍数合理确定。权利人的损失、侵权人获得的利益和专利许可使用费均难以确定的，人民法院可以根据专利权的类型、侵权行为的性质和情节等因素，确定给予1万元以上100万元以下的赔偿。

法条关联

◆《民法典》物权编

第二百三十七条　造成不动产或者动产毁损的，权利人可以依法请求修理、重作、更换或者恢复原状。

第二百三十八条　侵害物权，造成权利人损害的，权利人可以依法请求损害赔偿，也可以依法请求承担其他民事责任。

◆《最高人民法院关于审理道路交通事故损害赔偿案件适用法律若干问题的解释》

第十五条　因道路交通事故造成下列财产损失，当事人请求侵权人赔偿的，人民法院应予支持：

（一）维修被损坏车辆所支出的费用、车辆所载物品的损失、车辆施救费用；

（二）因车辆灭失或者无法修复，为购买交通事故发生时与被损坏车辆价值相当的车辆重置费用；

（三）依法从事货物运输、旅客运输等经营性活动的车辆，因无法从事相应经营活动所产生的合理停运损失；

（四）非经营性车辆因无法继续使用，所产生的通常替代性交通工具的合理费用。

案例评议

刘某1等与斐乐体育有限公司侵害商标权及不正当竞争纠纷案①

◆ 裁判规则

在认定本案赔偿数额的计算方法时，再审法院认为，根据《最高人民法院

① 北京市高级人民法院民事裁定书，（2018）京民申4666号。

关于审理商标民事纠纷案件适用法律若干问题的解释》第14条规定："……侵权所获得的利益，可以根据侵权商品销售量与该商品单位利润乘积计算。"该法条并未将商品单位利润限定为纯利润，在当前加大知识产权侵权损害赔偿力度的司法政策指引下，二审法院考虑了侵权行为与正常商品经营之间的区别，从遏制侵权加大赔偿力度的角度出发，采取销售价格减去成本价格后再除以销售价格的方法计算得出毛利润后作为计算赔偿数额的依据并无明显不当。

◆ **评议**

侵害他人财产的财产损失的计算方法，是侵害他人财产的侵权行为所造成的被侵权人财产损失的计算方法。本案中，在鞋类产品中侵犯他人商标权，对于此种财产损失的赔偿标准，二审判决在计算商品单位利润时，按照在电商平台上的最低销售价格减去鞋革行业协会出具的此类鞋的成本价，最终得出一双被控侵权商品的销售利润率，这是考虑了侵权行为与正常商品经营之间的区别，采取销售价格减去成本价格后再除以销售价格的方法，计算得出毛利润后作为计算赔偿数额的依据。在此基础上，还对侵权行为适用了3倍的惩罚性赔偿。

第一千一百八十五条　【侵害知识产权的惩罚性赔偿】

故意侵害他人知识产权，情节严重的，被侵权人有权请求相应的惩罚性赔偿。

本条来源

本条为新增条文。

立法演变

《民法典侵权责任编草案》（二审稿）第九百六十一条之一规定："故意侵害知识产权，情节严重的，被侵权人有权请求相应的惩罚性赔偿。"

《民法典侵权责任编草案》（三审稿）第九百六十一条之一规定："故意侵害他人知识产权，情节严重的，被侵权人有权请求相应的惩罚性赔偿。"此后无变化。

条文释义

该条是对知识产权侵权惩罚性赔偿的规定。

一、概述

（一）惩罚性赔偿的概念

惩罚性赔偿（Punitive damages），也被称为示范性赔偿、报复性赔偿和惩戒性赔偿，是指法律要求行为人向被侵权人承担的侵权责任超过了被侵权人遭受的实际损害，以此对行为人的行为进行惩罚的制度。美国《侵权法重述》（第二版）第908节对惩罚性赔偿的定义是："惩罚性赔偿是在补偿性赔偿或名义上的赔偿之外，为惩罚该赔偿交付方的恶劣行为并阻遏他与相似者在将来实施类似行为而给予的赔偿。"

由于惩罚性赔偿适用的结果，是行为人所承担的赔偿责任远远超出其所造成的被侵权人的损害，让行为人得不偿失，甚至所失远大于所得。所以一般认为，惩罚性赔偿制度不仅具有对行为人进行惩戒的作用，还具有对被侵权人进行补偿的作用。更重要的是，惩罚性赔偿制度通过对行为人此类行为的重罚，能够对潜在的类似行为人进行恫吓，从而起到对类似行为的遏制和警诫作用。

相对于一般侵权损害赔偿的补偿受害人、填平损害的功能而言，惩罚性赔偿责任要大于补偿性赔偿责任，但惩罚性赔偿也建立在补偿性赔偿的基础之上，即能够适用惩罚性赔偿的，肯定也已经符合一般侵权损害赔偿的要件，并且惩罚性赔偿的数额一般是在补偿性赔偿数额之外，额外增加的赔偿数额。也就是说，惩罚性赔偿数额中必然包含了补偿性赔偿数额。

惩罚性赔偿与精神损害赔偿也不同，精神损害赔偿是对被侵权人所遭受的精神痛苦进行的赔偿，着眼于对受害人进行全面充分的赔偿，以弥补仅赔偿物质损失的不足。而惩罚性赔偿着眼于对行为人行为的惩戒，无论受害人是否遭受严重精神痛苦，只要符合法定条件，都可以适用惩罚性赔偿。此外，两者在构成要件、赔偿标准、赔偿数额等诸多方面都存在不同。当然，两者可能会出现同时并存适用的情形，例如在侵权行为人侵害了被侵权人的人身权益并造成严重精神损害，同时这一侵权行为也符合惩罚性赔偿的适用条件，则法院可以在认定精神损害赔偿之外，还继续适用惩罚性赔偿规则。

（二）惩罚性赔偿制度在我国的发展历程

1. 惩罚性赔偿制度概述

一般而言，惩罚性赔偿主要是英美法系国家的制度，尤其美国法上的惩罚性赔偿制度适用范围较广，法院作出的赔偿数额较高，通过一些“天价赔偿”的典型案例，让这一制度广为传播。美国法上的惩罚性赔偿主要是伴随着 20 世纪中期消费者保护运动的兴起，而发展成熟起来的制度。通过对大公司、大企业适用惩罚性赔偿，来刺激这些大公司、大企业改进产品的设计和质量，最终实现对广大消费者的保护。所以美国法上的惩罚性赔偿主要适用于产品责任和消费者保护领域。

大陆法系并没有惩罚性赔偿的立法传统，因为在私法领域，损害赔偿制度的主要功能是维护私人之间的行为自由与权益保护的平衡，赔偿也主要是填平受害人的损失，并基于罗马法的传统——强调任何人不得从其损害中获利。至于对侵权行为人更为严厉的惩罚，则交由公法，如行政法、刑法等去进行惩罚，例如罚款、吊销营业执照、追究刑事责任等。但是这种公法私法严格区分的理念，未必能够完全适应市场经济的发展，在市场秩序的调整规范中，未必能够起到最佳的效果。英美法系上的惩罚性赔偿，在私法领域内进行类似于公法上罚款的责任措施，但是将额外的罚金交由被侵权人受领，这一做法能够在私法范围内对行为人进行最大限度的惩戒，以触动其经济利益，对自己的行为或产品做出改革，这具有良好的效应。因此，不少大陆法系国家开始逐步引入英美法系的惩罚性赔偿制度，以有效补充既有的损害赔偿规则。

2. 重要法律中的惩罚性赔偿制度

我国作为大陆法系国家，对于侵权损害赔偿也一直以补偿为原则，强调赔偿不能超过实际的损失范围，赔偿的金额应当与实际损失相当，所以在《民法通则》中并未规定惩罚性赔偿。但为了强化对消费者的权益保护，我国在 1993 年颁布的《消费者权益保护法》第 49 条尝试性地引入了惩罚性赔偿制度，同时对赔偿的金额做出了非常严格的限制，即“经营者提供商品或者服务有欺诈行为的，应当按照消费者的要求增加赔偿其受到的损失，增加赔偿的金额为消费者购买商品的价款或者接受服务的费用的一倍。”即便此种惩罚性赔偿仅限于经营者的产品和服务欺诈领域，并且数额仅限于消费者所支出费用的 1 倍，惩罚性赔偿在维护消费者权益、整顿市场秩序、强化商品质量方面，还是发挥了积极的社会作用。

1999 年《合同法》第 113 条对《消费者权益保护法》的这一惩罚性赔偿条

款进行了确认，规定："经营者对消费者提供商品或者服务有欺诈行为的，依照《中华人民共和国消费者权益保护法》的规定承担损害赔偿责任。"这属于基本民事法律对惩罚性赔偿制度的认可。

2009 年颁布的《食品安全法》也规定了惩罚性赔偿制度，并且将赔偿金额从《消费者权益保护法》中的 2 倍，提高到了 10 倍。该法第 96 条第 2 款规定："生产不符合食品安全标准的食品或者销售明知是不符合食品安全标准的食品，消费者除要求赔偿损失外，还可以向生产者或者销售者要求支付价款十倍的赔偿金。"

在《侵权责任法》的制定过程中，要不要在总则部分写上关于惩罚性赔偿的一般规定，让惩罚性赔偿能够广泛适用于侵权损害赔偿之中，存在不同意见。不少学者认为应当写上有关惩罚性赔偿的一般性规定，用于统领各类具体侵权行为。但最终立法机关未采纳此种观点，认为扩大适用惩罚性赔偿制度，将会极大增加行为人的赔偿责任，且在实践中不易把握赔偿金额的合适尺度，所以现阶段暂不宜制定惩罚性赔偿的一般性规则。因此，在 2009 年颁布的《侵权责任法》中，仅在产品责任中规定了惩罚性赔偿规则，但不像《消费者权益保护法》和《食品安全法》那样列明赔偿的倍数。该法第 47 条规定："明知产品存在缺陷仍然生产、销售，造成他人死亡或者健康严重损害的，被侵权人有权请求相应的惩罚性赔偿。"这就有了一定的制度弹性，让法官可以在具体案件中决定惩罚性赔偿的具体金额。

2013 年修正的《消费者权益保护法》对其中的惩罚性赔偿制度作了一些修改，将经营者欺诈行为的惩罚性赔偿从 2 倍提高到了 3 倍，该法第 55 条规定："经营者提供商品或者服务有欺诈行为的，应当按照消费者的要求增加赔偿其受到的损失，增加赔偿的金额为消费者购买商品的价款或者接受服务的费用的三倍；增加赔偿的金额不足五百元的，为五百元。法律另有规定的，依照其规定。经营者明知商品或者服务存在缺陷，仍然向消费者提供，造成消费者或者其他受害人死亡或者健康严重损害的，受害人有权要求经营者依照本法第四十九条、第五十一条等法律规定赔偿损失，并有权要求所受损失二倍以下的惩罚性赔偿。"

2013 年修正的《商标法》也开始引入了惩罚性赔偿制度，其第 63 条第 1 款后两句规定："对恶意侵犯商标专用权，情节严重的，可以在按照上述方法确定数额的一倍以上三倍以下确定赔偿数额。赔偿数额应当包括权利人为制止侵权行为所支付的合理开支。"这里的 1 倍以上 3 倍以下的赔偿数额，与《消费者权益保护法》的规定类似，一般认为就是侵害商标权的惩罚性赔偿。这是知识产权类法律中首次规定惩罚性赔偿制度，对于民法典中知识产权保护惩罚性赔偿制度的引入具有开创性的作用。2019 年修正的《商标法》第 63 条将赔偿数额则进一步提高至 1 倍以上 5 倍以下。

3.《民法典》编纂中的惩罚性赔偿制度

在《民法典》编纂过程中，我国的经济科技实力和国际地位进一步提升，创新型经济在国民经济中的比重不断增加，因此国家需要进一步加强对知识产权的保护。2018 年 3 月 5 日，国务院总理李克强在向第十三届全国人民代表大会第一次会议作政府工作报告时，就指出要“强化知识产权保护，实行侵权惩罚性赔偿制度”。2019 年 10 月 31 日，十九届四中全会审议通过的《中共中央关于坚持和完善中国特色社会主义制度 推进国家治理体系和治理能力现代化若干重大问题的决定》，就明确指出要“建立知识产权侵权惩罚性赔偿制度”，这代表了中央对于知识产权保护的高度重视。

为适应国家高度重视知识产权保护的立法需求，在 2018 年底的侵权责任编二审稿中，就开始增加了关于侵犯知识产权的惩罚性赔偿规定，并且未照搬《商标法》那种规定具体赔偿限额的方法，而是采用较为抽象的赔偿规定。《民法典》侵权责任编二审稿第 961 条之一规定：“故意侵害知识产权，情节严重的，被侵权人有权请求相应的惩罚性赔偿。”此后的几次审议稿仅将“知识产权”改为“他人知识产权”，别的再未做改动。至此，我国民法典上惩罚性赔偿制度便扩大到了对于知识产权的保护。加上产品责任领域和环境污染领域，《民法典》明确规定了这三个领域中的惩罚性赔偿制度，不仅保护消费者，也保护了知识产权的权利人和环境污染的受害人。虽然仍然未能将惩罚性赔偿制度上升为侵权损害赔偿的一般规则，但已经基本涵盖了惩罚性赔偿适用的主要领域，能够有效发挥惩罚性赔偿的作用，对传统大陆法系的损害赔偿制度做出了较大完善。

二、内容

（一）适用要件

1. 保护的对象是知识产权。

如前所述，我国《民法典》侵权责任编虽然相对于《侵权责任法》而言，扩大了惩罚性赔偿的适用范围，但是仍然未将之升级为损害赔偿的一般性适用规则，而是对能够适用惩罚性赔偿的领域分别作出了规定。那么本条规定的适用领域便仅限于知识产权的保护。

知识产权在通常意义上主要是指著作权、商标权和专利权三大类，但细分则可以进行更为详细的列举。对此，《民法典》总则编第123条不仅规定民事主体依法享有知识产权，还对知识产权作出了具体的列举式定义，即知识产权是权利人依法就下列客体享有的专有的权利：（1）作品；（2）发明、实用新型、外观设计；（3）商标；（4）地理标志；（5）商业秘密；（6）集成电路布图设计；（7）植物新品种；（8）法律规定的其他客体。因此，在这些知识产权的类型中，符合法定条件时，都可以适用惩罚性赔偿。

2. 行为人的过错形态仅限于故意。

根据本条的规定，仅基于故意侵害他人知识产权，且情节严重的，才能产生惩罚性赔偿的请求权。惩罚性赔偿的目的在于惩罚知识产权侵权行为人，警示和威慑潜在的侵权人，但也不能过度适用，否则会在权利保护与行为自由、知识创新的天平上失去平衡。所以知识产权中的惩罚性赔偿制度必须要明确限定惩罚性赔偿的适用条件，取得权利人与行为人的利益平衡、保障权利与促进创新的平衡。

此前2013年《商标法》中，惩罚性赔偿的适用条件就要求在主观心态上必须出于"恶意"。恶意并不是一个单独的主观过错层次，而是属于故意，可以将之理解为直接故意，强调行为人明知行为的性质和可能引发的后果，而有意追求此种后果。恶意在主观过错上比间接故意要更为严重一些，因为间接故意是在已经预见的情况下有意放任损害结果的出现。恶意也体现了立法者的谴责态度，但恶意并不是一个通行的法律概念，用既有的故意的概念不可涵盖其含义。因此，法律上使用恶意的较少。当然，也有实务届专家认为，恶意不等于故意。①

① 最高人民法院知识产权法庭副庭长周翔在2020年1月12日由《中国知识产权》杂志主办的"中知法官论坛——知识产权侵权惩罚性赔偿的路径探析"会议中，进行了"对技术类知识产权侵权案件如何适用惩罚性赔偿的思考"的主旨演讲，他认为："这一问题较为复杂，但有一点可以明确，'恶意'不等于'故意'。例如，不能仅因被诉侵权人收到专利权人的律师函后未停止相关行为，就认定被诉侵权人存在'恶意'。如被诉侵权人有理由（比如，通过咨询其技术人员或者法律专业人士）认为自己使用的技术并未落入专利权保护范围，此时即使法院最终认定落入保护范围，也不宜认定被诉侵权人具有'恶意'；又或者，被诉侵权人收到律师函后积极应对，提出专利无效请求，此时也不宜认定被诉侵权人具有'恶意'。又例如，不能仅因被诉侵权人构成重复侵权，就认定被诉侵权人存在'恶意'。认定侵权成立的判决生效后，侵权人积极改变其产品的技术方案，却意外地又被认定为构成'等同侵权'，此时不宜认定被诉侵权人具有'恶意'。但是，认定侵权成立的判决生效后，侵权人并未采取积极措施改弦更张，而是一意孤行、重蹈覆辙，此时认定其'恶意'应无障碍。"见周翔：《对技术类知识产权侵权案件如何适用惩罚性赔偿的思考》，http：//www. hzsf. com. cn/article－18405. html，最后访问日期：2020年4月28日。

在当前正在进行的《专利法》修改中，国务院法制办公室于2015年12月2日公开发布征求意见的《中华人民共和国专利法修订草案（送审稿）》中，“为解决‘赔偿低’问题，增设对故意侵权的惩罚性赔偿制度”。[①] 在惩罚性赔偿的草案条文的表述中，立法使用的概念是“故意”。[②]

对此，本条并未使用恶意的概念，而是使用故意的概念，符合侵权立法的传统。在司法实践中，对于故意的判断，应当遵照侵权行为构成要件的一般理论，同时由于故意虽然是一种主观心态，但法律调整的是行为，所以要根据外在行为的表现来判断和倒推行为人的主观心态，这就是主观过错的客观化。所以在司法实践中对于行为人是否属于故意的主观心态，要结合具体案情，从行为人行为的性质、其对损害后果的认识程度等方面来综合认定。

3. 要求情节严重的后果。

由于知识产权的对象具有非物质性的特点，权利本身与权利载体不同，所以知识产权与传统的物权存在较大差异，在互联网时代，对知识产权的侵权行为更加便捷、高效、隐蔽，侵权成本也大幅降低，知识产权也因此更容易受到侵害，侵权行为给权利人带来的损失极大。例如在网络上擅自将他人出版的书籍制作成电子版并发布，那么在全世界范围内可能被无数人下载阅读，从而导致著作权人难以从书籍的出版中获得报酬，给权利人造成严重的后果。因此，为适应当今互联网时代的特征，也需要在知识产权领域增设惩罚性赔偿制度，来遏制侵权行为、保护权利人的权利。

此外，知识产权中的财产性权利都是具有期限限制的权利，不是永久性的权利，尤其是工业产权的保护期限更是相对较短。例如，《商标法》第39条规定，注册商标的有效期为10年。《专利法》第42条规定，发明专利权的期限为20年，实用新型专利权和外观设计专利权的期限为10年。在这样较为短期的保护期限内，权利人能够获得知识产权的财产回报的期限本身就较短，科技的

---

① 《国家知识产权局关于〈中华人民共和国专利法修订草案（送审稿）〉的说明》。

② 《中华人民共和国专利法修订草案（送审稿）》第68条第1款：“侵犯专利权的赔偿数额按照权利人因被侵权所受到的实际损失确定；实际损失难以确定的，可以按照侵权人因侵权所获得的利益确定。权利人的损失或者侵权人获得的利益难以确定的，参照该专利许可使用费的倍数合理确定。对于故意侵犯专利权的行为，人民法院可以根据侵权行为的情节、规模、损害后果等因素，在按照上述方法确定数额的一倍以上三倍以下确定赔偿数额。赔偿数额还应当包括权利人为制止侵权行为所支付的合理开支。”

发展又日新月异，商业竞争对手紧追不舍，如果知识产权再遭到侵害，通过繁琐持久的诉讼程序，即便胜诉，权利人的权利保护期限也所剩无几，甚至市场份额已经被蚕食殆尽。所以在发生严重侵权时，通过惩罚性赔偿制度的适用，能够更为充分地对受害人进行赔偿，同时对行为人的“重罚”也能够起到侵权行为的预防、惩戒、遏制的作用。

情节严重是指侵权行为给被侵权人带来了重大损失，或者行为人侵权的方式、手段极为恶劣，或者侵权行为带来的负面社会效应较为严重等。总之，情节严重是从客观结果上进行考量的要件，因此注重个案中行为人的侵权行为给被侵权人造成的损害情况，例如在实践中要根据侵权行为的情节、规模、权利人因被侵权所受到的损失大小、侵权人因侵权所获得的利益大小等因素来判断是否构成情节严重。

4. 惩罚性赔偿须由被侵权人主张。

在具备惩罚性赔偿的条件后，被侵权人获得了惩罚性赔偿的请求权，可以对侵权行为人提出赔偿主张。如果双方通过和解等方式自行解决纠纷，则可以由双方自由协商。但如果被侵权人选择提起诉讼的方式来主张权利的保护和解决纠纷，则被侵权人作为原告必须在诉讼请求中提出惩罚性赔偿，法院在审理中才能对是否适用惩罚性赔偿进行审理并作出裁判。如果作为原告的被侵权人没有提出惩罚性赔偿的诉讼请求，而只是列举了要求赔偿的项目，则法院不得自行增加惩罚性赔偿的裁判内容、对作为被告的侵权行为人做出惩罚性赔偿的裁判。

这与《商标法》以及正在修订中的《专利法》草案相关规定不完全一致。例如《商标法》第 63 条第 1 款第 2 句规定：“对恶意侵犯商标专用权，情节严重的，可以在按照上述方法确定数额的一倍以上五倍以下确定赔偿数额。”这一规定被认为实质上就是惩罚性赔偿规定，该规定似乎授权法院可以主动对行为人进行 5 倍以下的惩罚性赔偿。但知识产权诉讼仍然属于民事诉讼的范畴，基于民事诉讼“不告不理”的基本原则，除非法院适用 5 倍以内的惩罚性赔偿之后，赔偿数额仍然在原告主张的赔偿范围内，否则法院不能依职权来扩大赔偿的范围。

《民法典》侵权责任编第 1185 条的这一规定，赋予了被侵权人惩罚性赔偿的请求权，这一请求权无疑属于私权的范畴，由当事人自行作出决定，故这一请求权只能由当事人主动行使，而不能由法院依职权行使，在当事人未提出惩罚性赔偿的请求时，法院不能主动根据本条规定对被告方作出惩罚性赔偿的裁判。

（二）惩罚性赔偿的金额

对于故意侵害他人知识产权、情节严重的，如何确定惩罚性赔偿的数额，本条并未作出具体规定。由于知识产权领域有《著作权法》《商标法》《专利法》等专门性法律，这些法律中或者已经规定了惩罚性赔偿，或者正在修订的草案中拟定了惩罚性赔偿。因此，法官在裁判知识产权侵权案件时，如果认为可以适用惩罚性赔偿，在生效的专门性法律规定了赔偿的具体数额和标准时，则会根据这些标准来作出赔偿数额的决定。

例如，《商标法》第 63 条第 1 款后两句规定："对恶意侵犯商标专用权，情节严重的，可以在按照上述方法确定数额的一倍以上五倍以下确定赔偿数额。赔偿数额应当包括权利人为制止侵权行为所支付的合理开支。"这里的"一倍以上五倍以下"就是商标侵权惩罚性赔偿的标准。

国务院法制办公室 2015 年 12 月发布的《中华人民共和国专利法修订草案（送审稿）》第 68 条也规定，对于故意侵犯专利权的行为，人民法院可以根据侵权行为的情节、规模、损害后果等因素，在按照上述方法确定数额的 1 倍以上 3 倍以下确定赔偿数额，赔偿数额还应当包括权利人为制止侵权行为所支付的合理开支。这里的"1 倍以上 3 倍以下"就是专利侵权惩罚性赔偿的标准。

而《著作权法》第三次修改的草案，即《中华人民共和国著作权法修正案（草案）》正提交 2020 年 5 月举行的十三届全国人大常委会第十七次会议审议，该草案也开始规定，侵犯著作权情节严重的，可以适用惩罚性赔偿。对于惩罚性赔偿的金额，草案规定，情节严重的，可以适用赔偿数额 1 倍以上 5 倍以下的惩罚性赔偿。这里的"1 倍以上 5 倍以下"就是故意侵犯著作权或者与著作权有关的权利而进行惩罚性赔偿的金额标准。

法条关联

◆《商标法》

第六十三条第一款 侵犯商标专用权的赔偿数额，按照权利人因被侵权所受到的实际损失确定；实际损失难以确定的，可以按照侵权人因侵权所获得的利益确定；权利人的损失或者侵权人获得的利益难以确定的，参照该商标许可使用费的倍数合理确定。对恶意侵犯商标专用权，情节严重的，可以在按照上述方法确定数额的一倍以上五倍以下确定赔偿数额。赔偿数额应当包括权利人为制止侵权行为所支付的合理开支。

案例评议

一、深圳合纵文化有限公司与白银区繁花简餐吧商标权权属、侵权纠纷案①

◆ 裁判规则

在认定本案中的赔偿数额时，法院认为，根据《商标法》第63条第1款、第3款规定，侵犯商标专用权的赔偿数额，按照权利人因被侵权所受到的实际损失确定；实际损失难以确定的，可以按照侵权人因侵权所获得的利益确定；权利人的损失或者侵权人获得的利益难以确定的，参照该商标许可使用费的倍数合理确定。对恶意侵犯商标专用权，情节严重的，可以在按照上述方法确定数额的1倍以上3倍以下确定赔偿数额。赔偿数额应当包括权利人为制止侵权行为所支付的合理开支。权利人因被侵权所受到的实际损失、侵权人因侵权所获得的利益、注册商标许可使用费难以确定的，由人民法院根据侵权行为的情节判决给予300万元以下的赔偿。本案中，白银区繁花简餐吧未举证侵权行为相关账簿、资料，且白银区繁花简餐吧侵权故意明显。在此情况下，本院综合考虑注册商标的品牌价值和知名度及白银区繁花简餐吧侵权行为的性质、侵权期限、合纵文化公司为制止侵权行为的合理支出，参考合纵文化公司的主张和提供的证据等因素认为，一审判决赔偿12000元明显偏低，应予调整。依据上述第3款“权利人因被侵权所受到的实际损失、侵权人因侵权所获得的利益、注册商标许可使用费难以确定的，由人民法院根据侵权行为的情节判决给予300万元以下的赔偿”之规定，根据侵权行为的情节酌定白银区繁花简餐吧赔偿合纵文化公司30000元。

◆ 评议

《民法典》侵权责任编新增对于知识产权侵权惩罚性赔偿的一般性规定，是我国对知识产权加大保护力度的体现。在知识产权法律领域，由于我国《商

---

① 甘肃省高级人民法院民事判决书，（2019）甘民终673号。

标法》早已开始引入了惩罚性赔偿制度，规定了一倍以上三倍以下的惩罚性赔偿数额，作为惩罚性赔偿的赔偿标准，所以涉及商标类的侵权案件，法院早已有法律依据进行惩罚性赔偿。但对于商标领域适用惩罚性赔偿，商标法要求必须是恶意侵犯商标专用权，且情节严重。本案中，白银区繁花简餐吧在其店面门头、店内装饰装潢、外卖网页宣传使用的商标，均与他人在先商标相近似，容易引起普通消费者的混同和误会，法院认定行为人构成商标侵权，应承担停止侵权、赔偿损失的法律责任，但尚未认为需要进行惩罚性赔偿。由于被侵权人对其所主张的赔偿损失数额，未能举证证明因侵权行为遭受的实际损失，故法院综合考虑侵权行为的性质、侵权期限、被侵害商标的知名度及被侵权人为制止侵权行为的合理支出等因素，酌情认定赔偿数额。

二、宜宾五粮液股份有限公司、涂某侵害商标权纠纷案①

◆ 裁判规则

在认定是否适用惩罚性赔偿确定本案赔偿金额时，法院认为，知识产权损害赔偿应以填平损失为基本原则，充分弥补权利人因被侵权遭受的损害，同时预防并制裁侵权行为，提高侵权人的侵权代价。本案中，五粮液公司并未证明因侵权所受到的实际损失或侵权人获利的确切金额，故主张计算惩罚性赔偿数额的依据不足。况且，一审判决在确定涂某、鄢某的民事责任时，已充分注意到了二人的侵权主观故意及侵权情节，同时考虑到二人因被诉侵权行为已受刑事处罚的相关情况，符合侵权损害赔偿以补偿为主、以惩罚为辅的制度功能，因而确定赔偿金额时不再适用惩罚性赔偿。

◆ 评议

本案中，四川省宜宾五粮液集团有限公司的“五粮液”商标是驰名商标，而行为人销售假冒的“五粮液”等白酒，已经被追究销售假冒注册商标的商品罪，在民事赔偿上，法院判决行为人赔偿五粮液公司经济损失及合理费用共计30000元。

关于赔偿的数额问题，五粮液公司主张按照行为人的侵权获利来确定涉案损害赔偿数额，但未提交充分证据证明侵权获利的确切金额。对此，法院认为，

---

① 浙江省嘉兴市中级人民法院民事判决书，（2018）浙04民终1657号。

权利人主张依据侵权人获利确定赔偿数额的，应当就侵权人因实施侵权行为所获得的收益承担举证责任，如果可以确定的，法院可以依据职权适用法定赔偿方法确定侵权人的赔偿数额。

此外，法院在确定侵权损害赔偿数额时，会考虑侵权人的主观过错、侵权行为的性质、持续时间、地域范围、侵权规模、侵权后果、商标的知名度及制止侵权行为的合理开支等因素，然后综合确定赔偿数额。

如果在完成损害赔偿的基础上，还要进行惩罚性赔偿，以提高侵权人的侵权代价，那么适用惩罚性赔偿应符合下列条件：（1）恶意侵害他人商标权；（2）侵权情节严重；（3）权利人因侵权所受到的实际损失、侵权人因侵权所获得的利益或者商标许可使用费可以确定。如果被侵权人不能证明自己遭受侵权的后果或者情节严重，则难以获得法院对惩罚性赔偿主张的支持。

第一千一百八十六条　【双方均无过错的损失分担】

受害人和行为人对损害的发生都没有过错的，依照法律的规定由双方分担损失。

本条来源

《侵权责任法》第二十四条规定：“受害人和行为人对损害的发生都没有过错的，可以根据实际情况，由双方分担损失。”

立法演变

《民法典侵权责任编草案》（一审稿）第九百六十二条规定：“受害人和行为人对损害的发生都没有过错的，可以依照法律的规定，由双方分担损失。”

《民法典侵权责任编草案》（征求意见稿）第一千一百八十六条规定：“受害人和行为人对损害的发生都没有过错的，依照法律的规定由双方分担损失。”此后无变化。

条文释义

本条是关于双方均无过错时损失分担的规定。

一、概述

该条是从《侵权责任法》第24条修改而来，是对双方都没有过错时如何对损失进行分担的规定，只不过对于如何分担，作出了修改。我国立法对于“受害人和行为人对损害的发生都没有过错”的情形，一直都很关注，《民法通则》第132条就规定，此时“可以根据实际情况，由当事人分担民事责任。”而《侵权责任法》第24条规定的“可以根据实际情况，由双方分担损失”，淡化了此种分担损失的“责任”性质，而依旧强调要“根据实际情况”来分担损失。

如何根据“实际情况”，在司法实践中就成为一个难题。在面对具体案件时，法官往往会考虑对受害人一方、经济地位较为弱势的一方、维权态度坚决的一方做出倾斜，要求另一方在损失分担中承担较多的份额。有时甚至会影响过错责任原则的严格适用，在未仔细区分双方过错的情况下，便要求行为人对受害人一方进行补偿。由此，引发了不少争议。近年来发生的“电梯劝阻吸烟致死案”中，一审法院正是依据这一条文作出的判决，引起舆论高度关注。可见《侵权责任法》的这一规定在实践中标准过于模糊，缺乏可操作性，容易被误用、滥用。

因此，在《民法典》侵权责任编起草过程中，从一审稿开始，就对《侵权责任法》的这一规定进行了修改。针对“受害人和行为人对损害的发生都没有过错”的情形，一审稿规定“可以依照法律的规定，由双方分担损失”，后面几次审议稿去掉了“可以”二字，并一直保留到最终通过的立法版本。由此，《民法典》侵权责任编较大地改变了自《民法通则》以来的立法规定，对于“受害人和行为人对损害的发生都没有过错”的损失分担，不再交由法官根据实际情况决定由双方分担损失，而是要求“依照法律的规定由双方分担损失”。这是将适用这一条文裁判案件的权力从司法手中收回到立法，将此前赋予的法官自由裁量权收回，法官必须依照法律的规定才能做出损失分担的裁判。

二、内容

（一）本条是损失分担规则而不是归责原则

如前所述，《侵权责任法》第24条是沿袭《民法通则》第132条而来，这一条文在我国长期被不少学者认为是一种归责原则，即公平责任原则。

在我国侵权责任的归责原则体系中，既有认为是过错责任原则与无过错责任原则二元体系的，也有认为是过错责任原则、无过错责任原则和公平责任原则三元体系的。不少学者认为我国在过错责任与无过错责任原则之外，还有公平责任原则的存在。学者认为，“我国《侵权责任法》在关于无行为能力人或限制行为能力人致人损害、完全行为能力人暂时丧失意识或失去控制时致人损害、紧急避险致人损害、高楼抛物致人损害不能确定侵权人等情况下，规定了公平责任。”① 至于对公平责任原则的规定，除了涉及这些侵权类型的具体规定之外，最重要的就是《侵权责任法》第24条的规定，该条规定位于总则部分，所以被认为是关于公平责任原则的一般规定，确立了公平责任原则作为归责原则的地位。《侵权责任法》第24条的规定加上一些其他的涉及责任分担的具体规定，被认为是对公平责任原则的一般规定加具体列举的立法模式，这种模式支撑了公平责任原则作为归责原则的存在。“《侵权责任法》继续采取了《民法通则》确立的‘具体列举＋一般规定’的模式来规定公平责任，即该法第24条对公平责任的一般性规定，又另外规定了适用公平责任的几类具体情形。”②

在立法机关看来，公平原则是一项具有中国特色的制度，能够发挥特定的作用，“公平责任原则体现了民法的公平精神，有利于建立和发展平等、团结、互助、友爱的社会主义新型关系”。③ 但如果将这一规则作为归责原则，就会产生很多疑问，因为归责原则是确立归责的基础，然后在此基础上分配举证责任，进行损失的分配。所以归责原则确立之后，能够引导人们的行为，起到预防损害的作用。但公平责任原则却无法实现归责原则的这些功能，所以也有很多学者质疑其是否真正属于归责原则，认为“公平责任”在我国民法中解决的不是侵权责任之承担问题，而是特定情况下分担损害后果的问题。④

首先，“公平责任原则”与过错责任原则不同。过错责任原则作为基本的侵权责任归责原则，其以过错作为确定损失承担的依据。在过错责任原则中，行为人的过错大小，行为人与其他人的共同过错，甚至受害人自身的过错，都是确定行为人是否承担责任、承担多少责任的重要依据。但是在《侵权责任

---

① 王利明：《侵权责任法研究（上卷）》（第二版），中国人民大学出版社2016年4月版，第281页。

② 程啸：《侵权责任法》（第二版），法律出版社2015年9月版，第104页。

③ 全国人大常委会法制工作委员会民法室编：《侵权责任法立法背景与观点全集》，法律出版社2010年1月版，第155页。

④ 张新宝：《侵权责任法原理》，中国人民大学出版社2006年2月版，第46页。

法》第24条中，双方有无过错、过错大小，都不是当事人双方分担损失的依据。而且在过错责任中，承担责任的主体也根据过错来决定，谁有过错，谁就承担责任，双方都有过错的，根据过错大小来分配责任。而在“公平责任原则”中，即便双方当事人均能证明自己不存在过错，也需要分担损失。更重要的是，对于损失的分担不是根据过错，而是由法院“根据实际情况”，实践中往往是根据双方经济地位、财产能力的情况来分担。

此外，“公平责任原则”与无过错责任原则也不同，无过错责任原则作为归责原则，是以行为人的物件或行为具有特殊危险性作为归责基础，核心是为了合理分配行为人的危险行为或危险物件造成的损害，并且明确要求无过错责任原则的适用必须以法律作出明确规定为前提。但“公平责任原则”是以公平理念作为归责基础，是对损害发生后无法通过保险等社会保障的方式进行弥补时，根据当事人双方的财产能力等情况来进行损失分担，体现了均贫富、互助共济的朴素正义观。

从《侵权责任法》第24条与过错责任原则和无过错责任原则的对比来看，所谓的“公平责任原则”不具备作为归责原则的基本要求，因为其无法抽象出明确的归责依据，因而无法指导未来的行为，不具有可预见性，无法起到归责原则的预防作用。而且《侵权责任法》第24条规定的“可以根据实际情况”，完全授权给法院去进行个案自由裁量，不具有普遍指导意义。在司法实践中，法院遇到案件事实难以查清、过错甄别较为复杂、缺乏明确法律依据需要进行法律解释等情形时，便倾向于适用这一“公平责任原则”来裁判案件，简单地依据双方经济地位、财产多寡而判令经济情况较优者承担责任，而这很容易出现不分青红皂白、各打五十大板的现象，为人诟病。

因此，即便是认为公平责任原则是一项侵权责任归责原则的学者，也谨慎地指出，“但是，公平责任并非是与过错责任原则等并列的原则，而只是辅助性的原则。它应当是在过错责任原则等难以适用的时候才能适用的归责原则。”① 在《民法典》侵权责任编第1186条对《侵权责任法》第24条做出了修改的情况下，将法官“根据实际情况”改为“依照法律的规定”，这就进一步限制了

① 王利明：《侵权责任法研究（上卷）》（第二版），中国人民大学出版社2016年4月版，第281页。

该条的适用范围和适用情形，也进一步淡化了归责原则的性质，使之回归到损失分担规则的本来面目，作为处理双方均无过错时的损失分担规则，而非确定责任依据的归责原则。

（二）适用要件

1. 受害人遭受了损害。

本条是关于双方均无过错时损失分担的规定，因此适用本条的前提，必须是受害人遭受了损害。此处的损害也就是侵权责任构成要件中的损害后果，是受害人的人身权益或财产权益所受到的不利后果。

受害人所遭受的损害，必须是现实的损害，而不能是未发生的损害，因为本条的责任方式是分担损失，而非排除妨害、消除危险等预防性措施。一般而言，在双方均无过错的情况下需要进行分担的损失，主要是受害人所遭受的财产损害，即受害人的人身权益、财产权益方面的财产损害。对于非财产损害，则难以通过本条的规则进行分担。一方面，财产损害的表现形式较为客观，容易量化，在当事人之间进行分担具有可操作性，而非财产损害难以对其进行准确量化，在当事人之间进行分配时不易操作；另一方面，财产损害的分担方式主要是金钱赔偿责任的分配，而非财产损害的赔偿方式中的赔礼道歉、消除影响、恢复名誉等，难以在当事人之间进行分担，且这些责任方式基本都建立在一方具有过错的基础上，与本条规定的双方均无过错的前提相冲突。因此，本条的损失分担不适用于精神损害赔偿的情形，因为精神损害赔偿主要是针对侵害他人人身权益且造成严重精神损害后果的情形，是为了制裁此类违法行为而设立的制度，建立在行为人构成侵权的基础上，且行为人往往具有故意或重大过失的过错，在行为人无过错的情况下，无法对其进行受害人精神损害的分担。

无论是受害人基于财产被侵害造成的财产损失，还是人身权益遭受侵害造成的医疗费、护理费、交通费、营养费等费用支出，或者人身权益遭受侵害而造成的财产损失，这些财产损失都可能适用本条进行分担。

2. 受害人和行为人都没有过错。

本条规则最大的特点就在于，受害人和行为人都没有过错。没有过错是指受害人和行为人双方对于损害的发生，都没有过错。这就意味着无法适用过错责任来追究行为人的过错，也无法追究受害人的与有过失或受害人故意。

《民法通则》第 132 条使用的“当事人”的表述，《侵权责任法》第 24 条改为“受害人和行为人”的表述，《民法典》侵权责任编对此予以延续，从“当事人”到“受害人和行为人”，这是淡化行为人、受害人、责任人的侵权之债主体关系的适用，而只是着眼于对损害客观发生的受害人与行为人两方。因此，只要受害人与行为人没有过错即可考虑适用公平责任。

首先，行为人没有过错。行为人没有过错，意味着无法通过过错责任原则的适用，而追究行为人的侵权责任。这种情况，可能是因为行为人根本就没有任何过错，也不存在过错推定而需要自证清白的情况，或者是因为受害人存在举证困难，无法或难以证明行为人的过错。

其次，受害人自身没有过错。这就意味着，受害人不存在自身故意造成损害发生的情况，否则行为人无需承担任何责任，也无需进行损失分担。同时，受害人对于同一损害的发生或者扩大也不存在过错，否则应当适用与有过失规则来处理。

最后，也不存在其他过错方。在双方均无过错的情况下，也不存在应当为损害负责的其他责任方。例如，当损害是因第三人造成时，就应当由第三人承担侵权责任，而无需在受害人和行为人之间进行分担。

3. 按照法律的规定分担损失。

这一规定也是对《侵权责任法》第 24 条的重大改变，将“可以根据实际情况”改为“依照法律的规定”。这一规定意味着如下几方面的含义：

首先，法官不再对确定损失分担的依据享有自由裁量权。按照之前的《侵权责任法》规定，如何进行损失分担，由法官来行使自由裁量权决定。因为只有法官才能在案件中了解案件的具体情况，并根据案件实际情况作出判断，对于个案的实际情况是无法在立法中提前预知并树立规则的。但根据本条的规定，则必须依照法律的规定来进行损失分担，法官不能够再仅仅通过案件实际情况来决定。

其次，要求必须是法律对于双方均无过错时损失分担事先进行了规定。这要求案件的裁判遵循法律的事先规定，当法律对于双方均无过错时损失的分担进行了规则预设时，法官便可以适用相关法律的规定。而且对于损失分担的规则，必须是在“法律”的层面作出的规定才可以适用本条规定，不能够是“行政法规”或其他的部门规章、地方性法规等。因为《民法典》侵权责任编在表述上严格区分了法律和行政法规，当立法认为需要扩及行政法规时，会单独写明行政法规。本条仅写明了法律，表明本条适用的依据只能来自法律。同时，法律的规定还必须是强制性的规定，因为只有强制性的规定才能作为裁判者判令当事人承担责任或分担损失的依据，否则可以由当事人自行选择。因此，《民法典》第182条第2款规定的紧急避险人的补偿义务作为任意性规定，就不能作为适用《民法典》第1186条的法律依据。那么在《民法典》中，可以作为第1186条适用依据的，主要有《民法典》第183条规定的没有侵权人承担责任时受益人对见义勇为受害人的补偿义务、《民法典》第1190条规定的完全民事行为能力人无过错情况下暂时失去意识造成他人损害时对受害人的补偿义务、《民法典》第1192条规定的接受劳务一方对提供劳务者被第三人侵权时的补偿义务，以及《民法典》第1254条规定的其他建筑物使用人对高空抛物坠物受害人的补偿义务。

最后，如何分担损失，必须适用相关法律的规定，而不能由法官决定。在此前《侵权责任法》第24条的适用中，如何按照实际情况来分担，法官往往根据双方道义上的责任、经济地位的优劣等情况，尤其是受害人遭受损害的严重程序、支出费用的数额、受害人经济情况和家庭负担能力等，自行决定。但根据本条规定，损失如何分担，只能是对相关法律规定的适用，法官只能解释相关的法律规定，并据此进行损失分担，而不能自行依据双方当事人的个体差异情况来决定。

法条关联

◆《民法典》总则编

第一百八十二条　因紧急避险造成损害的，由引起险情发生的人承担民事责任。

危险由自然原因引起的，紧急避险人不承担民事责任，可以给予适当补偿。

紧急避险采取措施不当或者超过必要的限度，造成不应有的损害的，紧急避险人应当承担适当的民事责任。

第一百八十三条　因保护他人民事权益使自己受到损害的，由侵权人承担民事责任，受益人可以给予适当补偿。没有侵权人、侵权人逃逸或者无力承担民事责任，受害人请求补偿的，受益人应当给予适当补偿。

◆《民法典》侵权责任编

第一千一百九十条　完全民事行为能力人对自己的行为暂时没有意识或者失去控制造成他人损害有过错的，应当承担侵权责任；没有过错的，根据行为人的经济状况对受害人适当补偿。

完全民事行为能力人因醉酒、滥用麻醉药品或者精神药品对自己的行为暂时没有意识或者失去控制造成他人损害的，应当承担侵权责任。

案例评议

一、山西师范大学现代文理学院与张某1生命权、健康权、身体权纠纷案①

◆ 裁判规则

在认定师大文理学院对张某1受伤是否存在过错、是否应当承担责任时，法院认为，张某1系完全民事行为能力人，在上体育课时不慎受伤是事实，其虽未按规定着装，但并不必然导致张某1损害结果的发生，只能说明与损害结果有关联性。张某1二次受伤主观上并无故意，故被上诉人张某1对自身损害没有过错，张某1受伤属意外事件。师大文理学院上体育课是根据教学计划正常授课，授课内容并无偏差，并未从事与张某1年龄不相符的危险活动，对张某1上体育课不按规定着装也给予了制止。即使张某1参加到游戏活动中未制止，但不必然产生张某1受伤的后果。在张某1受伤后师大文理学院老师积极询问情况，安排专人送被上诉人去医务室检查，并询问检查结果，师大文理学院尽到了教育和管理的职责，在该意外事件中没有过错。《侵权责任法》第24条规定："受害人和行为人对损害的发生都没有过错的，可以根据实际情况，由双方分担损失。"本案中，双方当事人均没有过错，但张某1意外受伤与师大文理学院允许其参加游戏活动有关联，故依照上述公平责任原则，结合本案实际情况，考虑当事人的损害程度、各方的经济能力，师大文理学院应当承担适当的补偿责任，分担被上诉人张某1的50%的损失。

◆ 评议

公平责任在本质上难以称为归责原则，因为无法作为确立责任的依据，更无法起到对行为的指引作用，所以这一规则主要是事后的损失分担规则。

本案中，学生上体育课时，没有按照学校的规定着运动装，而是穿的牛仔裤，对此学校老师对其进行劝诫，但是并没有坚决要求原告换装后再上体育课，

① 山西省临汾市中级人民法院民事判决书，（2018）晋10民终2482号。

然后该学生没有完成热身、未经老师允许就参加到了体育课的游戏当中，后造成右膝前交叉韧带断裂。对此损害后果，法院认为双方都没有过错，但要求学校分担50%的损失。

本次民法典对于公平分担损失，修改了适用条件，要求必须“依照法律的规定”才能由双方分担损失，那么民法典实施后，法院对于公平责任的适用就必须符合法律有明确规定的条件，这将大幅减少公平责任的案件适用数量。

二、袁某1、黎某1等与谭某1、王某1等生命权纠纷案①

◆ 裁判规则

在认定本案中袁某1、谭某1、周某1及其父母是否应当承担赔偿责任时，法院认为，王某3溺水死亡，王某3、袁某1、谭某1、周某1等都没有过错，根据《侵权责任法》第24条的规定：“受害人和行为人对损害的发生都没有过错的，可以根据实际情况，由双方分担损失”，即根据公平原则，由袁某1、谭某1、周某1的监护人给予一定的经济补偿，结合本案的客观情况，酌定由袁某1、谭某1、周某1的监护人分别补偿王某3父母8000元。

◆ 评议

本案中几个9岁以下的儿童相约去江边玩耍，结果其中一人溺亡，其他儿童也尽到了救助的努力，对此，法院认为各方均无过错，参与玩耍的儿童监护人分别对溺亡儿童监护人进行一定数额的补偿。这同样是公平原则在损失分担中的运用。

第一千一百八十七条　【赔偿费用的支付方式】

损害发生后，当事人可以协商赔偿费用的支付方式。协商不一致的，赔偿费用应当一次性支付；一次性支付确有困难的，可以分期支付，但是被侵权人有权请求提供相应的担保。

---

① 重庆市第四中级人民法院民事判决书，（2015）渝四中法民终字第01017号。

本条来源

《侵权责任法》第二十五条规定："损害发生后，当事人可以协商赔偿费用的支付方式。协商不一致的，赔偿费用应当一次性支付；一次性支付确有困难的，可以分期支付，但应当提供相应的担保。"

立法演变

《民法典侵权责任编草案》（一审稿）第九百六十三条规定："损害发生后，当事人可以协商赔偿费用的支付方式。协商不一致的，赔偿费用应当一次性支付；一次性支付确有困难的，可以分期支付，但是被侵权人有权请求提供相应的担保。"此后无变化。

条文释义

本条是关于赔偿费用支付方式的规定。

一、概述

赔偿费用的支付方式，是指在赔偿数额确定后，侵权责任人向被侵权人进行支付的具体方式，一般有一次性支付、分期支付等方式。在侵权责任确定之后，如何实现侵权责任的补偿功能，就需要通过财产从责任人向被侵权人的转移，实现填补受害人损失的功能。损害赔偿的数额有的可能并不大，有的可能数额巨大；有的责任人有能力当场支付，有的则缺乏支付能力；有的责任人讲究诚信，有的责任人则不愿履行判决。因此，损害赔偿费用的支付方式便直接关系侵权责任的落实问题，涉及侵权责任法律制度能否有效保护受害人利益的问题，也涉及民事实体法律与强制执行法的衔接问题。如果实体法能够作出更具操作性的规定，则可以省去判决生效后围绕执行判决内容而发生的纠纷。

我国民事立法和司法实践向来重视赔偿费用的支付方式，认为这事关乎受害人的切实利益。《民法通则》在民事责任的一般规定中，就对债务的具体清偿方式作出了规定，该法第 108 条规定："债务应当清偿。暂时无力偿还的，经债权人同意或者人民法院裁决，可以由债务人分期偿还。有能力偿还拒不偿还的，由人民法院判决强制偿还。"《最高人民法院关于审理人身损害赔偿案件适用法律若干问题的解释》第 33 条也规定，人民法院可以根据赔偿义务人的给付能力和提供担保的情况，确定以定期金方式给付相关费用，但一审法庭辩论终结前已经发生的费用、死亡赔偿金以及精神损害抚慰金，应当一次性给付。该解释第34条还规定，人民法院应当在法律文书中明确定期金的给付时间、方式以及每期给付标准。

《侵权责任法》延续了相关立法及司法实践的经验，在第25条规定："损害发生后，当事人可以协商赔偿费用的支付方式。协商不一致的，赔偿费用应当一次性支付；一次性支付确有困难的，可以分期支付，但应当提供相应的担保。"本次民法典编纂中，对于该条未做大的改动，仅将"但应当提供相应的担保"改为"但是被侵权人有权请求提供相应的担保"。

二、内容

（一）协商确定费用支付方式

在损害发生以后，当事人首先可以通过协商来确定赔偿费用的支付方式。赔偿费用的支付方式，属于侵权之债的履行方式，仍然属于当事人意思自治的范围，因此，首先应当允许并交由双方当事人通过平等协商的方式来确定。协商一致意味着责任人和受害人双方，就赔偿费用的支付方式达成了一致意见，那么就应当按照双方约定的方式来支付该项赔偿费用。当事人协商确定支付的时间和方式，体现了意思自治。在协商的过程中，也最能体现出各方当事人的意思，经过双方协商达成的一致意见，最有利于双方的共同利益，执行起来阻力较小，也能够减少甚至避免事后因为执行再次引起的纠纷，节约法律的执行成本，节省司法资源。

当事人协商确定的赔偿费用的支付方式，既可以是关于全部费用的支付方式，也可以是某项赔偿费用的支付方式。只要是双方协商确定的，就应当得到尊重。例如，在人身损害赔偿案件的诸多赔偿项目中，双方当事人仅就医疗费、护理费、交通费、误工费、残疾生活辅助具费的支付方式达成了一致意见，但是对于残疾赔偿金的支付方式未达成一致意见，那么达成一致意见的，就要按照双方的约定来执行。未达成一致意见的，再根据本条的规定，通过其他方式确定支付方式。

（二）协商不一致的，赔偿费用应当一次性支付

一次性支付，是指责任人将赔偿费用一次全部支付给被侵权人。分期支付，是指责任人无需一次支付全部赔偿金给被侵权人，而是在一定期限内定期向受

害人支付一定数额的赔偿费。一次性支付就意味着财产的整体移转，即责任人要在短时间内筹集并支付全部赔偿费用给被侵权人；而定期支付则意味着财产的逐渐、分批次移转，即责任人可以在较长的时间内分批次支付赔偿费用，且每次仅需支付较少费用即可。故一次性支付一般而言更有利于被侵权人、不利于责任人，而分期支付则更有利于责任人、不利于被侵权人。

在实践中，由于责任人和被侵权人双方是原被告的关系，而且往往存在伤害与被伤害的侵权关系，而双方协商需要平等、友好、客观、冷静的氛围，这在现实中就存在很大的障碍，基于诉讼中当事人各自的利益诉求、自身的经济条件、对裁判结果的信服程度等各不相同，所以双方当事人能够就赔偿费用的支付方式友好协商、达成一致的，相对较少，且比较困难。

在此情况下，根据本条规定，责任人就应当向被侵权人一次性支付赔偿费用。这既是对受害人的保护，也是对行为人的惩戒。如果双方无法协商一致，那么法院在审理过程中，就应当计算出责任人的赔偿数额，并要求其一次性支付给被侵权人。本条并未限定哪些项目的赔偿费用应当一次性支付，因此，只要是当事人双方无法协商一致的，所有的赔偿费用都应当采用一次性的支付方式。这有别于此前的几部司法解释的规定，例如，《最高人民法院关于审理人身损害赔偿案件适用法律若干问题的解释》第33条就仅规定死亡赔偿金、精神损害抚慰金等费用应当一次性给付。

（三）分期支付与提供担保

如前所述，分期支付对侵权责任人而言更为有利，其无需一次性支出大笔费用，极大地减轻了财务压力。但分期支付对被侵权人而言并不有利，因为其无法一次性获得全部赔偿费用，必须忍受在较长时间内分期获得赔偿款的漫长过程，而且还需要时时担心赔偿人支付能力是否发生变化。对赔偿权利人而言，接受了分期支付，就意味着要增加多次请求赔偿义务人支付当期赔偿费用的时间、精力等各项成本，所分期数越多，赔偿权利人获得赔偿的成本就越高。因此，不是出现了特殊情况，一般人都不愿意接受此种赔偿方式。

但是赔偿权利人获得赔偿费用的前提，是赔偿义务人有支付赔偿款的能力。当责任人的责任财产确实不足以满足一次性支付的需求，则其客观上处于无法一次性支付的状态，此时权利人也只能让步，接受分期支付的方式。“一次性支付确有困难”，是指侵权责任人的财产状况确实不足以完成一次性支付，或者基于人道主义的考虑，要保障责任人及其所抚养的人的正常的生活就不宜进行一次性支付。一次性支付是否确有困难，需要赔偿义务人提出主张并进行举证，然后由法官进行判断。“一次性支付确有困难的”强调的是支付义务一方的困难，而非接受支付一方的困难。有些专家认为，如果接受支付一方不宜一次性接受全部赔偿款项的，也属于这种情况，例如赔偿权利人是被监护人，但存在着监护人挥霍赔偿款的可能，就可以要求分期支付。应当说这种理解恐怕不是立法本意，立法考虑的是支付一方的困难，至于监护人是否会违背被监护人的利益而滥用监护职权，应当由监护制度中对于监护人的约束条款来解决，不宜以此条款为由要求分期支付，否则在较长的支付过程中，一旦赔偿义务人的财产状况发生不利变动，则更不利于作为赔偿权利人的被监护人。

在责任人一次性支付确有困难而采取分期支付方式时，为保障被侵权人日后获得分期赔偿款，本条规定被侵权人有权请求责任人提供相应的担保。因为分期支付时间较长，被侵权人能否按期按时获得赔偿费用，有一定的不确定性，依赖于赔偿义务人的自觉性和支付能力，在此过程中，法院一般并不介入进行监督，为了有效地保证受害人的赔偿费用能够得到实现，有必要通过担保的方式来保障赔偿权利人的债权得到实现。提供担保，主要是指赔偿义务人对权利人提供保证、抵押或质押。这些担保方式与物权编、合同编中相关的规定一致，在此并无特殊性。

需要注意的有两点，一是对本条将此前《侵权责任法》中“应当提供相应的担保”改为“被侵权人有权请求提供相应的担保”。这意味着担保的发起不能够再由法院依职权做出，而必须由被侵权人提出。因为是否要求提供担保，仍然是私权自治的范围，属于当事人自行决定的事项，在诉讼中是否提出此项诉求，是当事人处分权的行使，符合民事诉讼法上的处分原则，法院不宜自行代替当事人作出决定。

二是被侵权人请求提供的担保，在“相应”的范围内即可。“相应”是指赔偿义务人提供担保的数额，与其分期支付的总额基本保持一致即可，担保的数额不宜高于赔偿金额。而且随着分期给付次数的增多，剩余的待付款数额也会逐步减少，此时赔偿义务人提供担保的数额也应当能够随之减少才对。

法条关联

◆《医疗事故处理条例》

第五十二条 医疗事故赔偿费用，实行一次性结算，由承担医疗事故责任的医疗机构支付。

◆《最高人民法院关于审理人身损害赔偿案件适用法律若干问题的解释》

第三十一条 人民法院应当按照民法通则第一百三十一条以及本解释第二条的规定，确定第十九条至第二十九条各项财产损失的实际赔偿金额。

前款确定的物质损害赔偿金与按照第十八条第一款规定确定的精神损害抚慰金，原则上应当一次性给付。

第三十三条 赔偿义务人请求以定期金方式给付残疾赔偿金、被扶养人生活费、残疾辅助器具费的，应当提供相应的担保。人民法院可以根据赔偿义务人的给付能力和提供担保的情况，确定以定期金方式给付相关费用。但一审法庭辩论终结前已经发生的费用、死亡赔偿金以及精神损害抚慰金，应当一次性给付。

案例评议

且某某某与西昌市福麟实业有限公司、西昌市扬帆建材有限责任公司健康权纠纷一案二审民事判决书①

◆ **裁判规则**

在认定尿不湿、护理垫费用的支付方式时，法院认为，依据《侵权责任法》第25条规定："损害发生后，当事人可以协商赔偿费用的支付方式。协商不一致的，赔偿费用应当一次性支付；一次性支付确有困难的，可以分期支付，但应当提供相应的担保。"本案中，西昌福麟公司并未提出其是否存在支付困难，也未提供相应担保，因此尿不湿、护理垫费用221760元应当一次性支付。

◆ **评议**

本案中，受害人为3岁儿童，被行为人的客车碾压致残，法院判决行为人

---

① 四川省凉山彝族自治州中级人民法院民事判决书，(2017)川34民终1374号。

承担的赔偿项目中包括尿不湿、护理垫，并且对此计算20年的护理期限，此项费用累计起来数额并不小，但由于责任人未主动提出分期支付的请求，所以法院判决一次性支付。可见赔偿费用以一次性支付为原则，如果当事人主张分期支付的，必须证明自己确实存在支付困难的客观情况，否则为保护被侵权人的利益，法院应当判决一次性支付。

第三章　责任主体的特殊规定

本章概要

本章名为责任主体的特殊规定，主要涉及侵权责任主体的一些需要强调或特别规定的内容。本章规定了被监护人致人损害时的监护人责任、委托监护中被监护人致人损害时的侵权责任、完全民事行为能力人暂时没有意识或者失去控制后的侵权责任、单位用工责任、个人用工责任、承揽关系中定作人的责任、网络侵权责任的一般性、权利人的通知权、网络服务提供者转送通知的义务、错误通知的责任、网络用户提交声明及网络服务提供者转送声明的义务、网络服务提供者与网络用户的连带责任、违反安全保障义务的侵权责任、教育机构对无民事行为能力人和限制民事行为能力人的侵权责任，以及无民事行为能力人或者限制民事行为能力人遭受第三人侵害时的侵权责任。

第一千一百八十八条　【监护人责任】

无民事行为能力人、限制民事行为能力人造成他人损害的，由监护人承担侵权责任。监护人尽到监护职责的，可以减轻其侵权责任。

有财产的无民事行为能力人、限制民事行为能力人造成他人损害的，从本人财产中支付赔偿费用；不足部分，由监护人赔偿。

本条来源

《侵权责任法》第三十二条规定：“无民事行为能力人、限制民事行为能力人造成他人损害的，由监护人承担侵权责任。监护人尽到监护责任的，可以减轻其侵权责任。有财产的无民事行为能力人、限制民事行为能力人造成他人损害的，从本人财产中支付赔偿费用。不足部分，由监护人赔偿。”

立法演变

《民法典侵权责任编草案》（一审稿）第九百六十四条规定：“无民事行为能力人、限制民事行为能力人造成他人损害的，由监护人承担侵权责任。监护人尽到监护职责的，可以减轻其侵权责任。有财产的无民事行为能力人、限制民事行为能力人造成他人损害的，从本人财产中支付赔偿费用。不足部分，由监护人赔偿。”此后无变化。

条文释义

本条是关于被监护人致人损害时监护人责任的规定。

一、概述

根据《民法典》总则编的规定，未成年子女、无民事行为能力或者限制民事行为能力的成年人，由于其不具有完全民事行为能力，所以需要他人的监护。监护制度正是通过法律的手段，为意思能力不足者提供必要的补充和帮助，使其能够更加有效地从外界获得物质条件、与外界进行交往，使其能够在意思健全者的庇护下成长或康复健全。但作为被监护人的未成年人、无民事行为能力或者限制民事行为能力的成年人，也可能在与他人的交往中对他人造成人身或财产权益的伤害，构成侵权。此时责任由谁承担，则是侵权法律制度需要解决的问题。

由于被监护人都是民事行为能力欠缺或不具备者，缺乏对自己行为性质和后果的认识，故要求其承担侵权责任则对其并不公平。所以被监护人造成他人损害后的责任，是由监护人承担。在监护人责任中，实施加害行为的是被监护人，而承担侵权责任的是监护人。行为人与责任人产生了分离，这种责任也被称为替代责任，即责任人替行为人承担责任。监护人责任就是一种替代责任。

我国《民法通则》就对被监护人致人损害时的监护人责任作出了规定，其第133条规定：“无民事行为能力人、限制民事行为能力人造成他人损害的，由监护人承担民事责任。监护人尽了监护责任的，可以适当减轻他的民事责任。有财产的无民事行为能力人、限制民事行为能力人造成他人损害的，从本人财产中支付赔偿费用。不足部分，由监护人适当赔偿，但单位担任监护人的除外。”《侵权责任法》基本沿袭了这一规定，在其第32条规定：“无民事行为能力人、限制民事行为能力人造成他人损害的，由监护人承担侵权责任。监护人尽到监护责任的，可以减轻其侵权责任。有财产的无民事行为能力人、限制民事行为能力人造成他人损害的，从本人财产中支付赔偿费用。不足部分，由监护人赔偿。”本次民法典编纂过程中，该条规定被认为是成熟的、可行的规定，因此仅对个别字词和标点符号作了修改，纳入《民法典》侵权责任编之中，成为第1188条。

二、内容

（一）被监护人致人损害时监护人责任的归责原则

在归责原则上，被监护人致人损害时监护人责任采无过错责任的归责原则。从《民法典》侵权责任编的立法体例上可以看出，监护人责任并不适用一般的过错责任原则，立法专门对其作出规定，就是因为其归责原则具有特殊性，不属于过错责任，也不属于过错责任下的过错推定责任，而是一种特殊的侵权责任，适用无过错责任的归责原则。

被监护人致人损害时监护人责任的归责原则为无过错责任原则，这就意味着，即使监护人没有任何过错，不存在疏于或怠于履行监护职责的情形，或者即使监护人尽到了监护责任仍然不能避免损害的发生，监护人仍然应当承担监护责任，而不能据此主张排除其责任的承担。只不过承担责任的程度，可以根据其监护职责的履行情况来适当减轻，但不能完全免除。

（二）被监护人致人损害时监护人责任的构成要件

1. 造成他人损害的主体是无民事行为能力人、限制民事行为能力人

民事行为能力是根据意思能力是否成熟来进行的划分，其中，根据年龄对自然人智力发育程度的重大影响作出了一般性的规定，其余的再根据个体的意思能力正常与否作出划分。因此，无民事行为能力人，是指不具有以自己的行为取得民事权利和承担民事义务的资格的自然人。在我国，无民事行为能力人包括两类：一是不满8周岁的未成年人；二是不能辨认自己行为的成年人，即没有判断能力和自我保护能力，不知其行为的后果的自然人，往往是存在精神障碍的成年人。无民事行为能力人不能独立实施任何民事法律行为，而必须由其法定代理人代理实施。

限制民事行为能力人，又称为不完全民事行为能力人，是指只在一定范围

内具有民事行为能力的自然人。限制民事行为能力人有两种：一是8周岁以上的未成年人；二是不能完全辨认自己行为的成年人。此类成年人往往是因为精神、智力障碍而不能完全辨认自己行为的内容与法律后果，不能独立实施一些民事活动。限制民事行为能力人依法不能独立实施的民事法律行为，应当由其法定代理人代理实施。法律只允许限制民事行为能力人独立从事纯获利益的民事法律行为及与其智力、精神健康状况相适应的民事法律行为。

2. 被监护人造成他人损害

被监护人即无民事行为能力人和限制民事行为能力人，虽然他们民事行为能力有所欠缺，但依然可以通过自身的行为造成他人损害。根据侵权责任的构成要件，必须有损害才能产生赔偿责任，因此，只有在无民事行为能力人或限制民事行为能力人造成他人的实际损失时，才会产生监护人责任。

“他人”是指监护人与被监护人之外的第三人。如果被监护人造成了监护人的损害，则不属于本条所规定的监护人责任，因为本条专指被监护人造成他人损害的监护人责任。“损害”既包括财产损害，也包括精神损害。

此外，还需注意区分被监护人的行为和监护人的行为，必须是被监护人自身的行为造成他人损害，才能适用本条规定，才属于监护人责任。如果监护人教唆、指示被监护人对他人实施侵害行为，则此时被监护人只是监护人实施侵权行为的工具，这一行为是监护人自己实施的侵权行为，属于自己责任，应当适用《民法典》第1169条的规定，即教唆、帮助无民事行为能力人、限制民事行为能力人实施侵权行为的，应当承担侵权责任。此时直接对监护人进行过错责任原则的判断即可，无须适用本条监护人责任的规定。

3. 被监护人的行为与受害人的损害之间具有因果关系

因果关系是任何侵权责任的必备要件之一，监护人要对被监护人致人损害承担监护责任，也要求无民事行为能力人或限制民事行为能力人的加害行为与受害人遭受的损害之间，具有因果关系。对于此种因果关系的判断，与侵权责任构成理论中的因果关系判断相同，在实践中受害人应当对此进行举证，证明其损害是由被监护人的行为所导致的。

4. 被监护人没有独立财产

本条关于被监护人致人损害时的监护人责任，分为两款规定，第1款是一般情形的规定，在一般情形下，致人损害的被监护人并没有自己的独立财产。

否则，就应当适用本条第2款的特别规定，即有财产的无民事行为能力人、限制民事行为能力人造成他人损害的，从本人财产中支付赔偿费用，不足部分，才由监护人赔偿。监护人对被监护人致人损害的侵权责任承担无过错责任的原因，除了被监护人意思能力不足以外，还因为被监护人一般都没有独立的财产，其无力对受害人进行赔偿，所以必须由监护人代其承担责任。

（三）监护人侵权责任的减轻

虽然监护人责任适用无过错责任的归责原则，但毕竟此种责任是替代责任，监护人是为被监护人的侵害行为承担责任，其对于被监护人的行为控制能力毕竟有限。所以本条特别规定，监护人尽到监护职责的，可以减轻其侵权责任。

本条规定监护人侵权责任的减轻事由，可以鼓励监护人履行其监护职责，因为监护人已经尽到了其监护职责，就可以据此主张侵权责任的减轻。如果不管监护人履行监护职责的情况如何，都要求其承担全部的赔偿责任而不予任何减轻，则更不利于监护人监护职责的履行，进而也不利于被监护人的利益。因为是否尽心尽力地对被监护人进行监护，只要其造成他人损害，自己都要承担全部责任而无任何例外，则反而会使得监护人怠于履行监护职责，或者通过不当限制被监护人人身自由的极端方式来履行监护职责。因此，为了平衡监护人的利益，鼓励其尽职监护，本条规定，如果监护人尽到监护职责的，就可以减轻其侵权责任。

对此，举证责任由监护人负担，其需要举证证明自己尽到了监护职责。一般来说，监护人如果能够证明自己切实履行了《民法典》对监护人所要求的教育、保护、照管等职责，就可以完成举证责任。法官在判断监护人是否尽到了监护职责时，应当根据常人的标准来判断在当时的情形下，监护人是否做到了一个谨慎、勤勉、尽责的监护人应当采取的各项措施，监护人如果履行监护义务更加尽责是否就足以避免被监护人造成他人损害的后果，等等。

此外，监护人尽到了监护职责的效果，也只能是减轻其侵权责任，而不能免除其侵权责任。如果完全免除监护人责任，则受害人遭受的损害将会得不到任何补偿和救济，这又会引起另一种不公平。在实践中考虑监护人是否尽到了监护职责时，还应当结合被监护人的年龄、智力等方面的情况，因为不同的年龄和智力程度，其对于自身行为的识别能力和控制能力都不同，自身识别能力和控制能力越强，则监护人责任越弱，反之亦然。因此，在确定监护人是否尽到监护职责、是否要减轻其责任时，也应当考虑被监护人识别能力的差异。

（四）有财产的被监护人致人损害时的责任承担

对于有财产的被监护人致人损害时监护人的责任，也有学者认为此时监护人承担的责任在一定程度上已转到了被监护人身上，而被监护人承担的此种责任，属于公平责任，因为“在此种责任中，责任的主体不是监护人，而是被监护人。由于无民事行为能力人、限制民事行为能力人要以自己的财产进行赔偿，因此，只能称为被监护人的公平责任，而非监护人的公平责任。”① 此时，监护人仍需要在被监护人支付不足的部分承担赔偿责任，是基于对受害人利益保护的考虑。

随着我国社会经济的不断发展，未成人和不具备完全民事行为能力的成年人也存在具有独立财产的可能性。这往往基于如下几种原因：一是被监护人继承了遗产或获得了遗赠，或获得了他人的赠与，因而具有了一定的独立财产。被监护人作为继承人，从监护人以外的其他近亲属、配偶的遗产中进行继承而取得一定的财产，或者接受了他人对其的赠与，这些都是有利于被监护人利益的行为，被监护人有权保有这些财产。二是被监护人通过自己的劳动获得报酬。虽然被监护人欠缺完全的意思能力，但是在其意思能力范围内，不影响其成长和健康等基本利益的情况下，可以通过自己的劳动获得相应的报酬。例如一些童星，通过表演电视电影节目而获得片酬；还有一些儿童模特，为儿童服装进行表演、代言广告，获取报酬；还有一些限制民事行为能力的成年人，也具有一定的劳动能力，可以通过合理的方式获得相应的报酬。

当被监护人具备独立的财产时，其造成他人的损害，就应当首先从被监护人自己的财产中支付赔偿费用，不足的部分再由监护人承担赔偿责任，这是比较公平的。尤其是我国自《民法总则》开始，对于监护人的范围作了扩大规定，除了被监护人的配偶、父母、子女、祖父母、外祖父母等近亲属以外，其他愿意担任监护人的个人或者组织，在经过被监护人住所地的居民委员会、村民委员会或者民政部门同意后，都可以担任监护人。此时，如果被监护人致人损害，且具有独立财产，还要求这些监护人首先承担责任，则并不符合常理常

① 王利明：《侵权责任法研究（下卷）》（第二版），中国人民大学出版社 2016 年 4 月版，第 51 页。

情。当然，从被监护人的独立财产中支付赔偿费用时，应当保留被监护人的必要费用，如基本的生活费用、学习费用等，保障其正常的生活和学习不受影响。在此基础上，如果被监护人的财产仍不足于支付赔偿费用的，再由监护人对其余的数额承担赔偿责任。

法条关联

◆《民法典》总则编

第十九条 八周岁以上的未成年人为限制民事行为能力人，实施民事法律行为由其法定代理人代理或者经其法定代理人同意、追认；但是，可以独立实施纯获利益的民事法律行为或者与其年龄、智力相适应的民事法律行为。

第二十条 不满八周岁的未成年人为无民事行为能力人，由其法定代理人代理实施民事法律行为。

第二十一条 不能辨认自己行为的成年人为无民事行为能力人，由其法定代理人代理实施民事法律行为。

八周岁以上的未成年人不能辨认自己行为的，适用前款规定。

第二十二条 不能完全辨认自己行为的成年人为限制民事行为能力人，实施民事法律行为由其法定代理人代理或者经其法定代理人同意、追认；但是，可以独立实施纯获利益的民事法律行为或者与其智力、精神健康状况相适应的民事法律行为。

第二十三条 无民事行为能力人、限制民事行为能力人的监护人是其法定代理人。

第二十四条 不能辨认或者不能完全辨认自己行为的成年人，其利害关系人或者有关组织，可以向人民法院申请认定该成年人为无民事行为能力人或者限制民事行为能力人。

被人民法院认定为无民事行为能力人或者限制民事行为能力人的，经本人、利害关系人或者有关组织申请，人民法院可以根据其智力、精神健康恢复的状况，认定该成年人恢复为限制民事行为能力人或者完全民事行为能力人。

本条规定的有关组织包括：居民委员会、村民委员会、学校、医疗机构、妇女联合会、残疾人联合会、依法设立的老年人组织、民政部门等。

案例评议

一、潘某与黄某、黄某1等生命权、健康权、身体权纠纷案[①]

◆ 裁判规则

在认定本案的损害赔偿主体与赔偿责任时，法院认为，黄某系未成年人，黄某1、刘某1作为黄某的监护人，依法应当履行监护职责，黄某实施侵权行为造成潘某受伤，依法应当由其监护人承担相应的民事赔偿责任。潘某1、何某1疏于对潘某的监护，致其受到伤害，存在一定的过错，依法应当减轻黄某1、刘某1的赔偿责任。综合黄某在本案中的过错大小，确认由黄某1、刘某1承担本案损失70%的赔偿责任。

◆ 评议

本案中，多名小朋友一起在3楼平台处玩擦炮，同时在对面一栋楼房4楼楼顶平台上，3名小朋友也在玩擦炮，后双方因相互扔砸擦炮发生口角纠纷。其间，黄某捡起一块连着小钢筋的水泥块砸向对面，并插在潘某头部，造成10级伤残。法院认为，对于各自小孩从事的此种危险活动，行为人家长和被害人家长均存在疏于监护、未履行监护职责的情形，都存在一定的过错。

二、邬某1与朱某监护人责任纠纷案[②]

◆ 裁判规则

在认定本案中承担侵权赔偿责任主体时，法院认为，根据法律规定：无民事行为能力人或限制民事行为能力人造成他人人身损害的，由其监护人承担侵权责任，无民事行为能力人或限制民事行为能力人有财产的，从其本人财产中支付赔偿费用，不足部分，由监护人赔偿。本案中邬某2因精神分裂症病发行为而刀刺朱某，造成朱某严重人身伤害，为此邬某1、忻某作为法律规定的邬某2第一顺位监护资格人，应就朱某的人身伤害损失依法承担赔偿责任。虽然没有证据证明涉案伤害事件发生前，邬某2曾被确认属无民事行为或限制民事行为能力人，但由于监护人责任属无过错责任，即无论监护人主、客观上有无

① 湖北省高级人民法院民事判决书，（2015）鄂黄石中民三终字第00027号。
② 上海市第一中级人民法院民事判决书，（2012）沪一中民一（民）终字第1635号。

过错，法律规定其均需承担责任，其目的是保护受害人的合法权益，故邬某1、忻某作为父母即使不知道其对邬某2负有监护义务，仍应在本案中承担侵权赔偿责任。

◆ **评议**

本案中，行为人本身系医师，但经鉴定存在明显的被害妄想，符合精神分裂症的诊断，将同事作为妄想对象，用刀刺伤。虽然行为人此前并未被宣告或确认为无民事行为能力人或限制民事行为能力人，但法院认为，只要行为人事实上属于无民事行为能力人或限制民事行为能力人，其监护人就应当承担监护责任。

第一千一百八十九条 【委托监护责任】

无民事行为能力人、限制民事行为能力人造成他人损害，监护人将监护职责委托给他人的，监护人应当承担侵权责任；受托人有过错的，承担相应的责任。

本条来源

《最高人民法院关于贯彻执行〈中华人民共和国民法通则〉若干问题的意见（试行）》第22条：“监护人可以将监护职责部分或者全部委托给他人。因被监护人的侵权行为需要承担民事责任的，应当由监护人承担，但另有约定的除外；被委托人确有过错的，负连带责任。”

立法演变

《民法典侵权责任编草案》（一审稿）第九百六十五条规定：“无民事行为能力人、限制民事行为能力人造成他人损害，监护人将监护职责部分或者全部委托给他人的，由监护人承担侵权责任；受托人有过错的，承担相应的责任。”此后稍有调整。

条文释义

本条是对委托监护中被监护人致人损害时侵权责任的规定。

一、概述

监护制度，是对无民事行为能力人和限制民事行为能力人的人身、财产及其他合法权益进行照顾、监督和保护的一项制度。其中，履行监督、保护职责的人，为监护人，而被监督、保护的无民事行为能力人和限制民事行为能力人，为被监护人。监护制度从其本质上讲就是对缺乏完全行为能力的人的监督和照顾制度，主要是保护无行为能力人和限制行为能力人的合法权益，保护未成年人的健康成长，维护社会秩序和公共利益。监护制度根据被监护人的不同，可以分为未成年人监护和成年人监护两大类，根据监护的设立是否由被监护人决定，可以分为法定监护和意定监护两大类。我国从《民法通则》开始就专门规定了监护制度，后经过《民法总则》和《民法典》总则编的不断发展完善，对各类监护制度都作出了规定。我国民法典规定的无民事行为能力人和限制民事行为能力人的监护制度主要是法定监护、协议监护、指定监护三种，其中指定监护包括被监护人的父母通过遗嘱指定监护，和居民委员会、村民委员会或者民政部门及人民法院的指定监护。

我国民法典未对委托监护作出明确规定。最早对委托监护作出规定的，是最高人民法院针对1986年《民法通则》进行的司法解释，其中出现了委托监护及其侵权责任的规定。在1988年《最高人民法院关于贯彻执行〈中华人民共和国民法通则〉若干问题的意见（试行）》第22条中规定，监护人可以将监护职责部分或者全部委托给他人。因被监护人的侵权行为需要承担民事责任的，应当由监护人承担，但另有约定的除外；被委托人确有过错的，负连带责任。此后在《民法总则》及《民法典》总则编起草中，均未增加对委托监护的明确规定。本次《民法典》侵权责任编中，新增加对委托监护中被监护人致人损害时的侵权责任的规定，但这一规定并未简单沿袭《民法通则》及司法解释的规定，而是作出了较大修改。

二、内容

（一）存在委托监护的情形

委托监护，是指监护人在一定时期内将监护职责委托给他人行使。根据《民法典》总则编的规定，未成年人的父母是未成年人的天然、第一顺位的监护人。父母作为未成年子女的法定监护人，以子女出生这一法律事实为发生原因，一直延续到子女年满18周岁成年为止。当未成年人的父母已经死亡或者没有监护能力的，则由未成年人的祖父母、外祖父母、兄、姐按顺序担任监护人。在此之外，还可以由其他愿意担任监护人的个人或者组织担任其监护人，但是须经未成年人住所地的居民委员会、村民委员会或者民政部门同意。而对于无民事行为能力或者限制民事行为能力的成年人，往往是因其存在精神或智力上的某种障碍而欠缺必要的意思能力，故由其配偶、父母、子女、其他近亲属来按顺序担任监护人。在此之外，还可以由其他愿意担任监护人的个人或者组织担任其监护人，但是须经被监护人住所地的居民委员会、村民委员会或者民政部门同意。

因此，能够担任监护人的范围十分广泛，而任何依法取得对无民事行为能力人、限制民事行为能力人的监护权的监护人，都有权进行委托监护，将监护职责委托给他人行使。当然，委托监护一般只是临时性的措施，是在较为短暂的时间内将监护职责委托他人行使，或者将某些监护事项委托他人行使。例如父母要赴外地出差一个月，其间无人看管孩子，就只能将监护权委托给亲朋好友。

监护人应当按照最有利于被监护人的原则履行监护职责，监护人不能将监护事项全部、长期交给他人行使，否则，属于监护人怠于或不履行监护职责。在此情形下，经其他个人或组织的申请，人民法院有权撤销监护人的监护资格，安排必要的临时监护措施，并按照最有利于被监护人的原则依法重新指定监护人。

但同时委托监护也是必要的，因为确实可能出现监护人因为各种原因而无法履行监护职责的情形，如果监护人自己无法履行监护职责，又不委托他人代为监护，那么结果必然是损害被监护人的利益。对此，如果监护人无法履行监护职责并且拒绝将监护职责部分或者全部委托给他人，导致被监护人处于危困状态的，还会引起监护人监护资格被撤销。因此，当监护人确有必要而委托他人代为监护时，在委托期间内，被委托人就成为被监护人的临时监护人，需要依据委托的约定，肩负起对被监护人的监护职责。

（二）在委托监护期间，被监护人致人损害

监护人既要保护被监护人的人身、财产不受他人侵害，同时也要教育、监督和管教被监护人，约束未成年人的行为，防止其实施侵害国家财产、集体财产或他人人身、财产的不法行为。未成年人由于年龄尚小，常常不能对自己的行为作出正确的判断，这就需要对其加以管教和约束。而精神障碍患者一般生活不能自理，或者容易发病、滋事，更需要监护人予以保护。所以，监护人在监护期间必须对被监护人尽到管教、约束的责任，这不仅是保护被监护人的权益，也是保护他人的合法权益，是对社会秩序的维护。如果监护人没有尽到管教和约束被监护人的责任，致使被监护人实施侵害国家财产、集体财产或他人人身、财产的不法行为，就会发生监护人责任。监护人的职责，无论是监护人本人，还是基于监护人的委托而代为监护的受托人，在内容上和注意程度上都是同样的。

例如，张三是张小三的爸爸，某日，张小三的表舅李四到张三家做客，李四提出带张小三去郊野公园玩一天，张三同意了，于是李四带着张小三来到郊野公园游玩。结果张小三在公园里玩耍时，和一起玩耍的另一名小朋友王某起了争执，张小三捡起石头将王某头部打流血，整个过程中李四就在旁边玩手机游戏，毫不关心，也没有进行制止。王某的妈妈在旁边排队买票，发现自己的孩子被张小三打伤，立刻找到李四要求赔偿，李四却辩称自己不是张小三的监护人，没有赔偿责任，并带着张小三要离开。那么在这样的一起纠纷中，张三实际上是将张小三的监护权暂时委托给了李四行使，而李四却怠于行使监护职责，因此造成王某受伤的结果。根据本条规定，将对无民事行为能力人、限制民事行为能力人的监护职责委托给他人的，如果被监护人造成他人损害，则仍然由监护人承担侵权责任，但如果受托人有过错的，也要承担相应的责任。对此，李四的抗辩有部分道理，应当由张三承担监护责任，但由于李四履行监护职责不力，存在过错，因此也要承担相应的责任。如果根据《最高人民法院关于贯彻执行〈中华人民共和国民法通则〉若干问题的意见（试行）》的规定，李四承担的责任是连带责任，但本条并未规定是连带责任，而是相应的责任，因此应当是与其过错程度相适应的按份责任。

（三）监护人的责任

当被监护人在委托监护期间，对他人实施了侵害行为，造成他人人身权益或财产权益的受损后果，此时，首先应当由监护人承担侵权责任。一方面，是基于委托关系的原理，被委托人从事行为的后果归于委托人。虽然监护的内容具有一定的人身属性，不能照搬委托代理关系的内容，但委托监护在本质上仍然是一种委托他人代为处理事项的制度，当受托事项造成他人损害时，后果自然应当由委托人承担，而不能要求受托人对外承担责任。

另一方面，是因为我国对于监护人责任采取无过错责任的归责原则，被监护人造成他人损害的，监护人就要承担侵权责任。根据《民法典》侵权责任编的规定，无民事行为能力人、限制民事行为能力人造成他人损害的，由监护人承担侵权责任。因此，即便是委托他人代为监护，当被监护人造成他人损害时，监护人还是应当承担监护责任。

对于委托监护期间，无民事行为能力人、限制民事行为能力人造成他人损害的，监护人责任的认定和承担，同时应当适用《民法典》侵权责任编第1188条的规定，在判断监护人的侵权责任时，如果监护人尽到了监护职责的，可以减轻其侵权责任。当然，在委托监护的情形下，由于监护人并未在现场进行监护，所以其是否尽到了监护职责，主要看其对于受托人的选任是否存在过失，对于监护中必要事项是否进行说明等。同时，如果被监护人具有独立财产的，则从其本人财产中支付赔偿费用，不足部分，再由监护人赔偿。

（四）受托人的责任

受托人接受监护人的委托，对被监护人进行监护，因此受托人在委托监护期间，其取得了相当于监护人的身份，是临时监护人。那么监护人对于被监护人所应当尽到的照顾、保护、教育、监督等义务，受托人都应当切实履行。当作为被监护人的无民事行为能力人、限制民事行为能力人造成他人损害时，往往意味着受托人履行监护职责存在缺陷，其未能有效预防、及时制止被监护人对他人实施侵害行为。

因此，在委托监护期间发生了被监护人致人损害的情形，一般就意味着受托人存在过错，未能妥当履行监护职责。当然，如果是因为监护人未能履行如实告知、特别提示等义务而造成的损害，则不属于受托人的过错。例如，被监护人患有某种精神疾病，在受到某种外界刺激时会突然发病，并有暴力倾向，但监护人在委托他人监护时，忘了对受托人特别进行说明。结果在受托人未曾预料的情形下，被监护人因受到外界刺激而突然发病造成他人损害，此种情形下，就不属于受托人的过错。但如果是受托人疏于对被监护人看管、教育、约束而导致被监护人造成他人损害的，则属于受托人的过错。

那么根据本条规定，如果受托人有过错的，其应当承担相应的责任。此种相应的责任不同于连带责任，这是本条对《民通意见》的修改。相应的责任，一般是以行为人的过错程度及其行为与损害之间的原因力来进行划分的固定份额的责任。相应的责任，就是指与行为人自己的过错和原因力相一致的责任。因此，在确定受托人的责任时，不可要求其与监护人承担连带责任，而应当根据案件的具体情况，并结合受托人履行监护职责的情况，以及监护人对受托人的选任和说明提示等方面的情况，综合判断各方行为对于损害的原因力关系，最终确定受托人的责任份额。

在被监护人具有独立的财产时，被监护人在实质上也要以自己的财产参与到责任的承担中，此时，应当根据《民法典》侵权责任编第1188条第2款的规定，先从被监护人的独立财产中对受害人进行赔偿费用的支付，不足部分，再由监护人和受托人按照各自相应的份额进行赔偿。

法条关联

◆《民法典》总则编

第三十四条 监护人的职责是代理被监护人实施民事法律行为，保护被监护人的人身权利、财产权利以及其他合法权益等。

监护人依法履行监护职责产生的权利，受法律保护。

监护人不履行监护职责或者侵害被监护人合法权益的，应当承担法律责任。

因发生突发事件等紧急情况，监护人暂时无法履行监护职责，被监护人的生活处于无人照料状态的，被监护人住所地的居民委员会、村民委员会或者民政部门应当为被监护人安排必要的临时生活照料措施。

案例评议

一、袁某与王某、鲍某等生命权、健康权、身体权纠纷案[①]

◆ 裁判规则

在认定本案中王某1是否应当承担侵权责任时，法院认为，原告袁某系无民事行为能力人、被告王某系限制民事行为能力人，二人在被告王某1家长期住宿，二人法定代理人与被告王某1之间已形成事实上的委托监护关系，且在

① 内蒙古自治区科尔沁左翼中旗人民法院民事判决书，(2018) 内0521民初413号。

午休期间被告王某用玩具枪将原告袁某打伤，被告王某1未尽到管理义务，故被告王某1应承担相应责任。

◆ 评议

本案中，一名小学学生长期住在另一名同学家中，被该名同学用玩具枪将牙齿打伤。法院认为，这种情形下构成委托监护关系，伤人学生的家长未尽到对受害人的保护职责，应当承担相应的责任。

二、原告云某1诉被告王某1、王某2、孙某1健康权纠纷案①

◆ 裁判规则

在认定本案中孙某1是否应当承担赔偿责任时，法院认为，依据《最高人民法院关于贯彻执行〈中华人民共和国民法通则〉若干问题的意见（试行)》第22条规定：监护人可以将监护职责部分或者全部委托给他人。因被监护人的侵权行为需要承担民事责任的，应当由监护人承担，但另有约定的除外；被委托人确有过错的，负连带责任。孙某1在王某1母亲去世后代王某2照顾王某1，王某2、孙某1之间形成了委托监护的关系，但孙某1对王某1推原告的行为不存在过错，故不应承担本案的赔偿责任。

◆ 评议

本案中，行为人父母离婚，母亲去世，其长期与姥姥生活，法院认为行为人的父亲与其姥姥之间形成委托监护的关系，行为人与他人发生打斗致人损害时，其监护人仍然是其父亲，应当承担责任，其姥姥作为受托人，对此并无过错，因此无需承担责任。

第一千一百九十条 【暂时丧失意识侵权责任】

完全民事行为能力人对自己的行为暂时没有意识或者失去控制造成他人损害有过错的，应当承担侵权责任；没有过错的，根据行为人的经济状况对受害人适当补偿。

① 黑龙江省虎林市人民法院民事判决书，(2015）虎民初字第889号。

> 完全民事行为能力人因醉酒、滥用麻醉药品或者精神药品对自己的行为暂时没有意识或者失去控制造成他人损害的，应当承担侵权责任。

本条来源

《侵权责任法》第三十三条规定："完全民事行为能力人对自己的行为暂时没有意识或者失去控制造成他人损害有过错的，应当承担侵权责任；没有过错的，根据行为人的经济状况对受害人适当补偿。完全民事行为能力人因醉酒、滥用麻醉药品或者精神药品对自己的行为暂时没有意识或者失去控制造成他人损害的，应当承担侵权责任。"

立法演变

《民法典侵权责任编草案》（一审稿）第九百六十六条规定："完全民事行为能力人对自己的行为暂时没有意识或者失去控制造成他人损害有过错的，应当承担侵权责任；没有过错的，根据行为人的经济状况对受害人适当补偿。完全民事行为能力人因醉酒、滥用麻醉药品或者精神药品对自己的行为暂时没有意识或者失去控制造成他人损害的，应当承担侵权责任。"此后无变化。

条文释义

本条是关于完全民事行为能力人暂时没有意识或者失去控制后侵权责任的规定。

一、概述

完全民事行为能力人暂时没有意识或者失去控制，也称为完全民事行为能力人暂时丧失意思能力，是指行为人是完全民事行为能力人，但由于突发疾病、受到外界刺激、饮酒或滥用精神类药物等原因，而暂时丧失了正常的意思能力。在此情形下，行为人对他人实施侵害行为，造成他人受损的后果，如何认定侵权责任？这便是本条所要规范的内容。

根据过错责任原则，行为人承担侵权责任的构成要件之一便是过错，而过错是一种主观上未尽到应有的注意的状态，其前提是行为人具备完全民事行为能力，具有相应的意思能力，能够对自己行为的性质和后果有一定的认识。那么如果行为人不具备相应的意思能力，则属于无民事行为能力人或者限制民事行为能力人，就不能认为其具有法律意义上的过错。也就是说，行为人是否对自己的行为承担民事责任，首先应当考察其是否具有民事责任能力，而民事责任能力主要是基于行为人是否具有意思能力和识别能力。对于欠缺意思能力与识别能力的行为人，如果其对该能力的欠缺没有过错，就不能追究其民事责任。当然，在无民事行为能力人或限制民事行为能力人具有独立财产的情况下，其客观上具备承担一定财产责任的能力，基于对受害人补偿的考虑，在监护人无过错的情况下，也可以从无意思能力或识别能力但有财产的行为人自己的财产中进行赔偿，以弥补受害人的损失。

但如果行为人作为完全民事行为能力人，只是暂时失去了意识，这不同于长期失去意识的无民事行为能力或限制民事行为能力的状态，此时行为人造成了他人的损害，是否应当承担侵权责任，就具有一定的特殊性。那么根据本条的规定，行为人仍然应当承担侵权责任，但是在其没有过错的情况下，可以仅承担补偿责任。

二、内容

（一）完全民事行为能力人对暂时没有意识或者失去控制造成的损害应当承担侵权责任

完全民事行为能力人暂时性地丧失意识或对自己的身体行为失去控制，原因可能来自多个方面，例如梦游、突发疾病、醉酒、遭受外界作用力等。在不同原因造成行为人暂时丧失意识或失去控制的情形下，大致可以根据行为人自己对造成的这一状况是否具有过错而进行分类，因为在不同的情形下，行为人的侵权责任承担方式不同。

但无论完全民事行为能力人对其处于暂时没有意识或者失去控制的状态是否存在过错，其都应当承担侵权责任。这是此类情形归责的基本原则，行为人不得以其不具有过错而主张免责的抗辩。立法采取如此规定，是充分权衡各方利益之后作出的规定。

行为人可能对自己处于丧失意识或者失去控制毫无过错，例如行为人患有癫痫病，一直按时服药就医，但仍然可能突然病情发作而造成他人损害，行为人对此无法预见也极难控制。当然，行为人也可能完全是基于自己的过错甚至有意放纵而处于丧失意识的状态，例如行为人彻夜聚众饮酒，酩酊大醉，在餐馆进行打砸。但无论行为人对其处于暂时没有意识或者失去控制的状态是否具有过错，毫无疑问，其都必须承担侵权责任。只不过在其无过错的情况下，责任的形态会有所不同。立法主要考虑如下两方面的因素：

一方面，在保护行为人与保护第三人之间进行权衡，并侧重保护第三人。行为人是完全民事行为能力人，在外观上均具有成年人的外貌、身材特征，在平常的言行举止上，均是完全正常的状态。所以第三人不可能预料行为人可能会突然处于暂时没有意识或者失去控制的状态。如果要求第三人承担责任，则根本无法起到预防损害、调整行为方式的作用，因为根本就无法预料。而无数的第三人又称为社会秩序的化身，所以在暂时没有意识或者失去控制的完全民事行为能力人与第三人之间，只能侧重保护第三人的利益。

另一方面，虽然有一部分原因是行为人毫无过错的情况下处于暂时没有意识或者失去控制的状态，但是绝大多数情况下，行为人都具有一定的过错，甚至是明显的过错。行为人控制自己的行为，规避潜在的风险，避免让自己处于暂时没有意识或者失去控制的状态，相对较为容易。因为完全民事行为能力是法律上的理性人，能够充分考虑自己行为所涉及的方方面面，并采取合理措施预防损害的发生。例如，南方夏季或北方冬季的阳光十分晃眼，如果机动车驾驶员正对着阳光的方向行驶，双眼很容易受到强烈的日光刺激，一片白茫茫，瞬间会导致驾驶行为失去控制，并可能造成交通事故。如果此时驾驶员可以以此为抗辩而对造成的损害不承担责任，则显然对于受害人极不公平。但驾驶员可以通过放下遮阳板、佩戴墨镜等方式，轻松解决这一问题。因此，行为人能够比较容易地避免损害的发生，但却未采取措施的，其仍然具有过错，要求其承担责任具有正当性。据报道，2018 年 8 月 6 日，江某驾车回黔江，当行驶到渝北空港时，正是中午时分，太阳明亮晃眼。江某见道路宽敞，除了前方有一辆货车之外并无其他车辆。于是，他顶着晃眼的阳光“盲开”了20 多米后，前面的货车突然减速，江某根本没察觉。等他开车冲到离大货车只剩两三米处时，他才发现快追尾了，急忙踩刹车，但距离太近，车速太快，已经来不及了，轿车半个车身钻进了货车底部。民警对江某的过错进行了严厉批评教育，并判定事故由江某负全部责任，由江某承担医疗费、货车和自己车辆修理共计 4 万余元的费用。[①]

（二）完全民事行为能力人对暂时没有意识或者失去控制存在过错时的责任承担

本条第1款前半段和第2款，均规定的是完全民事行为能力人对暂时没有意识或者失去控制存在过错时的责任承担，即行为人应当承担侵权责任。第2款是针对常见的、行为人具有明显过错的情形的特别提示性规定。因此，只要完全民事行为能力人对自己的行为暂时没有意识或者失去控制造成他人损害有过错的，无论其是因为醉酒、滥用麻醉药品或者精神药品，或者基于其他原因而使自己的行为暂时没有意识或者失去控制的，都应当承担侵权责任，并且不存在减轻责任的例外规定。

因为完全民事行为能力人具有成熟的心智，其因为过错而使自己处于暂时没有意识或者失去控制的状态，是其完全可以避免的，所以其应当承担侵权责任。如果其可以免予承担侵权责任，则相当于放任行为人借机从事麻醉自己等行为，如此则社会秩序必然受到重大冲击。完全民事行为能力人对暂时没有意识或者失去控制存在过错，也分为两种情况。

一种情况是完全民事行为能力人对自己处于暂时没有意识或者失去控制的状态，存在故意或重大过失。这典型地体现在本条第2款的情形中，即完全民事行为能力人因醉酒、滥用麻醉药品或者精神药品而导致自己暂时没有意识或者失去控制，进而造成他人损害的。处于醉酒状态的人，可能会对他人的人身、财产或者公共安全存在威胁。无论是依据《刑法》还是《治安管理处罚法》的规定，醉酒的人都不能免除其刑事责任或行政责任。同样，醉酒的人也不能免除其民事责任。因为是否发生醉酒，行为人具有预见并避免的能力。而麻醉药品是具有一定依赖性潜力的药品，连续使用、滥用或者不合理使用，易产生身体依赖性和精神依赖性，能成瘾癖。同样，精神药品是直接作用于中枢神经系统，使之产生兴奋或抑制的药品。我国对于麻醉药品和精神药品一直实行严格的管理，并严禁进行滥用，除非出于医疗等正当目的才能进行购买使用，而且

① 重庆网络广播电视台记者余韬：《驾驶遇刺眼阳光 他“盲开”差点丢掉小命》，载重庆网络广播电视台“视界网”，网址 http://cq.cbg.cn/ycxw/2018/0807/10613455.shtml，最后访问日期：2020年5月1日。

一般都必须经过医院的诊断开具处方才能购买。因此，当行为人服用麻醉、精神类药品时，其不仅对于自己处于暂时丧失意识或者失去控制是一种积极追求的状态，还很可能涉入毒品交易的刑事犯罪之中。实践中，行为人因醉酒、滥用麻醉药品或者精神药品而造成他人损害的，还集中体现在驾驶机动车致人损害上。我国对于醉驾和毒驾的处罚力度逐年加强，醉驾已经入刑，甚至成为刑事案件中数量最大的一类。因此，行为人醉酒、滥用麻醉药品或者精神药品导致自己暂时没有意识或者失去控制而造成他人损害时，应当承担侵权责任，并且不能减免其中责任。

另一种情况是行为人对于其暂时丧失意识或者失去控制仅具有一般过错。此时行为人因自己的过错，丧失了意识或控制能力而造成了他人的损害，仍然应当承担侵权责任。例如行为人明知自己身体存在病患，需要按时按量服药才能控制，某日却忘记服药，结果病发身体失去控制，碰坏他人财物，在此种情况下，行为人对其丧失控制能力仍然存在过错，所以，仍然应当对受害人承担侵权责任，同样不得减免其责任。

（三）完全民事行为能力人对暂时没有意识或者失去控制无过错时的责任承担

在特定情形下，完全民事行为能力人对于自己的行为暂时没有意识或者失去控制，也可能确实没有任何过错。那么如果行为人暂时没有意识或者失去控制不是由于自己的过错造成，而是由于其他原因导致发生，在这种情况下，要求行为人承担侵权责任并不公平，但如果完全免除其责任的承担，则受害人的损害又将无人承担，导致受害人应当得到的损害赔偿落空，使受害人单方面承担损害，也不公平。例如，行为人骑自行车行驶在路上，突然一阵狂风刮过，卷起的沙尘让行为人看不清道路，并被沙尘眯住了眼睛连车带人一起摔倒，结果撞到了一边的路人。此时行为人并无过错，但客观上也造成了受害人的损害。再如，行为人不知何时开始患有梦游症，会在睡眠中突然爬起来进行活动，而后又睡下，醒后对睡眠期间的活动一无所知。行为人自己对此并不知晓，某日梦游中将合租室友放在客厅中的贵重饰品毁坏。对此行为人也无过错，但同样造成了他人的损害。此外，即便是涉及酒精、麻醉药品、精神类药品，也不能仅根据标的物来认定责任，却不区分行为人的主观心理状态。如果行为人的饮酒、服用麻醉和精神类药物并非出于自愿，而是出于他人强迫或者欺诈，例如乘行为人不备而偷偷给其饮料中添加精神药物，则不属于行为人的过错，而是属于第三人的过错导致的侵权行为，直接可以适用《民法典》侵权责任编第1175条的规定，即“损害是因第三人造成的，第三人应当承担侵权责任。”

针对完全民事行为能力人在没有过错的情况下，发生了暂时没有意识或者失去控制而造成他人损害的，本条规定采取了折中的方式来权衡双方的利益，即要求根据行为人的经济状况对受害人适当补偿。此种责任不同于过错责任，因为：其一，立法采用的不是赔偿而是补偿的概念，表明对行为人的谴责性较弱，更多的是侧重客观上弥补受害人的损害。其二，立法仅要求根据行为人的经济状况进行适当补偿，就意味着并不要求充分、完全赔偿，而只是根据实际情况进行补偿即可。在行为人经济能力较强、财产状况较佳的情况下，就可以对受害人的全部损害进行弥补，使其恢复到未受损害时的状态；如果行为人经济状况不佳，无力承担全部的损失，则可以只补偿部分损失。

此种责任也被学者认为是一种公平责任，“在暂时无意思能力人具有过错的情况下，归责原则仍然是过错责任。但是，在其没有过错的情况下，毕竟其行为导致了受害人的损害，为了对受害人提供救济，应当要求其承担公平责任。”[①] 由于行为人不具有过错，立法也并未强调其承担的是赔偿责任，而仅仅强调根据行为人一方的经济状况而对受害人作出补偿，因此更侧重于损害分担，而非一种责任形式。在确定行为人的适当补偿金额时，法官根据个案的具体情况享有自由裁量权，但一般应当考虑行为人自身的经济状况以及其家庭的经济状况，既要尽量对受害人的损失进行弥补，又要避免影响行为人及其所抚养人的正常生活生产状况。

法条关联

◆《道路交通安全法》

第九十一条 饮酒后驾驶机动车的，处暂扣六个月机动车驾驶证，并处一千元以上二千元以下罚款。因饮酒后驾驶机动车被处罚，再次饮酒后驾驶机动车的，处十日以下拘留，并处一千元以上二千元以下罚款，吊销机动车驾驶证。

① 王利明：《侵权责任法研究（下卷）》（第二版），中国人民大学出版社2016年4月版，第59页。

醉酒驾驶机动车的，由公安机关交通管理部门约束至酒醒，吊销机动车驾驶证，依法追究刑事责任；五年内不得重新取得机动车驾驶证。

饮酒后驾驶营运机动车的，处十五日拘留，并处五千元罚款，吊销机动车驾驶证，五年内不得重新取得机动车驾驶证。

醉酒驾驶营运机动车的，由公安机关交通管理部门约束至酒醒，吊销机动车驾驶证，依法追究刑事责任；十年内不得重新取得机动车驾驶证，重新取得机动车驾驶证后，不得驾驶营运机动车。

饮酒后或者醉酒驾驶机动车发生重大交通事故，构成犯罪的，依法追究刑事责任，并由公安机关交通管理部门吊销机动车驾驶证，终生不得重新取得机动车驾驶证。

◆《最高人民法院关于审理道路交通事故损害赔偿案件适用法律若干问题的解释》

第十八条　有下列情形之一导致第三人人身损害，当事人请求保险公司在交强险责任限额范围内予以赔偿，人民法院应予支持：

（一）驾驶人未取得驾驶资格或者未取得相应驾驶资格的；

（二）醉酒、服用国家管制的精神药品或者麻醉药品后驾驶机动车发生交通事故的；

（三）驾驶人故意制造交通事故的。

保险公司在赔偿范围内向侵权人主张追偿权的，人民法院应予支持。追偿权的诉讼时效期间自保险公司实际赔偿之日起计算。

案例评议

一、邬某诉文某身体权纠纷案[①]

◆ 裁判规则

在认定本案文某对邬某造成的损害是否存在过错时，法院认为，应适用《侵权责任法》第33条规定中的适当补偿原则，在本案中，被告摔倒导致原告受伤，存在侵权行为及侵权结果，根据《侵权责任法》第33条之规定：完全民

① 江西省萍乡市安源区人民法院民事判决书，（2015）安民初字第1889号。

事行为能力人对自己的行为暂时没有意识或者失去控制造成他人损害有过错的，应当承担侵权责任；没有过错的，根据行为人的经济状况对受害人适当补偿。即侵权人在无意识情况下造成他人损伤，应当承担侵权责任，但如果能提供证据证明自己没有过错，则适用补偿原则。在本案中，文某未提供证据证明其存在无过错的情形，故应承担侵权责任。

◆ **评议**

本案中，行为人与被侵权人是老年合唱团歌友，双方在人民公园练歌时，因行为人突然头昏晕倒，砸向身旁的被侵权人，导致被侵权人摔倒受伤。行为人的行为处于突发眩晕状态，撞伤被侵权人是不受控制的行为，但依据本条规定，完全民事行为能力人对自己的行为暂时没有意识或者失去控制造成他人损害有过错的，仍然应当承担侵权责任。法院认为，行为人是否有过错，自己应当提供证据，如果确实无过错，可以通过公平原则分担损失，不能证明自己无过错的，则应当对损害承担责任。

二、卓某、焦某、钟某与钟某1、何某提供劳务者致害责任纠纷案①

◆ **裁判规则**

在认定钟某1是否承担民事责任时，法院认为，根据《侵权责任法》第33条、第35条之规定，第三人何某受雇于被告钟某1，为其提供劳务，应认定二者之间形成劳务关系。第三人何某作为提供劳务的一方因劳务造成他人损害的，本应由接受劳务的一方即被告钟某1承担侵权责任。但被告钟某1只是要求第三人何某为其卸货，第三人何某饮酒不是履行卸货职责的“劳务”行为，且饮酒后其血液内的乙醇成分浓度已经达到醉酒程度，该行为与之后发生交通事故致使钟某平死亡有直接的因果关系，故此第三人何某的行为被认定为犯罪行为而受到刑法处罚。从维护全社会的公平正义的角度讲，本案如果由被告钟某1承担钟某平死亡的民事责任，有悖司法导向的公平、正义、引导原则。钟某平死亡的民事责任，不应由被告钟某1承担，被告钟某1在本案中不承担民事责任。

① 四川省内江市中级人民法院民事判决书，(2014) 内民终字第3号。

◆ 评议

完全民事行为能力人因醉酒、滥用麻醉药品或者精神药品对自己的行为暂时没有意识或者失去控制造成他人损害的，应当承担侵权责任。该完全民事行为能力人受雇于他人，工作期间中午用餐过程中饮酒，并驾驶机动车肇事的，法院认为饮酒的行为超出了约定提供劳务的范围，因此接受劳务一方无需承担责任，而应当由行为人自行承担侵权责任。

第一千一百九十一条　【单位用工责任】

用人单位的工作人员因执行工作任务造成他人损害的，由用人单位承担侵权责任。用人单位承担侵权责任后，可以向有故意或者重大过失的工作人员追偿。

劳务派遣期间，被派遣的工作人员因执行工作任务造成他人损害的，由接受劳务派遣的用工单位承担侵权责任；劳务派遣单位有过错的，承担相应的责任。

本条来源

《侵权责任法》第三十四条规定："用人单位的工作人员因执行工作任务造成他人损害的，由用人单位承担侵权责任。劳务派遣期间，被派遣的工作人员因执行工作任务造成他人损害的，由接受劳务派遣的用工单位承担侵权责任；劳务派遣单位有过错的，承担相应的补充责任。"

立法演变

《民法典侵权责任编草案》（一审稿）第九百六十七条规定："用人单位的工作人员因执行工作任务造成他人损害的，由用人单位承担侵权责任。劳务派遣期间，被派遣的工作人员因执行工作任务造成他人损害的，由接受劳务派遣的用工单位承担侵权责任；劳务派遣单位有过错的，承担相应的责任。"

《民法典侵权责任编草案》（二审稿）第九百六十七条规定："用人单位的工作人员因执行工作任务造成他人损害的，由用人单位承担侵权责任。用人单位承担侵权责任后，可以向有故意或者重大过失的工作人员追偿。劳务派遣期间，被派遣的工作人员因执行工作任务造成他人损害的，由接受劳务派遣的用工单位承担侵权责任；劳务派遣单位有过错的，承担相应的责任。”此后无变化。

条文释义

本条是关于单位用工责任的规定。

一、概述

单位用工责任，是指用人单位、进行和接受劳务派遣的单位对其工作人员执行工作任务时造成他人损害所应当承担的侵权责任。单位用工责任区别于个人之间的劳务用工责任，后者在随后的法条中专门进行了规定。我国改革开放以来的民事法律及其司法解释，对于单位用工责任的性质认识和法律规制，经过了一个不断深化、不断修改完善的过程。

1986 年《民法通则》第 43 条规定：“企业法人对它的法定代表人和其他工作人员的经营活动，承担民事责任。”这一规定要求企业法人对其法定代表人和工作人员的经营活动承担责任，但并没有明确直接规定是否包括对法人工作人员的侵权行为承担侵权责任。同时《民法通则》第 121 条还规定：“国家机关或者国家机关工作人员在执行职务中，侵犯公民、法人的合法权益造成损害的，应当承担民事责任。”但该条规定仅适用于国家机关工作人员在执行职务中的侵权行为，未涵盖一般的用人单位情形。

1988 年《最高人民法院关于贯彻执行〈中华人民共和国民法通则〉若干问题的意见（试行）》在《民法通则》第 43 条基础上，对法人工作人员的侵权作了解释，其第 58 条规定：“企业法人的法定代表人和其他工作人员，以法人名义从事的经营活动，给他人造成经济损失的，企业法人应当承担民事责任。”该规定仅对法人工作人员以法人名义从事的经营活动造成损失的侵权责任作出了规定，但没有涉及法人工作人员非经营活动的职务侵权责任，也未涉及其他组织工作人员的职务侵权责任。

2003 年《最高人民法院关于审理人身损害赔偿案件适用法律若干问题的解释》第 8 条规定：“法人或者其他组织的法定代表人、负责人以及工作人员，在执行职务中致人损害的，依照民法通则第一百二十一条的规定，由该法人或者其他组织承担民事责任。上述人员实施与职务无关的行为致人损害的，应当由行为人承担赔偿责任。属于《国家赔偿法》赔偿事由的，依照《国家赔偿法》的规定处理。”该司法解释相对而言，对于法人和其他组织的工作人员职务侵权责任作出了较为完善的规定，确立了单位用工责任的基本侵权制度。

2009 年《侵权责任法》继续对此进行完善，增加了劳务派遣的情形，其第 34 条规定：“用人单位的工作人员因执行工作任务造成他人损害的，由用人单位承担侵权责任。劳务派遣期间，被派遣的工作人员因执行工作任务造成他人损害的，由接受劳务派遣的用工单位承担侵权责任；劳务派遣单位有过错的，承担相应的补充责任。”

在本次民法典编纂过程中，这一规定得以保留，并逐步完善。在《民法典》侵权责任编草案的二审稿中，开始对第 1 款增加了用人单位的追偿权，“用人单位承担侵权责任后，可以向有故意或者重大过失的工作人员追偿。”这一修改被后续的草案一直保留，并成为正式颁布的法典内容。

二、内容

（一）用人单位的用工责任

1. 用人单位的含义

“用人单位”并不是一个准确的法律概念，而是泛指存在雇员的、使用雇员劳动的组织，根据自《民法总则》以来对法人的新分类，“用人单位”既包括法人，也包括非法人组织。在法人里面，既包括营利法人，如有限责任公司、股份有限公司和其他企业法人，又包括非营利法人，如事业单位、社会团体、基金会、社会服务机构等，还包括特别法人，如机关法人、农村集体经济组织法人、城镇农村的合作经济组织法人、基层群众性自治组织法人。在非法人组织里面，则包括个人独资企业、合伙企业、不具有法人资格的专业服务机构等。用人单位还包括个体工商户和农村承包经营户这两类在本质上类似于自然人的组织，因为这些组织虽然没有完全独立的财产，但是也有自己相对独立的财产，可以首先用这些财产承担责任。可以说，除了自然人，其他一切涉及员工的组织，都可以称为用人单位。

2. 用人单位的用工责任的归责原则

根据本条规定，用人单位的工作人员因执行工作任务造成他人损害的，由用人单位承担侵权责任。因此，用人单位的用工责任，在归责原则上采取无过错责任的归责原则。也就是说，只要工作人员因执行工作任务而造成他人损害的，用人单位都要承担侵权责任。当然，用人单位承担责任的前提必须是工作人员的行为构成了侵权。至于如何判断是否构成侵权，则仍然要依靠工作人员行为的性质来决定，如果其行为的性质适用以过错为归责原则的责任，则工作人员的行为具有过错，符合过错原则的构成要件时，用人单位才承担责任，如果工作人员并没有过错，那么即使造成了他人的损害，用人单位也无须承担侵权责任；如果工作人员的行为性质应当适用无过错责任的归责原则，则只有工作人员的行为符合无过错责任原则下的责任构成要件时，用人单位才需要承担侵权责任，如果工作人员的行为具有法定的免责条件，则用人单位也无需承担侵权责任。也就是说，工作人员的行为单独适用本编关于侵权责任成立要件的判断，当其符合法律规定的侵权行为构成要件时，用人单位才对该侵权行为承担侵权责任。

3. 工作人员必须是因为执行工作任务而造成他人损害

单位的用工责任也被称为职务侵权责任，是单位对其员工的侵权行为承担责任，行为主体与责任主体发生了分离，因此从性质上来看也是属于替代责任，用人单位对其工作人员的侵权行为承担替代责任适用无过错责任原则，但工作人员实施的侵权行为的归责原则仍应根据侵权行为的具体类型进行判断：如果该侵权行为属于一般侵权行为，适用过错责任原则；如果该侵权行为属于特殊侵权行为，则可能要适用无过错责任原则或者过错推定责任原则。

用人单位承担侵权责任的前提，是工作人员的行为必须是因为执行工作任务而造成他人损害，也就是说，工作人员的行为必须与执行工作任务有关，造成他人损害也必须是在执行工作任务过程中，或者与执行工作任务具有密切联系。工作人员并非全天候处于工作状态，其在非工作时间范围内，其行为一般与工作无关；即便是在工作期间，工作人员也可能从事一些与工作无关的行为而造成他人伤害。在这些情形下，如果要求用人单位也承担责任，则明显不公平。因为只有工作人员执行工作任务才能为用人单位带来收益，而且工作人员执行工作任务，也是基于单位的决定而实施。无论是从意思作出的角度，还是利益归属的角度，用人单位对工作人员执行工作任务而造成他人的损害承担责任都具有正当性与合理性，但对于和执行工作任务无关的行为而造成他人损害的情形，依然要求用人单位承担责任，则不具有合理性和正当性。

执行工作任务的判断标准，一般有如下几方面：一是看是否处于工作时间范围内。例如，从上班时间开始，到下班时间结束，这一段时间是工作时间，从周一到周五，是工作时间；二是看行为的性质，工作人员行为的性质是否属于完成工作任务的性质。例如电工修理电线，就属于工作任务的性质，而去打牌喝酒，则明显不属于工作性质。三是看行为人的行为与执行工作任务之间的关联度。即便不是直接执行工作任务，但是与执行工作任务有密切关联的行为，也属于因执行工作任务而造成的他人损害。例如工作人员在上班途中或前往执行任务的途中造成他人的损害，也属于因执行工作任务造成的损害。

（二）用人单位的追偿权

用人单位的追偿权，即用人单位在对外承担侵权责任后，可以向有故意或者重大过失的工作人员追偿的权利。用人单位的追偿权是《民法典》侵权责任编相对于《侵权责任法》新增加的内容。如前所述，用人单位的用工责任是无过错责任的归责原则，只要工作人员是因执行工作任务而造成他人损害的，用人单位都要承担侵权责任。如果工作人员是基于故意或者重大过失而造成的损害，那么用人单位在对受害人进行赔偿之后，对内有权进行追偿，要求工作人员对单位作出赔偿。

用人单位对工作人员失误造成的损害进行追偿，在我国法律上已经存在类似规定。例如，《物权法》第 21 条就规定，因登记错误，给他人造成损害的，登记机构应当承担赔偿责任。登记机构赔偿后，可以向造成登记错误的人追偿。《律师法》第 54 条也规定，律师违法执业或者因过错给当事人造成损失的，由其所在的律师事务所承担赔偿责任。律师事务所赔偿后，可以向有故意或者重大过失行为的律师追偿。当年在《侵权责任法》起草过程中，立法机关就曾讨论过单位对工作人员追偿权的问题，但认为，“考虑到追偿权的问题比较复杂，追偿条件规定过严，对广大劳动者不利；追偿条件规定过宽，也不利于工作人员谨慎工作，减少事故的发生。不同行业、不同工种和不同劳动安全条件，其追偿条件应有所不同。因此，本法对于追偿权的问题没有作出规定。”① 立法机关认为追偿权的问题比较复杂，在当时的立法环境下贸然规定追偿权，略显仓促，故留待司法实践继续积累经验。

① 王胜明主编：《中华人民共和国侵权责任法释义》，法律出版社 2010 年 1 月版，第 172 页。

虽然《侵权责任法》未规定用人单位对存在故意或重大过失的员工进行追偿的权利，但实践中，存在故意或重大过失而造成他人损害的，往往都违反了单位内部的管理规定，或者员工与单位的劳动合同约定，一般都会受到单位的追偿。所以《侵权责任法》未作规定，在实践中不影响用人单位依照法律或双方的约定来进行追偿。又经过10年的司法经验积累，立法机关认为在用人单位的用工责任中补充规定单位对员工的追偿权时机已经成熟，便增加了相关规定，使用人单位的用工责任制度更加完善。

那么根据这一规定，当工作人员因执行工作任务而造成他人损害的，用人单位应当对外即对受害人承担侵权责任。用人单位对外赔偿完毕之后，便可以向有故意或者重大过失的工作人员追偿。在此要注意三点，一是用人单位不能以工作人员的过错作为抗辩事由对抗受害人的赔偿请求，因为用人单位对受害人承担的是无过错责任。二是用人单位仅能对具有故意或重大过失的工作人员进行追偿，对仅具有一般过失的员工不得进行追偿，否则将会完全转嫁责任到员工身上。三是用人单位对工作人员追偿的具体方式和数额，可以依据单位的内部管理规定，或者单位与工作人员的劳动合同的约定来确定。如果工作人员认为不合理，还可以提起诉讼，由法院来进行裁判。

（三）劳务派遣中的用工责任

劳务派遣又称劳动派遣、劳动力派遣，顾名思义，是一个单位将自己的员工派遣到另一个单位从事劳动的形式，即劳务派遣单位聘用符合约定条件的劳动者，并将其派遣到接受单位的用工形式。劳务派遣是由派遣单位支付给劳动者报酬，并为劳动者办理社会保险登记和缴费等各项事务；用工单位向派遣单位就提供的服务支付劳务费。《劳动合同法》第58条规定，劳务派遣单位应当履行用人单位对劳动者的义务，与被派遣劳动者订立劳动合同。

劳务派遣的用人形式不同于一般的劳动合同，因为存在三方主体，即劳务派遣单位（《劳动合同法》称之为用人单位）、接受劳务派遣的单位（《劳动合同法》称之为用工单位）、劳动者三方，这有别于一般劳动合同中单位与劳动者的两方法律关系。

劳务派遣单位虽然与被派遣的员工签订了劳动合同，但并不对被派遣员工进行使用和具体的管理。在劳务派遣期间，被派遣的工作人员是为接受劳务派遣的用工单位工作，接受用工单位的指示和管理，同时由用工单位为被派遣的工作人员提供相应的劳动条件和劳动保护，所以，被派遣的工作人员因工作造成他人损害的，其责任应当由用工单位承担，这符合员工管理和利益归属的判断标准。

也就是说，在劳务派遣期间，被派遣的工作人员因执行工作任务造成他人损害的，应当由接受劳务派遣的用工单位承担侵权责任。因为对第三人而言，其往往无法区分辨别工作人员究竟是接受劳务派遣的单位自己聘用的员工，还是其他公司派遣过来的员工。如果要求受害人向劳务派遣单位主张侵权责任，则受害人必将难以寻找责任人，从而无法弥补自己的损失。因此，应当由接受劳务派遣的用工单位对被侵权人承担侵权责任。

但由于工作人员毕竟是由劳务派遣单位招募甚至培训后派往其他单位从事工作的，因此，造成他人损害的原因也可能是员工不符合招聘条件，或者未经过适当培训。此时，如果劳务派遣单位在派遣工作人员方面存在过错，也应当承担相应的责任。

根据本条规定，劳务派遣单位承担的是相应的补充责任，即首先由用工单位承担赔偿责任，用工单位不能全部赔偿的，才由劳务派遣单位赔偿。在用工单位承担了全部赔偿责任的情况下，劳务派遣单位对被侵权人就不再承担赔偿责任。只有在用工单位责任财产不足、无法全部赔偿时，劳务派遣单位才需要承担剩余的赔偿责任部分。

相应的责任还强调与劳务派遣单位的过错相适应，并不是接受劳务派遣的用工单位无力赔偿的或者未赔偿的部分都要由劳务派遣单位来承担，劳务派遣单位只需要根据其过错的范围，来承担与过错相对应的赔偿责任，其过错程度越严重，对应的责任份额也就越重；反之亦然。

法条关联

◆《劳动合同法》

第五十八条　劳务派遣单位是本法所称用人单位，应当履行用人单位对劳动者的义务。劳务派遣单位与被派遣劳动者订立的劳动合同，除应当载明本法第十七条规定的事项外，还应当载明被派遣劳动者的用工单位以及派遣期限、工作岗位等情况。

劳务派遣单位应当与被派遣劳动者订立二年以上的固定期限劳动合同，按月支付劳动报酬；被派遣劳动者在无工作期间，劳务派遣单位应当按照所在地人民政府规定的最低工资标准，向其按月支付报酬。

◆《最高人民法院关于审理人身损害赔偿案件适用法律若干问题的解释》

第八条 法人或者其他组织的法定代表人、负责人以及工作人员，在执行职务中致人损害的，依照民法通则第一百二十一条的规定，由该法人或者其他组织承担民事责任。上述人员实施与职务无关的行为致人损害的，应当由行为人承担赔偿责任。

属于《国家赔偿法》赔偿事由的，依照《国家赔偿法》的规定处理。

案例评议

一、新疆八钢钢结构与乌鲁木齐昊宇鑫鹏商贸公司财产损害赔偿纠纷案①

◆ **裁判规则**

在认定爆炸事故中昊宇鑫鹏公司的责任承担问题时，法院认为，涉案爆炸事故的直接原因是昊宇鑫鹏公司聘用人员违规操作、混装液氧瓶造成，根据《侵权责任法》第34条的规定，聘用人员违规作业造成损失的责任应由昊宇鑫鹏公司承担；同时，涉案违规所使用的液化天然气由昊宇鑫鹏公司从广汇天然气公司购买，液氧由昊宇鑫鹏公司自己非法建设的氧气充装站提供，混装液氧瓶这一危害根源的生产者和使用者均是昊宇鑫鹏公司，其应当承担更大的财产损失责任。

◆ **评议**

本案中，八钢钢结构公司提供场地和原材料，将阴极钢棒加工过程中的劳务分包给昊宇鑫鹏公司进行加工制造，而工人由新疆汇神州企业服务有限公司派遣。工作工程中发生爆炸，造成八钢钢结构公司厂房和设备损失。

昊宇鑫鹏公司聘用的人员违规操作、混装液氧瓶造成事故发生，虽然其工人系由其他公司派遣而来，但主要是昊宇鑫鹏公司非法建设氧气充装站，日常安全管理混乱，违规使用气瓶，未对工人进行岗前安全培训，按照本条规定，聘用人员违规作业造成损失的责任应由昊宇鑫鹏公司承担。

① 新疆维吾尔自治区高级人民法院民事判决书，(2015) 新民二终字第230号。

二、南京新鸿运保安服务有限公司与张某、南京新鸿运物业管理股份有限公司生命权、健康权、身体权纠纷案[①]

◆ 裁判规则

在认定新鸿运保安公司应否对张某的损失承担赔偿责任时，法院认为，依据《侵权责任法》第 34 条第 1 款规定："用人单位的工作人员因执行工作任务造成他人损害的，由用人单位承担侵权责任。劳务派遣期间，被派遣的工作人员因执行工作任务造成他人损害的，由接受劳务派遣的用工单位承担侵权责任；劳务派遣单位有过错的，承担相应的补充责任。"本案中，张某与李某等五名保安发生纠纷，在纠纷过程中，致张某受伤；根据现有的证据，可以证明李某等五人是新鸿运保安公司雇用的保安，或是接受劳务派遣在新鸿运保安公司从事保安工作，他们在执行工作任务时造成张某损害，且无证据证明张某有过错，故依法新鸿运保安公司应承担全部侵权赔偿责任。新鸿运物业公司不是与张某发生纠纷的五名保安的用工单位，故不应承担债权责任。

◆ 评议

本案中，劳务派遣公司派遣保安人员到其他单位工作执勤，工作过程中，造成他人受伤的结果，按照本条规定，劳务派遣期间，被派遣的工作人员因执行工作任务造成他人损害的，由接受劳务派遣的用工单位承担侵权责任；劳务派遣单位有过错的，承担相应的责任。新鸿运保安公司作为接受劳务派遣的用工单位，应当对李某执行工作任务期间造成他人损害的行为承担赔偿责任，而作为劳务派遣公司的新鸿运物业公司没有过错，无需承担责任。

第一千一百九十二条　【个人用工责任】

个人之间形成劳务关系，提供劳务一方因劳务造成他人损害的，由接受劳务一方承担侵权责任。接受劳务一方承担侵权责任后，可以向有故意或者重大过失的提供劳务一方追偿。提供劳务一方因劳务受到损害的，根据双方各自的过错承担相应的责任。

---

① 江苏省南京市中级人民法院民事判决书，(2019) 苏 01 民终 3348 号。

提供劳务期间，因第三人的行为造成提供劳务一方损害的，提供劳务一方有权请求第三人承担侵权责任，也有权请求接受劳务一方给予补偿。接受劳务一方补偿后，可以向第三人追偿。

本条来源

《侵权责任法》第三十五条规定："个人之间形成劳务关系，提供劳务一方因劳务造成他人损害的，由接受劳务一方承担侵权责任。提供劳务一方因劳务自己受到损害的，根据双方各自的过错承担相应的责任。"

立法演变

《民法典侵权责任编草案》（一审稿）第九百六十八条规定："个人之间形成劳务关系，提供劳务一方因劳务造成他人损害的，由接受劳务一方承担侵权责任。提供劳务一方因劳务自己受到损害的，根据双方各自的过错承担相应的责任。因第三人的行为造成提供劳务一方损害的，提供劳务的一方有权请求第三人承担侵权责任，也有权请求接受劳务的一方承担侵权责任。接受劳务的一方承担侵权责任后，可以向第三人追偿。"

《民法典侵权责任编草案》（二审稿）第九百六十八条规定："个人之间形成劳务关系，提供劳务一方因劳务造成他人损害的，由接受劳务一方承担侵权责任。接受劳务的一方承担侵权责任后，可以向有故意或者重大过失的提供劳务的一方追偿。提供劳务一方因劳务自己受到损害的，由接受劳务一方承担侵权责任；提供劳务一方有过错的，可以减轻或者免除接受劳务一方的责任。提供劳务期间，因第三人的行为造成提供劳务一方损害的，提供劳务的一方有权请求第三人承担侵权责任，也有权请求接受劳务的一方承担侵权责任。接受劳务的一方承担侵权责任后，可以向第三人追偿。"

《民法典侵权责任编草案》（三审稿）第九百六十八条规定："个人之间形成劳务关系，提供劳务一方因劳务造成他人损害的，由接受劳务一方承担侵权责任。接受劳务一方承担侵权责任后，可以向有故意或者重大过失的提供劳务一方追偿。提供劳务一方因劳务自己受到损害的，根据双方各自的过错承担相应的责任。提供劳务期间，因第三人的行为造成提供劳务一方损害的，提供劳务一方有权请求第三人承担侵权责任，也有权请求接受劳务一方承担侵权责任。接受劳务一方承担侵权责任后，可以向第三人追偿。”此后稍有调整。

条文释义

本条是关于个人用工责任的规定，即关于个人之间因提供劳务发生他人或自己损害的侵权责任的规定。

一、概述

个人用工，即在自然人之间形成的劳务关系，一方按照约定为另一方提供劳务，另一方则支付约定的报酬。个人用工责任，有别于单位用工责任，是指提供劳务和接受劳务均发生在个人之间，在此种劳务关系中，提供劳务一方因劳务造成他人损害或自己受到损害时，接受劳务一方应当承担侵权责任。

随着社会的发展，个人之间发生劳务关系的情形越来越普遍，例如家庭或个人聘请保姆、钟点工、家庭教师、维修工等。当然，如果这些临时工作人员不是个人直接聘请的，而是通过其所属的劳务公司、培训公司、家政公司等聘请的，则不适用本条规定的个人用工责任，而是适用《民法典》侵权责任编第1191条规定的单位用工责任。在比较法上，一般不区分单位用工责任和个人用工责任，一般都称之为雇主责任。但在我国的法律背景下，个人之间的劳务关系不同于劳动者与用人单位之间的劳动关系，前者属于劳务关系，后者属于劳动关系，劳动关系由《劳动法》《劳动合同法》等专门法律进行调整，涉及对劳动者的社会保险、最低工资、奖金、假期等各方面的保护性规定，而个人之间的劳务关系则主要适用《民法典》合同编的规定，提供劳务一方与接受劳务一方不存在隶属关系，也没有劳动法律上的诸多限制。

个人之间的劳务关系大多是临时性的劳动帮助关系，但适用范围十分广泛，雇佣他人为自己提供某种服务的情形十分常见，因此个人之间发生劳务关系是较为普遍的现象。在劳务关系中，既可能发生提供劳务一方因劳务造成他人损害的情形，例如在劳动中误伤他人；也可能发生提供劳务一方因劳务自己受到损害的情形，例如在劳动中导致自己的身体受伤。此时，就需要明确劳务关系双方的责任承担问题，为纠纷的解决提供相应的规则。

《民法通则》及其司法解释没有对个人之间的用工责任作出规定，《最高人民法院关于审理人身损害赔偿案件适用法律若干问题的解释》开始对此作出了规定，但该司法解释使用的是“雇主”“雇员”的表述方式。根据该司法解释第 9 条和第 11 条的规定，如果雇员在从事雇佣活动中致人损害，则雇主应当承担赔偿责任；雇员因故意或者重大过失致人损害的，雇主与之承担连带赔偿责任，事后雇主有权向雇员追偿；如果雇员在从事雇佣活动中遭受人身损害，则雇主应当承担赔偿责任。因第三人造成雇员人身损害的，雇员可以选择请求第三人或者雇主承担赔偿责任，雇主承担赔偿责任后，可以向第三人追偿。

在《侵权责任法》起草过程中，一审稿和二审稿仅规定了用人单位责任，没有明确规定个人用工责任，后来吸收社会各界的建议，在三审稿中吸收了司法解释的相关经验，作出了有利于保护提供劳务一方的修改，弃用雇佣关系、雇主、雇员的概念，然后增加规定了个人用工责任制度，成为《侵权责任法》第 35 条的内容，即个人之间形成劳务关系，提供劳务一方因劳务造成他人损害的，由接受劳务一方承担侵权责任。提供劳务一方因劳务自己受到损害的，根据双方各自的过错承担相应的责任。

由于《侵权责任法》未规定提供劳务一方对造成他人损害具有故意或者重大过失时的责任分配问题，也未规定提供劳务一方遭受第三人侵权时的赔偿主体问题，对于司法经验的汲取和借鉴有限，因此对于实践中出现的相关问题还需要进一步明确法律规则。

在此基础上，《民法典》侵权责任编一审稿开始增加了因第三人行为造成提供劳务一方损害的责任承担问题，二审稿继续增加了提供劳务的一方具有故意或者重大过失时的责任承担问题，并保留到最终通过的版本中。

至此，对于个人用工责任中提供劳务一方造成他人损害、自己因劳务而遭受损害以及自己因第三人行为而遭受损害的不同情形，民法典均作出了规定，全面回应了司法实践中的突出问题，形成了较为完善的个人用工责任方面的侵权裁判规则。

二、内容

(一)“个人之间”的含义

个人之间，是指提供劳务一方和接受劳务一方，都是个人。此处的个人，仅指自然人。由于本条规定是有别于用人单位用工责任的规定，因此，凡是属于用人单位的用工责任，均由《民法典》侵权责任编第 1191 条和相关单行法调整，无须适用本条调整。由于用人单位的“单位”是广义上的概念，所以不仅包含了法人和非法人组织，还包括了本质上类似于自然人的组织，只要是有别于自然人的组织，都可以作为单位。

本条的“个人之间”，仅限于自然人之间，不包括个人独资企业、合伙企业、个体工商户、农村承包经营户等这些不能独立承担责任的组织。这些组织一般都具有相对独立的财产以维持组织的运营，在需要对外承担责任时，也优先使用这些财产去承担责任。

（二）“劳务”的含义

劳务是指一方提供劳动，另一方接受此种劳动。如前所述，劳务关系不同于劳动关系，后者受到劳动法律的专门调整，对劳动者具有更为严格周密的保护。劳动关系对应的双方一般是用人单位与员工或工作人员，劳务关系对应的双方是接受劳务方和提供劳务方。

个人之间提供和接受劳务所形成的劳务关系，一般具有短期性、临时性的特征，双方并不具有隶属关系，所以接受劳务一方也难以通过长期性的聘任合同、工资福利等手段来对提供劳务一方进行更多的控制和支配，因此个人用工和单位用工在责任的认定和承担上有所不同。

劳务中的劳动，包括体力劳动和脑力劳动，但均体现为一方为另一方提供服务，而服务体现为一种过程，此种服务有别于提供商品或产品的形式，劳务提供者所负担的是一种手段性的债务，而非结果性的债务。因此需要注意的是，个人之间的劳务关系，不包括承揽合同所形成的定作人与承揽人之间的关系。根据《民法典》合同编的定义，承揽合同是承揽人按照定作人的要求完成工作，交付工作成果，定作人支付报酬的合同，承揽的形式包括加工、定作、修理、复制、测试、检验等工作。可见，承揽合同是交付工作成果，呈现的是产品，而非服务的过程。虽然承揽合同中，承揽人也付出了劳动，但根据合同约定，其只需要向定作人交付约定的劳动成果即可，本质上是定作人对承揽人产品的购买，所以双方之间的关系不属于劳务关系。

（三）提供劳务一方因劳务造成他人损害的责任承担

提供劳务一方因劳务造成他人损害，强调对他人损害是“因劳务”而发生，因此，提供劳务一方对他人造成的损害，必须发生在提供劳务期间，或者与提供劳务具有密切联系，是为了实现提供劳务的目的才造成的损害。虽然劳务关系与劳动关系不同，但“因劳务”和“因执行工作任务”是相似的，都强调损害的发生与工作内容的关联性。

造成他人损害，是指造成了接受劳务一方与提供劳务一方之外的第三人的损害。如果是提供劳务一方造成了接受劳务一方的损害，则根据双方的合同或者一般侵权规则来判断双方责任即可。至于损害，包括财产损害和人身损害，与一般侵权构成要件中的损害含义相同。

在侵权责任的归责原则上，根据本条规定，提供劳务一方因劳务造成他人损害，由接受劳务一方承担侵权责任，适用的归责原则是无过错责任原则。也就是说，无论接受劳务一方是否存在过错，只要提供劳务一方为了完成劳务而造成他人损害的，接受劳务一方都要对受害人承担侵权责任。这种无过错责任的归责原则，无疑是为了保护被侵权人能够获得损害赔偿的救济而设置的。一方面，是因为接受劳务一方并不是直接实施侵权行为之人，如果其可以以自身无过错而进行抗辩，则很容易找到抗辩理由而拒绝自己的侵权责任，从而对受害人获得救济不利。另一方面，从赔偿能力上来讲，接受劳务一方一般都比提供劳务一方的偿付能力为优，其能够支付报酬聘请他人为自己提供服务，表明其具有一定的支付能力，让其对受害人承担无过错责任，有利于受害人的损害得到赔偿。此外，从劳务的获益角度和对提供劳务者的支配性角度来看，接受劳务一方是劳务的获益者，其往往也能够对提供劳务一方发出指令、支配其行为。综合这些因素，要求接受劳务一方对被侵权人承担无过错责任，是具有合理性的规定，能够使接受劳务一方更加谨慎行事，也体现了侵权责任法填补损害、预防损害的功能。

虽然接受劳务一方对被侵权人承担无过错责任，但如果损害是基于提供劳务一方的故意或者重大过失而造成，此时则接受劳务一方享有对提供劳务一方的追偿权。因为在个人之间的劳务关系中，接受劳务一方对提供劳务一方虽然具有一定的行动支配性，例如要求其完成约定的某项工作等，但此种劳务关系具有临时性和短期性，故其支配性相对较弱，加上接受劳务一方对于提供劳务一方是否具备某种劳动能力和资质并没有深入的了解，也没有对其进行培训和指导，所以无法完全监督、指导、支配提供劳务一方的行为。如果提供劳务一方在完成劳务过程中，基于故意或者重大过失的心态，而造成了他人的损害，这表明提供劳务一方具有较为严重的过错，其行为具有可遣责性。此时，为了保护受害人的利益，法律要求接受劳务一方对受害人承担无过错责任，但如果事后不允许接受劳务一方向提供劳务一方进行追偿，则等于是接受劳务一方单独承担全部赔偿责任、具有故意或重大过错的提供劳务一方没有受到任何惩罚，这明显是不公平的，也无法对提供劳务一方起到必要的惩戒、教育和预防功能。因此，本条赋予了接受劳务一方对提供劳务一方的追偿权。

但此种追偿权的行使必须注意以下几点：一是仅限于对故意或者重大过失造成他人损害的提供劳务一方进行追偿。也就是说，如果提供劳务一方是基于一般的过错而造成他人损害的，则接受劳务一方不享有追偿权，其只能自己单独承担赔偿责任。二是这种追偿权的行使必须是在对受害人承担责任之后，接受劳务一方不可以此种追偿权直接对抗受害人的赔偿请求。也就是说，这种追偿权具有内部性，仅发生在接受劳务和提供劳务的双方之间，不能对抗第三人。

追偿权的设置表明提供劳务一方基于故意或者重大过失而造成他人损害时，提供劳务一方应当是真正的责任人，但基于用工责任为替代责任的法律性质，仍由接受劳务一方对受害人进行赔偿，之后才能转而进行追偿。但由于提供劳务一方偿付能力不足的风险较大，所以让这种追偿而不得的风险从受害人转移到接受劳务一方，这种制度的设计同样是对于被侵权人的倾斜保护。

（四）提供劳务一方因劳务受到损害的责任承担

如果提供劳务一方在完成劳务的过程中，使自己受到了损害，但并没有造成第三人的损害，此时由于不涉及对第三人的保护问题，所以就适用过错原则在接受劳务者和提供劳务者双方之间进行责任的分担。例如小时工在帮客户打扫卫生时不慎滑倒跌伤，在烹煮饭菜时烫伤等，对于支出的医疗费，就根据各自的过错来划分。

个人用工形成的劳务关系，提供劳务一方因劳务使自己受到损害的，不属于工伤事故，不能通过工伤保险来分担损失。根据《工伤保险条例》的规定，我国境内的各类企业、有雇工的个体工商户应当依照本条例规定参加工伤保险，为本单位全部职工或者雇工缴纳工伤保险费。工作人员在工作过程中受到工伤损害的，用人单位原则上承担无过错责任，如果用人单位为员工上工伤保险的，则由工伤保险承担无过错的赔偿责任。《最高人民法院关于审理人身损害赔偿案件适用法律若干问题的解释》第 12 条也规定，依法应当参加工伤保险统筹的用人单位的劳动者，因工伤事故遭受人身损害，劳动者或者其近亲属向人民法院起诉请求用人单位承担民事赔偿责任的，告知其按《工伤保险条例》的规定处理。所以在单位用工的情况下，如果工作人员因执行工作任务而造成自身损害，就可以通过工伤保险来分担损失。但是个人用工不属于应当参加工伤保险的情形，在发生提供劳务一方因劳务造成自身损害时，就只能在提供劳务者和接受劳务者双方之间分担损失，此时就依据双方的过错程度来决定责任的承担。也有学者认为，此时提供劳务者和接受劳务者双方之间不是侵权责任的承担，则仅仅是损失的分担，“此种责任在性质上属于损失的分担，而不是侵权责任……至于接受劳务的一方对提供劳务的一方所提供的补偿，也是基于法定的原因而承担的赔偿责任，并非承担的侵权责任。”① 这种观点，在民法典最终通过的版本中得到了采纳，将此前审议稿中的“接受劳务一方承担侵权责任”改为“接受劳务一方给予补偿”。由于提供劳务一方受损往往是因为其自身原因所造成的，所以双方之间确实更多的是侧重于损失的分担。

但由于在司法实践中，一旦发生提供劳务一方在劳务过程中造成自身损害的，提供劳务者或者其近亲属往往会对接受劳务一方提出侵权损害赔偿之诉，认为损害是接受劳务者的过错而造成的，例如接受劳务者发出的指令不合理、提供的劳动设施有缺陷、工作的场所有缺陷等。所以法院在受理此类诉讼时，还是要按照侵权之诉来处理。根据本条的规定，发生提供劳务一方的损害时，要“根据双方各自的过错承担相应的责任”，这里也强调了过错和责任，因此将这一规定理解为接受劳务一方对提供劳务一方的侵权责任承担的规则也是可以的。根据这一规定，究竟是接受劳务一方承担侵权责任，还是由提供劳务一方损失自负，要看双方各自的过错程度。

对于接受劳务一方而言，判断其过错程度，主要是看其提供的工作环境是否有潜在危险，其要求提供劳务者提供的劳务内容和性质是否合理、是否有不合理的危险，还要看其提供的劳动设施是否合格，并要结合接受劳务者对提供劳务者的劳动强度、劳动时间长短是否合理等各方面因素来综合判断。例如，某保姆在阳台上为客户晾晒棉被时，因身体过度前倾，加上晾晒架不结实，导致坠亡，其近亲属就认为接受劳务者应当承担侵权责任，因为其要求的工作内

① 王利明：《侵权责任法研究（下卷）》（第二版），中国人民大学出版社 2016 年 4 月版，第 108 页。

容具有不合理的危险性，且晾晒架有缺陷，等等。

对于提供劳务一方而言，判断其过错程度，主要是看其在完成劳务过程中，有没有尽到必要的注意义务，有没有尽到对自己合理的保护义务，以及基于工作的内容和性质所应当尽到的注意义务。例如长期从事家政服务的小时工，在为客户打扫房间时，因自己拖过的地板过于湿滑而导致自己跌倒骨折；从事烹饪服务的小时工为客户煮制晚餐时，徒手端起汤锅，感到过烫而将汤锅掉在地上，将自己双脚烫伤，等等。这些都属于未尽到对自己必要的保护义务，因而存在过错。

因此，法院在判断接受劳务者和提供劳务者双方各自的过错时，应当综合考量上述因素，判断各方是否尽到了自己应当尽到的注意义务和对对方必要的照顾、说明、保护义务，从而判断接受劳务一方是否构成侵权、侵权责任应当如何承担。

（五）第三人的行为造成提供劳务一方损害的责任承担

第三人行为造成提供劳务一方损害，是指提供劳务一方在为接受劳务一方提供劳务期间，因第三人的行为而遭受损害。这属于第三人侵权的一种，根据《民法典》侵权责任编第 1175 条的规定，损害是因第三人造成的，第三人应当承担侵权责任。

第三人造成提供劳务一方的损害，应当由第三人对提供劳务一方承担侵权责任，这一点并无疑问。但为了倾斜保护提供劳务一方，本条将接受劳务一方也列为责任人，赋予了提供劳务一方以选择权，其有权请求第三人承担侵权责任，也有权请求接受劳务一方给予补偿。也就是说，对于第三人而言，其根据自己行为的性质适用相对应的归责原则来确定其责任。而对于接受劳务者而言，对于第三人侵害提供劳务者的损害，其要承担无过错责任，无论是否有过错，当提供劳务者选择对其主张损害赔偿责任时，其就必须承担赔偿责任。

这一规定最早来自《最高人民法院关于审理人身损害赔偿案件适用法律若干问题的解释》关于义务帮工侵权责任的规定，该解释第 14 条规定，帮工人因第三人侵权遭受人身损害的，由第三人承担赔偿责任。第三人不能确定或者没有赔偿能力的，可以由被帮工人予以适当补偿。那么在本次民法典编纂过程中，对该司法解释的经验进行了提升，进一步强化了对提供劳务者的保护。赋予提供劳务者对接受劳务者和第三人的选择权，就类似于产品责任中缺陷产品造成他人损害，被侵权人对生产者和销售者的选择权一样，是对被侵权人的特别保护。

此处虽然在最终通过的《民法典》版本中，放弃了此前几次审议稿均采用的“请求接受劳务一方承担侵权责任”的表述，而是再次回到《最高人民法院关于审理人身损害赔偿案件适用法律若干问题的解释》采用的“补偿”的概念，即“有权请求接受劳务一方给予补偿”。但这种“补偿”在本质上依然是一种赔偿责任，因为这种补偿并非由当事人自愿决定是否支付款项，而是依法必须支付款项，所以是一种侵权责任。只不过最终采用“补偿”而非“侵权责任法”的概念，是为了淡化这一概念上的谴责含义，表明这种制度安排并非基于接受劳务一方的过错或可谴责性，而是为了倾斜保护提供劳务一方。

接受劳务者与第三人之间，承担的是不真正连带责任。不真正连带责任是指各债务人基于不同的原因而对于同一债权人负有以同一给付为标的的数个债务。不同于连带责任，不真正连带责任中的债权人，只能选择其中一个债务人进行主张，而不能同时向多个债务人进行主张。因此，提供劳务者只能选择第三人或者接受劳务者主张侵权责任，而不能同时对二人提出主张。由于在此类情形下，实施侵权行为的是第三人，所以当提供劳务一方选择第三人提起侵权之诉，则由第三人进行赔偿。第三人的赔偿责任是终局性责任，其不得再向接受劳务一方主张追偿。相反，如果提供劳务一方选择向接受劳务一方主张侵权责任，则接受劳务一方承担侵权赔偿责任之后，有权向实施了侵权行为的第三人进行追偿，因为第三人才是终局责任人。

法条关联

◆《最高人民法院关于审理人身损害赔偿案件适用法律若干问题的解释》

第九条 雇员在从事雇佣活动中致人损害的，雇主应当承担赔偿责任；雇员因故意或者重大过失致人损害的，应当与雇主承担连带赔偿责任。雇主承担连带赔偿责任的，可以向雇员追偿。

前款所称“从事雇佣活动”，是指从事雇主授权或者指示范围内的生产经营活动或者其他劳务活动。雇员的行为超出授权范围，但其表现形式是履行职务或者与履行职务有内在联系的，应当认定为“从事雇佣活动”。

第十一条　雇员在从事雇佣活动中遭受人身损害，雇主应当承担赔偿责任。雇佣关系以外的第三人造成雇员人身损害的，赔偿权利人可以请求第三人承担赔偿责任，也可以请求雇主承担赔偿责任。雇主承担赔偿责任后，可以向第三人追偿。

雇员在从事雇佣活动中因安全生产事故遭受人身损害，发包人、分包人知道或者应当知道接受发包或者分包业务的雇主没有相应资质或者安全生产条件的，应当与雇主承担连带赔偿责任。

属于《工伤保险条例》调整的劳动关系和工伤保险范围的，不适用本条规定。

案例评议

一、陈某1、福清市正祥纸品有限公司等财产损害赔偿纠纷案[①]

◆ 裁判规则

在认定陈某1是否应承担本起火灾事故责任的问题时，法院认为，依据原审查明的事实，福清市公安消防大队作出的《火灾事故认定书》认定，本起火灾事故成因之一系王某1等施工人员在进行电焊作业时未采取有效的防火措施，致使高温熔融物掉落引燃可燃物造成火灾，因此本起火灾事故的起因系王某1等人未取得电焊资质，施工操作不当所致，王某1等人具有主观过错，其行为构成侵权，鉴于王某1等人系陈某1所雇佣，依照《侵权责任法》第35条的规定，王某1、蒋某1、赵某1等人侵权行为给正祥公司所造成的财产损害应当由陈某1承担相应的赔偿责任。

◆ 评议

本案系个人之间聘用工人安装铁架遮棚工程，在施工过程中，电焊作业引发火灾，根据本条规定，个人之间形成劳务关系，提供劳务一方因劳务造成他人损害的，由接受劳务一方承担侵权责任，所以应当由雇主承担对外赔偿责任。

① 最高人民法院民事判决书，(2015) 民申字第2825号。

二、魏某1与谢某1提供劳务者受害责任纠纷案①

◆ 裁判规则

在认定谢某1是否应当承担赔偿责任时，法院认为，谢某1雇佣魏某1到内蒙古科右中旗从事农业劳务，由谢某1提供食宿，鉴于农业劳务的作息时间相对不固定，本起交通事故又发生在谢某1承包地附近，故应认定魏某1是在为谢某1提供劳务过程中受到的损害。依照《最高人民法院关于审理人身损害赔偿案件适用法律若干问题的解释》第11条第1款的规定，在第三人造成雇员人身损害的情况下，雇主实际承担的是替代责任，即替第三人承担责任。《侵权责任法》第26条规定："被侵权人对损害的发生也有过错的，可以减轻侵权人的责任。"所以本案应首先明确第三人郐某和魏某1在本起交通事故中是否存在过错及各自应负的责任比例。经查，根据科右中旗公安局交巡大队2016年11月29日出具的道路交通事故证明及对郐某、魏某1的询问笔录、事故现场照片、魏某1人身遭受伤害的实际情况，本院酌定魏某1负事故40%的责任，郐某负事故60%的责任。因此，雇主谢某1应按第三人郐某胜所负的责任比例60%对魏某1的损失予以赔偿。

◆ 评议

雇佣他人为自己提供农业劳动服务，并且提供食宿服务，在提供劳务一方因驾驶摩托车发生交通事故受损时，属于本条规定的提供劳务期间，因第三人的行为造成提供劳务一方损害的，提供劳务一方有权请求第三人承担侵权责任，也有权请求接受劳务一方承担侵权责任。接受劳务一方承担侵权责任后，可以向第三人追偿。当提供劳务一方选择接受劳务一方作为被请求人时，其应当在第三人应当承担的交通事故责任范围内，向接受劳务一方进行赔偿，事后再向第三人追偿。

① 吉林省高级人民法院，（2018）吉民再221号。

第一千一百九十三条　【承揽中的定作人责任】

承揽人在完成工作过程中造成第三人损害或者自己损害的，定作人不承担侵权责任。但是，定作人对定作、指示或者选任有过错的，应当承担相应的责任。

本条来源

《最高人民法院关于审理人身损害赔偿案件适用法律若干问题的解释》第十条："承揽人在完成工作过程中对第三人造成损害或者造成自身损害的，定作人不承担赔偿责任。但定作人对定作、指示或者选任有过失的，应当承担相应的赔偿责任。"

立法演变

《民法典侵权责任编草案》（一审稿）第九百六十九条规定："承揽人在完成工作过程中造成第三人损害或者自己损害的，定作人不承担侵权责任。但是定作人对定作、指示或者选任有过错的，应当承担相应的责任。"

《民法典侵权责任编草案》（三审稿）第九百六十九条规定："承揽人在完成工作过程中造成第三人损害或者自己损害的，定作人不承担侵权责任，但是定作人对定作、指示或者选任有过错的，应当承担相应的责任。"

《民法典侵权责任编》（征求意见稿）第一千一百九十三条规定："承揽人在完成工作过程中造成第三人损害或者自己损害的，定作人不承担侵权责任。但是，定作人对定作、指示或者选任有过错的，应当承担相应的责任。"此后无变化。

条文释义

本条是关于承揽关系中定作人责任的规定。

一、概述

承揽关系就是基于承揽合同而发生的法律关系，根据《民法典》合同编的规定，承揽合同是承揽人按照定作人的要求完成工作，交付工作成果，定作人支付报酬的合同。承揽包括加工、定作、修理、复制、测试、检验等工作。在承揽关系中，负责交付工作成果的一方叫承揽人，也就是劳动的付出者；接受工作成果并支付报酬的一方叫定作人。因此，定作人责任就是指在承揽关系中，承揽人在完成工作过程中造成第三人损害或者导致自己损害时，定作人所应当承担的侵权责任。

此前《民法通则》并没有对定作人责任作出规定，1999 年《合同法》从合同的角度对承揽合同作了有名化规定，有些条文涉及了定作人和承揽人的合同责任，例如定作人提供的图纸或者技术要求不合理的，承揽人应当及时通知定作人，因定作人怠于答复等原因造成承揽人损失的，应当赔偿损失；定作人中途变更承揽工作的要求，造成承揽人损失的，应当赔偿损失；承揽人交付的工作成果不符合质量要求的，定作人可以要求承揽人承担修理、重作、减少报酬、赔偿损失等违约责任；承揽人应当妥善保管定作人提供的材料以及完成的工作成果，因保管不善造成毁损、灭失的，应当承担损害赔偿责任；定作人因随时解除承揽合同而造成承揽人损失的，应当赔偿损失，如此等等。但这主要是针对定作人和承揽人违约责任的规定，对于定作人侵权责任则没有规定，这也超出了合同法的调整范围。

2003 年《最高人民法院关于审理人身损害赔偿案件适用法律若干问题的解释》第 10 条开始专门规定了承揽关系中定作人的责任，即：承揽人在完成工作过程中对第三人造成损害或者造成自身损害的，定作人不承担赔偿责任。但定作人对定作、指示或者选任有过失的，应当承担相应的赔偿责任。这一规定未能被 2009 年《侵权责任法》吸收，所以《侵权责任法》未规定定作人责任的问题。

在本次民法典编纂过程中，定作人责任重新引起立法者的重视，认为还是应当吸取司法实践中的成熟经验，对相关责任类型规定尽量完善一些，因此，将《最高人民法院关于审理人身损害赔偿案件适用法律若干问题的解释》第 10 条的规定吸收进来，稍作改动，形成了本条规定。

二、内容

（一）承揽关系中承揽人和定作人的权利义务

承揽关系中，虽然承揽人也对定作人提供了劳动，但由于承揽人只需要向定作人交付劳动成果即可，其劳动的过程并不需要向定作人提供，所以承揽关系中承揽人的劳务属于提供成果型的劳务，不属于个人用工责任中的劳务。因此，承揽关系中定作人责任不适用个人用工责任中接受劳务一方的责任规定。

在承揽关系中，承揽人的主要权利，便是获得约定的报酬，其所负担的义务主要有：第一，按约定完成工作。即承揽人应当按合同约定的时间、方式、数量、质量交付工作成果，这是承揽人的首要义务，也是其获得酬金应付出的对价。第二，提供或接受原材料。完成定作所需的原材料，可以约定由承揽人提供或由定作人提供。承揽人提供原材料的，应按约定选购并接受定作人检查；定作人提供的，承揽人应及时检查，妥善保管，并不得更换材料。第三，及时通知和保密的义务。对于定作人提供的原材料不符合约定的，或定作人提供的图纸、技术要求不合理的，应及时通知定作人，对于完成的工作，定作人要求保密的，承揽人应保守秘密，不得留存复制品或技术资料。第四，接受监督和检查。承揽人在完成工作时，应接受定作人必要的监督和检验，以保证工作符合定作人的要求。第五，交付工作成果。承揽人完成的工作成果，应及时交付给定作人，并提交与工作成果相关的技术资料、质量证明等文件，但在定作人未按约定给付报酬或材料价款时，承揽人有留置工作成果的权利。第六，对工作成果的瑕疵担保责任。承揽人交付的工作成果应符合约定的质量，承揽人对已交付工作成果的隐蔽瑕疵及该瑕疵所造成的损害承担责任。

在承揽关系中，定作人的主要权利，就是接受承揽人提供的工作成果，其所负担的主要义务包括：第一，按照约定向承揽人提供材料。如果合同规定由定作人提供材料的，定作人应按照约定提供材料。第二，支付报酬。定作人需支付的报酬和材料等费用的标准，合同中有约定的，按照约定的数额支付；如合同中没有约定或者约定不明确，则依通常标准支付。第三，协助义务。为使承揽人及时完成工作成果，定作人应依约定及按诚实信用原则，积极协助承揽人工作。定作人不履行协助义务的，承揽人有权顺延履行期限，并在定作人对所提供的不符合要求的原材料及图纸等拒绝补正时享有合同解除权。第四，验收并受领工作成果。对承揽人完成并交付的工作成果，定作人应及时检验，对符合约定要求的，应接受该工作成果，这既是权利也是义务，定作人超过约定期限领取定作物的，负受领迟延责任。

（二）定作人责任的归责原则是过错责任原则

由上述承揽关系中双方权利义务内容可以看出，定作人以受领工作成果为主要权利，以支付约定报酬为主要义务，这也是承揽合同的目的。在承揽关系中，承揽人以自己的设备、技术和劳动，独立地完成定作人委托的工作，并交付成果，承揽人自己管理生产经营全部过程，与定作人不存在管理与支配的关系。所以在承揽关系中，定作人对承揽人的支配性较弱，仅有权进行必要的监督，而不能对其工作过程进行指示和支配。所以，定作人一般对于承揽人的工作过程并不了解，也不在现场，对承揽人的行为缺乏支配性。所以承揽人在工作过程中造成他人伤害，或者造成自己伤害，定作人对此一般不用承担责任，除非定作人具有过错。

定作人承担责任的归责原则是过错责任原则，即定作人仅对其定作、指示或者选任有过错时，才对承揽人在完成工作过程中造成第三人的损害或者自己的损害承担相应的责任。可见定作人的过错主要体现在定作过错、指示过错和选任过错三方面。定作过错，是指定作人要求承揽人完成的工作内容、交付的工作成果存在违法或存在不合理危险的情形，或者定作人履行提供材料的义务有瑕疵，从而造成他人损害或承揽人自身损害的情形。例如定作人要求承揽人制作违禁品，或者提供的图纸、材料不合格而造成他人损害。指示过错，是指定作人对承揽人发出的指示违法或不合理，从而造成了他人或承揽人的损失，例如定作人要求承揽人在他人种植的土地上为自己制造鸽子笼，损坏了他人种植的植物。选任过错，是指定作人对于承揽人的选任未尽到合理的注意义务，从而选任的承揽人不具备相应的资质或能力，在完成工作成果的过程中造成他人损害或自身损害，例如定作人选择没有电工资质的人为自己制造彩灯圣诞树，造成电路故障。

在定作人对承揽人进行定作、指示或者选任几个方面，是定作人对承揽人的行为能够起到支配性作用的方面，所以在这几个方面，定作人应当对自己的过错而导致的损害承担责任。即承揽人在完成工作过程中造成第三人损害或者自己损害的，定作人同时在定作、指示或者选任方面也有过错的，定作人就需要承担相应的责任。相应的责任意味着定作人只需要承担与其过错程度相适应的责任，例如承揽人造成他人损害时，定作人对此也有一定的过错，则法院应当对二人的过错进行划分，界定二者各自应当对受害人承担的责任份额。如果承揽人执行定作人错误的指示而导致自己受到损害的，也应当区分承揽人自身是否具有过错、定作人过错的大小等因素，来划分各自的责任份额。

（三）承揽人的自己责任

由于承揽人是依据自己的独立意志从事一定的工作，仅需向定作人交付约定的工作成果，至于如何完成其工作成果，是其自主决定的，所以一般情况下承揽人不会受到定作人较多的控制。所以承揽人在工作中造成他人损害，或者不慎造成自己损害，均应当由承揽人自行承担责任。所以除了定作人对定作、指示或者选任有过错，应当承担相应的责任之外，承揽人对于其在完成工作过程中造成第三人损害或者自己损害的，都应当自己承担责任。

法条关联

◆《民法典》合同编

第七百七十条　承揽合同是承揽人按照定作人的要求完成工作，交付工作成果，定作人支付报酬的合同。

承揽包括加工、定作、修理、复制、测试、检验等工作。

◆《最高人民法院关于审理人身损害赔偿案件适用法律若干问题的解释》

第十条　承揽人在完成工作过程中对第三人造成损害或者造成自身损害的，定作人不承担赔偿责任。但定作人对定作、指示或者选任有过失的，应当承担相应的赔偿责任。

案例评议

一、吕某与丁某、江苏九华家电有限公司生命权、健康权、身体权纠纷案[①]

◆ **裁判规则**

在认定本案中各主体的责任承担问题时，法院认为，在案涉空调移机工作实施之前，吕某与丁某于2016年7月25日签订《安装空调记录》。约定工作内容并交纳了1500元报酬，双方形成承揽合意。丁某从事空调移机时吕某家中有人、没有发生事故，后在2016年8月12日维修空调时吕某家中无人，吕某指派的辅助协作人员没有向丁某提示安全事项、检查脚手架是否稳固等，存在一定的定作过失，对于丁某使用吕某所有的脚手架过程中发生坠落、遭受损伤的结果吕某应当承担一定责任。丁某本人作为专业工作人员，从事空调维修时没有使用安全带、安全帽等保护设施，对损伤结果发生具有主要过错。《最高人民

① 江苏省高级人民法院民事裁定书，(2019) 苏民申5356号。

法院关于审理人身损害赔偿案件适用法律若干问题的解释》第10条规定，承揽人在完成工作过程中对第三人造成损害或者造成自身损害的，定作人不承担赔偿责任。但定作人对定作、指示或者选任有过失的，应当承担相应的赔偿责任。故认定丁某承担主要责任、吕某承担次要责任。

◆ **评议**

承揽人在完成工作过程中造成第三人损害或者自己损害的，定作人不承担侵权责任。但是，定作人有过错的，承担相应的责任。本案中，一方聘请另一方为其提供空调移机的维修服务，法院认为构成承揽合同。定作人未能向承揽人提示安全事项、检查脚手架是否稳固等，导致承揽人使用脚手架过程中发生坠落受伤，存在一定的定作过失，所以应当承担次要责任；而承揽人作为专业工作人员，从事空调维修时没有使用安全带、安全帽等保护设施，对损伤结果发生具有主要过错，应当承担主要责任。

二、徐某与章某、杨某健康权纠纷案①

◆ **裁判规则**

在认定本案中责任承担主体及责任分担比例时，法院认为，《最高人民法院关于审理人身损害赔偿案件适用法律若干问题的解释》第10条规定："承揽人在完成工作过程中对第三人造成损害或者造成自身损害的，定作人不承担赔偿责任。但定作人对定作、指示或者选任有过失的，应当承担相应的赔偿责任。"该司法解释中规定的定作人过失，仅限于对损害结果的发生，定作人有相应的定作、指示、选任行为，且该定作、指示、选任行为与损害结果之间存在直接因果关系。本案中，致徐某受伤的直接原因是其错误使用磨光机切割地板，又在缺少保护罩的磨光机上安装锯齿齿轮，导致磨光机反弹割伤自己手臂，也就是说，是徐某违反了安全操作规程，定作人章某要求切割旧地板的定作、指示行为与徐某受伤之间并不存在直接因果关系，其选任杨某作为承揽人也不必然导致徐某受伤。此外，定作人章某为生活需要选择承揽人杨某加工地板，本身是消费者的角色，我国现行法律法规对于消费者为个人消费是否必须审查承揽人证照、资质问题，亦未作出禁止性规定。定作人章某不需要承担损害赔偿责

① 上海市高级人民法院民事判决书，（2018）沪民再5号。

任。至于作为承揽人、雇主的杨某，其未对承揽事项作必要的安全检查，提供必要的安全防护措施，对于损害的发生确有一定责任，但对比徐某，作为从业10余年的木工，正确选择工作所需设备，正确使用所选设备是最基本的工作要求，但徐某却因为错误选用磨光机切割地板以及错误操作磨光机而造成自身伤害，其过错更为明显，据此确认由徐某自担70%责任，而其雇主杨某承担30%责任。

◆ **评议**

业主聘请工人为自己住房提供装修地板的工作，法院认定构成承揽关系。在完成工作过程中，承揽人使用自己一方的有缺陷工具，且操作不当而导致自己受伤，法院认为作为定作人的业主在此过程中并无过错，因此应当由承揽人一方自行承担责任。

至于承揽人一方内部还存在着个人之间的劳务关系，则根据提供劳务一方因劳务自己受到损害的，根据双方各自的过错承担相应的责任的规定，法院判定操作工具失误一方错误选用磨光机切割地板以及错误操作磨光机而造成自身伤害，其过错更为明显，故应承担70%的责任，而接受劳务一方未进行必要的安全检查、提供必要的安全防护措施，故应承担30%责任。

第一千一百九十四条 【网络侵权责任一般规定】

网络用户、网络服务提供者利用网络侵害他人民事权益的，应当承担侵权责任。法律另有规定的，依照其规定。

本条来源

《侵权责任法》第三十六条规定：“网络用户、网络服务提供者利用网络侵害他人民事权益的，应当承担侵权责任。网络用户利用网络服务实施侵权行为的，被侵权人有权通知网络服务提供者采取删除、屏蔽、断开链接等必要措施。网络服务提供者接到通知后未及时采取必要措施的，对损害的扩大部分与该网络用户承担连带责任。网络服务提供者知道网络用户利用其网络服务侵害他人民事权益，未采取必要措施的，与该网络用户承担连带责任。”

立法演变

《民法典侵权责任编草案》（一审稿）第九百七十条规定：“网络用户、网络服务提供者利用网络侵害他人民事权益的，应当承担侵权责任。网络用户利用网络服务实施侵权行为的，权利人有权通知网络服务提供者采取删除、屏蔽、断开链接等必要措施。通知应当包括构成侵权的初步证据。网络服务提供者接到通知后，应当及时采取必要措施，并将该通知转送相关网络用户；未及时采取必要措施的，对损害的扩大部分与该网络用户承担连带责任。权利人因错误通知造成网络用户损害的，应当承担侵权责任。”

《民法典侵权责任编草案》（二审稿）第九百七十条规定：“网络用户、网络服务提供者利用网络侵害他人民事权益的，应当承担侵权责任。网络用户利用网络服务实施侵权行为的，权利人有权通知网络服务提供者采取删除、屏蔽、断开链接等必要措施。通知应当包括构成侵权的初步证据及权利人的真实身份信息。网络服务提供者接到通知后，应当及时将该通知转送相关网络用户，并采取必要措施；未及时采取必要措施的，对损害的扩大部分与该网络用户承担连带责任。因错误通知造成网络用户或者网络服务提供者损害的，应当承担侵权责任。”

《民法典侵权责任编草案》（三审稿）第九百七十条规定：“网络用户、网络服务提供者利用网络侵害他人民事权益的，应当承担侵权责任。”《民法典侵权责任编草案》（三审稿）第九百七十条之一规定：“网络用户利用网络服务实施侵权行为的，权利人有权通知网络服务提供者采取删除、屏蔽、断开链接等必要措施。通知应当包括构成侵权的初步证据及权利人的真实身份信息。网络服务提供者接到通知后，应当及时将该通知转送相关网络用户，并根据服务类型的不同采取必要措施；未及时采取必要措施的，对损害的扩大部分与该网络用户承担连带责任。因错误通知造成网络用户或者网络服务提供者损害的，应当承担侵权责任。”

《民法典侵权责任编草案》（征求意见稿）第一千一百九十四条规定：“网络用户、网络服务提供者利用网络侵害他人民事权益的，应当承担侵权责任。法律另有规定的，依照其规定。”此后无变化。

条文释义

本条是关于网络侵权责任的一般性规定。

一、概述

网络侵权是指行为人在互联网上实施的侵害他人民事权益的行为。由于网络侵权涉及互联网用户、网络服务提供者和被侵权人三方主体，所以，网络侵权责任是指网络用户、网络服务提供者在互联网上侵害他人民事权益所应承担的责任。网络侵权责任并不特指侵害某种权利的行为，而是泛指一切发生于互联网空间的侵权行为，至于网络侵权所侵害的民事权益，常见的有侵害他人知识产权、肖像权、名誉权、隐私权、网络虚拟财产等。

互联网（internet），音译为因特网、英特网，又被称为国际网络，是指以一组通用的协议相连，形成逻辑上的单一巨大国际网络。互联网始于 1969 年的美国，最初是美国军方的研究项目，后来逐渐转为民用，并在全世界迅速普及开来。互联网大大缩短了人与人之间的通讯距离，极大地改善了人们的生活，提高了人们的生活质量，使地球上的物理距离缩小，形成“地球村”的效应。尤其是伴随着智能手机等移动终端设备的普及，互联网更是渗入了人们生活的方方面面，形成万物互联的局面。

互联网一方面给人们的生活带来了巨大福利，另一方面也带来了一些负面效应，其中包括网络上实施的各种侵权行为。为应对互联网时代的侵权问题，最高人民法院于 2000 年制定了《关于审理涉及计算机网络著作权纠纷案件适用法律若干问题的解释》，国务院也于 2006 年制定了《信息网络传播权保护条例》，根据网络服务提供者的不同类型分别规定了免责事由。2009 年《侵权责任法》第 36 条针对网络侵权责任作出了专门规定，在此后的司法实践中发挥了巨大的作用。伴随着互联网时代的飞速发展，我国于 2018 年又制定了《电子商务法》。《侵权责任法》仅用一条来调整网络侵权责任，无法满足实践的需求。因此，在《民法典》侵权责任编起草过程中，将该条进行拆解，形成四个条文，进行更为充分的规定。

二、内容

（一）网络用户与网络服务提供者的含义

网络用户是指利用他人提供的网络以连接到互联网的主体。网络用户既可以是自然人，也可能是法人、非法人组织，网络用户通过连接网络而实现信息的发送或者接收，任何人只要利用网络接收或发布信息都可以称为网络用户，但如果只是使用电脑或手机等终端设备，却并未连接到网络，则不属于网络用户。

据中国互联网络信息中心发布的《中国互联网络发展状况统计报告》统计，截至2020年3月，中国网民规模达9.04亿，互联网普及率达64.5%，农村网民规模为2.55亿，占网民整体的28.2%，城镇网民规模为6.49亿，占网民整体的71.8%。在网民中，手机网民规模达8.97亿，网民使用手机上网的比例达99.3%。使用电视上网的比例为32.0%；使用台式电脑上网、笔记本电脑上网、平板电脑上网的比例分别为42.7%、35.1%、29.0%。中国网民的人均每周上网时长为30.8个小时。而据中国互联网协会2019年7月发布的《中国互联网发展报告（2019）》统计，截至2019年6月30日，全球网民数量已达44.22亿。据统计，就全球范围内而言，互联网用户每日平均在线长达6小时42分钟，互联网已经占据了人们清醒时间的1/3（总在线时长已破10亿年）。

网络服务提供者是指通过信息网络为用户接入网络服务，使用户与网络连线，为用户提供信息，或者为获取网络信息等目的而提供服务的主体。根据网络服务提供者所提供的服务内容的不同，可以将其分为网络接入服务提供者、网络平台服务提供者、网络内容及产品服务提供者几类。其中，网络接入服务提供者和平台服务提供者也被称为网络中介服务提供者，此类网络服务提供者本身并不参与信息交流，其只是为他人的信息交流提供空间和平台服务。而网络内容及产品服务提供者则向网络用户提供各种具体信息和内容。

网络服务提供者是和网络用户相对应的概念，两者互相依存。例如，全球范围内用户量最大的网络公司脸书（Facebook）在2020财年第一季度财报中显示，其全球范围内的注册用户超过30亿，日活跃用户人数为23.6亿，月活跃用户人数为29.9亿。再如，我国腾讯公司旗下的社交通讯软件“微信”在2019年月活跃账户数也超过了11亿。

（二）网络侵权的归责原则

根据本条规定，网络用户、网络服务提供者利用网络侵害他人民事权益的，应当承担侵权责任。法律另有规定的，依照其规定。结合其他条文关于网络侵权责任的规定，可以认为，网络侵权责任的归责原则是过错责任原则。

虽然本条并没有使用“过错”的概念，而是使用了“应当承担侵权责任”

的表述，表面上看起来似乎是采纳了无过错责任原则，但由于本条系从《侵权责任法》第36条拆分而来，应当结合其他条文进行体系解释。

就网络用户而言，其联通互联网进行消息的发布、通讯等行为，并不是具有高度危险性的行为，不属于应当承担无过错责任的行为类型。对其责任的判断，仍然要根据过错程度来进行，但由于互联网自身的特性，所以在侵权后果上其与传统侵权行为带来的后果有所不同，应当仍然以行为人的过错为要件。

就网络服务提供者而言，关于网络侵权责任的规定，强调了网络服务提供者对于网络用户侵权行为的知道或者应当知道而未采取必要措施作为承担责任的前提，还强调了网络服务提供者的通知、转告通知、采取必要措施等义务的不履行作为承担责任的前提。可见，网络服务提供者仍然以过错作为承担责任的构成要件。

因此，网络侵权责任的归责原则仍然属于过错责任原则。如果对网络侵权实行无过错责任原则，要求其对任何网络侵权行为都要承担侵权责任而不管其是否知道或应当知道、不管是否需要经过通知—删除的程序，这样就无异于对网络服务提供者施加了无比严格的审核责任，将会导致网络服务提供者不堪重负、无力运营，或者对用户的任何信息都加以严苛的审核，转嫁责任，如此不仅会严重妨碍互联网行业的发展，也会严重影响人们的言论自由和信息传播自由。因此，在能够兼顾对被侵权人的保护时，采取过错责任原则作为网络侵权责任的归责原则，符合其他国家的通行做法，也是适应时代发展所需。

法条关联

◆《信息网络传播权保护条例》

第五条　未经权利人许可，任何组织或者个人不得进行下列行为：

（一）故意删除或者改变通过信息网络向公众提供的作品、表演、录音录像制品的权利管理电子信息，但由于技术上的原因无法避免删除或者改变的除外；

（二）通过信息网络向公众提供明知或者应知未经权利人许可被删除或者改变权利管理电子信息的作品、表演、录音录像制品。

◆《最高人民法院关于审理侵害信息网络传播权民事纠纷案件适用法律若干问题的规定》

第三条　网络用户、网络服务提供者未经许可，通过信息网络提供权利人享有信息网络传播权的作品、表演、录音录像制品，除法律、行政法规另有规定外，人民法院应当认定其构成侵害信息网络传播权行为。

通过上传到网络服务器、设置共享文件或者利用文件分享软件等方式，将作品、表演、录音录像制品置于信息网络中，使公众能够在个人选定的时间和地点以下载、浏览或者其他方式获得的，人民法院应当认定其实施了前款规定的提供行为。

第六条 原告有初步证据证明网络服务提供者提供了相关作品、表演、录音录像制品，但网络服务提供者能够证明其仅提供网络服务，且无过错的，人民法院不应认定为构成侵权。

◆《最高人民法院关于审理利用信息网络侵害人身权益民事纠纷案件适用法律若干问题的规定》

第一条 本规定所称的利用信息网络侵害人身权益民事纠纷案件，是指利用信息网络侵害他人姓名权、名称权、名誉权、荣誉权、肖像权、隐私权等人身权益引起的纠纷案件。

案例评议

一、邱某、广东罗浮宫国际家具博览中心有限公司等侵害商标权纠纷案①

◆ 裁判规则

再审法院认为，安某公司自述受邱某委托发布广告，并与其签订了《网站广告合同》，据此安某公司不属于《侵权责任法》第三十六条规定的网络服务提供者，而是网络广告的发布者，一审法院和二审法院认定事实不清、适用法律错误，应予纠正，邱某的该项申请再审理由成立，本院予以支持。

◆ 评议

本案中，邱某直接将他人具有一定知名度的注册商标“罗浮宫”字样作为字号名称的主体部分进行登记，并在经营中作为企业字号的主体进行使用，然后委托网络公司在网络上发布商业广告，广告的内容侵犯了他人的注册商标权，法院认为邱某和广告公司都属于网络用户，应当承担侵权责任。

① 最高人民法院民事判决书，（2015）民申字第723号。

二、广州网易计算机系统有限公司与谭某名誉权纠纷案[①]

◆ 裁判规则

在认定网易公司作为转载媒体，转载侵犯他人名誉权的文章，是否应承担法律责任时，法院认为，《最高人民法院关于审理利用信息网络侵害人身权益民事纠纷案件适用法律若干问题的规定》第10条规定："人民法院认定网络用户或者网络服务提供者转载网络信息行为的过错及其程度，应当综合以下因素：（一）转载主体所承担的与其性质、影响范围相适应的注意义务；（二）所转载信息侵害他人人身权益的明显程度；（三）对所转载信息是否作出实质性修改，是否添加或者修改文章标题，导致其与内容严重不符以及误导公众的可能性。"据此，媒体在转载消息源时亦应承担一定的审核注意义务，尽量避免虚假报道和不实信息的传播。网络用户、网络服务提供者通过互联网登载、发送信息，均不得含有侮辱、诽谤等侵害他人合法权益的内容，这一义务的设定并不区分信息、文章系自行采编、撰写，还是转载而来。转载行为人转载信息、文章时，应在合理范围内承担必要的审查义务，其与信息提供者、原创者之间的免责合同约定也不能对抗被侵权人。本案中，网易公司在2014年4月连续发布三篇涉案文章，内容相互关联，直接指向他人的名誉、声望。作为转载主体，应当预见到此类信息"以讹传讹"的效应明显以及信息一经发布可能造成的影响。网易公司明知其所转载的信息未经核实且对他人有害，还是转载发布，具有侵害他人民事权益的过错，应该承担相应的法律责任。

◆ 评议

本案中，网易公司转载"潇湘晨报"的文章，而该文章涉嫌侵犯他人名誉权，法院认为，网易公司作为转载媒体，明知其所转载的信息未经核实且对他人有害，还是转载发布，具有侵害他人民事权益的过错，应该承担相应的法律责任。

① 北京市第一中级人民法院民事判决书，（2017）京01民终500号。

第一千一百九十五条　【网络侵权中的通知规则】

网络用户利用网络服务实施侵权行为的，权利人有权通知网络服务提供者采取删除、屏蔽、断开链接等必要措施。通知应当包括构成侵权的初步证据及权利人的真实身份信息。

网络服务提供者接到通知后，应当及时将该通知转送相关网络用户，并根据构成侵权的初步证据和服务类型采取必要措施；未及时采取必要措施的，对损害的扩大部分与该网络用户承担连带责任。

权利人因错误通知造成网络用户或者网络服务提供者损害的，应当承担侵权责任。法律另有规定的，依照其规定。

本条来源

《侵权责任法》第三十六条规定："网络用户、网络服务提供者利用网络侵害他人民事权益的，应当承担侵权责任。网络用户利用网络服务实施侵权行为的，被侵权人有权通知网络服务提供者采取删除、屏蔽、断开链接等必要措施。网络服务提供者接到通知后未及时采取必要措施的，对损害的扩大部分与该网络用户承担连带责任。网络服务提供者知道网络用户利用其网络服务侵害他人民事权益，未采取必要措施的，与该网络用户承担连带责任。"

立法演变

《民法典侵权责任编草案》（一审稿）第九百七十条规定："网络用户、网络服务提供者利用网络侵害他人民事权益的，应当承担侵权责任。网络用户利用网络服务实施侵权行为的，权利人有权通知网络服务提供者采取删除、屏蔽、断开链接等必要措施。通知应当包括构成侵权的初步证据。网络服务提供者接到通知后，应当及时采取必要措施，并将该通知转送相关网络用户；未及时采取必要措施的，对损害的扩大部分与该网络用户承担连带责任。权利人因错误通知造成网络用户损害的，应当承担侵权责任。"

《民法典侵权责任编草案》（二审稿）第九百七十条规定："网络用户、网络服务提供者利用网络侵害他人民事权益的，应当承担侵权责任。网络用户利用网络服务实施侵权行为的，权利人有权通知网络服务提供者采取删除、屏蔽、断开链接等必要措施。通知应当包括构成侵权的初步证据及权利人的真实身份信息。网络服务提供者接到通知后，应当及时将该通知转送相关网络用户，并采取必要措施；未及时采取必要措施的，对损害的扩大部分与该网络用户承担连带责任。因错误通知造成网络用户或者网络服务提供者损害的，应当承担侵权责任。”

《民法典侵权责任编草案》（三审稿）第九百七十条规定：“网络用户、网络服务提供者利用网络侵害他人民事权益的，应当承担侵权责任。”《民法典侵权责任编草案》（三审稿）第九百七十条之一规定：“网络用户利用网络服务实施侵权行为的，权利人有权通知网络服务提供者采取删除、屏蔽、断开链接等必要措施。通知应当包括构成侵权的初步证据及权利人的真实身份信息。网络服务提供者接到通知后，应当及时将该通知转送相关网络用户，并根据服务类型的不同采取必要措施；未及时采取必要措施的，对损害的扩大部分与该网络用户承担连带责任。因错误通知造成网络用户或者网络服务提供者损害的，应当承担侵权责任。”

《民法典侵权责任编草案》（征求意见稿）第一千一百九十五条规定：“网络用户利用网络服务实施侵权行为的，权利人有权通知网络服务提供者采取删除、屏蔽、断开链接等必要措施。通知应当包括构成侵权的初步证据及权利人的真实身份信息。网络服务提供者接到通知后，应当及时将该通知转送相关网络用户，并根据构成侵权的初步证据和服务类型采取必要措施；未及时采取必要措施的，对损害的扩大部分与该网络用户承担连带责任。因错误通知造成网络用户或者网络服务提供者损害的，应当承担侵权责任。”此后稍有调整。

条文释义

本条是关于权利人的通知权、网络服务提供者转送通知的义务和错误通知的责任的规定。

一、概述

本条是对《侵权责任法》第 36 条第 2 款修改扩充而来。《侵权责任法》第 36 条第 2 款只规定，网络用户利用网络服务实施侵权行为的，被侵权人有权通知网络服务提供者采取删除、屏蔽、断开链接等必要措施。网络服务提供者接到通知后未及时采取必要措施的，对损害的扩大部分与该网络用户承担连带责任。那么本条在其基础上，增加规定了网络服务提供者的转送通知义务，以及错误通知的责任，即网络服务提供者接到通知后，应当及时将该通知转送相关网络用户，并根据构成侵权的初步证据和服务类型采取必要措施，因错误通知造成网络用户或者网络服务提供者损害的，应当承担侵权责任。当然，如果其他法律另有规定的，则依照其规定。

如果网络用户涉嫌侵犯权利人合法权益的，权利人通知网络服务提供者采取必要措施，那么按照《侵权责任法》的规定，网络服务提供者就应当采取删除、屏蔽、断开链接等必要措施，否则就可能要对扩大的损害与网络用户一起承担连带责任。但现实中，有许多权利人的通知和投诉，缺乏相应的权利证明和侵权证据，如果网络服务提供者直接依据通知就对相关内容进行删除、屏蔽、断开链接，则极易引起网络用户和权利人之间的纠纷，且不利于网络秩序的稳定。因此，应当在权利人的通知与网络服务提供者的采取措施之间，增加一个沟通的环节，让网络用户与权利人进行沟通，并且让网络服务提供者能够接收到双方提供的初步证据，然后再判断是否构成侵权，并最终决定采取相应的措施删除或者恢复相关的网络信息。如此则有利于纠纷的解决，也对网络用户比较公平。此外，如果权利人发出了错误的通知，导致网络服务提供者对网络用户发布的内容采取了处理措施，给网络用户造成了损害，事后证明权利人的权利主张和通知是错误的，则此时权利人应当对造成的网络用户的损害承担侵权责任。

二、内容

（一）权利人对网络侵权行为的通知权

网络用户利用网络实施侵害他人权益的行为，是较为常见的侵权行为。网络用户利用网络侵害他人民事权益，既可能侵犯他人的人格权，也可能侵犯他人的财产权，还可能侵犯他人的知识产权这样的综合性权利。

就网络用户侵犯他人的人格权而言，常见的侵权行为有：第一，侵犯他人姓名权。例如在网络上以干涉、盗用、假冒等方式侵害他人的姓名权或者名称权。第二，侵犯他人的肖像权。例如未经肖像权人同意，在网络上公开、使用肖像权人的肖像，或者在网络上以丑化、污损，或者利用信息技术手段伪造等方式侵害他人的肖像权。第三，侵犯他人的名誉权。例如在网络上以侮辱、诽谤等方式侵害他人的名誉权。第四，侵犯他人的荣誉权。例如在网络上散布不实言论，诋毁、贬损他人所获得的荣誉。第五，侵犯他人的隐私权和个人信息。例如在网络上以刺探、侵扰、泄露、公开等方式侵害他人的隐私权，以短信、电话、即时通讯工具、电子邮件、传单等方式侵扰他人的私人生活安宁，或者收集、处理他人的私密信息，或者在网络上未经允许搜集他人个人信息、向他人非法提供个人信息，在网络上泄露、篡改合法收集、存储的个人信息等。

就网络用户侵犯他人的财产权而言，常见的侵权行为主要是侵犯、窃取、破坏他人的数据、网络虚拟财产。例如盗取别人的游戏账号，或者盗取他人游戏账户内的游戏装备，等等。

此外，在网络上侵犯他人知识产权的侵权行为也比较常见，主要表现为：第一，侵犯他人的著作权。例如将他人作品进行署名在网络上发表，将他人作品进行数字化处理并在网络上发布，等等。第二，侵犯他人商标权。例如未经商标注册人的许可，在网络上销售侵犯注册商标专用权的商品，在网络上伪造或擅自制造他人注册商标标识，等等。第三，侵犯他人专利权。例如未经专利权人许可，在网络上制造、销售侵权产品，侵犯或者假冒他人专利，等等。

当权利人发现网络用户利用网络实施了侵犯自己权利的行为的，权利人享有通知权，有权通知网络服务提供者采取删除、屏蔽、断开链接等必要措施。如前所述，网络服务提供者承担的是过错责任，所以不能在出现侵权内容时就直接要求网络服务提供者承担侵权责任，而是首先由权利人向网络服务提供者发出通知，提供侵权线索，网络服务提供者才能进行调查，或者对网络用户转送通知。

权利人发出的通知必须符合一定的形式要件和实质要件，否则不能构成合格的通知。通知应当包括构成侵权的初步证据及权利人的真实身份信息。《最高人民法院关于审理涉及计算机网络著作权纠纷案件适用法律若干问题的解释》第 7 条也规定，著作权人发现侵权信息，向网络服务提供者提出警告或者索要侵权行为人网络注册资料时，不能出示身份证明、著作权权属证明及侵权情况证明的，视为未提出警告或者未提出索要请求。这些都是强调权利人提供的通知应当包含便于网络服务提供者判断是否存在侵权行为的证据和必要信息。

例如，在殷某诉北京百度网讯科技有限公司名誉权案中，原告主张在发现网络用户的侵权信息后，曾登报向被告百度公司发出过通知，对此，法院审查了原告的登报发表公开声明的行为是否构成有效通知，法院指出：“一份对不特定人主张权利的公开声明欲产生法律效力，应当具备法律行为的构成要素，其中包括适格的主体，否则任何人均可匿名发布权利声明，社会上的任何不特定人在获悉此项声明后都受其约束，须负担一定作为或不作为之义务，却无从得知所应注意者系何人之权利，显失公允，社会生产、生活秩序必将受到过分干扰。综观原告委托律师刊登的公开声明，并未明确披露权利的主体，仅以'YH小姐'代之，而'YH小姐'在法律上并非一位适格的权利主体。因此，该公开声明本身并未构成一项有效的通知。"[①] 因此，原告仅仅只是登报发布声明，并且使用了匿名，所以法院认为这种登报不构成有效通知，百度公司未必会知道原告的诉求。所以法院认为直到百度在其投诉平台上接到投诉之时，才真正收到了权利人对于这一侵权事件发出的通知。

因此，权利人对网络服务提供者发出的通知，必须向网络服务提供者所提供的正式渠道发出通知，函件、邮件、电话通知均可，通知的内容应当包括权利人认为网络用户对其构成侵权的初步证据，例如权利人自己的权利凭证、侵权信息的网址等，以及希望网络服务提供者对涉嫌侵权信息采取的具体措施，是删除还是屏蔽，或者断开链接，或者同时进行。此外，权利人还应当提供自己的真实身份信息，例如身份证明、有效联系方式等。否则网络服务提供者可能难以收到或辨别权利人的通知。一些大型的网络公司，每天收到的侵权通知都是成千上万，筛选起来成本较高，难度较大，如果权利人提供的通知内容含糊、联系方式不明等，则很难有效起到通知的效果。

（二）网络服务提供者转送通知的义务

本条规定，在网络服务提供者接到权利人的通知之后，应当及时将该通知转送给相关网络用户，并根据构成侵权的初步证据和服务类型先采取一些必要的措施。此前《侵权责任法》并没有规定这一转告通知的环节，所以就会出现一旦出现权利人的侵权通知，网络服务提供者就只能选择是否采取删除、屏蔽、断开链接等必要措施，如果不采取必要措施，而事后有证明确实存在网络侵权行为的，则网络服务提供者就需要对损害的扩大部分与该网络用户承担连带责任；如果接到通知后立即采取必要措施的，一旦事后证明侵权行为并不存在，则网络服务提供者的必要措施就会侵害网络用户的合法权益。由此，极易在三

① 上海市静安区人民法院民事判决书，（2009）静民一（民）初字第1780号。

方主体之间引发争议。

根据这一规定，在权利人的通知之后，增加了权利人与网络用户的证据交换与沟通环节，而网络服务提供者在此扮演着沟通的桥梁作用。也就是说，网络服务提供者在接到权利人的通知后，可以先根据权利人的通知中呈现的初步证据来作出判断，判定权利人的主张是否应当支持，进而决定采取何种合理的措施。然后及时将该通知转送给相关网络用户，听取网络用户的反馈意见和抗辩理由，然后根据网络用户提供的证据和服务类型，来判断是否构成侵权，并决定是否要采取必要的措施恢复网络用户的网络信息。

2018 年我国《电子商务法》就已经对这一沟通环节进行了规定，该法第 42 条第 2 款规定："电子商务平台经营者接到通知后，应当及时采取必要措施，并将该通知转送平台内经营者；未及时采取必要措施的，对损害的扩大部分与平台内经营者承担连带责任。"

网络服务提供者收到权利人关于权利被侵害的通知之后，及时转告涉嫌侵权的网络用户，如果网络用户认为自己并没有构成侵权，就可以根据通知中所载明的初步证据来进行反证，例如提供自己才是真正权利人的凭证等。如果网络用户知道自己确实构成了侵权，也可以及时主动地采取删除相关侵权信息的行动，减少对权利人的损害。

如果网络用户认为自己并未构成侵权，那么面对权利人和网络用户双方的争执，网络服务提供者就需要扮演信息的传递者和裁判者的角色，其应当根据双方提供的关于侵权与否的举证与反证，来判断网络用户是否构成侵权，并根据自己所提供的网络服务的类型来决定采取何种必要措施消除侵权后果。例如，网络接入服务提供者就可以采取断开侵权信息链接的必要措施，网络平台服务提供者就可以提供屏蔽侵权信息的必要措施，而网络内容及产品服务提供者就可以采取删除侵权信息的必要措施。

如果网络服务提供者在收到权利人的通知后，未及时将该通知转送相关网络用户，或者仅转送通知但并未根据构成侵权的初步证据和服务类型采取必要措施，从而造成权利人的损害扩大的，网络服务提供者应当对损害的扩大部分与该网络用户承担连带责任。损害的扩大部分，是指从网络服务提供者应当采取必要措施之日起计算，对于侵权信息继续在网络上存续甚至不断扩大传播范围所造成的权利人的损害部分。

（三）错误通知造成损害的责任

如果权利人的通知存在错误，导致网络服务提供者据此作出了删除、屏蔽、断开链接等措施，对网络用户的合法权益造成了损害的，则该损害是由权利人的错误通知所造成的，因此，应当由权利人承担侵权责任。同时，由于网络服务提供者对网络用户采取了删除、屏蔽、断开链接等措施，而这些措施并没有合法依据，所以网络服务提供者也可能面临着网络用户的索赔诉求。如果网络服务提供者因权利人的错误通知而对网络用户承担了赔偿责任，此种责任也属于网络服务提供者遭受的损害，同样可以要求发出通知的权利人承担。《最高人民法院关于审理涉及计算机网络著作权纠纷案件适用法律若干问题的解释》第8条也规定，网络服务提供者经著作权人提出确有证据的警告而采取移除被控侵权内容等措施，被控侵权人要求网络服务提供者承担违约责任的，人民法院不予支持。著作权人指控侵权不实，被控侵权人因网络服务提供者采取措施遭受损失而请求赔偿的，人民法院应当判令由提出警告的人承担赔偿责任。

此外，此处的“因错误通知造成网络用户或者网络服务提供者损害”，并未将错误通知的主体限定在权利人一方。由于网络服务提供者需要在接到权利人的通知之后向网络用户进行转送转达，那么在转送的过程中，网络服务提供者也可能发生错误，形成错误的转送，那么此种转送在性质上也属于通知，如果网络用户基于错误的转送通知而遭受了损害，同样属于“因错误通知”而造成的损害，那么对于这一损害，网络用户就应当向网络服务提供者请求承担侵权责任。

法条关联

◆《电子商务法》

第四十二条 知识产权权利人认为其知识产权受到侵害的，有权通知电子商务平台经营者采取删除、屏蔽、断开链接、终止交易和服务等必要措施。通知应当包括构成侵权的初步证据。

电子商务平台经营者接到通知后，应当及时采取必要措施，并将该通知转送平台内经营者；未及时采取必要措施的，对损害的扩大部分与平台内经营者承担连带责任。

因通知错误造成平台内经营者损害的，依法承担民事责任。恶意发出错误通知，造成平台内经营者损失的，加倍承担赔偿责任。

◆《信息网络传播权保护条例》

第十四条 对提供信息存储空间或者提供搜索、链接服务的网络服务提供者，权利人认为其服务所涉及的作品、表演、录音录像制品，侵犯自己的信息网络传播权或者被删除、改变了自己的权利管理电子信息的，可以向该网络服务提供者提交书面通知，要求网络服务提供者删除该作品、表演、录音录像制品，或者断开与该作品、表演、录音录像制品的链接。通知书应当包含下列内容：

（一）权利人的姓名（名称）、联系方式和地址；

（二）要求删除或者断开链接的侵权作品、表演、录音录像制品的名称和网络地址；

（三）构成侵权的初步证明材料。

权利人应当对通知书的真实性负责。

第十五条 网络服务提供者接到权利人的通知书后，应当立即删除涉嫌侵权的作品、表演、录音录像制品，或者断开与涉嫌侵权的作品、表演、录音录像制品的链接，并同时将通知书转送提供作品、表演、录音录像制品的服务对象；服务对象网络地址不明、无法转送的，应当将通知书的内容同时在信息网络上公告。

◆《最高人民法院关于审理涉及计算机网络著作权纠纷案件适用法律若干问题的解释》

第七条 著作权人发现侵权信息向网络服务提供者提出警告或者索要侵权行为人网络注册资料时，不能出示身份证明、著作权权属证明及侵权情况证明的，视为未提出警告或者未提出索要请求。

著作权人出示上述证明后网络服务提供者仍不采取措施的，著作权人可以依照著作权法第四十九条、第五十条的规定在诉前申请人民法院作出停止有关行为和财产保全、证据保全的裁定，也可以在提起诉讼时申请人民法院先行裁定停止侵害、排除妨碍、消除影响，人民法院应予准许。

第八条 网络服务提供者经著作权人提出确有证据的警告而采取移除被控侵权内容等措施，被控侵权人要求网络服务提供者承担违约责任的，人民法院不予支持。

著作权人指控侵权不实，被控侵权人因网络服务提供者采取措施遭受损失而请求赔偿的，人民法院应当判令由提出警告的人承担赔偿责任。

◆《最高人民法院关于审理侵害信息网络传播权民事纠纷案件适用法律若干问题的规定》

第十四条 人民法院认定网络服务提供者采取的删除、屏蔽、断开链接等必要措施是否及时，应当根据权利人提交通知的形式，通知的准确程度，采取措施的难易程度，网络服务的性质，所涉作品、表演、录音录像制品的类型、知名度、数量等因素综合判断。

◆《最高人民法院关于审理利用信息网络侵害人身权益民事纠纷案件适用法律若干问题的规定》

第五条 依据侵权责任法第三十六条第二款的规定，被侵权人以书面形式或者网络服务提供者公示的方式向网络服务提供者发出的通知，包含下列内容的，人民法院应当认定有效：

（一）通知人的姓名（名称）和联系方式；

（二）要求采取必要措施的网络地址或者足以准确定位侵权内容的相关信息；

（三）通知人要求删除相关信息的理由。

被侵权人发送的通知未满足上述条件，网络服务提供者主张免除责任的，人民法院应予支持。

第六条 人民法院适用侵权责任法第三十六条第二款的规定，认定网络服务提供者采取的删除、屏蔽、断开链接等必要措施是否及时，应当根据网络服务的性质、有效通知的形式和准确程度，网络信息侵害权益的类型和程度等因素综合判断。

第七条 其发布的信息被采取删除、屏蔽、断开链接等措施的网络用户，主张网络服务提供者承担违约责任或者侵权责任，网络服务提供者以收到通知为由抗辩的，人民法院应予支持。

被采取删除、屏蔽、断开链接等措施的网络用户，请求网络服务提供者提供通知内容的，人民法院应予支持。

第八条 因通知人的通知导致网络服务提供者错误采取删除、屏蔽、断开链接等措施，被采取措施的网络用户请求通知人承担侵权责任的，人民法院应予支持。

被错误采取措施的网络用户请求网络服务提供者采取相应恢复措施的，人民法院应予支持，但受技术条件限制无法恢复的除外。

案例评议

一、威海嘉易烤生活家电有限公司诉永康市金仕德工贸有限公司、浙江天猫网络有限公司侵害发明专利权纠纷案①

◆ 裁判规则

在认定天猫公司是否承担侵权责任时，法院认为，天猫公司作为电子商务网络服务平台的提供者，基于其公司对于发明专利侵权判断的主观能力、侵权投诉胜诉概率以及利益平衡等因素的考量，并不必然要求天猫公司在接受投诉后对被投诉商品立即采取删除和屏蔽措施，对被诉商品采取的必要措施应当秉承审慎、合理原则，以免损害被投诉人的合法权益。但是将有效的投诉通知材料转达被投诉人并通知被投诉人申辩当属天猫公司应当采取的必要措施之一。否则权利人投诉行为将失去任何意义，权利人的维权行为也将难以实现。网络服务平台提供者应该保证有效投诉信息传递的顺畅，而不应成为投诉信息的黑洞。被投诉人对于其或生产或销售的商品是否侵权，以及是否应主动自行停止被投诉行为，自会作出相应的判断及应对。而天猫公司未履行上述基本义务结果导致被投诉人未收到任何警示从而造成损害后果的扩大。至于天猫公司在嘉易烤公司起诉后即对被诉商品采取删除和屏蔽措施，当属审慎、合理。综上，天猫公司在接到嘉易烤公司的通知后未及时采取必要措施，对损害的扩大部分应与金仕德公司承担连带责任。

◆ 评议

对于天猫公司网络提供的在线商城，某家店铺销售的产品侵犯他人发明专利，权利人向淘宝网知识产权保护平台上传了包含被投诉商品链接及专利侵权分析报告、技术特征比对表在内的投诉材料，且根据上述投诉材料可以确定被投诉主体及被投诉商品，符合侵权责任法规定的“通知”的基本要件，属有效通知。

但天猫公司对嘉易烤公司投诉材料作出审核不通过的处理，其在回复中表明审核不通过原因是：烦请在实用新型、发明的侵权分析对比表表二中详细填

① 浙江省高级人民法院民事判决书，(2015) 浙知终字第186号。

写被投诉商品落入贵方提供的专利权利要求的技术点，建议采用图文结合的方式一一指出，并提供购买订单编号或双方会员名。

法院认为，天猫公司的前述要求并非权利人投诉通知有效的必要条件，天猫公司仍以官僚格式化的回复将技术特征对比作为审核不通过的原因之一，处置失当。最后判令天猫公司对损害的扩大部分应与侵权行为人承担连带责任。

二、阿里巴巴（中国）网络技术有限公司与世纪龙信息网络有限责任公司名誉权纠纷案①

◆ 裁判规则

在认定被告世纪龙信息网络有限责任公司是否应当承担侵权责任时，法院认为，网络媒体登载他人发表的评论性文章时，应该预见所登载的评论性文章可能存在失实之处，给他人造成损害，故网络媒体具有审查其网站文章真实性的义务。被告世纪龙信息网络有限责任公司是网络信息发布提供者，其经营的某网站系在全国范围内都具有较大影响，其应当承担与其网络传播性质及影响范围相适应的较高注意义务。案涉文章已被生效判决认定为侵害原告名誉权，但被告世纪龙信息网络有限责任公司在原告起诉后才于2017年12月4日删除案涉侵权文章，故应认定被告世纪龙信息网络有限责任公司登载案涉文章的行为具有过错并造成了不实文章的扩大传播，势必对原告的社会评价造成影响，因此，被告世纪龙信息网络有限责任公司应当承担相应的侵权责任。

◆ 评议

本案中，世纪龙信息公司在其经营的某网站的科技频道转载了《阿里巴巴的文化只是遮羞布》一文，阿里巴巴公司认为构成对其名誉权的侵犯。法院认为，某网站系在全国范围内都具有较大影响，其应当承担与其网络传播性质及影响范围相适应的较高注意义务。案涉文章已被生效判决认定为侵害原告名誉权，但被告删除案涉侵权文章时间较晚，故应认定被告登载案涉文章的行为具有过错并造成了不实文章的扩大传播，势必对原告的社会评价造成影响，因此，被告应当承担相应的侵权责任。

同时，关于赔偿损失的数额，因阿里巴巴公司未举证证明其因被告侵权遭

① 杭州互联网法院民事判决书，（2017）浙0192民初357号。

受的除律师费外的其他实际损失，也未举证证明因被告登载文章导致传播范围扩大或者转载的具体情况，故法院仅酌情判令被告赔偿其经济损失8000元。

第一千一百九十六条　【网络侵权中的声明规则】

网络用户接到转送的通知后，可以向网络服务提供者提交不存在侵权行为的声明。声明应当包括不存在侵权行为的初步证据及网络用户的真实身份信息。

网络服务提供者接到声明后，应当将该声明转送发出通知的权利人，并告知其可以向有关部门投诉或者向人民法院提起诉讼。网络服务提供者在转送声明到达权利人后的合理期限内，未收到权利人已经投诉或者提起诉讼通知的，应当及时终止所采取的措施。

本条来源

《电子商务法》第四十三条规定："平台内经营者接到转送的通知后，可以向电子商务平台经营者提交不存在侵权行为的声明。声明应当包括不存在侵权行为的初步证据。电子商务平台经营者接到声明后，应当将该声明转送发出通知的知识产权权利人，并告知其可以向有关主管部门投诉或者向人民法院起诉。电子商务平台经营者在转送声明到达知识产权权利人后十五日内，未收到权利人已经投诉或者起诉通知的，应当及时终止所采取的措施。"

立法演变

《民法典侵权责任编草案》（一审稿）第九百七十一条规定："网络用户接到转送的通知后，可以向网络服务提供者提交不存在侵权行为的声明。声明应当包括不存在侵权行为的初步证据。网络服务提供者接到声明后，应当将该声明转送发出通知的权利人，并告知其可以向有关部门投诉或者向人民法院起诉。网络服务提供者在转送声明到达权利人后十五日内，未收到关于权利人已经投诉或者起诉通知的，应当及时终止所采取的措施。"

《民法典侵权责任编草案》（征求意见稿）第一千一百九十六条规定："网

络用户接到转送的通知后，可以向网络服务提供者提交不存在侵权行为的声明。声明应当包括不存在侵权行为的初步证据。网络服务提供者接到声明后，应当将该声明转送发出通知的权利人，并告知其可以向有关部门投诉或者向人民法院提起诉讼。网络服务提供者在转送声明到达权利人后的合理期限内，未收到权利人已经投诉或者提起诉讼通知的，应当及时终止所采取的措施。”此后稍有调整。

条文释义

本条是关于网络用户提交声明的规定，以及网络服务提供者转送声明的义务。

一、概述

本条规定是对上一条规定的延续，在权利人对网络服务提供者发出通知后，网络服务提供者将该通知转送给网络用户，并采取必要措施。此时网络用户收到权利人的通知之后，有权对自己的行为不构成侵权进行辩解，这种辩解通过向网络服务提供者提交不存在侵权行为的声明来实现。这样就能够在类似于原告和被告双方地位的权利人与网络用户之间，设置一个证据交换和质证的程序环节，有助于网络服务提供者判断侵权行为是否存在，并有助于网络服务提供者决定采取何种处理措施。

在权利人对网络用户向法院提起诉讼之前，在权利人—网络服务提供者—网络用户三方主体之间，设置通知—转送通知并采取措施—声明—转送声明—终止措施这样的程序环节，是对于纠纷的诉前解决。在这样的程序中，网络服务提供者的地位类似于法院，而权利人则类似于原告，网络用户类似于被告，网络服务提供者具有采取删除、屏蔽、断开链接以及进行恢复的权力。通过这种准司法程序的运作，能够吸取民事司法程序中的核心部分环节，即原告主张、举证、被告反驳并举证、双方质证、法院认定事实并作出裁判。通过这样的准司法程序，能够起到警示、教育、及时止损、化解纠纷的作用，是纠纷的多元化解决机制之一。

该条规定在规则上借鉴了《电子商务法》第43条的规定，因为电子商务法开始增加了平台经营者对双方纠纷进行初步裁判的环节，根据其规定，平台内经营者接到转送的通知后，可以向电子商务平台经营者提交不存在侵权行为的声明。声明应当包括不存在侵权行为的初步证据。电子商务平台经营者接到声明后，应当将该声明转送发出通知的知识产权权利人，并告知其可以向有关主管部门投诉或者向人民法院起诉。电子商务平台经营者在转送声明到达知识产权权利人后15日内，未收到权利人已经投诉或者起诉通知的，应当及时终止所采取的措施。在民法典编纂过程中，对于网络侵权规则的修改，电子商务法的这一规定被认为符合网络纠纷的解决特征，通过对双方之间的纠纷进行初步筛选过滤，能够起到在当事人之间快速裁决并化解纠纷的作用，只有通过这一程序仍然解决不了的纠纷，才会进入到司法程序，所以能够为司法诉讼分流有关网络侵权的纠纷。因此，关于电子商务的这一纠纷解决机制，被提升到所有网络侵权纠纷的解决机制中，成为网络侵权规则的一部分。

二、内容

（一）网络用户有权提交不存在侵权行为的声明

在权利人认为特定网络用户利用网络服务实施了侵犯自己权利的行为后，有权向网络服务提供者发出通知，要求网络服务提供者采取删除、屏蔽、断开链接等必要措施，网络服务提供者接到该通知后，及时将该通知转送相关网络用户，并对涉嫌侵权的网络信息采取必要的措施。那么网络用户在接到网络服务提供者转送的、由权利人发出的通知后，如果认为该通知对自己实施侵权行为的描述不实，或者自己确有免责事由，就可以向网络服务提供者提交声明，表明自己并不存在侵权行为。因此，声明在形式上是对应于通知的意思表示，两者一个是主张权利、追究责任的意思表示，一个是自己不构成侵权的意思表示。

与权利人发出的通知应当包括构成侵权的初步证据相似，网络用户发出的声明也同样应当包括其不存在侵权行为的初步证据，并且还应包括自己的真实身份信息。否则，仅凭网络用户否认自己实施了侵权行为的意思表示，无法帮助网络服务提供者进行初步判断，必须通过证据来证明自己不存在侵权行为。网络用户提供自己的真实身份信息，也便于权利人在采取诉讼行动时能够顺利提起诉讼。声明中提供的证据，应当具有针对性，即针对权利人的通知中所提供的初步证据来进行反驳，例如权利人认为网络用户侵犯自己商标权，并在通知中列明了自己对于注册商标的专用权和怀疑存在侵权的其他证据，那么网络用户就可以针对自己实施的行为进行举证，证明自己从事的行为并不构成对权利人商标专用权的侵犯。

（二）网络服务提供者应当将声明转送给权利人

网络服务提供者在此属于权利人与网络用户进行沟通的渠道和平台，因此，在收到网络用户提交的声明之后，网络服务提供者应当及时将该声明转送给发出通知的权利人，使权利人能够及时知悉网络用户的声明内容，看到对方提出的不存在侵权行为、不构成侵权的初步证据，然后进行下一步行动的判断。

如果网络服务提供者在收到权利人的通知之后不转送给网络用户，或者在收到网络用户的声明之后不转送给权利人，就无法在主张权利与涉嫌侵权的双方当事人之间建立起有效的沟通渠道，就会使得通知与声明变成了各自单方面向网络服务提供者提交材料，而起不到让双方进行沟通的作用。因此，网络服务提供者必须保持沟通渠道的畅通。网络服务提供者在接到通知后，应当及时转送给网络用户，同样，在收到网络用户的声明后，也应当尽快将该声明转送发出通知的权利人。

对于网络服务提供者在权利人与网络用户之间进行沟通的重要性，对于通知与声明的送达与转送达作为纠纷解决环节的必要性，司法实务界有着深刻的认识。在某家电公司与浙江天猫网络有限公司、某工贸公司侵害发明专利权的纠纷中，针对平台的转送通知义务，法院强调，“天猫公司作为电子商务网络服务平台的提供者，基于其公司对于发明专利侵权判断的主观能力、侵权投诉胜诉概率以及利益平衡等因素的考量，并不必然要求天猫公司在接受投诉后对被投诉商品立即采取删除和屏蔽措施，对被诉商品采取的必要措施应当秉承审慎、合理原则，以免损害被投诉人的合法权益。但是将有效的投诉通知材料转达被投诉人并通知被投诉人申辩当属天猫公司应当采取的必要措施之一。否则权利人投诉行为将失去任何意义，权利人的维权行为也将难以实现。网络服务平台提供者应该保证有效投诉信息传递的顺畅，而不应成为投诉信息的黑洞。被投诉人对于其或生产或销售的商品是否侵权，以及是否应主动自行停止被投诉行为，自会作出相应的判断及应对。而天猫公司未履行上述基本义务结果导致被投诉人未收到任何警示从而造成损害后果的扩大。”①

① 浙江省高级人民法院民事判决书，（2015）浙知终字第186号。

此外，网络服务提供者在将网络用户提交的声明转送给发出通知的权利人时，不能只是简单地进行原件转交，还负有提示告知义务，即网络服务提供者应当在转送声明时，对发出通知的权利人进行提示，告知其如果对声明不服，有权向有关部门投诉或者向人民法院提起诉讼。

（三）权利人有权进行投诉或提起诉讼

权利人在收到网络服务提供者转送的网络用户提交的声明之后，如果对声明的内容不信服，仍然坚持认为网络用户构成对自己合法权益的侵害，则可以结束由网络服务提供者主持的准司法程序，进而寻求官方的、正式的纠纷解决途径。对此，权利人可以选择进行投诉，也可以直接进行起诉，或者在投诉之后仍不满意，再进行起诉。

权利人向有关部门投诉，是指向涉嫌侵权行为的主管部门进行侵权行为的投诉，常见的主管部门主要是市场监督管理局和知识产权局。根据 2018 年 3 月第十三届全国人民代表大会第一次会议批准的国务院机构改革方案，将国家工商行政管理总局、国家质量监督检验检疫总局、国家食品药品监督管理总局、国家发展和改革委员会的价格监督检查与反垄断执法职责、商务部的经营者集中反垄断执法以及国务院反垄断委员会办公室等职责进行整合，组建国家市场监督管理总局，该局的职责之一是负责监督管理市场秩序，包括："依法监督管理市场交易、网络商品交易及有关服务的行为。组织指导查处价格收费违法违规、不正当竞争、违法直销、传销、侵犯商标专利知识产权和制售假冒伪劣行为。指导广告业发展，监督管理广告活动。指导查处无照生产经营和相关无证生产经营行为。指导中国消费者协会开展消费维权工作。"因此，涉及商标权、专利权和常见网络商品交易，都可以将各地市场监督管理局作为受理投诉的主管部门。

同时，国务院的机构改革方案要求重新组建国家知识产权局，其主要职责是"负责保护知识产权工作，推动知识产权保护体系建设，负责商标、专利、原产地地理标志的注册登记和行政裁决，指导商标、专利执法工作等。商标、专利执法职责交由市场监管综合执法队伍承担。"因此，在涉及知识产权中的专利、商标、集成电路布图、地理标志等纠纷时，也可以向各地知识产权局进行投诉。在涉及著作权纠纷时，权利人可以将各地版权局作为主管部门进行投诉。

权利人向人民法院提起诉讼，是指权利人依据《民法典》和有关知识产权的单行法律，例如《著作权法》《商标法》《专利法》等，向有管辖权的法院提起民事诉讼，主张自己的权利，并要求侵权行为人承担侵权责任。对于网络侵权行为的管辖法院，根据《民事诉讼法》和《最高人民法院关于适用〈中华人民共和国民事诉讼法〉的解释》的规定，因侵权行为提起的诉讼，由侵权行为地或者被告住所地人民法院管辖。侵权行为地包括侵权行为实施地、侵权结果发生地。尤其是对于网络侵权，侵权行为实施地还包括实施被诉侵权行为的计算机等信息设备所在地，侵权结果发生地则包括被侵权人住所地。

我国法院系统自2017年以来，已经在浙江省杭州市、北京市、广东省广州市设置了三家互联网法院。根据最高人民法院2018年9月印发的《最高人民法院关于互联网法院审理案件若干问题的规定》，这些互联网法院集中管辖所在市的辖区内应当由基层人民法院受理的特定类型互联网案件，主要包括：互联网购物、服务合同纠纷；互联网金融借款、小额借款合同纠纷；互联网著作权权属和侵权纠纷；互联网域名纠纷；互联网侵权责任纠纷；互联网购物产品责任纠纷；检察机关提起的涉互联网公益诉讼案件；因对互联网进行行政管理引发的行政纠纷；上级人民法院指定管辖的其他互联网民事、行政案件。上述案件互联网特性突出，证据主要产生和储存于互联网，适宜在线审理，既方便诉讼，又有助于通过审判创制依法治网规则。

因此，在杭州、北京、广州三地的权利人，可以向互联网法院提起有关网络侵权的诉讼，而在其他各地的权利人，则可以依照民事诉讼法关于管辖的规定，选择有管辖权的法院提起诉讼。

（四）网络服务提供者及时终止所采取的措施

网络服务提供者在转送网络用户的声明时，已经向权利人告知其有权向有关部门投诉或者向人民法院提起诉讼。此时权利人应当作出选择，并及时采取行动，向有关主管部门进行投诉，或者向法院提起诉讼。当权利人的投诉或者起诉被受理，其应当将有关部门受理其诉求的情况向网络服务提供者进行通知，让网络服务提供者知悉其已经选择向有权机关申请纠纷的解决。此时网络服务提供者已经对涉嫌侵权信息采取的必要措施，就可以继续保持，等待有权机关对权利人与网络用户的纠纷作出裁决。

如果权利人在收到网络服务提供者转送的声明之后，选择不投诉、不起诉，或者怠于投诉或起诉的，则表明其看到网络用户提出的反驳声明之后，对于自己所主张的权利能否得到有关机关的支持并不能确定，或者表明其随后怠于继续主张权利，放任时间的经过。但由于网络服务提供者在最初收到权利人的通知之后，就可能对涉嫌侵权的内容和信息采取了删除、屏蔽、断开链接等必要措施，以防止万一侵权行为属实而造成损害的扩大，此时如果经过权利人和网络用户各自初步证据的交换之后，权利人反而选择不寻求有权机关的正式渠道救济，或者放任不管，则将会导致网络服务提供者采取的措施处于持续状态，从而损害网络用户的权益。因此，本条规定，权利人如果未在合理期限内通知网络服务提供者，其已经进行了投诉或起诉的，则网络服务提供者应当及时终止对涉嫌侵权信息所采取的删除、屏蔽、断开链接等措施，例如重新恢复信息、不再屏蔽、恢复链接等，以保障网络用户的合法权益。

至于合理期限应当是多长的时间，本条并未作出具体规定。在民法典草案起草过程中，全国人大常委会吕薇委员还曾建议将草案第971条修改为“网络服务提供者接到声明后，应当将该声明转送发出通知的权利人，并告知其可以向有关部门投诉或者向人民法院提起诉讼，有下列情形的，网络服务提供者应当及时终止所采取的必要措施：（一）发出通知的权利人撤回通知的；（二）发出通知的权利人与网络用户和解的；（三）经权利人确认网络用户已采取必要措施纠正涉嫌侵权行为的；（四）网络服务提供者在转送声明到达权利人后15日内未收到权利人已经投诉或者提起诉讼通知的。”①

法院在处理此类案件时，要判断合理期限的长短，一是如果其他法律有明确规定的，就按照其他法律的规定。例如《电子商务法》第43条就规定，电子商务平台经营者在转送声明到达知识产权权利人后15日内，未收到权利人已经投诉或者起诉通知的，应当及时终止所采取的措施。因此，根据该法，15天是合理期限。二是在其他法律没有明确规定的情况下，法院就根据权利人正常向有权机关进行投诉或起诉，这些机关受理所需要的正常时间，来判断期限是否合理。

---

①　朱宁宁：《积极回应社会关切聚焦新情况新问题 侵权责任编草案尚有细化空间》，载《法制日报》2019年8月27日。

法条关联

◆《电子商务法》

第四十三条 平台内经营者接到转送的通知后，可以向电子商务平台经营者提交不存在侵权行为的声明。声明应当包括不存在侵权行为的初步证据。

电子商务平台经营者接到声明后，应当将该声明转送发出通知的知识产权权利人，并告知其可以向有关主管部门投诉或者向人民法院起诉。电子商务平台经营者在转送声明到达知识产权权利人后十五日内，未收到权利人已经投诉或者起诉通知的，应当及时终止所采取的措施。

◆《信息网络传播权保护条例》

第十六条 服务对象接到网络服务提供者转送的通知书后，认为其提供的作品、表演、录音录像制品未侵犯他人权利的，可以向网络服务提供者提交书面说明，要求恢复被删除的作品、表演、录音录像制品，或者恢复与被断开的作品、表演、录音录像制品的链接。书面说明应当包含下列内容：

（一）服务对象的姓名（名称）、联系方式和地址；

（二）要求恢复的作品、表演、录音录像制品的名称和网络地址；

（三）不构成侵权的初步证明材料。

服务对象应当对书面说明的真实性负责。

第十七条 网络服务提供者接到服务对象的书面说明后，应当立即恢复被删除的作品、表演、录音录像制品，或者可以恢复与被断开的作品、表演、录音录像制品的链接，同时将服务对象的书面说明转送权利人。权利人不得再通知网络服务提供者删除该作品、表演、录音录像制品，或者断开与该作品、表演、录音录像制品的链接。

案例评议

一、欧某、浙江淘宝网络有限公司侵害外观设计专利权纠纷案①

◆ **裁判规则**

在认定淘宝公司是否应当承担侵权责任时，法院认为：首先，淘宝公司仅

① 广东省高级人民法院民事判决书，（2017）粤民终400号。

系淘宝网信息发布平台的服务提供商。欧某未能证明淘宝公司实施了销售和许诺销售的侵权行为。其次，《侵权责任法》第36条第2款所规定的网络服务提供者接到通知后所应采取必要措施包括但不限于删除、屏蔽、断开链接。“必要措施”应根据所侵害权利的性质、侵权的具体情形和技术条件等综合确定。本案涉及专利侵权，针对欧某在网上的投诉，淘宝公司受理后向被投诉人转达了投诉通知材料，被投诉人提供了反通知（包括不侵权的对比意见），淘宝公司亦将上述反通知内容上传网上投诉平台反馈给欧某并在欧某起诉后删除了被诉侵权产品的信息。据此可认定淘宝公司采取了合理的必要措施。再次，上述反通知中援引的投诉人产品图片与涉案专利图片虽存在区别，但鉴于淘宝公司对专利侵权纠纷判断的主观能力、互联网领域投诉数量巨大、投诉情况复杂及避免损害被投诉人合法权益等因素的考量，均不宜对网络服务提供者限定超出其履行能力的标准或义务。因此，淘宝公司不需要承担侵权责任。

◆ 评议

本案是淘宝网某网店销售的某款计步器涉嫌侵害欧某产品的外观设计专利权，淘宝公司在收到欧某的侵权投诉通知后，向侵权网店转发了侵权投诉文件，侵权网店提供了反通知后，淘宝公司将反通知文书转发给欧某。在投诉人和被投诉人双方均对本案计步器产品提供了相关证明材料的情况下，淘宝公司难以判断被投诉人是否侵权。淘宝公司在此情况下将被投诉人提供的反通知转发给欧某，在欧某起诉后，淘宝公司及时删除了被投诉人中被诉侵权产品的信息。因此淘宝公司已经履行了通知、转送通知和及时删除的义务，所以无需承担侵权责任。

二、上海艾尔贝包装科技发展有限公司与义乌市贝格塑料制品有限公司、杭州阿里巴巴广告有限公司等侵害发明专利权纠纷案①

◆ 裁判规则

在认定被告阿里巴巴公司是否应承担相应的侵权责任时，法院认为，被告阿里巴巴公司系网站的经营者，系网络服务提供者，根据《侵权责任法》的规

① 上海知识产权法院民事判决书，(2016) 沪73民初841号。

定，网络用户利用网络服务实施侵权行为的，被侵权人有权通知网络服务提供者采取删除、屏蔽、断开链接等必要措施，网络服务提供者接到通知后未及时采取必要措施的，对损害的扩大部分与该网络用户承担连带责任；网络服务提供者知道网络用户利用其网络服务侵害他人民事权益，未采取必要措施的，与该网络用户承担连带责任。本案中，被告阿里巴巴公司收到原告投诉后，及时将该投诉转达给被投诉人，在收到被投诉人的反通知后亦及时将该反通知转送给投诉人，被告阿里巴巴作为网络服务经营者，对于其关于投诉人与被投诉人提交的投诉和反通知中专利侵权与否的判断不能苛以过高要求，故不应认定被告阿里巴巴公司存在主观过错，其不承担侵权责任。

◆ **评议**

当网络服务提供者在接到侵权通知后，自身难以判断是否构成专利侵权，因此只要其及时将该投诉转达给被投诉人，在收到被投诉人的反通知后亦及时将该反通知转送给投诉人，那么就尽到了相应的义务，无需承担侵权责任。

第一千一百九十七条　【网络服务提供者的连带责任】

网络服务提供者知道或者应当知道网络用户利用其网络服务侵害他人民事权益，未采取必要措施的，与该网络用户承担连带责任。

本条来源

《侵权责任法》第三十六条规定："网络用户、网络服务提供者利用网络侵害他人民事权益的，应当承担侵权责任。网络用户利用网络服务实施侵权行为的，被侵权人有权通知网络服务提供者采取删除、屏蔽、断开链接等必要措施。网络服务提供者接到通知后未及时采取必要措施的，对损害的扩大部分与该网络用户承担连带责任。网络服务提供者知道网络用户利用其网络服务侵害他人民事权益，未采取必要措施的，与该网络用户承担连带责任。"

立法演变

《民法典侵权责任编草案》（一审稿）第九百七十二条规定："网络服务提

供者知道或者应当知道网络用户利用其网络服务侵害他人民事权益，未采取必要措施的，与该网络用户承担连带责任。”此后无变化。

条文释义

本条是对网络服务提供者与网络用户连带责任的规定。

一、概述

当网络服务提供者自己本身并未从事侵权行为，但是对其网络用户的侵权行为处于知道状态且不采取必要措施时，就应当与网络用户一起，对侵权损害的结果承担连带责任。

本条是基于对《侵权责任法》第36条第3款的修改而来，从修改的内容来看，《侵权责任法》第36条第3款规定：“网络服务提供者知道网络用户利用其网络服务侵害他人民事权益，未采取必要措施的，与该网络用户承担连带责任。”而本条仅在“知道”后面增加了“或者应当知道”六个字，重点是对如何判断网络服务提供者处于“知道”状态作出更为周密的规定。

二、内容

（一）网络服务提供者对网络用户侵权行为承担责任的归责原则

如果网络服务提供者直接利用自己的网络实施了侵害他人民事权益的行为，那么其应当对自己的侵权行为承担责任，其承担责任的归责原则是过错责任原则。那么当网络用户利用网络服务提供者提供的网络服务实施侵害他人民事权益的行为时，网络服务提供者承担侵权责任的基础仍然是过错责任原则，即网络服务提供者只有知道或者应当知道侵权行为存在、且未采取必要措施的，才需要承担侵权责任。

对于网络服务提供者而言，在其提供的网络空间上出现了侵权信息，其并无需直接承担责任，而是在可以经过通知和移除的程序来进行缓冲，未采取必要措施的，才需要承担侵权责任，这一规则也被称为避风港原则或避风港条款。避风港原则最早是美国1998年制定的《数字千年版权法案》作出的规定，该规则早期仅适用于著作权领域，其理论基础在于，网络服务提供者没有能力对网络上海量信息进行事先内容审查，一般事先对侵权信息的存在也不知情，所以，采取“通知+移除”规则，是对网络服务提供者侵权责任的限制。就是说，如果网络服务提供者链接、存储的相关内容涉嫌侵权，如果在其能够证明自己并无恶意，并且及时删除侵权链接或者内容的情况下，则无需承担侵权责任。后来避风港原则普遍适用到网络侵权中对于网络服务提供者的责任判断上，而不仅仅局限于著作权领域。我国《侵权责任法》《信息网络传播权保护条例》等法律法规，均接受了避风港原则。因此，对于网络服务提供者对网络用户侵权行为承担责任的归责原则采取过错责任原则，对于网络服务提供者的过错采取明知加不采取合理措施的判断标准。

（二）网络服务提供者对于侵权行为知道状态的判断

有别于《民法典》第1194条规定的网络服务提供者利用网络侵害他人民事权益的情形，当网络用户利用网络服务实施侵权行为时，侵权行为人并不是网络服务提供者，而是网络用户。此时，网络服务提供者承担责任的前提之一，是其必须对于侵权行为的发生处于知悉状态。如果其并不知道侵权行为的存在，就要求其承担侵权责任，则明显过于严苛。

但如何判断网络服务提供者对于网络侵权行为的知悉状态，是采用"明知""知道"还是"知道或者应当知道"的表述，是围绕《侵权责任法》起草就开始的争议，并且在该法实施之后依然成为网络侵权纠纷解决的一个难点。在《侵权责任法》起草过程中，草案的一审稿和二审稿都规定"明知"作为主观要件。但在第三次审议过程中，将"明知"改为"知道"。对此，立法机关认为，"要求被侵权人证明网络服务提供者具有'明知'的主观状态，难度太大，可能使得网络服务提供者逃脱责任，这显然不符合制定这条规定的本意。"① 但同时，《侵权责任法》也未采纳"知道或应当知道"的标准，因为担心标准过宽会导致网络服务提供者的审核义务过重而无法负担。由于网络服务提供者服务的网络用户数以万计甚至亿计，每天需要处理的信息也是海量的，在客观上，网络服务提供者也确实无力对每一条信息都进行审查，判断其是否可能涉嫌侵权。所以绝大多数情形下，对于网络用户实施的侵权行为，都有赖于权利人发现侵权事实的存在，然后向网络服务提供者发出通知，网络服务提供者再根据通知所载明的线索，去对涉嫌侵权的信息进行删除、屏蔽、断开链接等处理。

在《侵权责任法》实施近10年以来，围绕网络服务提供者对于网络用户的

① 王胜明主编：《中华人民共和国侵权责任法释义》，法律出版社2010年1月版，第194页。

侵权行为是否“知道”，在实践中产生了许多纠纷，对于如何判断网络服务提供者对于侵权事件主观上的知道状态，比较困难，大多数案件中，网络服务提供者都否认对于侵权事件的知悉，因此法院只能按照当时的情形进行推论，认为网络服务提供者在某个时间点上应当处于知道的状态。同时，伴随着我国互联网产业的进一步发展和信息领域的智能化发展，对于网络侵权行为的识别和处理技术也有了长足进步，在这样的时代背景下，《民法典》侵权责任编草案从一审稿开始，就将“知道”修改为“知道或者应当知道”，为相关网络侵权案件的解决提供更为清晰的裁判规则。

如何判断网络服务提供者对于网络用户利用其网络服务侵害他人民事权益是“知道或者应当知道”的状态，应当根据如下三方面标准来判断：

第一，如果相关法律法规对于网络服务提供者对侵权行为处于“知道或者应当知道”或者“不知道或者不应当知道”作出了明确规定的，便适用相关规定来进行判断。这是属于特别法优先一般法的适用规则，专门性规定对此作出了明确判断，往往是基于对相关行业或领域立法的经验，所以可以适用这些规定。例如，《信息网络传播权保护条例》第二十二条就规定，网络服务提供者为服务对象提供信息存储空间，供服务对象通过信息网络向公众提供作品、表演、录音录像制品，如果明确标示该信息存储空间是为服务对象所提供，并公开网络服务提供者的名称、联系人、网络地址；未改变服务对象所提供的作品、表演、录音录像制品；不知道也没有合理的理由应当知道服务对象提供的作品、表演、录音录像制品侵权；未从服务对象提供作品、表演、录音录像制品中直接获得经济利益的，就无需承担赔偿责任。这些标准其实就是对网络信息存储空间服务者“知道或应当知道”标准的判断。

第二，如果相关有效的司法解释对某类网络侵权行为中，如何判断网络服务提供者的主观心态作出了具体规定，则适用该司法解释的规定。例如，2012年《最高人民法院关于审理侵害信息网络传播权民事纠纷案件适用法律若干问题的规定》第10条就规定，网络服务提供者在提供网络服务时，对热播影视作品等以设置榜单、目录、索引、描述性段落、内容简介等方式进行推荐，且公众可以在其网页上直接以下载、浏览或者其他方式获得的，人民法院可以认定其应知网络用户侵害信息网络传播权。该解释第12条规定如果提供信息存储空间服务的网络服务提供者将热播影视作品等置于首页或者其他主要页面等能够为网络服务提供者明显感知的位置的，或者对热播影视作品等的主题、内容主动进行选择、编辑、整理、推荐，或者为其设立专门的排行榜的或者有其他可以明显感知相关作品、表演、录音录像制品为未经许可提供，仍未采取合理措施的情形的，则可以认定提供信息存储空间服务的网络服务提供者应知网络用户侵害信息网络传播权。

再如，2014 年《最高人民法院关于审理利用信息网络侵害人身权益民事纠纷案件适用法律若干问题的规定》第 9 条就针对认定网络服务提供者是否属于"知道"，作出了详细规定，要求法官在审理相关案件时，应当综合考虑下列因素：（1）网络服务提供者是否以人工或者自动方式对侵权网络信息以推荐、排名、选择、编辑、整理、修改等方式作出处理；（2）网络服务提供者应当具备的管理信息的能力，以及所提供服务的性质、方式及其引发侵权的可能性大小；（3）该网络信息侵害人身权益的类型及明显程度；（4）该网络信息的社会影响程度或者一定时间内的浏览量；（5）网络服务提供者采取预防侵权措施的技术可能性及其是否采取了相应的合理措施；（6）网络服务提供者是否针对同一网络用户的重复侵权行为或者同一侵权信息采取了相应的合理措施；（7）与本案相关的其他因素。这些规定都是非常具体的司法实践经验，往往能够起到判断具体案件中网络服务提供者主观心态的有效标准。

第三，在没有上述规范性文件的标准时，要根据网络服务提供者所提供网络服务的具体类型，并结合网络用户的性质和被侵权人的具体情况，来判断网络服务提供者是否负有审查义务、在什么情形下会触发审查义务，进而处于"知道或应当知道"的主观心理状态。

（三）网络服务提供者的责任承担

当网络服务提供者知道或者应当知道网络用户利用其网络服务侵害他人民事权益，仍然未能及时采取诸如删除、屏蔽、断开链接等必要措施的，则必然会导致侵权后果的发生或扩大，此时，网络服务提供者应当与实施侵权行为的网络用户承担连带责任。

连带责任的规定，意味着立法者对网络服务提供者过错的惩戒，因为网络服务提供者对于网络侵权行为的存在已经处于知悉的状态，却仍然不采取必要措施，这就在实质上为网络用户的侵权行为提供了条件和帮助，两者形成了共同的过错，并且两者各自行为的结合，造成了被侵权人同一损害后果的发生或扩大，属于共同侵权的一种。因此，按照共同侵权的规则，网络服务提供者与网络用户应当承担连带责任，这也有利于对受害人的保护，在受害人无法查明具体实施侵权行为的网络用户时，还可以向网络服务提供者主张损害赔偿。

此种连带责任与一般的连带责任之债具有相同的规则，被侵权人既可以请求网络服务提供者承担责任，也可以请求网络用户承担责任，还可以同时要求两者承担赔偿责任。在连带责任内部，网络用户与网络服务提供者之间，可以根据过错程度来划分责任大小，并且一方在对外承担超过自己份额的责任之后，还可以向另一方进行追偿。

如果网络服务提供者对于网络用户的侵权行为处于不知道或者不应当知道的状态，或者知道了侵权行为但及时采取了必要措施，则网络服务提供者无需承担侵权责任。例如，在欧某与淘宝公司侵害外观设计专利权纠纷中，当权利人对淘宝公司进行投诉、发出通知后，法院认为："淘宝公司受理后向被投诉人转达了投诉通知材料，被投诉人提供了反通知（包括不侵权的对比意见），淘宝公司亦将上述反通知内容上传网上投诉平台反馈给欧某并在欧某起诉后删除了被诉侵权产品的信息。据此可认定淘宝公司采取了合理的必要措施。"①

法条关联

◆《最高人民法院关于审理侵害信息网络传播权民事纠纷案件适用法律若干问题的规定》

第七条　网络服务提供者在提供网络服务时教唆或者帮助网络用户实施侵害信息网络传播权行为的，人民法院应当判令其承担侵权责任。

网络服务提供者以言语、推介技术支持、奖励积分等方式诱导、鼓励网络用户实施侵害信息网络传播权行为的，人民法院应当认定其构成教唆侵权行为。

网络服务提供者明知或者应知网络用户利用网络服务侵害信息网络传播权，未采取删除、屏蔽、断开链接等必要措施，或者提供技术支持等帮助行为的，人民法院应当认定其构成帮助侵权行为。

---

① 广东省高级人民法院民事判决书，（2017）粤民终400号。

第八条 人民法院应当根据网络服务提供者的过错，确定其是否承担教唆、帮助侵权责任。网络服务提供者的过错包括对于网络用户侵害信息网络传播权行为的明知或者应知。

网络服务提供者未对网络用户侵害信息网络传播权的行为主动进行审查的，人民法院不应据此认定其具有过错。

网络服务提供者能够证明已采取合理、有效的技术措施，仍难以发现网络用户侵害信息网络传播权行为的，人民法院应当认定其不具有过错。

第九条 人民法院应当根据网络用户侵害信息网络传播权的具体事实是否明显，综合考虑以下因素，认定网络服务提供者是否构成应知：

（一）基于网络服务提供者提供服务的性质、方式及其引发侵权的可能性大小，应当具备的管理信息的能力；

（二）传播的作品、表演、录音录像制品的类型、知名度及侵权信息的明显程度；

（三）网络服务提供者是否主动对作品、表演、录音录像制品进行了选择、编辑、修改、推荐等；

（四）网络服务提供者是否积极采取了预防侵权的合理措施；

（五）网络服务提供者是否设置便捷程序接收侵权通知并及时对侵权通知作出合理的反应；

（六）网络服务提供者是否针对同一网络用户的重复侵权行为采取了相应的合理措施；

（七）其他相关因素。

第十二条 有下列情形之一的，人民法院可以根据案件具体情况，认定提供信息存储空间服务的网络服务提供者应知网络用户侵害信息网络传播权：

（一）将热播影视作品等置于首页或者其他主要页面等能够为网络服务提供者明显感知的位置的；

（二）对热播影视作品等的主题、内容主动进行选择、编辑、整理、推荐，或者为其设立专门的排行榜的；

（三）其他可以明显感知相关作品、表演、录音录像制品为未经许可提供，仍未采取合理措施的情形。

案例评议

一、山东全影网络科技股份有限公司、卢某侵害作品信息网络传播权纠纷案①

◆ **裁判规则**

在认定关于全影公司是否存有过错、构成侵权时，法院认为，被上诉人卢某仅是一名普通的摄影爱好者，涉案摄影作品亦是一张普通的人像作品，不具有较高的知名度；全影公司提供网络服务时，没有对上传的被诉侵权作品主动进行选择、编辑、修改、推荐等行为，被诉侵权作品上添加的水印，属于网站根据事先设置的计算机程序自动完成，以显示图片来源，不属于全影公司的主动编辑修改行为；全影公司作为信息存储空间的网络服务提供者，其对所上传作品进行初步的大致审核，已尽到法律规定的积极采取预防侵权合理措施的义务，如要求网络服务提供者一一审核上传的每一个作品是否侵犯权利人的权利，无异强加了网络服务商的审查义务，也与信息网络时代要求不符，因此不能以全影公司未主动审查所上传作品的权利状态来认定其主观过错；另被上诉人卢某在发现涉案侵权作品后，没有通知全影公司进行处理，而是直接提起本案侵权诉讼，全影公司在收到起诉状及应诉通知书后亦已将被诉侵权作品从全影公司的涉案网站上删除。综上，被诉侵权作品是网站注册用户所上传，全影公司在提供信息存储空间网络服务时，主观上没有任何过错，亦没有其他的教唆或帮助侵权行为，因此全影公司不构成侵权。

◆ **评议**

网络服务提供者知道或者应当知道网络用户利用其网络服务侵害他人民事权益，未采取必要措施的，与该网络用户承担连带责任。全影公司作为信息存储空间的网络服务提供者，他人上传的照片中存在侵犯他人摄影作品著作权的现象，但其不可能逐一审核上传的每一个作品是否侵权，权利人在发现涉案侵权作品后，没有通知全影公司进行处理，而是直接提起侵权诉讼，全影公司在收到起诉状及应诉通知书后亦已将被诉侵权作品从全影公司的涉案网站上删除。因此，法院认为全影公司在提供信息存储空间网络服务时，不存在过错，因此

① 广西壮族自治区高级人民法院民事判决书，（2017）桂民终547号。

无需承担侵权责任。

二、福建省招宝生态农庄有限公司、福建省龙井生态农业有限公司侵害商标权纠纷案①

◆ 裁判规则

在认定易尔通公司应否承担连带责任时，法院认为，易尔通公司于2008年5月与招宝公司签订了《百度竞价排名服务合同书》，于2009年1月与龙井公司签订了《百度竞价排名服务合同书》。且招宝公司与龙井公司同处福建省龙岩市永定县。易尔通公司作为专门负责龙岩地区百度竞价排名的地区总代理，与两家公司均签订了合同，而且易尔通公司与龙井公司签订的合同，约定易尔通公司可以免费提供不限量关键词，龙井公司可以把意向推广的关键词填在附表里面，具体的关键词由易尔通公司关键词专家免费整理后经易尔通公司确认提交，易尔通公司对龙井公司的商标侵权和不正当竞争行为属于明知，根据《侵权责任法》第36条第3款关于“网络服务提供者知道网络用户利用其网络服务侵害他人民事权益，未采取必要措施的，与该网络用户承担连带责任”的规定，易尔通公司对本案被控侵权行为应当承担连带责任。

◆ 评议

判断网络服务提供者对于网络用户利用其网络服务侵害他人民事权益是否存在知道或者应当知道的情形，要看网络服务提供者对于网络侵权行为是否知情和参与，龙井公司把意向推广的关键词填在附表里面，具体的关键词由易尔通公司关键词专家免费整理后经易尔通公司确认提交，因此易尔通公司对龙井公司的商标侵权和不正当竞争行为属于明知，应当承担连带责任。

第一千一百九十八条　【安全保障义务】

宾馆、商场、银行、车站、机场、体育场馆、娱乐场所等经营场所、公共场所的经营者、管理者或者群众性活动的组织者，未尽到安全保障义务，造成他人损害的，应当承担侵权责任。

① 福建省高级人民法院民事判决书，(2016) 闽民终649号。

因第三人的行为造成他人损害的，由第三人承担侵权责任；经营者、管理者或者组织者未尽到安全保障义务的，承担相应的补充责任。经营者、管理者或者组织者承担补充责任后，可以向第三人追偿。

本条来源

《侵权责任法》第三十七条规定："宾馆、商场、银行、车站、娱乐场所等公共场所的管理人或者群众性活动的组织者，未尽到安全保障义务，造成他人损害的，应当承担侵权责任。因第三人的行为造成他人损害的，由第三人承担侵权责任；管理人或者组织者未尽到安全保障义务的，承担相应的补充责任。"

立法演变

《民法典侵权责任编草案》（一审稿）第九百七十三条规定："宾馆、商场、银行、车站、娱乐场所等经营场所、公共场所的经营者、管理者或者群众性活动的组织者，未尽到安全保障义务，造成他人损害的，应当承担侵权责任。因第三人的行为造成他人损害的，由第三人承担侵权责任；经营者、管理者或者组织者未尽到安全保障义务的，承担相应的补充责任。经营者、管理者或者组织者承担补充责任后，可以向第三人追偿。"

《民法典侵权责任编草案》（二审稿）第九百七十三条规定："宾馆、商场、银行、车站、娱乐场所等经营场所、公共场所的经营者、管理者或者群众性活动的组织者，未尽到安全保障义务，造成他人损害的，应当承担侵权责任。因第三人的行为造成他人损害的，由第三人承担侵权责任；经营者、管理者或者组织者未尽到安全保障义务的，承担相应的补充责任。经营者、管理者或者组织者承担补充责任后，可以向第三人追偿。"

《民法典侵权责任编草案》（三审稿）第九百七十三条规定："宾馆、商场、银行、车站、体育场馆、娱乐场所等经营场所、公共场所的经营者、管理者或者群众性活动的组织者，未尽到安全保障义务，造成他人损害的，应当承担侵权责任。因第三人的行为造成他人损害的，由第三人承担侵权责任；经营者、管理者或者组织者未尽到安全保障义务的，承担相应的补充责任。经营者、管理者或者组织者承担补充责任后，可以向第三人追偿。”

《民法典侵权责任编草案》（征求意见稿）第一千一百九十八条规定：“宾馆、商场、银行、车站、机场、体育场馆、娱乐场所等经营场所、公共场所的经营者、管理者或者群众性活动的组织者，未尽到安全保障义务，造成他人损害的，应当承担侵权责任。因第三人的行为造成他人损害的，由第三人承担侵权责任；经营者、管理者或者组织者未尽到安全保障义务的，承担相应的补充责任。经营者、管理者或者组织者承担补充责任后，可以向第三人追偿。”此后无变化。

条文释义

本条是关于违反安全保障义务的侵权责任的规定。

一、概述

安全保障义务是指宾馆、商场、银行、车站、机场、体育场馆、娱乐场所等经营场所、公共场所的经营者、管理者或者群众性活动的组织者，对于进入场所或参加活动的人所负有的保障其人身和财产安全的义务。负有此种安全保障义务的主体，如果没有尽到安全保障义务，构成对安全保障义务的违反，并造成他人损害的，就应当承担侵权责任。此种侵权责任，也被称为违反安全保障义务的侵权责任。

一般认为，安全保障义务的法理基础，源自德国法上的“社会交往安全义务”。这种义务并不是《德国民法典》明文规定的一项义务，而是通过1902年“枯树案”、1903年“道路撒盐案”等一系列判例形成的。例如，在“枯树案”中，原告起诉被告（国库）要求赔偿损失的原因是，生长在属于被告的一条公共道路边的一棵树因枯死而折断，并将原告砸伤。而在“道路撒盐案”中，原告起诉某市一个区的政府，要求赔偿损失，原因是被告没有对积雪的路面喷洒除雪剂和进行清扫，使得原告在用于公共交通的石阶上跌倒。在案件审理过程中，“帝国法院认为，日耳曼普通法时期的司法实践就已经承认了，将物用于公共交通者应当保证该物具有保障交通安全的性质，另外，国家和市要对其公共道路与场所的不安全状态负侵权责任。”① 这就提出了所有者负有保证其物品符

① 周友军：《交往安全义务理论研究》，中国人民大学出版社2008年5月版，第5页。

合交往安全的责任。

在早期的罗马法中，只有行为人积极的致害行为才会导致责任的产生，对于行为人的不作为，即便导致了损害的发生，一般也不会产生赔偿责任。而德国法院的上述案例突破了罗马法“不作为不允许请求赔偿”的理论，并提出了“交往安全义务”理论。此后，德国的司法判例将这一理论适用到了交通安全领域。后来，随着社会的不断发展，这一原理所涉及的安全保障义务开始逐渐扩大到了其他的社会交往活动中。[①] 德国学者对此归纳认为，“谁制造或维持了一项针对他人的危险，则就有义务采取一切适当的且合理的措施，以便控制该危险，并尽可能地防范该危险实现。危险的制造或维持可能源于交通的开启、餐厅或运动场的经营，或是源于某个研究项目，或是通过其他方式产生。”[②]

安全保障义务及其违反之后的侵权责任相关理论的提出，符合现代风险社会的特征，能够在一系列情形下实现对受害人的充分保障，能够强化有关场所和活动组织者的责任意识，因此，这一源自德国法院判决的理论迅速在世界范围内扩展开来，得到许多国家法律和司法的认同和采纳。

我国上海市第一中级人民法院于2001年二审审结的“王某、张某诉上海银河宾馆赔偿纠纷案”，因为涉及宾馆的安全保障义务，引发了学界和司法实务界的广泛关注。在该案中，旅客在入住宾馆期间被犯罪分子杀害、财物被劫，受害人家属起诉宾馆，那么宾馆是否应当承担责任？承担何种责任？事实上，该案中宾馆对于合同义务的履行，并未与一般宾馆有所差异，但当时并无其他法律依据可以追究合同义务之外的责任，因此法院只能尽量在合同义务不履行上寻找可以追究宾馆责任的地方，并通过追究宾馆的违约责任来实现对受害人家属的有限救济。该案二审判决书一方面不得不承认：“上诉人银河宾馆的客房装备着探视镜、自动闭门器和安全链条等设施，并以告示提醒旅客必须看清门外来客时再开门。作为四星级宾馆，这些安全设施应当说是比较完备的。”另一方面该案二审判决书又认为：“宾馆不能认为给客房装备了安全设施并且用文字提

---

① 参见周友军：《交往安全义务理论研究》，中国人民大学出版社2008年5月版，第65页。

② ［德］埃尔温·多伊奇、汉斯-于尔根·阿伦斯：《德国侵权法——侵权行为、损害赔偿及痛苦抚慰金》（第5版），叶名怡、温大军译，中国人民大学出版社2016年4月版，第120页。

示了安全常识，就是尽到了自己的义务，还必须认真、负责地教会旅客在什么情况下使用以及如何使用这些安全设施，直至旅客形成使用这些设施的习惯。否则，纵有再好的安全设施，也会形同虚设。银河宾馆在这方面所尽义务是不够的。”最后法院判决上海银河宾馆赔偿受害人家属人民币 8 万元，但未支持其有关承认错误、赔礼道歉、赔偿经济损失 80 万元和精神损失费 50 万元的诉讼请求。

在该案中，法院认定宾馆依法不承担侵权责任，其安全保障义务属于住宿合同的附随义务，违反该义务应承担违约责任。但违约责任明显不足以在此类情形下实现对受害人的救济，由此表明我国有必要引入安全保障义务，以规范公共场所经营者的行为，在无法找到直接侵权行为人时，对受害人提供一定的救济。

随后，在 2003 年《最高人民法院关于审理人身损害赔偿案件适用法律若干问题的解释》中，开始对违反安全保障义务的责任作出明确规定，该解释第 6 条规定：“从事住宿、餐饮、娱乐等经营活动或者其他社会活动的自然人、法人、其他组织，未尽合理限度范围内的安全保障义务致使他人遭受人身损害，赔偿权利人请求其承担相应赔偿责任的，人民法院应予支持。因第三人侵权导致损害结果发生的，由实施侵权行为的第三人承担赔偿责任。安全保障义务人有过错的，应当在其能够防止或者制止损害的范围内承担相应的补充赔偿责任。安全保障义务人承担责任后，可以向第三人追偿。赔偿权利人起诉安全保障义务人的，应当将第三人作为共同被告，但第三人不能确定的除外。”该司法解释理念先进，规定的内容相当丰富细致，为此后民事立法中关于安全保障义务的规则制定，一直源源不断地提供着司法实践的养分。

2009 年《侵权责任法》正式将这一司法经验吸收进去，形成第 37 条：“宾馆、商场、银行、车站、娱乐场所等公共场所的管理人或者群众性活动的组织者，未尽到安全保障义务，造成他人损害的，应当承担侵权责任。因第三人的行为造成他人损害的，由第三人承担侵权责任；管理人或者组织者未尽到安全保障义务的，承担相应的补充责任。”至此，违反安全保障义务的侵权责任制度，正式在我国民事立法中建立起来。

本次民法典编纂过程中，对于保留违反安全保障义务的侵权责任制度并无任何争议，但从一审稿到征求意见稿，对于适用安全保障义务的主体范围，不断进行扩大。一审稿在主体范围上增加了“经营场所”的表述，相应地增加了经营者作为责任主体，并增加了经营者、管理者或者组织者承担补充责任后，可以向第三人追偿的规定。到了三审稿，在主体范围上增加列举了体育场馆的类型，到了征求意见稿，进一步增加列举了机场作为主体类型。由此，我国民法上违反安全保障义务的侵权责任制度进一步完善，在适用范围上进一步扩大，对于安全保障义务人对第三人的追偿权也进行了明确规定。并且通过在《民法典》侵权责任编关于高空抛物坠物责任中对物业服务企业等建筑物管理人安全保障义务的规定，形成了侵权责任编中安全保障义务一般规定与具体规定相结合的立法体例。

二、内容

（一）安全保障义务的主体

根据本条规定，发生安全保障义务的场景和情形，包括场所和活动两种。相应地，负有安全保障义务的主体也分为两类，一是经营场所、公共场所的经营者、管理者，也被简称为场所责任；二是群众性活动的组织者，也被简称为组织者责任。

1. 经营场所的经营者和公共场所管理者

最初《最高人民法院关于审理人身损害赔偿案件适用法律若干问题的解释》对于此类义务主体，规定仅限于从事住宿、餐饮、娱乐等经营活动的经营者。《侵权责任法》第37条将之修改为宾馆、商场、银行、车站、娱乐场所等公共场所的管理人。前者强调经营场所、营业场所，而后者则强调公共场所。

那么本条规定则将两者再次融合到一起，既包含了经营场所的经营者，又包括了公共场所的管理者。因此，不仅营业场所的经营者要对进入本经营场所的消费者和潜在消费者负有安全保障义务，非营业场所的公共场所，其管理者同样对进入该公共场所的人员负有安全保障义务。无论是经营场所还是公共场所，要发生安全保障义务，其都具有人员流动大、人员不特定的一些基本特征。

具体而言，经营场所是指经营者用于营业的场所，此种场所往往具有一定的开放性，面对不特定的公众开放，以吸引消费者或顾客的关顾，从而实现营业的目的。经营场所中，越是规模大、场所大、人员流动大的场景，引发安全保障义务的可能性就越大。因为安全保障义务是超乎合同义务的法定义务，但内容具有不确定性，且可能因为第三人的侵权行为而引起，所以场所越大、人员越多，这种因为管理疏漏或第三人侵害的情形发生的概率也就越大。因此，本条重点列举了一些非常典型的情形，例如宾馆、商场、银行、车站、机场、体育场馆、娱乐场所。但是这种列举并不是封闭的，因为还有“等”字来涵盖其他未经列举但是性质类似的情形。

公共场所是指人群经常聚集、供公众使用或服务于人民大众的活动场所，其范围十分广泛。严格地说，公共场所也包括了许多经营场所。只要是一般人都能够进入、使用的，都可以称为公共场所。只有对进入人群明显设置了严格限制的，或者允许进入的人数非常少的场所，才不属于公共场所。例如，国务院2019年修改的《公共场所卫生管理条例》第2条列举的公共场所范围就十分广泛，包括宾馆、饭馆、旅店、招待所、车马店、咖啡馆、酒吧、茶座；公共浴室、理发店、美容店；影剧院、录像厅（室）、游艺厅（室）、舞厅、音乐厅；体育场（馆）、游泳场（馆）、公园；展览馆、博物馆、美术馆、图书馆；商场（店）、书店；候诊室、候车（机、船）室、公共交通工具。中共中央办公厅、国务院办公厅2013年印发的《关于领导干部带头在公共场所禁烟有关事项的通知》中，也将学校、医院、体育场馆、公共文化场馆、公共交通工具都列为公共场所。可见，一般意义上的公共场所，是区别于私人场所的概念，只要是不特定人可以进入，或者可以进入的人数较多的，都属于公共场所。

本条中既然将公共场所与经营场所进行并列，表明立法者有意对两者进行适度区分。在两者都可能面对不特定人开放，且进入人数都可能较多的情况下，两者最大的区别就在于是否为营业场所。公共场所强调该场所的非营利性，典型的如城市广场、市政公园、市民体育场馆、江边步道以及校外人员可以进入的学校或其他单位的运动场，等等。本条所明确列举的宾馆、商场、银行、车站、机场、体育场馆、娱乐场所，并不是简单的经营场所或公共场所，例如体育场馆、娱乐场所就可能是营业性质的，也可能是免费对市民开放的。而有些公共场所中的部分区域，也可能从事经营活动，例如市政公园内设置的收费溜冰场。所以实践中主要根据发生侵权行为的场所的具体性质来判断，如果属于营业性质的，则属于经营场所，如果属于非营业性质的，则属于公共场所。

经营场所的经营者和公共场所的管理者，是指对场所负责运营或者看管的责任主体。经营场所的经营者，是指经营场所的运营管理者，一般是以经营场所作为营业地的企业法人，或基于承包租赁等关系而具体从事经营场所运营管理的自然人或其他主体。而公共场所的管理者，要根据公共场所的性质以及相应法律法规的规定，来判断其管理者。例如，国家林业局制定的《森林公园管理办法》就规定，县级以上地方人民政府林业主管部门是相应级别森林公园建设和管理者。

2. 群众性活动的组织者

人们在社会生活中除了个体性活动外，还经常要参加各种各样的大型集会和群众性活动。而这些集会和群众性活动的组织者虽然不是经营性活动的经营者，也未必是公共场所的管理人，但作为活动的组织者，他们同样要对参加活动的公众负有相应的安全保障义务。群众性活动并非一个严格的法律概念，而是一个生活中的概念，其含义是指非官方组织的、多数人参加的社会活动。与群众性活动相对应的是官方活动，即公权力机关或依公权力机关授权而举行的、由多数人参加的活动。群众性活动与官方活动在法律上的区别主要在于，如果群众性活动的组织者违反安全保障义务造成损害，则应当承担侵权责任；而官方活动中发生损害的，一般按《国家赔偿法》进行处理。

在群众性活动中，如果人数较多，则构成大型群众性活动，在此类活动中，组织者的安全保障义务尤为突出。根据国务院2007年颁布的《大型群众性活动安全管理条例》第2条的规定，大型群众性活动是指法人或者其他组织面向社会公众举办的、每场次预计参加人数达到1000人以上的下列活动：体育比赛活动；演唱会、音乐会等文艺演出活动；展览、展销等活动；游园、灯会、庙会、花会、焰火晚会等活动；人才招聘会、现场开奖的彩票销售等活动。这些都是常见的群众聚会、庆祝或文娱活动，至于经营性的场所组织的活动，例如影剧院、音乐厅、公园、娱乐场所等在其日常业务范围内举办的活动，则不属于该条例所规定的大型群众性活动。

群众性活动并非都是非营利性的公益活动，其也可能存在营利性，例如体育赛事活动、演唱会、展销会等，都会收取一定的门票或入场费。群众性活动与经营性场所组织的活动，最大的特点是具有临时性、短期性和不固定性。如果是在固定的场地长期举行的群众性活动，则可能属于经营性场所或公共场所组织的活动，属于场所责任的一种。

群众性活动的组织者，是指群众性活动的承办者，其具体负责活动的筹划、组织和进行，因此对于活动中的参加者负有安全保障义务。

（二）安全保障义务的性质和内容

1. 法定义务

安全保障义务作为特定民事主体的一种民事义务，在性质上不属于约定义务，而属于法定义务。如果将安全保障义务视为合同法上的义务，无法解决当事人在合同中未约定或者约定不明确事项的损害赔偿问题，例如参加大型聚会活动被其他人踩踏，受害人对此并没有与活动组织者进行过赔偿事项的约定；也无法保障那些与安全保障义务人没有合同关系的受害人的权益，例如为了抄近道从商场穿行，因地板湿滑而摔倒的受害人，其并不是为了购物而进入商场。此外，即便是有合同关系的存在，或者在合同中也约定了相应的保护义务，但这些义务往往只是合同义务中的附随义务，并非主合同义务，这些义务的违反，受害人根据违约责任能够获得的赔偿，也远远小于根据侵权责任所获得的赔偿。因此，违反安全保障义务造成损害的，责任人承担的是侵权责任而非违约责任。

安全保障义务的法定性，体现在两个方面，一是基于《民法典》侵权责任编第1198条关于安全保障义务的一般规定，为经营场所的经营者、公共场所的管理者和群众性活动的组织者赋予了安全保障义务，在这一义务不履行时，会引发相应的侵权责任。二是基于法律法规的规定，对某类主体规定了安全保障义务时，基于这些特别规定，相应的主体便负有安全保障义务。例如《民法典》侵权责任编第1254条规定，物业服务企业等建筑物管理人应当采取必要的安全保障措施防止高楼抛物坠物的发生，未采取必要的安全保障措施的，应当依法承担未履行安全保障义务的侵权责任。再如，《大型群众性活动安全管理条例》对于大型群众性活动的承办者和场所管理者，都规定了详细的安全保障义务。这些都是安全保障义务的法律渊源。

2. 作为义务

安全保障义务在性质上是一项作为义务，而不是不作为的消极义务。也就是说，安全保障义务人必须进行积极的作为，以保障相关人员的人身安全和财产安全。作为义务的内容，是经营者、管理者和组织者应当按照法律、法规的规定，或者行业惯例、通行做法的要求，而采取相关的安全保护措施，保障相关人员的安全。

（三）安全保障义务的内容

一般而言，安全保障义务的内容主要体现为责任主体的两方面的义务：

第一，场所、设施和人员配备的义务。无论是场所责任还是组织责任，相关活动都发生在特定的实现空间，因此，相关场所、场地必须适合举办相应的活动或从事相关的经营活动，而且必须配备相关的工作人员。

1. 保证场所和设施的安全性。举行相关活动的场所、场地、使用的建筑物及其配套设施、设备，应当安全可靠，例如，临时搭建的设施、建筑物必须安全稳固，不能存在安全隐患。再如，如果参与人员可能乘车前来，则必须提供必要的停车场地，不能引起混乱堵塞。场所和场地的疏散通道、安全出口、消防车通道、应急广播、应急照明、疏散指示标志等，都必须符合法律、法规、技术标准的规定，以便在紧急状态下能够实现场所内人员的安全有序疏散。

2. 保证各种设施设备能够正常运行。责任人不能仅仅只是配备了相关设施设备，而疏于检修，导致关键时候无法发挥作用。因此，在日常管理中责任人应当保证各种设施设备处于良好的运行状态，例如相应的消防设备、水源是畅通的，保证其能够随时投入使用；监控设备和消防设施、器材配置齐全、完好有效。

3. 配备相关的工作人员。仅凭场所和设施设备还不足以保障相关人员的安全，尤其是大型活动或者人员密集的场所，因此场所的管理者和活动的组织者必须配备相关的工作人员，进行现场保障。一般来说，经营者、管理者和组织者应当为场所和活动配备相适应的专业保安人员以及其他安全工作人员，以做好安全工作，还应当采取有效措施防范和制止第三人对活动参与人实施侵害。一些可能导致突发疾病的活动或场所，还应当配备相应的有资质的医务人员，例如组织马拉松长跑活动，参赛人员可能因为剧烈运动而出现身体不适，或者突发疾病，需要现场有医务人员实施急救措施。

第二，依法申报、制定方案、进行管理和告知的义务。这些义务是经营者、管理者和组织者在管理方面所应当尽到的义务，这些义务不是人财物方面的物质性义务，而是组织工作和管理工作等人力性义务。

1. 场所和活动的经营与组织，相关责任主体应当尽到依法申报获得批准的义务。以某个场所作为营业场所，应当经过工商管理机关的批准。而在某地举行群众性活动，尤其是大型群众性活动，必须提前向公安机关提交申请材料，获得公安机关的安全许可之后才能举行。如果未依法获得批准，则表明相关场所或活动的责任人未尽到安全保障义务。

2. 应当事先制定安全工作方案。经营场所或公共场所的经营者、管理者，对于常见的可能发生的危险事故必须提前做好准备，制定相关的安全工作方案，例如针对突发火灾、停电等如何处理。而群众性活动的组织者也必须提前考虑可能存在的安全隐患，制定相关预案。尤其是举行大型群众性活动，必须提前制定安全工作方案和安全责任制度，明确安全措施，细化安全工作人员岗位职责。必要时，公安机关还会对安全工作方案进行监督审查。

3. 责任人必须对现场秩序进行管理。在场所或者活动的现场，必须进行有效的管理，以确保其安全秩序。例如，大型群众性活动的组织者应当对参加的人员进行安全检查，防止参加人员携带爆炸性、易燃性、放射性、毒害性、腐蚀性等危险物质或者非法携带枪支、弹药、管制器具，对拒不接受安全检查的，有权拒绝其进入；对妨碍大型群众性活动安全的行为应当及时予以制止，发现违法犯罪行为应当及时向公安机关报告，以免出现第三人入场侵害参与者安全的现象。

4. 经营者、管理者和组织者还负有对相关人员及时告知的义务。告知义务一是体现在应当对拟进入场所内的人员进行相应事项的告知，例如通过告示、播音等形式，告知入场人员应当遵守的秩序和规则，提醒其遵守法律、法规和社会公德，服从安全管理。对于一些具有危险性的活动，还应当将特别注意事项重点进行告知。例如举行水上活动的，应当重点告知参加人员必须穿好救生衣，等等。二是活动过程中出现临时、紧急情况应当及时对参与人员进行告知。例如经营场所内突然停电，应当及时告知场所内的人员如何有序离场，等等。三是场所或活动本身发生了变更或取消，应当及时通知潜在的参与者。例如，经营场所因人多而超出接待能力，决定闭馆，则应当及时对外进行告知。再如，将要举行的大型群众性活动，如果时间、地点、内容、规模等发生变化，或者取消活动，承办者必须及时告知可能参与的人群，或者对社会发出告知，避免出现人们因不知情而继续大量涌往原定场所的情况。

总之，法律规定安全保障义务，是为了更好地保护社会公众的人身安全和财产安全。由于安全保障义务发生场合较多、责任主体的范围较广，所以不同的场所、不同的行业、不同的活动内容、不同的参与人群，责任人所负有的安全保障义务是不同的，无法事先完全明确其具体内容。因此，在司法实践中，判断责任人是否尽到安全保障义务，应当根据相关法律法规的规定、行业惯例、地域情况、场所性质、活动规模、人员情况等各种因素，再结合所发生的侵权事件的性质、责任人采取的制止和防范措施、受害人所受损害的情况等，综合进行判断，然后科学认定经营者、管理者和组织者是否违反了安全保障义务、负有何种侵权责任。

同时，在司法实践中也必须防止安全保障义务滥用的倾向，不能认为凡是在经营场所、公共场所或群众性活动中受伤的，都应当追究经营者、管理者或组织者的安全保障义务。违反安全保障义务的责任是一种过错责任，必须是相关主体未尽到应尽的义务，才具有过错，才需要适用安全保障义务。如果纯粹是由于受害人自身的过错造成的自身损害，则应当适用受害人故意制度，免除安全保障义务人的责任。

（四）违反安全保障义务的责任

1. 安全保障义务人对自己过错造成损害的责任

当负有安全保障义务的主体，未尽到安全保障义务，从而导致他人遭受损害的，此时安全保障义务人应当对受害人承担侵权责任。此种责任是基于过错责任原则而产生的侵权责任，是安全保障义务人违反了自己所负有的、对他人人身和财产安全的保障义务，造成了他人的人身或财产受到损害而引发的侵权责任。在此种情形下，被侵权人遭受侵害，是基于安全保障义务人自身的过错，是由于安全保障义务人未能合理防范或者阻止的危险而造成的，不是基于第三人的行为而造成。例如，在餐厅用餐的顾客，因地板油滑而跌倒；在公园游玩的游客，因公园道路积水未处理而摔倒；在机场候机大厅匆匆赶往登机口的旅客，被道路中间未清扫的障碍物绊倒；举行较为剧烈的体育健身类的群众性活动，组织者未配备医护人员和急救物品，导致参与者摔伤后大量流血无法及时止血，导致伤情加重，等等。在此等情形下，安全保障义务人因为未尽到安全保障义务而存在过错，其应当对自己的过错承担侵权责任。

判断安全保障义务人是否具有过错，要根据上述安全保障义务的内容来判断其是否履行了相应的安全保障义务。此种侵权责任的大小，也应当根据安全保障义务人过错的大小，以及其过错与损害之间的原因力来判断，适用一般过错责任的认定标准。

例如，2017 年发生的、引起社会广泛关注的老人私自爬树摘杨梅不慎坠亡的案件中，年近 60 岁的吴某未经允许私自上树采摘杨梅，不慎坠落受伤并死亡。一审法院一方面认为，“吴某作为一名成年人，未经被告同意私自上树采摘杨梅，其应当预料到危险性，故其本身应当对自身损害承担责任……杨梅树本身是没有安全隐患的，是吴某不顾自身年龄私自上树导致了危险的产生。”另一方面又认为“被告作为杨梅树的所有人及景区的管理者，应当意识到景区内有游客或者村民上树采摘杨梅，存在可能危及人身财产安全的情况，但其没有对采摘杨梅及攀爬杨梅树的危险性作出一定的警示告知，存在一定的过错……在吴某从杨梅树上摔落受伤后，被告虽设有医务室，但相关人员已经下班，且被告没有设立必要的突发事件处理预案，导致吴某不能及时得到医疗救助，对损害的扩大存在一定的过错。”[①] 最后一审法院判决被告村委会承担5%的责任。

双方均不服判决，提起上诉，二审判决同样认为，“红山村民委员会作为景区管理者及杨梅树的所有人，应尽安全保障义务，应意识到攀爬杨梅树采摘果实存在可能危及人身财产安全的情况，但其未对此作出警示告知，存在一定的过错，依法应承担次要责任……吴某作为一名成年人，应当预料到上树采摘杨梅的危险性，但其在未采取安全保护措施的情况下，不顾自身年纪较大，擅自上树采摘杨梅，直接导致涉案事故发生，存在重大过错，其应对自身损害承担主要责任。”[②] 因此，二审判决维持了一审判决结果。

该案经媒体以类似“六旬老人景区擅自上树摘杨梅摔死案”的标题进行广泛报道后，引起了社会的广泛关注，该案的判决结果也招致了大量的批评声音。因此该案进入了再审程序，2019 年 1 月 20 日，广州市中级人民法院对该案再审宣判，撤销原审判决，认为村委会未违反安全保障义务，不应承担赔偿责任。再审判决认为安全保障义务应限于景区管理人的管理和控制能力范围之内，“村委会并未向村民或游客提供免费采摘杨梅的活动，杨梅树本身并无安全隐患，不能要求村委会对景区内的所有树木加以围蔽、设置警示标志。吴某作为具有完全民事行为能力的成年人，应当充分预见攀爬杨梅树采摘杨梅的危险性……吴某跌落受伤后，村委会主任及时拨打了急救电话，另有村民在救护车抵达前已将吴某送往

① 广东省广州市花都区人民法院民事判决书，(2017) 粤 0114 民初 6921 号。

② 广东省广州市中级人民法院民事判决书，(2018) 粤 01 民终 4942 号。

医院救治，村委会不存在过错。”① 最后，再审判决认为，吴某因私自爬树采摘杨梅跌落坠亡，后果令人痛惜，但行为有违村规民约和公序良俗，且村委会并未违反安全保障义务，不应承担赔偿责任。并指出原审判决适用法律错误，处理结果不当，予以撤销，驳回了吴某近亲属要求村委会承担赔偿责任的请求。

该案之所以引起再审改判，就在于此前的一审和二审判决对于安全保障义务认定标准过严，在受害人自身存在明显过错而村委会不存在过错的情况下，仍然认定村委会违反了安全保障义务，并需要承担5%的赔偿责任，导致法院的裁判结果与社会大众的朴素认知产生较大差距，从而引发了舆论批评。这说明安全保障义务不可滥用，不能无限度为场所和活动的责任人增加义务，更不能只要出现有人受损的结果，就一定要追究相关主体违反安全保障义务的责任。因此法院的判决并非仅对个案中的当事人产生影响，而是会对其他类似环境下的主体产生示范、警示的效应，甚至对全社会都会起到树立规则的效果。因此，在个案中将安全保障义务的标准认定过高，就可能会导致整个行业的连锁反应，进而导致司法裁判与社会生活产生脱节的不利局面。因此，司法实践中必须谨慎把握安全保障义务的标准，不能简单地将之作为损害分担的手段，而不考虑其以过错责任作为归责原则的基础。

2. 安全保障义务人对第三人行为造成损害的责任

由于场所或者活动中，参与的人员都可能比较多，即便经营者、管理者和组织者尽到了对场所设施、人员配备方面的安全保障义务，但如果参与人员之中有人对其他人实施侵害，或者场外突然有人闯入场内对他人实施侵害，这些情况都难以完全排除，因此可能造成他人人身或财产权益受损害的后果。

当因第三人的行为造成他人损害时，该第三人是直接责任人，当然应当由其对受害人承担侵权责任。但如果经营者、管理者或者组织者未尽到安全保障义务的，则应当对受害人承担相应的补充责任。此时安全保障义务人的义务，不在于排除这些情形的发生，而应当是是否履行了事先的检查、巡查和制止、实施救护措施等义务。例如，场所入口处设置了安检装置，但是值班人员擅离职守，导致游客携带管制刀具入场并刺伤他人，此时场所的经营者、管理者就

① 董柳：《广州六旬老人景区擅自上树摘杨梅摔死案再审改判：景区无责》，载“羊城派”客户端，2020年1月20日。

违法了安全保障义务；或者发生群众性活动中参与人员互相斗殴的事件，组织者未能及时制止，导致一方被持续殴打，造成人身伤害，如此等等。

安全保障义务人对第三人造成的损害所承担的责任是相应的责任，是指仅在其违反安全保障义务的过错范围内承担责任，其责任大小与过错的大小、程度的轻重应当相当。相应的补充责任意味着只需要承担部分责任，而不是全部责任。实践中，存在第三人下落不明或者第三人无力承担责任的情形时，安全保障义务人也不需要对被侵权人承担全部的赔偿责任，其只需要在其过错范围内承担部分责任，此种责任是对第三人侵权责任的补充。

安全保障义务人的此种补充责任，完全是因第三人的侵权行为而引起的，如果没有第三人的侵权行为，则安全保障义务人不会产生此种侵权责任。因此，经营者、管理者或者组织者承担补充责任后，可以向第三人追偿。这种补充责任的设置，是将第三人承担责任能力不足的风险，部分转移给安全保障义务人，从而实现对被侵权人的倾斜保护。

法条关联

◆《民法典》侵权责任编

第一千一百七十六条第二款 活动组织者的责任适用本法第一千一百九十八条至第一千二百零一条的规定。

第一千二百五十四条第二款 物业服务企业等建筑物管理人应当采取必要的安全保障措施防止前款规定情形的发生；未采取必要的安全保障措施的，应当依法承担未履行安全保障义务的侵权责任。

◆《最高人民法院关于审理人身损害赔偿案件适用法律若干问题的解释》

第六条 从事住宿、餐饮、娱乐等经营活动或者其他社会活动的自然人、法人、其他组织，未尽合理限度范围内的安全保障义务致使他人遭受人身损害，赔偿权利人请求其承担相应赔偿责任的，人民法院应予支持。

因第三人侵权导致损害结果发生的，由实施侵权行为的第三人承担赔偿责任。安全保障义务人有过错的，应当在其能够防止或者制止损害的范围内承担相应的补充赔偿责任。安全保障义务人承担责任后，可以向第三人追偿。赔偿权利人起诉安全保障义务人的，应当将第三人作为共同被告，但第三人不能确定的除外。

案例评议

一、余某与重庆富洲房地产开发有限公司、宋某违反安全保障义务责任纠纷案①

◆ 裁判规则

在认定富洲公司是否承担安全保障义务时，法院认为，《侵权责任法》第37条第1款规定："宾馆、商场、银行、车站、娱乐场所等公共场所的管理人或者群众性活动的组织者，未尽到安全保障义务，造成他人损害的，应当承担侵权责任。"本案中，事发地点属于富洲公司尚未开发的荒地，而非对外开放的公共场所。富洲公司在入口处也修砌了围墙，即表示他人不应当自由出入、玩耍。从一般标准或善良管理人的标准来看，富洲公司作为该地块的使用者、管理者已尽到了安全保障义务。但是，对于未成年人的安全保障义务，应当采用特别标准。特别是在管理范围内存在对未成年人具有诱惑力的危险时，管理者必须履行最高的安全保障义务。此种义务的标准包括：管理人应当采取消除危险措施，使之不能发生；使未成年人与该危险完全隔绝，使其无法接触；采取其他措施，保障不对未成年人造成损害。而富洲公司仅修砌了部分围墙，并不能完全阻止他人进出该地块，也未采取其他有效措施避免损害发生，故富洲公司在本案中没有完全尽到安全保障义务，应当对余某的死亡后果承担一定的赔偿责任。

◆ 评议

本案中，4名儿童在房地产公司取得建设用地使用权但尚未开发的荒地上玩耍，在返回途中下坡时一名儿童不慎坠落，致其头部受伤，救治无效死亡。对此，法院认为，房地产公司仅修砌了部分围墙，并不能完全阻止他人进出该地块，也未采取其他有效措施避免损害发生，故其在本案中没有完全尽到安全保障义务，应当对于被侵权人的死亡承担10%的赔偿责任。

二、海丰县海丽国际高尔夫球场有限公司生命权、健康权、身体权纠纷案②

◆ 裁判规则

在认定海丽高尔夫球场应否承担责任时，法院认为，从事经营活动的经营

① 重庆市高级人民法院民事判决书，（2016）渝民再4号。

② 广东省高级人民法院民事判决书，（2014）粤高法民一提字第31号。

者在自己有责任的领域内，有义务采取必要的防范措施，保护第三人免予危险。海丽高尔夫球场作为经营者首先应该预见该类消费项目可能存在的风险，应在其经营范围内做足保障安全措施，例如建设防护网、打球前清场等。在尽到合理限度的安全保障义务后才能允许消费者做出击打高尔夫球的行为，这样可以防范、避免所击打出的高尔夫球可能对第三人带来的伤害。根据《侵权责任法》第37条第1款的规定，海丽高尔夫球场应承担事故的责任。

◆ **评议**

本案中，被侵权人在高尔夫球场附近建筑工地做建筑木工，突然被高尔夫球击中受伤。其做工的工地位于球场界线外，击伤其的高尔夫球是吴某发出。法院认为，吴某是直接侵权行为人，其击球不慎将球击偏存在过错，应当承担侵权责任。高尔夫球场作为经营者，应当预见高尔夫球有可能会飞出球场外导致危害后果，却未采取相应防护措施，例如建设防护网、打球前清场等，所以存在过错，也应承担侵权责任。在难以确定二人责任大小时法院判决吴某和高尔夫球场各自承担50%的责任。

第一千一百九十九条 【教育机构对无民事行为能力人的侵权责任】

无民事行为能力人在幼儿园、学校或者其他教育机构学习、生活期间受到人身损害的，幼儿园、学校或者其他教育机构应当承担侵权责任；但是，能够证明尽到教育、管理职责的，不承担侵权责任。

本条来源

《侵权责任法》第三十八条规定：“无民事行为能力人在幼儿园、学校或者其他教育机构学习、生活期间受到人身损害的，幼儿园、学校或者其他教育机构应当承担责任，但能够证明尽到教育、管理职责的，不承担责任。”

立法演变

《民法典侵权责任编草案》（一审稿）第九百七十四条规定：“无民事行为能力人在幼儿园、学校或者其他教育机构学习、生活期间受到人身损害的，幼儿园、学校或者其他教育机构应当承担侵权责任，但是能够证明尽到教育、管理职责的，不承担侵权责任。”此后无变化。

条文释义

本条是关于教育机构对无民事行为能力人侵权责任的规定。

一、概述

由于《民法典》侵权责任编第1201条也规定了无民事行为能力人在教育机构遭受第三人侵害时的教育机构责任，故本条是专门针对教育机构内部人员对无民事行为能力人实施侵权行为之后的侵权责任。因此，本条也被称为对无行为能力人在教育机构学习、生活期间遭受损害的责任，或者直接被称为教育机构的过错推定责任。

对于无民事行为能力人在学习期间的教育机构责任，《民法通则》未作出规定。1988年《最高人民法院关于贯彻执行〈中华人民共和国民法通则〉若干问题的意见（试行）》第160条开始对此作出了规定：“在幼儿园、学校生活、学习的无民事行为能力人或者在精神病院治疗的精神病人，受到伤害或者给他人造成损害，单位有过错的，可以责令这些单位适当给予赔偿。”由于当时我国侵权法的理论和实践均不够丰富，因此对于教育机构的责任性质、赔偿标准等，司法解释尚难以作出准确界定，因此使用了责令适当赔偿的表述。

2003年《最高人民法院关于审理人身损害赔偿案件适用法律若干问题的解释》中，对教育机构的侵权责任作出了详细规定，该解释第7条分为两款，分别对教育机构自身造成未成年人损害的情形，和第三人造成未成年人损害的情形作出了规定，第7条第1款为：“对未成年人依法负有教育、管理、保护义务的学校、幼儿园或者其他教育机构，未尽职责范围内的相关义务致使未成年人遭受人身损害，或者未成年人致他人人身损害的，应当承担与其过错相应的赔偿责任。”第2款为：“第三人侵权致未成年人遭受人身损害的，应当承担赔偿责任。学校、幼儿园等教育机构有过错的，应当承担相应的补充赔偿责任。”这一规定不仅成为司法机关审理未成年人在教育机构受到伤害类案件的主要依据，而且成为了《侵权责任法》和《民法典》有关教育机构对未成年人侵权责任的立法来源。

2009年《侵权责任法》对未成年人在教育机构学习生活期间遭受侵权的问

题更加重视，不仅将此种情形区分为教育机构内部对未成年人的侵权责任和第三人实施侵权行为后教育机构的责任两大类，还对被教育者是无民事行为能力人和限制民事行为能力人的情形作出了区分规定，形成了3个条文。其中，教育机构对无民事行为能力人侵权责任的规定体现在该法第38条："无民事行为能力人在幼儿园、学校或者其他教育机构学习、生活期间受到人身损害的，幼儿园、学校或者其他教育机构应当承担责任，但能够证明尽到教育、管理职责的，不承担责任。"

在本次民法典编纂过程中，对于《侵权责任法》关于未成年人在教育机构学习生活期间遭受侵害的侵权责任的规定，只作了比较小的改动，主要体现在第三人实施侵权行为时教育机构的责任中，而对于教育机构内部对被教育者实施侵权行为的规定，未作实质修改而直接加以沿袭。

二、内容

（一）责任主体

本条的责任主体是教育机构，包括幼儿园、学校及其他类型的教育机构。本条列举的三类情形中，其实学校和教育机构的概念都可以包含三种情形，这两个概念的外延都十分广泛。

其中，幼儿园是对3周岁至6周岁的学龄前幼儿实施保育和教育的机构。幼儿园一般为3年制，亦可设1年制或2年制的幼儿园。

学校，是指教育者有计划、有组织地对受教育者进行系统的教育活动的组织机构。学校教育一般包括初等教育、中等教育和高等教育，因此，学校也可以分为5个阶段：幼儿园、小学、初中、高中和大学。那么本条既然将幼儿园单独进行列举，并且基于无民事行为能力人的主体限制，所以本条的学校主要是指小学。

此外，根据《义务教育法》的规定，各地还应当根据需要设置相应的实施特殊教育的学校（班），对视力残疾、听力语言残疾和智力残疾的适龄儿童、少年实施义务教育。

而教育机构则泛指进行各种教育工作的场所和教育管理机关。狭义上的教育机构，就是指各级、各类的学校。而广义的教育机构，则可以包含很多分类，例如：各种类型和程度的学校（如普通学校和专业学校）；学前教育机构（如托儿所、幼儿园）；校外教育机构（如奥数培训班、辅导站）；成人教育机构

（如函授学院、电视大学、广播大学、成人自学考试站）。

因此，本条的责任主体，主要是幼儿园、小学、8 周岁以下未成年人参加的校外教育机构，以及实施特殊教育的学校。

（二）保护对象

本条保护的对象是无民事行为能力人，对于无民事行为能力人的判断，必须根据《民法典》总则编的规定来进行。那么根据《民法典》总则编关于民事行为能力的规定，无民事行为能力人可以分为三类：

第一类，从出生到 8 周岁之间的未成年人。不满 8 周岁的未成年人，属于无民事行为能力人，由其法定代理人代理实施民事法律行为。此前《民法通则》对于未成年无民事行为能力人年龄的规定是 10 周岁以下，自 2017 年《民法总则》开始，改为 8 周岁。我国《义务教育法》第 11 条规定，凡年满 6 周岁的儿童，其父母或者其他法定监护人应当送其入学接受并完成义务教育；条件不具备的地区的儿童，可以推迟到 7 周岁。因此，未成年人接受义务教育的年龄起点一般是 6 周岁，而在此前，一般还会在幼儿园接受 3 年的学前教育。所以这一阶段的未成年人往往是一年级和二年级的小学生，以及在幼儿园就读的学龄前儿童。

第二类，8 周岁到 18 周岁之间的、不能辨认自己行为的未成年人。一般来说，未成人年满 8 周岁后，就进入到限制民事行为能力人的阶段，可以独立实施纯获利益的民事法律行为，或者从事与其年龄、智力相适应的民事法律行为。但如果未成年人虽然年满 8 周岁，但仍然不能辨认自己的行为，则依然不能归入限制民事行为能力人的范围之内，因为限制民事行为能力人对自己行为的性质和后果有一定的辨认和识别能力。例如，某位儿童智力发育比较迟缓，比同龄人的智力发育状况要晚几年，那么即便其已经年满 8 周岁，其不具备正常 8 周岁儿童的识别能力，则依然属于无民事行为能力人。此类年龄阶段的划分是为了更好保护智力发育缓慢的未成人，待其智力状况、识别能力达到正常 8 周岁儿童能够具备的水平时，其就可以辨认自己的行为，因而进入到限制民事行为能力人的范畴。就接受教育而言，根据《义务教育法》的规定，适龄儿童、少年因身体状况需要，可以延缓入学或者休学，因此这一阶段的未成年人可能居家学习，或者入读小学、中学，也可能入读实施特殊教育的学校，或者在其他教育培训机构进行学习。

第三类，不能辨认自己行为的成年人。此类无民事行为能力人，虽然已经年满18周岁，但是智力水平、识别能力尚未达到正常8周岁未成年人的水平，所以仍然属于无民事行为能力人，只能由其法定代理人代理实施民事法律行为。有学者认为，本条规定不包括此类情形，而重点是针对未成年的无民事行为能力人。① 一般而言，此类无民事行为能力人往往是存在精神障碍的患者，一般主要在医疗机构接受治疗，或者居家疗养。但也可能此类无民事行为能力人会在一些特殊教育机构或培训班接受一定的生活知识、机能的教育培训，或者智力康复方面的教育。而且，从条文本身的规定来看，其主体仅规定“无民事行为能力人”，并未规定未成年人，从列举的教育机构来看，虽然有幼儿园，但也包括学校或其他教育机构，因此，在保护范围上，本条仍然能够包括不能辨认自己行为的成年人。

本条对于无民事行为能力人保护期间是其在幼儿园、学校和教育机构学习和生活期间的时间范围内。一般而言，无民事行为能力人大多在学校上学、回家住宿，但是根据《义务教育法》的规定，县级人民政府根据需要设置寄宿制学校，保障居住分散的适龄儿童、少年入学接受义务教育。所以在一些学生居住较为分散的地区，也存在提供住宿服务的学校。此外，一些幼儿园或学校还为学生提供早中晚用餐服务、午睡午休服务，那么在用餐或休息期间，都属于教育机构的责任期间。

（三）教育机构对无民事行为能力人侵权责任的归责原则

无民事行为能力人在幼儿园、学校或者其他教育机构学习、生活期间受到人身损害的，幼儿园、学校或者其他教育机构承担侵权责任的归责原则，是采用过错责任原则中的过错推定，简单地讲，教育机构对无民事行为能力人侵权责任的归责原则是过错推定。

这就是说，无行为能力人在教育机构学习、生活期间遭受人身损害的，首先应当推定教育机构具有过错，但如果其能够举证证明自己已经尽到了教育、管理职责的，则可以免除责任。一旦无民事行为能力人在学习生活期间遭受人身损害，那么幼儿园、学校或者其他教育机构就应当证明自己已经尽到教育、

① 参见王利明：《侵权责任法研究（下卷）》（第二版），中国人民大学出版社2016年4月版，第183页。

管理职责，才能表明自己对该无民事行为能力人所发生的人身损害没有过错，否则就要承担侵权责任。

立法对于无民事行为能力人和限制民事行为能力人在学习生活期间遭受损害时，教育机构的归责原则采取了不同的规定，主要是考虑到一般情形下无民事行为能力人和限制民事行为能力人在识别能力、举证能力方面存在的较大差异。

无民事行为能力人，例如幼儿园的孩子，其智力发育还很不成熟，对于周围人和事的认知和判断存在较大不足，其不能辨认或者充分理解自己行为的性质及其后果，在遭遇侵害后，其所描述的情况，甚至完全不符合成年人对于相同事实的理解，常常难以提供有效的线索，所以对于无民事行为能力人必须严格加以特别保护，将举证责任转移到教育机构一方，来减轻被侵权人的负担。

此外，无民事行为能力人在幼儿园、学校或者其他教育机构学习、生活期间，是其监护人将监护权暂时移转给这些学校的期间，监护人并不在学校实时监控，发生损害时，监护人对此也并不知情，而且监控设施、各种记录等，都在学校的掌握之中，此时要让无民事行为能力人或者其监护人来证明学校存在过错，无疑是极为困难的。如果将举证责任倒置，通过学校自己来证明已经尽到了教育、管理职责，则能够较好平衡双方的利益。因为学校掌握相关的监控记录、门卫记录和班级记录以及各种设施合格、制度完善的证据，完成相关举证较为容易。

此外，根据教育部《幼儿园工作规程》的规定，幼儿园应当投保校方责任险。教育部、公安部、司法部、建设部、交通部、文化部、卫生部、国家工商行政管理总局、国家质量监督检验检疫总局、新闻出版总署令联合发布的《中小学幼儿园安全管理办法》也要求，有条件的，学校举办者应当为学校购买责任保险。因此，通过责任保险的形式，教育机构可以将损害赔偿的风险在社会层面进行分散，减轻自己的赔偿责任。

（四）教育机构尽到教育、管理职责的判断标准

根据本条规定，只有幼儿园、学校或者其他教育机构尽到了教育、管理职责的，其对于无民事行为能力人学习、生活期间受到的人身损害，才能免于承担侵权责任。那么对于教育、管理职责的判断，便成为教育机构是否应当承担赔偿责任的关键。

根据本条规定，并结合《民法典》侵权责任编第1201条的规定，无民事行为能力人在学习、生活期间遭受的损害来自于非第三人的侵权行为，也就是说，这种损害可能来自如下几方面原因：教育机构的建筑物、设施、设备缺陷造成；无民事行为能力人自己造成；教育机构的教师和其他工作人员、内部人员造成；同在教育机构进行学习、生活的其他学员造成。

因此，幼儿园、学校和其他教育机构尽到教育和管理职责，就可以分为三方面来判断，一是其对硬件设施的管理职责，二是对其内部人员的管理职责，三是对无民事行为能力人自身和其他学员的教育管理职责。具体分析如下：

第一，教育机构对其硬件设施的管理职责。首先，教育机构所处的区域应当符合相关法律法规和城市规划的要求。学校建设，应当符合国家规定的办学标准，适应教育教学需要；应当符合国家规定的选址要求和建设标准，确保学生和教职工安全。学校、幼儿园等教育机构，不得设置在污染区和危险区，否则将会对师生的身体健康造成损害。其次，教育机构对学生进行教学和提供住宿的建筑物，必须符合相关建设标准和质量标准。无论是教室还是宿舍，均不得使用危房，而且园舍、校园的建设，应当符合国家和地方的建设标准，符合相关安全、卫生等方面的规范，教育机构还必须定期进行检查、维护，以确保建筑物和教学住宿区的安全。最后，教育机构提供的学习和生活使用的各种设施设备都必须符合相关要求。学校的各种设备设施、楼梯护栏、装修装饰材料、用品用具和玩教具材料、体育运动设施设备等，应当符合国家相关的安全质量标准和环保要求。

我国相关法律法规和部门规章对于教育机构的硬件设施的安全性和可靠性都作出了规定，有的规定还十分细致，例如根据《中小学幼儿园安全管理办法》的要求，学校的围墙、校舍、场地、教学设施、教学用具、生活设施和饮用水源等办学条件符合国家安全质量标准；学习必须配置紧急照明装置和消防设施与器材，保证学校教学楼、图书馆、实验室、师生宿舍等场所的照明、消防条件符合国家安全规定；学校还必须定期对校舍安全进行检查，对需要维修的，及时予以维修；对确认的危房，及时予以改造。

第二，教育机构对其内部人员的管理职责。教育机构内部人员，既包括直接与学生进行接触的教师，也包括从事管理工作的行政人员，还包括从事后勤、环卫、安保等工作的人员，也包括教育机构临时允许进入的人员，如临时聘请的司机、搬运工、厨师等。首先，教育机构对其内部工作人员应当进行准入管理，如果相关规定有资质要求的，则必须具备相关资质才能聘请进入教育机构工作。例如，根据相关规定，在幼儿园工作的园长、教师应当具有幼儿师范学校毕业程度，或者经教育行政部门考核合格；医师应当具有医学院校毕业程度，医士和护士应当具有中等卫生学校毕业程度，或者取得卫生行政部门的资格认可；保健员应当具有高中毕业程度，并受过幼儿保健培训；保育员应当具有初中毕业程度，并受过幼儿保育职业培训。不具备这些相应资质的员工如果进入学校工作，并在工作中造成无民事行为能力人受损害的后果，则表明教育机构未尽到相应的管理职责。其次，教育机构聘用的工作人员不能具有不得从事教育工作的情形。《义务教育法》规定，学校不得聘用曾经因故意犯罪被依法剥夺政治权利或者其他不适合从事义务教育工作的人担任工作人员。此外，教育机构聘用的工作人员还必须身体健康、精神正常，不能具有危险性和伤害性。例如，慢性传染病、精神病患者，按照规定不得在教育机构工作，否则容易给学生造成传染，或者因为发病而伤人。再次，教育机构对于临时允许进入的人员，也应当尽到管理职责。例如临时允许进入的搬运工，应当限定并监督其活动范围仅限于非教学区。最后，教育机构对其内部人员应当依法进行培训，使其掌握相应的必备知识和技能。学校校长、幼儿园园长和学校负责安全保卫工作的人员，应当依法定期接受有关安全管理培训。学校应当制定教职工安全教育培训计划，通过多种途径和方法，使教职工熟悉安全规章制度、掌握安全救护常识，学会指导学生预防事故、自救、逃生、紧急避险的方法和手段。幼儿园的教职工也必须具有安全意识，掌握基本急救常识和防范、避险、逃生、自救的基本方法，在紧急情况下应当优先保护幼儿的人身安全。例如，按照规定，未经监护人委托或者同意，幼儿园教师不得给幼儿用药，否则因幼儿无法说清用药剂量和种类，容易引起用药事故。

第三，教育机构对学生的教育管理职责。无民事行为能力人一般年龄较小，智力发育程度不足，由于活泼好动，或者不知行为的性质，而从事一些危险行为，造成自己或他人的损害，对此，教育机构必须依法履行对其学生的教育管理职责。根据《义务教育法》的规定，学校对于学生不仅应当进行知识的传授，还应当将德育、智育、体育、美育等有机统一在教育教学活动中，此外，学校应当建立、健全安全制度和应急机制，并对学生进行安全教育，加强管理，及时消除隐患，预防发生事故。根据《中小学幼儿园安全管理办法》的要求，学校应当将安全教育纳入教学内容，对学生开展安全教育，培养学生的安全意识，提高学生的自我防护能力。学校应当对新生展开安全教育，还应当对学生进行如下几类具体的教育：有关实验用品的防毒、防爆、防辐射、防污染等的安全防护教育；用水、用电的安全教育；对寄宿学生进行防火、防盗和人身防护等方面的安全教育；安全防范与自我保护技能的教育；交通安全教育；消防安全教育；江河湖海、水库等地方戏水、游泳的安全卫生教育；针对洪水、地震、火灾等灾害事故的紧急疏散演练，等等。通过安全教育，能够让无民事行为能力人增强对于自身行为安全性的认识，能够避免和减少学生自己、学生之间造成的伤害行为。此外，学生从事具有危险性的活动时，或者学生之间从事具有危险性的活动时，教育机构应当及时加以制止，发现学生受伤害的，应当及时提供医疗急救服务。例如，发现学生攀爬窗户、围墙的，教师员工应当及时制止；发现学生在操场追逐打闹、斗殴的，教师员工应当及时进行有效制止，等等。

（五）教育机构的侵权责任承担

由于教育机构对无民事行为能力人在幼儿园、学校或者其他教育机构学习、生活期间受到人身损害的归责原则仍然是建立在过错责任的基础上，所以教育机构未尽到或者未能证明其尽到教育、管理职责的，应当承担侵权责任，其所承担的侵权责任应当与其过错程度、过错与损害原因力大小相适应。

例如，在某案中，就读于某幼儿园的幼儿因生性活泼好动，上课时屡屡犯规，教师感到生气，将其带到洗手间进行罚站惩罚，结果幼儿在卫生间走动跳跃时，不慎跌倒摔成重伤。法院认为幼儿园未尽到教育管理职责，将无民事行为能力人单独留在具有一定危险的卫生间罚站，应当对全部损害承担90%的赔偿责任。应当说，如果教师已经知道该名幼儿存在活泼好动的特点，将其单独留在不能随时监看的卫生间区域内罚站，加上卫生间地面为硬质地面，有台阶，且地面可能湿滑，那么造成损害时幼儿园难谓尽到了教育管理职责。

在判断教育机构是否尽到教育管理职责时，不仅要根据上述教育机构对其场所设施、工作人员、学生各方面所负有的教育管理职责，还要根据学生的年龄大小、智力发育程度、遭受损害的具体原因等情况来综合判断，教育机构对于无民事行为能力人所负有的教育管理职责，应当与无民事行为能力人的监护人对被监护人所负有的监护职责相类似，因此在注意义务上处于较高的水平。此外，教育机构还负有证明义务，即便其已经尽到了教育管理职责，也必须提供相应的证据并经过法庭的质证程序，才能得到采信。因此教育机构应当注意规章制度的完善，各项记录的完整，并按照规定在教学场所等区域安装必要的监控设施。

法条关联

◆《最高人民法院关于审理人身损害赔偿案件适用法律若干问题的解释》

第七条　对未成年人依法负有教育、管理、保护义务的学校、幼儿园或者其他教育机构，未尽职责范围内的相关义务致使未成年人遭受人身损害，或者未成年人致他人人身损害的，应当承担与其过错相应的赔偿责任。

第三人侵权致未成年人遭受人身损害的，应当承担赔偿责任。学校、幼儿园等教育机构有过错的，应当承担相应的补充赔偿责任。

◆《学生伤害事故处理办法》

第九条　因下列情形之一造成的学生伤害事故，学校应当依法承担相应的责任：

（一）学校的校舍、场地、其他公共设施，以及学校提供给学生使用的学具、教育教学和生活设施、设备不符合国家规定的标准，或者有明显不安全因素的；

（二）学校的安全保卫、消防、设施设备管理等安全管理制度有明显疏漏，或者管理混乱，存在重大安全隐患，而未及时采取措施的；

（三）学校向学生提供的药品、食品、饮用水等不符合国家或者行业的有关标准、要求的；

（四）学校组织学生参加教育教学活动或者校外活动，未对学生进行相应的安全教育，并未在可预见的范围内采取必要的安全措施的；

（五）学校知道教师或者其他工作人员患有不适宜担任教育教学工作的疾病，但未采取必要措施的；

（六）学校违反有关规定，组织或者安排未成年学生从事不宜未成年人参加的劳动、体育运动或者其他活动的；

（七）学生有特异体质或者特定疾病，不宜参加某种教育教学活动，学校知道或者应当知道，但未予以必要的注意的；

（八）学生在校期间突发疾病或者受到伤害，学校发现，但未根据实际情况及时采取相应措施，导致不良后果加重的；

（九）学校教师或者其他工作人员体罚或者变相体罚学生，或者在履行职责过程中违反工作要求、操作规程、职业道德或者其他有关规定的；

（十）学校教师或者其他工作人员在负有组织、管理未成年学生的职责期间，发现学生行为具有危险性，但未进行必要的管理、告诫或者制止的；

（十一）对未成年学生擅自离校等与学生人身安全直接相关的信息，学校发现或者知道，但未及时告知未成年学生的监护人，导致未成年学生因脱离监护人的保护而发生伤害的；

（十二）学校有未依法履行职责的其他情形的。

第十条 学生或者未成年学生监护人由于过错，有下列情形之一，造成学生伤害事故，应当依法承担相应的责任：

（一）学生违反法律法规的规定，违反社会公共行为准则、学校的规章制度或者纪律，实施按其年龄和认知能力应当知道具有危险或者可能危及他人的行为的；

（二）学生行为具有危险性，学校、教师已经告诫、纠正，但学生不听劝阻、拒不改正的；

（三）学生或者其监护人知道学生有特异体质，或者患有特定疾病，但未告知学校的；

（四）未成年学生的身体状况、行为、情绪等有异常情况，监护人知道或者已被学校告知，但未履行相应监护职责的；

（五）学生或者未成年学生监护人有其他过错的。

第十一条 学校安排学生参加活动，因提供场地、设备、交通工具、食品及其他消费与服务的经营者，或者学校以外的活动组织者的过错造成的学生伤害事故，有过错的当事人应当依法承担相应的责任。

第十二条 因下列情形之一造成的学生伤害事故，学校已履行了相应职责，行为并无不当的，无法律责任：

（一）地震、雷击、台风、洪水等不可抗的自然因素造成的；

（二）来自学校外部的突发性、偶发性侵害造成的；

（三）学生有特异体质、特定疾病或者异常心理状态，学校不知道或者难于知道的；

（四）学生自杀、自伤的；

（五）在对抗性或者具有风险性的体育竞赛活动中发生意外伤害的；

（六）其他意外因素造成的。

第十三条 下列情形下发生的造成学生人身损害后果的事故，学校行为并无不当的，不承担事故责任；事故责任应当按有关法律法规或者其他有关规定认定：

（一）在学生自行上学、放学、返校、离校途中发生的；

（二）在学生自行外出或者擅自离校期间发生的；

（三）在放学后、节假日或者假期等学校工作时间以外，学生自行滞留学校或者自行到校发生的；

（四）其他在学校管理职责范围外发生的。

案例评议

一、重庆市渝北区奇特乐泽科幼儿园与邓某、游某、游某2、田某健康权纠纷案[①]

◆ 裁判规则

在认定奇特乐泽科幼儿园的赔偿责任时，法院认为，对未成年人依法负有教育、管理、保护义务的学校、幼儿园或者其他教育机构，未尽职责范围内的相关义务致使未成年人遭受人身损害，或者未成年人致他人人身损害的，应当承担与其过错相应的赔偿责任。行为人因过错侵害他人民事权益，应当承担侵权责任。本案中，邓某、游某二人均就读于该幼儿园，二人事发时均不满6周岁，属无民事行为能力人，幼儿园对学生在园学习、生活期间，依法负有教育、管理和保护责任与义务。邓某与游某在幼儿园排队上厕所期间发生推撞，幼儿园未进行合理引导，未及时发现、制止二人的推撞行为，导致邓某遭受人身损害，幼儿园未尽到职责范围内的相关义务，依法应承担与其过错相当的赔偿责任。

① 重庆市第一中级人民法院民事判决书，（2017）渝01民终7617号。

◆ 评议

本案中，两名幼儿园大班的幼儿，在老师组织上厕所期间发生肢体推撞，导致一人颈部受伤造成伤残。对于无民事行为能力人在幼儿园、学校或者其他教育机构学习、生活期间受到人身损害的，幼儿园是否尽到了教育管理职责决定其是否承担侵权责任。本案中，作为年幼的学龄前儿童，具有活泼好动、自控能力差等特点，同时对如何正确交往、妥善处理冲突亦缺乏经验，故根据其年龄及认知水平，尚难充分预见相应举动的危险后果。而其在幼儿园生活期间的行为举止亦主要通过幼儿园保教人员的教育、引导和提示等方式来规范，相较儿童监护人，幼儿园具有实时看护的能力与条件，教育管理保护职责不容推卸。幼儿园对两儿童均负有教育、管理及保护安全的义务，但却未进行合理引导，未及时发现、制止二人的推撞行为，导致被侵权人遭受人身损害，幼儿园未尽到职责范围内的相关义务，被判决承担60%的责任。

二、凌某1与北京少林武术学校教育机构责任纠纷案[①]

◆ 裁判规则

在认定少林武校是否应当承担责任时，法院认为，根据我国《侵权责任法》第38条："无民事行为能力人在幼儿园、学校或者其他教育机构学习、生活期间受到人身损害的，幼儿园、学校或者其他教育机构应当承担责任，但能够证明尽到教育、管理职责的，不承担责任。"本案中，少林武校应当认识到凌某1作为无民事行为能力人，而且是初学者，在练习侧手翻动作时可能发生的危险。少林武校将凌某1插入老生班中进行武术训练，没有根据凌某1的年龄、能力情况区别对待，未在凌某1单独进行训练时予以保护、帮扶，导致凌某1受伤，少林武校未尽到管理职责具有过错，应当承担责任。

◆ 评议

一名不满10岁的儿童在全寄宿制的武术学校学习，在武术训练课中练习侧手翻落地时导致骨折。武术学校是否应当承担责任，主要看其是否尽到了教育管理职责。一审判决认为，侧手翻虽然是武术训练中的基本动作，但练习该动

① 北京市第一中级人民法院民事判决书，(2018)京01民终11号。

作亦应当掌握一定的方法和技巧，亦需要武术教练进行指导。少林武校将被侵权人插入老生班中进行武术训练，虽然教练已教授其学习侧手翻，但在单独练习时并未有他人在场进行指导和帮扶，导致其受伤，应当认为少林武校未对其尽到教育和管理职责。同时认为被侵权人既然选择到少林武校进行学习，应当知道从事武术训练具有一定的风险，所以自己也应负担部分风险，故判决被侵权人自己承担20%的损失，少林武校承担80%的损失。

二审法院则认为，武术训练虽然具有一定的风险，但是学习武术不能认定是过错行为，而且被侵权人作为无民事行为能力人，不具有成年人的意思能力和判断能力，所以不存在过错，不应承担20%的损失。相反，少林武校应当认识到被侵权人作为无民事行为能力人，而且是初学者，在练习侧手翻动作时可能发生的危险，但却将其插入老生班中进行武术训练，没有根据其年龄、能力情况区别对待，疏于保护、帮扶，导致被侵权人受伤，少林武校未尽到管理职责，具有过错，应当承担全部赔偿责任。

第一千二百条 【教育机构对限制民事行为能力人的侵权责任】

限制民事行为能力人在学校或者其他教育机构学习、生活期间受到人身损害，学校或者其他教育机构未尽到教育、管理职责的，应当承担侵权责任。

本条来源

《侵权责任法》第三十九条规定："限制民事行为能力人在学校或者其他教育机构学习、生活期间受到人身损害，学校或者其他教育机构未尽到教育、管理职责的，应当承担责任。"

立法演变

《民法典侵权责任编草案》（一审稿）第九百七十五条规定："限制民事行为能力人在学校或者其他教育机构学习、生活期间受到人身损害，学校或者其他教育机构未尽到教育、管理职责的，应当承担侵权责任。"此后无变化。

条文释义

本条是关于教育机构对限制民事行为能力人侵权责任的规定。

一、概述

本条是专门针对限制民事行为能力人在学校或其他教育机构学习生活期间，遭受到了非源自第三人的侵害而造成人身损害时学校或教育机构侵权责任的规定。《民法典》侵权责任编第1201条对于无民事行为能力人和限制民事行为能力人遭受第三人侵害时的教育机构责任一并作出了规定，故本条同样仅限于教育机构内部人员对限制民事行为能力人实施侵权行为之后的侵权责任。

《最高人民法院关于贯彻执行〈中华人民共和国民法通则〉若干问题的意见（试行）》在第160条仅规定了无民事行为能力人在校期间的侵权责任问题，没规定限制民事行为能力人的相关问题。《最高人民法院关于审理人身损害赔偿案件适用法律若干问题的解释》第7条笼统对未成年人在教育机构遭受损害的侵权责任作出了规定，没有区分无民事行为能力人和限制民事行为能力人的不同情形。《侵权责任法》开始对此作出区分，该法第39条规定："限制民事行为能力人在学校或者其他教育机构学习、生活期间受到人身损害，学校或者其他教育机构未尽到教育、管理职责的，应当承担责任。"在本次民法典编纂过程中，稍加修改，形成本条规定。

二、内容

（一）保护对象

本条保护的对象是限制民事行为能力人，根据《民法典》总则编的规定，限制民事行为能力人包括两类：一类是8周岁以上的未成年人，即8周岁到18周岁之间的青少年，例外情形下，如果16周岁以上、不满18周岁，即可以自己的劳动收入为主要生活来源的，则该未成年人可以提前两年成为完全民事行为能力人。另一类是不能完全辨认自己行为的成年人，即虽然年满18周岁，但由于智力发育、精神状况等原因而存在认知能力、识别能力等方面的障碍，导致不能完全辨认自己的行为。

限制民事行为能力人与无民事行为能力人相比，最大的区别在于其具有一定的辨别能力，因此可以独立实施纯获利益的民事法律行为或者与其年龄、智力、精神健康状况相适应的民事法律行为。其他的超出此范围的民事法律行为，则仍然需要由其法定代理人代理或者经其法定代理人同意、追认。

在学校、教育机构接受教育的限制民事行为能力人，一般是小学三年级以上的小学生、初中生和高中生。大学生一般都已经年满 18 周岁，但有些大学存在少年班，招收的学生不满 18 周岁，例如著名的中国科学技术大学少年班，自 1978 年 3 月正式创建以来，主要招收年龄 16 周岁以下的非应届高中毕业生，其大学生学员中，年龄最小的甚至只有 11 周岁。还有一些大学虽然未专门设置少年班，但每年招收的学生中有少数从小成绩优异一路跳级而考上的大学生，这些学生入学时年龄一般也不满 18 周岁。此外，针对限制民事行为能力的成年人，也可能在一些特殊教育学校就读，学习一定的生活知识和基本技能。再加上名目众多的各类课外辅导班、培训学校，因此，限制民事行为能力人就读的学校或其他教育机构，可能会广泛涉及小学、初中、高中、大学、特殊教育学校、各类培训机构。

（二）归责原则

与无民事行为能力人在教育机构遭受侵害实行过错推定的归责原则不同，限制民事行为能力人在学校或其他教育机构学习、生活期间受到人身损害的，对于学校或其他教育机构的归责原则是一般的过错责任原则，并未实行过错推定。

这是因为随着年龄的增长，限制民事行为能力人的认知能力逐渐增强，是非对错观念也在不断增强，其对于自身的约束能力和保护能力都较之于无民事行为能力人要强。在遭受损害之后，其对于相关事件经过的描述能力和举证能力都有所加强。而且初中生甚至高中生已经具有相当智力和体力，其活动范围也较广，再要求学校、教育机构像对待无民事行为能力人一样随时监督保护，既不现实，也不必要。在此种情况下，就有必要实行不同于无民事行为能力人遭受侵害之后的归责原则，改为实行一般的过错责任原则。

根据本条规定，限制民事行为能力人在学校或者其他教育机构学习、生活期间受到人身损害的，学校或者其他教育机构只有未尽到教育、管理职责的，才应当承担侵权责任。表面上看，这与无民事行为能力人遭受侵害时的要求相似，但实则举证责任发生了变化。在本条中，应当由被侵权人承担学校或其他教育机构未尽到教育、管理职责的举证责任，然后由学校、其他教育机构进行反证。

当然，被侵权人在进行举证时，一般也需要结合相关法律法规和规范性文件的规定，对于学校、教育机构存在的管理、教育缺陷或不足进行举证，或者证明学校、教育机构未能尽到其应当尽到的注意义务，从而造成被侵权人的损害。

（三）学校或其他教育机构未尽到教育、管理职责的常见类型

学校或其他教育机构对于限制民事行为能力人所负有的教育、管理职责，同样可以分为场所设施责任、内部人员管理责任和对学生的教育管理责任几个方面，与前述无民事行为能力部分并无本质差异，因此不再赘述。

那么根据教育部《学生伤害事故处理办法》的相关规定，常见的学校或其他教育机构对限制民事行为能力人未尽到教育、管理职责的类型主要有如下几种：

第一，学校、教育机构的场所、建筑、设施等硬件不合格而造成学生伤害的。这主要有学校的校舍、场地、其他公共设施以及学校提供给学生使用的学具、教育教学和生活设施、设备不符合国家规定的标准，或者有明显不安全因素的；学校的安全保卫、消防、设施设备管理等安全管理制度有明显疏漏，或者管理混乱，存在重大安全隐患，而未及时采取措施的；或者学校向学生提供的药品、食品、饮用水等不符合国家或者行业的有关标准、要求的。

第二，学校对于其工作人员管理教育不善而造成学生伤害的。这主要有学校知道教师或者其他工作人员患有不适宜担任教育教学工作的疾病，但未采取必要措施的；学校教师或者其他工作人员体罚或者变相体罚学生，或者在履行职责过程中违反工作要求、操作规程、职业道德或者其他有关规定的。

第三，学校对于学生存在组织、教育、管理方面的过错而造成学生伤害的。这主要有学校组织学生参加教育教学活动或者校外活动，未对学生进行相应的安全教育，并未在可预见的范围内采取必要的安全措施的；学校违反有关规定，组织或者安排未成年学生从事不宜未成年人参加的劳动、体育运动或者其他活动的；学生有特异体质或者特定疾病，不宜参加某种教育教学活动，学校知道或者应当知道，但未予以必要的注意的；学生在校期间突发疾病或者受到伤害，学校发现，但未根据实际情况及时采取相应措施，导致不良后果加重的；学校

教师或者其他工作人员在负有组织、管理未成年学生的职责期间，发现学生行为具有危险性或者可能实施危及他人的行为，但未进行必要的管理、告诫或者制止的；对未成年学生擅自离校等与学生人身安全直接相关的信息，学校发现或者知道，但未及时告知未成年学生的监护人，导致未成年学生因脱离监护人的保护而发生伤害的。

除上述常见类型之外，在具体个案中，还可能存在学校、教育机构未依法履行职责的其他情形，法院应当综合考量侵权行为的性质、发生的场景、造成的损害后果、被侵权人的年龄、识别能力等情况，来判断学校或其他教育机构的过错程度。

（四）学校或其他教育机构侵权责任的承担

学校或其他教育机构对于限制民事行为能力人学习、生活期间受到人身损害的侵权责任，应当根据过错责任原则来认定其责任大小。法院应当根据学校或者其他教育机构在未尽到教育、管理职责方面的过错大小及其过错与损害之间的原因力等因素，来划分责任份额，确定学校或其他教育机构所应当承担的侵权责任。

法条关联

◆《民法典》侵权责任编

第一千一百八十八条　无民事行为能力人、限制民事行为能力人造成他人损害的，由监护人承担侵权责任。监护人尽到监护职责的，可以减轻其侵权责任。

有财产的无民事行为能力人、限制民事行为能力人造成他人损害的，从本人财产中支付赔偿费用；不足部分，由监护人赔偿。

◆《最高人民法院关于审理人身损害赔偿案件适用法律若干问题的解释》

第七条　对未成年人依法负有教育、管理、保护义务的学校、幼儿园或者其他教育机构，未尽职责范围内的相关义务致使未成年人遭受人身损害，或者未成年人致他人人身损害的，应当承担与其过错相应的赔偿责任。

第三人侵权致未成年人遭受人身损害的，应当承担赔偿责任。学校、幼儿园等教育机构有过错的，应当承担相应的补充赔偿责任。

案例评议

一、金某与云南省寻甸回族彝族自治县塘子镇初级中学、高某生命权、健康权、身体权纠纷案[①]

◆ 裁判规则

在认定云南省寻甸回族彝族自治县塘子镇初级中学和高某是否就金某受伤的损害后果承担赔偿责任时，法院认为，《侵权责任法》第39条规定："限制民事行为能力人在学校或者其他教育机构学习、生活期间受到人身损害，学校或者其他教育机构未尽到教育、管理职责的，应当承担责任。"也就是说，学校在校园伤害案件中承担责任的归责原则为过错责任。

首先，本案系在体育课上发生的人身损害赔偿纠纷，金某受伤时系限制民事行为能力人，对于体育教学活动过程中应当注意的技术要求、练习方法及自我保护方法应当具备与其年龄、智力状况相适应的认知能力和控辨能力。本案中，云南省寻甸回族彝族自治县塘子镇初级中学和高某严格按照教学大纲的要求安排课程内容，课前已向学生说明本节课的教学内容为坐位体前屈练习，并进行安全教育，要求学生充分热身。金某未达到充分热身的程度即做坐位体前屈，导致腰部受伤，金某对于事故的发生存在过错。

其次，根据本案查明的事实，云南省寻甸回族彝族自治县塘子镇初级中学和高某按照教学大纲的要求，在上体育课前向学生说明课堂教学内容，并进行了相关的安全教育，云南省寻甸回族彝族自治县塘子镇初级中学和高某在此环节已基本尽到了教育、管理职责。但是，在学生热身时，云南省寻甸回族彝族自治县塘子镇初级中学和高某轻信学生能够按照老师要求进行热身，未尽到足够的督促责任，导致金某热身不够，在做坐位体前屈时腰部受伤，存在过失，应承担与其过错相适应的赔偿责任。

◆ 评议

学生在上体育课时，绕本校操场跑10圈之后做坐位体前屈动作，结果腰部受伤，椎间盘膨出构成十级伤残。限制民事行为能力人在学校或者其他教育机

① 昆明市中级人民法院民事判决书，(2014) 昆民再终字第30号。

构学习、生活期间受到人身损害，学校或者其他教育机构如果未尽到教育、管理职责的，就应当承担侵权责任，反之则无需承担责任。二审法院认为学校在授课时并不存有违反教育大纲、规程的行为，也没有其他过错行为，属于双方均无过错，最后按照公平原则要求双方分担损失。学校承担一定的补偿责任。

但再审法院认为，学校虽然严格按照教学大纲的要求安排课程内容，课前已向学生说明本节课的教学内容为坐位体前屈练习，并进行安全教育，要求学生充分热身，但在学生热身时，学校轻信学生能够按照老师要求进行热身，未尽到足够的督促责任，导致被侵权人热身不够，在做坐位体前屈时腰部受伤，存在过失，应承担与其过错相适应的赔偿责任。

二、马某与镇原县方山初级中学教育机构责任纠纷案①

◆ 裁判规则

在认定方山初级中学是否就马某受伤的损害后果承担赔偿责任时。法院认为，方山初级中学教学楼楼道外墙窗户为内开式，窗扇下沿距楼道水平面较低，且楼道较窄，窗扇打开时影响行人通行，存在明显安全隐患，未采取其他必要安全防范措施，造成马某在校学习期间人身受到损害，构成侵权，应承担相应的民事赔偿责任。但是，马某受伤时15周岁，系限制民事行为能力人，应有一定的安全意识，由于其疏忽大意，造成自身伤害，亦有过错，可减轻方山初级中学的赔偿责任。

◆ 评议

学生在课间休息返回教室上晚自习途中，不慎被教学楼楼道向内开的窗扇碰伤右眼，造成十级残疾。法院认为，学校的此种窗户在窗扇打开时会影响行人通行，存在明显的安全隐患，因此未尽到教育保护职责，应当承担80%赔偿责任。被侵权人已满15周岁，在通行过程中无视安全，碰撞到窗扇致伤眼部，自己应当承担20%的责任。

---

① 庆阳市中级人民法院民事判决书，（2012）庆中民终字第523号。

第一千二百零一条　【教育机构外第三人侵权责任】

无民事行为能力人或者限制民事行为能力人在幼儿园、学校或者其他教育机构学习、生活期间，受到幼儿园、学校或者其他教育机构以外的第三人人身损害的，由第三人承担侵权责任；幼儿园、学校或者其他教育机构未尽到管理职责的，承担相应的补充责任。幼儿园、学校或者其他教育机构承担补充责任后，可以向第三人追偿。

本条来源

《侵权责任法》第四十条规定："无民事行为能力人或者限制民事行为能力人在幼儿园、学校或者其他教育机构学习、生活期间，受到幼儿园、学校或者其他教育机构以外的人员人身损害的，由侵权人承担侵权责任；幼儿园、学校或者其他教育机构未尽到管理职责的，承担相应的补充责任。"

立法演变

《民法典侵权责任编草案》（一审稿）第九百七十六条规定："无民事行为能力人或者限制民事行为能力人在幼儿园、学校或者其他教育机构学习、生活期间，受到幼儿园、学校或者其他教育机构以外的第三人人身损害的，由第三人承担侵权责任；幼儿园、学校或者其他教育机构未尽到管理职责的，承担相应的补充责任。幼儿园、学校或者其他教育机构承担补充责任后，可以向第三人追偿。"此后无变化。

条文释义

本条是关于无民事行为能力人或者限制民事行为能力人遭受第三人侵害时侵权责任的规定。

一、概述

本条不同于前两条无民事行为能力人或限制民事行为能力人在教育机构所遭受的损害，本条中，对学生实施侵害的人员或者造成学生受损害原因，不是来自于教育机构内部，而是来自教育机构以外的第三人，所以本条也被称为教育机构对校外人员侵害的责任。

《最高人民法院关于审理人身损害赔偿案件适用法律若干问题的解释》第7条第2款对学生遭受校外第三人侵害的侵权责任作出了规定，即："第三人侵权致未成年人遭受人身损害的，应当承担赔偿责任。学校、幼儿园等教育机构有过错的，应当承担相应的补充赔偿责任。"该条不仅规定了直接侵权行为人的赔偿责任，还规定了教育机构的补充责任。《侵权责任法》第40条在此基础上稍作完善，对于第三人的范围进行了明确，对于教育机构的过错也进行了明确，该条规定："无民事行为能力人或者限制民事行为能力人在幼儿园、学校或者其他教育机构学习、生活期间，受到幼儿园、学校或者其他教育机构以外的人员人身损害的，由侵权人承担侵权责任；幼儿园、学校或者其他教育机构未尽到管理职责的，承担相应的补充责任。"

在本次民法典编纂过程中，对于该条内容予以了保留，只作了少许改动，主要体现在，一是将《侵权责任法》第40条所使用的"人员"的概念，恢复到司法解释的"第三人"概念上；二是增加规定了幼儿园、学校或者其他教育机构对第三人的追偿权。

二、内容

（一）第三人实施侵害行为的情形

由于大多数幼儿园、学校或者其他教育机构都实行封闭管理，因此一般在学校范围内，学生们所处的环境为封闭的环境，不宜受到来自校外第三人的侵害。但是仍然存在一些校外人员对学生实施侵害行为的情形，常见的主要有三类情形：

一是第三人在校门口范围，针对学生上下学或外出的环节，对学生实施侵害。此时由于学生虽然未进入学校范围，或者刚刚离开学校，但仍然处于学校大门口范围，而且处于上下学的交接时期，学校仍然对学生负有保护、管理的职责。在这一时间和地点范围内发生的侵权事件，学校仍可能承担侵权责任。例如，10月28日重庆市公安局巴南区分局发布警情通报称，10月26日上午9时30分许，重庆巴南区人刘某（女，39岁）在巴南区鱼洞巴县大道一幼儿园门口持菜刀行凶，致做早操返回教室途中的14名学生受伤，学校保安和工作人员奋力将刘某制服，巴南警方接报警后迅速赶到现场处置，将受伤学生送医救治。该侵权行为人就是乘学生在校外做完早操返回进入学校的环节，对学生实施侵害行为。此外，还有第三人乘上下学尤其是放学时，学校与家长交接学生的环节，对学生实施侵权行为。

二是第三人进入学校或其他教育机构，对学生实施侵害行为。虽然学校基本上都实行封闭管理，但是实践中也有校外人士乘门禁管理松弛而混进校园，对学生实施侵害行为；或者校外第三人通过翻越学校围墙、栅栏的形式，进入校内实施侵权行为。

三是第三人将危险物品投入校内，对学生实施侵害行为。在云南某起案件中，行为人自身开办一家民办幼儿园，对于另一家民办幼儿园入园学生数量多的状况感到嫉妒，于是将一袋浸过老鼠药的糖果隔墙扔进另一家幼儿园院内，结果该园数名幼儿课间发现地上的糖果后捡起来吃，导致数名幼儿中毒住院。

在此需要强调的是，对于第三人的身份认定问题，第三人应当不属于幼儿园、学校或其他教育机构的工作人员，也不属于正在校内学习或生活的学生。如果该校的学生在离校期间，闯入学校范围，对其他学生实施侵害行为，其也应当属于第三人范围。本校学生只有在校学习、生活期间，才属于校内人员，造成的损害应当适用《民法典》侵权责任编第 1190 条和第 1200 条的规定。例如，在某起未成年人故意伤害罪的刑事案件中，某中学学生甲与该学校学生乙因琐事在学校发生矛盾，甲找来几个帮手准备教训乙，下午放学时在中学门口等乙，与乙及其同伴发生持刀斗殴事件。此案中甲虽然是该中学的学生，但此时其已经正常离开学校，不属于在校学习、生活期间，因此对其他学生在校门口范围实施侵害时，便属于第三人的范围。

（二）幼儿园、学校或者其他教育机构以外的第三人的侵权责任

幼儿园、学校或者其他教育机构以外的第三人对在校学习、生活期间的无民事行为能力人、限制民事行为能力人实施侵权行为，属于第三人侵权。根据《民法典》侵权责任编第 1175 条的规定，“损害是因第三人造成的，第三人应当承担侵权责任。”因此，第三人应当根据其所实施的侵权行为的性质，适用相应的归责原则，承担相应的侵权责任。

例如，校外第三人闯入校内对学生实施侵害行为的，应当按照过错责任原则来承担侵权责任。如果校外第三人驾驶机动车在校门口撞伤刚放学的学生，则应当根据道路交通事故的相关规定来判断其责任。

第三人对被侵权人承担的责任是直接责任，不得以幼儿园、学校或者其他

教育机构未尽到管理职责而作为自己减轻或免除责任的抗辩事由。

（三）幼儿园、学校或者其他教育机构的补充责任

无民事行为能力人或者限制民事行为能力人在幼儿园、学校或者其他教育机构学习、生活期间，受到幼儿园、学校或者其他教育机构以外的第三人人身损害的，当然应当由第三人承担侵权责任，但如果幼儿园、学校或者其他教育机构未尽到管理职责的，则表明其对于损害的发生也存在一定的过错，所以也应当承担相应的侵权责任。

由于教育机构此时的过错主要是未尽到管理职责，而非直接实施侵权行为，因此，本条规定教育机构承担的责任是相应的补充责任。在判断幼儿园、学校或者其他教育机构是否尽到管理职责时，应当主要根据这些教育机构在预防、处理、管理校外第三人侵权方面的行为，来判断其是否尽到了相应的注意义务，是否履行了应当履行的管理职责。

例如，根据相关的法律法规和部门规章的规定，学校应当健全门卫制度，建立校外人员入校的登记或者验证制度，禁止无关人员和校外机动车入内，禁止将非教学用易燃易爆物品、有毒物品、动物和管制器具等危险物品带入校园。幼儿园还特别应当建立幼儿接送交接等安全防护和检查制度，对于入园的幼儿应当由监护人或者其委托的成年人接送，而不能随意同意其他人接送。

因此，如果因为教育机构对于门卫制度执行不严，未能对校外人员入校进行登记查验，或者对于进入校内的危险物品检查不严，或者对于校园范围的安全巡查存在疏漏，或者在学生遭受第三人侵害时未能及时采取制止侵害、及时送医等必要的措施，从而导致学生遭受校外第三人的侵权行为而造成损害的，或者导致损害扩大的，则表明幼儿园、学校或者其他教育机构未尽到管理职责，从而应当承担相应的责任。

相应的补充责任，是指如果无法查明或找到实施侵权行为的第三人，或者第三人没有足够的赔偿能力时，教育机构应当根据其过错程度和原因力大小而承担的侵权责任。因此，相应的补充责任不是全部赔偿责任，也不是与第三人一起承担连带责任，而是在幼儿园、学校或者其他教育机构未尽到管理职责的过错范围内承担的部分责任，这种责任是为了补充直接侵权行为人赔偿责任的不足而设置的责任。因此，被侵权人在主张损害赔偿时，应当首先向第三人主张侵权责任，如果第三人能够承担全部赔偿责任，则幼儿园、学校或者其他教

育机构不用承担侵权责任。在无法找到第三人或者第三人没有能力承担全部侵权责任时，才由幼儿园、学校或者其他教育机构承担部分侵权责任。此时教育机构承担的责任也只是在其过错范围内的部分责任，对此，法院应当根据情况作出责任份额的划分。

此外，本条增加规定了教育机构对第三人的追偿权，即幼儿园、学校或者其他教育机构承担补充责任后，可以向第三人进行追偿。这一方面是强调实施侵权行为的第三人才是真正的责任人，如果不是第三人的侵权行为，则损害不会发生；另一方面也是将第三人赔偿能力不足的风险，从被侵权人处移转到教育机构一方，让教育机构承担部分赔偿责任后，再向第三人追偿，如果第三人下落不明，或者无力清偿，则其偿付不能的风险只能由教育机构自行承担。

法条关联

◆《最高人民法院关于审理人身损害赔偿案件适用法律若干问题的解释》

第七条 对未成年人依法负有教育、管理、保护义务的学校、幼儿园或者其他教育机构，未尽职责范围内的相关义务致使未成年人遭受人身损害，或者未成年人致他人人身损害的，应当承担与其过错相应的赔偿责任。

第三人侵权致未成年人遭受人身损害的，应当承担赔偿责任。学校、幼儿园等教育机构有过错的，应当承担相应的补充赔偿责任。

◆《学生伤害事故处理办法》

第九条 因下列情形之一造成的学生伤害事故，学校应当依法承担相应的责任：

（一）学校的校舍、场地、其他公共设施，以及学校提供给学生使用的学具、教育教学和生活设施、设备不符合国家规定的标准，或者有明显不安全因素的；

（二）学校的安全保卫、消防、设施设备管理等安全管理制度有明显疏漏，或者管理混乱，存在重大安全隐患，而未及时采取措施的；

（三）学校向学生提供的药品、食品、饮用水等不符合国家或者行业的有关标准、要求的；

（四）学校组织学生参加教育教学活动或者校外活动，未对学生进行相应的安全教育，并未在可预见的范围内采取必要的安全措施的；

（五）学校知道教师或者其他工作人员患有不适宜担任教育教学工作的疾病，但未采取必要措施的；

（六）学校违反有关规定，组织或者安排未成年学生从事不宜未成年人参加的劳动、体育运动或者其他活动的；

（七）学生有特异体质或者特定疾病，不宜参加某种教育教学活动，学校知道或者应当知道，但未予以必要的注意的；

（八）学生在校期间突发疾病或者受到伤害，学校发现，但未根据实际情况及时采取相应措施，导致不良后果加重的；

（九）学校教师或者其他工作人员体罚或者变相体罚学生，或者在履行职责过程中违反工作要求、操作规程、职业道德或者其他有关规定的；

（十）学校教师或者其他工作人员在负有组织、管理未成年学生的职责期间，发现学生行为具有危险性，但未进行必要的管理、告诫或者制止的；

（十一）对未成年学生擅自离校等与学生人身安全直接相关的信息，学校发现或者知道，但未及时告知未成年学生的监护人，导致未成年学生因脱离监护人的保护而发生伤害的；

（十二）学校有未依法履行职责的其他情形的。

第十条　学生或者未成年学生监护人由于过错，有下列情形之一，造成学生伤害事故，应当依法承担相应的责任：

（一）学生违反法律法规的规定，违反社会公共行为准则、学校的规章制度或者纪律，实施按其年龄和认知能力应当知道具有危险或者可能危及他人的行为的；

（二）学生行为具有危险性，学校、教师已经告诫、纠正，但学生不听劝阻、拒不改正的；

（三）学生或者其监护人知道学生有特异体质，或者患有特定疾病，但未告知学校的；

（四）未成年学生的身体状况、行为、情绪等有异常情况，监护人知道或者已被学校告知，但未履行相应监护职责的；

（五）学生或者未成年学生监护人有其他过错的。

第十一条　学校安排学生参加活动，因提供场地、设备、交通工具、食品及其他消费与服务的经营者，或者学校以外的活动组织者的过错造成的学生伤害事故，有过错的当事人应当依法承担相应的责任。

第十二条 因下列情形之一造成的学生伤害事故，学校已履行了相应职责，行为并无不当的，无法律责任：

（一）地震、雷击、台风、洪水等不可抗的自然因素造成的；

（二）来自学校外部的突发性、偶发性侵害造成的；

（三）学生有特异体质、特定疾病或者异常心理状态，学校不知道或者难于知道的；

（四）学生自杀、自伤的；

（五）在对抗性或者具有风险性的体育竞赛活动中发生意外伤害的；

（六）其他意外因素造成的。

第十三条 下列情形下发生的造成学生人身损害后果的事故，学校行为并无不当的，不承担事故责任；事故责任应当按有关法律法规或者其他有关规定认定：

（一）在学生自行上学、放学、返校、离校途中发生的；

（二）在学生自行外出或者擅自离校期间发生的；

（三）在放学后、节假日或者假期等学校工作时间以外，学生自行滞留学校或者自行到校发生的；

（四）其他在学校管理职责范围外发生的。

案例评议

一、离石区袁家庄小学与张某1、霍某1教育机构责任纠纷案①

◆ 裁判规则

在认定霍某是否就张某受伤的损害后果承担赔偿责任时，二审法院认为，霍某在地上捡书时椅子弹起来夹伤被上诉人张某，该行为本身无过错，不构成侵权，上诉人要求被上诉人霍某的监护人承担赔偿责任的主张不能成立。上诉人主张应适用《侵权责任法》第40条的规定："无民事行为能力人或者限制民事行为能力人在幼儿园、学校或者其他教育机构学习、生活期间，受到幼儿园、

① 山西省吕梁市中级人民法院民事判决书，（2014）吕民一终字第893号。

学校或者其他教育机构以外的人员人身损害的，由侵权人承担侵权责任；幼儿园、学校或者其他教育机构未尽到管理职责的，承担相应的补充责任。”结合第38条、第39条的规定，第40条法律条文中的“第三人”应理解为学校等教育机构之外的人员，即教师、学生和其他工作人员之外的人，被上诉人霍某属于该学校的学生，不属于“第三人”的范围，因此本案不适用《侵权责任法》第40条的规定。

◆ **评议**

由于该学校阶梯教室椅子为弹性椅，不坐人时便自动弹起来，一名小学生在地上捡书时，椅子弹起来将其右手中指夹伤。对此，法院认为，学校将儿童安排在弹性座椅上学习，本身就存在一定的安全隐患，学校未采取一定的防范措施，故应当对被侵权人受伤的后果承担赔偿责任。

二、张某与亳州市黉学中学、石某等生命权、健康权、身体权纠纷案①

◆ **裁判规则**

在认定亳州市黉学中学是否应当承担补充责任时，法院认为，《侵权责任法》第40条规定“无民事行为能力人或者限制民事行为能力人在幼儿园、学校或者其他教育机构学习、生活期间，受到幼儿园、学校或者其他教育机构以外的人员人身损害的，由侵权人承担侵权责任；幼儿园、学校或者其他教育机构未尽到管理职责的，承担相应的补充责任。”因本案张某受到的人身侵害发生在上课期间，来自于其同班同学石某，而非来自学校以外的人员，故本案情形不符合《侵权责任法》第40条规定情形，亳州市黉学中学承担的责任不是补充责任，而应当依法承担相应的过错责任。

◆ **评议**

无民事行为能力人或者限制民事行为能力人在幼儿园、学校或者其他教育机构学习、生活期间，受到幼儿园、学校或者其他教育机构以外的第三人人身损害的，由第三人承担侵权责任。此处的第三人，应当是学校或教育机构教师、工作人员、学生之外的校外人员。本案中，两名中学生玩耍时，一人将另一人

---

① 安徽省亳州市中级人民法院民事判决书，(2016) 皖16民终661号。

绊倒，造成锁骨骨折，这种情况不属于来自学校或者其他教育机构以外的第三人的侵害。

同时，在体育课堂安排的自由活动期间，授课老师应当预见到学生会出现追逐打闹等可能会受到伤害的情形，故应在可预见的范围内采取必要的安全措施，同时对学生的活动保持高度关注，及时制止学生危险性的行为，而本案授课老师并没有及时发现和制止两人打闹的危险性行为，因此学校未尽到教育管理职责，应当承担侵权责任。

第四章　产品责任

本章概要

本章集中规定了关于产品缺陷造成他人损害的相关内容，包括产品责任的一般规定、产品的生产者与销售者之间的不真正连带责任、运输者与仓储者等第三人原因引起产品责任的责任承担、产品责任中的预防性责任形式、产品投入流通后的补救措施以及产品责任中的惩罚性赔偿。

第一千二百零二条　【生产者责任】

因产品存在缺陷造成他人损害的，生产者应当承担侵权责任。

本条来源

《侵权责任法》第四十一条规定："因产品存在缺陷造成他人损害的，生产者应当承担侵权责任。"

立法演变

《民法典侵权责任编草案》（一审稿）第九百七十七条规定："因产品存在缺陷造成他人损害的，生产者应当承担侵权责任。"此后无变化。

条文释义

本条是关于产品责任的一般规定。由于本条开宗明义强调了生产者的侵权责任，所以本条也被称为生产者责任的承担或关于产品生产者侵权责任的规定。

一、概述

随着现代科技的发展，自19世纪以来，人类逐渐经历了从农业社会向工业社会的转变，伴随着大机器工业生产的发展和海陆空交通的发达，人们的日常所用物品，从自己制造、手工制作，逐渐转变到了依靠市场购买批量生产的工业化产品。在这样的历史发展过程中，因为产品存在质量问题或某种缺陷而给产品的使用者带来人身伤害的事件越来越多，因此，伴随着消费者权益保护的浪潮，对于产品的制造者的侵权责任制度也逐渐完善起来。

在建国初期，我国的轻工业很落后，“生产技术水平很低，设备陈旧，手工操作占很大比重。经过20世纪五六十年代国家投入和群众性的技术革新、技术革命活动的开展，轻工业的技术装备有了一定的提高，但总体技术水平仍然偏低。到1979年，我国轻工业的很多设备还是20世纪三五十年代的，70年代的很少”。[①] 而随后我国进入改革开放时期，实行社会主义市场经济，释放了市场活力，各类市场要素开始自由流动起来，各类工业也迅速发展起来，逐渐形成了较为完整的产业链。而关乎人们日常生活的轻工业，例如食品、烟酒、家电、家具、五金、玩具、乐器、陶瓷、纺织、造纸、印刷、生活用品、办公用品、文化用品、体育用品等各个工业部门，更是不断进步、蓬勃发展，迅速成为“世界工厂”，不仅能够满足国内居民的产品消费需求，还能够为世界各地的消费者提供各种各样的产品。而目前，“经过70年的发展，中国已经确立了世界轻工生产大国和出口大国的地位，钟表、自行车、缝纫机、电池、啤酒、家具、塑料加工机械、日用陶瓷、灯具、空调、冰箱、洗衣机、微波炉、鞋、钢琴、农地膜、盐等100多种产品的产量居世界第一。轻工产品出口到世界200多个国家和地区，并成为很多轻工商品的国际制造中心和采购中心，成为重要的国际贸易集散地和供应地。家电、皮革、家具、自行车、五金制品、电池、羽绒等行业成为中国在全球具有一定国际竞争力的行业。”[②]

伴随着我国改革开放后工业迅速发展的历程，我国关于产品责任的立法也随之不断探索，并不断成熟。我国1985年3月7日便由国务院批准国家标准局发布了《产品质量监督试行办法》，并在2011年1月8日进行修订。这是对于

① 《中国轻工业70年——成就篇》，载《中国食品报》2019年9月26日，第2版。
② 《中国轻工业70年——成就篇》，载《中国食品报》2019年9月26日，第2版。

产品质量监管的行政法规，但是对产品生产者和销售者保证产品质量和安全的义务作出了一些规定。1986 年《民法通则》在“侵权的民事责任”一节中，用一个条文概括规定了产品责任的主体。1993 年 2 月 22 日，我国制定了《产品质量法》，并且在 2000 年 7 月 8 日、2009 年 8 月 27 日、2018 年 12 月 29 日分别进行了三次修正。1993 年 10 月 31 日，我国颁布了《消费者权益保护法》，并在 2009 年 8 月 27 日和 2013 年 10 月 25 日进行了两次修正。2006 年 4 月 29 日，我国颁布了《农产品质量安全法》，并在 2018 年 10 月 26 日进行了修正。2009 年《侵权责任法》也对产品责任作出了专章规定，此种立法体例保留到《民法典》侵权责任编之中，为产品责任设专章规定。

我国《产品质量法》主要是对产品质量的监督、生产者和销售者的产品质量责任和义务以及损害赔偿相关内容作出了规定，是有关产品质量问题及侵权责任的专门性法律。《消费者权益保护法》主要规定了消费者的权利和经营者的义务以及从监管的角度规定了国家对消费者合法权益的保护，还规定了消费者组织、争议的解决和法律责任的问题。《民法典》侵权责任编虽然对于产品责任的规定，只有 6 个条文，但规定了产品责任的归责原则、责任主体、责任形式、惩罚性赔偿等基本制度，是有关产品损害侵权责任的基础性规定，统领相关专门法中的产品侵权规范。

二、内容

（一）产品的概念和范围

从一般意义上，产品可以泛指市场上供人们使用和消费，能够满足人们某种需求的任何物品和服务。而在侵权法的范围内，产品的内涵和外延显然要小得多。根据《产品质量法》第 2 条的规定，产品是指经过加工、制作，用于销售的产品。虽然这一概念存在着循环定义的缺陷，但在立法本意上强调了产品必须是经过人力的作用，而不能是完全自然产出的物品，并且需要对外销售。因此，对于产品的理解应当包括三方面内容：

第一，在产品责任领域，产品仅限于有形的物品，而不包括无形的服务。因此，侵权法意义上的产品，与一般观念上的产品不同，仅限于产品而不包括服务。

第二，产品必须经过人力的作用，不能是纯粹自然存在的物品。首先，食品也可以属于产品的范围，但必须是人工制作的食品。其次，农产品也可以属于产品，但同样必须是经过人工种植加工的产品。《农产品质量安全法》第2条就规定，农产品是指来源于农业的初级产品，即在农业活动中获得的植物、动物、微生物及其产品。那么来源于农业的产品，就意味着经过了人类的种植、培育、采摘、加工、制作等程序，体现了人力的作用。最后，加工和制作并非仅限于批量化的、机械化的、工业性的加工、制作，其同样包括手工业的加工和制作，即以普通人力的形式，小规模小批量的加工制作，也属于此处的加工制作。事实上，一些高端的奢侈消费品，都强调其产品并非批量生产，而是在客户定制基础上纯人力制作或半人力制作，以体现其独特性、个性化、稀缺性和高端性。因此，任何经过人为因素而对产品的制作形成等施加了影响和控制的行为，都属于加工和制作。

第三，产品仅限于动产，不包括不动产。现代社会，动产的范围已经十分广泛，传统认为无形财产的声光电热气，大多都已经可以进行量化使用，因此都归入动产的范畴。所以用于生产和生活的电力、利用管道输送的石油、天然气、热能等，都属于产品的范围。但对于不动产而言，无论是土地还是房屋，或者其他建筑工程，都不属于产品的范围。因此关于建筑物质量问题，不适用《产品质量法》的规定。但是，对房屋、建设工程在建设中所使用的建筑材料、建筑构配件和设备，其本身就是从市场上购买的、经过加工制作而形成的产品，所以这些材料、构配件、设备等，属于产品的范围，关于其质量问题而引起的侵权纠纷，则属于产品责任的范畴。

（二）产品责任的归责原则

本条规定，只要因为产品存在缺陷而造成他人损害的，生产者就应当承担侵权责任。因此，本条对于产品责任的归责原则，采取无过错责任原则的规定。

在世界范围内，对于产品责任应当采取何种归责原则的问题，各国法制大多经历了一个从合同责任到一般的过错责任，再到特殊的过错推定责任，最后基本都确定为无过错责任。“全世界的国家——法国可能是例外——表现出一种普遍趋势，即迫切地需要让将缺陷产品投入市场的产品生产者承担更为严格的责任。”① 因为随着科技和商业的不断发展，人类对于市场化购买产品进行使用

① ［奥地利］海尔穆特·库齐奥：《比较法视角下的产品责任法基础问题》，王竹、张晶译，载《求是学刊》2014年第2期，第10页。

的过程，也是一个不断发展的过程。同时随着社会分工的不断发展，产品类型、功能的不断丰富和强化，产品缺陷带来的负面效应也越来越大。

因此，基于对处于弱势一方产品消费者的保护的需要，对于产品责任的归责原则不断升级，从合同责任发展到最为严厉的无过错责任。这主要是考虑到产品的购买者、消费者在资金日益雄厚、专业知识和机能日益精深、信息掌握日益全面、诉讼团队日益强大的产品生产者销售者面前，其对于产品性能和潜在危害的认识日益肤浅，举证能力显得日益不足，为了实现对消费者人身权和财产权的保护，有必要对产品责任施行更为严苛的归责原则，以平衡双方地位和利益。“这一规定的正当性在于：一方面，在产品设计、试制、投产和制造过程中，生产者对产品的缺陷具有控制能力，在实现产品事故的损失最小化方面较之购买者处于更为有利的地位，使其承担无过错责任，可促使其实行技术更新，采取措施以防止事故发生；另一方面，生产者较购买者更有能力承担损失，它可以通过产品责任保险以及提高产品价格分散风险和成本。”①

那么根据本条规定，我国对于产品责任也实行了世界通行的无过错责任的归责原则，即一旦因为产品缺陷而发生损害，则不必考察生产者的过错因素，不论其是否有无过错、不论受害人是否能够证明其过错，只要受害人能够证明产品存在缺陷，均可追究生产者的侵权责任。

（三）产品责任的构成要件

产品责任的构成要件，与一般的无过错责任的构成要件相似，不需要行为人的过错要件，而只需要发生了损害、损害与行为人的行为具有因果关系、不存在法定免责事由即可。一般来说，产品责任有如下构成要件：

第一，产品存在缺陷。产品存在缺陷，即为产品生产者作为侵权行为人所实施的侵权行为。缺陷，是指产品存在危及人身、他人财产安全的不合理的危险。产品的缺陷不能等于产品不符合合同的要求，而应当指产品存在明显或者潜在的以及被社会普遍公认不应当具有的危险，从而给他人造成人身或财产的损害，或者有造成损害的极大可能性。如果产品只是不能达到合同约定的标准，则可以通过违约责任来解决，无需通过侵权责任来解决。侵权法上的缺陷，是

① 高圣平：《论产品责任的责任主体及归责事由——以〈侵权责任法〉“产品责任”章的解释论为视角》，载《政治与法律》2010 年第 5 期，第 3 页。

指不考虑合同约定的、产品所具有的侵害他人合法权益的危险性。这种危险主要表现为存在可能危及人身、财产安全的因素。

第二，存在缺陷产品造成他人损害的事实。这是对损害后果的要求，即因为缺陷产品而造成了他人受损的后果，包括产品的使用者或者第三人因产品缺陷而遭受人身损害或财产损害。人身损害主要是人格权益的损害，常见的主要是物质性的人格权，例如生命权、身体权、健康权的损害，但也可能对精神性人格权造成损害，例如产品缺陷造成隐私或个人信息的泄露，等等。财产损害是指财产性权利的损害，例如所有权、使用权的损害，等等。

第三，缺陷产品与造成的损害事实之间存在因果关系。因果关系是行为人承担侵权责任的前提条件，表明行为与损害的关联性和可归责性。因此，产品缺陷与被侵权人的损害事实之间，属于原因和结果、引起与被引起的关系。产品责任中的因果关系，主要是指产品的缺陷与损害后果之间的因果关系，而不是泛指产品与损害后果之间的关系，必须强调缺陷与损害之间的因果关系。在司法实践中，要确定产品责任中的因果关系，一般使用因果关系推定的方法，即被侵权人证明使用某种缺陷产品后就发生此种损害，而且这种缺陷产品通常可以导致这种损害，此时就可以推定因果关系已经成立。如果行为人对此不认可，则需要承担举证责任，举证这种推定的因果关系不成立，并将其推翻，如果不能推翻，则因果关系就最终成立。

法条关联

◆《产品质量法》

第二条 在中华人民共和国境内从事产品生产、销售活动，必须遵守本法。

本法所称产品是指经过加工、制作，用于销售的产品。

建设工程不适用本法规定；但是，建设工程使用的建筑材料、建筑构配件和设备，属于前款规定的产品范围的，适用本法规定。

第二十六条 生产者应当对其生产的产品质量负责。

产品质量应当符合下列要求：

（一）不存在危及人身、财产安全的不合理的危险，有保障人体健康和人身、财产安全的国家标准、行业标准的，应当符合该标准；

（二）具备产品应当具备的使用性能，但是，对产品存在使用性能的瑕疵作出说明的除外；

（三）符合在产品或者其包装上注明采用的产品标准，符合以产品说明、实物样品等方式表明的质量状况。

第四十一条　因产品存在缺陷造成人身、缺陷产品以外的其他财产（以下简称他人财产）损害的，生产者应当承担赔偿责任。

生产者能够证明有下列情形之一的，不承担赔偿责任：

（一）未将产品投入流通的；

（二）产品投入流通时，引起损害的缺陷尚不存在的；

（三）将产品投入流通时的科学技术水平尚不能发现缺陷的存在的。

第四十四条　因产品存在缺陷造成受害人人身伤害的，侵害人应当赔偿医疗费、治疗期间的护理费、因误工减少的收入等费用；造成残疾的，还应当支付残疾者生活自助具费、生活补助费、残疾赔偿金以及由其扶养的人所必需的生活费等费用；造成受害人死亡的，并应当支付丧葬费、死亡赔偿金以及由死者生前扶养的人所必需的生活费等费用。

因产品存在缺陷造成受害人财产损失的，侵害人应当恢复原状或者折价赔偿。受害人因此遭受其他重大损失的，侵害人应当赔偿损失。

第四十六条　本法所称缺陷，是指产品存在危及人身、他人财产安全的不合理的危险；产品有保障人体健康和人身、财产安全的国家标准、行业标准的，是指不符合该标准。

案例评议

一、广州悦己坊贸易有限公司等财产损害赔偿纠纷案[①]

◆ 裁判规则

在认定悦己坊公司是否应当就顾某的损失承担赔偿责任时，法院认为，依据《侵权责任法》第41条规定，因产品存在缺陷造成他人损害的，生产者应当承担侵权责任。《侵权责任法》第42条规定，因销售者的过错使产品存在缺陷，造成他人损害的，销售者应当承担侵权责任。销售者不能指明缺陷产品的生产

① 北京市第二中级人民法院民事判决书，（2018）京02民终4118号。

者也不能指明缺陷产品的供货者的，销售者应当承担侵权责任。《侵权责任法》第43条规定，因产品存在缺陷造成损害的，被侵权人可以向产品的生产者请求赔偿，也可以向产品的销售者请求赔偿。本案中，经丰台消防支队认定顾某家中2016年2月5日的火灾系“足浴木桶内部故障所致”。顾某在此前购买了由悦己坊公司在京东平台上售卖的泡脚桶，且提供了事故现场照片，法院认为上述证据已经形成完整证据链，足以证明悦己坊公司出售的泡脚桶因其内部故障致使使用者顾某家中于2016年2月5日发生了火灾。悦己坊公司作为生产者、销售者应当承担相应责任，对顾某因此遭受的损失进行赔偿。

◆ **评议**

因产品存在缺陷造成他人损害的，生产者应当承担侵权责任。同时，根据《民法典》侵权责任编的规定，被侵权人可以向销售者或者生产者主张侵权责任。本案中，顾某在京东上购买的悦己坊公司出售的泡脚桶，因其内部故障引发火灾，遭受损失，顾某对悦己坊公司和京东同时提起诉讼。

法院认为，京东只是第三方交易平台，不是销售者，要求第三方网络交易平台提供者对其平台上商家所销售的商品进行逐一审查，不具有现实的操作性和可能性。京东仅是支付平台，不构成销售者，因此判令由悦己坊公司赔偿被侵权人经济损失。

二、王某、杨某产品责任纠纷案①

◆ **裁判规则**

在认定浏阳市华出口烟花厂就王某的损失承担的赔偿责任时，法院认为，依据《侵权责任法》第41条规定：“因产品存在缺陷造成他人损害的，生产者应当承担侵权责任。”本案中，王某于2017年3月4日晚燃放该烟花到第二箱时整箱爆炸，王某与李某聪继续燃放剩余的烟花，烟花整箱爆炸，王某左眼受伤。由此可知浏阳市华出口烟花厂生产的该烟花具有非正常燃放的整箱爆炸的危险情况，即浏阳市华出口烟花厂生产的该烟花存在危及人身、他人财产安全的不合理的危险。而浏阳市华出口烟花厂提供的《检验报告》检验的“梦想与未来”“财富与豪门”烟花的型号规格与王某提供的相应案涉烟花实物显示的

---

① 云南省昭通市中级人民法院民事判决书，(2018) 云06民终557号。

型号规格不相符，《检验报告》的检验方法为抽样检验，检验标准中有检验时已作废的《GB19593－2004烟花爆竹组合烟花》标准，且浏阳市华出口烟花厂未举证证明《检验报告》检验的“财富与豪门”“梦想与未来”烟花与案涉烟花系同一批次生产。由此，浏阳市华出口烟花厂提供的《检验报告》不能证明王某向杨某购买的浏阳市华出口烟花厂生产的“财富与豪门”“梦想与未来”烟花不存在产品缺陷。在浏阳市华出口烟花厂未举证证实致伤王某的案涉烟花并非其生产及其具有本案法定免责事由的情形下，浏阳市华出口烟花厂应对案涉烟花造成王某的人身损害承担赔偿责任，但王某具有明知燃放第二箱烟花时已发生整箱爆炸的危险情况仍继续燃放其余烟花放任危险发生的重大主观过失。在此情形下，浏阳市华出口烟花厂承担本案80%的赔偿责任，王某自行承担本案20%的赔偿责任。

◆ **评议**

本案中，被侵权人在燃放烟花时，烟花整箱爆炸，导致其眼睛受伤，被侵权人同时对烟花生产者和销售者提起诉讼。法院认为，根据烟花整箱爆炸造成他人左眼受伤的事实，可知浏阳市华出口烟花厂生产的该烟花具有危及人身、他人财产安全的不合理的危险。在浏阳市华出口烟花厂未举证证实存在法定免责事由的情形下，作为生产者应当对案涉烟花造成被侵权人的人身损害承担赔偿责任。被侵权人自身在明知燃放第二箱烟花时已发生整箱爆炸的危险情况下，仍继续燃放其余烟花，放任危险发生，存在重大主观过失。法院判令生产者承担80%的赔偿责任，被侵权人自行承担20%的赔偿责任。

第一千二百零三条　【生产者与销售者的不真正连带责任】

因产品存在缺陷造成他人损害的，被侵权人可以向产品的生产者请求赔偿，也可以向产品的销售者请求赔偿。

产品缺陷由生产者造成的，销售者赔偿后，有权向生产者追偿。因销售者的过错使产品存在缺陷的，生产者赔偿后，有权向销售者追偿。

本条来源

《侵权责任法》第四十二条规定："因销售者的过错使产品存在缺陷，造成他人损害的，销售者应当承担侵权责任。销售者不能指明缺陷产品的生产者也不能指明缺陷产品的供货者的，销售者应当承担侵权责任。"

《侵权责任法》第四十三条规定："因产品存在缺陷造成损害的，被侵权人可以向产品的生产者请求赔偿，也可以向产品的销售者请求赔偿。产品缺陷由生产者造成的，销售者赔偿后，有权向生产者追偿。因销售者的过错使产品存在缺陷的，生产者赔偿后，有权向销售者追偿。"

立法演变

《民法典侵权责任编草案》（一审稿）第九百七十八条规定："因产品存在缺陷造成损害的，被侵权人可以向产品的生产者请求赔偿，也可以向产品的销售者请求赔偿。产品缺陷由生产者造成的，销售者赔偿后，有权向生产者追偿。因销售者的过错使产品存在缺陷的，生产者赔偿后，有权向销售者追偿。"

《民法典侵权责任编草案》（二审稿）第九百七十八条规定："因产品存在缺陷造成他人损害的，被侵权人可以向产品的生产者请求赔偿，也可以向产品的销售者请求赔偿。产品缺陷由生产者造成的，销售者赔偿后，有权向生产者追偿。因销售者的过错使产品存在缺陷的，生产者赔偿后，有权向销售者追偿。"此后无变化。

条文释义

本条是关于产品的生产者与销售者之间不真正连带责任的规定。

一、概述

正如本章第1条规定的，因产品存在缺陷造成他人损害的，生产者应当承担侵权责任，产品责任的责任人当然是生产者。也就是说，产品侵权责任中的行为人是生产者，所以侵权之债的债务人也是生产者。在比较法上，无论是对产品责任的主体采用生产者的单一模式，还是包含生产者和销售者的双重模式，生产者毫无疑问都是产品责任的承担者。这也就是本章第1条所明确规定的内容。

但与此同时，为了实现对消费者的特殊保护，理论和立法均认为销售者在面对消费者的赔偿请求时，具有与生产者类似的责任主体地位。因为大多数产品的销售模式，都是由生产者将产品转售或委托给销售者进行销售，存在生产者—销售者—购买人的链条。在这样的商业模式下，购买人所直接接触的，是销售者而非生产者。对于生产者的具体信息，购买人往往并不清楚。相对于作为购买人的消费者而言，销售者能够接触到生产者，所以处于信息上的优势地位，在处理索赔上更为可行，而且与作为个体的消费者相比，销售者往往是商业组织，其经济地位和责任财产都处于优势地位。为了更好地保护消费者权益，方便消费者提起诉讼，我国将销售者和生产者一并，作为产品责任的责任人，当被侵权人因产品缺陷而遭受损害时，既可以向产品的生产者请求赔偿，也可以向产品的销售者请求赔偿。

本条规定是对《侵权责任法》第 43 条的沿袭，对该条基本未作改动。但需要注意的是，《侵权责任法》第 42 条也规定了销售者的责任，但在本次民法典编纂中，该条的内容被完全删掉，未予保留。《侵权责任法》第 42 条曾规定："因销售者的过错使产品存在缺陷，造成他人损害的，销售者应当承担侵权责任。销售者不能指明缺陷产品的生产者也不能指明缺陷产品的供货者的，销售者应当承担侵权责任。"事实上，《侵权责任法》第 42 条和第 43 条，都来源于《产品质量法》的相关规定。自 1993 年《产品质量法》颁布以来，历经多次修改，但对于产品生产者和销售者责任的两个条款在内容上未发生过变化，只是条文序号发生过变化。这两条内容，一是："由于销售者的过错使产品存在缺陷，造成人身、他人财产损害的，销售者应当承担赔偿责任。销售者不能指明缺陷产品的生产者也不能指明缺陷产品的供货者的，销售者应当承担赔偿责任。"二是："因产品存在缺陷造成人身、他人财产损害的，受害人可以向产品的生产者要求赔偿，也可以向产品的销售者要求赔偿。属于产品的生产者的责任，产品的销售者赔偿的，产品的销售者有权向产品的生产者追偿。属于产品的销售者的责任，产品的生产者赔偿的，产品的生产者有权向产品的销售者追偿。"

可见《侵权责任法》第 42 条和第 43 条是对这两条规定的采纳，而且几乎未作实质修改。但这两条规定，在内容上存在交叉重复，还暗含着一定的冲突。首先，从内容上，《侵权责任法》第 43 条的规定明显就能涵盖第 42 条规定的内容。然后，《侵权责任法》第 42 条第 2 款"销售者不能指明缺陷产品的生产者也不能指明缺陷产品的供货者的，销售者应当承担侵权责任”的规定，与第43条的规定暗含着冲突，而且明显是审判实践中证明责任的问题，不是法律规则所需要规定的问题。如果被侵权人向销售者主张承担产品责任，销售者本身就不能够以缺陷是生产者的责任来作为自己免于承担责任的抗辩事由。所以，无论销售者是否能够指明缺陷产品的生产者和供货者，面对被侵权人的起诉，其都要承担责任。唯一影响的就是其向生产者的追偿问题。但这也属于举证责任的问题，是否在《侵权责任法》中作出规定，都不会影响此类案件的审理。

因此，在本次民法典编纂过程中，立法机关有意消弭此种法律内部的不协调、不一致现象，删除《侵权责任法》第42条的内容，而仅保留内容上更为抽象、更为简洁、更适合作为产品责任基本规则的第43条的内容。

二、内容

（一）生产者和销售者的对外责任

无论是基于生产者的原因而导致产品存在缺陷，还是基于销售者的原因而导致产品存在缺陷，甚至是基于运输者、仓储者等第三人的原因而导致产品存在缺陷，只要产品缺陷造成了他人的损害，被侵权人就享有选择权，可以向产品的生产者请求赔偿，也可以向产品的销售者请求赔偿。

也就是说，在对外责任上，生产者和销售者两者的地位相同，都是对被侵权人承担赔偿责任的责任人。被侵权人是指因产品存在缺陷而遭受了人身或财产损害的主体，包括自己购买并使用产品的人，也包括非直接购买而使用缺陷产品，并因此遭受损害的其他人。

就产品责任的立法本意来说，其规制的对象主要是生产者，因为产品责任在本质上是一种物的责任，是因为物的瑕疵而使得物具有了一定的危险性，在使用中可能对他人造成损害，从而要求物的制造者承担责任。客观上，销售者并不制作物，只是对物进行销售。“经销商与零售商属于典型的销售者，其处于生产者和消费者的中间人地位。”① 但由于销售者是产品进入消费者手中的流通终端，也是与消费者直接发生联系、订立合同的对象，消费者往往并不与生产者直接发生联系、订立合同。因此，允许消费者直接向销售者索赔，主要目的就是方便消费者提起诉讼、加强对消费者权利的保护。

---

① 冉克平：《产品责任理论与判例研究》，北京大学出版社2014年8月版，第202页。

所以，当产品缺陷造成他人损害时，销售者和生产者都被视为侵权行为人，都可能成为侵权之债的债务人。当被侵权人选择销售者提起产品责任之诉时，销售者并不能以自身对于产品缺陷无过错而进行抗辩，只能在赔偿之后向生产者追偿。例如，《食品安全法》第148条第1款就强调："消费者因不符合食品安全标准的食品受到损害的，可以向经营者要求赔偿损失，也可以向生产者要求赔偿损失。接到消费者赔偿要求的生产经营者，应当实行首负责任制，先行赔付，不得推诿；属于生产者责任的，经营者赔偿后有权向生产者追偿；属于经营者责任的，生产者赔偿后有权向经营者追偿。"

（二）生产者和销售者的内部责任

对外为了保护被侵权人的利益，要求产品的销售者和生产者都要承担责任，但在两者之间，还是应当区分内部的责任。因此，在内部关系上，生产者和销售者互相享有追偿权，对外进行赔偿的一方，如果其并不是产品缺陷的形成者，则有权向形成产品缺陷的另一方进行追偿。"这里所谓追偿，并非生产者和销售者之间基于各自责任大小的内部分担关系，而是基于终局责任者的判断。"①

在绝大多数情况下，产品缺陷的形成是由于生产者的原因而导致。根据《产品质量法》的规定，产品不能够存在危及人身、财产安全的不合理的危险，如果有保障人体健康和人身、财产安全的国家标准、行业标准的，应当符合该标准。产品还必须具备其应当具备的使用性能，除非对使用性能的瑕疵提前作出说明。产品的生产者还必须保证产品的包装说明与产品的实际性能和标准相一致。此外，对于易碎、易燃、易爆、有毒、有腐蚀性、有放射性等危险物品以及储运中不能倒置和其他有特殊要求的产品，生产者对产品的包装和警示标志、警示说明，还必须符合相关标准和要求。如果生产者未能尽到这些义务，其制造的产品就可能存在瑕疵而造成他人损害。这种缺陷就属于生产者的原因而导致。

就销售者而言，其只是将生产者制造的产品进行销售，如果是生产者原因而导致产品存在缺陷，其并不应当代替生产者对产品的缺陷承担责任，之所以对外承担责任，是为了实现对消费者的倾斜保护，但是对内就应当分清缺陷的

① 高圣平：《论产品责任的责任主体及归责事由——以〈侵权责任法〉"产品责任"章的解释论为视角》，载《政治与法律》2010年第5期，第7页。

形成原因。正如学者所言，“产品销售者并不是产品生产者。无论是进口商、批发商还是零售商，都不应当承担产品责任。”① 但是销售者在销售过程中，对产品存在管领和控制，还可能对产品进行二次包装。所以销售者应当采取措施，保持销售产品的质量。此外，销售者在对消费者推销产品时，还负有说明义务。因此，如果是基于销售者的过错，例如包装、保管不当等，导致原本并不存在瑕疵的产品出现了瑕疵，这些就属于销售者的责任，其应当承担侵权责任。

（三）生产者和销售者的不真正连带责任之承担

生产者与销售者之间的责任形态，是不真正连带责任。生产者与销售者都是基于产品缺陷而对被侵权人产生同一内容的损害赔偿责任，并且被侵权人有权要求任何一方承担全部的赔偿责任，任何一方对被侵权人履行了赔偿责任，则生产者和销售者对外部的责任便全部归于消灭。

此种责任显然不同于按份之债，因为按份之债中，每个债务人对外只需要承担自己份额范围内的债务即可，无需承担全部债务。《民法典》总则编第177条规定：“二人以上依法承担按份责任，能够确定责任大小的，各自承担相应的责任；难以确定责任大小的，平均承担责任。”但生产者与销售者在面对被侵权人时，任何一方均可能被选择要求承担全部赔偿责任，被选中的一方不能以另一方的责任作为抗辩。因此，生产者和销售者的责任形式不是按份之债。

同时，生产者与销售者的责任形式虽然类似于连带责任，但是也有不同于连带责任的地方。与连带责任的相似之处在于，对外都可能承担全部责任，对内都可以根据责任大小划分自己应当承担的份额，并就超出自己份额部分有权向其他责任人追偿。与连带责任的不同之处在于，被侵权人作为侵权之债的债权人，并不能同时选择生产者和销售者一并承担赔偿责任，也不能要求生产者承担一部分责任、销售者承担一部分责任，被侵权人只能选择其一，并要求其承担全部责任。此外，在生产者与销售者内部关系上，也不同于连带责任人的内部关系，连带责任人往往都存在过错，所以在内部需要划分责任份额，一般都需要承担一定的责任，难以确定责任大小的，还要平均承担责任。但在生产者与销售者的内部，往往仅存在一方作为真正责任人或终局责任人，所以在内

① ［德］布吕格迈耶尔、朱岩：《中国侵权责任法学者建议稿及其立法理由》，北京大学出版社2009年6月版，第103页。

部的追偿上，往往是全部对外赔偿额的追偿，而不像连带责任内部是减去自己应当承担份额之后，就多承担的部分进行追偿。而且连带责任人内部的追偿，可以向任何其他连带责任人追偿，但生产者和销售者内部，只能向有责任的一方追偿，不能向没有责任的其他人追偿。

在生产者和销售者的不真正连带责任承担上，由于《民法典》及《产品质量法》对生产者适用无过错责任的归责原则，只要是因产品存在缺陷造成他人损害的，生产者就应当承担侵权责任，其免责事由仅限于《产品质量法》第41条规定的几种法定情形；而对销售者适用的归责原则，从形式上看来是过错责任原则，即由于销售者的过错使产品存在缺陷的，其应当承担侵权责任。但由于这两部法律均规定，因产品存在缺陷造成损害的，被侵权人可以向产品的生产者请求赔偿，也可以向产品的销售者请求赔偿。因此，虽然生产者承担的是终局性的责任，但法律已经将生产者对消费者偿付不足的风险完全移转给了销售者。如果消费者在对被侵权人承担赔偿之后，无法查明缺陷产品的生产者，也不能查明缺陷产品的供货者的，或者生产者因破产等情形而无力承担责任的，则销售者在事实上就已经无法向终局责任人行使追偿权，从而自己承担了全部的赔偿责任。

法条关联

◆《产品质量法》

第四十三条 因产品存在缺陷造成人身、他人财产损害的，受害人可以向产品的生产者要求赔偿，也可以向产品的销售者要求赔偿。属于产品的生产者的责任，产品的销售者赔偿的，产品的销售者有权向产品的生产者追偿。属于产品的销售者的责任，产品的生产者赔偿的，产品的生产者有权向产品的销售者追偿。

案例评议

一、吴某、武夷山市金城液化气有限公司产品生产者责任纠纷案[①]

◆ **裁判规则**

在认定金城液化气公司是否应对吴某的损害后果承担赔偿责任时，法院认

① 福建省南平市中级人民法院民事判决书，(2018) 闽07民终142号。

为，依据《侵权责任法》第43条规定："因产品存在缺陷造成损害的，被侵权人可以向产品的生产者请求赔偿，也可以向产品的销售者请求赔偿。产品缺陷由生产者造成的，销售者赔偿后，有权向生产者追偿。因销售者的过错使产品存在缺陷的，生产者赔偿后，有权向销售者追偿。"吴某提起本案诉讼时仅向生产者金城液化气公司主张权利，未向销售者李某1主张赔偿责任，根据上述规定，金城液化气公司应承担赔偿责任。

◆ **评议**

本案中，被侵权人使用瓶装液化气炒菜时，液化气泄漏，发生爆燃，致被侵权人全身多处烧伤，并造成直接财产损失1000元。法院认为，本案中涉及的产品缺陷，是液化气的缺陷，而非钢瓶的缺陷。因此，被侵权人选择起诉液化气的生产者并无不当，液化气公司应当承担赔偿责任。

二、泊头市昌和土特产品有限公司、浏阳市鸿盛烟花制造有限公司生命权、健康权、身体权纠纷案①

◆ **裁判规则**

在认定本案中销售者泊头市昌和土特产品有限公司、沧县黄递铺高某3烟花爆竹销售点就侵权责任的承担方式上，法院认为，本案被上诉人刘某1认为浏阳市鸿盛烟花制造有限公司生产的烟花在质量上存在问题，据此向其请求赔偿，提起的是侵权之诉。作为主张自己权利的一方，刘某1已就产品存在缺陷（购买的礼花低空爆炸）、受损事实、产品缺陷与造成受损事实之间存在因果关系提出了证据。而浏阳市鸿盛烟花制造有限公司出具的湖南省产品质量监督局的抽样合格检验报告只能证明产品符合国家有关法律法规、质量标准，并不能证明产品不存在缺陷。况且，检查报告对产品采取的是抽样检查的方式，某批抽样产品质量合格并不能据此认定涉案产品就为合格产品。据此，上诉人没有提交证据证明自己生产的产品不存在致人损害的缺陷，应由其承担举证不能的法律后果。《侵权责任法》第43条规定："因产品存在缺陷造成损害的，被侵权人可以向产品的生产者请求赔偿，也可以向产品的销售者请求赔偿。产品缺陷由生产者造成的，销售者赔偿后，有权向生产者追偿。因销售者的过错使产品存

① 河北省沧州市中级人民法院民事判决书，(2017）冀09民终6180号。

在缺陷的，生产者赔偿后，有权向销售者追偿。”据此，如浏阳市鸿盛烟花制造有限公司有证据证明该产品缺陷系销售者的过错所致，可依法另行向销售者泊头市昌和土特产品有限公司、沧县黄递铺高某3烟花爆竹销售点行使追偿权。

◆ **评议**

本案也是基于烟花燃放时发生爆炸的纠纷，被侵权人在点燃一组礼花组合后，礼花在低空爆炸，导致其左眼球破裂伤，造成七级伤残。在责任承担上，因产品存在缺陷造成他人损害的，被侵权人可以向产品的生产者请求赔偿，也可以向产品的销售者请求赔偿。产品缺陷由生产者造成的，销售者赔偿后，有权向生产者追偿。首先，关于烟花爆竹伤人案件中，被侵权人只有在故意或者重大过失情况下造成损害才能免除生产者、销售者责任，一般的燃放烟花礼炮的行为，不构成受害人故意，不能作为行为人免责事由。其次，产品责任中生产者与销售者并非连带责任，而是基于被侵权人的请求来决定责任人，被侵权人选择起诉生产者，则应当由生产者承担赔偿责任。如果生产者有证据证明该产品缺陷系销售者的过错所致，则可依法另行向销售者行使追偿权。

第一千二百零四条 【生产者和销售者对第三人的追偿权】

因运输者、仓储者等第三人的过错使产品存在缺陷，造成他人损害的，产品的生产者、销售者赔偿后，有权向第三人追偿。

本条来源

《侵权责任法》第四十四条规定：“因运输者、仓储者等第三人的过错使产品存在缺陷，造成他人损害的，产品的生产者、销售者赔偿后，有权向第三人追偿。”

立法演变

《民法典侵权责任编草案》（一审稿）第九百七十九条规定：“因运输者、仓储者等第三人的过错使产品存在缺陷，造成他人损害的，产品的生产者、销售者赔偿后，有权向第三人追偿。”此后无变化。

条文释义

本条是关于运输者、仓储者等第三人原因引起产品责任的责任承担之规定。由于运输者、仓储者等第三人引起的产品责任，在责任承担上仍然是由生产者、销售者承担，然后再进行追偿，所以本条也被称为生产者和销售者向其他主体追偿权之规定。

一、概述

现代社会伴随着交通运输的飞速发展，世界各地的人们可以通过海运、陆运和空运来交易各自的货物产品，一件产品从生产者手中制造完毕，到通过销售者交付给每位用户，中间还需要经过运输、仓储保管等诸多环节和流程。在一些区域跨度大、时间间隔长的产品流通中，甚至需要经过如贮存、包装、分段运输、仓储、搬运装卸、流通加工、配送等许多环节的紧密对接和协作才能实现产品从工厂到用户的目标。在供应链上的这些环节中，都会对产品施加一定的管领和控制，可能会对产品的性质、形态、品质等产生一系列影响，从而可能导致产品产生缺陷，并在消费者进行使用时造成损害。

由于运输者、仓储者等第三人在供应链环节中是通过合同关系与产品的生产者或销售者发生联系，而并不与购买者、消费者发生直接的联系，因此，如果是因为运输、仓储等原因而导致产品存在缺陷并致人损害的，此时的责任由谁来承担，就直接关系被侵权人的权益是否能够得到有效保护。

1986 年《民法通则》就注意到了运输和仓储环节对产品责任的影响，其第 122 条规定：“因产品质量不合格造成他人财产、人身损害的，产品制造者、销售者应当依法承担民事责任。运输者、仓储者对此负有责任的，产品制造者、销售者有权要求赔偿损失。”《最高人民法院关于贯彻执行〈中华人民共和国民法通则〉若干问题的意见（试行）》第 153 条第 2 款也对此作出了诉讼程序上的细化规定：“运输者和仓储者对产品质量负有责任，制造者或者销售者请求赔偿损失的，可以另案处理，也可以将运输者和仓储者列为第三人，一并处理。”

在《侵权责任法》中，专门针对运输和仓储环节的责任承担问题作出了规定，这体现在该法第 44 条：“因运输者、仓储者等第三人的过错使产品存在缺陷，造成他人损害的，产品的生产者、销售者赔偿后，有权向第三人追偿。”在民法典编纂过程中，该条规定被完整保留下来，形成本条规定。

二、内容

（一）第三人的过错使产品存在缺陷的含义

对于第三人的过错使产品存在缺陷的理解，主要是理解本条中第三人的准确范围。

一方面，本条对于第三人的范围采取典型列举＋兜底规定的形式，第三人的范围较为广泛。对于产品缺陷中的第三人过错，本条列举了运输者、仓储者的典型情形，但并不限于这两种情形，其他的符合本条规定的情形，都可以通过对“等”字的解释而纳入进来。产品从制造到销售涉及的第三人，包括从产品的设计、零部件组装、整体生产制造、不同方式的运输、仓储、装卸、加工、保管、配送等一切与产品最终价值的形成和实现具有密切联系的环节上的各个主体。无论哪个环节上的主体导致了产品缺陷的发生，产品的生产者和销售者都要代为对外承担责任。

另一方面，第三人必须是与产品缺陷而引起的损害具有直接联系的主体，而不是与产品缺陷引起损害无关的主体。第三人的范围虽然十分广泛，但也不能任意泛滥扩张。认定本条中的第三人范围，必须紧密围绕产品缺陷来进行。例如，某人在某位顾客购买的食品中投毒，导致该名顾客身体受损，那么此处的行为人就不属于第三人的范围，因为顾客身体受损的结果，不是因为食品存在缺陷而导致，是纯粹其他原因而导致。与产品缺陷无关的第三人致害，应当适用《民法典》侵权责任编第1175条的规定，即损害是因第三人造成的，第三人应当承担侵权责任，而无须适用本条的规定。

运输者、仓储者等第三人的过错，是指在运输、仓储等环节中，因相关环节的责任主体未能遵循相关的操作流程和业务规范，或者对于产品的特性未尽到必要的注意义务，而导致产品的性能和形态发生变化，出现了缺陷，并最终造成他人损害的后果。例如，运输中包装不严密导致产品被雨水浸湿锈蚀，仓储中温度和湿度不达标导致产品发生霉变，等等。

（二）运输者、仓储者等第三人的责任由生产者和销售者对外承担

运输者往往是交通运输业从业者，是指运用各种工具和设备设施，实现产品货物空间位置的转移的主体。运输的过程并不创造新的物质产品，也不增加产品的数量，但通过对产品空间位置的移动转换，能够增加产品价值，满足跨国、跨区域异地消费者的需求。仓储者也往往是仓储业的从业者，是通过仓库

对商品与物品进行储存与保管的主体。仓储是连接生产、供应、销售的中转站，仓储业能为大批量货物提供便利、安全、价格合理的保管服务，对生产效率的提高、货物的长途流转具有重要的辅助作用。

产品进入物流环节之后，就脱离了生产者的控制，在到达销售终端之前，也不为销售者控制。产品在流通中的不同环节中，处于不同主体的控制之下，就可能因为不同主体的过错而导致产生缺陷。由于产品的运输者、仓储者等第三人是隐藏在生产者、销售者背后的主体，其一般并不与消费者直接建立联系，它们只是与产品的生产者或销售者之间存在合同关系。所以对被侵权人而言，产品的运输者、仓储者等第三人承担责任并不是产品责任，即便产品的缺陷是由于运输者、仓储者等第三人的过错所致，受害人也不能直接要求它们承担侵权责任，而只能要求产品的生产者或销售者赔偿。

而且实践中，被侵权人往往无法分辨产品缺陷究竟是在哪个环节形成的，也并不知道产品的运输者、仓储者等第三人的具体信息，如果要求被侵权人只能向产品缺陷的形成者追责，则无异于将被侵权人置于不利境地。在损害发生后，被侵权人向生产者或销售者主张损害赔偿最为简单可行，因为相对而言，被侵权人与产品的销售者存在合同关系，知道销售者的具体信息，一般也能够从产品上得知生产者的基本信息，但很难知道产品从出厂到购买中间经历了哪些环节。

那么根据本条规定，因运输者、仓储者等第三人的过错而导致产品存在缺陷，并造成他人损害的，均应当由生产者、销售者对被侵权人承担损害赔偿责任，此时生产者、销售者不能以运输者、仓储者等第三人的过错对被侵权人主张抗辩。生产者或销售者赔偿后，才有权向运输者、仓储者等第三人进行内部追偿。

生产者、销售者不能以第三人的过错造成缺陷而对被侵权人进行抗辩，否则违反了本条规定的生产者、销售者应当对被侵权人承担责任的规定，会有损被侵权人的权益保障。例如，在张女士诉某快递公司产品责任纠纷中，张女士上网购物时，在某网店展示的商品中看中了一款新式吹风机，跟网店老板李某聊天沟通后，决定购买该款吹风机并支付了货款，网店老板李某将吹风机交给某快递公司寄出。三天后，张女士收到了吹风机，当晚便开始使用，不料在插电使用时吹风机突然起火，导致张女士的部分头发被烧焦，张女士受到惊吓，花去医疗费数千元，并请假在家休养一个月。张女士向网店老板李某进行索赔，但是李某坚持认为该吹风机在交付快递运送之前品质是没有任何问题的，认为必然是快递公司在运输过程中暴力分拣，将吹风机零件损坏造成短路引起的，所以李某拒绝赔偿，并建议张女士向某快递公司索赔。于是张女士无奈之下只得联系某快递公司，要求快递公司赔偿自己的损失，但该快递公司认为其与张女士的受损毫无关系，拒绝赔偿。在该纠纷中，张女士作为被侵权人，对于产品缺陷造成的自身损害有权直接要求生产者和销售者进行赔偿，当其选择销售者进行索赔时，销售者不得以运输者的过错导致缺陷进行抗辩，当销售者拒绝赔偿时，被侵权人可以直接对生产者或者销售者提起诉讼，而无需向运输者提起诉讼。

（三）生产者和销售者对第三人的追偿权

由于本条规定的情形仅限于产品缺陷系由于第三人的原因而引起，所以第三人才是造成产品缺陷的真正责任人。这不同于《民法典》侵权责任编第 1202 条和第 1203 条规定的产品缺陷由生产者和销售者引起的情形。所以生产者和销售者在本条中，并不是产品缺陷的行为人，但却要为行为人的行为承担侵权责任，所以是一种替代责任。

根据过错责任原则，行为人必须对自己的过错造成的损害负责。因此，运输者和仓储者等第三人的过错而引起的产品缺陷，并最终导致他人遭受人身、财产损害，则此种损害赔偿的责任终局责任人，应该是形成缺陷的运输者、仓储者或其他第三人。当然，承担产品责任的生产者、销售者向第三人的追偿权问题，并不能影响生产者及销售者向被侵权人承担侵权责任。被侵权人可以直接起诉生产者或销售者，生产者、销售者承担赔偿责任后，可以再向有过错的运输者、仓储者等第三人行使追偿权。

例如，在某大学生诉某乳业公司产品责任纠纷中，某大学生某日下课后在学校附近的便利超市购买了 1 瓶酸奶，食用之后的当天夜里就腹部绞痛、腹泻，打车去医院治疗，诊断系因食用的食物病菌超标导致肠胃感染，引起急性腹泻。该大学生共花去医疗费等费用 1000 元治愈。后该大学生怀疑腹泻系酸奶引起，遂于酸奶的生产商某乳业公司联系，乳业公司了解情况后同意赔付该笔医疗费用，并收回了残存的酸奶瓶。乳业公司经过化验调查后发现，酸奶存在变质的现象，但原因在于未能低温储存、经过了长期曝晒。该便利超市的酸奶进货事宜一直是由当地某运输企业负责，经查该运输企业在运送该瓶酸奶时，由于各种原因没能当天送达，遂将酸奶露天放置在企业的厂房外，导致酸奶经过曝晒而变质。后乳业公司向运输企业提出赔偿请求。本案中，无论产品缺陷是由何种原因造成，当被侵权人向生产者提出赔偿请求时，其均不得拒绝，但在对外承担赔偿责任后，如果能够查明产品缺陷的形成是由于运输者或仓储者等第三人的过错而导致，则承担了赔偿责任的生产者或销售者有权向真正的责任人进行内部追偿。

内部的追偿应当根据过错责任原则来进行，运输者、仓储者等第三人根据其行为的过错大小及其过错与损害之间的原因力大小来承担所应当承担的责任。同时，为了节约司法资源，一并解决事后的追偿权问题，可以在被侵权人提起的产品责任诉讼中，将运输者和仓储者列为第三人，一并查明事实、确定各自责任份额，便于生产者或销售者追偿权的实现。

法条关联

◆《产品质量法》

第二十六条 生产者应当对其生产的产品质量负责。

产品质量应当符合下列要求：

（一）不存在危及人身、财产安全的不合理的危险，有保障人体健康和人身、财产安全的国家标准、行业标准的，应当符合该标准；

（二）具备产品应当具备的使用性能，但是，对产品存在使用性能的瑕疵作出说明的除外；

（三）符合在产品或者其包装上注明采用的产品标准，符合以产品说明、实物样品等方式表明的质量状况。

第四十一条 因产品存在缺陷造成人身、缺陷产品以外的其他财产（以下简称他人财产）损害的，生产者应当承担赔偿责任。

生产者能够证明有下列情形之一的，不承担赔偿责任：

（一）未将产品投入流通的；

（二）产品投入流通时，引起损害的缺陷尚不存在的；

（三）将产品投入流通时的科学技术水平尚不能发现缺陷的存在的。

案例评议

河南正辉电子有限公司、艾默生网络能源有限公司产品责任纠纷案[①]

◆ **裁判规则**

在认定本案赔偿责任的承担主体及比例时，法院认为，根据《侵权责任法》第44条规定，结合司法鉴定意见书对事故成因的分析意见，被告正辉公司作为涉案空调设备的安装方，应当承担70%的赔偿责任，被告艾默生公司作为涉案空调设备的生产方应当承担30%的赔偿责任。因此，被告正辉公司与被告艾默生公司向原告承担连带赔偿责任后，可根据事故责任比例向对方进行追偿。

◆ **评议**

本案中涉案空调加湿器进水管变形漏水而形成的产品缺陷，主要原因是安装时拧扭矩过大，造成水管法兰发生变形，在水压作用下水管法兰与塑料螺母脱离导致漏水，水管法兰外沿尺寸不均匀是导致漏水的次要因素。

因此，法院认为产品缺陷系由涉案空调设备的安装方造成，其应当承担70%的赔偿责任，而空调设备的生产方则应承担30%的赔偿责任，判令安装方与生产者承担连带赔偿责任，并可以根据这一比例事后进行内部追偿。因第三人的过错使产品存在缺陷，造成他人损害的，产品的生产者、销售者应当作为责任人向被侵权人承担赔偿责任，然后再向第三人追偿。本案法院直接判令生产者与第三人对被侵权人各自的赔偿份额，并指明互相应当承担连带责任。

第一千二百零五条 【预防性产品责任形式】

因产品缺陷危及他人人身、财产安全的，被侵权人有权请求生产者、销售者承担停止侵害、排除妨碍、消除危险等侵权责任。

本条来源

《侵权责任法》第四十五条规定：“因产品缺陷危及他人人身、财产安全

① 河南省郑州市中级人民法院民事判决书，（2017）豫01民终11830号。

的，被侵权人有权请求生产者、销售者承担排除妨碍、消除危险等侵权责任。”

立法演变

《民法典侵权责任编草案》（一审稿）第九百八十条规定：“因产品缺陷危及他人人身、财产安全的，被侵权人有权请求生产者、销售者承担排除妨碍、消除危险等侵权责任。”

《民法典侵权责任编草案》（二审稿）第九百八十条规定：“因产品缺陷危及他人人身、财产安全的，被侵权人有权请求生产者、销售者承担停止侵害、排除妨碍、消除危险等侵权责任。”此后无变化。

条文释义

本条是关于产品责任中预防性责任形式的规定。

一、概述

停止侵害、排除妨碍、消除危险作为预防性的责任形式，早在《民法通则》中就作出了规定，但在《民法通则》中，专门涉及产品责任的第122条，只概括性地规定“产品制造者、销售者应当依法承担民事责任”，未明确责任的具体形式。在《最高人民法院关于贯彻执行〈中华人民共和国民法通则〉若干问题的意见（试行）》第153条规定的产品责任形式中，只规定“受害人可以向产品制造者或者销售者要求赔偿”。在《产品质量法》中，对于产品责任的责任形式，也只是规定了人身损害中的赔偿损失和财产损害中的恢复原状、折价赔偿和赔偿损失。均未专门规定预防性的责任形式。

虽然此前的法律并未专门在产品责任中规定预防性的责任形式，但由于《民法通则》关于责任形式的一般规定中，已经列明了停止侵害、排除妨害、消除危险的责任形式，因此法官在裁判案件时，完全可以根据实际情况适用这些责任形式。

《侵权责任法》开始在产品责任中专门规定了预防性的责任形式，其第45条规定：“因产品缺陷危及他人人身、财产安全的，被侵权人有权请求生产者、销售者承担排除妨碍、消除危险等侵权责任。”本次民法典编纂过程中，对于预防性的责任形式，不仅在《民法典》总则编第179条对民事责任的方式一般规定中进行了列举，还在《民法典》侵权责任编总则部分第1167条专门作出了停止侵害、排除妨碍、消除危险等预防性责任形式的一般性规定，在侵权责任编分则部分，又在产品责任中特意作出了规定。这表明立法机关认为预防性的责任形式在产品责任中发挥着良好的效果，因此对于《侵权责任法》的这一规定予以了保留，还增加了“停止侵害”的责任形式，表明立法机关越来越重视预防性责任形式在解决产品缺陷引起的侵权损害纠纷中的作用。

二、内容

因产品缺陷造成他人损害的，其责任形式主要是赔偿损失，赔偿的内容包括人身损害的损失和财产损害的损失。而当产品存在缺陷，但却尚未造成他人现实损害时，损害后果尚不明显，此时如果适用赔偿损失的责任形式，当事人很难得到多少赔偿，因为难以证明自己的损失。但如果放任此种缺陷存在和持续下去，则有可能最终会发生他人权益遭受现实损害的情况。“排除妨害和消除危险要适用《侵权责任法》第45条的规定。就损害赔偿而言，要求以实际损失的发生为前提。”①

现代社会，法律不仅注重损害的事后填补和救济，也注重损害发生前的预防。而《侵权责任法》预防功能的实现，不仅通过对已经实施侵权行为的责任人施加责任予以惩戒，从而对其他不特定的人起到警示的作用，还可以对具体的行为人科以预防性的责任形式，来防止损害的发生。而预防性的责任形式中，最主要最常见的就是停止侵害、排除妨碍、消除危险等形式。“只有当产品无法提供一个人有权期待的安全性时，产品才具有缺陷。然而，缺陷带来的危险性往往不能被算作高危险性，因为许多产品即便处于缺陷状态也不会带来广泛的损害，或者大幅度提高损害发生的频率。”② 在产品责任中适用预防性的责任形式，应当具备如下几方面条件：

第一，存在产品缺陷。此处的产品缺陷，适用《产品质量法》对于产品缺陷的定义，产品存在危及人身、他人财产安全的不合理的危险。具有不合理的危险表明产品不符合消费者的预期，且有可能造成他人损害。如果产品有相关国家标准、行业标准对于安全性的规定的，当产品不符合此类标准时，就具有

① 王利明：《论产品责任中的损害概念》，载《法学》2011年第2期，第49页。

② ［奥地利］海尔穆特·库齐奥：《比较法视角下的产品责任法基础问题》，王竹、张晶译，载《求是学刊》2014年第2期，第11页。

缺陷。如果没有相关标准的，则根据消费者购买产品的目的和一般人的标准来判断产品是否具有不合理的危险。只要产品存在缺陷，就有可能适用预防性责任形式，至于缺陷形成的原因，是生产者、运输者、仓储者、销售者的原因而导致，则无需考虑。不管哪个环节形成的缺陷，均可以进行主张。

第二，此种缺陷危及他人人身、财产安全。“危及”表明具有现实的、急迫的危险，但尚未造成现实的损害，或者说，缺陷产品已经造成了某种损害，但是还有可能造成其他损害或进一步扩大已造成的损害。这种“危及”是一种可能发生的状况，是一种极大的可能性，放任不管则极有可能会从可能的危险转化为现实的危险。人身、财产安全是指人身权益和财产权益的安全，即是否会对他人正常的人身和财产权益形成影响和侵害。

第三，承担预防性责任的主体是生产者、销售者。无论缺陷是因何种原因形成，当产品存在缺陷且危及他人人身、财产安全时，受影响的人就要主张预防性侵权责任的承担，而责任的主体是生产者和销售者，即被侵权人有权选择生产者或者销售者承担此种停止侵害、排除妨碍、消除危险等形式的侵权责任。

在生产者或销售者承担的预防性责任形式中，停止侵害是指产品存在缺陷而导致被侵权人的人身、财产权益持续处于受侵害的状态时，被侵权人有权要求侵权行为人停止其侵害行为的责任形式。适用停止侵害责任形式的情况，仅限于持续性的侵权行为，如果是即时性的、一次性的侵权行为，则不适用此种责任形式。实践中往往是基于持续性的产品供应或使用时，当产品存在缺陷时，被侵权人就可以主张停止侵害。例如供电企业提供的电力存在电压不稳的缺陷，持续影响用电人的正常经营活动，此时被侵权人就可以要求供电企业停止供应此种不稳定的电力。排除妨碍是指因产品存在缺陷，而对他人的人身权益和财产权益产生了不当影响，使他人无法行使或者不能正常行使其人身、财产权益，此时被侵权人就可以要求行为人排除此种障碍，恢复被侵权人各项权益能够正常行使的状态。消除危险是指因产品的缺陷而对他人的人身或财产安全形成了威胁，有可能侵害他人人身或财产权益，被侵权人有权要求行为人采取有效措施来消除此种危险。

除了这三种常见的预防性责任形式以外，还有可能出现其他的预防性责任形式，例如停止生产和销售、进行警示、召回产品等，对此，本条使用了“等”字进行兜底性规定。此外，预防性的责任形式可以和损害赔偿的责任形式同时并存，共同适用，例如某产品存在缺陷，已经造成了消费者的现实损害，且此种缺陷仍然存在，还可能发生下一次的损害事件，那么消费者就可以既主张对现实损害的赔偿，同时也要求对产品缺陷进行检修，消除此种危险。

法条关联

◆《民法典》总则编

第一百七十九条 承担民事责任的方式主要有：

（一）停止侵害；

（二）排除妨碍；

（三）消除危险；

（四）返还财产；

（五）恢复原状；

（六）修理、重作、更换；

（七）继续履行；

（八）赔偿损失；

（九）支付违约金；

（十）消除影响、恢复名誉；

（十一）赔礼道歉。

法律规定惩罚性赔偿的，依照其规定。

本条规定的承担民事责任的方式，可以单独适用，也可以合并适用。

◆《缺陷汽车产品召回管理条例》

第十二条第二款 生产者确认汽车产品存在缺陷的，应当立即停止生产、销售、进口缺陷汽车产品，并实施召回。

案例评议

江苏鸿兴铁路构件有限公司与扬州安达起重机械有限公司、靖江市科嘉起重设备制造有限公司等检验合同纠纷案①

◆ 裁判规则

在认定是否支持原告要求被告安达公司及科嘉公司对起重机的平衡系统及

① 江苏省涟水县人民法院民事判决书，（2017）苏0826民初2388号。

配重进行整改，消除安全隐患的诉讼请求时，法院认为，本案所涉的起重机自身存在一定的缺陷，在一定情况下会危及安全问题。根据相关法律的规定，被告安达公司、科嘉公司应对原告承担排除妨害、消除危险等侵权责任，故本院对此项诉讼请求予以支持。

◆ **评议**

在实践中，停止侵害、排除妨碍、消除危险的责任形式具有丰富的体现形式，例如本案中，涉案起重机的平衡系统配重偏重，制动器制动力矩不足，配重超重会造成起重机大臂缓慢收缩，存在一定的安全隐患。表明该起重机自身存在一定的缺陷，在一定情况下会危及安全问题。法院判令责任人承担排除妨害、消除危险等侵权责任，具体形式体现为对涉案起重机的平衡系统及配重进行整改，以消除安全隐患。

第一千二百零六条　【召回等补救措施】

产品投入流通后发现存在缺陷的，生产者、销售者应当及时采取停止销售、警示、召回等补救措施；未及时采取补救措施或者补救措施不力造成损害扩大的，对扩大的损害也应当承担侵权责任。

依据前款规定采取召回措施的，生产者、销售者应当负担被侵权人因此支出的必要费用。

本条来源

《侵权责任法》第四十六条规定："产品投入流通后发现存在缺陷的，生产者、销售者应当及时采取警示、召回等补救措施。未及时采取补救措施或者补救措施不力造成损害的，应当承担侵权责任。"

立法演变

《民法典侵权责任编草案》（一审稿）第九百八十一条规定："产品投入流通后发现存在缺陷的，生产者、销售者应当及时采取警示、召回等补救措施。未及时采取补救措施或者补救措施不力造成损害的，应当承担侵权责任。"

《民法典侵权责任编草案》（二审稿）第九百八十一条规定："产品投入流通后发现存在缺陷的，生产者、销售者应当及时采取停止销售、警示、召回等补救措施。未及时采取补救措施或者补救措施不力造成损害扩大的，对扩大的损害也应当承担侵权责任。"

《民法典侵权责任编草案》（三审稿）第九百八十一条规定："产品投入流通后发现存在缺陷的，生产者、销售者应当及时采取停止销售、警示、召回等补救措施。未及时采取补救措施或者补救措施不力造成损害扩大的，对扩大的损害也应当承担侵权责任。依照前款规定采取召回措施的，生产者、销售者应当负担被侵权人因此支出的必要费用。"此后无变化。

条文释义

本条是对产品投入流通后的停止销售、警示、召回等补救措施的规定，由于这些措施发生在产品投入流通之后，所以也被称为对产品缺陷的补救措施或生产者、销售者的持续跟踪观察义务。

一、概述

生产者制造产品的目的是实现产品的销售，而销售者与消费者之间是买卖合同的关系。买卖合同是出卖人转移标的物的所有权于买受人，买受人支付价款的合同。根据《民法典》合同编关于买卖合同风险负担移转规则的规定，标的物毁损、灭失的风险，在标的物交付之前由出卖人承担，交付之后由买受人承担，但是法律另有规定或者当事人另有约定的除外。因此，在一般的买卖合同中，买方支付价款、卖方交付标的物，合同即告履行完毕，买方从此风险自负，如果标的物再发生毁损灭失之类的风险，则与卖方无关。其理论基础在于，一旦实现标的物的移转，则对于标的物的控制力也实现移转，只有对物具有控制力的一方，才能决定是否对物施加作用力，使其发生毁损灭失，或处于毁损灭失的风险之下。因此，标的物的风险负担随着交付的完成而移转，天然具有合理性。

然而，这种传统的风险移转理论所考虑的标的物出现毁损灭失的风险，是基于外力而发生，是对于标的物具有控制力的主体对物所施加的作用力而造成，并未考虑过标的物自身的原因也会造成毁损，甚至还会造成其他的损害。那么随着现代化工业的发展和交通运输的便捷，各种各样的产品进入千家万户，成为人们日常生活的必需品。这种人工制造的物品，其内部是否具有缺陷，是否经久耐用，是否会在投入使用后暴露潜在的缺陷，购买者并不知道，因为普通的消费者对于产品的内部构造和运转原理，往往一无所知。在此情形下，传统买卖合同的风险移转理论就有必要进行修正，至少在产品买卖领域要发生改变。因为产品的内在风险是由其缺陷引起，而这并非购买者能够控制。当然，如果是由于产品缺陷以外的原因，例如购买者不按使用方法使用产品，或者对产品施加不当作用力而发生产品的毁损灭失，则仍然以交付作为风险移转的时间节点。

在世界范围内，针对产品的这种特性，逐渐发展出来了生产者、销售者的售后义务，即产品售出后，因为生产者、销售者仍然要对产品的缺陷负责，产品缺陷造成损害的，生产者、销售者要承担赔偿责任；产品售出后才发现缺陷的，生产者、销售者也要对产品采取警示、召回、修理等措施。其中最为典型的措施便是产品售后的召回制度，不少国家对此进行了单独立法。我国对于产品进入流通后发现缺陷的补救措施规定，最早出现在地方性立法之中。2002 年 10 月 28 日上海市十一届人大常委会制定的《上海市消费者权益保护条例》就规定了产品售出后发现缺陷的，经营者负有中止、停止出售、召回该商品进行修理、更换或者销毁的义务。在国家层面，国家质量监督检验检疫总局、国家发展和改革委员会、商务部、海关总署于 2004 年 3 月 12 日联合发布了《缺陷汽车产品召回管理规定》，专门针对缺陷汽车产品的召回进行规定。该部门规章后来升级为行政法规，并由国务院于 2012 年 10 月 22 日颁布《缺陷汽车产品召回管理条例》，该条例于 2019 年 3 月 2 日进行了修订。

国家质量监督检验检疫总局作为产品质量的行政管理机关，在产品责任领域推行召回制度起到了重要作用。2007 年 8 月 27 日，国家质检总局制定了《儿童玩具召回管理规定》，该规定在国家市场监督管理总局于 2019 年 11 月 21 日发布《消费品召回管理暂行规定》之后废止。2007 年 8 月 27 日，国家质量监督检验检疫总局发布了《食品召回管理规定》。2020 年 7 月 13 日由国家市场监督管理总局予以废止。此后，在药品领域，2007 年 12 月 10 日，国家食品药品监督管理局又发布了《药品召回管理办法》。

上述对于产品召回的规定，一是仅针对儿童玩具、视频、药品等特定领域，二是在立法的效力层级上，仅属于部门规章。在法律层面，2009 年 2 月 28 日我国制定了《食品安全法》，宣布国家要建立食品召回制度，食品生产者发现其生产的食品不符合食品安全标准，应当立即停止生产，召回已经上市销售的食品，通知相关生产经营者和消费者，并记录召回和通知情况。

2009 年 12 月 26 日颁布的《侵权责任法》终于在产品领域对售后补救措施作出了一般性的统一规定，该法第 46 条规定："产品投入流通后发现存在缺陷的，生产者、销售者应当及时采取警示、召回等补救措施。未及时采取补救措施或者补救措施不力造成损害的，应当承担侵权责任。"至此，产品召回制度在我国全面普及开来，成为生产者、销售者产品责任的一种重要责任形式，也是对消费者权益保障的重要措施。《消费者权益保护法》在 2013 年修正时，也正式增加了经营者发现其提供的商品或者服务存在缺陷时的召回义务之规定。此外，在部门规章层级上，还专门针对铁路专用设备缺陷产品、医疗器械、缺陷汽车产品、消费品的召回问题作出了具体规定。在地方性法规和地方政府规章层面，各地还有一些有关各类产品召回的地方性规定。

本次民法典编纂过程中，对于《侵权责任法》上产品的召回等补救措施的规定，予以了保留并进行了修改完善，在补救措施中，除了警示、召回以外，还增加列举了停止销售的措施，并且增加了采取召回措施中生产者、销售者对被侵权人因此支出的必要费用的承担义务。

二、内容

（一）缺陷是在产品投入流通后才发现

适用本条所规定的补救措施的产品缺陷，只能是产品在投入流通后才被发现的缺陷。如果产品在投入流通前，生产者、销售者就发现了产品的缺陷，则生产者和销售者就不能将该批产品投入流通，否则就属于明知产品存在缺陷却有意对消费者进行销售，就应当适用产品侵权责任的规定，而且一旦造成他人死亡或者健康严重损害的后果，则很可能会产生惩罚性赔偿。而本条规定的责任形式只是补救措施，对于生产者、销售者的惩罚性较弱，关键是因为此处所说的缺陷，是产品投入流通后才发现的缺陷，而非生产者、销售者此前就明知的缺陷。

生产者本来就应当对其生产的产品质量负责，确保产品不存在危及人身、财产安全的不合理的危险，销售者也应当采取措施，保持销售产品的质量。只有当生产者未将产品投入流通，或者产品投入流通时，引起损害的缺陷尚不存在，或者将产品投入流通时的科学技术水平尚不能发现缺陷的存在这三种情形下，生产者才无需承担赔偿责任。那么生产者如果将产品投入流通前，缺陷就已经存在，或者就能够发现缺陷的存在，则其不能免责。

因此，当产品投入流通时，生产者、销售者可能因某种原因或者技术水平等未能发现产品存在缺陷，只有在产品售出并进入流通后才发现产品存在缺陷，此时可能是因为科技水平的进步，更可能是消费者发现产品缺陷之后的反馈或者投诉信息。此时，生产者、销售者对于产品存在缺陷的事实，便从开始的不知情转变为知情，在这种情形下，生产者、销售者就必须尽到谨慎合理的注意义务，及时采取停止销售、向已购买者发出警示、召回已售出产品等补救措施，来防止缺陷产品引起损害的发生或者进一步扩大。否则，在生产者、销售者明知产品存在缺陷时仍然放任不管，则势必会不断造成他人的人身财产权益的损害。

只有缺陷是在产品投入流通后才发现的，才能适用本条规定的补救措施，如果未及时采取补救措施或者补救措施不力造成损害扩大的，则生产者、销售者就要对扩大的损害承担侵权责任。可见如果产品的缺陷在投入流通后一旦发现就及时采取了补救措施，那么生产者、销售者的责任就主要体现为补救措施上，而生产者、销售者如果未能及时发现缺陷、未能及时采取有效补救措施，则就要承担其他的侵权责任。因此，反过来看，本条也为生产者、销售者确立了一种对于所售出产品的持续观察、跟踪关注的义务。此种持续跟踪观察的义务也可以视为一种合同的附随义务，在合同履行完毕之后仍然负有的一种义务。但是在产品责任领域，此种持续跟踪观察义务比一般的附随义务要更重一些，而且一旦违反，引发的责任适用侵权责任会比适用违约责任对受害人更有利。“产品后续安全保障义务是一种非合同义务，即非以合同权利义务关系为基础。产品后续安全保障义务是侵权法上典型的交易安全义务，在具体适用上，应将产品后续安全保障义务与合同法上的瑕疵担保义务和附随义务中的保护义务区别开来，以明晰合同法与侵权法所调整范围的界限。”①

生产者、销售者对产品持续跟踪观察义务的确立，就要求生产者、销售者通过对售出产品进行跟踪观察、记录、收取消费者的反馈信息，及时发现售出

① 马一德：《论生产者的产品后续安全保障义务》，载《法学》2015年第6期，第53页。

产品的缺陷，而一旦发现产品缺陷，应当立即组织调查分析，进而及时采取停止销售、采取警示及召回等补救措施，从而尽量避免因产品缺陷而导致实际损失的发生。当然，“生产者不可能对产品所有的损害危险予以排除，因此对生产者履行产品后续安全保障义务的期待应具有合理性。此种合理性体现在产品后续安全保障义务的具体内容上，即依据产品危险的不同性质采取警示或召回等不同的必要措施，确保消除缺陷措施的要求对生产者而言并不过分，还要保证这种措施对于保护他人的人身和财产安全来说是必要且充分的。”①

至于缺陷，仍然可以适用《产品质量法》的定义，即缺陷是指产品存在危及人身、他人财产安全的不合理的危险；产品有保障人体健康和人身、财产安全的国家标准、行业标准的，是指不符合该标准。例如，《消费品召回管理暂行规定》第3条则对消费品的缺陷定义为是指因设计、制造、警示等原因，致使同一批次、型号或者类别的消费品中普遍存在的危及人身、财产安全的不合理危险。而针对汽车产品，《缺陷汽车产品召回管理条例》第3条就作出更为具体的定义：缺陷，是指由于设计、制造、标识等原因导致的在同一批次、型号或者类别的汽车产品中普遍存在的不符合保障人身、财产安全的国家标准、行业标准的情形或者其他危及人身、财产安全的不合理的危险。针对医疗器械产品，《医疗器械召回管理办法》第4条则采取了对存在缺陷的医疗器械产品进行分类列举的方式进行定义：正常使用情况下存在可能危及人体健康和生命安全的不合理风险的产品；不符合强制性标准、经注册或者备案的产品技术要求的产品；不符合医疗器械生产、经营质量管理有关规定导致可能存在不合理风险的产品；其他需要召回的产品。

（二）采取的补救措施

补救措施是针对已发现的产品缺陷而采取的、消除此种缺陷的事后救济措施。此种补救措施主要是针对产品的缺陷，以消除缺陷为目标，不同于对被侵权人的侵权损害赔偿措施，因为具有与一般的侵权责任承担方式不同的表现形式。

1. 停止销售

停止销售，是指生产者、销售者发现已经流通出去的产品存在此前尚未发

① 马一德：《论生产者的产品后续安全保障义务》，载《法学》2015年第6期，第47页。

现的缺陷之后，应当立即停止对尚未售出产品的销售工作，禁止增加进入流通的缺陷产品的数量。停止销售是本次民法典编纂过程中，针对《侵权责任法》第46条规定的新增补救措施。增加规定停止销售作为补救措施的一种，既是对成熟实践经验的吸取，也是对补救措施的完善。因为停止销售就可以在源头上先行封堵，不再向市场上增加可能存在缺陷产品的投放量。《缺陷汽车产品召回管理条例》第11条就规定，经营者获知汽车产品存在缺陷的，应当立即停止销售、租赁、使用缺陷汽车产品，并协助生产者实施召回。该条例第12条规定，生产者确认汽车产品存在缺陷的，应当立即停止生产、销售、进口缺陷汽车产品，并实施召回。

由于现代社会的产品大多是源自工业化生产，流水线大批量生产线供应，同类产品往往适用同一个设计方案、同一个模板、同一种原材料、同一种工艺、同一种制造流程，因此当已经售出的同批次产品发现存在缺陷时，就往往意味着尚未售出的其他同批次产品也可能存在相同或相似缺陷。所以停止销售对于避免缺陷产品引发损害的扩大，具有重要意义。而对于产品的购买者、使用者而言，如果其欲主张生产者、销售者违反了及时采取合理补救措施的义务，那么就停止销售的义务而言，只要其能够从时间上证明该产品进入市场的时间，是在生产者、销售者发现产品存在缺陷之后，就足以证明生产者、销售者未尽到及时采取合理措施的义务，因为生产者、销售者首先就违反了停止销售的义务。

2. 警示

警示，是对特定事项的特别提示和提请注意。在产品销售中，产品的生产者和销售者就负有警示义务，使用不当，容易造成产品本身损坏或者可能危及人身、财产安全的产品，应当有警示标志或者中文警示说明。这是对产品或者其包装上的标识所作出的规定。

那么在产品投入流通后，发现存在缺陷时再采取的警示，就不同在产品包装上进行特定说明和标识，而是指对产品存在的缺陷及其可能引起的危险而特别进行说明和提醒，提请任何使用者在使用该产品时，应当注意到此种已经存在的缺陷可能导致的危险或者潜在可能发生的危险，以避免此种危险的发生，从而防止或者减少损害的发生。

警示的主体是产品的生产者、销售者，而警示的对象是产品的购买者、使用者，是通过各种方式对已经购买产品和可能使用产品的人进行提示、予以警告的一种补救措施。警示可以告知使用者产品的缺陷和危险，使使用者知悉产品的缺陷及如何避免危险的发生。可见，警示通常是对产品正常使用说明的强化，重点提示的是不当使用产品的危险及潜在的危险。警示并不能具体改变产品的现状，所以警示只能是一种警告说明。警示的方式和内容应当容易为警示的对象获悉并注意，例如，能够追踪到购买者信息的，警示应当有针对性地发出，发出的警示应当简洁易懂，容易引起注意，等等。

在仅凭警示难以消除产品的缺陷时，警示还需要和其他的补救措施结合起来使用，例如一边发出警示，一边迅速启动召回等。"倘若警示措施已不足以阻止损害的发生，特别是在损害可能危及消费者的生命健康时，生产商则必须采取更加有效的补救措施——召回产品。"①

3. 召回

广义上的召回，等同于补救措施的含义，因为召回是补救措施中最具有代表性的做法而且类似警示、修理、更换等内容，可以说都是召回内容的一部分。因此在不少法律法规和部门规章中，产品售出后的补救措施，就直接称之为召回。那么本条所说的召回，仅是作为补救措施中的一种，与可以单独采取的停止销售、警示等并列。当然，在内容上，召回缺陷产品后，也会采取修理、更换、退货等具体措施。

对于召回的概念，一些行政法规和部门规章作出了定义。例如，国务院《消费品召回管理暂行规定》就规定，召回是指生产者对存在缺陷的消费品，通过补充或者修正警示标识、修理、更换、退货等补救措施，消除缺陷或者降低安全风险的活动。而国家食品药品监督管理总局的《医疗器械召回管理办法》则对医疗器械的召回，定义为医疗器械生产企业按照规定的程序对其已上市销售的某一类别、型号或者批次存在缺陷的医疗器械产品，采取警示、检查、修理、重新标签、修改并完善说明书、软件更新等方式进行处理的行为。交通运输部的《铁路专用设备缺陷产品召回管理办法》规定，铁路专用设备缺陷产品召回，是指生产企业对其已销售的产品采取措施消除缺陷的活动。

---

① 焦艳玲：《论产品售后义务——兼评〈侵权责任法〉第46条》，载《重庆大学学报（社会科学版）》2016年第2期，第161页。

“从责任类型角度而言，召回制度的设立目的更侧重于消除危险。”① 从这些法律法规和规章的定义可见，召回所采取的措施，主要是警示、检查、修理、更换、收回、退货、销毁等措施。这些召回过程中和召回后的措施，目的就在于对已经发现缺陷的同批次的产品进行检测，发现其中确实具有瑕疵的产品，然后针对此种缺陷采取合理的措施以消除其危险。“与售后警示义务相同，召回义务的产生也是以产品存在危险为前提，但是召回之目的是要消除这些危险，而非仅仅对这些危险作出警示，至于这些危险是否已经发生或者一定会发生则不影响召回义务的成立。”②

召回义务的真正主体是产品的生产者，经销者其实只能是生产者履行召回义务的辅助人，但由于消费者距离生产者较为遥远而离销售者较近，所以为了便于消费者行使请求召回的权利，并为了更好地保障消费者的权益，在采取召回等补救措施上，法律同样将销售者与生产者置于同样地位上，要求两者一并承担采取补救措施的义务。在销售者帮助生产者履行召回义务时，生产者应当承担消费者相关的支出。

此外，召回是针对已经进入流通的、存在缺陷的产品，此类产品可能已经大批量销售进入市场，所以对于一些销售量较大的产品，一旦启动召回程序，可能涉及成千上万的消费者，耗时数年之久。因此，在启动召回程序之前，生产者、销售者应当先对可能存在缺陷的产品进行调研、检测，确定该批次产品是否确实存在缺陷、存在缺陷的比率有多大，然后制定召回计划，并向监管机关进行报告。召回计划能够帮助生产者、销售者妥善应对召回过程中可能出现的各种问题和情况，有助于召回程序的顺利进行。所以召回计划应当包括需要召回的消费品范围、存在的缺陷以及避免损害发生的应急处置方式，具体的召回措施，召回的负责机构、联系方式、进度安排，以及其他需要报告的内容。

在召回的类型上，根据启动召回的主体不同，可以分为自主召回和强制召回。自主召回是指产品的生产者、销售者发现进入流通的产品存在缺陷之后，自发启动的召回程序。此种召回程序的启动，体现了生产者、销售者对产品售

---

① 张新宝、任鸿雁：《我国产品责任制度：守成与创新》，载《北方法学》2012 年第 3 期，第 13 页。

② 焦艳玲：《论产品售后义务——兼评〈侵权责任法〉第 46 条》，载《重庆大学学报（社会科学版）》2016 年第 2 期，第 161 页。

后持续跟踪观察义务的履行。而强制召回，也被称为责令召回，是指监管部门通过检查发现投入流通的产品存在缺陷，存在不合理危险，从而命令经营者采取召回措施的召回启动程序。那么自主召回和强制召回就存在互相排斥的关系，因为产品的生产者、销售者及时启动了自主召回，就不会引起强制召回的程序；只有生产者、销售者怠于启动或者拒绝启动自主召回程序时，才会引起强制召回，而强制召回一旦启动，所有的召回就都不属于自主召回，都属于监管机关命令下的召回。例如，《消费者权益保护法》就规定，有关行政部门发现并认定经营者提供的商品或者服务存在缺陷，有危及人身、财产安全危险的，应当立即责令经营者采取停止销售、警示、召回、无害化处理、销毁、停止生产或者服务等措施。

4. 其他措施

本条对于补救措施的规定，虽然列举了停止销售、警示、召回三种典型措施，但并未限定于这三类措施，还规定了“等补救措施”。这就为生产者、销售者的补救措施类型留下了解释的空间，在裁判者判断生产者、销售者是否尽到了及时采取补救措施的义务时，也就有了更多的参考依据。

例如，《消费者权益保护法》第19条就规定，经营者发现其提供的商品或者服务存在缺陷，有危及人身、财产安全危险的，应当立即向有关行政部门报告和告知消费者，并采取停止销售、警示、召回、无害化处理、销毁、停止生产或者服务等措施。由于补救措施的核心，是消除产品缺陷所具有的不合理危险，避免对他人造成损害，因此，凡是能够实现这一目标的合理措施，例如停止生产、停止进口、无害化处理、销毁、停产等，都可以纳入合理措施的范畴。

（三）对扩大损害的责任

如果生产者、销售者发现产品存在缺陷后，未及时采取补救措施或者补救措施不力而造成损害的扩大，此时两者还应当就此种扩大的损害承担侵权责任。这种侵权责任，是独立于缺陷产品已经造成他人现实损害的侵权赔偿责任，是专门针对未及时采取补救措施的责任。

一方面，如果发现产品存在缺陷，并且此种缺陷已经在现实中造成了部分消费者的损害，则对已经遭受损害的消费者，生产者、销售者应当承担产品责任，即《民法典》侵权责任编第四章其他条文所规定的产品责任。因为，“如果缺陷已经实际造成了他人的损害，此时就不再是警示与召回的问题，而是实际承担责任的问题。在生产者和销售者未履行警示、召回义务的情况下，即使没有造成被侵权人的实际损害，被侵权人也可以请求生产者、销售者承担赔偿妨碍、消除危险等侵权责任。”①

另一方面，如果发现产品存在缺陷，但尚未造成现实损害，或者尚未对大部分购买者造成现实损害，那么生产者、销售者应当立即采取补救措施，此时两者未及时采取补救措施或者补救措施不力，则很可能会造成损害的扩大，对扩大的损害也应当承担侵权责任。例如，在一起热水器产品责任纠纷中，该款直排式热水器虽然符合当时的国家标准，但在使用过程中造成使用者人身伤亡事故时有发生并见诸报端，可见这种直排式热水器在生产设计时是有缺陷的，为此，国家经委于2000年6月下发文件，禁止生产和销售直排式热水器。虽然被告某公司于2000年6月后没有再生产和销售直排式热水器，但对于此前生产和销售的直排式热水器没有采取补救措施，故法院认定，该被告公司放任不符合国家标准并有可能造成使用者人身伤亡严重事故的尚在使用年限内的直排式热水器继续使用，应承担相应的民事责任。

（四）必要费用的负担

本条相对于《侵权责任法》第46条而言，新增加了生产者、销售者对被侵权人因召回而支出的必要费用的负担义务。这是对《消费者权益保护法》成熟经验的吸收。《消费者权益保护法》第19条在强制召回的规定中，要求经营者应当承担消费者因商品被召回支出的必要费用。那么本条规定则将生产者、销售者对被侵权人必要费用的负担扩大到了自主召回的范围，无论是自主召回还是强制召回，只要被侵权人因召回措施的采取而支出了必要费用的，则生产者、销售者就应当负担被侵权人支出的此种必要费用。

产品被召回之后，无论是修理、更换还是换货，相关的成本均应当由生产者、销售者承担，因为这是基于产品缺陷而引发，其应当承担此种责任。但在召回程序启动后，被侵权人还可能会仅因为召回程序的启动本身就遭受一定的财产损失、支出一定的必要费用。被侵权人支出的必要费用，必须是基于召回程序的启动而发生，否则，不能纳入召回措施的负担之中。如果被侵权人因为缺陷产品遭受了财产损失，则属于产品责任的赔偿范围，可以另行主张。

---

① 王利明：《论产品责任中的损害概念》，载《法学》2011年第2期，第49－50页。

被侵权人支出的必要费用，是因为召回程序的启动，导致自己正在使用的产品无法继续使用而给自己带来的损失。因为召回程序启动后，生产者、销售者会根据情况通知产品的购买者配合相关的召回措施，例如同意将产品送至特定地点进行检测、修理、更换、收回等。那么在这一过程中，必然导致产品的使用人在一定时期内无法继续使用该产品，或者为运送、提供产品进行召回，而支出相关的费用。例如，《消费品召回管理暂行规定》第 15 条就强调，生产者应当承担消费者因消费品被召回支出的必要费用。《缺陷汽车产品召回管理条例》第 19 条也规定，生产者应当承担消除缺陷的费用和必要的运送缺陷汽车产品的费用。所以被侵权人对拟召回的产品越是依赖程度大，则召回产品对其造成的损失就越大，此种损失是基于产品缺陷而引起，所以应当由召回主体承担。

因此，常见的因产品被召回支出的必要费用，是指在产品被召回期间，被侵权人不得不采取的替代措施而支出的费用，例如暂时租赁相似产品以保证生产生活的正常进行而支出的租赁费，因产品被取回而导致不得不寻求其他替代方式所支出的额外费用，将拟召回产品运送至指定地点而支出的运输费用、人力费用等。例如，某超市用于存放雪糕的冰柜，被通知可能存在缺陷，需要召回检测，那么超市为了雪糕的正常销售不得不租赁一台类似容量的冰柜以作为替代，又雇一辆小货车将拟召回冰柜运送至指定销售商门店，那么租赁冰柜的费用和运输费，都属于必要费用的支出，召回主体应当向被侵权人支付这些费用。

法条关联

◆《缺陷汽车产品召回管理条例》

第三条 本条例所称缺陷，是指由于设计、制造、标识等原因导致的在同一批次、型号或者类别的汽车产品中普遍存在的不符合保障人身、财产安全的国家标准、行业标准的情形或者其他危及人身、财产安全的不合理的危险。

本条例所称召回，是指汽车产品生产者对其已售出的汽车产品采取措施消除缺陷的活动。

第十九条 对实施召回的缺陷汽车产品，生产者应当及时采取修正或者补充标识、修理、更换、退货等措施消除缺陷。

生产者应当承担消除缺陷的费用和必要的运送缺陷汽车产品的费用。

案例评议

吴某与一汽大众汽车有限公司、陕西新丰泰博奥汽车有限责任公司产品责任纠纷案[①]

◆ 裁判规则

在认定一汽大众公司与新丰泰公司是否需要承担产品责任时，法院认为，《侵权责任法》第46条规定："产品投入流通后发现存在缺陷的，生产者、销售者应当及时采取警示、召回等补救措施。未及时采取补救措施或者补救措施不力造成损害的，应当承担侵权责任。"本案中已经查明涉案奥迪A4L汽车因前部安全气囊无法正确开启，存在安全隐患，属于一汽大众公司在国内召回范围内的汽车，并且在发生交通事故剧烈碰撞时，涉案奥迪A4L汽车的安全气囊全部没有打开，司法鉴定结论也说明在事故中涉案奥迪A4L汽车正面气囊具备了打开的条件，而该车正面气囊没有打开，说明系统工作不正常，因此在一汽大众公司与新丰泰公司未提供充分相反证据的前提下，应当认定涉案奥迪A4L汽车存在产品缺陷。作为车辆生产商或销售商在发现车辆安全气囊存在产品缺陷时应当向消费者作出客观、科学的说明和明确的警示，并采取积极有效补救措施以防止损害发生。一汽大众公司与新丰泰公司分别作为生产者、销售者负有对产品缺陷采取补救措施的积极作为义务，但是本案中的证据均无法证明一汽大众公司与新丰泰公司向吴某或者吴某之子张某尽到了召回存在产品缺陷的奥迪A4L汽车的积极作为义务，导致涉案奥迪A4L汽车在发生剧烈碰撞时安全气囊全部没有打开，驾驶人张某当场死亡的损害后果。一汽大众公司与新丰泰公司未尽到采取积极补救措施的积极作为义务与驾驶人张某直接死亡的损害后果之间存在法律上的因果关系。一汽大众公司与新丰泰公司应当承担相应的产品责任。

◆ 评议

本案中，被侵权人驾驶奥迪汽车与广告牌发生碰撞，致其当场死亡，车辆受损，发生事故时，涉案车辆的安全气囊均未打开。一汽大众公司于2014年10

① 陕西省西安市中级人民法院民事判决书，(2017)陕01民终9913号。

月29日在国家质检总局缺陷产品管理中心官网上发布了“一汽大众汽车有限公司召回部分进口奥迪A4和国产奥迪A4L汽车”的通知，该通知载明：“本次召回范围内部分车辆由于安全气囊控制单元的软件参数设置问题，在极个别侧面特殊角度的碰撞情况下，可能导致前部安全气囊无法正确开启，存在安全隐患。一汽大众公司将为召回范围内的车辆的安全气囊控制单元进行软件升级，以消除安全隐患。”涉案车辆属于该次召回范围内的车辆。根据本条规定，产品投入流通后发现存在缺陷的，生产者、销售者应当及时采取停止销售、警示、召回等补救措施，未及时采取补救措施或者补救措施不力造成损害扩大的，对扩大的损害也应当承担侵权责任。因此，生产者、销售者应当承担赔偿责任。

第一千二百零七条　【产品责任惩罚性赔偿】

明知产品存在缺陷仍然生产、销售，或者没有依据前条规定采取有效补救措施，造成他人死亡或者健康严重损害的，被侵权人有权请求相应的惩罚性赔偿。

本条来源

《侵权责任法》第四十七条规定：“明知产品存在缺陷仍然生产、销售，造成他人死亡或者健康严重损害的，被侵权人有权请求相应的惩罚性赔偿。”

立法演变

《民法典侵权责任编草案》（一审稿）第九百八十二条规定：“明知产品存在缺陷仍然生产、销售，或者没有依照前条规定采取补救措施，造成他人死亡或者健康严重损害的，被侵权人有权请求相应的惩罚性赔偿。”此后无变化。

条文释义

本条是关于产品责任中惩罚性赔偿的规定。

一、概述

我国在侵权法领域对于惩罚性赔偿的规定起步较晚，且在很长一段时间内，发展比较缓慢，至今也仍未在侵权责任编规定有关惩罚性赔偿的一般性规定。

这是因为我国自改革开放以来，市场才开始在生产要素的配置中逐渐起到重要乃至关键性作用，各类工商业才开始发展起来，而惩罚性赔偿制度的发展，有赖于一个发达的市场，因此我国惩罚性赔偿制度是伴随着我国社会主义市场经济的逐步建立、发展而逐步发展起来的。

但自我国民事法律中引入惩罚性赔偿制度以来，产品责任一直是惩罚性赔偿适用的重点领域。1993 年《消费者权益保护法》第 49 条首次引入惩罚性赔偿制度，便是针对产品责任而作出的规定："经营者提供商品或者服务有欺诈行为的，应当按照消费者的要求增加赔偿其受到的损失，增加赔偿的金额为消费者购买商品的价款或者接受服务的费用的一倍。"2009 年《食品安全法》针对食品安全问题，也规定了惩罚性赔偿制度，"可以向生产者或者销售者要求支付价款十倍的赔偿金"。在《侵权责任法》中，惩罚性赔偿未能成为一般性的规定，而仅保留在产品责任中。

本次民法典编纂过程中，扩大惩罚性赔偿适用范围的呼声一直比较高，最终立法机关在《民法典》侵权责任编扩大了惩罚性赔偿制度的适用范围，从侵权责任法仅适用于产品责任领域，扩大到了知识产权侵权领域、生态环境侵权领域。但是，《民法典》侵权责任编仍然未能在总则部分形成对于惩罚性赔偿的一般性规定。

从我国有关惩罚性赔偿的相关立法过程可以看出，惩罚性赔偿制度在我国的发展过程具有如下几个特点：

第一，惩罚性赔偿制度是伴随着我国市场经济的发展而逐渐发展起来的，是一个从无到有、逐渐加快的过程。自 1978 年党的十一届三中全会做出改革开放的伟大决策以后，我国社会主义市场经济从"摸着石头过河"开始，逐渐进入有序发展阶段，到逐步成熟稳定发展，经历了数个上升的阶段。这些阶段被学者归纳为 40 年的改革开放，历经 4 个阶段：改革的启动和目标探索阶段（1978 年—1991 年）；社会主义市场经济体制框架初步建立阶段（1992 年—2002 年）；社会主义市场经济体制的初步完善阶段（2003 年—2011 年）；"五位一体"全面深化改革的新阶段（2012 年至今）。[①] 伴随着我国市场经济秩序的建立和发展，我国工商业也迅速发展起来，直到建立"世界工厂"的工业大国

① 高尚全：《改革开放 40 年的重要成就和基本经验》，载《学习时报》2018 年 8 月 8 日。

地位，在这四十来年的时间中，我国民事法律上的惩罚性赔偿制度也随之逐渐产生，并扩大适用，加快发展。法律制度的发展与经济基础的发展是紧密结合在一起的。

第二，对于惩罚性赔偿的概念，从不明确使用，到敢于明确使用。最初《消费者权益保护法》规定的双倍赔偿制度，就被公认为是惩罚性赔偿制度，但该法并未使用这一概念。在《食品安全法》《商标法》等法律中，也仍然使用“××倍到××倍赔偿金”的表述，这些超出实际损失的额外赔偿，其实就是惩罚性赔偿，但这些单行法并不愿意明确使用惩罚性赔偿的概念。《侵权责任法》在产品责任中明确使用了惩罚性赔偿的概念，《民法典》中也 4 次规定并使用了惩罚性赔偿的概念。这表明对于惩罚性赔偿的概念，社会层面和立法机关都经历了一个从陌生到熟悉的过程，在相应的社会基础成熟后，这一概念就正式进入民事基本法律，成为我国民法典中的重要概念。

第三，惩罚性赔偿的数额不断增加。1993 年《消费者权益保护法》规定了双倍赔偿的惩罚性赔偿数额，该法在 2013 年修正时将经营者提供商品或者服务有欺诈行为的惩罚性赔偿数额提高到 3 倍。2009 年《食品安全法》对食品规定了 10 倍赔偿的惩罚性赔偿数额。该法第 96 条第 2 款规定：“生产不符合食品安全标准的食品或者销售明知是不符合食品安全标准的食品，消费者除要求赔偿损失外，还可以向生产者或者销售者要求支付价款十倍的赔偿金。”《侵权责任法》对于产品责任的惩罚性赔偿就未再明确限定赔偿数额，《民法典》侵权责任编也未限定惩罚性赔偿的数额。

第四，适用的领域不断扩大。惩罚性赔偿最初仅适用于经营者对消费者提供商品或者服务有欺诈行为的情形，后来扩大到不符合食品安全标准的食品，再扩大到了所有产品领域，同时在商标侵权领域，2013 年《商标法》也开始引入了惩罚性赔偿制度。现在不仅在《民法典》总则部分关于法律责任形式中提到，其他法律对惩罚性赔偿有规定的，可以适用其规定，而且在侵权责任编中明确规定了产品责任、知识产权侵权、生态环境侵权三个领域中的惩罚性赔偿制度。此外，在知识产权单行法中，正在修订的专利法也将引进惩罚性赔偿制度。可以预见，未来我国民事领域惩罚性赔偿制度的适用会越来越频繁，领域会不断扩大。

二、内容

（一）惩罚性赔偿的适用要件

产品责任中惩罚性赔偿的适用，需要具备如下要件：

第一，行为人具有主观上的故意。惩罚性赔偿具有制裁和惩戒的功能，因此建立在行为人主观上的恶性较大、具有可惩戒性的基础上。在产品责任领域，行为人主观上的故意，就体现为两种：

一是生产者、销售者明知产品存在缺陷仍然生产、销售。明知是指已经明确知道产品存在缺陷，这表明在产品投入流通之前，生产者就已经知悉缺陷的存在。这种缺陷可能是来自设计缺陷，也可能是来自制造缺陷或原材料缺陷。生产者或者销售者对此是知情的。此处立法使用了“明知”的概念，就不宜扩大解释为包括“应知”，不能因为事后发现缺陷，而认为生产者或销售者对此应当知道。明知体现为有证据证明生产者或销售者在此情形下必然会知道缺陷的存在，如果生产者或销售者对此不予认可，则应当提出反证，证明自己当时确实不知道。

二是产品投入流通后才发现存在缺陷的，生产者、销售者应当及时采取停止销售、警示、召回等补救措施，却未及时采取补救措施或者补救措施不力的。那么这种主观上的故意就未必是明知，而是体现为行动上的怠于采取或者拒绝采取必要补救措施，或者采取的补救措施不力，未能起到补救效果的。这种故意是从行动上倒推的主观心态，所以包括应知的状态。即消费者已经提出投诉或意见反馈，或者监管机关已经发出了通知，生产者、销售者不可能不知道，或者应当知道，但却不及时采取补救措施。那么这一情形也是《民法典》侵权责任编相对于《侵权责任法》第 47 条作出的增加规定。

第二，惩罚性赔偿的责任主体是生产者和销售者。虽然本条并未明确规定惩罚性赔偿的责任主体，但由于在整个产品责任一章中，对被侵权人的责任主体都是生产者和销售者，所以惩罚性赔偿的责任主体同样是生产者和销售者。例如，生产者在设计、制造产品的过程中已经发现了产品的缺陷，仍然制造并投入流通。或者销售者在销售产品过程中发现了产品存在缺陷，仍然予以销售。生产者和销售者对被侵权人承担惩罚性赔偿的责任形式，仍然是连带责任，在两者内部，则可以根据过错责任原则来确定最终责任人，并向其进行追偿。

第三，造成他人死亡或者健康严重损害的后果。由于惩罚性赔偿是在正常的赔偿范围之外，额外对侵权行为人施加的赔偿责任，是一种加重责任，所以一般仅限于损害后果十分严重的情形。如果产品缺陷造成的损害后果仅是财产损害或一般性的人身损害，则通过一般的损害赔偿就可以实现对被侵权人损失的填平和救济。侵权法必须在受害人救济和行为人行为自由之间取得平衡，一味强调加大惩罚力度，无异于指望严刑峻法来实现社会治理，是不现实的，是片面的。作为侵权法，一方面，要鼓励企业生产和制造产品，设置免责事由，免除其不合理的责任负担；另一方面，又要对企业的行为进行制约，对受害人的权益进行有力保障。所以惩罚性赔偿不能随意扩大，否则一旦滥用，则会反过来对市场经济秩序产生严重的负面效应。

本条将惩罚性赔偿适用的后果限定为严重的人身损害后果，具体体现为造成他人死亡，或造成他人健康严重损害。造成他人死亡意味着缺陷产品侵害了他人的生命权，而生命的位阶无疑是最高的，因此应当对侵权人进行惩罚性赔偿。造成他人健康严重损害，意味着他人的身体权、健康权受到严重侵害，这往往会导致被侵权人伤残的后果。对此，也应当对行为人适用惩罚性赔偿。例如，电热水器漏电将使用人电死，吃火锅时卡式炉漏气爆炸将顾客严重烫伤，劣质隆胸硅胶体内发生破裂导致顾客身体严重受损，手机电池爆炸将使用者手指炸断，等等，这些都是劣质产品引起的严重人身损害后果，均可以适用惩罚性赔偿。

当然，一些单行法律对一般的产品质量问题也规定了惩罚性赔偿，那么应当适用这些单行法律的专门规定。例如《食品安全法》第 148 条对不符合食品安全标准的食品侵权，作出了惩罚性赔偿的数额标准规定，且并未要求造成人身伤亡的严重后果，即：生产不符合食品安全标准的食品或者经营明知是不符合食品安全标准的食品，消费者除要求赔偿损失外，还可以向生产者或者经营者要求支付价款十倍或者损失三倍的赔偿金；增加赔偿的金额不足 1000 元的，为 1000 元。这属于对前些年事故频发、屡屡大规模侵犯消费者人身安全的食品生产的重点治理，那么涉及食品的侵权案件，则消费者可以依据这一规定来主张惩罚性赔偿，且无需证明损害后果。

第四，缺陷产品与损害后果之间具有因果关系。也就是说，被侵权人遭受人身损害的后果，是因为产品存在缺陷而引起。如果是被侵权人不按照使用规范使用产品，或者对产品施加了不当的作用力而导致损害的发生，则产品缺陷与损害后果之间的因果关系便发生了切断，此时就不能适用惩罚性赔偿。

（二）惩罚性赔偿的数额

本条是对产品责任领域中惩罚性赔偿的一般性规定，能够适用一切产品责任的惩罚性赔偿。但对于赔偿数额的具体标准，并没有作出明确限定，只规定“被侵权人有权请求相应的惩罚性赔偿”。在民法典草案起草审议过程中，曹建明副委员长就表示：“草案第982条规定了产品责任的惩罚性赔偿，但没有规定具体倍数，容易导致实践中办案法官由于没有具体遵循，而发生畸轻畸重、同案不同判的情况。为便于司法实践操作，建议是否可参照食品安全法、消费者权益保护法相关规定，明确惩罚性赔偿的倍数，防止惩罚性赔偿适用不当或滥用。”① 全国人民代表大会常务委员会刘修文委员也认为：“建议参照消费者权益保护法第55条第2款和食品安全法第148条第2款等的规定，对草案第982条进行完善，区分不同情形，规定具体的惩罚性赔偿计算方法。”罗保铭委员建议，参照消费者权益保护法的规定，明确“被侵权人有权要求所受损失2倍以下的惩罚性赔偿。”② 最终草案仍然采用了较为抽象的表达，没有规定具体倍数。

那么是不是意味着法官在裁判此类案件时，对于惩罚性赔偿的数额完全享有自由裁量权？应当说，在没有规定明确数额的情况下，只能交给法官去进行具体判断，但法官在裁判此类案件时，也要受到较多的制约，而不能完全自由决定。惩罚性赔偿数额的确定，主要依据如下标准来进行：

第一，其他法律法规对产品责任的惩罚性赔偿作出了具体数额规定的，适用此类规定。由于本条是产品责任领域中惩罚性赔偿的一般性规定，那么根据特别法优于一般法的原则，其他法律法规对特定产品类型或者特定情形下的产品责任的惩罚性赔偿数额作出了较为明确规定的，应当优先适用这些规定。例如，《消费者权益保护法》第55条规定，经营者明知商品或者服务存在缺陷，仍然向消费者提供，造成消费者或者其他受害人死亡或者健康严重损害的，受害人有权要求经营者赔偿损失，并有权要求所受损失2倍以下的惩罚性赔偿。

---

① 舒颖、田宇：《全国人大常委会组成人员审议民法典侵权责任编草案时建议 明确产品责任惩罚性赔偿倍数》，载《中国人大网》2019年8月25日，http：//www.npc.gov.cn/npc/c30834/201908/9300f641ce4f40678e24509baa00a17f.shtml。

② 舒颖、田宇：《全国人大常委会组成人员审议民法典侵权责任编草案时建议 明确产品责任惩罚性赔偿倍数》，载《中国人大网》2019年8月25日，http：//www.npc.gov.cn/npc/c30834/201908/9300f641ce4f40678e24509baa00a17f.shtml。

第二，参考一般侵权损害赔偿的数额确定标准来进行。惩罚性赔偿仍然是损害赔偿的一种类型，因此在确定赔偿数额时，应当参考一般侵权损害赔偿数额的确定标准。并且，本条强调是“相应的惩罚性赔偿”，则意味着惩罚性赔偿数额的标准，具有一个对照标准。那么这种“相应”，应当根据案件的各种因素综合进行判断，这也是一般侵权损害赔偿数额的确定因素。从司法实践来看，应当主要参考生产者、销售者的过错程度，侵权行为造成的损害后果严重程度，生产者、销售者从缺陷产品销售中的获利情况，生产者、销售者承担责任的经济实力这些因素，此外还可以结合被侵权人当地的平均生活水平等因素，来确定合理的惩罚性赔偿数额。

法条关联

◆《消费者权益保护法》

第五十五条第一款　经营者提供商品或者服务有欺诈行为的，应当按照消费者的要求增加赔偿其受到的损失，增加赔偿的金额为消费者购买商品的价款或者接受服务的费用的三倍；增加赔偿的金额不足五百元的，为五百元。法律另有规定的，依照其规定。

◆《食品安全法》

第一百四十八条第二款　生产不符合食品安全标准的食品或者经营明知是不符合食品安全标准的食品，消费者除要求赔偿损失外，还可以向生产者或者经营者要求支付价款十倍或者损失三倍的赔偿金；增加赔偿的金额不足一千元的，为一千元。但是，食品的标签、说明书存在不影响食品安全且不会对消费者造成误导的瑕疵的除外。

案例评议

一、常宁市南方万乘汽车销售有限责任公司与曾某、湖南宝龙汽车销售服务有限公司产品销售者责任纠纷案①

◆ **裁判规则**

在认定万乘公司是否要承担惩罚性赔偿时，法院认为，《侵权责任法》第

① 湖南省衡阳市中级人民法院民事判决书，（2017）湘04民终2042号。

47条规定，明知产品存在缺陷仍然生产、销售，造成他人死亡或者健康严重损害的，被侵权人有权请求相应的惩罚性赔偿。该条对惩罚性赔偿规定了严格的适用条件：惩罚性赔偿的适用以造成受害人死亡或健康的严重损害为前提，且该损害必须是实际发生的；惩罚性赔偿的适用以侵权人明知产品缺陷为前提。从本案已查明的事实来看，曾某没有提供证据证实万乘公司明知部分零件生锈的主观故意，亦不存在造成受害人死亡或健康严重损害的情形。因此，从惩罚性赔偿的立法目的及侵权法原理的角度来看，本案中万乘公司不承担3倍赔偿责任。

◆ **评议**

本案中，被侵权人购买的车辆经检测，发现发动机后部右侧、底盘部位左、右半轴、排气管等铁制部件上有大量钢铁锈迹，油底壳离合器壳体、发动机壳体等铝制部件上有大量白色粉末状物质，经过化验造成该车生锈及发动机底座等铝制部件氧化是酸性物质腐蚀氧化所致。表明被侵权人提车前，涉案车辆底盘就已生锈。被侵权人依据《消费者权益保护法》第55条规定，请求销售者承担3倍赔偿责任，但法院认为，被侵权人并没有证明销售者存在“明知产品存在缺陷仍然生产、销售”的现象，也不存在“造成他人死亡或者健康严重损害”的后果，故未支持3倍惩罚性赔偿的请求。

二、黄某、深圳市涵韵化妆品有限公司等产品责任纠纷案①

◆ **裁判规则**

在认定涵韵公司、朱某是否要承担惩罚性赔偿时，法院认为，《侵权责任法》第47条规定“明知产品存在缺陷仍然生产、销售，造成他人死亡或者健康严重损害的，被侵权人有权请求相应的惩罚性赔偿。”本案中，涵韵公司、朱某明知未取得《化妆品生产企业卫生许可证》，其灌装产品的行为不符合国家标准，仍购买塑料软管、印制包装盒，委托他人灌装茱莉娜（JULINA）系列化妆品，并进行销售，造成使用者黄某六级伤残，上述事实与法律规定承担惩罚性赔偿规定的情形相符，故应承担惩罚性赔偿责任。

---

① 内蒙古自治区呼和浩特市中级人民法院民事判决书，（2017）内01民终1965号。

◆ **评议**

本案中，被侵权人购买使用了涉案系列美白产品后，出现脸部爆皮，踝部水肿，经诊断为汞中毒，中毒原因为化妆品接触。经查明，销售者明知未取得《化妆品生产企业卫生许可证》，其灌装产品的行为不符合国家标准，仍购买塑料软管、印制包装盒，委托他人灌装化妆品并进行销售，造成被侵权人六级伤残的后果，符合“明知产品存在缺陷”和“造成他人死亡或者健康严重损害”两项要求，故支持了被侵权人的惩罚性赔偿请求。

第五章　机动车交通事故责任

本章概要

本章是关于机动车交通事故责任中的一些基本原则和重要内容的规定，规定了机动车交通事故责任的法律适用原则、租赁与借用等情形下机动车发生交通事故的赔偿责任、买卖机动车已交付但未登记时交通事故的责任主体、挂靠机动车交通事故的责任、未经允许驾驶他人机动车造成损害的责任承担、机动车强制责任保险与商业保险及侵权行为人之间责任承担的顺序、转让拼装车与报废车发生交通事故造成损害的责任主体、盗抢机动车发生交通事故后的责任承担、机动车驾驶人肇事后逃逸的赔偿责任以及非营运机动车无偿搭乘人受损的责任承担。

第一千二百零八条　【机动车交通事故责任的法律适用】

机动车发生交通事故造成损害的，依照道路交通安全法律和本法的有关规定承担赔偿责任。

本条来源

《侵权责任法》第四十八条规定："机动车发生交通事故造成损害的，依照道路交通安全法的有关规定承担赔偿责任。"

立法演变

《民法典侵权责任编草案》（一审稿）第九百八十三条规定："机动车发生交通事故造成损害的，依照道路交通安全法的有关规定承担赔偿责任。"

《民法典侵权责任编草案》（二审稿）第九百八十三条规定：“机动车发生交通事故造成损害的，依照道路交通安全法和本法的有关规定承担赔偿责任。”此后稍有调整。

条文释义

本条是关于机动车交通事故责任法律适用的规定。

一、概述

机动车交通事故责任，是指因机动车在交通中产生事故而造成他人人身或财产权益的损害，机动车一方所应承担的侵权责任。在现代社会，机动车在人们的日常出行、货物运输中扮演着极为重要的角色，机动车的发明和普及，极大地提高了人们生活的便利程度，增加了人们的福利，但同时，机动车作为具有较大自重、以金属材料制成、能够以较快甚至极快速度行驶的机器，其对人们的安全也产生了很大的威胁。

据交通部的统计报告，2016 年我国共接报道路交通事故 864.3 万起，其中，涉及人员伤亡的道路交通事故 212846 起，造成 63093 人死亡、226430 人受伤，直接财产损失 12.1 亿元。2019 年 6 月 24 日《柳叶刀》杂志在线刊登的、由中国疾病预防控制中心与美国华盛顿大学健康测量及评价研究所（IHME）合作完成的论文《1990—2017 年中国及其各省的死亡率、发病率和危险因素：2017 年全球疾病负担研究的一个系统分析》，从 282 类致死原因中找出了 2017 年中国人的十大死亡原因，分别是：中风、缺血性心脏病、呼吸系统（气管、支气管、肺）癌症、慢性阻塞性肺病、肝癌、道路交通伤害、胃癌、阿尔兹海默症及其他痴呆症、新生儿疾病和高血压性心脏病。可见，交通事故已经是中国人死亡原因中排名第六的原因。

一个国家机动车交通事故给人们造成损害后果的严重程度，与该国的汽车工业发展和汽车普及率是密不可分的。新中国建立后，我国的汽车工业才逐步开始发展。1953 年 7 月 15 日，第一汽车制造厂（即中国第一汽车集团公司）在吉林省长春市开始建设，我国汽车工业进入了初创阶段。改革开放后，我国汽车工业进入了全面发展阶段，如今伴随着我国生活水平的普遍提高和汽车制造业的逐渐成熟，我国汽车工业也就进入了高速增长阶段，到了 2009 年，中国汽车产量首次突破千万，以 1379 万辆的成绩排名全球第一。国务院参事室特约研究员姚景源在“2018中国企业家博鳌论坛”主题为“澎湃中国汽车行业的新行动”的高端对话中说，“1978年中国汽车产量为14.9万台，而到了今年，日均产量就达到了8万台，正是改革开放造就了中国汽车行业的迅猛发展。”[①] 当然，我国的汽车人均保有量，与美国日本等发达国家相比，仍然较低，汽车行业仍有巨大的发展空间。据公安部交通管理局统计，我国2019年上半年全国机动车保有量达3.4亿辆，全国66个城市汽车保有量超过100万辆，北京、成都等11个城市超过300万辆。机动车驾驶人数量达4.22亿人。[②]

由这些统计数据可以看到，汽车工业在我国有了飞速发展，并且还将持续发展下去。在机动车越来越普及的时代，其不可避免地带来了一些弊端，其中最大的弊端就是机动车交通事故可能造成他人的人身和财产的损害。那么作为侵权责任编的一章，机动车交通事故责任就需要在保障各方权益和维护道路交通秩序、通行自由畅通中取得平衡，并尽可能化解纠纷，维护社会秩序的稳定。

本条是关于机动车交通事故责任法律适用的规定，也是对机动车交通事故责任的一般规定，关于机动车交通事故责任的主体、归责原则、赔偿顺序等，都可以依据本条规定来确定所适用的法律依据。

二、内容

（一）机动车交通事故责任的法律适用

本条主要是规定了机动车发生交通事故造成损害后的法律适用问题。1960年国务院就批准交通部发布了《机动车管理办法》，1988年国务院又发布了《道路交通管理条例》，1991年发布了《道路交通事故处理办法》。后来在2003年10月28日由第十届全国人民代表大会常务委员会颁布了《道路交通安全法》，并在2007年12月29日作出了修正。国务院在2004年4月28日还颁布了《道路交通安全法实施条例》，并在2017年和2011年作出了修正，该条例对《道路交通安全法》实施中的具体问题作出了规定。

《道路交通安全法》详细规定了机动车、非机动车和机动车驾驶人的条件、资质等内容，规定了道路的通行条件和机动车、非机动车、行人和乘车人各自的通行规则，还对高速公路的通行速度、故障处理等作出了特别规定，并以专

① 新华网2018年12月5日电（冯孔）。

② 《2019年上半年全国机动车保有量达3.4亿辆》，新华社2019年7月4日电。

章形式规定了交通事故处理的程序和赔偿责任的承担规则，是关于道路交通责任处理的专门立法，内容详细，且有《道路交通安全法实施条例》对其具体问题进行解释适用，能够应对道路侵权责任的一般处理需求。

由于机动车交通事故的责任认定和处理具有一定的技术性，而且已经有了道路交通领域的单行法律法规，所以 2009 年《侵权责任法》第 48 条就明确规定："机动车发生交通事故造成损害的，依照道路交通安全法的有关规定承担赔偿责任。"这一规定相当于将机动车交通事故的处理依据，完全转致到了《道路交通安全法》。但是，《侵权责任法》依然用 6 个条文规定了租赁、借用等情形发生交通事故的责任主体，买卖等方式转让并交付机动车但未办理所有权转移登记时交通事故的责任承担，买卖拼装车、报废车的交通事故责任承担，盗窃、抢劫或者抢夺机动车交通事故的责任承担，以及事故后逃逸的责任承担。可见《侵权责任法》对于机动车交通事故责任并非完全不加规定，所以其第 48 条的规定，未考虑到适用自身规定的情形，在表述上不够严谨。

因此，在本次民法典编纂过程中，立法机关对该条进行了适度修改，强调"依照道路交通安全法律和本法的有关规定"来处理机动车交通事故造成的损害问题，明确了机动车交通事故侵权责任的法律依据，一是以《道路交通安全法》为代表的涉及道路交通安全的法律中的相关规定，二是《民法典》的相关规定。这也意味着，在处理机动车交通事故侵权纠纷时，应当按照特别法优于一般法的原则，先适用《道路交通安全法》等专门法律的相关规定，在必要时，再适用《民法典》的有关规定。

（二）机动车交通事故的责任主体

机动车交通事故，是指机动车在道路上因过错或者意外造成的人身伤亡或者财产损失的事件。而道路上的交通参与主体，主要是车辆和行人两大类。

首先，机动车交通事故必须发生在道路上。关于道路的定义，《道路交通安全法》作出了界定，道路是指公路、城市道路和虽在单位管辖范围但允许社会机动车通行的地方，包括广场、公共停车场等用于公众通行的场所。因此，不允许社会上车辆通行的地方，就不属于这里的道路概念，比如封闭而不对外开放的道路，或者属于私人产权性质的道路等。

其次，车辆又包括机动车和非机动车。机动车，是指以动力装置驱动或者牵引，上道路行驶的供人员乘用或者用于运送物品以及进行工程专项作业的轮式车辆。非机动车，是指以人力或者畜力驱动，上道路行驶的交通工具，以及虽有动力装置驱动但设计最高时速、空车质量、外形尺寸符合有关国家标准的残疾人机动轮椅车、电动自行车等交通工具。

因此，在机动车交通事故中，可能涉及机动车驾驶人、非机动车驾驶人和行人三方主体。其中，机动车和非机动车除了驾驶员之外，还可能有乘客。但是机动车交通事故责任的主体，专指机动车一方作为责任主体。机动车交通事故责任，是指因机动车交通事故造成他人人身或财产权益损害时，机动车一方所应承担的侵权责任。其他参与主体，如行人、非机动车一方，在责任中也可能有过错，甚至承担全部责任，但这些主体的责任，可以通过与有过失或受害人故意的制度来对机动车一方的责任进行减免。

（三）机动车交通事故的归责原则

我国 1986 年《民法通则》并未直接规定机动车交通事故责任，其关于高速运输工具的无过错责任原则是否适用于机动车交通事故责任，一直存在争议。1991 年《道路交通事故处理办法》对此直接采用了过错责任原则。此后便统一根据《道路交通安全法》第 76 条的规定来处理机动车交通事故责任，该条针对不同主体之间的交通事故，采取了不同的归责原则。总体来看，机动车之间的交通事故采取过错责任原则，而机动车与非机动车、机动车与行人之间，则采取无过错责任原则。

1. 机动车之间交通事故的过错责任原则

由于机动车之间发生交通事故，都是交通工具之间的碰撞，不存在车辆对行人碰撞那样的悬殊差距，而机动车的驾驶必须遵循严格而细致的道路通行规则，因此，违反通行规则的一方，一般就表明其具有过错，而对于通行规则违反越严重，则其过错程度也就越大。

因此，对于机动车之间发生交通事故的归责原则，采过错责任原则，由有过错的一方承担赔偿责任。如果机动车双方都有过错的，则按照各自过错的比例分担责任。

2. 机动车与非机动车、机动车与行人交通事故的无过错责任原则

非机动车往往是人力车或畜力车，或者是小型的电动车、自行车之类的简易交通工具，动力弱，结构简单，材料不坚固，因此相对于制造工艺成熟、马力强劲、材料坚固的机动车而言，非机动车和行人一样弱势。因此，《道路交通

安全法》将非机动车和行人置于同等位置。

当机动车与非机动车驾驶人、行人之间发生交通事故时，由机动车一方承担赔偿责任。此种责任是无过错责任，即无论机动车一方是否有过错，都会产生侵权责任，只不过责任大小不同。

具体而言，非机动车驾驶人、行人一方有过错的，根据其过错大小，可以构成对机动车一方责任的减免事由。如果交通事故的损失是由非机动车驾驶人、行人故意碰撞机动车造成的，则机动车一方不承担赔偿责任。如果非机动车驾驶人、行人有其他过错的，则根据过错程度适当减轻机动车一方的赔偿责任，但即便机动车一方没有过错，也应当在不超过10%范围内承担一定的赔偿责任。这种无过错责任的规定，是为了倾斜保护非机动车和行人一方。

（四）网约车平台的责任问题

随着网络约车平台服务近些年的飞速普及，出现了一些网约车司机交通肇事、开套牌车、冒名顶替甚至对乘客实施恶性犯罪行为的事件，因此，在本次民法典草案审议过程中，网约车平台的责任问题引起了不少人大代表、常委会委员的关注。

例如全国人大常委会周光权、王砚蒙等委员在二审时就建议增加对网约车平台责任的规定："如果违法成本不高，有可能导致平台重视程度不够。如果平台可以被认定为机动车保有人，就属于责任主体。如果不是机动车保有人，只是提供媒介服务，应该对网约车保有人承担监督职责，如果有过错应当与机动车保有人承担连带责任。"①

全国人大常委会刘海星委员也认为，"在某些特定情况下，除车辆驾驶人承担相应责任外，网约车平台也负有责任。建议将网约车平台与车辆驾驶人规定为连带责任。"② 全国人大常委会吕薇委员也建议增加网约车发生交通事故责任分担的规则，包括网络平台的责任和司机的责任等。③

---

① 王姝：《法定婚龄该不该下调？民法典编纂中的九大争议》，载《新京报》2020年5月22日。

② 朱宁宁：《积极回应社会关切聚焦新情况新问题 侵权责任编草案尚有细化空间》，载《法制日报》2019年8月27日。

③ 朱宁宁：《积极回应社会关切聚焦新情况新问题 侵权责任编草案尚有细化空间》，载《法制日报》2019年8月27日。

根据交通运输部、工业和信息化部、公安部、商务部、工商总局、质检总局、国家网信办令七部委2016年7月联合发布的《网络预约出租汽车经营服务管理暂行办法》第2条的定义，网约车经营服务，是指以互联网技术为依托构建服务平台，整合供需信息，使用符合条件的车辆和驾驶员，提供非巡游的预约出租汽车服务的经营活动。同时，该《办法》所称的网约车经营服务，还不包括私人小客车合乘，也称为拼车、顺风车，对于拼车的相关管理，该《办法》要求按城市人民政府有关规定执行。可见，人们日常所说的网约车，是比较宽泛的概念，其内容既包括了《办法》所称的非巡游的预约出租汽车服务，也包括了能够通过网络约定的巡游出租汽车服务，还包括拼车、顺风车服务。

那么在这种意义上的网约车，其司机与平台的关系便不可一概而论，而是根据不同的情况分为不同的关系，有的网约车司机与平台是劳动关系，双方存在劳动合同关系，司机根据平台的要求按时上班、完成运输任务；有的网约车司机与平台之间是灵活用工的雇佣关系，在司机上线提供服务时，便需听从平台的指令调配，完成相应的任务；还有的网约车平台与司机是网络服务提供者与网络用户之间的关系，平台只是在车主与用户之间提供用车有关的信息服务，是一种买卖双方之间提供订立合同的媒介服务。那么在不同的模式下，网约车平台对于司机的控制力就不同，网约车从司机的运营中获取的利益也不同。在第一种情形下，网约车平台与司机之间形成用人单位与员工之间的关系，司机如果发生道路交通事故且负有责任的，则自然由用人单位对外承担赔偿责任；在第二种情形下，平台在司机的工作时间内对司机具有一定的支配力且从中获取利益，双方关系类似于用人单位与员工的关系；而在第三种情形下，网约车平台与司机之间对外责任的承担，更应该适用关于网络侵权责任的规定。此外，在有关网约车司机的负面消息中，对乘客实施犯罪行为，或者肇事造成乘客损害的，都不属于本章机动车交通事故中责任的调整范围，而应当由过错责任原则的一般规定进行调整。只有当网约车司机驾驶机动车造成交通事故、造成他人损害的，才属于本章的调整范围。那么此时，应当根据网约车司机与网约车平台之间不同的关系，决定是否将网约车平台归入机动车一方来对外承担责任，然后决定对网约车平台究竟是适用机动车交通事故责任的规定来划分其责任，还是适用网络侵权责任的规定来划分其责任。

因此，全国人大法工委的负责人在回应上述全国人大常委会委员们的疑问时，指出："网络预约机动车作为新生事物，各方面对其责任问题如何规定分歧很大。如在网络预约平台公司仅提供媒介服务的情形下，机动车使用人与网络预约平台究竟应当承担什么样的责任，一直有不同的意见。经反复研究认为，在争议较大、难以形成基本共识的情况下，民法典作为基本法还不宜对这一问题仓促作出规定。"① 同时，鉴于目前已经有七部委的《网络预约出租汽车经营服务管理暂行办法》及交通部的《网络预约出租汽车监管信息交互平台运行管理办法》为网约车提供行政管理上的规范依据，使得网约车目前处于有法可依的状态，不至于无序发展。因此，立法机关最终认为，对于网约车的道路交通事故责任问题，"在争议较大的情况下，法律不宜过早作出规定，否则可能对相关行业造成限制。据此，民法典草案对这一问题未作规定。"②

（五）未来无人驾驶技术对机动车交通事故责任的影响前瞻

目前，机动车作为一种人类发明的机器，还是需要人力操纵控制才能驾驶。所以对于机动车的责任主体，以机动车尤其是实际使用人作为责任主体，对于归责原则，在机动车之间适用过错责任原则，在机动车与非机动车和行人之间，适用无过错责任原则。那么，这些法律规则在未来自动驾驶技术成熟之后，也许会面临挑战。全国人大常委会刘海星委员也提出，"随着智能驾驶、无人驾驶的逐步推广。建议预留适用接口，避免未来自动驾驶技术大规模应用后，随之而来的侵权行为陷于无法可依的情况。"③

自动驾驶是指在自动驾驶车辆上，在不需要驾驶人执行物理性驾驶操作的情况下，能够对车辆行驶任务进行指导与决策，并代替驾驶人操控行为使车辆完成安全行驶的功能。自动驾驶车辆是指配备有技术的车辆，该技术能够在不需要人工操作的情况下执行至少一项动态驾驶任务，包括部分自动化、条件自动化、高度自动化和完全自动化。近些年，由于一些科技公司和汽车公司积极进行自动驾驶的研究开发，促使这项技术得到了飞速的进步。

---

① 王春霞：《全国人大法工委回应民法典草案六大问题 离婚冷静期制度不适用于遭遇家暴起诉离婚》，载《中国妇女报》2020 年 5 月 15 日。

② 王春霞：《全国人大法工委回应民法典草案六大问题 离婚冷静期制度不适用于遭遇家暴起诉离婚》，载《中国妇女报》2020 年 5 月 15 日。

③ 朱宁宁：《积极回应社会关切聚焦新情况新问题 侵权责任编草案尚有细化空间》，载《法制日报》2019 年 8 月 27 日。

而关于自动驾驶的分级，目前国际上普遍认可的是 SAE（国际汽车工程师协会）的标准，分为 L0—L5，共 6 级。L0 级，意味着完全是手动人工操作，就是人工驾驶，电脑系统最多只提供一些辅助的警告和信号，比如倒车时候的雷达提醒、行车时候的距离提醒。这些功能现在的轿车基本都有。L1 级，意味着电脑系统能够对驾驶起到一些辅助功能，可以称为辅助驾驶。比如自适应巡航、自动紧急刹车等，系统开始对车辆有主动的操控行为。L2 级，电脑系统能自动驾驶车辆，但驾驶员要时刻保持注意力，随时准备接管汽车的驾驶，L2 也叫作半自动化。也就是说，驾驶员不用手握方向盘，但仍然需要坐在方向盘前面，并随时准备接管方向盘、踩下刹车。L3 级的自动驾驶就实现了比较高程度的机器操作，所以 L3 叫作高度自动化。此时驾驶员可以完全放弃操控，只有在少数情况下需要接管汽车。但这时候汽车的方向盘仍然存在，在一些突发情况下，驾驶员还需要接管汽车的驾驶操作。到了 L4 级，L4 叫作超高自动化驾驶，但对于道路情况还有一定的局限性。在允许驾驶的路上，车辆的方向盘就完全消失了，人类无需监控路面和车辆行驶状态，也无需再介入车辆的操作。而到了最高的 L5 级，就实现了道路车辆的完全智能化。所以 L5 级也叫作全自动化驾驶，电脑系统达到了人类的驾驶水平。

就目前而言，大部分自动驾驶研究机构还处于 L2 和 L3 等级，想要达到 L4 或 L5 那样美好的出行场景，可能还需要较长时间。因此，立法机关暂时没有考虑在民法典中针对未来无人驾驶汽车技术成熟后的情况作出规定。如果这一技术迅速发展并趋向成熟，那么按照我国立法的惯例，应当是先由行政法规对无人驾驶机动车侵权责任作出特别规定，等到该技术比较成熟、无人驾驶汽车开始普及时，再通过修法的方式进入到民法典。那么对于这一技术的发展运用，目前尚难以知道具体的时间节点，所以现阶段仍以学术研究为主。

在现阶段，认定机动车一方时，虽然会出现所有人、管理人和实际使用人发生分离，并且分离的原因可能是基于合法原因如租赁、借用，也可能是基于非法原因如盗窃、抢夺等，机动车使用人在较长时间内仍然是机动车的控制人和管领人，仍然应当对机动车交通事故承担首要责任。在无人驾驶技术比较成熟的阶段，机动车的驾驶已经不需要驾驶员的操控，甚至不需要安排驾驶员的角色，那么机动车交通事故责任更接近于产品责任，此时应当由自动驾驶机动车的生产者、销售者对外承担责任，因为传统人对于物的管领和控制而导致损害的发生的理论，已经发生变化，难以再适用于无人驾驶的机动车。

法条关联

◆《道路交通安全法》

第七十六条　机动车发生交通事故造成人身伤亡、财产损失的，由保险公司在机动车第三者责任强制保险责任限额范围内予以赔偿；不足的部分，按照下列规定承担赔偿责任：

（一）机动车之间发生交通事故的，由有过错的一方承担赔偿责任；双方都有过错的，按照各自过错的比例分担责任。

（二）机动车与非机动车驾驶人、行人之间发生交通事故，非机动车驾驶人、行人没有过错的，由机动车一方承担赔偿责任；有证据证明非机动车驾驶人、行人有过错的，根据过错程度适当减轻机动车一方的赔偿责任；机动车一方没有过错的，承担不超过百分之十的赔偿责任。

交通事故的损失是由非机动车驾驶人、行人故意碰撞机动车造成的，机动车一方不承担赔偿责任。

案例评议

高某1、高某2诉许某、朱某1、朱某2、孙某案①

◆ 裁判规则

在认定本案中高某1是否应承担连带赔偿责任时，法院认为，《侵权责任法》第48条规定："机动车发生交通事故造成损害的，依照道路交通安全法的有关规定承担赔偿责任"。《道路交通安全法》第76条第1项规定："机动车之间发生交通事故的，由有过错的一方承担赔偿责任；双方都有过错的，按照各自过错的比例分担责任。"本案中赛某驾驶叶某所有的车辆与高某1、李某驾驶的车辆3车相撞，导致乘车人朱某死亡，东营市公安局交通警察支队直属警察一大队已于2011年11月8日作出道路交通事故认定书，认定赛某承担事故的主要责任，高某1承担事故的次要责任，李某、朱某无责任。各方当事人对该

① 山东省高级人民法院民事判决书，（2013）鲁民提字第16号。

交通事故认定书均无异议。按照交通事故认定书确定的主次责任，酌定赛某承担70%的责任、高某1承担30%的责任。根据《侵权责任法》第12条、第13条，同时结合《道路交通安全法》第76条第1项的规定，本案发生交通事故，应由过错责任方按照各自过错的比例分担责任，而不是互负连带责任。

◆ **评议**

本案中，行为人驾驶未悬挂号牌的小型轿车连续与两辆小型轿车相撞，造成数人受伤、一名乘车人死亡的后果。法院认为，依据《道路交通安全法》的规定，机动车之间发生交通事故的，实行过错责任，而机动车之间发生交通事故致第三人损害的，机动车之间如何承担赔偿责任没有明确规定。本案是机动车相撞造成一名乘车人死亡，最后法院依据《最高人民法院关于审理人身损害赔偿案件适用法律若干问题的解释》和《侵权责任法》关于无意思联络数人侵权的规定，认定行为人应当承担连带责任。

第一千二百零九条　【租赁、借用机动车责任】

因租赁、借用等情形机动车所有人、管理人与使用人不是同一人时，发生交通事故造成损害，属于该机动车一方责任的，由机动车使用人承担赔偿责任；机动车所有人、管理人对损害的发生有过错的，承担相应的赔偿责任。

本条来源

《侵权责任法》第四十九条规定："因租赁、借用等情形机动车所有人与使用人不是同一人时，发生交通事故后属于该机动车一方责任的，由保险公司在机动车强制保险责任限额范围内予以赔偿。不足部分，由机动车使用人承担赔偿责任；机动车所有人对损害的发生有过错的，承担相应的赔偿责任。"

立法演变

《民法典侵权责任编草案》（一审稿）第九百八十四条规定："因租赁、借用等情形机动车所有人与使用人不是同一人时，发生交通事故后属于该机动车一方责任的，由机动车使用人承担赔偿责任；机动车所有人对损害的发生有过错的，承担相应的赔偿责任。”

《民法典侵权责任编草案》（二审稿）第九百八十四条规定：“因租赁、借用等情形机动车所有人、管理人与使用人不是同一人时，发生交通事故后属于该机动车一方责任的，由机动车使用人承担赔偿责任；机动车所有人、管理人对损害的发生有过错的，承担相应的赔偿责任。”

《民法典侵权责任编草案》（三审稿）第九百八十四条：“因租赁、借用等情形机动车所有人、管理人与使用人不是同一人时，发生交通事故造成损害，属于该机动车一方责任的，由机动车使用人承担赔偿责任；机动车所有人、管理人对损害的发生有过错的，承担相应的赔偿责任。”此后无变化。

条文释义

本条是关于租赁、借用等情形下，机动车发生交通事故赔偿责任的规定。

一、概述

实践中，机动车的所有权人驾驶自己的机动车，或者聘任司机驾驶自己的机动车，这种情形非常常见，在责任认定时，也较为简单，因为无论是亲自驾驶还是聘请司机驾驶，都是所有权人自己负责。但是，在很多情形下，驾驶机动车的人员并非机动车的所有权人，也不是所有权人聘请的司机，而是基于租赁关系驾驶租来的车辆，或者通过亲戚朋友、同学熟人等借来使用的车辆。

尤其是现代社会汽车租赁行业越来越发达，无论是汽车长期租赁，还是临时租赁，同城租赁或者异地租赁，都越来越便利。甚至可以通过一些具有跨国业务的汽车租赁公司，实现出国租赁。此外，随着各大城市对于新增汽车牌照的严格限制摇号或者拍卖，要么中签几率极其渺茫，要么需要排队多年，要么拍卖价格过高无法承受，所以在实行汽车上牌管制的城市，租赁车牌的做法也越来越多，即拥有汽车拍照或者中签者，暂无使用汽车的需求，但又不愿放弃汽车牌照，因此将汽车牌照租赁给其他需要用车但没有取得汽车牌照的人使用。这又分为三种情况，一是拥有汽车牌照的人将汽车牌照使用权租赁给他人，并由承租人出资购置车辆，将车辆置于该牌照下；二是拥有汽车牌照，又已经购置汽车的人，将带牌照的汽车租赁给他人使用；三是汽车销售公司提供带牌照的汽车（以新款电动汽车为主），只租不售，有偿提供给欲购车者使用。

因此，伴随着这些机动车的产权人、管理人与使用人发生分离的情形越来越多，对于如何理解《道路交通安全法》第76条规定的“机动车一方”，就产生了争议，机动车一方究竟是指机动车所有人、管理人一方，还是指机动车的实际使用人一方？而这类情形，是《道路交通安全法》及其实施条例未加以明确规定的，需要在民事法律中进行规定。《侵权责任法》第49条：“因租赁、借用等情形机动车所有人与使用人不是同一人时，发生交通事故后属于该机动车一方责任的，由保险公司在机动车强制保险责任限额范围内予以赔偿。不足部分，由机动车使用人承担赔偿责任；机动车所有人对损害的发生有过错的，承担相应的赔偿责任。”这一规定，对此类情形的责任主体和责任承担作出了明确规定。

在本次民法典编纂过程中，本条规定予以了保留，只是进行了修改完善。一是增加了“管理人”的规定，将管理人与所有人并列；二是将机动车强制保险责任限额范围内的保险公司责任隐去，凸显为机动车一方的责任。

二、内容

（一）机动车一方的责任

在租赁、借用等而导致机动车所有人、管理人与使用人合法发生分离的情形下，如果发生机动车交通事故，并造成他人损害的，而且该机动车一方存在责任的，那么首先就应当由机动车使用人来承担赔偿责任。

这是因为机动车是需要人操控的机器，对于机动车的直接控制人，其驾驶行为直接决定了机动车是否存在违规、是否具有过错，因此由机动车的使用人承担责任，是符合机动车交通事故责任的立法宗旨的。从危险来源和危险控制的角度看，机动车交通事故的危险表明上来自于机动车，而本质上则来自于驾驶人员的不规范驾驶行为，而能够控制机动车的，只能是机动车的使用人，而非其背后的机动车所有权人或管理人。并且，由物的实际控制人承担责任，也符合罗马法以来的基本原理，当物造成的损害系由于人对于物的控制而造成的，就应当由对物具有控制和管领力的人来承担责任。那么相对于机动车的所有权人或管理人而言，机动车的使用人就是实际控制人，因此，应当首先追究使用人的侵权责任。

在将机动车的实际使用人界定为机动车一方之后，对于机动车使用人的责任认定，仍然要回到《道路交通安全法》第76条的规定，区分机动车与机动车之间、机动车与非机动车、行人之间不同的情形，适用不同的归责原则。

此外，《侵权责任法》对于机动车一方的责任，明确要求由保险公司在机动车强制保险责任限额范围内予以赔偿，而本条则修改这一规定，仅强调由机动车使用人承担赔偿责任。那么在机动车强制保险责任限额范围内，保险公司是否就无需承担责任了呢？对此，答案是否定的。只要机动车购买了交通事故强制责任保险，那么在机动车交通事故责任强制保险生效后，无论被保险人是否在交通事故中负有责任，保险公司均将按照相关规定和机动车交通事故责任强制保险条款的具体要求，在责任限额内予以赔偿。

当然，超出强制责任保险限额的部分，如果机动车购买了商业保险，则由承保机动车商业保险的保险人按照保险合同的约定，决定是否予以赔偿，还有不足的部分则由机动车的实际使用人自行承担。

（二）机动车所有人、管理人的责任

本条虽然强调，因租赁、借用等情形机动车所有人、管理人与使用人不是同一人时，发生交通事故造成损害，属于该机动车一方责任的，首先就应当由机动车使用人承担赔偿责任，但如果机动车的所有人、管理人对于损害的发生也存在过错的，则承担相应的赔偿责任。

由于机动车的使用人取得机动车的使用权，是基于与机动车的所有人或管理人的租赁或借用等合法关系而取得，那么在判断机动车所有人、管理人对于损害是否具有过错时，就要看其是否尽到了在订立租赁合同或成立借用关系时，是否尽到了应尽的注意义务。

首先，机动车的所有人、管理人在将机动车出租、出借时，应当对承租人、借用人进行必要的审查，尤其是对承租人、借用人是否具备相应的驾驶资格进行审查。例如，18 周岁以上的人员才能申领驾驶证，那么就不能向未成年人出租、出借机动车。此外，不同类型的车辆，需要驾驶员持有不同登记的驾驶证，对此都应当进行审查。

其次，作为物品的出租人、出借人，机动车的所有人、管理人还应当保障机动车性能符合安全的要求，具备上路行驶的条件，不存在安全隐患，例如车辆刹车是否正常、车灯是否正常等。如果车辆还存在其他缺陷或需要特别说明的地方，机动车的所有人、管理人还应当对承租人、借用人进行特别说明。

再次，作为上路行驶的机动车，依法应当已经投保交强险才能上路行驶，所以机动车所有人、管理人应当已经对机动车依法投保了交强险。

另外，机动车所有人、管理人应当确保机动车依法应当进行了安全技术检测。根据《道路交通安全法》的规定，机动车应当从注册登记之日起，按照下列期限进行安全技术检验：营运载客汽车 5 年以内每年检验 1 次；超过 5 年的，每 6 个月检验 1 次；载货汽车和大型、中型非营运载客汽车 10 年以内每年检验 1 次；超过 10 年的，每 6 个月检验 1 次；小型、微型非营运载客汽车 6 年以内每 2 年检验 1 次；超过 6 年的，每年检验 1 次；超过 15 年的，每 6 个月检验 1 次；摩托车 4 年以内每 2 年检验 1 次；超过 4 年的，每年检验 1 次；拖拉机和其他机动车每年检验 1 次。安全技术检测的目的，是发现机动车是否存在安全隐患，如果机动车未依法进行安全技术检测而对他人进行出租、出借，发生交通事故并造成他人损害，且该事故的形成与机动车未依法进行年检存在因果关系，则机动车所有人、管理人具有过错。

最后，如果承租人、借用人是未成年人的，或者能够发觉其存在吸毒、醉酒、酗酒的症状的，则机动车的所有人、管理人应当察觉并拒绝提供租赁或借用服务。

《最高人民法院关于审理道路交通事故损害赔偿案件适用法律若干问题的解释》第一条就强调，在机动车发生交通事故并造成损害时，如果机动车所有人或管理人具有以下 4 种情形中的任何一种：知道或者应当知道机动车存在缺陷，且该缺陷是交通事故发生原因之一的；知道或者应当知道驾驶人无驾驶资格或者未取得相应驾驶资格的；知道或者应当知道驾驶人因饮酒、服用国家管制的精神药品或者麻醉药品，或者患有妨碍安全驾驶机动车的疾病等依法不能驾驶机动车的；其他应当认定机动车所有人或者管理人有过错的，就可以认定机动车的所有人或者管理人对于损害的发生有过错，应当承担相应的赔偿责任。

如果机动车的所有人、管理人未尽到上述必要的审查、安全保证和说明义务，则表明机动车的所有人、管理人存在过错，这种过错对于损害的发生也有一定的作用，两者之间具有一定的因果关系，因此机动车的所有人、管理人也应当承担相应的责任。相应的责任并非全部责任，也不是连带责任，而是机动车的所有人、管理人在其未尽到必要审查等注意义务的情况下，承担与其过错程度相适应的赔偿责任。

法条关联

◆《机动车交通事故责任强制保险条例》

第二十一条 被保险机动车发生道路交通事故造成本车人员、被保险人以外的受害人人身伤亡、财产损失的，由保险公司依法在机动车交通事故责任强制保险责任限额范围内予以赔偿。

道路交通事故的损失是由受害人故意造成的，保险公司不予赔偿。

◆《最高人民法院关于审理道路交通事故损害赔偿案件适用法律若干问题的解释》

第一条 机动车发生交通事故造成损害，机动车所有人或者管理人有下列情形之一，人民法院应当认定其对损害的发生有过错，并适用侵权责任法第四十九条的规定确定其相应的赔偿责任：

（一）知道或者应当知道机动车存在缺陷，且该缺陷是交通事故发生原因之一的；

（二）知道或者应当知道驾驶人无驾驶资格或者未取得相应驾驶资格的；

（三）知道或者应当知道驾驶人因饮酒、服用国家管制的精神药品或者麻醉药品，或者患有妨碍安全驾驶机动车的疾病等依法不能驾驶机动车的；

（四）其他应当认定机动车所有人或者管理人有过错的。

案例评议

郭某、李某诉毛某、唐某、韦某案①

◆ **裁判规则**

在认定李某在本案中是否承担赔偿责任时，法院认为，根据《侵权责任法》第49条及《最高人民法院关于审理道路交通事故损害赔偿案件适用法律若干问题的解释》第1条的规定，在发生交通事故，车辆所有人、管理人、驾驶人不是同一人时，所有人、管理人对损害发生有过错的，承担相应的赔偿责任。具体到本案中，作为车辆所有人李某承担责任的前提是其知道或应当知道肇事车辆的制动系统在出租给韦某时存在安全缺陷。对此，上诉人举出《机动车安全技术检验报

① 甘肃省高级人民法院民事判决书，（2014）甘民一终字第34号。

告》及相关保养单据，据以证明出租前车辆不存在安全缺陷，并已定期保养、维护，故其对损害的发生不存在过错，其不应承担责任。经审核，《机动车安全技术检验报告》的形成时间为2010年6月，而上诉人将车辆出租于韦某的时间是2012年2月19日，两者相隔一年半。相关维护保养时间与出租车辆时间亦在半年以上，故上述证据并不能充分证实车辆交于韦某时不存在安全缺陷。同时，上诉人作为车辆的有偿出租人，其对出租车辆应具有更为严格的运行安全保障义务，鉴于事故发生在车辆出租的第二天（2012年2月20日），在上诉人未能提交相关证据证实制动系统存在问题是粗暴驾驶或碰撞所致的情况下，不能排除车辆在出租前即存在安全缺陷，因此车辆所有人李某应承担20%的赔偿责任。

◆ **评议**

因租赁、借用等情形机动车所有人、管理人与使用人不是同一人时，发生交通事故造成损害，属于该机动车一方责任的，由机动车使用人承担赔偿责任；机动车所有人、管理人对损害的发生有过错的，承担相应的赔偿责任。

本案中，被告唐某无照驾驶被告韦某从被告李某处租赁的“猎豹”牌小型普通客车，行驶中与右侧护栏相撞后翻出路外，造成乘车人郭某某死亡，驾驶人唐某、乘车人韦某等5人受伤，车辆及高速公路设施受损的道路交通事故。经鉴定，该车转向性能符合国标要求，但制动性能不能满足车辆行车制动要求。

法院认为，车辆驾驶人作为使用人，应当承担40%的责任，车辆出租人作为车辆的有偿出租人，其对出租车辆应具有更为严格的运行安全保障义务，但不能排除车辆在出租前即存在安全缺陷，故出租人应当承担30%的责任；车辆所有人也不能排除将车辆交于韦某时不存在安全缺陷，应承担20%的责任。同时，受害人是免费搭乘肇事车辆，且其与肇事司机唐某为多年同事，其对唐某无驾驶资质应当是明知的，在此情况下，受害人草率搭乘，亦存在一定过错，应自行承担10%的责任。

第一千二百一十条　【买卖机动车未登记责任】

当事人之间已经以买卖或者其他方式转让并交付机动车但是未办理登记，发生交通事故造成损害，属于该机动车一方责任的，由受让人承担赔偿责任。

本条来源

《侵权责任法》第五十条规定："当事人之间已经以买卖等方式转让并交付机动车但未办理所有权转移登记，发生交通事故后属于该机动车一方责任的，由保险公司在机动车强制保险责任限额范围内予以赔偿。不足部分，由受让人承担赔偿责任。"

立法演变

《民法典侵权责任编草案》（一审稿）第九百八十五条规定："当事人之间已经以买卖等方式转让并交付机动车但是未办理登记，发生交通事故后属于该机动车一方责任的，由受让人承担赔偿责任。"

《民法典侵权责任编草案》（三审稿）第九百八十五条规定："当事人之间已经以买卖或者其他方式转让并交付机动车但是未办理登记，发生交通事故造成损害，属于该机动车一方责任的，由受让人承担赔偿责任。"此后无变化。

条文释义

本条是关于买卖机动车已交付但未登记时交通事故责任主体的规定。由于本条强调的是机动车的所有权发生变更时，仅进行了交付但未进行登记时的责任主体认定问题，所以也被称为未办理过户手续时的责任。

一、概述

机动车在物理属性上是动产，因为其可以移动而不减损其价值，甚至机动车的主要价值就在于可以移动、能够移动、便于移动。但是，由于机动车价值较大，可能造成的损害也比较大，为了便于管理，维护社会秩序和公共安全，各国均规定对机动车实行登记制度。因此，机动车虽然是动产，但确实行了不动产的管理方法，在机动车的物权变动中，登记也扮演着重要的角色。因此，机动车在物权法上也常被称为特殊动产，或者准不动产，以强调其物权变动上的特殊性。

在实践中，当事人之间通过买卖、抵债、赠与等形式转让机动车，可能已经将机动车和车钥匙、行驶证等交付给受让人，但是却没有及时办理所有权移转过户登记，甚至不知道还需要办理移转过户登记，那么发生了机动车交通事故，受害人应当向谁主张损害赔偿，就可能存在一些问题。尤其是出现了机动车被多次转让、反复过手，但都没有办理所有权转移过户登记的情形，还有出现交通事故之后机动车驾驶人逃逸的情况，都会给受害人的损害赔偿请求权行使带来一定的困难。而这些问题是《道路交通安全法》所未以规定的，因此需要进行明确。

《侵权责任法》第50条就对此作出了规定："当事人之间已经以买卖等方式转让并交付机动车但未办理所有权转移登记，发生交通事故后属于该机动车一方责任的，由保险公司在机动车强制保险责任限额范围内予以赔偿。不足部分，由受让人承担赔偿责任。"本次民法典编纂过程中，对该条予以了保留，但进行了一些调整，将"买卖等方式"改为"买卖或者其他方式"，并且隐去了保险公司在机动车强制保险责任限额范围内予以赔偿的规定，而一概以受让人承担赔偿责任来表述机动车一方的责任。

二、内容

（一）机动车物权变动的公示方式

机动车在本质上作为动产，其物权的变动，本应遵循动产物权变动的一般规则，即动产物权的设立和转让，自交付时发生效力。但《民法典》物权编同时也强调，法律另有规定的除外。那么《民法典》物权编第225条就专门规定，船舶、航空器和机动车等的物权的设立、变更、转让和消灭，未经登记，不得对抗善意第三人。由此，机动车物权的变动，自交付时便发生物权变动的效力，但是此种效力仅存在于买卖双方和知情第三人之间，如果想要让这种物权变动的效力具有对外的效力，则还必须办理登记，才能对抗善意第三人。可见，机动车物权变动的公示方式，对内仅需交付，对外则还需要增加登记的程序。

对于机动车的登记，我国《道路交通安全法》及其实施条例，都作出了详细的规定。首先，我国对机动车实行登记制度，机动车的登记又分为注册登记、变更登记、转移登记、抵押登记和注销登记。就注册登记而言，初次申领机动车号牌、行驶证的，应当向机动车所有人住所地的公安机关交通管理部门申请注册登记，任何机动车都必须经公安机关交通管理部门登记后，方可上道路行驶。尚未登记的机动车需要临时上道路行驶的，例如新购买的机动车尚未登记完毕但需要临时上路行驶，也应当取得临时通行牌证。此外，在机动车注册登记完成后，如果机动车所有权发生转移、机动车登记内容变更、机动车用作抵押、机动车报废的，都应当办理相应的登记。例如，已注册登记的机动车，其所有人改变机动车车身颜色、更换发动机、更换车身或者车架，或者因质量有问题，制造厂更换整车的，或者营运机动车改为非营运机动车或者非营运机动车改为营运机动车的，以及机动车所有人的住所迁出或者迁入公安机关交通管理部门管辖区域的，机动车所有人都必须向登记该机动车的公安机关交通管理部门申请变更登记。

那么当已注册登记的机动车，由于买卖、抵债、赠与等原因而发生所有权转移的，依法也应当及时办理转移登记。在申请机动车转移登记时，当事人应当向登记该机动车的公安机关交通管理部门交验机动车，并提交当事人的身份证明、机动车所有权转移的证明或凭证、机动车登记证书、机动车行驶证等证明文件，才能取得移转登记。

由于机动车的物权变动并不以登记作为生效要件，而只是以登记作为对抗要件，所以取得机动车移转交付并实际占有的买受人，在当事人内部关系中，已经取得了机动车的所有权，只不过出现善意第三人对同一机动车的所有权提出主张时，此种交付不能作为买受人已经成为所有权人的证据来对抗善意第三人的请求。

（二）受让人的认定

受让人就是通过买卖合同或其他方式，例如赠与合同，或以物抵债等方式，从机动车所有权人处取得对机动车的占有的主体。一般来说，受让人就是买受人、受赠人、以物抵债的债权人等主体。由于本条将受让人作为机动车一方，所以此处的受让人必须是对机动车具有实际控制管领力的人，也就是说，取得了对机动车的占有，掌握机动车的钥匙的人。

因此，在机动车多重买卖或者连环买卖的情况下，对于受让人一方的判断，就相对简单一些，以取得对机动车实际控制的一方作为受让人，而并不完全依赖于基础合同的效力。具体而言，在出卖人就同一机动车与数人订立多重买卖合同时，如果各个买受人均未受领交付，则机动车一方仍然是出卖人，因为对于机动车的实际控制并未移转；如果已经将机动车交付给其中一位受让人，那么该取得对机动车控制权的受让人就是受让人，应当作为机动车一方来承担机动车交通事故责任；如果出卖人一方面将机动车实际交付给一名买受人，又为另一名买受人办理了机动车所有权转移过户登记，那么此时虽然出现了登记与交付相分离的情形，仍然应当以实际已受领交付的买受人作为本条中的买受人来认定。2004 年《广东省高级人民法院关于买卖车辆未办理过户手续车辆发生交通事故致人损害原车主应否承担赔偿责任的请示的批复》也强调，发生交通事故的，一般应当确定登记车主的民事责任，但如果登记车主系分期付款买卖的卖方或在车辆被盗用后致人损害的情形下，则登记车主不需承担民事责任。这也是强调将对机动车具有实际控制人的一方作为买受人。

在连环买卖、多次买卖中，无论其中合同效力如何，价款是否支付，均以最后取得对机动车实际控制的买方作为买受人，将其认定为机动车一方。2001 年《最高人民法院关于连环购车未办理过户手续，原车主是否对机动车发生交通事故致人损害承担责任的请示的批复》就指出，“连环购车未办理过户手续，因车辆已经交付，原车主既不能支配该车的营运，也不能从该车的营运中获得利益，故原车主不应对机动车发生交通事故致人损害承担责任。但是，连环购车未办理过户手续的行为，违反有关行政管理法规的，应受其规定的调整。”2012 年《最高人民法院关于审理道路交通事故损害赔偿案件适用法律若干问题的解释》第 4 条更是明确规定，被多次转让但未办理转移登记的机动车发生交通事故造成损害，机动车一方有责任的，应当以最后一次转让并交付的受让人作为机动车一方来承担赔偿责任。

（三）受让人的赔偿责任

根据本条规定，当事人之间已经以买卖或者其他方式转让并交付机动车但是未办理登记，此时发生了交通事故，并造成他人损害，如果该机动车一方依照《道路交通安全法》第 76 条的规定应当承担赔偿责任的，那么由受让人承担赔偿责任。此前《侵权责任法》第 50 条规定，此时应当由保险公司在机动车强制保险责任限额范围内予以赔偿，不足部分，再由受让人承担赔偿责任。

那么本条虽然并未规定保险公司的责任，但是如同《民法典》侵权责任编第 1209 条关于租赁、借用等情形下发生机动车交通事故责任一样，机动车参加强制保险的，则由保险公司在机动车强制保险责任限额范围内予以赔偿，如果车辆还投保了商业责任险的，不足部分由承保机动车商业保险的保险人按照保险合同的约定予以赔偿，还有剩余的赔偿责任的则由买受人进行赔偿。

法条关联

◆《民法典》物权编

第二百二十五条　船舶、航空器和机动车等的物权的设立、变更、转让和消灭，未经登记，不得对抗善意第三人。

◆《道路交通安全法》

第八条　国家对机动车实行登记制度。机动车经公安机关交通管理部门登记后，方可上道路行驶。尚未登记的机动车，需要临时上道路行驶的，应当取得临时通行牌证。

◆《最高人民法院关于审理道路交通事故损害赔偿案件适用法律若干问题的解释》

第四条　被多次转让但未办理转移登记的机动车发生交通事故造成损害，属于该机动车一方责任，当事人请求由最后一次转让并交付的受让人承担赔偿责任的，人民法院应予支持。

案例评议

国泰世纪产物保险股份有限公司诉常州唯尔福卫生用品有限公司、钱某案[①]

◆ 裁判规则

在认定常州唯尔福公司是否就涉案货物的损失承担赔偿责任时，法院认为，《侵权责任法》第50条规定，当事人之间已经以买卖等方式转让并交付机动车但未办理所有权转移登记，发生交通事故后属于该机动车一方责任的，由保险公司在机动车强制保险责任限额范围内予以赔偿。不足部分，由受让人承担赔偿责任。在本案中，涉案货车虽然登记为常州唯尔福公司所有，但现有证据足以证明常州唯尔福公司已将涉案货车以买卖方式转让给钱某，并已实际交付，钱某应对涉案货物的损失承担赔偿责任，常州唯尔福公司不应承担赔偿责任。

◆ 评议

本案中，一方当事人主张，涉案货车虽然登记为其所有，但实际已经转让

① 江苏省高级人民法院民事判决书，(2014) 苏商外终字第0028号。

给钱某，应由钱某承担赔偿责任。而对方当事人则认为，不是买卖，而是挂靠关系。法院首先通过《收条》等证据查明存在将涉案货车以买卖的方式转让给钱某的事实。然后，认为主张时挂靠的一方当事人并未提供足够的证据。最后，由于当事人之间已经以买卖或者其他方式转让并交付机动车但是未办理登记，发生交通事故造成损害，属于该机动车一方责任的，由受让人承担赔偿责任。因此判令受让人承担赔偿责任，转让人无需承担赔偿责任。

第一千二百一十一条　【挂靠机动车责任】

以挂靠形式从事道路运输经营活动的机动车，发生交通事故造成损害，属于该机动车一方责任的，由挂靠人和被挂靠人承担连带责任。

本条来源

《最高人民法院关于审理道路交通事故损害赔偿案件适用法律若干问题的解释》第三条规定："以挂靠形式从事道路运输经营活动的机动车发生交通事故造成损害，属于该机动车一方责任，当事人请求由挂靠人和被挂靠人承担连带责任的，人民法院应予支持。"

立法演变

《民法典侵权责任编草案》（一审稿）第九百八十六条规定："以挂靠形式从事道路运输经营活动的机动车发生交通事故造成损害，属于该机动车一方责任的，由挂靠人和被挂靠人承担连带责任。"此后无变化。

条文释义

本条是关于挂靠机动车交通事故责任的规定。

一、概述

挂靠是颇具中国特色的一种现象，往往某些行业具有门槛要求，以至于欲从事该行业者难以达到要求，不得不借助其他从业者的资质来进行实际营业，或者借助他人的资质、名号，以获取市场竞争中的某种便利条件或优势。在交通运输行业，同样存在较多的门槛资质限制，因此以挂靠形式从事运输经营活动的情形在现实中比较常见。

据2020年5月12日交通运输部发布的《2019年交通运输行业发展统计公报》显示，2019年末，全国拥有公路营运汽车1165.49万辆，其中载客汽车77.67万辆，载货汽车1087.82万辆。①

以挂靠的形式从事道路运输经营活动，是指挂靠人为了满足车辆运输经营管理上的需要，将自己出资购买的机动车挂靠在某个具有运输经营权的企业名下，由该企业为挂靠车主代办各种法律手续，然后由挂靠人以该企业的名义对外实际进行运输经营。挂靠与正常经营，最大的区别就在于名实不副，产生两个主体，一个是名义上的主体，即被挂靠一方，往往是实力雄厚、具备资质的主体，一个是挂靠人，往往是靠个人或合伙企业及其他小微企业进行营业活动的主体。挂靠往往是有偿的，提供资质和名义以供对方挂靠的被挂靠一方，往往会收取挂靠人数额不等的费用，此类费用或者名为挂靠费，或者名为管理费，名头不一。

以挂靠形式进行运输经营，由于其名义上的机动车管理人和实际上的使用人不一致，所以在实践中产生了较多弊端，尤其是一旦发生道路交通事故，则对于受害人的权益保障可能不利。根据《道路运输条例》的规定，从事客运经营的经营者，必须依法向工商行政管理机关办理有关登记手续，并向道路运输管理机构提出申请，取得道路运输经营许可证之后，才能成为合法的客运经营者。从事货运经营的经营者，同样需要办理登记，申请并取得道路运输经营许可证及车辆营运证才能从事营运。那么挂靠现象无疑违反了这些行政法规的规定，使国家无法通过运输经营许可证的形式来实现加强安全管理、规范市场经营秩序的目的。

以挂靠形式从事运输经营的机动车，由于被挂靠方不从事实际营运，有经营之名而无经营之实，从事实际营运的是挂靠人，此时被挂靠方就容易对挂靠方疏于管理、培训，一旦驾驶员的安全意识产生懈怠，则极易在营运中发生交通事故。2010年4月28日在第十一届全国人民代表大会常务委员会第十四次会议上，《国务院关于加强道路交通安全管理工作情况的报告》中就曾指出：“一

① 交通运输部：《2019年交通运输行业发展统计公报》，载交通运输部网站，网址 http://xxgk.mot.gov.cn/jigou/zhghs/202005/t20200512_3374322.html，最后访问日期：2020年5月19日。

些交通运输企业挂靠经营问题突出，不履行对驾驶人的安全管理和教育职责，驾驶人聘用把关不严。据统计，在一次死亡10人以上重特大道路交通事故中，80%是由营运车辆及其驾驶人交通违法行为导致的。”一旦发生交通事故，由于驾驶机动车的是挂靠人，而挂靠人的财产能力往往比较弱，很容易导致被侵权人无法获得充分有效的赔偿。因此，有必要对实践中挂靠现象引起的机动车交通事故责任问题作出规定。

2001年《最高人民法院关于实际车主肇事后其挂靠单位应否承担责任的复函》中，针对被挂靠方是否应当承担赔偿责任的问题，曾指出：“本案的被挂靠单位湖北洋丰股份有限公司从挂靠车辆的运营中取得了利益，因此应承担适当的民事责任。”但2009年《侵权责任法》并未对挂靠的侵权责任问题作出规定。2012年《最高人民法院关于审理道路交通事故损害赔偿案件适用法律若干问题的解释》开始对挂靠形式的交通事故责任作出统一规定，其第3条规定：“以挂靠形式从事道路运输经营活动的机动车发生交通事故造成损害，属于该机动车一方责任，当事人请求由挂靠人和被挂靠人承担连带责任的，人民法院应予支持。”在此基础上，本次民法典编纂过程中，吸收了这一司法解释的经验，增加了本条规定。

二、内容

（一）被挂靠人承担责任的依据

根据本条规定，以挂靠形式从事道路运输经营活动的机动车，发生交通事故造成损害的，如果该机动车一方负有责任，那么挂靠人和被挂靠人都要承担连带赔偿责任。这一规定与前面租赁、借用机动车，机动车买卖未办理过户等规定都不太一致，因为实际控制车辆、驾驶车辆的是挂靠人，被挂靠人只是车辆名义上的管理人，那么这一规定明显突破了机动车实际控制人对事故承担责任的原理。立法上的考量主要有如下几点：

第一，被挂靠人同意挂靠，开启了挂靠车辆交通事故的危险源。挂靠主要发生在机动车运输经营活动中，无论是货物运输还是旅客运输，运营的车辆往往都是大型、重型车辆，行驶的路段也包括高速公路，所以对于车辆的乘客抑或行人而言，此种机动车都具有较大的危险性。正是因为被挂靠人同意挂靠的行为，才使得原本难以取得行政许可、进入运营行业的车辆和人员，进入到了运营行业。因此，一旦这些挂靠车辆肇事，追根溯源，其危险源正是由于被挂靠人同意挂靠而开启，因此要求被挂靠人承担责任，具有合理性。

第二，被挂靠人从挂靠行为中获得了经济利益。被挂靠人仅仅只是同意挂靠人以其名义进行运营，就可以每年向挂靠人收取数额不等的挂靠费、管理费等名目的费用，甚至收费颇高，而挂靠人投入运营的车辆需自行购买，人员的工资待遇也需要挂靠方自行解决，被挂靠人如果再疏于监督检查，那就等于只收取费用而不负担任何义务，这明显违背权责相一致的原则。那么根据收益与风险相一致的公平原则，被挂靠人应当对挂靠方造成的机动车交通事故承担责任。

第三，被挂靠人允许挂靠人以其名义和资质、经营许可证对外从事运输经营，对被侵权人形成其就是机动车一方的权利外观。当挂靠车辆从事旅客、货物运输时，与挂靠人订立运输合同的交易相对人，往往是信赖其所持有的资质和许可，才与之订立合同。那么无论是合同相对方还是其他被侵权人，基于对挂靠人持有的资质证件的信赖，会认为上面所显示的被挂靠人就是机动车一方。那么在机动车交通事故发生后，如果被挂靠人反而不用承担责任，则无异于让被侵权人的信赖落空。因此，被挂靠人应当对其所形成的权利外观负责。

第四，被挂靠人疏于对挂靠人进行日常安全教育、监督检查，往往是挂靠人造成交通事故的重要原因。2012 年《国务院关于加强道路交通安全工作的意见》就强调："严把客货运驾驶人从业资格准入关，加强从业条件审核与培训考试。建立客货运驾驶人从业信息、交通违法信息、交通事故信息的共享机制，加快推进信息查询平台建设，设立驾驶人'黑名单'信息库。加强对长期在本地经营的异地客货运车辆和驾驶人安全管理。督促运输企业加强驾驶人聘用管理。"由于挂靠人在形式上属于被挂靠人的一部分，那么被挂靠人有权利也有义务对挂靠人的运营车辆进行日常安全检查，对驾驶人员进行安全教育，时时监督督促，但被挂靠人往往疏于履行此种监督义务，使监督流于形式。因此，被挂靠人的疏忽懈怠，对于事故的发生也有一定的原因力，要求其承担责任具有一定的合理性。

第五，要求被挂靠人与挂靠人承担连带责任，也表明了立法对于挂靠形式的否定态度。挂靠虽然有其产生的历史背景，特别是在市场准入门槛过高、审批过严的情况下，难免产生挂靠的现象。但无论如何，挂靠都是一种违反交通运输法律规定、破坏运输管理秩序的违法行为，伴随着我国简政放权的行政改革，应当逐步退出历史舞台。在民法典中对被挂靠人设置此种加重的责任，将使得被挂靠人重新审视自己的所得所失，逐渐消除挂靠的现象。

第六，挂靠人往往责任能力有限，无力承担对被侵权人的赔偿责任，要求被挂靠人加入赔偿责任之中，有利于被侵权人获得赔偿。挂靠人往往正是因为财产能力不足，资产不够多，才难以取得交通运输运营的许可，所以才选择挂靠的方式。一旦发生交通事故，特别是发生损伤重大的恶性事故，受害人众多的重大事故，其所面临的赔偿数额往往是巨大的，超出其负担能力范围。相反，被挂靠人往往是实力雄厚的大公司、大企业，要求其参与责任的承担，则往往意味着被侵权人的损害赔偿具有了充分、及时实现的可能性。

总之，无论是被挂靠人权责相一致的角度，还是从被侵权人权益保护的角度，我国司法实践确立、并经民法典采纳的、挂靠人与被挂靠人承担连带责任的规定，有其合理性，能够发挥其独特的制度价值。

（二）被挂靠人的责任承担

以挂靠形式从事道路运输经营活动的机动车，一旦发生交通事故，并造成乘客、行人或其他人的人身权益或财产权益损害，如果该机动车一方负有责任，则挂靠人和被挂靠人对此承担连带责任。

此种连带责任不再以被挂靠人收取了挂靠费用作为前提。2004 年《天津市高级人民法院关于审理交通事故赔偿案件有关问题的经验总结》曾规定："被挂靠车辆在运行中造成他人损害的，按下列规定处理：（1）若被挂靠单位收取了管理费或得到了经济利益，由挂靠人承担赔偿责任，被挂靠单位在收取的管理费和得到经济利益总额内承担连带责任。（2）若被挂靠单位未收取管理费或未取得其他经济利益，仅仅是基于地方政府管理的要求挂靠或强制挂靠，被挂靠单位不承担赔偿责任。"2005 年《甘肃省高级人民法院关于被挂靠单位对机动车发生交通事故损害赔偿如何承担责任的答复》也规定："被挂靠单位收取了管理费，并对挂靠车辆的运营有一定支配权的，承担连带责任；反之，则不承担责任。被挂靠单位收取了管理费，对挂靠车辆运营没有支配权的，被挂靠单位仅在收取管理费的范围内承担有限连带责任，但私人自用非营利性车辆除外。"但由于被挂靠人是否收取管理费、是否对运营车辆具有支配权、是否基于政府要求等，是挂靠人与被挂靠人内部的事情，外人难以得知。如果被侵权人必须完成对此方面的举证，才能要求被挂靠人承担连带责任，无疑难度极大，甚至是不可能实现的任务。

因此，《最高人民法院关于审理道路交通事故损害赔偿案件适用法律若干问题的解释》就并未将被挂靠人收取管理费或对挂靠车辆具有支配权等因素作为被挂靠人承担连带责任的前提条件。那么按照本条规定，只要被侵权人能够证明肇事车辆是挂靠车辆的，就可以要求挂靠人与被挂靠人承担连带责任。事实上，只要被侵权人能够证明肇事车辆的运营资质许可和对外名义是被挂靠人的，就可以要求被挂靠人承担责任，被挂靠人举证存在挂靠情形的，则将挂靠人纳入责任主体，一起承担连带赔偿责任。

法条关联

◆《最高人民法院关于审理道路交通事故损害赔偿案件适用法律若干问题的解释》

第三条 以挂靠形式从事道路运输经营活动的机动车发生交通事故造成损害，属于该机动车一方责任，当事人请求由挂靠人和被挂靠人承担连带责任的，人民法院应予支持。

案例评议

一、定远县顺安物流运输有限公司、解某机动车交通事故责任纠纷案①

◆ **裁判规则**

在认定解某、吴某1超出交强险和商业三者险赔偿范围之外的损失的赔偿主体时，法院认为，郭某作为该重型仓栅式货车的驾驶人，负事故全部责任，其对此起事故的发生存在重大过错，应承担侵权责任。另，依据《最高人民法院关于审理道路交通事故损害赔偿案件适用法律若干问题的解释》第3条的规定，以挂靠形式从事道路运输经营活动的机动车发生交通事故造成损害，属于该机动车一方责任的，由挂靠人和被挂靠人承担连带责任。因此，对于解某、吴某1超出交强险和商业三者险赔偿范围之外的损失，应由案涉货车驾

---

① 安徽省滁州市中级人民法院民事判决书，(2018) 皖11民终1889号。

驶人郭某、挂靠人许某及被挂靠人定远县顺安物流运输有限公司承担连带赔偿责任。

◆ **评议**

本案中，被告郭某驾驶重型仓栅式货车与二轮电动车发生刮撞，导致两车受损、两人死亡。由于郭某驾驶的车辆以被告许某的名义与被告定远县顺安物流运输有限公司签订了一份车辆挂靠合同，挂靠在该公司名下经营，并在被告天安财产保险股份有限公司滁州中心支公司投保有交强险和不计免赔保险金额为100万元的商业三者险各一份。根据本条规定，以挂靠形式从事道路运输经营活动的机动车，发生交通事故造成损害，属于该机动车一方责任的，由挂靠人和被挂靠人承担连带责任。法院认定许某为本起事故肇事车辆实际车主，其作为实际车主，疏于管理，任由他人驾驶其所有的车辆以致造成事故，应当承担相应的过错责任，被挂靠方定远县顺安物流运输有限公司对郭某赔偿的部分承担连带赔偿责任。

二、王某诉邓某等公司机动车交通事故责任纠纷案①

◆ **裁判规则**

在认定太诚货运公司是否应当就事故承担赔偿责任时，法院认为，以挂靠形式从事道路运输经营活动的机动车发生交通事故造成损害，属于该机动车一方责任的，由挂靠人和被挂靠人承担连带责任。被告邓某所有的货车挂靠于被告太诚货运公司处，事故发生时，处于挂靠期内，被告太诚货运公司应当与被告邓某承担连带责任。

◆ **评议**

挂靠于被告太诚货运公司从事道路运输经营活动的货车邓某，驾驶中与李某1驾驶的越野车发生碰撞，造成原告车辆严重受损，邓某负事故全部责任。既然邓某所有的福田牌货车挂靠于被告太诚货运公司处，事故发生时，处于挂靠期内，故被告太诚货运公司应当与被告邓某承担连带责任。

---

① 新疆维吾尔自治区高级人民法院生产建设兵团分院民事判决书，(2014)阿民初字第470号。

第一千二百一十二条　【擅自驾驶他人机动车责任】

未经允许驾驶他人机动车，发生交通事故造成损害，属于该机动车一方责任的，由机动车使用人承担赔偿责任；机动车所有人、管理人对损害的发生有过错的，承担相应的赔偿责任，但是本章另有规定的除外。

本条来源

《最高人民法院关于审理道路交通事故损害赔偿案件适用法律若干问题的解释》第二条规定："未经允许驾驶他人机动车发生交通事故造成损害，当事人依照侵权责任法第四十九条的规定请求由机动车驾驶人承担赔偿责任的，人民法院应予支持。机动车所有人或者管理人有过错的，承担相应的赔偿责任，但具有侵权责任法第五十二条规定情形的除外。"

立法演变

《民法典侵权责任编草案》（一审稿）第九百八十七条规定："未经允许驾驶他人机动车发生交通事故造成损害，属于该机动车一方责任的，机动车使用人应当承担赔偿责任。机动车所有人或者管理人有过错的，承担相应的赔偿责任，但是法律另有规定的除外。"

《民法典侵权责任编草案》（三审稿）第九百八十七条规定："未经允许驾驶他人机动车，发生交通事故造成损害，属于该机动车一方责任的，由机动车使用人承担赔偿责任；机动车所有人、管理人对损害的发生有过错的，承担相应的赔偿责任，但是法律另有规定的除外。"

《民法典侵权责任编草案》（征求意见稿）第一千二百一十二条规定："未经允许驾驶他人机动车，发生交通事故造成损害，属于该机动车一方责任的，由机动车使用人承担赔偿责任；机动车所有人、管理人对损害的发生有过错的，承担相应的赔偿责任，但是本章另有规定的除外。"此后无变化。

条文释义

本条是关于未经允许驾驶他人机动车造成损害的责任承担之规定。

一、概述

机动车交通事故发生后，如何确定责任主体，关系到对被侵权人的赔偿问题，关系到对不法行为的制裁、惩戒和教育。实践中，机动车的所有人、管理人与实际使用人经常发生分离，有前述条文规定的合法的分离，例如基于租赁、借用等情形而发生的分离，也有后续条文规定的盗窃、抢夺、抢劫等违法情形而发生的分离。还有介于两者之间，未经他人允许而驾驶他人机动车的情形。那么本条便对此种未经允许擅自驾驶他人机动车造成交通事故的责任承担问题作出了规定。

一般来说，机动车交通事故责任，由机动车的运行支配者承担责任，机动车的所有人或管理人有过错的，承担与其过错相适应的责任。所有人或管理人的过错主要表现为对机动车安全、技术性能的疏于维护对使用人驾驶资质和驾驶能力的疏于注意等情形。未经允许驾驶他人机动车，如果发生交通事故造成损害，属于该机动车一方责任的，则首先应当由机动车使用人承担赔偿责任，但如果机动车所有人、管理人对损害的发生也有过错的，那么就应当承担相应的赔偿责任。

未经允许驾驶他人机动车肇事的责任，《侵权责任法》并未作出规定。此前一些地方法院曾经作出过一些规定。例如，2006 年《重庆市高级人民法院关于审理道路交通事故损害赔偿案件适用法律若干问题的指导意见》第 8 条就规定，擅自驾驶他人机动车发生道路交通事故致人损害的，由擅自驾驶人承担赔偿责任。机动车所有人未尽合理限度范围内的管理义务的，应当承担相应的补充赔偿责任。2007 年《陕西省高级人民法院关于审理道路交通事故损害赔偿案件若干问题的指导意见（试行）》第 9 条也规定，未经许可擅自使用他人机动车发生道路交通事故致人损害的，由机动车使用人承担赔偿责任。机动车所有权人未尽管理义务的，应当承担连带赔偿责任。

可见地方法院普遍认为，未经允许擅自驾驶他人机动车肇事的，使用人当然应当首先承担赔偿责任，但是机动车所有人应当承担何种形式的责任，规定则并不一致。2012 年《最高人民法院关于审理道路交通事故损害赔偿案件适用法律若干问题的解释》对此作出了统一规定，其第 2 条规定：“未经允许驾驶他人机动车发生交通事故造成损害，当事人依照侵权责任法第四十九条的规定请求由机动车驾驶人承担赔偿责任的，人民法院应予支持。机动车所有人或者管理人有过错的，承担相应的赔偿责任，但具有侵权责任法第五十二条规定情形的除外。”这一规定将机动车所有人或者管理人的责任界定为过错责任，并且只须在其过错范围内承担相应的责任。

这一司法经验在本次民法典编纂过程中被立法机关吸收，形成了本条，这也是相对于《侵权责任法》而言新增的规定。

二、内容

（一）未经允许驾驶他人机动车的情形

未经允许驾驶他人机动车的情形比较多，严重的有基于违法犯罪行为的，例如盗窃、抢夺、抢劫等行为，违反所有权人的意愿而取得对机动车的占有，进而进行驾驶的。但是本条专门对未经允许驾驶他人机动车作出规定，且强调“本章另有规定的除外”，则意味着排除了这类违法情形。那么本条所专门规定的未经允许驾驶他人机动车，往往是基于熟人之间、亲朋好友之间、同事同学之间的关系，在未征得他人同意的情况下，擅自驾驶机动车而引发事故。这些情形下，行为人都不以非法取得对机动车的所有权为目的，也不以非法长期占有为目的，而仅仅是基于好奇、尝试或暂时使用的目的，在未取得权利人同意的情况下，或者自信权利人一定会同意的情况下，擅自驾驶他人机动车。但无论如何，此类未经允许的驾驶行为，表明其对机动车的占有未取得权利人同意，属于无权占有。

此外，当机动车处于维修、保养或者作为质物出质期间，如果被实际控制人驾驶而肇事的，也不属于本条规定的情形。例如，《重庆市高级人民法院关于审理道路交通事故损害赔偿案件适用法律若干问题的指导意见》第9条就规定，机动车送交他人维修、保管期间，维修人或者保管人驾驶该机动车发生道路交通事故致人损害的，由维修人、保管人承担赔偿责任。《陕西省高级人民法院关于审理道路交通事故损害赔偿案件若干问题的指导意见（试行）》第8条也规定，机动车送交他人维修、保管及扣押、出质、留置期间，因维修人、保管人或者扣押人、质权人、留置权人使用机动车发生道路交通事故致人损害的，由维修人、保管人或者扣押人、质权人、留置权人承担赔偿责任，机动车所有权人不承担赔偿责任。这类情形下，也许维修人、保管人、担保物权人对于机动车的驾驶行为未经过机动车所有人、管理人同意，但由于这些情形下，其取得对机动车的占有保管，是基于双方之间的合同，具有占有的合同基础，是有权占有。所以不同于本条规定的情形。

（二）机动车使用人承担赔偿责任

未经允许驾驶他人机动车，发生交通事故造成损害，此时的责任划分，应当依据《道路交通安全法》第76条的规定来进行划分，并根据涉案双方是机动车与机动车，还是机动车与非机动车及行人，来适用不同的归责原则。如果经过责任划分，确定该机动车一方负有责任的，那么就由机动车使用人来承担赔偿责任。

当然，如果肇事机动车投保了强制责任保险的，应当先由承保交强险的保险公司在责任限额范围内予以赔偿，不足部分，由承保商业三者险的保险公司根据保险合同予以赔偿，仍有不足的，再由机动车使用人予以赔偿。即便是机动车使用人没有驾驶资格，或者醉驾毒驾的，被侵权人请求保险公司在交强险责任限额范围内予以赔偿的，保险公司也应当先行赔偿，然后再在赔偿范围内向具有此类情形的机动车使用人进行追偿。

（三）机动车所有人、管理人的过错责任

在机动车使用人对被侵权人承担赔偿责任的情况下，如果机动车所有人、管理人对损害的发生也有过错的，除非本章其他条文另有规定，否则也应当承担相应的赔偿责任。在未经机动车所有人、管理人允许而驾驶其机动车并发生交通事故造成损害的情形下，主要过错当然在于机动车使用人。但是，机动车所有人、管理人也可能存在一些过错，并且这些过错与损害的发生之间具有一定的联系。

由于机动车的启动需要使用车钥匙，并且需要取得对机动车的占有。所以机动车所有人、管理人最常见的过错，便是机动车所有人、管理人未尽到对车辆的妥善保管义务。例如，停车之后不锁车门，不拔钥匙，或者车辆不熄火便离开车辆，使他人轻易地取得对机动车的占有控制，并得以驾驶机动车。也就是说，对于机动车所有人、管理人过错的判断，主要是看其对于机动车及其钥匙是否尽到了妥善保管的义务。如果机动车使用人是基于秘密窃取、骗取等形式取得车钥匙，则机动车所有人、管理人不具有任何过错。但如果机动车所有人、管理人对于车辆和钥匙未尽到物的所有人应当尽到的注意义务，则存在过错。

例如，在张某父母诉王某机动车交通事故责任纠纷中，2013年某日，张某在未取得相关驾驶证的情况下，将邻居王某停放在自家屋前未拔钥匙的大中型拖拉机开走，在行驶至该牧场入口时，因操作不当，致使拖拉机翻下路基，造成张某胸腔脏器因外力作用严重损伤而当场死亡。该事故经交通管理大队认定，张某承担此次交通事故的全部责任。事后张某父母将车主王某告上法庭，要求王某赔偿张某死亡的各项损失10万元。法院认为，张某夫妇之子张某作为完全民事责任能力人，其明知自己未取得相应的驾驶证照，仍驾驶属被告王某所有的大中型拖拉机，致其死亡，是形成本事故的直接原因。本案中，被告王某不拔钥匙随意存放拖拉机，放任他人使用，疏于管理，主观上存在一定过错，依法应承担相应的赔偿责任。最后判决张某自身承担80%的责任，车主王某疏于管理，主观上存在一定过错，系本案交通事故发生的次要原因，承担20%的责任。

法条关联

◆《最高人民法院关于审理道路交通事故损害赔偿案件适用法律若干问题的解释》

第二条 未经允许驾驶他人机动车发生交通事故造成损害，当事人依照侵权责任法第四十九条的规定请求由机动车驾驶人承担赔偿责任的，人民法院应予支持。机动车所有人或者管理人有过错的，承担相应的赔偿责任，但具有侵权责任法第五十二条规定情形的除外。

案例评议

一、南宁市航程交通运输有限公司与黄某、方某、邓某、广西利客隆超市有限公司、都邦财产保险股份有限公司广西分公司机动车交通事故责任纠纷案①

◆ **裁判规则**

在认定邓某是否就陈某3死亡承担赔偿责任，法院认为，《最高人民法院关于审理道路交通事故损害赔偿案件适用法律若干问题的解释》第2条规定："未经允许驾驶他人机动车发生交通事故造成损害，当事人依照侵权责任法第四十

① 广西壮族自治区高级人民法院民事裁定书，(2014)桂民申字第843号。

九条的规定请求由机动车驾驶人承担赔偿责任的，人民法院应予支持。机动车所有人或管理人有过错的，承担相应的赔偿责任，但具有侵权责任法第五十二条规定情形的除外。”本案中，邓某作为肇事车辆的实际车主和管理人，对车辆的保管和管理负有必要的注意义务，但其在车辆的倒挡操纵性能存在安全隐患的情况下，离开车辆时又未取下车钥匙，对车辆疏于保管和管理，应认定邓某有过错并根据其过错确定由其承担30%的赔偿责任。

◆ **评议**

未经允许驾驶他人机动车，发生交通事故造成损害，属于该机动车一方责任的，由机动车使用人承担赔偿责任；机动车所有人、管理人对损害的发生有过错的，承担相应的赔偿责任，但是本章另有规定的除外。本案中，邓某在车辆的倒挡操纵性能存在安全隐患的情况下，离开车辆时未取下车钥匙，导致车辆被他人擅自驾驶并发生交通事故致人死亡。机动车所有人未尽到对车辆的保管和管理的必要注意义务，故应承担30%的赔偿责任。

二、王某与余某、杨某等机动车交通事故责任纠纷案①

◆ **裁判规则**

在认定王某是否应对本案交通事故承担相应的责任时，法院认为，《最高人民法院关于审理道路交通事故损害赔偿案件适用法律若干问题的解释》第2条规定：“未经允许驾驶他人机动车发生交通事故造成损害，当事人依照侵权责任法第四十九条的规定请求由机动车驾驶人承担赔偿责任的，人民法院应予支持。机动车所有人或者管理人有过错的，承担相应的赔偿责任，但具有侵权责任法第五十二条规定情形的除外。”本案中，王某的车辆被未成年人朱某驾驶导致涉案事故的发生，王某对于为何其车辆会被朱某驾驶的解释是，其到朱某家随手将车钥匙放在朱某家，走的时候忘记取走，但该主张仅系其单方陈述，并无其他证据佐证。结合朱某能准确知晓涉案车辆停放位置并开走车辆，无法排除朱某系在其允许下开走车辆的可能。即使其陈述属实，因其未妥善保管车辆钥匙，导致他人偷开车辆发生事故，主观上亦有过错，故王某应对本案交通事故承担相应的责任。

---

① 江苏省高级人民法院民事裁定书，（2018）苏民申5806号。

◆ **评议**

本案中，车辆所有人将车辆停放在公共停车场，但将车钥匙遗忘在别人家，被别人家的未成年人偷开肇事，法院认为车辆所有人的这一行为表明其对于损害的发生存在过错，因此应当承担一定的赔偿责任。

第一千二百一十三条 【交通事故责任的赔偿顺序】

机动车发生交通事故造成损害，属于该机动车一方责任的，先由承保机动车强制保险的保险人在强制保险责任限额范围内予以赔偿；不足部分，由承保机动车商业保险的保险人按照保险合同的约定予以赔偿；仍然不足或者没有投保机动车商业保险的，由侵权人赔偿。

本条来源

《最高人民法院关于审理道路交通事故损害赔偿案件适用法律若干问题的解释》第十六条规定："同时投保机动车第三者责任强制保险（以下简称"交强险"）和第三者责任商业保险（以下简称"商业三者险"）的机动车发生交通事故造成损害，当事人同时起诉侵权人和保险公司的，人民法院应当按照下列规则确定赔偿责任：（一）先由承保交强险的保险公司在责任限额范围内予以赔偿；（二）不足部分，由承保商业三者险的保险公司根据保险合同予以赔偿；（三）仍有不足的，依照道路交通安全法和侵权责任法的相关规定由侵权人予以赔偿。被侵权人或者其近亲属请求承保交强险的保险公司优先赔偿精神损害的，人民法院应予支持。"

立法演变

《民法典侵权责任编草案》（一审稿）第九百八十八条规定："同时投保机动车强制保险和商业保险的机动车发生交通事故造成损害，属于该机动车一方责任的，先由承保机动车强制保险的保险人在强制保险责任限额范围内予以赔偿；不足部分，由承保机动车商业保险的保险人根据保险合同的约定予以赔偿；仍然不足的，由侵权人赔偿。"

《民法典侵权责任编草案》（二审稿）第九百八十八条规定："同时投保机动车强制保险和商业保险的机动车发生交通事故造成损害，被侵权人同时请求保险人和侵权人承担赔偿责任，属于该机动车一方责任的，先由承保机动车强制保险的保险人在强制保险责任限额范围内予以赔偿；不足部分，由承保机动车商业保险的保险人根据保险合同的约定予以赔偿；仍然不足的，由侵权人赔偿。"

《民法典侵权责任编草案》（三审稿）第九百八十八条规定："机动车发生交通事故造成损害，属于该机动车一方责任的，先由承保机动车强制保险的保险人在强制保险责任限额范围内予以赔偿；不足部分，由承保机动车商业保险的保险人根据保险合同的约定予以赔偿；仍然不足或者没有投保机动车商业保险的，由侵权人赔偿。"

《民法典侵权责任编草案》（征求意见稿）第一千二百一十三条规定："机动车发生交通事故造成损害，属于该机动车一方责任的，先由承保机动车强制保险的保险人在强制保险责任限额范围内予以赔偿；不足部分，由承保机动车商业保险的保险人按照保险合同的约定予以赔偿；仍然不足或者没有投保机动车商业保险的，由侵权人赔偿。"此后无变化。

条文释义

本条是关于机动车强制责任保险、商业保险和侵权行为人责任承担顺序的规定。

一、概述

机动车相对于非机动车和行人，具有较大的危险性，一旦发生损害，后果可能比较严重，而机动车一方未必具有相应的赔偿能力。为保障道路参与主体的人身和财产安全，我国2003年《道路交通安全法》第17条宣布，国家实行机动车第三者责任强制保险制度，设立道路交通事故社会救助基金。同时，授权国务院规定具体办法。国务院于2006年颁布了《机动车交通事故责任强制保险条例》，要求在我国境内道路上行驶的机动车的所有人或者管理人，应当依法投保机动车交通事故责任强制保险。至此，我国机动车强制责任保险制度正式建立起来，而且推行力度比较大，对全国机动车的覆盖率逐年提升。据中国银保监会统计数据显示，"2018年机动车交强险整体投保率为78%，较2017年提高2.6个百分点。其中，汽车交强险投保率达95%。”[①]

建立机动车交通事故责任强制保险制度有利于道路交通事故受害人获得及时有效的经济保障和医疗救治，也有利于减轻交通事故肇事方的经济负担，能够充分发挥保险的社会保障功能，维护社会稳定。机动车交通事故责任强制保险虽然保额不太高，但对于一般性的交通事故中的赔偿，能够起到积极的作用。如果机动车还投保了商业保险，则机动车一方对于交通事故损害的赔偿能力大大提高。

至于机动车交通事故责任强制保险、商业保险和侵权行为人之间承担责任的顺序，《侵权责任法》并未作出规定。该法只是在机动车驾驶人发生交通事故后逃逸时的处理中规定，该机动车参加强制保险的，由保险公司在机动车强制保险责任限额范围内予以赔偿，机动车不明或者该机动车未参加强制保险的，由道路交通事故社会救助基金垫付之后再向交通事故责任人追偿。

在司法实践中，发生交通事故之后，被侵权人往往同时将机动车一方、交强险保险公司、商业保险公司一起告上法庭，唯恐不能获得全面赔偿。在这种情况下，如何厘清三者的赔偿顺序，不仅关系到被侵权人的救济问题，也关系到纠纷的彻底解决和司法资源的节省问题。对此，《最高人民法院关于审理道路交通事故损害赔偿案件适用法律若干问题的解释》作出了详细规定，其第16条规定：“同时投保机动车第三者责任强制保险（以下简称“交强险”）和第三者责任商业保险（以下简称“商业三者险”）的机动车发生交通事故造成损害，当事人同时起诉侵权人和保险公司的，人民法院应当按照下列规则确定赔偿责任：（一）先由承保交强险的保险公司在责任限额范围内予以赔偿；（二）不足部分，由承保商业三者险的保险公司根据保险合同予以赔偿；（三）仍有不足的，依照道路交通安全法和侵权责任法的相关规定由侵权人予以赔偿。被侵权人或者其近亲属请求承保交强险的保险公司优先赔偿精神损害的，人民法院应予支持。”

这一规定确立了交强险—商业三者险—责任人的赔偿顺序，既符合交强险的性质，也符合商业险的性质，有利于对被侵权人的保障，同时也兼顾了责任人的利益。为此，本次民法典编纂过程中，将这一成熟司法经验吸收进来，形成了本条规定，这相对于《侵权责任法》而言，也是新增的规定。

① 新华社北京2019年12月6日电（记者李延霞）。

二、内容

（一）交强险先行赔偿

根据《机动车交通事故责任强制保险条例》的要求，在我国境内道路上行驶的机动车的所有人或者管理人，均应当投保机动车交通事故责任强制保险，未投保机动车交通事故责任强制保险的机动车不得上道路行驶。同时，交强险对于相关保险公司而言，是负有强制缔约义务的合同，因为此种保险的险种具有社会公益性，具有经营机动车交通事故责任强制保险资格的保险公司，依法不能拒绝承保机动车交通事故责任强制保险业务，也不能随意解除机动车交通事故责任强制保险合同。

从保障的对象来看，机动车交通事故责任强制保险保障的是机动车交通事故中的被侵权人，但不包括被保险机动车本车人员和被保险人。所以交强险明显是以被保险人对第三方依法应负的民事赔偿责任为保险标的。

机动车交通事故责任强制保险保障的内容，包括受害人的人身伤亡和财产损失。根据《机动车交通事故责任强制保险条例》第21条的规定，被保险机动车发生道路交通事故造成本车人员、被保险人以外的受害人人身伤亡、财产损失的，由保险公司依法在机动车交通事故责任强制保险责任限额范围内予以赔偿。但如果道路交通事故的损失是由受害人故意造成的，则保险公司不予赔偿。

（二）商业三者险承担第二顺位的赔偿责任

商业三者险即第三者责任商业保险，又称第三者责任险，是指被保险人或其允许的合法驾驶人员在使用被保险车辆过程中发生的意外事故，致使第三者遭受人身伤亡或财产直接损毁，依法应当由被保险人承担经济责任，保险公司负责赔偿。在交强险成为强制性投保的险种之后，商业三者险已成为非强制性的保险，可作为交强险的补充，由机动车所有权人或管理人自行决定是否购买。由于交强险在对第三者的财产损失和医疗费用部分赔偿较低，因此大多数机动车所有人会考虑购买第三者责任险作为交强险的补充。

从我国实际情况看，交强险的保额包括死亡伤残上限11万元、医疗费用上限1万元以及财产损失上限2000元，合计12.2万元。[①] 对于事故责任中交强险

① 根据中国银保监会2020年9月2日发布的《关于实施车险综合改革的指导意见》，从2020年9月19日起，交强险总责任限额将从12.2万元提高到20万元，其中死亡伤残赔偿限额从11万元提高到18万元，医疗费用赔偿限额从1万元提高到1.8万元，财产损失赔偿限额维持0.2万元不变。

赔偿不足的部分，可由机动车所有人预先自愿购买商业第三者责任险来进行补充。商业三者险的保额，共分为5万元、10万元、20万元、50万元、100万元及100万元以上不超过1000万元6个档次，所需要的保费也由低到高差别较大。据统计，2018年，全国商业三者险的平均保额是77.7万元，但是一旦发生交通事故造成他人死亡的，则死亡赔付费用平均为99.1万元，可见两者仍相差20余万元。

目前商业三者险一般是根据被保险人在交通事故中所承担的事故责任大小，来确定其赔偿责任。商业三者险的保险责任，包括保险机动车在被保险人或其允许的核发驾驶人使用过程中发生意外事故，致使第三者遭受人身伤亡或财产的直接损失。对被保险人依法应支付的赔偿金额，保险人依照合同的约定，对于超过机动车交通事故责任强制保险各分项赔偿限额的部分都属于商业三者险赔付范围。并且不同于交强险的责任限额被划分为死亡伤残赔偿、医疗费用赔偿、财产损失赔偿以及被保险人在道路交通事故中无责任的赔偿几个部分，且每个部分都有明确的赔偿限额，商业三者险并没有对责任限额进行划分，只要损失不超过保险总限额，无论是被保险人自身的财产损失，还是对被侵权人的赔偿责任，都可以在最高限额范围内按保险合同的约定进行赔付，而无需划分种类设置赔偿限额。因此，在交强险之外购买商业三者，一旦发生机动车交通事故，在交强险赔偿不足的情况下，就可以由商业三者险进行第二顺位的赔偿。如果保额较高，则完全可以涵盖一般的交通事故的全部赔偿责任。

商业三者险的第三者，是指除保险人与被保险人之外的、因保险车辆的意外事故而遭受人身伤害或财产损失的受害人，所以，因机动车交通事故发生撞击导致车上人员脱离本车后被本车辗轧致伤或者死亡的，该车上人员不属于“第三者”的范围，而属于车上人员；驾驶人下车后被本车碾轧致伤或者死亡的，该驾驶人也不属于“第三者”，其仍然属于驾驶员的范围。但是，被保险人的家人如果不属于车上人员或者驾驶人员的，则仍然可以属于第三人的范围。例如，在近期江西省鄱阳县人民法院审理完毕的一起交通事故责任案件中，2019年9月7日，吴某驾驶小型客车从家中出发上班，不慎撞倒在家门口玩耍的自己一周岁的儿子小吴，因伤势过重，小吴送医救治无效后死亡。交警对事故责任作出认定，吴某对事故负全部责任，涉案车辆已在某保险公司投保了交通强制险和商业三者险等险种，保险期限在保险有效期限内。由于吴某已经和前妻曹某离婚，儿子判归其抚养，故曹某以自己的儿子被吴某撞死为由，以吴某和保险公司为共同被告，向法院起诉，要求二被告在各自责任范围内赔偿死亡赔偿金、丧葬费、精神抚慰金共计 37 万余元。被告保险公司提出抗辩理由，认为小吴系学龄前儿童，吴某和曹某作为父母，负有法定的监护义务，应该承担相应的民事责任；受害者系吴某的儿子，故该事故属于强制险保险责任而非商业三者险保险责任，商业三者险作出拒赔处理。

那么，针对受害者小吴是否属于保险合同中的"第三者"的争议，法院认为，法律并未明确将投保人或被保险人的家庭成员排除在"第三者"的范围之外，此案中受害人小吴死亡造成的损失与其他"第三者"并无不同，将受害人小吴剔除"第三者"范畴，违背了保险法及保险行业有关补偿的基本精神及公平公正的法律原则。因此该类案件中家属成员应当被界定为责任险中的第三者。最后由法院主持双方达成调解，保险公司同意赔偿 32 万余元。

（三）侵权人最后赔偿

当经过了交强险的赔偿、商业三者险的赔偿之后，仍然不足以赔偿被侵权人损失的，剩余的部分则由侵权人赔偿。正常情况下，经过了交强险和商业三者险的赔偿之后，剩余的赔偿责任一般就会很少，或者不存在剩余的赔偿责任，但是现实中仍然有不少情况，需要侵权人承担赔偿责任，甚至是全部的赔偿责任，这主要是有如下两方面原因：

一是机动车未投保交强险。虽然《道路交通安全法》要求在境内道路上行驶的机动车全部都应当投保交强险，但是目前为止，仍有极少数的汽车尚未投保交强险，还有相当一部分汽车之外的机动车未投保交强险。例如摩托车、电瓶车、四轮农用运输车、拖拉机、轮式专用机械车等。那么这些未投保交强险的机动车，往往也没有投保商业三者险，其一旦发生交通事故需要承担责任，则直接就由侵权人承担赔偿责任，没有任何保险的风险分担。

二是机动车未投保商业三者险，或商业三者险不足以涵盖赔偿责任。由于商业三者险属于自主决定是否投保的事宜，所以完全由机动车所有人或管理人来决定是否投保商业三者险。商业三者险的收费根据保额多少来收取，相对交强险而言，商业三者险的保费较高，而且合同中往往会约定较多的责任免除事项和免赔率。因此不少机动车所有人或管理人不愿购买商业三者险，或者仅购买较低额度的商业三者险。那么一旦发生交通事故，造成的损害后果较为严重，在交强险赔付之后，剩余的责任部分也往往无法由商业三者险完全覆盖，此时就存在剩余赔偿的责任部分，需要由侵权人承担赔偿责任。例如某人驾驶一辆本田雅阁品牌的汽车，不慎撞上了一辆劳斯莱斯幻影品牌的汽车，雅阁仅投保了交强险，未投保商业三者险，而该辆劳斯莱斯属于特别定制版，非常昂贵，撞损的部位进行维修，修理费就需要数十万。此时交强险完全无法涵盖如此高昂的赔偿费用，所以侵权人自己还需要承担巨额的修理费用。

在交强险、商业三者险赔付之后，仍有不足的赔偿责任部分，由侵权人赔偿，侵权人此时只能以自身的责任财产进行赔偿。

法条关联

◆《机动车交通事故责任强制保险条例》

第二十一条 被保险机动车发生道路交通事故造成本车人员、被保险人以外的受害人人身伤亡、财产损失的，由保险公司依法在机动车交通事故责任强制保险责任限额范围内予以赔偿。

道路交通事故的损失是由受害人故意造成的，保险公司不予赔偿。

第二十三条 机动车交通事故责任强制保险在全国范围内实行统一的责任限额。责任限额分为死亡伤残赔偿限额、医疗费用赔偿限额、财产损失赔偿限额以及被保险人在道路交通事故中无责任的赔偿限额。

机动车交通事故责任强制保险责任限额由国务院保险监督管理机构会同国务院公安部门、国务院卫生主管部门、国务院农业主管部门规定。

◆《最高人民法院关于审理道路交通事故损害赔偿案件适用法律若干问题的解释》

第十六条 同时投保机动车第三者责任强制保险（以下简称“交强险”）和第三者责任商业保险（以下简称“商业三者险”）的机动车发生交通事故造成损害，当事人同时起诉侵权人和保险公司的，人民法院应当按照下列规则确定赔偿责任：

（一）先由承保交强险的保险公司在责任限额范围内予以赔偿；

（二）不足部分，由承保商业三者险的保险公司根据保险合同予以赔偿；

（三）仍有不足的，依照道路交通安全法和侵权责任法的相关规定由侵权人予以赔偿。

被侵权人或者其近亲属请求承保交强险的保险公司优先赔偿精神损害的，人民法院应予支持。

案例评议

陈某与黎某、中国平安财产保险股份有限公司海南分公司机动车交通事故责任纠纷案①

◆ 裁判规则

在认定本案中赔偿责任的顺序时，再审法院认为，《最高人民法院关于审理道路交通事故损害赔偿案件适用法律若干问题的解释》第 16 条已明确规定，同时投保交强险和商业第三者险的机动车发生交通事故造成损害，当事人同时起诉侵权人和保险公司的，法院确定赔偿责任的顺序为先由承保交强险的保险公司在责任限额范围内予以赔偿；不足部分，由承保商业第三者险的保险公司根据保险合同予以赔偿；仍有不足的，依照道路交通安全法和侵权责任法的相关规定由侵权人予以赔偿。本案中，黎某因本次交通事故造成的各项损失共计 678006.01 元，对此各方当事人均无异议。陈某为发生交通事故的机动车投保交强险和商业第三者险，因此民事赔偿部分应先由保险公司进行理赔，不足部分再按照过错责任由陈某承担 70% 的赔偿责任。二审判决依照《最高人民法院关于审理道路交通事故损害赔偿案件适用法律若干问题的解释》第十六条的规定以及陈某与平安保险海南分公司签订的保险合同，判令平安保险海南分公司在交强险责任限额内赔付黎某 120000 元；在商业第三者险限额范围内赔付黎某 200000 元；对不足部分 358006.01 元由陈某按照 70% 的责任比例向黎某承担 250604.21 元的赔偿责任符合法律规定。

◆ 评议

对于机动车购买保险的，在机动车发生交通事故后，先由保险公司在交强险责任限额内赔偿被侵权人，然后再在商业第三者险限额范围内赔付被侵权人，对不足部分再由行为人承担。

---

① 海南省高级人民法院民事裁定书，(2016) 琼民申 481 号。

第一千二百一十四条 【买卖拼装车、报废车责任】

以买卖或者其他方式转让拼装或者已经达到报废标准的机动车，发生交通事故造成损害的，由转让人和受让人承担连带责任。

本条来源

《侵权责任法》第五十一条规定："以买卖等方式转让拼装或者已达到报废标准的机动车，发生交通事故造成损害的，由转让人和受让人承担连带责任。"

立法演变

《民法典侵权责任编草案》（一审稿）第九百八十九条："以买卖等方式转让拼装或者已达到报废标准的机动车，发生交通事故造成损害的，由转让人和受让人承担连带责任。"

《民法典侵权责任编草案》（三审稿）第九百八十九条规定："以买卖或者其他方式转让拼装或者已达到报废标准的机动车，发生交通事故造成损害的，由转让人和受让人承担连带责任。"此后稍有调整。

条文释义

本条是关于转让拼装车、报废车发生交通事故造成损害的责任主体之规定。

一、概述

2001 年国务院《报废汽车回收管理办法》（该办法于《报废机动车回收管理办法》2019 年 6 月 1 日施行后废止）第 2 条曾对拼装车做出过定义，是指使用报废汽车发动机、方向机、变速器、前后桥、车架以及其他零配件组装的机动车。同样，已达到报废标准的机动车，简称报废车，是指达到国家报废标准，或者虽未达到国家报废标准，但发动机或者底盘严重损坏，经检验不符合国家机动车运行安全技术条件或者国家机动车污染物排放标准的机动车。

可见，拼装车是在报废车的基础上拼装而成，本质上属于报废车。我国《道路交通安全法》第 14 条明确规定，国家实行机动车强制报废制度，根据机动车的安全技术状况和不同用途，规定不同的报废标准；应当报废的机动车必须及时办理注销登记；达到报废标准的机动车不得上道路行驶；报废的大型客、货车及其他营运车辆应当在公安机关交通管理部门的监督下解体。因此，报废车、拼装车不得上路行驶。

由于拼装车、报废车不具备安全行驶的基本条件，因此存在巨大的安全隐患，不能再投入使用。我国对报废机动车的回收、拆解和机动车的修理实行严格的监督管理。国家对报废机动车回收企业实行资质认定制度，报废机动车只能交给报废机动车回收企业进行处理。报废机动车回收企业在取得报废机动车之后，也不得拆解、改装、拼装、倒卖疑似赃物或者犯罪工具的机动车或者其发动机、方向机、变速器、前后桥、车架（以下统称“五大总成”）和其他零部件。回收的报废机动车必须按照有关规定予以拆解；其中，回收的报废大型客车、货车等营运车辆和校车，应当在公安机关的监督下解体。

如果拆解的报废机动车“五大总成”还具备再制造条件的，可以按照国家有关规定出售给具有再制造能力的企业经过再制造予以循环利用；不具备再制造条件的，应当作为废金属，交售给钢铁企业作为冶炼原料。拆解的报废机动车“五大总成”以外的零部件符合保障人身和财产安全等强制性国家标准，能够继续使用的，可以出售，但应当标明“报废机动车回用件”。对于报废机动车回收，国务院负责报废机动车回收管理的部门进行严格的监管，建立报废机动车回收信息系统，对“五大总成”等主要部件的数量、型号、流向等信息进行系统监管。同时，严格禁止任何单位或者个人利用报废机动车“五大总成”和其他零部件拼装机动车，禁止拼装的机动车交易。

对报废车进行如此严格的监管，防止产生拼装车，就是因为这类车辆已经不具备正常车辆所应当具备的安全性能，如果上路行驶，则造成交通事故的概率非常高。拼装车、报废车在法律上属于禁止流通物，不得私自制造、使用，否则不仅在出现交通事故时要承担相应的民事责任，而且只要驾驶此类机动车上路，就要承担相应的行政责任。《道路交通安全法》第100条规定，驾驶拼装的机动车或者已达到报废标准的机动车上道路行驶的，公安机关交通管理部门应当予以收缴，强制报废，还要对驾驶人处200元以上2000元以下罚款，并吊销机动车驾驶证。发现出售已达到报废标准的机动车的，没收违法所得，处销售金额等额的罚款，对该机动车进行收缴。

2009年《侵权责任法》就专门针对拼装车、报废车的责任主体作出了规定，第51条规定：“以买卖等方式转让拼装或者已达到报废标准的机动车，发生交通事故造成损害的，由转让人和受让人承担连带责任。”在本次民法典编纂过程中，该条规定得以保留，稍作修改。

二、内容

根据本条规定，以买卖或者其他方式转让拼装或者已达到报废标准的机动车，发生交通事故造成损害后，责任主体是转让人和受让人，归责原则是无过错责任原则，责任形式是承担连带责任，并且没有规定免责事由。这充分表明了立法对于拼装车、报废车参与交通运输的严格禁止和对相关责任主体严厉惩罚的态度。

受让人往往是机动车一方，而转让人虽然不是机动车一方，但由于其出售、转让拼装车、报废车的行为，让不具备上路行驶条件的机动车通过交易行为而上路行驶，客观上对于危险源的形成具有作用力，因此，也应当与机动车一方承担连带责任。

买卖或者其他方式，表明除了买卖以外，包括赠与、抵债等任何移转拼装车、报废车所有权的行为，都属于本条规制的范围，转让人和受让人、赠与人和受赠人、债权人和债务人都要承担连带责任。

司法实践中，较为疑难的情形，是拼装车、报废车经过多次转让之后，如何认定转让人和受让人的身份，是仅以事故发生前最后一次交易的双方作为转让人和受让人，还是将交易链条上的全部主体均涵括进来？例如，某车主将自己达到报废标准的小轿车低价出售给报废机动车回收企业，回收企业发现该车质量不错，于是将发动机、变速器等重要部件保留，更换了其他部件，重新喷漆后私自出售给某从事二手车交易的公司，二手车公司将该车出售给甲，甲开了一段时间之后赠送给女友乙，某日乙驾驶该车发生交通事故撞伤路人，交警检查后发现肇事车辆系拼装车。此时是仅要求甲和乙对路人承担连带赔偿责任，还是将回收企业、二手车公司均纳入赔偿责任的主体范围？

对此，《最高人民法院关于审理道路交通事故损害赔偿案件适用法律若干问题的解释》第6条规定：“拼装车、已达到报废标准的机动车或者依法禁止行驶的其他机动车被多次转让，并发生交通事故造成损害，当事人请求由所有的转让人和受让人承担连带责任的，人民法院应予支持。”那么按照这一规定，所有参与拼装车、报废车交易链条的主体，都属于转让人和受让人的范围，都应当作为责任主体，对道路交通事故的被侵权人承担连带赔偿责任。这一规定无疑是基于转让、运行拼装车、报废车的严重违法性和极大危害性而作出的规定，对于严重威胁到道路交通参与主体的人身安全和财产安全的拼装车、报废车，通过加重责任的形式，对相关交易主体进行惩戒和教育，从而起到杜绝此类不合格车辆进入交通领域的作用。

法条关联

◆《道路交通安全法》

第十四条 国家实行机动车强制报废制度，根据机动车的安全技术状况和不同用途，规定不同的报废标准。

应当报废的机动车必须及时办理注销登记。

达到报废标准的机动车不得上道路行驶。报废的大型客、货车及其他营运车辆应当在公安机关交通管理部门的监督下解体。

◆《最高人民法院关于审理道路交通事故损害赔偿案件适用法律若干问题的解释》

第六条 拼装车、已达到报废标准的机动车或者依法禁止行驶的其他机动车被多次转让，并发生交通事故造成损害，当事人请求由所有的转让人和受让人承担连带责任的，人民法院应予支持。

案例评议

一、贝迪斯电子有限公司诉胡某、沙某、祁某案①

◆ **裁判规则**

在认定贝迪斯公司应否承担本案的赔偿责任时，法院认为，贝迪斯公司明知涉案其转让的车辆已报废，不按报废车辆处理规定将该车辆交售给报废机动车回收拆解企业，却将该车辆整车转让给宫某个人，为宫某违法改装并出售该车辆提供了便利，也给道路交通安全带来隐患，并最终酿成本案，且宿州市交警支队二大队的道路交通事故认定书已认定涉案贝迪斯公司转让的该车辆未按《道路交通安全法实施条例》第16条第1款第3项的规定进行安全技术检验，是本起交通事故中当事人导致交通事故的过错及责任或者意外原因之一，故贝迪斯公司对本案的发生主观上具有明显的过错。根据《侵权责任法》第51条的

① 安徽省宿州市中级人民法院民事判决书，(2014) 宿中民三终字第00002号。

规定，只要以买卖等方式转让拼装或者已达到报废标准的机动车，发生交通事故造成损害的，转让人和受让人就应当承担连带责任，故贝迪斯公司应与官某、李某1承担连带赔偿责任。

◆ 评议

本案中，贝迪斯公司与官某签订一份报废机动车买卖合同，将贝迪斯公司的丰田牌轿车以2000元的价格卖给官某。后该车被卖给李某1，李某1又卖给詹某。詹某无证驾驶悬挂假牌的丰田牌小型客车行驶中因违章超车、采取措施不当，与相向行驶的非机动车及行人发生相撞，造成人员伤亡、车辆损坏的结果。

以买卖或者其他方式转让拼装或者已达到报废标准的机动车，发生交通事故造成损害的，由转让人和受让人承担连带责任。贝迪斯公司明知涉案其转让的车辆已报废却进行出售，法院判令詹某承担赔偿责任，贝迪斯公司、官某、李某1与之承担连带赔偿责任。

二、杨某诉金某损害赔偿案①

◆ 裁判规则

在认定上诉人杨某是否应当承担涉案交通事故的连带赔偿责任时，法院认为，《侵权责任法》第51条规定："以买卖等方式转让拼装或者已达到报废标准的机动车，发生交通事故造成损害的，由转让人和受让人承担连带责任。"涉案二轮摩托车的强制报废期为2009年7月2日，而上诉人杨某已经于2009年5月6日将该摩托车转让给原审被告赵某，摩托车被转让时并未达到报废时间，不属于"已达到报废标准的机动车"。因此，杨某作为转让人不应当承担连带赔偿责任。

◆ 评议

对于是否属于转让报废车的行为判断，要看机动车在转让时是否已经达到强制报废标准，如果尚未达到，则不属于转让报废车，转让人无需承担赔偿责任。

① 山东省济宁市中级人民法院民事判决书，(2014)济民终字第983号。

第一千二百一十五条　【盗抢机动车责任】

盗窃、抢劫或者抢夺的机动车发生交通事故造成损害的，由盗窃人、抢劫人或者抢夺人承担赔偿责任。盗窃人、抢劫人或者抢夺人与机动车使用人不是同一人，发生交通事故造成损害，属于该机动车一方责任的，由盗窃人、抢劫人或者抢夺人与机动车使用人承担连带责任。

保险人在机动车强制保险责任限额范围内垫付抢救费用的，有权向交通事故责任人追偿。

本条来源

《侵权责任法》第五十二条规定：“盗窃、抢劫或者抢夺的机动车发生交通事故造成损害的，由盗窃人、抢劫人或者抢夺人承担赔偿责任。保险公司在机动车强制保险责任限额范围内垫付抢救费用的，有权向交通事故责任人追偿。”

立法演变

《民法典侵权责任编草案》（一审稿）第九百九十条规定：“盗窃、抢劫或者抢夺的机动车发生交通事故造成损害的，由盗窃人、抢劫人或者抢夺人承担赔偿责任。盗窃人、抢劫人或者抢夺人与机动车使用人并非同一人，发生交通事故后属于该机动车一方责任的，盗窃人、抢劫人或者抢夺人与机动车使用人承担连带责任。保险人在机动车强制保险责任限额范围内垫付抢救费用的，有权向交通事故责任人追偿。”

《民法典侵权责任编草案》（三审稿）第九百九十条规定：“盗窃、抢劫或者抢夺的机动车发生交通事故造成损害的，由盗窃人、抢劫人或者抢夺人承担赔偿责任。盗窃人、抢劫人或者抢夺人与机动车使用人并非同一人，发生交通事故后属于该机动车一方责任的，由盗窃人、抢劫人或者抢夺人与机动车使用人承担连带责任。保险人在机动车强制保险责任限额范围内垫付抢救费用的，有权向交通事故责任人追偿。”此后稍有调整。

条文释义

本条是关于盗抢机动车发生交通事故后的责任承担之规定。

一、概述

机动车作为动产，容易移动且价值较大，而且是成批生产的量产物，价值容易变现，所以机动车也容易成为犯罪分子作案的目标，成为盗窃罪、抢劫罪、抢夺罪的犯罪对象。成都爱车保信息技术有限公司运用反盗抢大数据精算系统并结合相关部门近年盗抢数据进行统计发现，2012 年至2016 年间，全国机动车盗抢总价值高达50 亿元，仅 2016 年度机动车盗抢数量达到 11958 辆；所有车型不论好坏或档次，均存在被盗抢的可能，尤其是保有量大、保值率较高、容易销售的车辆更容易成为盗抢的对象；在诸多被盗车辆中，黑色、白色以及银色被盗率最高；而夜间是车辆盗抢案高发期，且工作日盗抢率略高于节假日；在常见的盗抢方式中，既有直接砸车窗的暴力方式，又有技术开锁的方式，还有直接用拖车拖走装入大货车车厢的方式，而近年来更是出现了使用遥控干扰车辆、让车辆无法正常上锁、随后直接进入车内的方式；在人烟稀少的陌生区域，发生直接抢夺的方式相对多一些。①

在机动车被盗抢后，发生了机动车所有人、管理人与车辆使用人的分离，而犯罪分子驾驶盗抢的机动车，更容易忽视交通规则，或者躲避侦查而危险驾驶，从而极易引起交通事故，而一旦发生交通事故，盗抢机动车的犯罪嫌疑人为了避免盗抢犯罪的事实败露，或者避免被警方捕获，往往会弃车逃跑，置事故中的受害人于不顾，从而引发受害人严重伤亡的事件。因此，有必要对盗抢机动车引发的交通事故的责任问题作出规定。

《侵权责任法》对此作出了专门规定，其第 52 条规定：“盗窃、抢劫或者抢夺的机动车发生交通事故造成损害的，由盗窃人、抢劫人或者抢夺人承担赔偿责任。保险公司在机动车强制保险责任限额范围内垫付抢救费用的，有权向交通事故责任人追偿。”本次民法典编纂过程中，对这一条予以了保留，但进行了修改，增加了机动车使用人与盗窃人、抢劫人或者抢夺人不是同一人的情形下，责任主体的认定以及责任承担的形式问题。

---

① 参见《i 车保 2016 年年度机动车盗抢官方年报》，载 2017 年 4 月 28 日新浪网站，网址 http：//cd. auto. sina. com. cn/bdcs/2017 －04 －28/detail －ifyetwsm0860192. shtml，最后访问日期：2020 年 5 月 20 日。

二、内容

（一）盗窃人、抢劫人或者抢夺人承担赔偿责任

由于机动车被盗窃、抢劫、抢夺，机动车所有人或管理人成为了犯罪行为的受害人，并且脱离了对机动车的控制。在盗抢行为发生之后，盗抢的机动车发生交通事故并造成损害的，与机动车所有人或管理人无关，因为其既不能控制机动车，又不享有盗抢后机动车的运行利益。所以盗抢后的机动车肇事的，如果机动车一方需要承担责任的，则此种责任由盗窃人、抢劫人或者抢夺人承担赔偿责任。

在发生盗抢的情形下，交强险也不负担保险限额内的赔偿责任，其仅被请求的情况下，需要垫付抢救费用，并就此享有追偿权。《机动车交通事故责任强制保险条例》第22条明确规定，如果存在驾驶人未取得驾驶资格或者醉酒、被保险机动车被盗抢期间肇事、被保险人故意制造道路交通事故的任一情形，且发生道路交通事故、造成受害人的财产损失，则保险公司不承担赔偿责任。然而，一旦机动车被盗抢，犯罪嫌疑人很可能没有驾驶资格，或者发生醉驾，在逃避追捕时有意制造交通事故，如此等等，导致在发生盗抢的情形下，交强险的保险公司有权拒绝承担赔偿责任。

当然，如果机动车所有人或管理人事先为机动车投保的商业保险里面包含了盗抢险的险种，则车辆被盗窃、被抢劫、被抢夺造成的车辆损失以及在被盗窃、被抢劫、被抢夺期间受到的损坏，或车上零部件、附属设备丢失需要修复的合理费用，都可以由商业保险来进行赔偿。但这一险种是针对车主的损失，并非针对被侵权人的损害，所以被侵权人仍然只能向盗窃人、抢劫人或者抢夺人主张承担赔偿责任。

（二）盗窃人、抢劫人或者抢夺人与机动车使用人不是同一人的连带责任

本条相对于《侵权责任法》第52条，新增了盗窃人、抢劫人或者抢夺人与机动车使用人不是同一人的规定，即盗窃人、抢劫人或者抢夺人与机动车使用人并非同一人时，发生交通事故后属于该机动车一方责任的，由盗窃人、抢劫人或者抢夺人与机动车使用人承担连带责任。

由于机动车被盗抢之后，如果较长时间未能破案，那么机动车可能再次进入流通环节，投入使用。此时，使用的主体就可能不限于盗窃人、抢劫人或者抢夺人本人，而可能通过出售、出租、借用、赠与等形式，提供给他人使用，

如果使用人与盗窃人、抢劫人或者抢夺人构成共犯，则仍然可以归入盗窃人、抢劫人或者抢夺人的范围，但如果使用人并不是盗窃人、抢劫人或者抢夺人的共犯，则属于独立的一类主体，那么在使用人驾驶机动车期间，发生交通事故后，责任人如何认定，就成为一个新的问题。那么根据该条规定，此时盗窃人、抢劫人或者抢夺人与机动车使用人要承担连带责任。

基于机动车肇事后首先由实际使用人承担责任的一般原理，在盗抢机动车肇事的情况，使用人不是盗抢者时，也应当对被侵权人承担赔偿责任。此外，机动车虽然是动产，但是在管理上类似于不动产，实行严格的登记制度。机动车被盗抢之后，该车再次进入流通领域，都只能通过非法手段进行流通，无法再正常通过办理移转过户登记等合法方式，使买受人取得所有权。《民法典》物权编对于善意取得的构成要件，要求受让人受让该不动产或者动产时是善意的。以合理的价格转让，转让的不动产或者动产依照法律规定应当登记的已经登记，不需要登记的已经交付给受让人。那么盗抢机动车由于登记上的限制，所以不可能构成善意取得。同样，承租人在租赁机动车时，也应当要求出租人提供相应的证件，来证明其对机动车的正当权利来源，如果疏于查看证件，则表明承租人存在重大过失，甚至是在明知该车系赃物的情况下而承租。因此，在盗抢机动车进入流通领域后，机动车实际使用人往往都处于明知或应当知道该车系赃物的状态下，此时，使用人驾驶机动车发生交通事故，要求其与盗抢者承担连带责任，是合理的规定。

（三）保险人垫付抢救费用的追偿权

盗抢机动车肇事后，如果该车投保的保险公司垫付抢救费用的，并且该抢救费用未超出机动车强制保险责任限额范围的，则保险公司有权就其垫付的抢救费用向交通事故责任人追偿。该交通事故责任人就是盗窃人、抢劫人或者抢夺人，当存在其他使用人时，还包括机动车使用人。

例如，2019 年《四川省高级人民法院机动车交通事故责任纠纷案件审理指南》第 18 条就规定，盗窃、抢劫或者抢夺的机动车发生交通事故造成损害的，由盗窃人、抢劫人或者抢夺人承担赔偿责任。保险公司仅承担在交强险责任限额内垫付抢救费用的义务，并就其垫付抢救费用对侵权人享有追偿权。

但是，在盗抢机动车肇事的情形下，保险公司究竟是仅承担在交强险责任限额内垫付抢救费用的义务，还是应当与普通情形一样，在交强险责任限额内对被侵权人进行赔偿?《机动车交通事故责任强制保险条例》第22条只是规定，被保险机动车被盗抢期间肇事造成受害人的财产损失，保险公司不承担赔偿责任。但对于肇事造成受害人的人身损失，保险公司是否同样不承担赔偿责任?由于相关法律均未作出明确规定，导致观点不一，司法实践也不统一。

例如，在王某、葛某诉某保险公司机动车交通事故责任纠纷一案中，赵某的五菱面包车于2013年5月被盗，公安部门已针对被盗车辆立案侦查，肇事司机一直未能抓捕归案，此后，该面包车于2013年9月8日在桂林市灵川县与一辆燃油助力车发生碰撞，造成双方车辆损坏，燃油助力车上驾驶员王某及乘客葛小某受伤。事故发生后，五菱面包车肇事司机逃逸，交警大队认定五菱面包车肇事司机负事故的全部责任，燃油助力车及车上乘客无责任。由于肇事司机一直未抓获，受害人王某、葛某遂将五菱面包车的交强险保险公司告上法院，要求承担10万余元的经济赔偿责任。

一审法院判决要求保险公司在交强险限额范围内赔偿两原告经济损失8万余元。结果某保险公司广西分公司不服一审判决并提起上诉，保险公司认为："保险车辆在被盗抢期间，车辆所有人丧失了对车辆的支配权，车辆出险风险提高且不可控。法律法规仅规定保险公司在此期间仅垫付抢救费用且有权向致害人追偿的，立法本意在于照顾到受害人能够及时救治的同时严格责任承担方式。因盗抢这一违法犯罪期间所发生的违法行为导致的违法成本应由违法犯罪嫌疑人自身承担……交强险本来属于法律规定的强制保险，虽然具有普遍的救济功能，但不能因违法犯罪嫌疑人的违法犯罪行为而成为为其违法行为埋单的工具，这是与立法本意不相符合的。"①

二审法院认为，保险公司是否应该在机动车第三者责任强制保险限额内承担赔偿责任，是本案的争议焦点。法院承认，对于盗抢机动车发生交通事故时，法律除了对保险公司在交强险限额内垫付抢救费用有明确规定外，对于保险公司是否应当承担受害人其他人身损害和财产损害的赔偿责任没有明确规定。而《机动车交通事故责任强制保险条例》是"为了保障机动车道路交通事故受害人依法得到赔偿，促进道路交通安全"，由此可见，交强险的立法目的是保障机动车交通事故受害人依法得到赔偿，因此，在法律法规没有明确规定保险公司

① 广西壮族自治区桂林市中级人民法院民事判决书，(2014)桂市民三终字第144号。

对受害人损失免责的情况下，盗抢机动车发生交通事故时，保险公司对于受害人的损失仍需在交强险限额内承担赔偿责任。

参照《机动车交通事故责任强制保险条例》第22条对于保险公司能否免除对于受害人的人身伤亡赔偿责任，也没有明确规定，保险公司以此要求免责依据不足，保险公司仍应对受害人的人身损害承担赔偿责任。总之，法院认为，“被盗抢车辆发生道路交通事故造成损害的，应由侵权人承担道路交通事故损害赔偿责任，保险公司在交强险限额内承担赔偿责任的，依法可以向侵权人行使追偿权，而非免除保险公司在交强险限额内的赔偿责任。”① 最后判决保险公司在交强险限额内赔偿王某、葛某因本案道路交通事故造成的人身损害损失共计8万余元。

那么该案二审判决就通过对《机动车交通事故责任强制保险条例》进行立法目的解释，并且对该条例第22条进行反面解释，认为该条并未明确表示人身损害不予赔偿，进而得出盗抢车辆肇事后人身损害应当在交强险范围内获赔的结论。应当说，在盗抢机动车肇事后，肇事者逃逸，而失主也无需承担责任，那么此时受害人几乎处于无法获得救济的不利境地，如果交强险也不赔偿受害人的人身损害，就意味着受害人无法获得任何赔偿。因此该案法院的解释结论符合交强险的险种设立目的，也有利于受害人的权益保障，值得肯定。

法条关联

◆《机动车交通事故责任强制保险条例》

第二十二条 有下列情形之一的，保险公司在机动车交通事故责任强制保险责任限额范围内垫付抢救费用，并有权向致害人追偿：

（一）驾驶人未取得驾驶资格或者醉酒的；

（二）被保险机动车被盗抢期间肇事的；

（三）被保险人故意制造道路交通事故的。

有前款所列情形之一，发生道路交通事故的，造成受害人的财产损失，保险公司不承担赔偿责任。

---

① 广西壮族自治区桂林市中级人民法院民事判决书，（2014）桂市民三终字第144号。

◆《最高人民法院关于审理道路交通事故损害赔偿案件适用法律若干问题的解释》

第二条 未经允许驾驶他人机动车发生交通事故造成损害，当事人依照侵权责任法第四十九条的规定请求由机动车驾驶人承担赔偿责任的，人民法院应予支持。机动车所有人或者管理人有过错的，承担相应的赔偿责任，但具有侵权责任法第五十二条规定情形的除外。

案例评议

永安财产保险股份有限公司肇庆中心支公司诉程某、何某案①

◆ **裁判规则**

在认定机动车在盗抢期间发生交通事故，保险公司应否在交强险范围内承担赔偿责任时，法院认为，《机动车交通事故责任强制保险条例》第1条即彰显了立法目的：保障事故受害人依法得到赔偿。交强险是基于公共需要，为维护社会公众利益而设立，具有社会公益属性。保险公司对第三人免责的唯一事由系《道路交通安全法》第76条规定的“由非机动车驾驶人、行人故意碰撞造成的”一种情形。《机动车交通事故责任强制保险条例》第22条规定：被保险机动车被盗抢期间肇事的，由保险公司在交强险限额内垫付抢救费用，并有权向致害人追偿。《侵权责任法》第52条规定，盗窃、抢劫或者抢夺的机动车发生交通事故造成损害的，由盗窃人、抢劫人或者抢夺人承担赔偿责任。保险公司在机动车强制保险责任限额范围内垫付抢救费用的，有权向交通事故责任人追偿。综合上述法律规定，本案中程某虽系被盗窃车辆所伤，但作为交强险承保单位的永安保险肇庆公司应在交强险责任限额内对程某承担赔偿责任，而非仅仅是承担抢救费用的垫付责任。

◆ **评议**

本案中，行为人驾驶盗窃来的小型普通客车，在行驶中与程某驾驶的手扶式拖拉机发生碰撞，造成程某受伤、两车损坏的交通事故。肇事后，行为人弃车逃逸。交警认定，行为人存在主要过错，应当承担事故主要责任，程某存在

---

① 广东省云浮市中级人民法院民事判决书，(2014) 云中法民一终字第145号。

次要过错，应承担事故次要责任。

盗窃的机动车发生交通事故造成损害的，由盗窃人承担赔偿责任。但由于肇事小客车被盗一案仍在侦查中，具体驾驶行为人逃逸而不知其具体信息，无法向盗窃人行使请求权而使被侵权人获得救济，因此本案争议的焦点是机动车在盗抢期间发生交通事故，保险公司应否在交强险范围内承担赔偿责任。法院认为，交强险是基于公共需要，为维护社会公众利益而设立，具有社会公益属性。保险公司对第三人免责的唯一事由系《道路交通安全法》第76条规定的“由非机动车驾驶人、行人故意碰撞造成的”一种情形。本案中程某虽系被盗窃车辆所伤，但作为交强险承保单位的永安保险肇庆公司不仅仅是承担抢救费用的垫付责任，而是应在交强险责任限额内对程某承担赔偿责任。

第一千二百一十六条　【肇事后逃逸的责任承担】

机动车驾驶人发生交通事故后逃逸，该机动车参加强制保险的，由保险人在机动车强制保险责任限额范围内予以赔偿；机动车不明、该机动车未参加强制保险或者抢救费用超过机动车强制保险责任限额，需要支付被侵权人人身伤亡的抢救、丧葬等费用的，由道路交通事故社会救助基金垫付。道路交通事故社会救助基金垫付后，其管理机构有权向交通事故责任人追偿。

本条来源

《侵权责任法》第五十三条规定：“机动车驾驶人发生交通事故后逃逸，该机动车参加强制保险的，由保险公司在机动车强制保险责任限额范围内予以赔偿；机动车不明或者该机动车未参加强制保险，需要支付被侵权人人身伤亡的抢救、丧葬等费用的，由道路交通事故社会救助基金垫付。道路交通事故社会救助基金垫付后，其管理机构有权向交通事故责任人追偿。”

立法演变

《民法典侵权责任编草案》（一审稿）第九百九十一条规定：“机动车驾驶人发生交通事故后逃逸，该机动车参加强制保险的，由保险人在机动车强制保险责任限额范围内予以赔偿；机动车不明、该机动车未参加强制保险或者抢救费用超过机动车交通事故责任强制保险责任限额，需要支付被侵权人人身伤亡的抢救、丧葬等费用的，由道路交通事故社会救助基金垫付。道路交通事故社会救助基金垫付后，其管理机构有权向交通事故责任人追偿。”此后稍有调整。

条文释义

本条是关于机动车驾驶人肇事后逃逸的赔偿责任之规定。

一、概述

在机动车驾驶人发生交通事故后，如果驾驶人逃逸，将会导致机动车交通事故的责任人暂时难以查明，或难以找到，就给被侵权人的赔偿救济带来了障碍。如果必须等到责任人找到之后才能启动赔偿程序，则非常不利于被侵权人及时医治抢救。因此，应当在立法上对机动车驾驶人肇事后逃逸的赔偿问题作出明确规定，防止出现此类事故后各方主体推诿拖延，耽误被侵权人的救治。

实践中，由于交通事故的处理往往需要交警介入，有些驾驶人害怕承担侵权责任，或者其本身具有其他违法情形而害怕被警察一起发现，因此会有一部分驾驶员在发生交通事故后选择弃车逃逸或者驾车逃逸。据公安部统计，“2018年，全国共有17264人被依法终身禁驾。其中，饮酒后或者醉酒驾驶机动车发生交通事故，构成犯罪的，有5149人；造成交通事故构成犯罪且有逃逸情节的，有12115人。”①

《侵权责任法》对这类情形作出了规定，其第53条规定：“机动车驾驶人发生交通事故后逃逸，该机动车参加强制保险的，由保险公司在机动车强制保险责任限额范围内予以赔偿；机动车不明或者该机动车未参加强制保险，需要支付被侵权人人身伤亡的抢救、丧葬等费用的，由道路交通事故社会救助基金垫付。道路交通事故社会救助基金垫付后，其管理机构有权向交通事故责任人追偿。”

本次民法典编纂过程中，对该条予以了保留，对未投保交强险的情形作了补充，即抢救费用超过机动车交通事故责任强制保险责任限额的，与未投保交强险相似，需要由道路交通事故社会救助基金垫付受害人的抢救、丧葬等费用。

---

① 《公安部新闻发布会通报我国道路交通安全整体形势及风险隐患排查情况》，2019年1月30日发布，来源于公安部网站，http://www.gov.cn/xinwen/2019-01/30/content_5362446.htm。

在民法典草案审议过程中，全国人大常委会郑功成委员就提出："现在很多事故中，大家都不敢对车祸受伤害者施救，就是怕好心还要承担施救对象的医疗费用。"郑功成委员希望在法律中给公众一个更加清晰的预期，即只要是交通事故造成损害，首先由承保人赔偿，找不到肇事者的，由交通事故救助基金解决，"机动车辆实行法定强制保险的同时又设置交通事故救助基金，就是充分考虑到车祸受害人的权益保障，即使是在驾驶员逃逸无法赔偿的情况下也是有保障的。草案应更加明晰，这样一方面能够全面保障受害方的权益，另一方面也有利于弘扬见义勇为的行为。"①

二、内容

（一）机动车肇事逃逸的责任人

根据《道路交通安全法》第70条的规定，在道路上发生交通事故，车辆驾驶人应当立即停车，保护现场；造成人身伤亡的，车辆驾驶人应当立即抢救受伤人员，并迅速报告执勤的交通警察或者公安机关交通管理部门。因抢救受伤人员变动现场的，应当标明位置。乘车人、过往车辆驾驶人、过往行人应当予以协助。除非是事故未造成人身伤亡，且当事人对事实及成因无争议的，才可以即行撤离现场，恢复交通，自行协商处理损害赔偿事宜。

可见，发生交通事故后，机动车驾驶人负有保护现场、抢救受伤人员、报警等法定义务。如果机动车驾驶人发生交通事故后逃逸，就意味着机动车驾驶人违背了此类法定义务。肇事后逃逸的后果十分严重，会导致受伤的受害人无法得到救助，在无其他发现的情况下，受害人甚至可能会因无法及时得到救助而死亡。此外，肇事后逃逸也为交通事故责任的认定和纠纷的处理制造障碍，不利于对受害人的保护。

因此机动车驾驶人肇事后逃逸，是与其保护现场义务、救助义务、报警义务相冲突的行为，如果行为人逃离现场、未予救助、未报警投案，则属于逃逸。2020年3月23日，沈阳市中级人民法院发布的《机动车交通事故责任纠纷案件审判实务问题解答》就指出：肇事人离开现场时是否"立即投案"是评判"逃逸"性质的形式要件，"积极履行救助义务"与"立即投案"均是"接受

① 朱宁宁：《积极回应社会关切聚焦新情况新问题 侵权责任编草案尚有细化空间》，载《法制日报》2019年8月27日。

法律追究”的表现形式，两者具有内在联系。总之，人民法院在甄别“逃逸行为”“擅离现场”时，应依据驶离行为是否具有逃避法律追究情节予以认定。①

机动车肇事后逃逸的，对于侵权责任的认定，就不同于《道路交通安全法》第76条的规定，因为肇事后逃逸的，无论是驾车逃逸还是弃车逃逸，均足以表明驾驶人具有极大的恶性，置受害人生死安危于不顾，主观上存在重大过错。《道路交通安全法实施条例》第92条就规定，发生交通事故后当事人逃逸的，逃逸的当事人承担全部责任。但是，有证据证明对方当事人也有过错的，可以减轻责任；当事人故意破坏、伪造现场、毁灭证据的，承担全部责任。这就是基于逃逸而对当事人主观过错的推定，意味着肇事后逃逸的，逃逸的当事人就要承担全部责任，除非对方也有过错，才能减轻其责任，但也不能免除其责任。

此外，肇事后逃逸的，责任人不仅面临民事赔偿责任，还会面临行政责任和刑事责任。《道路交通安全法》规定，造成交通事故后逃逸的，由公安机关交通管理部门吊销机动车驾驶证，且终生不得重新取得机动车驾驶证。造成交通事故后逃逸，尚不构成犯罪的，还要由公安机关交通管理部门处200元以上2000元以下罚款。根据《刑法》第133条的规定，交通运输肇事后逃逸或者有其他特别恶劣情节的，处三年以上七年以下有期徒刑；因逃逸致人死亡的，处七年以上有期徒刑。

（二）肇事车辆参加强制保险的，由保险人在机动车强制保险责任限额范围内予以赔偿

发生交通事故的机动车参加了机动车强制保险，并且发生交通事故后能够确定机动车的，由保险公司在机动车强制保险责任限额范围内予以赔偿。根据《机动车交通事故责任强制保险条例》的规定，被保险机动车发生道路交通事故造成本车人员、被保险人以外的受害人人身伤亡、财产损失的，由保险公司依法在机动车交通事故责任强制保险责任限额范围内予以赔偿。

同时机动车交通事故责任强制保险还实行全国范围内统一的责任限额，其责任限额分为死亡伤残赔偿限额、医疗费用赔偿限额、财产损失赔偿限额以及

① 《沈阳中院发布〈机动车交通事故责任纠纷案件审判实务问题解答〉》，载沈阳市中级人民法院官方网站，网址 http：//syzy. chinacourt. gov. cn/article/detail/2020/03/id/4863628. shtml，最后访问日期：2020年5月21日。

被保险人在道路交通事故中无责任的赔偿限额。因此，肇事车辆参加强制保险的，保险人仅在机动车强制保险责任限额范围内予以赔偿，超出份额的部分，保险人不予赔偿。

例如，在王某交通事故肇事逃逸一案中，王某夜间驾驶机动车，因灯光微弱，将同向骑自行车行驶的李某撞死。事故发生后，王某未停车保护现场，驾车逃逸。经事故责任认定，王某负事故全部责任。事故发生后，王某因其车辆投保交强险，遂申请理赔，保险公司以王某肇事逃逸，拒绝理赔，为此，王某将保险公司告上法庭。法院经审理后认为：根据保险合同条款责任部分约定，承保车辆发生交通事故，致使受害人人身伤亡的，依法应由王某承担损害赔偿责任的，保险公司应在责任限额 11 万元内承担赔偿。如发生驾驶人未取得驾驶证，醉酒驾车、故意制造交通事故情形的，交强险不予以承担责任。显然肇事逃逸不在此列，保险合同条款也未列明肇事逃逸是责任免除范围，故保险公司应承担理赔责任。法院对这起保险合同索赔案作出一审判决，承保车辆交强险的保险公司赔偿事故损失 11 万元。

（三）道路交通事故社会救助基金的垫付及追偿

为预防出现交通事故中无法找到责任人，或者交强险限额内无法涵盖必要抢救费用等情形，从而造成事故受害人无法获得必要救济的情形，我国设立了道路交通事故社会救助基金。《道路交通安全法》第 17 条宣布，国家实行机动车第三者责任强制保险制度，设立道路交通事故社会救助基金。《机动车交通事故责任强制保险条例》第 24 条则具体规定："国家设立道路交通事故社会救助基金（以下简称救助基金）。有下列情形之一时，道路交通事故中受害人人身伤亡的丧葬费用、部分或者全部抢救费用，由救助基金先行垫付，救助基金管理机构有权向道路交通事故责任人追偿：（一）抢救费用超过机动车交通事故责任强制保险责任限额的；（二）肇事机动车未参加机动车交通事故责任强制保险的；（三）机动车肇事后逃逸的。"

因此，在机动车肇事后逃逸的，救助基金就应当先行垫付道路交通事故中受害人人身伤亡的丧葬费用、部分或者全部抢救费用。为防止受害人因欠缺救治费用而得不到救治的情形出现，《道路交通安全法》第 75 条还强调，医疗机构对交通事故中的受伤人员应当及时抢救，不得因抢救费用未及时支付而拖延救治。肇事车辆参加机动车第三者责任强制保险的，由保险公司在责任限额范围内支付抢救费用；抢救费用超过责任限额的，未参加机动车第三者责任强制保险或者肇事后逃逸的，由道路交通事故社会救助基金先行垫付部分或者全部抢救费用，道路交通事故社会救助基金管理机构有权向交通事故责任人追偿。

道路交通事故社会救助基金垫付后，其管理机构有权向交通事故责任人行使追偿权，追偿的对象是事故的责任人。对于责任人的认定，如前所述，逃逸的机动车驾驶人就是责任人，其应当承担全部责任。在受害人也有过错的情况下，根据与有过失规则，可以减轻责任人的责任，但不能完全免除其责任。故救助基金在其垫付范围内，有权向责任人追偿。

通过上述交强险、救助基金的参与赔偿，能够最大限度保障交通事故受害人及时得到救助，不至于因为真正责任人未找到而无钱就医。同时，将向责任人追偿的风险从受害人转移到救助基金，由救助基金承担追偿不能的风险损失，也是对受害人的特殊保障，体现了对弱势群体的保护。

法条关联

◆《道路交通安全法》

第七十五条 医疗机构对交通事故中的受伤人员应当及时抢救，不得因抢救费用未及时支付而拖延救治。肇事车辆参加机动车第三者责任强制保险的，由保险公司在责任限额范围内支付抢救费用；抢救费用超过责任限额的，未参加机动车第三者责任强制保险或者肇事后逃逸的，由道路交通事故社会救助基金先行垫付部分或者全部抢救费用，道路交通事故社会救助基金管理机构有权向交通事故责任人追偿。

◆《机动车交通事故责任强制保险条例》

第二十四条 国家设立道路交通事故社会救助基金（以下简称救助基金）。有下列情形之一时，道路交通事故中受害人人身伤亡的丧葬费用、部分或者全部抢救费用，由救助基金先行垫付，救助基金管理机构有权向道路交通事故责任人追偿：

（一）抢救费用超过机动车交通事故责任强制保险责任限额的；

（二）肇事机动车未参加机动车交通事故责任强制保险的；

（三）机动车肇事后逃逸的。

第二十五条 救助基金的来源包括：

（一）按照机动车交通事故责任强制保险的保险费的一定比例提取的资金；

（二）对未按照规定投保机动车交通事故责任强制保险的机动车的所有人、管理人的罚款；

（三）救助基金管理机构依法向道路交通事故责任人追偿的资金；

（四）救助基金孳息；

（五）其他资金。

◆《最高人民法院关于审理道路交通事故损害赔偿案件适用法律若干问题的解释》

第十六条 同时投保机动车第三者责任强制保险（以下简称“交强险”）和第三者责任商业保险（以下简称“商业三者险”）的机动车发生交通事故造成损害，当事人同时起诉侵权人和保险公司的，人民法院应当按照下列规则确定赔偿责任：

（一）先由承保交强险的保险公司在责任限额范围内予以赔偿；

（二）不足部分，由承保商业三者险的保险公司根据保险合同予以赔偿；

（三）仍有不足的，依照道路交通安全法和侵权责任法的相关规定由侵权人予以赔偿。

被侵权人或者其近亲属请求承保交强险的保险公司优先赔偿精神损害的，人民法院应予支持。

案例评议

××忠诉天平汽车保险股份有限公司苏州中心支公司案[①]

◆ **裁判规则**

在认定天平保险苏州公司是否有权在承担保险赔偿责任后向××忠追偿时，再审法院认为：

第一，《机动车交通事故责任强制保险条例》第22条规定保险公司享有追偿权的情形并不包括交通肇事后逃逸，亦未规定其他情形可以参照适用；第24条仅规定了社会救助基金的追偿权，未规定保险公司享有追偿权，故天平保险苏州公司无权追偿。

① 江苏省高级人民法院民事判决书，（2014）苏民再提字第00136号。

第二，《侵权责任法》第53条规定："机动车驾驶人发生交通事故后逃逸，该机动车参加强制保险的，由保险公司在机动车强制保险责任限额范围内予以赔偿；机动车不明或者该机动车未参加强制保险，需要支付被侵权人人身伤亡的抢救、丧葬等费用的，由道路交通事故社会救助基金垫付。道路交通事故社会救助基金垫付后，其管理机构有权向交通事故责任人追偿。"该条款对于保险公司和社会救助基金权利与义务作出了不同的规定，表明了国家立法对保险公司和社会救助基金区别对待的态度。

第三，社会救助基金管理机构的经费来源于行政拨款或社会捐助，支付交通事故受害人抢救等费用系无偿垫付，而保险公司的经费来源于投保人的缴费，保险公司向受害人支付费用属于履行保险合同义务，系有偿赔付，故保险公司不应享有救助基金管理机构的追偿权。

综上，天平保险苏州公司无权在承担保险赔偿责任后向××忠追偿。

◆ **评议**

本案中，行为人驾驶机动车肇事致人受伤后逃逸，保险公司在交强险范围内承担赔偿责任后，向行为人追偿。法院认为，保险公司的经费来源于投保人的缴费，保险公司向受害人支付费用属于履行保险合同义务，系有偿赔付，保险公司不享有救助基金管理机构的追偿权，不能在赔偿后向行为人进行追偿。

第一千二百一十七条　【好意同乘的责任承担】

非营运机动车发生交通事故造成无偿搭乘人损害，属于该机动车一方责任的，应当减轻其赔偿责任，但是机动车使用人有故意或者重大过失的除外。

本条来源

本条为新增条文。

立法演变

《民法典侵权责任编草案》（一审稿）第九百九十二条规定："非营运机动

车发生交通事故造成无偿搭乘人损害，属于该机动车一方责任的，应当减轻或者免除其赔偿责任，但是机动车使用人有故意或者重大过失的除外。”

《民法典侵权责任编草案》（二审稿）第九百九十二条规定：“非营运机动车发生交通事故造成无偿搭乘人损害，属于该机动车一方责任的，应当减轻其赔偿责任，但是机动车使用人有故意或者重大过失的除外。”此后无变化。

条文释义

本条是关于非营运机动车无偿搭乘人受损的责任承担之规定。

一、概述

在机动车发生交通事故的情形下，既可能造成非机动车一方的损害，同时也可能造成本车车上人员的损害，例如驾驶员和乘员都受伤。而《机动车交通事故责任强制保险条例》第3条则强调：“本条例所称机动车交通事故责任强制保险，是指由保险公司对被保险机动车发生道路交通事故造成本车人员、被保险人以外的受害人的人身伤亡、财产损失，在责任限额内予以赔偿的强制性责任保险。”因此，本车人员、被保险人都不在交强险的赔偿范围之内。

由于《道路交通安全法》仅规定机动车一方与非机动车、行人之间的侵权责任问题，《侵权责任法》第六章“机动车交通事故责任”也主要是针对机动车造成非机动车一方损害的情形进行的规定，对于机动车的所有权、管理人、使用人，则根据具体情况将其作为机动车一方来进行责任的认定和减免。因此，这两部法律对于机动车上的乘员因交通事故而遭受的损害的责任，均未作出具体规定。那么对于本车人员尤其是乘员所遭受的损害，就应当根据过错责任原则来认定机动车驾驶人员的责任。如果驾驶员存在过错，就要对搭乘人员遭受的损害后果承担赔偿责任。

但是在机动车驾驶人员对他人进行无偿的好意搭乘时，一旦发生交通事故，如果仍然对机动车驾驶人员进行过错原则的评判，而不加任何特别减免责任的事由，则会出现不公平的现象。因为机动车驾驶人员对他人进行无偿的搭乘，往往是基于帮助他人的善意，或者熟人之间的好意，驾驶人员并未从中获得任何收益，反而还要支出驾驶车辆的成本，如果不作出减轻责任的规定，于情有悖。2009年11月5日至12月5日，全国人大常委会通过中国人大网向社会公开征求对侵权责任法草案（以下简称草案）的意见，共收到340人次提出的

3468 条意见和建议，这些社会公众和有关单位对侵权责任法草案的意见中，就有关于无偿搭乘的问题，“有的意见建议，增加有关无偿搭乘机动车受到损害如何承担责任的规定。”① 但无偿搭乘所引起的案件数量不太多，相关的呼声也不高，所以《侵权责任法》在起草过程中，并未在草案中写入无偿搭乘的规定，最后通过的草案中，也没有出现这一规定。

在各地法院有关道路交通事故损害赔偿的规定中，不少都涉及了无偿搭乘人损害赔偿的问题。本次民法典编纂过程中，在《民法典》侵权责任编开始增加了无偿搭乘的规定。

二、内容

（一）无偿搭乘人遭受损害的归责原则

无偿搭乘，也被称为搭乘便车、好意同乘，是指机动车所有人、管理人或使用人未收取搭乘人员的费用，而同意其乘坐机动车，并将其运送至某个地点的行为。无偿搭乘人上车后，成为机动车的乘坐人员。作为同乘人员，如果发生机动车交通事故，并且造成同乘人员损害的，那么依照《道路交通安全法》第 76 条的规定，首先将同乘人员作为机动车一方，来划分机动车一方与对方的责任。例如，交通事故是对方机动车造成的，应当由对方机动车承担责任，那么同乘人员的损害也应当由对方机动车承担赔偿责任；如果事故的发生是非机动车驾驶人、行人一方的过错造成的，那么根据双方责任的认定，非机动车驾驶人、行人一方在其责任范围内，应当对同乘人员的损害承担赔偿责任。

如果同乘人员机动车一方对于事故的发生也应当承担一定的责任，那么在这一责任份额范围内，机动车使用人就应当对同乘人员的损害承担赔偿责任。这一内部的责任划分，应当依据过错责任原则来确定。即机动车使用人对于同乘人员的损害存在过错的，就应当在其过错范围内承担赔偿责任。例如，交通事故是由于机动车使用人不遵守交通规则，抢道、超速而造成的，那么机动车使用人就具有过错，应当承担赔偿责任。但此种责任因无偿搭乘行为而具有了本条规定的减轻责任的事由。

（二）机动车一方减轻其赔偿责任的条件

机动车一方对于无偿搭乘人责任的减轻，必须具有如下条件：

---

① 王胜明主编：《中华人民共和国侵权责任法释义》，法律出版社 2010 年 1 月版，第 550 页。

第一，机动车属于非营运车辆。

非营运机动车是指不以营利为目的进行运营的机动车。这是相对于专门从事运输行业的营运车辆而言的概念。非营运机动车不得参加营运活动，否则将受到道路运输监管部门的行政处罚。营运车辆由于直接从事人员货物的运输，服务于不特定对象，而非营运车辆就是通常所说的私家车，往往只是个人或家庭等少范围人员驾驶乘坐，不针对社会大众服务，所以相关法律法规对于营运车辆的运营资质、安全监督有着不同于非营运车辆的规定。例如，根据《道路交通安全法实施条例》的规定，已注册登记的非营运机动车，改为营运机动车的，机动车所有人应当向登记该机动车的公安机关交通管理部门申请变更登记；用于公路营运的载客汽车、重型载货汽车、半挂牵引车应当安装、使用符合国家标准的行驶记录仪；营运载客汽车5年以内每年检验1次；超过5年的，每6个月检验1次；机动车驾驶人在实习期内不得驾驶公共汽车、营运客车。这些规定都是针对营运车辆的特别要求和限制，目的是对其进行更加严格的监管，以保障运营安全。这就意味着营运车辆的驾驶人员和车辆本身，都必须具备更高的更严格的条件，所以对于乘员的保护要更强。所以对于营运车辆造成同乘人员的损害，即便是无偿的，营运车辆使用人也不能主张责任的减免。

强调非营运机动车才能主张本条的减轻责任事由，是《民法典》侵权责任编对于机动车使用人更为严格的规定，也是对同乘人员更为周密的保护。此前在各地法院的一些文件中，对于无偿搭乘的减免责任问题，对于是否应当区分车辆的营运和非营运，做法不一，有的不加区分、一视同仁，有的则认为仅限于非营运车辆才能减免责任。例如，2010年《浙江省高级人民法院民一庭关于审理道路交通事故损害赔偿纠纷案件若干问题的意见（试行）》第18条就规定："机动车发生道路交通事故，造成本车无偿搭乘者损害的，应适当减轻本车赔偿义务人的赔偿责任，但本车驾驶人有重大过错的除外。无偿搭乘者有过错的，应相应减轻本车赔偿义务人的赔偿责任。"这一规定就未区分机动车是否属于营运车辆，均可适当减轻对无偿搭乘人的赔偿责任。

而2006年《重庆市高级人民法院关于审理道路交通事故损害赔偿案件适用法律若干问题的指导意见》第24条则规定："无偿搭乘他人机动车，因该机动车发生道路交通事故受到损害的，应当酌情减轻机动车方的赔偿责任。但有下列情形之一的除外：（一）机动车方基于经营目的提供无偿搭乘的；（二）受害人按照规定免票的。”2007年《陕西省高级人民法院关于审理道路交通事故损害赔偿案件若干问题的指导意见（试行）》第19条也规定：“无偿搭乘他人机动车，因该机动车发生道路交通事故受到损害的，应酌情减轻机动车一方的赔偿责任。但基于经营目的的实施的无偿搭乘以及依法享受免票的除外。”那么这些地方法院的规定，就严格区分营运车辆与非营运车辆，认为营运车辆即便是免费的，也是出于经营的目的，不能减轻机动车使用人的注意义务和赔偿责任。

那么根据本条规定，仅限于非营运机动车发生交通事故造成无偿搭乘人损害时，才能减轻机动车一方的赔偿责任，营运车辆就不能主张这一免责事由，即便其并未收取受伤乘员乘车费用。

对于营运车辆与非营运车辆的区分，在实践中并不能只看车辆登记情况，因为存在很多未登记为营运车辆，但实际从事营运业务的车辆。对此，应当以实质主义作为标准，即凡是以营利为目的从事道路运输经营活动的机动车，就属于营运车辆。对于这一标准的把握，应当从车辆运输的线路、收费情况和驾驶人员的行为性质来综合判断。在网约车越来越普及的情况下，网约车的形态也非常丰富，既有专门从事运营的网约车、出租车，也有仅在上下班途中载人的网约顺风车。对此，如果驾驶员搭乘旅客主要是营利，并且以此作为驾驶行为的主要动因，则无论该车辆是否注册为营运车辆，其性质上就已经属于营运车辆了。例如，在熊某与被上诉人中国太平洋财产保险股份有限公司眉山中心支公司保险纠纷案中，熊某驾驶小轿车搭载滴滴打车的两名乘客，由于不熟悉路况，行驶途中驶入高速公路在建工地，与工地堆集的沙石料相撞，致车上三人均受伤及车辆受损。太平洋财险眉山支公司认为被保险机动车改变使用性质，因此拒绝承担赔偿责任。一审法院支持保险公司的主张。

二审法院认为，“简单将网约顺风车搭乘他人的行为在法律性质上等同于出租车或网约出租车等的营运行为、并以此将网约顺风车搭乘他人过程中发生交通事故一概排除在私家车保险理赔范围之外并不妥当。”因为顺风车主要用途是自用，为出行线路相同的人提供方便，本质上是一种顺便行为，所收取费用主要在于成本分摊，网约顺风车是在车辆自用的基础上顺便搭乘出行线路相同之人，因此典型的网约顺风车搭乘行为并未明显增加私家车行驶过程中的事故风险。所以，“对于网约顺风车车主自用车辆出行、顺路搭乘他人并与被搭乘人分担费用过程中发生交通事故的，保险公司不得单纯以网约顺风车从事营运行为为由而免赔。此种情形下，作为车辆的使用人，车主应就事故发生时系自用车辆出行、顺路搭乘他人的事实承担举证责任。”①

但同时，二审法院也查明，熊某在事故发生前至少接了三单顺风车，其“行为已经超越了车辆出行以自用为目的，顺路搭乘他人的范畴，不符合网约顺风车的典型特征，性质上属于营运车辆的载客服务，客观上增加了私家车发生交通事故的风险，故保险公司就本案交通事故援引私家车保险合同中关于被保险人‘改变使用性质等导致被保险机动车危险程度显著增加，导致的被保险机动车的损失和费用，保险人不负责赔偿’的免责条款拒赔于法有据，本院予以支持。”② 可见该案中法院认为偶尔从事顺路有偿载客的行为，不能属于改变车辆非营运的性质，但如果机动车使用人频繁有偿载客，且依次为道路行驶的主要动因，则表明其机动车的性质已经发生改变，属于营运车辆。

第二，搭乘行为系无偿。

虽然在上述案例中，机动车是否收取搭乘人员的费用并不是法院认定车辆属于营运车辆的关键标准，但是根据本条规定，如果非营运机动车发生交通事故后造成同乘人员损害，机动车使用人欲主张责任减轻的，则必须基于无偿搭乘行为，否则不能主张本条的抗辩。

无偿搭乘行为，是指机动车使用人未收取搭乘人员的车费、路费等费用，从而载客行为不存在对价，属于无偿行为。无偿行为是针对本次搭乘行为而言，不能将考察范围扩张至机动车使用人与搭乘人员长期的经济交往之中进行考察。例如，驾驶员甲本次免费搭乘熟人乙，几日后乙为表示感谢而邀请甲到餐馆用餐，或对甲赠送当季水果。此时甲对乙的搭乘仍属免费。但如果机动车使用人与搭乘人员之间已经存在债权债务关系，机动车使用人是搭乘人员的债务人，双方同意以搭乘行为扣抵部分债务，则此时的搭乘行为就具有了对价，不再属于无偿搭乘。

强调搭乘行为必须是无偿的，主要在于机动车使用人未从搭乘行为中获取对价，因此注意义务相对于收费行为的注意义务要低，所以才能产生减轻责任的抗辩。如果搭乘行为是有偿的，则机动车使用人对于搭乘人员的注意义务就

---

① 四川省眉山市中级人民法院民事判决书，(2017) 川 14 民终 698 号。

② 四川省眉山市中级人民法院民事判决书，(2017) 川 14 民终 698 号。

应当与营运车辆从业人员的注意义务相等同，就不能再基于自身无故意或重大过失而主张减轻责任。

第三，机动车使用人不存在故意或者重大过失。

非营运机动车发生交通事故造成无偿搭乘人损害，如果属于该机动车一方责任，机动车使用人对于事故的发生仅存在轻微过失或一般过失才可以减轻其对于无偿搭乘人员的赔偿责任，如果事故系基于机动车使用人的故意或重大过失而造成，则不得减轻其责任。

机动车使用人对于交通事故的故意，是指机动车使用人明知其不规范驾驶行为将会导致事故的发生，但却有意或放任事故的发生。机动车使用人的故意，是一种主观心态，应当从机动车本身是否具备驾驶条件、驾驶人员自身资质、驾驶人员身体情况等方面来进行认定，常见的有如下几类情况：

第一，机动车使用人故意制造交通事故，这也是最为典型的机动车使用人故意，例如在驾驶中因为与他人竞速超车，引发狂怒，有意驾车追赶并碰撞他人车辆。

第二，机动车使用人没有驾驶资格，如未取得驾驶资格，或者未取得相应类型机动车的驾驶资格。这表明其客观上不具备驾驶相关机动车的能力，也不符合法律对机动车上路通行的基本要求。没有驾驶资格不仅包括无驾驶证，还应当包括驾驶证被依法扣留、暂扣、吊销、注销期间的驾驶行为，因为这些期间驾驶人不具备驾驶资格。

第三，机动车使用人的身体情况依法不能从事驾驶行为。常见的如机动车使用人醉酒、服用国家管制的精神药品或者麻醉药品后，仍然驾驶机动车并无偿搭乘他人，最终发生交通事故。

第四，机动车使用人明知或应知其驾驶行为很可能会发生损害后果，但却执意驾驶的其他情形。

机动车使用人对于交通事故的重大过失，是指机动车使用人作为一名驾驶人员，未能尽到其应尽的基本注意义务。例如机动车在日常驾驶中已经表现出可能存在一些安全隐患，例如刹车有时不灵，但机动车使用人却疏于进行检查维修就搭乘他人。再如，机动车使用人在驾驶中存在违章行为，例如闯红灯、超速等，且其违章行为与造成事故之间存在因果关系。需要注意的是，并非一切交通违章行为都属于重大过失，重大过失仅指比较严重的交通违章行为，并且与事故之间具有因果联系。例如，超速驾驶轻微的，不属于重大过失，但机动车行驶超过规定时速50%的，则构成重大交通违法，如果该超速行为与损害后果之间存在因果关系，则构成重大过失。

（三）无偿搭乘人对于事故发生也有过错的，根据与有过失规则减轻机动车一方的责任

既然在机动车使用人与搭乘人之间适用过错责任原则来确定双方责任，那么如果无偿搭乘人在乘车过程中，对于事故的发生也有过错的，自然可以减轻机动车一方的责任，其依据在于《民法典》侵权责任编第1173条规定的与有过失规则，即被侵权人对同一损害的发生或者扩大有过错的，可以减轻侵权人的责任。

这一减免事由虽然未在本条中明确规定，但属于《民法典》侵权责任编总则部分的规定，自然可以适用于分则部分，因此无需重复规定。

无偿搭乘人的与有过失，是无偿搭乘人疏于履行对自身的照顾保护义务从而导致事故发生后自身受损后果扩大，或者其行为对于损害的发生具有过错。例如，无偿搭乘人明知机动车存在安全隐患，或者驾驶人员存在无驾驶资格、酒驾、毒驾等情形的，无偿搭乘人却仍然搭乘，并最终因此发生损害的，则表明无偿搭乘人对于自身损害的发生具有过错。此时无偿搭乘人的行为具有比较法上自甘风险的性质，“在一个酒后驾车的司机和一个自愿乘坐的乘客之间，对乘客造成损害的责任主要归因于司机。然后在该乘客和实际进行赔偿的第三方（保险公司、同等责任的雇主或者国家）之间，则责任主要归因于该乘客，第三方可减少或者不给与赔偿。”① 但也有将明知乘坐有明显风险但仍然自愿乘坐的行为就按照受害人与有过失来处理的立法例。再如，《道路交通安全法》第51条规定，机动车行驶时，驾驶人、乘坐人员应当按规定使用安全带，摩托车驾驶人及乘坐人员应当按规定戴安全头盔。那么无偿搭乘人上车后不系安全带，导致伤势格外严重，而如果系安全带则可以避免如此严重的伤势，那么就可以认为无偿搭乘人自身存在过错，对于其遭受的损害，机动车使用人可以主张减轻赔偿责任。又比如，无偿搭乘人乘车过程中，干扰驾驶人员的正常驾驶行为，

① ［澳］彼得·凯恩：《阿蒂亚论事故、赔偿及法律》（第六版），王仰光等译，中国人民大学出版社2008年3月版，第64页。

例如与其发生争吵打斗，或者与之哄闹，导致车辆失控肇事，无偿搭乘人同样具有过错。这些情况下，都应当减轻机动车一方的赔偿责任。

如果非营运机动车发生交通事故造成无偿搭乘人损害的，机动车使用人本身不存在故意或者重大过失，同时无偿搭乘人自身对于损害的造成还具有过错，那么机动车使用人就基于本条规定和与有过失规则而具有了两个免责事由，这两个免责事由可以同时适用，更多地减轻机动车使用人对无偿搭乘人的赔偿责任。

法条关联

◆《道路交通安全法实施条例》

第六条 已注册登记的机动车有下列情形之一的，机动车所有人应当向登记该机动车的公安机关交通管理部门申请变更登记：

（一）改变机动车车身颜色的；

（二）更换发动机的；

（三）更换车身或者车架的；

（四）因质量有问题，制造厂更换整车的；

（五）营运机动车改为非营运机动车或者非营运机动车改为营运机动车的；

（六）机动车所有人的住所迁出或者迁入公安机关交通管理部门管辖区域的。

申请机动车变更登记，应当提交下列证明、凭证，属于前款第（一）项、第（二）项、第（三）项、第（四）项、第（五）项情形之一的，还应当交验机动车；属于前款第（二）项、第（三）项情形之一的，还应当同时提交机动车安全技术检验合格证明：

（一）机动车所有人的身份证明；

（二）机动车登记证书；

（三）机动车行驶证。

机动车所有人的住所在公安机关交通管理部门管辖区域内迁移、机动车所有人的姓名（单位名称）或者联系方式变更的，应当向登记该机动车的公安机关交通管理部门备案。

案例评议

艾某、张某机动车交通事故责任纠纷案[①]

◆ 裁判规则

在认定张某对事故导致的损害后果是否存在一定的过错，应否承担相应的责任时，法院认为，本案中，石某涛驾驶的机动车在行驶过程中，张某作为乘坐人员坐在副驾驶室，其没有按规定使用安全带，因事故导致的损害后果是张某从车内摔到车外受伤，张某未使用安全带的行为加大了事故的损害后果，对于事故导致的损害后果，其自身存在一定的过错，并非一般过失。因事故责任与应承担的损害后果赔偿责任属不同的法律概念，故其虽不承担事故责任，但不表示其对事故造成的损害后果不承担相应的责任。根据《侵权责任法》第26条规定，被侵权人对损害的发生也有过错的，可以减轻侵权人的责任。张某作为本次事故的被侵权人，对于事故造成的损害后果存在一定的过错，其自身依法应承担相应的责任，可以减轻侵权人石某涛的责任。另，交通事故发生时张某、石某涛同乘一车，石某涛所驾驶车辆并非营运车辆，承运人并未向同乘人收取任何费用，张某系无偿搭乘，是一种无偿行为；上述搭乘属好意同乘关系，张某作为无偿搭乘人，在石某涛发生交通事故时，应与石某涛共同承担风险，应自行承担其部分经济损失；本案存在张某对其自身受害具有过错以及好意同乘关系，应认定张某自身对损害所产生的损失承担25%的责任。

◆ 评议

对于无偿搭乘的行为，非营运机动车发生交通事故造成无偿搭乘人损害，属于该机动车一方责任的，应当减轻其赔偿责任，但是机动车使用人有故意或者重大过失的除外。本案中，石某所驾驶车辆并非营运车辆，承运人并未向同乘人收取任何费用，张某系无偿搭乘，石某也不存在故意或者重大过失的行为，且无偿搭乘人没有按规定使用安全带，导致事故发生时从车内摔到车外受伤。最后法院判决适当减轻石某的责任，由无偿搭乘人自身负担25%的责任。

---

① 湖北省黄冈市中级人民法院民事判决书，（2016）鄂11民终1300号。

第六章 医疗损害责任

本章概要

本章是关于医疗损害责任的集中规定，规定了医疗损害责任的归责原则、医务人员说明义务和患者知情同意权、紧急情况下告知义务的例外规定、医疗机构的诊疗义务与过错推定、药品与医用产品及血液制品的赔偿责任、医疗机构的免责事由、医疗机构及其医务人员对病历资料的填写保管义务、患者对病历资料的查阅复制权、患者隐私和个人信息的保护、禁止过度检查以及对于医疗机构及其医务人员合法权益的保护。

第一千二百一十八条 【医疗损害责任的归责原则与责任主体】

患者在诊疗活动中受到损害，医疗机构或者其医务人员有过错的，由医疗机构承担赔偿责任。

本条来源

《侵权责任法》第五十四条规定："患者在诊疗活动中受到损害，医疗机构及其医务人员有过错的，由医疗机构承担赔偿责任。"

立法演变

《民法典侵权责任编草案》（一审稿）第九百九十三条规定："患者在诊疗活动中受到损害，医疗机构及其医务人员有过错的，由医疗机构承担赔偿责任。"此后无变化。

条文释义

本条是关于医疗损害责任归责原则的规定。

一、概述

诊疗活动，是指医疗机构及其医务人员通过各种检查手段，使用药物、器械及手术等方法，对患者的疾病作出判断，并消除疾病、缓解病情、减轻痛苦、改善功能、延长生命、帮助患者恢复健康的活动。那么，根据该条的规定，只要是在诊疗活动中受到损害的，患者都可以根据《民法典》侵权责任编来主张损害赔偿。

我国 1986 年《民法通则》第 119 条规定了侵害公民身体造成伤害或死亡的民事责任，这成为法院处理此类纠纷的基础性依据。1987 年 6 月 29 日，国务院发布了专门处理医疗侵权纠纷的行政法规《医疗事故处理办法》，2002 年 4 月 4 日，国务院公布了《医疗事故处理条例》，第 49 条第 2 款规定："不属于医疗事故的，医疗机构不承担赔偿责任。"由此形成了医疗事故与其他医疗赔偿纠纷的双轨制。2003 年 1 月 6 日，最高人民法院发布了《关于参照〈医疗事故处理条例〉审理医疗纠纷民事案件的通知》，规定："条例施行后发生的医疗事故引起的医疗赔偿纠纷，诉到法院的，参照条例的有关规定办理；因医疗事故以外的原因引起的其他医疗赔偿纠纷，适用民法通则的规定。"该通知明确规定了《医疗事故处理条例》对司法机关的适用效力。2003 年 12 月 4 日最高人民法院公布了《关于审理人身损害赔偿案件适用法律若干问题的解释》，详细规定了人身伤害侵权赔偿的相关内容，其中关于人身伤害的赔偿标准要高于《医疗事故处理条例》的标准。医疗侵权损害赔偿领域法律适用双轨制的存在，造成类似问题不能得到类似处理和赔偿，从而引发了司法实践和社会生活中的诸多困扰和纠纷，社会各界也一直呼吁尽早消除医疗损害责任双轨制的局面。

2009 年《侵权责任法》以专章的形式规定了医疗损害赔偿责任，并且其法律位阶高于《医疗事故处理条例》和司法解释，至此，《侵权责任法》实施后便成为解决医疗损害责任的统一法律依据，并基本上消除了医疗损害领域的双轨制。2017 年《最高人民法院关于审理医疗损害责任纠纷案件适用法律若干问题的解释》就再次强调了医疗损害责任的适用领域，其第 1 条就规定：患者以在诊疗活动中受到人身或者财产损害为由请求医疗机构，医疗产品的生产者、销售者或者血液提供机构承担侵权责任的案件，患者以在美容医疗机构或者开设医疗美容科室的医疗机构实施的医疗美容活动中受到人身或者财产损害为由提起的侵权纠纷案件，都属于医疗损害责任纠纷。但当事人提起的医疗服务合同纠纷案件，则不属于医疗损害责任纠纷，而是属于医疗服务合同纠纷。

本次民法典编纂过程中，保留了《侵权责任法》“医疗损害责任”第 54 条的规定，成为本条，稍作修改。

二、内容

（一）医疗损害责任中的主体

医疗损害责任中，实施诊疗行为的主体是医务人员，而承担侵权责任的主体是医疗机构。医务人员，是指在各类医疗机构中承担诊断、治疗、护理等任务的专业技术人员，具体包括如下几类：主任医（药、护、技）师、副主任医（药、护、技）师、主治（主管）医（药、护、技）师、医（药、护、技）师、医（药、护、技）士。除此之外，处于见习期的诊断、治疗、护理人员，虽没有专业技术职务，也应当归入医务人员之列。[①]

医疗机构，是指依法定程序设立的从事疾病诊断、治疗活动的卫生机构的总称。根据《医疗机构管理条例实施细则》第 3 条的规定，医疗机构包括如下几类：综合医院、中医医院、中西医结合医院、民族医医院、专科医院、康复医院；妇幼保健院、妇幼保健计划生育服务中心；社区卫生服务中心、社区卫生服务站；中心卫生院、乡（镇）卫生院、街道卫生院；疗养院；综合门诊部、专科门诊部、中医门诊部、中西医结合门诊部、民族医门诊部；诊所、中医诊所、民族医诊所、卫生所、医务室、卫生保健所、卫生站；村卫生室（所）；急救中心、急救站；临床检验中心；专科疾病防治院、专科疾病防治所、专科疾病防治站；护理院、护理站；医学检验实验室、病理诊断中心、医学影像诊断中心、血液透析中心、安宁疗护中心；其他诊疗机构。

医疗损害责任中，诊疗活动是由医务人员具体实施的，但承担医疗损害责任的主体则是医疗机构。因为医务人员属于医疗机构的雇员，所以应当由医疗机构对患者进行赔偿。在对患者进行赔偿之后，医务人员对于损害的造成有过错的，医疗机构可以在内部对具体造成损害的医务人员进行追偿。医疗损害赔偿的纠纷发生在医疗机构与医疗相对人之间，是以医疗机构是否尽到诊疗义务作为争议的

---

① 参见古津贤主编：《医疗侵权法》，吉林大学出版社 2008 年版，第 60 页。

焦点；而医疗损害赔偿的提起，是以维护医疗相对人即患者的合法权益为动因的，其主体是特定的，即一方是医疗机构，而另一方是医疗相对人及其法定代理人或者监护人。如果将责任主体规定为医务人员，而单个医务人员的赔偿能力有限，而且容易逃匿，不利于患者权利的实现。所以将医疗损害责任的主体界定为医疗机构，有利于实现对患者的救济，使患者在受到医疗损害之后能够得到赔偿。

（二）医疗损害责任的归责原则

根据本条规定，患者在诊疗活动中受到损害，医疗机构及其医务人员有过错的，由医疗机构承担赔偿责任。这就确立了医疗损害责任中以过错责任原则作为归责原则。医疗损害侵权属于一般的过错责任范畴，应当适用过错责任原则，而不属于特殊的过错推定责任和无过错责任。在判断医疗侵权损害赔偿责任时，医务人员有过错的才需要承担赔偿责任，无过错就无需承担赔偿责任。并不是说患者在诊疗活动中只要受到损害，就可以要求医疗机构赔偿。

由《民法典》侵权责任编第1222条对医疗机构进行过错推定的几类情形，可见医疗损害责任的基本归责原则是过错责任原则，即对于医疗侵权行为，归责原则的基础仍然是过错；但为了保护处于弱势地位的患者，在一些情形下又对医疗机构实行过错推定责任。

法条关联

◆《民法典》侵权责任编

第一千一百六十五条 行为人因过错侵害他人民事权益造成损害的，应当承担侵权责任。

依照法律规定推定行为人有过错，其不能证明自己没有过错的，应当承担侵权责任。

案例评议

张某某诉始兴县罗坝镇卫生院案[①]

◆ 裁判规则

在认定罗坝卫生院在给张某某预防接种及治疗过程中是否存在过错，如有

① 广东省高级人民法院民事判决书，(2013）粤高法审监民提字第75号。

过错，其过错行为对张某某所遭受损害结果的原因力大小问题时，再审法院认为：

关于罗坝卫生院在给张某某预防接种及治疗中是否存在过错的问题。一审法院根据罗坝卫生院的申请，委托广东南天司法鉴定所韶关分所进行鉴定，该鉴定机构于2011年8月22日作出《法医学司法鉴定意见书》，结论为："被鉴定人张某某流行性乙型脑膜脑炎并发脑瘫，与罗坝镇卫生院流脑疫苗接种及使用地塞米松存在间接因果关系。"

关于罗坝卫生院的过错对张某某所遭受损害结果的原因力大小问题。根据广东南天司法鉴定所韶关分所《法医学司法鉴定意见书》，张某某患流行性乙型脑膜脑炎并发脑瘫，虽然不是罗坝卫生院的接种行为直接引起，但与罗坝卫生院流脑疫苗接种及使用地塞米松存在间接因果关系。对于罗坝卫生院的具体过错行为，鉴定意见书中已作了具体列举和分析，充分说明了罗坝卫生院的过错行为与张某某的损害结果具有相当因果关系。根据《侵权责任法》第54条规定："患者在诊疗活动中受到损害，医疗机构及其医务人员有过错的，由医疗机构承担赔偿责任。"一审法院根据鉴定意见，综合各方面原因力，分析判定由罗坝卫生院承担次要责任，判决其承担45%损失并无不当，本院再审予以维持。

◆ **评议**

患者在诊疗活动中受到损害，医疗机构或者其医务人员有过错的，由医疗机构承担赔偿责任。本案中医院为患者接种时，没考虑患者正患有感冒的症状，而直接为其注射流脑疫苗导致患者乙型脑炎后遗症、脑瘫后遗症，至今未能治愈。根据《法医学司法鉴定意见书》的结论，"被鉴定人张某某流行性乙型脑膜脑炎并发脑瘫，与罗坝镇卫生院流脑疫苗接种及使用地塞米松存在间接因果关系。"故实施注射疫苗行为的医疗机构应当对患者的损害承担赔偿责任。

第一千二百一十九条　【医务人员说明义务与患者知情同意权】

医务人员在诊疗活动中应当向患者说明病情和医疗措施。需要实施手术、特殊检查、特殊治疗的，医务人员应当及时向患者具体说明医疗风险、替代医疗方案等情况，并取得其明确同意；不能或者不宜向患者说明的，应当向患者的近亲属说明，并取得其明确同意。

> 医务人员未尽到前款义务，造成患者损害的，医疗机构应当承担赔偿责任。

本条来源

《侵权责任法》第五十五条规定："医务人员在诊疗活动中应当向患者说明病情和医疗措施。需要实施手术、特殊检查、特殊治疗的，医务人员应当及时向患者说明医疗风险、替代医疗方案等情况，并取得其书面同意；不宜向患者说明的，应当向患者的近亲属说明，并取得其书面同意。医务人员未尽到前款义务，造成患者损害的，医疗机构应当承担赔偿责任。"

立法演变

《民法典侵权责任编草案》（一审稿）第九百九十四条规定："医务人员在诊疗活动中应当向患者说明病情和医疗措施。需要实施手术、特殊检查、特殊治疗的，医务人员应当及时向患者具体说明医疗风险、替代医疗方案等情况，并取得其书面同意；不宜向患者说明的，应当向患者的近亲属说明，并取得其书面同意。医务人员未尽到前款义务，造成患者损害的，医疗机构应当承担赔偿责任。"

《民法典侵权责任编草案》（二审稿）第九百九十四条规定："医务人员在诊疗活动中应当向患者说明病情和医疗措施。需要实施手术、特殊检查、特殊治疗的，医务人员应当及时向患者具体说明医疗风险、替代医疗方案等情况，并取得其明确同意；不能或者不宜向患者说明的，应当向患者的近亲属说明，并取得其明确同意。医务人员未尽到前款义务，造成患者损害的，医疗机构应当承担赔偿责任。"此后无变化。

条文释义

本条是关于医务人员说明义务和患者知情同意权的规定。

一、概述

医务人员的说明义务，也称为告知义务，是指医务人员在实施医疗行为前，应当对病患说明病情、预备采取何种医疗行为以及患者因该医疗行为所需要承担的风险，使患者得以对将要采取的医疗行为作出是否同意的决定。例如手术的后果、药物是否有副作用等。

患者知情同意权，是指患者享有知悉和了解医务人员计划对其采取的医疗措施及其后果，并作出是否同意该措施的权利。患者知情同意权包含了患者的知情权和同意权，由于这两种权利关系密切，患者只有在知情的前提下才能作出是否同意的意思表示，其同意权的行使有赖于其知情权的实现，因此将两种权利合称知情同意权。医务人员应当先向患者履行说明义务，患者经过医务人员对诊断治疗等医疗行为的说明，能够对医疗行为有所了解和认识，从而可以考虑是否同意医务人员的医疗行为。因此，医务人员履行说明义务对应的是患者知情权的行使，同时也是患者行使其同意权的前提条件。

患者知情同意权的理论基础在于患者不能被要求他所不愿意接受的治疗，不论此种医疗方式有无风险、是否痛苦以及拒绝治疗之后会有何种后果，这涉及对患者身体和生命健康的处分，因此属于患者的自我决定权或自主权的范围。只有基于患者知情后作出的同意，才使得医务人员对患者采取医疗措施具有了合法性。患者知情同意权不能预先抛弃，因为“病人因医生的说明而为手术的同意，既系其基于人格权及自主权，应认此项同意不得预先抛弃。”[①] 由于各国宪法一般都将维护人的尊严作为宪法的基本价值之一，因此保护患者的知情同意权还具有宪法上的依据。宪法维护人的尊严，就必须保护人在行使其基本权利的正当范围内具有自治自决的机会。患者并不因为患有疾病，就导致其人格尊严的主体性地位被弱化或丧失，其在宪法上所享有的自我决定权不应受到任何的限制或剥夺。[②] 患者的知情同意权密切关涉患者的生命和身体的处分事项，因此属于自我决定权的内涵之一，还应受到宪法的保护。在部门法上，侵害患者知情同意权的行为，如未得到患者同意而对其施行医疗行为，在刑事上将构成故意伤害罪，在民事上则构成对患者的侵权行为。

2009 年《侵权责任法》就专门规定了医务人员的说明义务和患者的知情同意权，其第 55 条规定：“医务人员在诊疗活动中应当向患者说明病情和医疗措

---

① 王泽鉴：《侵权行为法》，我国台湾地区 2009 年 7 月作者自版，三民书局经销，第 296 页。

② See Daniel P. Sulmasy, Informed Consent Without Autonomy, 30 Fordham Urb. L. J. 207, 211 (2002).

施。需要实施手术、特殊检查、特殊治疗的，医务人员应当及时向患者说明医疗风险、替代医疗方案等情况，并取得其书面同意；不宜向患者说明的，应当向患者的近亲属说明，并取得其书面同意。医务人员未尽到前款义务，造成患者损害的，医疗机构应当承担赔偿责任。”在本次民法典编纂过程中，对本条予以了保留，只稍作完善。主要是将“不宜向患者说明”改为“不能或者不宜向患者说明”，并且把向患者“说明医疗风险”改为“具体说明医疗风险”、取得患者的“书面同意”改为“明确同意”。

二、内容

（一）医务人员的说明义务

1. 医务人员的一般说明义务

医务人员履行说明义务乃是患者自我决定权行使的基础，只有医务人员尽到了说明义务、取得患者同意之后，其所实施的医疗行为才具有合法性；如果未经患者同意，则属于独断医疗，具有违法性。现代医疗技术高度发展、医疗服务技术高度复杂化，不经过专业的医务人员对患者就其将要采取的医疗行为加以详细说明，一般不具备医学背景的病患通常难以理解该医疗行为的后果及所可能产生的影响，也就无法对是否同意医疗行为的实施进行充分的考虑。因此，为了尊重患者的自我决定权，医务人员必须先履行其说明义务，然后结合患者的同意，才能达到医疗的目的，避免医疗纠纷的产生。医务人员的说明义务在内容上一般包括如下几个方面：

第一，说明病情。患者的病情也就是医务人员对患者进行诊断之后的诊断结果，也就是病情的解释和说明。病人对于自身所患病症的情形及身体的状态，应当先予以了解，才能配合医务人员建议的医疗行为，并对其诊疗效果、性质等进行全面的考虑，因此医务人员有必要对患者说明诊断的结果。如果医务人员对患者病况未尽到说明义务或者未能进行完全的说明，则其所取得的患者的同意，应归于无效。

第二，拟采取治疗方式的性质和内容。医务人员在告以患者诊断的结果之后，应当将所决定采取的医疗行为的性质、理由、内容、预期治疗效果、医疗方式、难易程度、附随的可能危险以及对患者身体副作用的范围与危险程度，以患者能够理解的方式加以说明，使患者得以充分了解该医疗行为对身体可能产生的侵害，以便在考虑之后决定是否同意接受该项医疗措施。医务人员将拟采取治疗方式的性质和内容对患者进行充分说明之后，不仅可以免除患者的恐惧感，而且可以有效形成医患之间的沟通、减少不必要的误会，并预防事后的纠纷。

第三，治疗中可能伴随的危险和副作用。对于治疗过程中可能伴随的危险和副作用，以及危险发生后结果防止的可能性，例如有无发生副作用的可能、发生的比例、发生后副作用的大小等，医务人员应当将医疗行为中所有重要的危险都充分地告知病人，使病人能够掌握充分的信息，决定是否愿意接受该具有危险性的医疗行为。通常认为，所有可能影响病人作出决定的危险，都属于重要危险。如果医务人员未尽到说明义务，则病人的同意并非真正的同意。还有学者认为，对于医疗过程中发生的不良反应，医务人员也应当及时向患者进行说明，因为“在实践中，对于医疗不良后果的认知在双方当事人之间存在着很大的差异，妨碍了患方及时获得医疗信息并据此作出是否同意医疗的决定。当发生医疗不良后果时，医方有义务告知患者医疗可能发生不良后果的原因、不良后果的性质、后续救治方案以及患者享有的相关权利。”①

第四，有无可替代医疗方案。治愈疾病的医疗行为，通常并不只一种方法，因此医务人员在采取医疗措施时，应告知患者有无替代医疗方案，并详细说明有无替代医疗方案，替代医疗方案所伴随的侵害和副作用的性质、程度及范围，替代医疗方案的治疗效果如何，不采取该替代医疗方案的理由等。医务人员应当就这些内容对患者进行充分说明，然后由患者作出选择和决定。

第五，不接受治疗的可能后果。在患者拒绝医疗时，医务人员还应当将患者不接受治疗的可能后果对患者进行说明。当然，对于绝症患者，则医务人员不宜将不接受治疗的可能后果明确告知，以免引起患者心理上的痛苦和绝望。如果医务人员未将患者不接受治疗的可能后果对患者作出说明，患者由此遭受损害的，属于医务人员说明义务履行的瑕疵，医疗机构应当承担对患者损害的赔偿责任。

此外，如果医务人员对患者开具处方使用药物，由于药物常由药厂提供，当药物的生产者已经将药物的固有危险性告知了医务人员，则医务人员在开具

---

① 艾尔肯：《论我国医疗损害责任制度的修改与完善——以〈民法典侵权责任编草案（三审稿）〉的规定为视角》，载《河北法学》2020年第1期。

处方时，应当将药物的危险性对患者作出说明。

2. 医务人员的特殊说明义务

根据本条规定，医务人员在一般的说明义务之外，对于需要实施手术、特殊检查、特殊治疗的患者还负有特殊说明义务。在诊疗活动中，对于一般的轻微病情的患者，医务人员只需要对其履行一般的说明义务即可，而对于那些需要实施手术、特殊检查、特殊治疗的潜在的重病患者，医方的说明义务便开始加重，因为此时患者的病情可能比较严重，健康状况不佳，医务人员的医疗措施可能带来的风险也随之加大，为了保护患者的生命权和健康权，以及尊重患者的自主决定权，此时医务人员便对此类特定的患者负有特殊说明义务，即医务人员在履行一般说明义务之外，还应当及时向患者说明医疗风险、替代医疗方案等情况，并取得其书面同意。

特殊检查、特殊治疗是指具有这些情形之一的诊断、治疗活动：有一定危险性，可能产生不良后果的检查和治疗；由于患者体质特殊或者病情危笃，可能对患者产生不良后果和危险的检查和治疗；临床试验性检查和治疗；收费可能对患者造成较大经济负担的检查和治疗。

医务人员的特殊说明义务提高了医务人员说明义务的时效性要求，要求医务人员及时向患者作出说明，并且应当侧重于医疗风险和替代医疗方案对潜在重病患者及其亲属作出说明。

3. 不能或者不宜向患者说明时应当向患者的近亲属说明

对于病危或绝症患者，医务人员履行说明义务的对象不再是患者本人，而是患者的近亲属。因为对于病危或绝症患者，在医学伦理上不宜直接向其说明病情的真实严重程度，否则会给患者造成极大的精神痛苦和折磨，从治疗效果上讲，一般的患者得知自己的病情如此严重之后，往往会导致精神崩溃、产生绝望，对于后续的治疗产生消极甚至抵触情绪，对于诊疗更加不利。而且在客观上，病危或绝症患者或其他病重患者，往往也已经陷入昏迷或者丧失意识，难以有效对其进行说明告知，这就属于不能向患者说明的情形。

因此，对于这些不能或者不宜直接向患者说明的严重病情，医务人员仍然负有说明义务，但应当向患者的近亲属进行说明，由患者的近亲属酌情处理。在此种情况下，医务人员向患者近亲属进行说明之后，应当取得患者近亲属的明确同意，其理由同样在于病情严重、影响重大，所以取得患者近亲属的明确同意，有利于后续治疗措施的展开，并避免日后的纠纷。

（二）患者的知情同意权

患者知情同意权的行使，就意味着患者知情同意权的实现和满足，因此应当具备如下条件：

第一，患者具备作出同意的意思能力。患者具有作出同意的意思能力，是指患者有能力理解该医疗措施的相关信息以及该医疗措施将产生的后果，并且具备可以作出决定的一种心理状况。一般来说，已满18周岁的成年人在意识清醒的状态下，才具有作出同意的意思能力。患者作出同意的意思能力与民事主体的行为能力相似但并不一定完全相同，前者侧重于判断患者的意识能力或称为辨识能力，当完全民事行为能力的患者暂时昏迷、失去意识时，就不具有作出同意的意思能力。在医疗现场，如果一个人通过医务人员的说明之后就能够了解相关的治疗程序，并且可以仔细考虑该医疗程序中的主要风险及利益，然后基于这些考虑作出决定，则其通常会被认为具有作出同意的意思能力；反之，如果患者缺乏这些能力的任何一项，则其可能就不具有作出决定（无论是同意还是拒绝）的能力。实践中，医务人员应该以何标准判断患者是否具有作出同意的意思能力常用的标准，是采用年龄作为判断标准，而不同的年龄则表明患者对于不同的危险程度和预期利益等事项会有不同的考虑，因此以年龄为标准基本可以实现保护未成年或容易作出错误决定的人，避免其作出无法追求其最佳利益的决定。也有人认为患者作出同意的意思能力主要是对自己权益的处分，而不是从事市场交易，因此意思能力并不需要适用民法有关行为能力的规定，而应以病人有无相应的识别能力为标准来进行判断。因此，学界通说皆采以有无识别能力为标准，即需视患者有无理解同意之内容、意义和效果之能力来判断。[①] 当患者被认定具有作出同意的意思能力时，则其所作出的医疗决定即被认为有效；如果患者欠缺此种作出同意的意思能力时，就需要借助于代理制度，由其近亲属代其作出是否同意医疗的决定。

第二，医务人员已经履行了说明义务。由于当今医疗专业的高度分工，医疗过程日趋复杂，即便是医务人员本身，除非是对于其专科领域内的治疗项目，否则对于其他医疗知识也未必能够完全掌握。那么一般的患者及其家属若未经

---

① 参见黄丁全：《医事法》，元照出版公司2000年版，第417页。

专业医务人员对其所欲实施的医疗行为加以详细说明，自然是难以了解该医疗措施的利弊得失，因此也就无法就该医疗行为的实施作出同意或者拒绝的有效意思表示。因此，患者知情同意权必须以医务人员先履行其说明义务为前提，如此才能将医务人员的说明与患者的同意相结合，从而达到医疗服务合同的目的。从另一个角度来讲，医务人员的说明义务是患者行使知情同意权的基础，只有医务人员尽到了说明义务，并取得患者之同意，其实施之医疗行为才具有合法性。

第三，患者自愿作出同意的意思表示。要求患者作出的决定的自愿性是为了保护患者在作出是否同意医疗措施的决定时，得以避免受到不当的操控或影响。因为医患关系之间存在着权力和知识固有的不对等关系，医务人员揭露信息、进行说明的方式，会影响到患者对于不同医疗行为的重要性的判断，而且医务人员可能会带有倾向性地劝说患者去选择医务人员比较赞同的医疗方案。患者知情同意权是法律对于患者自主决定权的尊重，当患者在受到不正当影响下或是外力不正当介入下所作出的医疗决定，其有效性和合法性必将受到质疑。由于医疗行为特别是侵入性的医疗行为通常具有不可回复性，一旦实施，对患者身体健康所造成的影响就再也无法恢复，因此必须确保患者是在自愿的基础上作出的同意，才能保证患者在事前对于医疗行为的风险已有必要的认识，并且是在此基础上作出的理性选择。

为了保证患者作出决定的自愿性，医务人员在履行说明义务时就应当尽可能不掺入自己个人的偏好和价值观，并且应当以尽可能合理评估患者利益的方式来进行说明、披露信息。此外，医务人员履行说明义务的时间点也很重要，当患者急切需要施行某项医疗程序时，可能因为时间过于急迫而妨碍患者作自愿性的决定。因为此时患者可能只有很少的时间去完全理解医务人员所提供的信息，而且患者可能因为具有紧张忧虑的情绪而会特别依赖医务人员为其作出决定。因此，对于一个任何时间都可以执行的非急迫性的医疗程序，医务人员如果没有事先为患者提供完整的信息、让患者有足够时间考虑是否接受医疗程序，就不能保证患者作出决定的自愿性。在说明信息的内容上，医务人员要告知患者重要的相关信息，并且提供替代治疗方案的建议，使患者了解医务人员所告知的信息内容和所建议的医疗方式，在此基础上再由患者决定是同意抑或拒绝该医疗措施。

患者知情同意权行使的方式，是对医务人员作出同意的意思表示。而需要进行特殊说明，或者不能或者不宜向患者说明而只能向其近亲属说明时，患者知情同意权行使的方式是作出明确的同意。此前《侵权责任法》要求书面形式，这一要求过于严苛，如果患者作出口头同意，只要意思表示真实，也属于知情同意权的正常行使。如果患者无力书写书面同意，则将会额外增加医患双方的负担。因此，本条将书面同意改为明确同意，只要能够证明存在内容清晰、态度明确的同意的意思表示，就可以视为患者知情同意权已经行使的证据。实践中，医务人员或者患者本人通过视频录音录像等方式作出的同意，也应当属于有效的同意方式。

事实上，《民法典》合同编对于书面形式已经作出了新的扩张规定，其第469条第3款规定："以电子数据交换、电子邮件等方式能够有形地表现所载内容，并可以随时调取查用的数据电文，视为书面形式。"因此，电子形式也属于书面形式，通过电子录音录像等方式作出的同意，其实也属于书面形式的同意。但根据本条规定，无论何种形式的同意，只要内容明确，都属于有效的同意。

（三）未尽到说明义务的赔偿责任

根据本条规定，医务人员未尽到一般说明义务、特殊说明义务，或者对危重病患者近亲属的说明义务，如果因此而造成患者损害的，则医疗机构应当承担赔偿责任。

一旦医务人员违反了说明义务，便会导致患者在不知情的情况下被动实施了医疗措施，侵犯了患者的知情权和自主决定权，对于已经发生的诊疗行为在此情况下可能会成为对患者身体权的侵害，患者可能因此而受到损害，此时医疗机构应当承担赔偿责任。

基于国务院的有关行政法规及医疗卫生部门的部门规章的相关规定，医疗机构违反说明义务更多承担的是一种行政上的责任。那么《侵权责任法》第55条将医疗机构未尽说明义务、侵害患者知情同意权的行为界定为一种侵权责任，这被认为也是《侵权责任法》在保护患者知情同意权方面的最大贡献。[1]

但基于过错侵权责任的一般构成要件，患者主张知情同意权受侵犯而要求

---

① 参见赵西巨：《我国〈侵权责任法〉医疗损害责任一章之解读：比较法的视角》，载《私法研究》2011年第1期（总第10卷）。

医疗机构承担赔偿责任，则需要证明其自身因此受有损害，以及损害与其知情同意权未得到实现之间的因果关系。实践中，患者往往需要证明其知情同意权未得到实现而给自己造成的损害后果，但这些损害后果往往也是医疗机构及其医务人员未尽到应尽的诊疗义务而造成的，也属于医疗损害责任的赔偿范围。因此，两者范围经常发生重合。单纯侵犯患者知情同意权而不存在其他违反诊疗义务的行为，实践中患者需要证明自己因此遭受的损害才能获得法院的支持。

如果医务人员虽然违反了说明义务，但未造成患者人身损害的，根据《最高人民法院关于审理医疗损害责任纠纷案件适用法律若干问题的解释》第17条的规定，患者请求医疗机构承担损害赔偿责任的，法院不予支持。

法条关联

◆《医疗事故处理条例》

第十一条 在医疗活动中，医疗机构及其医务人员应当将患者的病情、医疗措施、医疗风险等如实告知患者，及时解答其咨询；但是，应当避免对患者产生不利后果。

◆《医疗纠纷预防和处理条例》

第十三条第一款 医务人员在诊疗活动中应当向患者说明病情和医疗措施。需要实施手术，或者开展临床试验等存在一定危险性、可能产生不良后果的特殊检查、特殊治疗的，医务人员应当及时向患者说明医疗风险、替代医疗方案等情况，并取得其书面同意；在患者处于昏迷等无法自主作出决定的状态或者病情不宜向患者说明等情形下，应当向患者的近亲属说明，并取得其书面同意。

◆《最高人民法院关于审理医疗损害责任纠纷案件适用法律若干问题的解释》

第五条 患者依据侵权责任法第五十五条规定主张医疗机构承担赔偿责任的，应当按照前条第一款规定提交证据。

实施手术、特殊检查、特殊治疗的，医疗机构应当承担说明义务并取得患者或者患者近亲属书面同意，但属于侵权责任法第五十六条规定情形的除外。医疗机构提交患者或者患者近亲属书面同意证据的，人民法院可以认定医疗机构尽到说明义务，但患者有相反证据足以反驳的除外。

案例评议

一、朱某甲诉中南大学湘雅三医院案[①]

◆ 裁判规则

在认定医疗机构及其医务人员在对朱某的诊疗过程中是否存在过错时，法院认为，根据《侵权责任法》第54条规定："患者在诊疗活动中受到损害，医疗机构及其医务人员有过错的，由医疗机构承担赔偿责任。"第55条规定："医务人员在诊疗活动中应当向患者说明病情和医疗措施。需要实施手术、特殊检查、特殊治疗的，医务人员应当及时向患者说明医疗风险、替代医疗方案等情况，并取得其书面同意；不宜向患者说明的，应当向患者的近亲属说明，并取得其书面同意。医务人员未尽到前款义务，造成患者损害的，医疗机构应当承担赔偿责任。"从本案已查明的事实来看，中南大学湘雅三医院在没有告知患者及其家属的情况下对朱某第二次实施了胸腔闭式引流手术，并且收取了二次手术费用，其诊疗行为违反了法律规定，存在过错，依法应当承担相应的赔偿责任。

◆ 评议

患者家属方认为医院在没有告知自己的情况下，在短时间内为患者实施了相同的二次手术且二次收费，给患者造成了损害。而院方认为并未实际执行二次手术，可能属于护士重复记录重复收费。法院认为，因医院没有提交能证明其没有实施第二次手术的有关证据，故本院认定医院对患者第二次实施了胸腔闭式引流手术，并且收取了胸腔闭式引流手术费、局部麻醉手术费合计225.75元。该次手术没有告知患者及其家属，故应当承担侵权责任。

二、徐某诉中山大学附属肿瘤医院案[②]

◆ 裁判规则

在认定中大肿瘤医院对徐某的诊疗过程中是否未尽到充分的告知说明义务、存在过错时，法院认为，中大肿瘤医院在为徐某实施剖腹探查术之前，应将其

---

① 湖南省长沙市中级人民法院民事判决书，(2011)长中民一终字第1026号。
② 广东省广州市中级人民法院民事判决书，(2013)穗中法民一终字第4272号。

病情、拟采取的医疗措施、医疗风险、替代诊疗方案等向徐某如实、充分地告知说明。但经查，在中大肿瘤医院与徐某签订的手术知情同意书中，完全没有提及结核的可能，以及若为结核，可能采取的与癌有所不同的治疗措施及风险。广州市医学会的鉴定意见也指出，中大肿瘤医院在术前与患者沟通不足，对手术的目的、术中可能出现的情况及处理方法等未与患者做详尽的沟通。因此，中大肿瘤医院未尽到充分的告知说明义务，存在过错，依法应当承担相应的赔偿责任。

◆ **评议**

医务人员在诊疗活动中应当向患者说明病情和医疗措施，需要实施手术、特殊检查、特殊治疗的，医务人员应当及时向患者具体说明医疗风险、替代医疗方案等情况，并取得其明确同意。本案中医院在为患者实施剖腹探查术之前，未提及存在结核的可能，影响患者的选择权和决定权，故未能履行说明告知义务，存在过错。

第一千二百二十条 【紧急情况下知情同意的例外规定】

因抢救生命垂危的患者等紧急情况，不能取得患者或者其近亲属意见的，经医疗机构负责人或者授权的负责人批准，可以立即实施相应的医疗措施。

本条来源

《侵权责任法》第五十六条规定："因抢救生命垂危的患者等紧急情况，不能取得患者或者其近亲属意见的，经医疗机构负责人或者授权的负责人批准，可以立即实施相应的医疗措施。"

立法演变

《民法典侵权责任编草案》（一审稿）第九百九十五条规定："因抢救生命垂危的患者等紧急情况，不能取得患者或者其近亲属意见的，经医疗机构负责人或者授权的负责人批准，可以立即实施相应的医疗措施。"此后无变化。

条文释义

本条是关于紧急情况下告知义务的例外规定，或者称为紧急情况下知情同意的特殊规定、医疗机构紧急情况下的决策权。

一、概述

医务人员在为病人实施紧急的救治行为时，不需要得到病人同意，因为一般在此情形下，患者到医疗机构的目的就是紧急求救，患者或者其近亲属大都会同意医务人员先做紧急救治，而且在紧急医疗时，为了争取宝贵的抢救时间，客观上也不可能还对患者进行详细的说明和告知并等待患者作出同意的意思表示。医学的目的在于救人，不论是中医、西医抑或是现代医学、传统医学，其目的无不是用来解除患者的病痛，尤其是当患者面临生死攸关的紧急状况时，医务人员能够唯一考虑的就是如何将病人的生命抢救回来，例如面对大出血而有紧急输血之必要的急诊患者，医护人员无暇也无法再去征求病患是否同意接受急救措施，而通常会先进行输血抢救的紧急措施。我国《执业医师法》第24条就规定："对急危患者，医师应当采取紧急措施进行诊治；不得拒绝急救处置。"

一般情况下，医务人员不能代替患者作出是否采取诊疗措施的决定，而只能对患者提供是否诊疗措施的建议，并对建议的诊疗措施进行说明。如果医务人员可以以自己的判断取代患者的判断，则会造成对患者自主决定权的漠视，并容易引发医方的不当医疗行为，在法律上必定引发无数的纠纷，后果不堪设想。在实践中，一旦手术失败，极易引起医患双方的矛盾冲突，而如果失败的手术没有患者或者其近亲属在手术同意书上的签字，医方往往会被要求承担手术失败的一切责任。因此，即便是在紧急情况下，医方为了避免承担手术失败的风险，轻易不敢也不愿代替患者及其近亲属作出诊疗决定。

在2007年11月21日下午4时左右，怀孕41周的李某因难产生命垂危，被丈夫肖某送到朝阳某医院治疗。由于丈夫不同意医院为李某进行剖腹产手术，拒绝在手术同意书上签字，在常规抢救3小时后，医生宣告李某经抢救无效死亡。这就是著名的肖某拒签手术同意书而导致孕妇死亡案，该案曾引发了全国范围的争议，使得医方紧急情况下的决策权问题突现出来，并最终促使《侵权责任法》以专条的形式规定了医方紧急情况下的决策权。

《侵权责任法》第56条规定："因抢救生命垂危的患者等紧急情况，不能取得患者或者其近亲属意见的，经医疗机构负责人或者授权的负责人批准，可以立即实施相应的医疗措施。"本次民法典编纂过程中，对于该条完全予以了保留，未加修改。

二、内容

对于这一紧急情况下告知义务的例外规定，在适用时必须满足如下条件，以防止医务人员对紧急医疗免除说明义务的滥用。首先，存在对患者生命、身体或健康的真实的、严重的威胁。这种危险和威胁是真实存在而非想象出来的。其次，如果要求医务人员必须对患者或者其近亲属作出说明并得到明确同意，则将会严重降低患者康复的可能性，例如，在患者昏迷时，医疗机构需要花费大量时间查找患者近亲属并进行说明，以取得其明确同意。而这在抢救病人分秒必争的情况下，显然会对患者的健康不利。最后，患者有较为明显的症状表明其无法有效行使知情同意权，并且无法取得其近亲属同意，例如患者已中风或失血过多而昏迷，而患者并没有近亲属陪伴，医疗机构也难以了解其近亲属情况，等等。

不能取得患者或者其近亲属意见，其判断标准应当是患者丧失能够正确表达的意识能力，或者其近亲属不在场而通过其他可行方式无法取得联系获得同意。根据《最高人民法院关于审理医疗损害责任纠纷案件适用法律若干问题的解释》第18条的规定，因抢救生命垂危的患者等紧急情况且不能取得患者意见时，如下情形可以认定为不能取得患者近亲属意见：近亲属不明的；不能及时联系到近亲属的；近亲属拒绝发表意见的；近亲属达不成一致意见的；法律、法规规定的其他情形。

另外需注意的是，本条在内容上并没有具体规定医疗机构无法取得患者及其近亲属同意的紧急情况下，经医疗机构负责人或者授权的负责人批准而对患者实施相应的医疗措施，但最终还是造成患者损害的情形下的法律后果和责任承担问题。对此，如果医疗机构尽到了告知和通知义务，并且尽到了应尽的诊疗义务，则手术失败的风险应当由患者承担，因为紧急情况下医方的决定权依法可以代替患者及其近亲属的同意，与取得了患者明确同意而实施的手术是同样效果。此时医务人员经医疗机构负责人或者授权的负责人批准立即实施相应医疗措施，患者即便未达到预期医疗效果、遭受了损害，医疗机构也无需承担赔偿责任。但如果医疗机构及其医务人员在法律已经有了紧急情况下决策权明确授权的情况，仍然怠于实施相应医疗措施，并最终造成患者损害的，则应当对患者承担赔偿责任。

法条关联

◆《医疗纠纷预防和处理条例》

第十三条第二款 紧急情况下不能取得患者或者其近亲属意见的，经医疗机构负责人或者授权的负责人批准，可以立即实施相应的医疗措施。

◆《最高人民法院关于审理医疗损害责任纠纷案件适用法律若干问题的解释》

第十八条 因抢救生命垂危的患者等紧急情况且不能取得患者意见时，下列情形可以认定为侵权责任法第五十六条规定的不能取得患者近亲属意见：

（一）近亲属不明的；

（二）不能及时联系到近亲属的；

（三）近亲属拒绝发表意见的；

（四）近亲属达不成一致意见的；

（五）法律、法规规定的其他情形。

前款情形，医务人员经医疗机构负责人或者授权的负责人批准立即实施相应医疗措施，患者因此请求医疗机构承担赔偿责任的，不予支持；医疗机构及其医务人员怠于实施相应医疗措施造成损害，患者请求医疗机构承担赔偿责任的，应予支持。

案例评议

一、高某诉泸州医学院附属中医医院案①

◆ **裁判规则**

在认定泸州医学院附属中医医院对原告高某的诊疗过程中是否存在过错时，法院认为，原告到被告处抢救治疗时，处于深度昏迷、生命垂危的紧急情况，被告的医务人员又无法取得原告近亲属意见，为了抢救生命垂危的原告，经该

① 四川省泸州市龙马潭区人民法院民事判决书，(2014) 龙马民初字第660号。

医疗机构的负责人批准后对原告施行“右侧开颅血肿清除术＋去骨瓣减压术”的医疗行为，符合《侵权责任法》第56条“因抢救生命垂危的患者等紧急情况，不能取得患者或者其近亲属意见的，经医疗机构负责人或者授权的负责人批准，可以立即实施相应的医疗措施”的规定。同时，被告的医务人员将原告的病情、医疗措施、医疗风险等情况书面告知了护送原告就医的工友王某，被告及其医务人员的此项行为合法，不具有过错。

◆ **评议**

在患者处于深度昏迷又无法取得其近亲属意见的情况下，医务人员对送患者就医的工友进行说明告知，并由医疗机构负责人批准后实施手术，依据本条规定，是合法的行为，并未侵犯患者知情同意权。

二、刘某诉重庆红岭医院案[①]

◆ **裁判规则**

在认定重庆红岭医院沟通等事项上是否存在过错时，法院认为，重庆红岭医院在未取得刘某书面授权的情况下即由随同人员签字存在过错。虽然本例事件紧急，但相关规范对在不能由本人签字或受托人员签字的情况下有明确规定，重庆红岭医院显然未按相关规定书写沟通记录、同意书等。而重庆红岭医院未能进一步举证证明其已经向病患本人或有选择权的他人进行沟通说明。因此，本案中重庆红岭医院在沟通等事项上存在过错。

◆ **评议**

患者因右手被机器严重挤压受伤，但尚不属于生命垂危的情况，尚不属于本条规定的情形，医院未取得患者书面授权的情况下即由随同人员签字，并且病历记录不规范，存在过错，故法院酌情确定医院对患者的损害承担25%的责任。

第一千二百二十一条 【医疗机构的诊疗义务】

医务人员在诊疗活动中未尽到与当时的医疗水平相应的诊疗义务，造成患者损害的，医疗机构应当承担赔偿责任。

---

① 重庆市渝中区人民法院民事判决书，（2014）中区法民初第00207号。

本条来源

《侵权责任法》第五十七条规定："医务人员在诊疗活动中未尽到与当时的医疗水平相应的诊疗义务，造成患者损害的，医疗机构应当承担赔偿责任。"

立法演变

《民法典侵权责任编草案》（一审稿）第九百九十六条规定："医务人员在诊疗活动中未尽到与当时的医疗水平相应的诊疗义务，造成患者损害的，医疗机构应当承担赔偿责任。"此后无变化。

条文释义

本条是关于医疗机构诊疗义务的规定，也被称为医疗机构注意义务的规定。

一、概述

在认定医疗机构损害赔偿责任中的一个核心问题便是医疗过失的判断，而医疗过失的判断，主要看医务人员是否违反了其应当尽到的诊疗义务。医务人员在诊疗时对于患者负有应尽合理的注意并施以适当专业诊疗的义务，如果医务人员违反了这一义务，就构成医疗过失，此时医疗机构就应当承担医疗损害责任。

关于医务人员诊疗义务的判断，是否需要结合其所在地区的医疗水平、医疗机构资质、医务人员资质等因素来进行，曾在《侵权责任法》立法过程中存在争论。但《侵权责任法》第57条的规定是："医务人员在诊疗活动中未尽到与当时的医疗水平相应的诊疗义务，造成患者损害的，医疗机构应当承担赔偿责任。"这一规定采取了医疗行为进行之时，我国一般医务人员的注意能力作为判断标准。因此，医务人员个人的学识、技术能力、个人的研究水平、从业经验的差异，不能成为减轻其诊疗义务的理由。因此，对于医务人员诊疗义务的判断，只能考虑时代整体医学水平的因素，而不能考虑医务人员个人的因素。本次民法典编纂过程中，对于这一规定予以了保留，未作修改。但也有学者认为，在判断医务人员诊疗义务时，必须考虑诊疗行为发生的地域因素，"医疗的地域性因素包括综合性大医院与小医院的差别、经济发达地区与欠发达地区的差别两个方面。”①

二、内容

医务人员的诊疗义务包括两个方面，一是抽象的注意义务，即医务人员作为专业人士对于患者的诊疗所应尽到的谨慎治疗的义务。因为医疗过失的认定与侵权法上一般的过失具有相同的基础，即都是以注意义务的违反为其判断标准，如果医务人员未能尽到善良管理人的注意义务，则存在着过失。但是，医疗活动作为一种专门性的技艺和知识，医疗活动的从业人员均受过专门的训练而且通过了一定考试并取得了某种资格，所以对于医务人员注意义务的判断标准比一般普通人的标准要高，其应当达到医务人员普遍的专业水准才能够认为是尽到了注意义务。有学者总结，注意义务是指“本于一般水平的医师所应具备的医学学识及治疗经验，于诊疗疾病时，当为的注意。亦即于诊疗疾病时，得预见结果的发生（结果预见义务），及为防止结果的发生而采取必要措施（结果回避义务）。”②

二是明确在每一项具体医疗行为中的注意义务。由于医方对患者进行诊疗的整个过程是由多种具体的医疗行为构成的复杂过程，每一项具体的诊疗措施都应当尽到相应的注意义务，因此医务人员具体的注意义务主要包括说明义务、正确诊断和治疗义务、制作保存病历的义务等。

根据《最高人民法院关于审理医疗损害责任纠纷案件适用法律若干问题的解释》第16条的规定，对医疗机构及其医务人员的过错，应当依据法律、行政法规、规章以及其他有关诊疗规范进行认定，可以综合考虑患者病情的紧急程度、患者个体差异、当地的医疗水平、医疗机构与医务人员资质等因素。因此，司法实践中，法院在判断医务人员是否尽到了诊疗义务，会综合考虑诊疗规范的遵守情况、患者的个体差异带来的治疗难度、当地的医疗水平等情况，然后得出结论。

当医务人员没有尽到相应的诊疗义务而造成患者损害的，对于患者的损害应当由医疗机构来承担赔偿责任，因此患者可以直接向医疗机构主张赔偿

---

① 艾尔肯：《论我国医疗损害责任制度的修改与完善——以〈民法典侵权责任编草案（三审稿）〉的规定为视角》，载《河北法学》2020年第1期。

② 孙森焱：《论医师为诊疗行为时应负之义务》，载《郑玉波先生七十华诞祝贺论文集》，三民书局1988年版，第169页。

责任。医疗机构对患者进行赔偿之后，还可以在内部对有过错的医务人员进行追偿。

法条关联

◆《医疗事故处理条例》

第三十三条 有下列情形之一的，不属于医疗事故：

（一）在紧急情况下为抢救垂危患者生命而采取紧急医学措施造成不良后果的；

（二）在医疗活动中由于患者病情异常或者患者体质特殊而发生医疗意外的；

（三）在现有医学科学技术条件下，发生无法预料或者不能防范的不良后果的；

（四）无过错输血感染造成不良后果的；

（五）因患方原因延误诊疗导致不良后果的；

（六）因不可抗力造成不良后果的。

◆《最高人民法院关于审理医疗损害责任纠纷案件适用法律若干问题的解释》

第十六条 对医疗机构及其医务人员的过错，应当依据法律、行政法规、规章以及其他有关诊疗规范进行认定，可以综合考虑患者病情的紧急程度、患者个体差异、当地的医疗水平、医疗机构与医务人员资质等因素。

案例评议

夏某诉常德市康复医院案①

◆ **裁判规则**

在认定常德市康复医院在对夏某诊疗活动中是否存在过错时，法院认为，《侵权责任法》第57条规定：“医务人员在诊疗活动中未尽到与当时的医疗水平相应的诊疗义务，造成患者损害的，医疗机构应当承担赔偿责任。”本案中，常德市医学会鉴定认定常德市康复医院具有过错，该案例属于四级医疗事故。

---

① 湖南省高级人民法院民事判决书，（2017）湘民再252号。

因此，常德市康复医院依法应当承担赔偿责任。由于本案中，鉴定机构认定已属于医疗事故，因此应当依照《医疗事故处理条例》的相关规定进行相应的赔偿责任划分与赔偿费用计算。

◆ 评议

由于诊疗活动是专业性活动，医务人员在诊疗活动中是否尽到了与当时的医疗水平相应的诊疗义务，一般人难以判断，法官也无法进行判断，所以需要借助于专业鉴定机构。经鉴定意见属于医疗事故的，自然就证明医务人员未尽到与当时的医疗水平相应的诊疗义务，医疗机构应当承担赔偿责任。

第一千二百二十二条 【医疗机构的过错推定】

患者在诊疗活动中受到损害，有下列情形之一的，推定医疗机构有过错：

（一）违反法律、行政法规、规章以及其他有关诊疗规范的规定；

（二）隐匿或者拒绝提供与纠纷有关的病历资料；

（三）遗失、伪造、篡改或者违法销毁病历资料。

本条来源

《侵权责任法》第五十八条规定：“患者有损害，因下列情形之一的，推定医疗机构有过错：（一）违反法律、行政法规、规章以及其他有关诊疗规范的规定；（二）隐匿或者拒绝提供与纠纷有关的病历资料；（三）伪造、篡改或者销毁病历资料。”

立法演变

《民法典侵权责任编草案》（一审稿）第九百九十七条规定：“患者有损害，因下列情形之一的，推定医疗机构有过错：（一）违反法律、行政法规、规章以及其他有关诊疗规范的规定；（二）隐匿或者拒绝提供与纠纷有关的病历资料；（三）遗失、伪造、篡改或者销毁病历资料。”

《民法典侵权责任编草案》（二审稿）第九百九十七条规定：“患者在诊疗

活动中受到损害，因下列情形之一的，推定医疗机构有过错：（一）违反法律、行政法规、规章以及其他有关诊疗规范的规定；（二）隐匿或者拒绝提供与纠纷有关的病历资料；（三）遗失、伪造、篡改或者违法销毁病历资料。”

《民法典侵权责任编草案》（三审稿）第九百九十七条规定：“患者在诊疗活动中受到损害，有下列情形之一的，推定医疗机构有过错：（一）违反法律、行政法规、规章以及其他有关诊疗规范的规定；（二）隐匿或者拒绝提供与纠纷有关的病历资料；（三）遗失、伪造、篡改或者违法销毁病历资料。”此后无变化。

条文释义

本条是关于医疗机构过错推定的情形之规定。

一、概述

医疗侵权责任适用过错责任原则，即只有在医疗机构存在过错且因该过错给患者造成损害后果的情况下，医疗机构才承担责任。那么，当医务人员在诊疗过程中未能尽到相应的诊疗义务时，便可以认定其存在过错，因此而造成患者损害的，医疗机构应当承担损害赔偿责任。

由于诊疗义务的判断较为复杂，而对于实践中有些操作明显不规范、严重不当的行为，其行为本身便直接可以说明违反了医方的诊疗义务，因此只要存在这些行为，法律直接可以推定医疗机构存在过错，患者因此受有损害的，便直接可以向医疗机构主张损害赔偿。

《侵权责任法》第58条对医疗机构过错推定的情形作出了规定，即：“患者有损害，因下列情形之一的，推定医疗机构有过错：（一）违反法律、行政法规、规章以及其他有关诊疗规范的规定；（二）隐匿或者拒绝提供与纠纷有关的病历资料；（三）伪造、篡改或者销毁病历资料。”根据该条规定，在出现违法违规操作或妨碍证明的严重行为并造成患者损害时，便可直接推定医疗机构有过错。从理论上讲，推定有过错并非完全等同于当然认定有过错，因为被推定有过错的一方还可以提出反证以证明自己没有过错。但是从本条规定来看，推定医疗机构有过错的这三种情形都是比较严重的不法行为，而且隐匿、拒绝提供、伪造、篡改、销毁等词语，本身就表明是一种故意的行为，因此，医疗机构事实上很难对该条所列举的这三种行为提出反证来证明自己没有过错。

本次民法典编纂过程中，对这一规定予以了保留，仅稍作完善，一是将“患者有损害”完善表述为“患者在诊疗活动中受到损害”，二是在针对病历资料的违法情形中增加了“遗失”病历资料的情形之列举。

二、内容

根据本条的规定，可以将医疗机构过错推定的情形分为两大类，一是医疗机构违反法律法规规章及诊疗规范，二是医疗机构针对病历资料的违法行为。

（一）医疗机构违反法律法规规章及诊疗规范

如果医疗机构违反法律、行政法规、规章以及其他有关诊疗规范的规定而造成患者损害的，直接推定其有过错。此处的法律、行政法规和规章是指与具体诊疗活动有关的法律、行政法规和规章，这些规范性文件属于制定法的范畴，具有较高的效力，是国家对医疗行为的管理、指引和规范，医疗机构在从事诊疗活动时必须遵守这些规范性文件的规定，否则不仅应当承担行政违法的后果，而且在侵权责任法上直接被推定为有过错，应当对患者承担损失赔偿责任。

此外，其他有关诊疗规范虽然在效力上没有法律、行政法规和规章高，但这些诊疗规范往往是医疗行政管理部门针对医务人员的执业行为作出的专业性规定，或者是医疗行业规范，是在医疗执业实践中总结出来的诊疗操作规范，是医务人员在诊疗过程中的基本行为规范。因此，如果医疗机构违反了这些诊疗规范，说明其违反了诊疗活动的基本操作规范，因此而造成患者损害的，直接可以推定医疗机构有过错。

（二）医疗机构针对病历资料的违法行为

病历是指医务人员在医疗活动过程中形成的文字、符号、图表、影像、切片等资料的总和，包括门（急）诊病历和住院病历，例如住院志、医嘱单、检验报告、手术及麻醉记录、病理资料、护理记录、医疗费用等。病历资料在整个诊疗活动中非常重要。病历资料是医疗机构对患者治疗情况的记载，是医务人员随时观察和判断患者病情状况及康复进展的资料，下一步医疗措施的实施都必须根据现有病历资料的记载情况才能做出判断。在患者康复之后，以后再患病入院，为了准确判断病情病症，患者既往的病历资料也是必须参考的资料。而且，一旦医患双方发生纠纷，病历资料将是极为重要的证据资料，对于侵权责任的认定至关重要。因此，医疗机构及其医务人员对于患者的病历资料必须认真填写并妥善保管。对此，卫生部、国家中医药管理局要求医疗机构建立病历管理制度，设置专门部门或者配备专（兼）职人员，具体负责本机构病历和病案的保存与管理工作。《医疗事故处理条例》第8条就规定："医疗机构应当按照国务院卫生行政部门规定的要求，书写并妥善保管病历资料。因抢救急危患者，未能及时书写病历的，有关医务人员应当在抢救结束后6小时内据实补记，并加以注明。"

当患者和医疗机构产生纠纷时，如果医疗机构隐匿或者拒绝提供与纠纷有关的病历资料，则构成妨碍证明，直接可以推定医疗机构存在过错。因为病历资料原本就被医疗机构掌控和保管，如果在纠纷产生后医疗机构故意不提供病历资料，那么就会使得当事人双方无法就证据进行质证，因此妨碍患者一方的诉讼主张，并影响法院在审理中对纠纷事实真相的查明。对此行为就可以直接认定医疗机构存在过错，使其无法利用所掌控的病历资料而获得对其有利的事实认定。

此外，即使尚未产生纠纷，只要医疗机构从事了遗失、伪造、篡改或者销毁病历资料的行为，日后如果造成患者损害的，就直接认定其存在过错。一般而言，具有遗失、伪造、篡改或者销毁病历资料的行为，本身就说明医疗机构的诊疗行为存在严重的不规范情形或者缺陷。病历资料作为患者病史的记载，在患者以后接受诊疗时可以作为重要的参考资料，尤其是对于重病患者，对其实施手术前必须查看既往病史以确保手术风险降到最低。如果医疗机构将患者的病历资料销毁或篡改、伪造，将会使患者在接受新的诊疗时无法提供既往病史资料，或者提供的是被篡改、伪造的虚假材料，此种行为对于任何患者而言都是一个巨大的隐患和严重的危险，极可能对患者带来生命健康的威胁。此外，事后一旦发生纠纷，医疗机构此前伪造、篡改或者销毁病历资料的行为同样构成妨碍证明的行为，使得患者无法主张权利、法院无法查明真相。因此，对于医疗机构伪造、篡改或者销毁病历资料的不法行为，应直接推定其存在过错。

法条关联

◆《医疗事故处理条例》

第八条 医疗机构应当按照国务院卫生行政部门规定的要求，书写并妥善保管病历资料。

因抢救急危患者，未能及时书写病历的，有关医务人员应当在抢救结束后

6小时内据实补记，并加以注明。

第二十八条　负责组织医疗事故技术鉴定工作的医学会应当自受理医疗事故技术鉴定之日起5日内通知医疗事故争议双方当事人提交进行医疗事故技术鉴定所需的材料。

当事人应当自收到医学会的通知之日起10日内提交有关医疗事故技术鉴定的材料、书面陈述及答辩。医疗机构提交的有关医疗事故技术鉴定的材料应当包括下列内容：

（一）住院患者的病程记录、死亡病例讨论记录、疑难病例讨论记录、会诊意见、上级医师查房记录等病历资料原件；

（二）住院患者的住院志、体温单、医嘱单、化验单（检验报告）、医学影像检查资料、特殊检查同意书、手术同意书、手术及麻醉记录单、病理资料、护理记录等病历资料原件；

（三）抢救急危患者，在规定时间内补记的病历资料原件；

（四）封存保留的输液、注射用物品和血液、药物等实物，或者依法具有检验资格的检验机构对这些物品、实物作出的检验报告；

（五）与医疗事故技术鉴定有关的其他材料。

在医疗机构建有病历档案的门诊、急诊患者，其病历资料由医疗机构提供；没有在医疗机构建立病历档案的，由患者提供。

医患双方应当依照本条例的规定提交相关材料。医疗机构无正当理由未依照本条例的规定如实提供相关材料，导致医疗事故技术鉴定不能进行的，应当承担责任。

◆《最高人民法院关于审理医疗损害责任纠纷案件适用法律若干问题的解释》

第六条　侵权责任法第五十八条规定的病历资料包括医疗机构保管的门诊病历、住院志、体温单、医嘱单、检验报告、医学影像检查资料、特殊检查（治疗）同意书、手术同意书、手术及麻醉记录、病理资料、护理记录、医疗费用、出院记录以及国务院卫生行政主管部门规定的其他病历资料。

患者依法向人民法院申请医疗机构提交由其保管的与纠纷有关的病历资料等，医疗机构未在人民法院指定期限内提交的，人民法院可以依照侵权责任法第五十八条第二项规定推定医疗机构有过错，但是因不可抗力等客观原因无法提交的除外。

案例评议

一、湖南省人民医院诉曹某、丁某案[①]

◆ 裁判规则

在认定省人民医院是否存在过错时，法院认为，本案中，住院患者丁某死亡后，作为专业医疗机构的省人民医院本应按照规定及时封存全部病历资料，对依法补记的资料在患方的见证下及时封存，以取得患方的理解。而省人民医院在患者丁某2011年7月11日死亡后，仅封存部分病历资料。对其2011年7月22日未经患方同意擅自加插的所谓完善后的资料是哪些，是否符合补记规定，均无法给出合理解释，致使患方对全部病历资料不认可，医疗过错鉴定或者医疗事故鉴定无法作出。对此，应当承担责任。根据《侵权责任法》第58条的规定，应推定省人民医院存在过错。

◆ 评议

病历资料不仅是诊疗过程中的必要资料，是进行下一步诊疗活动的重要依据，也是事后判断是否存在医疗过错的重要证据。医疗机构对病历资料负有妥善填写制作、妥为保管的义务。住院患者死亡后，医院本应按照规定及时封存全部病历资料，对依法补记的资料在患方的见证下及时封存，以取得患方的理解，但本案中的医院在患者死亡后，仅封存部分病历资料，还未经患方同意擅自加插病历资料，致使患方对全部病历资料不认可，医疗过错鉴定或者医疗事故鉴定无法作出。对此，推定医疗机构具有过错，其应当承担责任。

二、龚某、严某诉沙雅县人民医院案[②]

◆ 裁判规则

在认定沙雅县人民医院在对龚某1进行诊疗过程中是否存在过错时，法院认为，《侵权责任法》第58条规定："患者有损害，因下列情形之一的，推定医疗机构有过错：（一）违反法律、行政法规、规章以及其他有关诊疗规范的规定；（二）隐匿或者拒绝提供与纠纷有关的病历资料；（三）伪造、篡改或者

① 湖南省高级人民法院民事判决书，（2014）湘高法民再终字第77号。

② 新疆维吾尔自治区高级人民法院民事判决书，（2017）新民再111号。

销毁病历资料。"《执业医师法》第14条第2款规定："未经医师注册取得执业证书，不得从事医师执业活动。"根据上述法律规定，专业医务人员必须依法取得执业医师资格或者执业助理医师资格，经注册后方可在医疗、防预、保健机构中执业。沙雅县人民医院的诊疗医生杨某在对患者龚某1诊疗时尚未取得执业医师资格，也未经医师注册取得执业证书。患者龚某1的就诊住院病案首页、24小时内入院死亡记录、病危病重通知书、检验报告单、生化检验报单上送检医生以及长期医嘱单、临时医嘱单上用药诊疗的医师签名处均为杨某。故，本案中应当推定沙雅县人民医院存在过错。

◆ **评议**

根据相关法律规定，专业医务人员必须依法取得执业医师资格或者执业助理医师资格，经注册后方可在医疗、防预、保健机构中执业。本案中沙雅县人民医院的诊疗医生杨某在对患者诊疗时尚未取得执业医师资格，也未经医师注册取得执业证书，违反了法律、行政法规、规章以及其他有关诊疗规范的规定，推定其具有过错，其所属的医疗机构应当承担赔偿责任。

第一千二百二十三条　【医用产品及血液制品责任】

因药品、消毒产品、医疗器械的缺陷，或者输入不合格的血液造成患者损害的，患者可以向药品上市许可持有人、生产者、血液提供机构请求赔偿，也可以向医疗机构请求赔偿。患者向医疗机构请求赔偿的，医疗机构赔偿后，有权向负有责任的药品上市许可持有人、生产者、血液提供机构追偿。

本条来源

《侵权责任法》第五十九条规定："因药品、消毒药剂、医疗器械的缺陷，或者输入不合格的血液造成患者损害的，患者可以向生产者或者血液提供机构请求赔偿，也可以向医疗机构请求赔偿。患者向医疗机构请求赔偿的，医疗机构赔偿后，有权向负有责任的生产者或者血液提供机构追偿。"

立法演变

《民法典侵权责任编草案》（一审稿）第九百九十八条规定："因药品、消毒产品、医疗器械的缺陷，或者输入不合格的血液造成患者损害的，患者可以向生产者或者血液提供机构请求赔偿，也可以向医疗机构请求赔偿。患者向医疗机构请求赔偿的，医疗机构赔偿后，有权向负有责任的生产者或者血液提供机构追偿。"

《民法典侵权责任编草案》（征求意见稿）第一千二百二十三条规定："因药品、消毒产品、医疗器械的缺陷，或者输入不合格的血液造成患者损害的，患者可以向药品上市许可持有人、生产者、血液提供机构请求赔偿，也可以向医疗机构请求赔偿。患者向医疗机构请求赔偿的，医疗机构赔偿后，有权向负有责任的药品上市许可持有人、生产者、血液提供机构追偿。"此后无变化。

条文释义

本条是关于药品、医用产品及血液制品的赔偿责任之规定。

一、概述

在医疗侵权案件中，除了医务人员实施的不规范医疗行为而造成患者损害以外，有大量的损害是由于医疗过程中所使用的药品、消毒产品、医疗器械存在缺陷而造成的，此外，还有一些损害是由于对患者输血所使用的血液不合格而造成的。在这些情形下，便存在着医疗机构的侵权责任与药品、医疗产品和血液制品这些产品的生产者和提供者的责任该如何承担的问题。根据《产品质量法》的有关规定，药品和医疗器械、消毒产品等都属于产品的范围，医用血液也不同于自然人身体上的血液，而是经过人力作用而加工制作运输过的血液制品，也属于产品的范畴。那么这些产品缺陷造成的损害，均应当适用无过错责任原则，除法定免责事由外，生产者应当承担赔偿责任；销售者承担赔偿责任后，属于生产者责任的，有权向生产者追偿。在此，由于损害发生在诊疗过程中，所以将医疗机构也纳入责任主体范围内。

《侵权责任法》第 59 条就规定："因药品、消毒药剂、医疗器械的缺陷，或者输入不合格的血液造成患者损害的，患者可以向生产者或者血液提供机构请求赔偿，也可以向医疗机构请求赔偿。患者向医疗机构请求赔偿的，医疗机构赔偿后，有权向负有责任的生产者或者血液提供机构追偿。”本次民法典编纂过程中，对该条予以了保留，只是将“消毒药剂”改为“消毒产品”，并结合医用产品生产销售的现状，在责任主体中增加了“药品上市许可持有人”这一类主体，作为药品缺陷致害责任的承担者之一。

二、内容

（一）医用产品责任

医用产品一般包括药品、消毒产品和医疗器械三类产品。根据《药品管理法》的定义，药品是指用于预防、治疗、诊断人的疾病，有目的地调节人的生理机能并规定有适应症或者功能主治、用法和用量的物质，包括中药材、中药饮片、中成药、化学原料药及其制剂、抗生素、生化药品、放射性药品、血清、疫苗、血液制品和诊断药品等。

消毒产品是指用化学、物理、生物的方法杀灭或者消除环境中的病原微生物。消毒产品包括消毒剂、消毒器械（含生物指示物、化学指示物和灭菌物品包装物）、卫生用品和一次性使用医疗用品。

医疗器械是指单独或者组合使用于人体的仪器、设备、器具、材料或者其他物品，包括所需要的软件；其用于人体体表及体内的作用不是用药理学、免疫学或者代谢的手段获得，但是可能有这些手段参与并起一定的辅助作用。

实践中患者因为这些医用产品受到损害之后，经常会被医疗机构和医用产品生产者相互推诿、双方都不愿承担赔偿责任，由此引发了不少纠纷。该条规定为了方便患者维护自身权益，将患者因药品、消毒产品、医疗器械的缺陷或者不合格的血液而受到的损害，在医疗机构和生产者或者血液提供机构之间设置了连带赔偿责任，患者可以向生产者或者血液提供机构请求赔偿，也可以向医疗机构请求赔偿。由于患者直接接触的是医疗机构，因此患者在受到损害之后，极可能会直接要求医疗机构承担赔偿责任。医疗机构在对患者承担赔偿责任之后，对内则有权向负有责任的药品、消毒产品、医疗器械的生产者或者血液提供机构进行追偿。

（二）血液制品责任

血液制品是指各种人血浆蛋白制品，包括人血白蛋白、人胎盘血白蛋白、静脉注射用人免疫球蛋白、肌注人免疫球蛋白、组织胺人免疫球蛋白、特异性免疫球蛋白、免疫球蛋白（乙型肝炎、狂犬病、破伤风免疫球蛋白）、人凝血因子Ⅷ、人凝血酶原复合物、人纤维蛋白原、抗人淋巴细胞免疫球蛋白等。血液制品的原料是人体的血浆。

如果血浆站或者医疗机构在血液采集或者临床用血过程中未按照有关法律、法规和规范的要求操作，则将会导致血液制品存在质量问题，例如未做检测或者未检验出应当检验出的病毒，采血过程中使血液受到污染，保管不当导致血液变质，运输设备配置不当导致血液变质等。

在医疗机构临床用血环节，也可能因为血液制品而造成损害，例如血液保存、管理不当导致血液受到污染或者变质，使用过期输血器具或者消毒不严使患者受到损害等。那么因为输血引发感染的情况下，患者可能因为输入不合格的血液而造成感染乙肝、丙肝、艾滋病、梅毒病毒等后果，造成人身权益严重受损。

因此，本条规定医疗机构和药品上市许可持有人、生产者、血液提供机构之间应承担连带责任，患者既可以选择向医疗机构提出赔偿主张，要求其承担赔偿责任，也可以选择向药品上市许可持有人、生产者、血液提供机构提出赔偿主张，要求其承担赔偿责任。如果患者向医疗机构请求赔偿的，医疗机构赔偿后，有权向负有责任的药品上市许可持有人、生产者、血液提供机构进行追偿。

法条关联

◆《民法典》侵权责任编

第一千二百零三条 因产品存在缺陷造成他人损害的，被侵权人可以向产品的生产者请求赔偿，也可以向产品的销售者请求赔偿。

产品缺陷由生产者造成的，销售者赔偿后，有权向生产者追偿。因销售者的过错使产品存在缺陷的，生产者赔偿后，有权向销售者追偿。

◆《药品管理法》

第四十八条 禁止生产（包括配制，下同）、销售假药。

有下列情形之一的，为假药：

（一）药品所含成份与国家药品标准规定的成份不符的；

（二）以非药品冒充药品或者以他种药品冒充此种药品的。

有下列情形之一的药品，按假药论处：

（一）国务院药品监督管理部门规定禁止使用的；

（二）依照本法必须批准而未经批准生产、进口，或者依照本法必须检验而未经检验即销售的；

（三）变质的；

（四）被污染的；

（五）使用依照本法必须取得批准文号而未取得批准文号的原料药生产的；

（六）所标明的适应症或者功能主治超出规定范围的。

◆《医疗器械监督管理条例》

第七十六条　本条例下列用语的含义：

医疗器械，是指直接或者间接用于人体的仪器、设备、器具、体外诊断试剂及校准物、材料以及其他类似或者相关的物品，包括所需要的计算机软件；其效用主要通过物理等方式获得，不是通过药理学、免疫学或者代谢的方式获得，或者虽然有这些方式参与但是只起辅助作用；其目的是：

（一）疾病的诊断、预防、监护、治疗或者缓解；

（二）损伤的诊断、监护、治疗、缓解或者功能补偿；

（三）生理结构或者生理过程的检验、替代、调节或者支持；

（四）生命的支持或者维持；

（五）妊娠控制；

（六）通过对来自人体的样本进行检查，为医疗或者诊断目的提供信息。

医疗器械使用单位，是指使用医疗器械为他人提供医疗等技术服务的机构，包括取得医疗机构执业许可证的医疗机构，取得计划生育技术服务机构执业许可证的计划生育技术服务机构，以及依法不需要取得医疗机构执业许可证的血站、单采血浆站、康复辅助器具适配机构等。

大型医用设备，是指使用技术复杂、资金投入量大、运行成本高、对医疗费用影响大且纳入目录管理的大型医疗器械。

◆《血液制品管理条例》

第四十五条　本条例下列用语的含义：

血液制品，是特指各种人血浆蛋白制品。

原料血浆，是指由单采血浆站采集的专用于血液制品生产原料的血浆。

供血浆者，是指提供血液制品生产用原料血浆的人员。

单采血浆站，是指根据地区血源资源，按照有关标准和要求并经严格审批设立，采集供应血液制品生产用原料血浆的单位。

◆《最高人民法院关于审理医疗损害责任纠纷案件适用法律若干问题的解释》

第七条 患者依据侵权责任法第五十九条规定请求赔偿的，应当提交使用医疗产品或者输入血液、受到损害的证据。

患者无法提交使用医疗产品或者输入血液与损害之间具有因果关系的证据，依法申请鉴定的，人民法院应予准许。

医疗机构，医疗产品的生产者、销售者或者血液提供机构主张不承担责任的，应当对医疗产品不存在缺陷或者血液合格等抗辩事由承担举证证明责任。

第二十一条 因医疗产品的缺陷或者输入不合格血液受到损害，患者请求医疗机构，缺陷医疗产品的生产者、销售者或者血液提供机构承担赔偿责任的，应予支持。

医疗机构承担赔偿责任后，向缺陷医疗产品的生产者、销售者或者血液提供机构追偿的，应予支持。

因医疗机构的过错使医疗产品存在缺陷或者血液不合格，医疗产品的生产者、销售者或者血液提供机构承担赔偿责任后，向医疗机构追偿的，应予支持。

第二十二条 缺陷医疗产品与医疗机构的过错诊疗行为共同造成患者同一损害，患者请求医疗机构与医疗产品的生产者或者销售者承担连带责任的，应予支持。

医疗机构或者医疗产品的生产者、销售者承担赔偿责任后，向其他责任主体追偿的，应当根据诊疗行为与缺陷医疗产品造成患者损害的原因力大小确定相应的数额。

输入不合格血液与医疗机构的过错诊疗行为共同造成患者同一损害的，参照适用前两款规定。

案例评议

一、重庆嘉陵医院、重庆市血液中心有限公司诉文某、黄某案[①]

◆ **裁判规则**

在认定本案责任主体时，法院认为，依据《侵权责任法》第59条规定，因

① 重庆市第一中级人民法院民事判决书，（2012）渝一中法民终字第01479号。

药品、消毒药剂、医疗器械的缺陷，或者输入不合格的血液造成患者损害的，患者可以向生产者或者血液提供机构请求赔偿，也可以向医疗机构请求赔偿。文某在重庆嘉陵医院有限公司治疗期间输入血浆，输入前未进行HIV抗体的检测，输入后被查出HIV抗体显阳性，重庆嘉陵医院有限公司现无任何证据证明文某系其他原因感染HIV病毒，故应推定文某系在重庆嘉陵医院有限公司对其输入血浆后感染HIV病毒。黄某系文某之妻，二人共同生活，亦在文某输血后被查出感染HIV病毒，文某和黄某均有权向血液生产者、医疗机构或者血液提供机构请求赔偿。血液和血液制品是一种特殊的医疗资源，我国法律将血液和血液制品归属于产品，输入不合格的血液与提供有缺陷的药品、消毒药剂、医疗器械产生同样的法律后果，医疗机构和血液提供者对输血者因输入不合格的血液引起的损害承担严格责任。在医疗机构和血液提供者不能提供其免责事由的情况下，均应承担赔偿责任。

◆ **评议**

因输入不合格的血液造成患者损害的，患者可以向血液提供机构请求赔偿，也可以向医疗机构请求赔偿。本案中医院输入血浆前未进行HIV抗体的检测，导致患者感染HIV病毒，患者有权向血液生产者、医疗机构或者血液提供机构请求赔偿。

二、徐州市第一人民医院、徐州市红十字血液中心诉毛某案①

◆ **裁判规则**

在认定徐州市第一人民医院是否应当承担赔偿责任时，法院认为，依据《侵权责任法》第59条规定："因药品、消毒药剂、医疗器械的缺陷，或者输入不合格的血液造成患者损害的，患者可以向生产者或者血液提供机构请求赔偿，也可以向医疗机构请求赔偿。患者向医疗机构请求赔偿的，医疗机构赔偿后，有权向负有责任的生产者或者血液提供机构追偿。"本案中，市一院作为为被上诉人毛某输血的医疗机构，被上诉人毛某有权要求市一院对其因输入不合格血液造成的损害承担赔偿责任。

---

① 江苏省徐州市中级人民法院民事判决书，(2014) 徐民终字第2042号。

◆ **评议**

患者在医院输入血液被感染丙肝，患者有权要求医院对其因输入不合格血液造成的损害承担赔偿责任，医院不能以其在治疗过程中无过错作为抗辩。

第一千二百二十四条　【医疗机构的免责事由】

患者在诊疗活动中受到损害，有下列情形之一的，医疗机构不承担赔偿责任：

（一）患者或者其近亲属不配合医疗机构进行符合诊疗规范的诊疗；

（二）医务人员在抢救生命垂危的患者等紧急情况下已经尽到合理诊疗义务；

（三）限于当时的医疗水平难以诊疗。

前款第一项情形中，医疗机构或者其医务人员也有过错的，应当承担相应的赔偿责任。

本条来源

《侵权责任法》第六十条规定："患者有损害，因下列情形之一的，医疗机构不承担赔偿责任：（一）患者或者其近亲属不配合医疗机构进行符合诊疗规范的诊疗；（二）医务人员在抢救生命垂危的患者等紧急情况下已经尽到合理诊疗义务；（三）限于当时的医疗水平难以诊疗。前款第一项情形中，医疗机构及其医务人员也有过错的，应当承担相应的赔偿责任。"

立法演变

《民法典侵权责任编草案》（一审稿）第九百九十九条规定："患者有损害，因下列情形之一的，医疗机构不承担赔偿责任：（一）患者或者其近亲属不配合医疗机构进行符合诊疗规范的诊疗；（二）医务人员在抢救生命垂危的患者等紧急情况下已经尽到合理诊疗义务；（三）限于当时的医疗水平难以诊疗。前款第一项情形中，医疗机构及其医务人员也有过错的，应当承担相应的赔偿责任。”

《民法典侵权责任编草案》（二审稿）第九百九十九条规定：“患者在诊疗活动中受到损害，因下列情形之一的，医疗机构不承担赔偿责任：（一）患者或者其近亲属不配合医疗机构进行符合诊疗规范的诊疗；（二）医务人员在抢救生命垂危的患者等紧急情况下已经尽到合理诊疗义务；（三）限于当时的医疗水平难以诊疗。前款第一项情形中，医疗机构或者其医务人员也有过错的，应当承担相应的赔偿责任。”

《民法典侵权责任编草案》（三审稿）第九百九十九条规定：“患者在诊疗活动中受到损害，有下列情形之一的，医疗机构不承担赔偿责任：（一）患者或者其近亲属不配合医疗机构进行符合诊疗规范的诊疗；（二）医务人员在抢救生命垂危的患者等紧急情况下已经尽到合理诊疗义务；（三）限于当时的医疗水平难以诊疗。前款第一项情形中，医疗机构或者其医务人员也有过错的，应当承担相应的赔偿责任。”此后无变化。

条文释义

本条是关于医疗机构免责事由的规定。

一、概述

医疗机构对于医疗损害责任的承担，是基于过错责任原则进行归责，在规定了特殊情形下对医疗机构的过错推定之外，本条规定了医疗机构的免责事由。

这些免责事由也可以说是关于医疗机构免责事由的特别规定，因为《民法典》侵权责任编第一章“一般规定”中所规定的免责事由同样也可以适用于医疗侵权损害赔偿，例如受害人故意造成、受害人与有过失、第三人原因等。

《侵权责任法》第60条对医疗机构的特别免责事由作出了规定，即：“患者有损害，因下列情形之一的，医疗机构不承担赔偿责任：（一）患者或者其近亲属不配合医疗机构进行符合诊疗规范的诊疗；（二）医务人员在抢救生命垂危的患者等紧急情况下已经尽到合理诊疗义务；（三）限于当时的医疗水平难以诊疗。前款第一项情形中，医疗机构及其医务人员也有过错的，应当承担相应的赔偿责任。”在民法典编纂过程中，对该条予以了保留，补充强调了损害应当是“患者在诊疗活动中”的损害。

二、内容

根据本条规定，医疗机构享有三种情形下的免责事由：

第一，患者或者其近亲属不配合医疗机构进行符合诊疗规范的诊疗。医务人员对于患者所进行的诊疗行为，都是针对患者的身体所进行的治疗，如果患者自身不配合，或者在患者需要其近亲属护理照顾时，近亲属不配合，那么很可能会严重影响治疗的效果，甚至造成病情的恶化、损害的扩大。而这些情况并非医疗机构及其医务人员能够控制的，因为患者享有人身自由、意志自由，医务人员只能基于患者的同意才能进行诊疗，对于患者不配合的情形，医务人员并不能直接采取强制手段予以控制或者纠正。例如，患者腿部骨折后接受了治疗，医生叮嘱患者腿部必须打石膏静卧，半个月之内不能下床，更不能走动、运动。但患者卧床十天后感觉恢复良好，加上久卧无聊，于是擅自下床走动，不料腿部支撑力不足而跌倒，导致骨折伤势加重。此时医疗机构对于加重的伤势就并无任何责任，可以进行免责。

同时，由于本条第 2 款强调，在出现患者或其近亲属不配合治疗时，如果医疗机构或者其医务人员也有过错的，则不能完全免责，而应当承担相应的赔偿责任。即尽管损害是由于患者或者其近亲属不配合医疗机构进行符合诊疗规范的诊疗而造成的，但如果医疗机构及其医务人员对此也有过错的，例如对患者及其近亲属进行的说明和告知不充分、不及时等，则也要对患者损害承担与过错程度相应的赔偿责任。

第二，医务人员在抢救生命垂危的患者等紧急情况下已经尽到合理诊疗义务。在抢救生命的紧急状态下，医务人员的首要任务是抢救，而非平常状态下对患者的治疗。因此，在抢救生命垂危的患者时，由于情况紧急，医务人员务必争分夺秒进行抢救，因此在时间上不允许像常规手术那样进行全面而周到的准备，在操作上也不可能像一般状态下的手术措施那样细致精确。例如，在抢救因异物堵塞喉咙多时的患者时，患者已经深度昏迷，随时可能失去生命，医务人员在接触到患者时，来不及进入手术室，当即将患者平放在地板上，对手术刀进行简单消毒之后就地切开患者喉管取出异物，将患者从死亡线上抢救回来，但因此而导致患者感染病菌，此时医务人员就可以免责。

在抢救生命垂危的患者等紧急情况下，患者及其近亲属不能要求医务人员的急救措施是经过反复斟酌的、副作用最小的，这是当时的紧急情况所决定的。

为了抢救生命，医务人员只要在急救中尽到了合理的诊疗义务，即使造成了患者的损害，其也可以免于承担责任。这也是为了鼓励医务人员敢于在紧急情况下救死扶伤，不至于动辄得咎。

当然，此项免责事由的前提是医务人员尽到了合理诊疗义务，即医务人员对于生命垂危的患者患病原因的诊断是正确的，当时所采取的急救治疗措施是合理的，药品的使用是合适的，并且将急救措施可能造成的损害尽量控制在合理的限度之内。此外，在采取急救措施之前，医务人员也要对患者或者其近亲属履行说明义务，或者正确行使了紧急情况下的决策权。只有符合这些条件，医务人员才可以对造成的患者损害免责。

第三，限于当时的医疗水平难以诊疗的。《民法典》侵权责任编对于医务人员的诊疗义务判断，是基于医疗行为发生时的平均水平，具有时代限制性，因此对于医务人员诊疗义务的判断不能超出当时的医疗水平来进行。即使是在科技已经高度发达的今日，人们对于癌症、艾滋病等疾病仍然缺乏根治的有效措施，对于一些突然暴发的新型疾病如非典 SARS、甲流 H1N1、中东综合呼吸症 MERS、新型冠状病毒 COVID－19 等，在疫苗开发出来之前，缺乏对病原体的有效抗病毒药物，往往也难以进行有效治疗，大多只能靠患者自身抵抗力产生抗体形成免疫力，或者借助现有类似的疗法，对患者进行隔离治疗、对症支持治疗。因此，患者不能要求医务人员对于任何疾病都负有治愈的义务。对于某些疑难的、复杂的、新型的、罕见的疾病，如果医疗机构及其医务人员已经尽到与当时的医疗水平相应的诊疗义务，但限于所处时代的医疗水平而难以治愈甚至在治疗过程中产生并发症或带来新的损害时，医疗机构可以依据本条规定而主张免责。

这一规定也是为了鼓励医疗机构和医务人员敢于探索疑难病症的治疗、促进医学的发展，否则医务人员一旦遇到疑难病例未能治愈就要承担责任，势必会推动医疗机构尽量规避风险，凡是疑难杂症一概尽量推诿、不予收治，或者建议患者转院等，如此则反而有害于人民的健康。因此，适当的免责事由是为了保护和促进医疗行业的正常发展，不至于为过重的责任而形成障碍、无法向前发展。

法条关联

◆《民法典》侵权责任编

第一千一百七十三条 被侵权人对同一损害的发生或者扩大有过错的，可以减轻侵权人的责任。

第一千一百七十四条 损害是因受害人故意造成的，行为人不承担责任。

◆《医疗纠纷预防和处理条例》

第二十条 患者应当遵守医疗秩序和医疗机构有关就诊、治疗、检查的规定，如实提供与病情有关的信息，配合医务人员开展诊疗活动。

案例评议

一、赵某、白某诉西平县人民医院案①

◆ **裁判规则**

在认定西平县人民医院是否应当承担赔偿责任时，法院认为，赵某1入院时被诊断为脑出血、极高危高血压、呼吸衰竭，病情危重。西平县人民医院积极施救，并邀请相关专家进行会诊，尽到了相关的救治义务。西平县人民医院提供了完整的病历资料，不存在隐匿病历的情况。依据《侵权责任法》第60条的规定，医务人员在抢救生命垂危的患者等紧急情况下已经尽到合理诊疗义务的，医疗机构不承担责任。因此，西平县人民医院已尽到相应的救治义务，不应当承担赔偿责任。

◆ **评议**

患者因脑出血送入医院急救科抢救，医务人员已经尽到合理诊疗义务，也不存在推定过错的情形，因此判定医院已尽到相应的救治义务，不应当承担赔偿责任。

① 河南省驻马店市中级人民法院民事判决书，（2013）驻民一终字第470号。

二、杨某1、杨某2、杨某3、龙某诉黔东南苗族侗族自治州人民医院案①

◆ 裁判规则

在认定黔东南苗族侗族自治州人民医院应否对杨某4的死亡承担赔偿责任时，法院认为，2014年12月9日，西南政治大学司法鉴定中心作出《司法鉴定意见书》认定“黔东南州人民医院的医疗行为与杨某4的死亡无因果关系”，并在该意见书中阐述“患者死亡系因自身疾病及不配合医方，导致治疗延误发生的结果”。根据《侵权责任法》第60条第1款“患者有损害，因下列情形之一的，医疗机构不承担赔偿责任：（一）患者或者其近亲属不配合医疗机构进行符合诊疗规范的诊疗；（二）医务人员在抢救生命垂危的患者等紧急情况下已经尽到合理诊疗义务；（三）限于当时的医疗水平难以诊疗”的规定，黔东南苗族侗族自治州人民医院的医疗行为与杨某4的死亡无因果关系，杨某4的死亡系因自身疾病及不配合医方导致治疗延误的结果，故黔东南苗族侗族自治州人民医院不承担赔偿责任。

◆ 评议

患者为重症病患晚期，医院多次对其家属签发病危通知书，患者死亡后，《司法鉴定意见书》认定医院的医疗行为与患者的死亡无因果关系，且患者死亡系因自身疾病及不配合医方，导致治疗延误发生的结果，故医院尽到了合理诊疗义务，无需承担赔偿责任。

第一千二百二十五条　【患者查阅权】

医疗机构及其医务人员应当按照规定填写并妥善保管住院志、医嘱单、检验报告、手术及麻醉记录、病理资料、护理记录等病历资料。

患者要求查阅、复制前款规定的病历资料的，医疗机构应当及时提供。

---

① 贵州省黔东南苗族侗族自治州中级人民法院民事判决书，（2015）黔东民终字第613号。

本条来源

《侵权责任法》第六十一条规定："医疗机构及其医务人员应当按照规定填写并妥善保管住院志、医嘱单、检验报告、手术及麻醉记录、病理资料、护理记录、医疗费用等病历资料。患者要求查阅、复制前款规定的病历资料的，医疗机构应当提供。"

立法演变

《民法典侵权责任编草案》（一审稿）第一千条规定："医疗机构及其医务人员应当按照规定填写并妥善保管住院志、医嘱单、检验报告、手术及麻醉记录、病理资料、护理记录、医疗费用等病历资料。患者要求查阅、复制前款规定的病历资料的，医疗机构应当及时提供。"《民法典》侵权责任编审议时删掉了"医疗费用"一项。

条文释义

本条是关于医疗机构及其医务人员对病历资料的填写保管义务，以及患者对病历资料的查阅复制权的规定。

一、概述

病历是指医务人员在医疗活动过程中形成的文字、符号、图表、影像、切片等资料的总和，包括门（急）诊病历和住院病历，例如住院志、医嘱单、检验报告、手术及麻醉记录、病理资料、护理记录等。根据2017年《最高人民法院关于审理医疗损害责任纠纷案件适用法律若干问题的解释》第6条第1款的规定，病历资料包括医疗机构保管的门诊病历、住院志、体温单、医嘱单、检验报告、医学影像检查资料、特殊检查（治疗）同意书、手术同意书、手术及麻醉记录、病理资料、护理记录、医疗费用、出院记录以及国务院卫生行政主管部门规定的其他病历资料。

病历资料可以分为客观性病历资料和主观性病历资料两种，前者是指记录患者症状、生命体征、病史的病历资料，主要有门诊病历、住院志、体温单、医嘱单、化验单（检验报告）、医学影像检查资料、特殊检查同意书、手术同意书、手术及麻醉记录单、病理资料、护理记录等。这一类病历资料在内容上主要是对患者身体状况、病症情况的记载和检查记录，因此被称为客观性病历资料。后者是指医疗机构的医务人员对于患者病情的观察、病史的了解和掌握之后进行的综合分析记录，主要有死亡病历讨论记录、疑难病例讨论记录、上级医师查房记录、会诊意见、病程记录等。这一类病历资料在内容上主要是医师个人或多人对于患者病情的主观讨论和意见的记载，因此被称为主观性病历。

病历资料在整个诊疗活动中非常重要。病历资料是医疗机构对患者治疗情况的记载，是医务人员随时观察和判断患者病情状况及康复进展的资料，下一步医疗措施的实施都必须根据现有病历资料的记载情况才能作出判断。在患者康复之后，以后再患病入院，为了准确判断病情病症，患者既往的病历资料也是必须参考的资料。而且，一旦医患双方发生纠纷，病历资料将是极为重要的证据资料，对于侵权责任的认定至关重要。

因此，医疗机构及其医务人员对于患者的病历资料必须认真填写并妥善保管。对此，卫生部、国家中医药管理局要求医疗机构建立病历管理制度，设置专门部门或者配备专（兼）职人员，具体负责本机构病历和病案的保存与管理工作。

《侵权责任法》第 61 条就规定："医疗机构及其医务人员应当按照规定填写并妥善保管住院志、医嘱单、检验报告、手术及麻醉记录、病理资料、护理记录、医疗费用等病历资料。患者要求查阅、复制前款规定的病历资料的，医疗机构应当提供。"在本次民法典编纂过程中，对本条予以了保留，在医疗机构对患者提供病历资料的义务中，增加了"及时"一词，表明立法机关对患者查阅权的进一步支持，和对医疗机构提供病例义务的加重。《民法典草案侵权责任编》对于病例的范围规定的是"住院志、医嘱单、检验报告、手术及麻醉记录、病理资料、护理记录、医疗费用等"，在 2020 年"两会"期间审议民法典草案时，针对草案第 1225 条第 1 款对医疗机构及其医务人员应当履行妥善保管的病历资料的范围，有的代表提出，根据国家关于医疗机构病历管理的有关规定，医疗费用不属于病历资料的内容，建议删除。宪法和法律委员会经研究，建议采纳这一意见，删除这一款中的"医疗费用"。[①] 因此，正式通过的民法典版本中，对于病历资料的列举便删减了"医疗费用"这一项。

① 董柳：《从"性骚扰"到"高空抛物"，各代表团审议后民法典草案作了 100 多处修改》，载《羊城晚报》2020 年 5 月 28 日。

二、内容

（一）医疗机构及其医务人员对病历资料的填写及妥善保管义务

诊疗活动开始后，便产生各种病历资料，以记录医务人员对患者进行诊疗的全部过程，并作为采取具体诊疗措施的依据。只有通过病历资料，才能在事后判断诊疗活动是否遵循了相应的诊疗规范，是否存在医疗过错。因此，病历资料在医疗纠纷的解决中，是关键性的证据，对于侵权责任是否成立、责任如何认定、如何承担，具有不可替代的证据作用。所以，本条要求医疗机构及其医务人员填写并妥善保管住院志、医嘱单、检验报告、手术及麻醉记录、病理资料、护理记录等病历资料，既是对诊疗行为的规范要求，也是对医疗损害纠纷的预防和应对。

医疗机构及其医务人员对相关病历资料的填写，应当符合相关规范的要求。例如，根据《医疗机构病历管理规定》，医疗机构应当将门（急）诊患者的化验单（检验报告）、医学影像检查资料等在检查结果出具后 24 小时内归入门（急）诊病历档案。2018 年《医疗纠纷预防和处理条例》第 15 条也强调，医疗机构及其医务人员应当按照国务院卫生主管部门的规定，填写并妥善保管病历资料。因紧急抢救未能及时填写病历的，医务人员应当在抢救结束后 6 小时内据实补记，并加以注明。任何单位和个人不得篡改、伪造、隐匿、毁灭或者抢夺病历资料。

同时，对于病历资料的保管条件和保管期限，医疗行业也具有相应的规范性要求。例如，对于病历的保管期限，《医疗机构管理条例实施细则》第 53 条就规定，医疗机构的门诊病历的保存期不得少于 15 年；住院病历的保存期不得少于 30 年。

（二）患者对病历资料的查阅权和复制权

病历资料虽然由医疗机构及其医务人员制作和保管，但是其本身对于患者而言同样意义重大，患者可以通过病历资料了解自身的诊疗情况，而且在日后的治疗中还需要作为既往病史资料备用，一旦与医疗机构发生纠纷，还可以作为证据提供。因此患者对于其个人的病历资料有知悉权，其有权向医疗机构要求查阅并进行复制，对于患者的此种正当权利主张，医疗机构应当提供相应的协助。例如，《医疗事故处理条例》第 10 条就规定："患者有权复印或者复制其门诊病历、住院志、体温单、医嘱单、化验单（检验报告）、医学影像检查资料、特殊检查同意书、手术同意书、手术及麻醉记录单、病理资料、护理记录以及国务院卫生行政部门规定的其他病历资料。患者依照前款规定要求复印或者复制病历资料的，医疗机构应当提供复印或者复制服务并在复印或者复制的病历资料上加盖证明印记。复印或者复制病历资料时，应当有患者在场。医疗机构应患者的要求，为其复印或者复制病历资料，可以按照规定收取工本费。具体收费标准由省、自治区、直辖市人民政府价格主管部门会同同级卫生行政部门规定。”《医疗纠纷预防和处理条例》第 16 条第 1 款也强调：“患者有权查阅、复制其门诊病历、住院志、体温单、医嘱单、化验单（检验报告）、医学影像检查资料、特殊检查同意书、手术同意书、手术及麻醉记录、病理资料、护理记录、医疗费用以及国务院卫生主管部门规定的其他属于病历的全部资料。”

对于客观性病历资料，只要患者提出查阅和复制的要求，毫无疑问医疗机构及其医务人员应当无保留地提供给患者。但是主观性病历资料主要是供医务人员同行之间的讨论和参考使用，主观性较强，而且往往只是记载各种意见和方案，并不一定有确定的方案，最终实施的诊疗措施也未必和这些资料上记载的完全一致。因此从功效上讲，主观性病历资料提供给患者之后的作用并不大，而且容易使患者产生误解，引发纠纷。

《医疗纠纷预防和处理条例》第 16 条第 2 款、第 3 款还规定，患者要求复制病历资料的，医疗机构应当提供复制服务，并在复制的病历资料上加盖证明印记。复制病历资料时，应当有患者或者其近亲属在场。医疗机构应患者的要求为其复制病历资料，可以收取工本费，收费标准应当公开。如果患者死亡的，其近亲属也享有对病历资料的查阅和复制权。

虽然该条规定并未明确说明医疗机构及其医务人员应当提供的病历资料包不包括主观性病历资料，但是从该条所列举的住院志、医嘱单、检验报告、手术及麻醉记录、病理资料、护理记录、医疗费用等病历资料来看，都是客观性的病历资料，因此结合两种类型病历资料对于患者的诊疗的作用，应当是仅限于提供客观性的病历资料，除非主观性的病历资料对于案件事实的查明具有重要意义，可以由当事人申请法院进行调取查明。

（三）医疗机构及其医务人员拒绝患者行使查阅、复制权的责任

本条特别强调患者要求查阅、复制前款规定的病历资料时，医疗机构应当及时提供。因此，医疗机构及其医务人员不仅应当满足患者对于病历资料的查

阅权和复制权，还不得无故拖延。

本条虽然没有规定医疗机构及其医务人员拒绝提供患者所要求提供和复印的病历资料的法律后果，但是应当结合本编对于医疗机构过错推定的情形来判断，当医疗机构及其医务人员拒绝提供病历资料而给患者造成损害的，就可以推定医疗机构有过错，应当对患者的损害进行赔偿。此外，根据《医疗事故处理条例》等行政法规的规定，医疗机构及其医务人员拒绝提供病历资料的，还应当承担相应的行政责任。《医疗纠纷预防和处理条例》也规定，医疗机构及其医务人员未按规定填写、保管病历资料，或者未按规定补记抢救病历，或者拒绝为患者提供查阅、复制病历资料服务的，由县级以上人民政府卫生主管部门责令改正，给予警告，并处1万元以上5万元以下罚款；情节严重的，对直接负责的主管人员和其他直接责任人员给予或者责令给予降低岗位等级或者撤职的处分，对有关医务人员可以责令暂停1个月以上6个月以下执业活动；构成犯罪的，依法追究刑事责任。

那么当患者依法向人民法院申请医疗机构提交由其保管的与纠纷有关的病历资料等，医疗机构未在人民法院指定期限内提交的，人民法院可以据此依法适用过错推定责任，推定医疗机构有过错，但是由于不可抗力等客观原因无法提交的除外。

法条关联

◆《医疗纠纷预防和处理条例》

第十五条 医疗机构及其医务人员应当按照国务院卫生主管部门的规定，填写并妥善保管病历资料。

因紧急抢救未能及时填写病历的，医务人员应当在抢救结束后6小时内据实补记，并加以注明。

任何单位和个人不得篡改、伪造、隐匿、毁灭或者抢夺病历资料。

第十六条 患者有权查阅、复制其门诊病历、住院志、体温单、医嘱单、化验单（检验报告）、医学影像检查资料、特殊检查同意书、手术同意书、手术及麻醉记录、病理资料、护理记录、医疗费用以及国务院卫生主管部门规定的其他属于病历的全部资料。

患者要求复制病历资料的，医疗机构应当提供复制服务，并在复制的病历资料上加盖证明印记。复制病历资料时，应当有患者或者其近亲属在场。医疗机构应患者的要求为其复制病历资料，可以收取工本费，收费标准应当公开。

患者死亡的，其近亲属可以依照本条例的规定，查阅、复制病历资料。

案例评议

杜某1、杜某2、萍乡市安源区人民医院案①

◆ **裁判规则**

在认定萍乡市安源区人民医院拒绝向患者方提供病历资料的行为是否属于民事侵权行为时，法院认为，本案纠纷发生后，患者方杜某1、杜某2向萍乡市安源区人民医院提出复制全部病历的申请，符合法律及有关规定，医疗机构应当提供。但患者方最终获取本案病历资料是通过从安源区卫生局借阅的方式取得。由于萍乡市安源区人民医院拒绝向患者方提供病历资料，导致双方之间的纠纷不能得到及时有效的解决，且纠纷的性质亦未经过有关部门的鉴定，故萍乡市安源区人民医院的行为属于民事侵权行为，依法应对患者方的损失承担民事赔偿责任。

◆ **评议**

患者有权查阅、复制其病历资料，在患者死亡后，其近亲属享有查阅复制权，当医院无正当理由不提供时，便存在过错，应当承担赔偿责任。

第一千二百二十六条　【患者隐私及个人信息保护】

医疗机构及其医务人员应当对患者的隐私和个人信息保密。泄露患者的隐私和个人信息，或者未经患者同意公开其病历资料的，应当承担侵权责任。

本条来源

《侵权责任法》第六十二条规定："医疗机构及其医务人员应当对患者的隐

① 江西省萍乡市中级人民法院民事判决书，（2014）萍民一终字第35号。

私保密。泄露患者隐私或者未经患者同意公开其病历资料，造成患者损害的，应当承担侵权责任。”

立法演变

《民法典侵权责任编草案》（一审稿）第一千零一条规定：“医疗机构及其医务人员应当对患者的隐私和个人信息保密。泄露患者隐私和个人信息或者未经患者同意公开其病历资料，造成患者损害的，应当承担侵权责任。”

《民法典侵权责任编草案》（三审稿）第一千零一条规定：“医疗机构及其医务人员应当对患者的隐私和个人信息保密。泄露患者的隐私和个人信息，或者未经患者同意公开其病历资料的，应当承担侵权责任。”此后无变化。

条文释义

本条是对于患者隐私和个人信息保护的规定。

一、概述

隐私是个人不愿为外界所知的私人生活信息。因此，隐私权是指自然人所享有的维持其私人生活安宁与私人生活信息不受他人刺探、知悉、使用和公开等侵犯的权利。隐私权在内涵上包括个人自然特征的隐私、个人资料的隐私、个人通讯内容的隐私以及私人生活的安宁等内容。

《世界人权宣言》第 12 条为隐私权作出了明确的定义：“任何人的私生活、家庭、住宅和通信不得任意干涉，他的荣誉和名誉不得加以攻击。人人有权享受法律保护，以免受这种干涉或攻击。”但在我国民事立法上，隐私权的保护经历了一个相对较为缓慢的发展过程。我国 1986 年的《民法通则》并未规定隐私权，《最高人民法院关于贯彻执行〈中华人民共和国民法通则〉若干问题的意见（试行）》第 140 条规定，以书面、口头等形式宣扬他人的隐私，或者捏造事实公然丑化他人人格，以及用侮辱、诽谤等方式损害他人名誉，造成一定影响的，应当认定为侵害公民名誉权的行为。这一司法解释提到了隐私的保护，但作为名誉权的内容进行保护。

其后，最高人民法院在《关于审理名誉权案件若干问题的解答》中再次指出，对未经他人同意，擅自公布他人的隐私材料或以书面、口头形式宣扬他人隐私，致他人名誉受到损害，按照侵犯他人名誉权处理。这一司法解释依然贯彻了通过名誉权来保护隐私权的做法。

我国《侵权责任法》第2条首次在民事法律上明确规定了对隐私权的保护："侵害民事权益，应当依照本法承担侵权责任。本法所称民事权益，包括生命权、健康权、姓名权、名誉权、荣誉权、肖像权、隐私权、婚姻自主权、监护权、所有权、用益物权、担保物权、著作权、专利权、商标专用权、发现权、股权、继承权等人身、财产权益。"但该条规定仅是提及了隐私权的概念，并未对隐私权的具体内容作出规定。

因此，《侵权责任法》第62条就成为了当时民事立法上唯一对隐私权保护作出了更为具体规定的条文，该条规定："医疗机构及其医务人员应当对患者的隐私保密。泄露患者隐私或者未经患者同意公开其病历资料，造成患者损害的，应当承担侵权责任。"

随后，在2017年《民法总则》第110条中，再次提到了对隐私权进行保护。那么在本次民法典编纂过程中，立法机关决定将人格权作为单独一编进行规定，使得人格权的条文写进民法典的数量能够比较充足一些，对许多人格权的规定能够充分展开。

对于个人信息的民法保护，也是迟至2017年《民法总则》第111条才专门作出规定。在民法典中，则对于隐私权和个人信息合并在一起，以专章形式进行了详细规定。

根据《民法典》人格权编的定义，隐私是自然人的私人生活安宁和不愿为他人知晓的私密空间、私密活动、私密信息。自然人对其隐私享有隐私权，任何组织或者个人不得以刺探、侵扰、泄露、公开等方式侵害他人的隐私权。而个人信息是以电子或者其他方式记录的能够单独或者与其他信息结合识别特定自然人的各种信息，包括自然人的姓名、出生日期、身份证件号码、生物识别信息、住址、电话号码、电子邮箱地址、行踪信息等。自然人的个人信息受法律保护，其中个人信息中的私密信息，同时适用隐私权保护的有关规定。

本次民法典编纂过程中，对于《侵权责任法》第62条的规定予以了保留，增加了患者个人信息作为与患者隐私并列保护的对象。

二、内容

（一）医疗机构及其医务人员应当保护患者隐私权和个人信息

在患者接受医疗机构及其医务人员的诊疗过程中，医疗机构及其医务人员出于诊疗的需要会掌握患者的诸多隐私和个人信息，例如记录患者的姓名、出生日期、身份证件号码、住址、电话号码、检查身体隐秘部位、检测血压血型等身体指标、查阅既往病史、了解当前病症的成因等。在诊疗过程中，医疗机构及其医务人员所制作的病历资料真实而详细地记载了患者的许多个人私密信息，这些病历资料又形成了患者新的隐私。医疗机构及其医务人员在诊疗活动中掌握患者与病情相关的隐私是合法的，这也是顺利完成诊疗活动所必须的。但是医疗机构及其医务人员对于其所掌握的患者的隐私必须加以保密而不能泄露出去，否则便构成对患者隐私权和个人信息的侵犯。

为什么患者的隐私权和个人信息需要特别保护？因为患者的就医行为是基于个人对身体的自主控制，进而向医务人员提供自身的医疗资料。保障患者的隐私和个人信息就是对个人行使自主权的尊重。医务人员对于患者所应尽的基本伦理义务之一，就是尊重病患之医疗信息的秘密性，对于由其诊疗活动中所取得的患者医疗信息，在未得到患者同意的情况下，负有保密和不得泄露的义务。

如果患者的隐私和个人信息被泄露，必然会给患者的人格权益造成极大损害，其既往病史、身体状况、患病原因等大量的个人隐私和个人信息都将会暴露在社会大众面前，不仅会遭受各种推销广告的不断骚扰，甚至还会影响其社会形象和社会评价，给其生活造成极大负面影响。

（二）对患者隐私权和个人信息保护的例外情形

在通常情形下，医疗机构及其医务人员必须对患者的隐私和个人信息保密，但在例外的情形下，医疗机构及其医务人员也可以使用和揭露患者的隐私和个人信息。这些情形主要包括：

1. 取得患者的同意

《民法典》人格权编对于隐私权和个人信息，均规定权利人的明确同意就可以排除行为人的侵权责任。因此，在征得患者同意的情况下，医疗机构及其医务人员可以对他人告知患者的隐私和个人信息，或者经过患者同意而公开其病历资料。

例如经患者同意而对其近亲属告知其病情隐私等，或者对特定对象告知其病情。再比如，经患者同意而举行会诊，与其他医疗机构的同行讨论患者病情，或者经患者同意而将其病例公开，供医疗界讨论，以寻求更优方案、促进治疗效果等。

2. 为维护患者自身合法权益而实施的合理行为

当患者面临生命、身体、自由等急迫危险，客观上需要对患者进行紧急救治和保护，并且揭露患者的医疗信息给第三人知悉就可以避免该急迫危险时，一般认为此时医务人员可以为了对患者进行紧急救治和保护而泄露其隐私。《民法典》人格权编也规定，为维护权利人合法权益而合理实施的行为，可以免于承担对个人信息的侵权责任。

3. 为维护社会公共利益而实施的合理行为

当患者的隐私权和个人信息保护与公共利益的保护之间存在冲突时，医疗机构及其医务人员为了维护社会公共利益免受重大危害，而泄露了患者的隐私和个人信息，违背保密义务，则应当可以予以免责。例如医生在诊疗过程中，发现病人患有某种严重的传染病，很可能传染给某特定或不特定第三人，在此种情况下，医务人员为了保护该特定第三人或社会整体人群免于被传染的重大危害，就可以在一定程度内透露患者的医疗信息。当然，此种情况下也要对医务人员有所限制，需要权衡保护患者隐私权与保护他人权利之间的关系，如果不透露患者隐私则造成社会公共利益或他人利益重大危害的可能性高且危害程度重大，则医务人员违反对患者隐私的保密义务的容许性则提高；反之则违反患者隐私保密义务的容许性则偏低。

因此，在患者对于社会公共利益或他人利益造成危害的可能性很大，且造成伤害的严重程度很高的时候，医疗机构及其医务人员就可以违反保密义务，采取合理的措施，在必要范围内揭露相关的医疗信息。而精神疾病患者以及传染性疾病患者，往往因为其疾病的特殊性质，有很大的可能性造成他人严重伤害，尤其是对患者的家属或前来探望的亲朋好友。此时医疗机构及其医务人员就可以对其透露患者的医疗信息，以防止他人遭受损害。

此外，在突发公共卫生事件中，根据《突发事件应对法》《传染病防治法》的相关规定，政府有权基于公共利益的需要，为了防止传染疾病的扩散蔓延，而对传染性疾病的患者采取一些限制性措施，例如揭露传染疾病患者的个人信息、医疗信息等给可能被传染者或社会大众，以引起注意、避免传染。在去年底开始，今年年初逐渐蔓延全球的新型冠状病毒肺炎疫情中，由于此种新型病毒传染性极强，所以各地政府对于确诊患者的住址、近期行踪都会向全社会披露，以引起大众注意，进而确定与患者的密切接触者，进行隔离观察，避免疫情进一步蔓延。

（三）医疗机构及其医务人员侵犯患者隐私权和个人信息的表现形式与侵权责任

医疗机构及其医务人员在诊疗活动中掌握患者与病情相关的隐私和个人信息是合法的，这也是顺利完成诊疗活动所必须的。但是医疗机构及其医务人员对于其所掌握的患者的隐私必须加以保密而不能泄露出去，否则便构成对患者隐私权的侵犯。根据本条规定，医疗机构及其医务人员对于患者隐私权和个人信息的侵犯有两种表现形式。

第一，泄露患者隐私和个人信息。泄露即意味着向外透露的行为未得到患者本人的同意。医疗机构及其医务人员泄露患者隐私和个人信息，常见的情形是将其所掌握的患者私人信息向外人或外界透露、公布，例如对外透露患者的病因病史等，使患者的隐私和个人信息暴露于外，遭受他人非议或进一步搜集、传播。实践中还有未经患者同意而让其他人参与到诊疗过程中，观看患者身体的隐秘部位，例如在妇科检查时组织实习医生观摩的行为，从而让患者的身体隐私暴露给外人而给患者造成精神痛苦和打击。

第二，未经患者同意而公开其病历资料。如前所述，病历资料是在诊疗过程中新形成的患者的隐私，里面可能详细记载了患者的病情、病史、症状以及治疗的进展和结果等情况。这些情况都属于患者私人信息，只是出于诊疗的需要才由医疗机构及其医务人员合法持有和保管，如果未经患者同意而加以公开，无疑构成对当事人隐私权的侵犯，从而给其带来精神上的损害。例如，某女性因流产而住院，但其并不希望他人知道这一事实，如果医院不慎将病历资料泄露，则会给患者带来巨大的精神压力和伤害，甚至导致其社会评价的降低。当然，患者的病历资料不仅对于其自身具有重要的价值，有些疑难病症治疗的病历资料对于医学界而言也具有极大的参考价值，如果一律不允许公开则不利于医学科学的发展。对此，较为妥善的做法是，在将某病历资料作为医学范例研究讨论时，应当隐去患者个人特征的身份标识，进行匿名化处理，使外人通过阅读无法判断当事人的身份，然后再征求患者本人的意见。这样就能够在患者隐私权的保护和促进医学发展之间取得某种平衡。

医疗机构及其医务人员侵犯患者隐私权和个人信息的后果，往往是导致当事人承受精神上的痛苦以及社会评价的降低，或者对其私人生活安宁带来侵扰，这种损害后果主要体现为精神上的损害。

因此，医疗机构及其医务人员实施的侵犯患者隐私权和个人信息人身权益的行为，如果造成了患者受损的事实，例如使患者承受巨大精神痛苦等，而且该损害后果与医疗机构及其医务人员的侵权行为之间存在因果关系，那么医疗机构及其医务人员就应当对患者承担侵权损害赔偿责任。当医疗机构及其医务人员侵犯患者隐私权和个人信息的行为造成了患者严重精神损害的，患者还可以请求医疗机构对其进行精神损害赔偿。

法条关联

◆《民法典》人格权编

第一千零三十二条　自然人享有隐私权。任何组织或者个人不得以刺探、侵扰、泄露、公开等方式侵害他人的隐私权。

隐私是自然人的私人生活安宁和不愿为他人知晓的私密空间、私密活动、私密信息。

第一千零三十四条　自然人的个人信息受法律保护。

个人信息是以电子或者其他方式记录的能够单独或者与其他信息结合识别特定自然人的各种信息，包括自然人的姓名、出生日期、身份证件号码、生物识别信息、住址、电话号码、电子邮箱、健康信息、行踪信息等。

个人信息中的私密信息，适用有关隐私权的规定；没有规定的，适用有关个人信息保护的规定。

案例评议

一、金某诉北京和睦家医院有限公司案[①]

◆ **裁判规则**

在认定北京和睦家医院是否侵犯了金某的隐私权时，法院认为，公民的隐私权受法律保护，医疗机构及其医务人员应当对患者的隐私保密；泄露患者隐私或者未经患者同意公开其病历资料，造成患者损害的，应当承担侵权责任。

① 北京市朝阳区人民法院民事判决书，（2015）朝民初字第26222号。

本案中，《出院志》作为载有原告病情诊断、治疗经过及相关医嘱的病历材料，属于原告隐私。但根据已经查明的事实，系金某向北京和睦家医院告知由第三人支付其医疗费用，并自愿签署了《财务政策》同意北京和睦家医院向第三人提供医疗记录，而"医疗记录"不应狭义理解为医疗费账单，《出院志》作为金某就医治疗的客观记载，显然属于医疗记录的范围，故北京和睦家医院将《出院志》提供给第三人系经过了金某的同意，不构成对原告隐私权的侵犯。

◆ **评议**

患者到医院就诊并住院治疗时，签署了《财务政策》，表明如果雇主为患者付清账户费用，则同意雇主有权获取其医疗记录以便确认相关服务的应付费用。患者出院后，医院将其《出院志》以电子邮件形式发送给患者雇主。雇主通过《住院志》了解患者存在酗酒习性后，不愿继续雇佣，终止了劳动合同。

患者认为医院侵犯了其隐私权。法院认为，患者此前签署的文件表明其同意向雇主公开其医疗信息，故医院未侵犯其隐私权。

二、杨某诉弥勒佛城医院案①

◆ **裁判规则**

在认定被告弥勒佛城医院是否侵犯原告杨某的名誉权时，法院认为，《侵权责任法》第62条规定："医疗机构及其医务人员应当对患者的隐私保密。泄露患者隐私或者未经患者同意公开其病历资料，造成患者损害的，应当承担侵权责任。"本案被告弥勒佛城医院对原告杨某疾病的检查、诊断、治疗和按规定将原告杨某的××病毒抗体初筛阳性结果上报弥勒市卫生防疫站复查，并向原告杨某本人送达《××病毒抗体初筛阳性结果告知书》是履行正常的医疗职责的行为，也是对患者和社会负责。被告弥勒佛城医院并未向其他人散布原告杨某的××病毒抗体初筛阳性结果，没有违反有关法律、法规和规章制度，不存在侵犯原告杨某的名誉权。

◆ **评议**

患者隐私权同一般民事主体的隐私权一样都要受到法律或公共利益的限制。当患者的病毒抗体初筛阳性时，按照卫生法律规定，医院应当将结果上报市卫

① 云南省弥勒市人民法院民事判决书，（2016）云2504民初2602号。

生防疫站复查，这一行为系基于法律规定而实施的合法行为，故不属于对患者隐私权、名誉权的侵犯。

第一千二百二十七条　【禁止过度检查】

医疗机构及其医务人员不得违反诊疗规范实施不必要的检查。

本条来源

《侵权责任法》第六十三条规定："医疗机构及其医务人员不得违反诊疗规范实施不必要的检查。"

立法演变

《民法典侵权责任编草案》（一审稿）第一千零二条规定："医疗机构及其医务人员不得违反诊疗规范实施不必要的检查。"此后无变化。

条文释义

本条是对医疗机构及其医务人员过度检查的禁止性规定。

一、概述

伴随着医疗活动的高度专业化和对精密医疗器械高度依赖的是医疗费用的日益高涨，老百姓对于种类繁多的检查项目和伴生的检查费用经常持怀疑态度，认为有些检查项目与病症无关，存在不是为了治疗之需要，而是为了收费而实施检查的嫌疑。医疗机构及其医务人员违反诊疗规范对患者实施不必要的检查是过度医疗的一种突出表现，也是社会各界议论较多的内容。

实践中，过度检查的出现，其原因有两种，一是医务人员为了回避赔偿的风险而大量采取保守治疗的做法，因为保守治疗意味着"可能承担责任的风险迫使医生们采取一些并非医学上必须或合理的措施"[①]。医疗机构为了尽量减少和避免治疗失败的风险，倾向于对患者做尽可能全面的检查，以发现任何可能存在的病症，以求治疗方案的完备和稳妥，并避免在日后可能发生的纠纷中处

① Michael A. Jones：《Medical Negligence》，London：Sweet& Maxwell Limited，1991，P4.

于不利地位；二是有些医疗机构为了多收取费用，要求患者做各种检查，从而收取高额的检查费用，以增加收入。不管医疗机构出于何种目的，对患者实施不必要的检查都极大地增加了患者的医疗费用成本、耗费了患者的时间和精力，甚至给患者身体带来不必要的损害，因此在现实中招来了许多批评。例如，媒体曾报道哈尔滨一位女童到杭州某医院做“阑尾割除”手术，而医院出具的药价清单显示，女童仅所做的化验就包括甲肝、乙肝、丙肝、丁肝、戊肝系列检查，还有lg全套检查，尿常规、粪便常规、凝血谱分析全套检查、生化全套检查等，总计104项。更加不可思议的是，术后还做了艾滋病检测。这让女童的父母十分不理解。

对此，2009年《侵权责任法》第63条中就明确规定：“医疗机构及其医务人员不得违反诊疗规范实施不必要的检查。”那么对于这一规定，本次民法典编纂过程中，予以了保留，并且未作修改。

二、内容

本条规定，医疗机构及其医务人员不得违反诊疗规范实施不必要的检查。由于诊疗活动具有较强的专业性，而且每个患者的身体情况不同，所需要的检查手段和检查方式均不相同，所以本条无法对检查的必要性作出过于具体详细的规定，以免脱离实际。“不必要的检查”有两个判断标准：

第一，违反诊疗规范而实施的检查。诊疗规范是医疗行业对于诊疗操作过程的经验总结而提升出的行为规范，代表了相关诊疗行为的基本操作要求，因此违反诊疗规范本身就说明医务人员违反了诊疗义务，此种情形下实施的检查就是不必要的检查。

第二，虽然诊疗规范中并未明确进行规定，但根据一般的医务人员的基本业务判断，所实施的检查手段属于超出了疾病诊疗的基本需求，不符合疾病的规律与特点；或者不属于临床医学界公认的最可靠的诊断方法，或者检查费用的支出超出了诊疗疾病本身的需求，形成过度消费，也属于不必要的检查。

不必要的检查的实施，直接的后果便是造成患者医疗费用的增加。该条并未规定医疗机构及其医务人员实施不必要的检查的法律后果，但根据民法的基本原理，医疗机构及其医务人员实施不必要的检查的，所获取的检查费用缺乏正当性基础，属于不当得利，应当返还给患者；在实施不必要的检查中给患者造成其他损害的，例如对患者进行不必要的CT检查而使患者的身体健康由于CT射线照射而受损的，医疗机构还应当对患者承担侵权损害赔偿责任，赔偿患者因此而受到的损害。

案例评议

南京鼓楼医院诉张某1、周某1、周某2、张某2案[①]

◆ **裁判规则**

在对南京鼓楼医院在此次诊疗活动中的行为进行评价时，法院认为，根据《侵权责任法》第63条规定，医疗机构及其医务人员不得违反诊疗规范实施不必要的检查。医方实施检查的必要性基于其科学性，南京鼓楼医院对张某5实施检查应基于其科学的诊疗进行，此系其积极性诊疗义务，而不得实施不必要检查系其消极性诊疗义务，两义务并行不悖，只有两义务的恰当、充分履行方能保障患者的合法权益。

◆ **评议**

一方面，医疗机构及其医务人员不得违反诊疗规范实施不必要的检查，不得对患者进行过度医疗；另一方面，按照诊疗规范，应当对患者实施的检查也必须进行，如果因为检查项目不足，遗漏了可能的病症，进而造成患者损害的，则医院同样要承担医疗过错责任。本案中，根据南京医学会及江苏省医学会先后出具的鉴定意见书，认定南京鼓楼医院对张某5罹患胆管癌的可能性认识不足，诊断思维上存在偏差；对张某5应进行肠镜检查的重要性认识不足，导致对张某5罹患结肠癌的诊断存在延误，故法院判令医院承担赔偿责任。

第一千二百二十八条　【医疗机构及其医务人员的合法权益保障】

医疗机构及其医务人员的合法权益受法律保护。

干扰医疗秩序，妨碍医务人员工作、生活，侵害医务人员合法权益的，应当依法承担法律责任。

---

① 江苏省南京市中级人民法院民事判决书，（2014）宁少民终字第108号。

本条来源

《侵权责任法》第六十四条规定："医疗机构及其医务人员的合法权益受法律保护。干扰医疗秩序，妨害医务人员工作、生活的，应当依法承担法律责任。"

立法演变

《民法典侵权责任编草案》（一审稿）第一千零三条规定："医疗机构及其医务人员的合法权益受法律保护。干扰医疗秩序，妨碍医务人员工作、生活，侵害医务人员权益的，应当依法承担法律责任。"

《民法典侵权责任编草案》（三审稿）第一千零三条规定："医疗机构及其医务人员的合法权益受法律保护。干扰医疗秩序，妨碍医务人员工作、生活，侵害医务人员合法权益的，应当依法承担法律责任。"此后无变化。

条文释义

本条是对于医疗机构及其医务人员合法权益保护的规定。

一、概述

（一）医患关系的时代变迁

医疗水平随着时代的进步和科技的发展而进步，同样，医方与患者之间的关系也随着时代的进步和医疗结构的演变而呈现出不同的面貌。在远古社会，医学尚未发达，人们患病之后一般由法师运用法术或通过宗教仪式替人治病，如驱逐恶灵、祈求神明保佑、给予符水等方式，如果能够使患者痊愈，则是神灵的庇佑；反之，则也可归咎于神意使然。因此，远古社会的医患关系充满了浓厚的神秘宗教色彩，法师也被称为巫医。在古希腊时代，科学知识开始形成，医学技术也逐渐成形，具有了一定的科学依据。这一时期的医患关系开始建立在患者对于医务人员专业技术的信赖之上。因此，基于患者的信赖，当时的医师基本如同以"家长"的身份来从事诊疗活动行为。在这一时期，患者基于对医务人员在医疗行为上的权威的信任，并且感激医者救世济人的情怀，因此充分信赖医师凭借其专业知识所作出的诊断，患者完全服从医师所采取的诊疗措施，而医师一般也能够秉持职业伦理和专业良知，将治疗患者的疾病、解除患者的病痛视为其天职。在这一时期之内，医患之间的关系属于以相互信赖为基础的“父权式”的关系。在中国古代，神农氏“遍尝百草，以医民恙”的传说，使得医生带有悬壶济世的光环。而在人们传统的观念中，医生也具有较高的专业权威，中医通过望、闻、问、切四诊，便可知道患者的病症。患者对于医生也存在较多的信任和信赖关系，对于医术高明的医生，更有“悬壶济世”“妙手回春”之类的高度评价。新中国成立后，我国在全国范围建立了大量的公立医院，医务人员肩负治病救人的重任，人们更是用“白衣天使”来形容医务人员，用“鱼水情深”来形容医生和患者之间的信任关系。

但是，传统社会中医患双方之间的这种信任关系，到了现代社会中则逐渐开始消解。世界范围内，自 19 世纪末期开始，与医学相关的科学和技术得到了突飞猛进的发展，因此带动了现代医学的诞生，医疗技术得到大幅度的提升，医师对于各种疾病的治疗也明显改善。到了第二次世界大战之后，在外科医学领域内，医学科技的发展更为显著。此后，随着世界人口总数的不断增长，人民生活水平提高之后对于健康的需求日渐增加，同时医疗机构和医疗从业人员的数量也随之大大增加，医疗行为日趋复杂化、规模化、机械化，由此也引发了医患关系的冷漠化。

医疗机构的复杂化和规模化，以及诊疗行为的机械化，虽然极大地提升了医疗水平、提高了对疾病的治疗率，但是，随着医务人员与病患接触时间的减少，对病患的个体关怀也相对降低，无形中扩大了医师与患者间的距离。而医疗分工的专业化与机械化，使得患者在诊疗行为中只是医生和仪器研究和诊断的客体，医务人员习惯于按照诊疗程序对患者进行一系列的诊疗操作，而减少了医患之间的互动时间，忽视了对患者个体的人文关怀，降低了医患关系的人性本位层面，使得医师与患者之间原本定位于信赖和和谐的关系日趋淡薄。患者不能理解医生所使用的专业词汇的具体含义，在面对冰冷的大型医疗器械时又难免产生恐惧之感，因此对于医师的专业技能也随之产生疑虑。这些因素使得传统的医患关系在现代社会逐渐冷漠化。患者其实渴望在面临与本身生命安危或身体健康息息相关的医疗决定事项上，能够及时获知有关自身病情和治疗方针、治愈可能性大小等信息，以便作为选择医疗模式的参考。经济条件较为优裕的人士，倾向于聘请私人医生，或与某些医师长期交往形成私人友好关系，也是为了形成医患之间的传统的信任和谐关系。因此，为了维持医患之间的合作与信任关系，现代法律必然要求医务人员对患者尽到必要的诊疗义务，对患者认真履行说明告知义务，使患者充分行使其知情同意权。

此外，消费者权利保护意识的加强，也强化了患者的维权意识。随着工商产品制造技术的大幅进步，市场行销手段的推陈出新，制造厂商与卖方利用合同条款预先排除自己的责任，使得消费者与企业者之间对于商品的认知与议价能力出现不对等的现象，消费者面对企业逐渐沦为弱势群体。为了保护消费者的权益，世界范围内逐渐兴起了消费者主义的运动，要求国家以立法方式对于消费合同进行适当管制，以确保消费者的知情权、选择权等权利得到切实的保障。我国也于 1993 年颁布了《消费者权益保护法》。最初人们并未将医疗行为作为一种消费合同关系进行考虑，消费者权益保护的主要规范对象是产品制造商，而未包含医务人员。随着美国加大了对于医疗安全的重视，消费者运动开始打破了消费者、顾客与病患之间的区分，人们认为患者作为医疗合同的当事人，是医疗服务行为的消费者，在医疗活动中同样处于类似商品消费者一样的弱势地位，因此消费者的权利主张也逐渐被运用到了医疗关系之中。现在消费者的保护已经不限于产品的提供者，也包括了劳务和服务的提供者，因此，越来越多的国家认同医疗活动中应当对于患者施加消费者地位的保护。总之，受到消费者权利保护意识增强的影响，人们不断呼吁立法对于患者提供更多更细致的保护，而患者在认为自己受到不公正对待和受到侵害时，也开始倾向于通过诉讼等手段来主张自己的权利、追究医疗机构的违约或侵权责任。

（二）我国医患关系的现状

近些年来，我国医患关系有时存在较为紧张的局面，时常出现一些医闹、伤医的恶性事件，引起全社会高度关注。尤其是在《侵权责任法》实施之前，医疗侵权损害赔偿中鉴定、赔偿标准等环节存在双轨制，不利于患者的权益保护和纠纷的解决，因此在发生医疗损害之后，不少患者不是诉诸法院请求赔偿，而是纠集大批亲友在医院闹事要求赔偿，极大地干扰了医疗机构的正常工作秩序，进而造成整个社会层面的负面影响，甚至因此而形成一个新的词语“医闹”。“医闹”现象引发了社会各界的关注，带来了较大的负面影响。

2009 年《侵权责任法》回应社会的关切，在第 64 条规定：“医疗机构及其医务人员的合法权益受法律保护。干扰医疗秩序，妨害医务人员工作、生活的，应当依法承担法律责任。”由此对于医疗机构及其医务人员的合法权益保护作出了宣示性规定。

2018年国务院还专门制定了《医疗纠纷预防和处理条例》，从医疗纠纷的预防、医疗纠纷的处理和相关法律责任几个方面作出了专门规定。

本次民法典编纂过程中，对于《侵权责任法》第64条予以了保留，在侵害医务人员权益的表现形式中增加了“侵害医务人员合法权益”的表述。这表明了民法典对于医疗机构及其医务人员合法权益进行保障的高度重视。

二、内容

该条规定主要是对医疗机构及其医务人员的合法权益作出保护性宣示，并列举了几类常见的侵害侵权行为。但对于具体的法律责任则未加规定。这是因为，侵害医务人员合法权益并不是一类独特的侵权行为，也不是单独的违反犯罪行为，现有的法律制度均可以进行适用。例如，在出现侵害医疗机构及其医务人员合法权益的情况后，在民事领域可以适用《民法典》关于保护民事权益的相关规定，对侵害医务人员合法权益的行为人主张侵权损害赔偿责任。在公法上可以适用《治安管理处罚法》和《刑法》等法律的相关规定，如《治安管理处罚法》第23条规定：“有下列行为之一的，处警告或者二百元以下罚款；情节较重的，处五日以上十日以下拘留，可以并处五百元以下罚款：（一）扰乱机关、团体、企业、事业单位秩序，致使工作、生产、营业、医疗、教学、科研不能正常进行，尚未造成严重损失的……聚众实施前款行为的，对首要分子处十日以上十五日以下拘留，可以并处一千元以下罚款。”《刑法》第290条第1款规定：“聚众扰乱社会秩序，情节严重，致使工作、生产、营业和教学、科研、医疗无法进行，造成严重损失的，对首要分子，处三年以上七年以下有期徒刑；对其他积极参加的，处三年以下有期徒刑、拘役、管制或者剥夺政治权利。”

实践中，一些后果严重的伤医事件，主要是追究行为人的刑事责任。例如，2020年1月20日下午，据北京市朝阳区警方发布信息通报称，某医院眼科医生陶某在出门诊时，被诊治过的患者崔某砍伤。这是一起严重伤医事件，造成陶医生左手骨折、神经肌肉血管断裂、颅骨外伤、枕骨骨折、失血1500毫升，抢救八十余天后方愈合出院。而行凶者也被警方抓捕，随后经侦查后会移送检察院提起刑事诉讼。

另外一起影响恶劣的伤医案件发生于2019年12月4日，孙某及亲属将其母送至民航总医院治疗，因孙某不满医生杨某对其母的治疗，怀恨在心、意图报复。12月24日，孙某在急诊抢救室内，持事先准备的尖刀反复切割、扎刺值班医生杨某颈部，致杨某死亡。孙某作案后报警投案，被公安机关抓获。2020年1月16日，北京市第三中级人民法院依法公开开庭审理被告人孙某故意杀人一案，法院认为，被告人孙某故意非法剥夺他人生命，其行为已构成故意杀人罪，罪行极其严重，依法应予处罚。孙某作案后报警，到案后能够如实供述其所犯罪行，应依法认定为自首。鉴于孙某犯罪性质极其恶劣，杀人手段特别残忍，情节、后果特别严重，社会危害性极大，虽有自首情节，但不足以从轻处罚。法院以故意杀人罪判处被告人孙某死刑，剥夺政治权利终身。

法条关联

◆《民法典》总则编

第三条 民事主体的人身权利、财产权利以及其他合法权益受法律保护，任何组织或者个人不得侵犯。

◆《医疗事故处理条例》

第五十九条 以医疗事故为由，寻衅滋事、抢夺病历资料，扰乱医疗机构正常医疗秩序和医疗事故技术鉴定工作，依照刑法关于扰乱社会秩序罪的规定，依法追究刑事责任；尚不够刑事处罚的，依法给予治安管理处罚。

◆《治安管理处罚法》

第四十三条 殴打他人的，或者故意伤害他人身体的，处五日以上十日以下拘留，并处二百元以上五百元以下罚款；情节较轻的，处五日以下拘留或者五百元以下罚款。

有下列情形之一的，处十日以上十五日以下拘留，并处五百元以上一千元以下罚款：

（一）结伙殴打、伤害他人的；

（二）殴打、伤害残疾人、孕妇、不满十四周岁的人或者六十周岁以上的人的；

（三）多次殴打、伤害他人或者一次殴打、伤害多人的。

◆《刑法》

第二百三十二条 故意杀人的，处死刑、无期徒刑或者十年以上有期徒刑；情节较轻的，处三年以上十年以下有期徒刑。

第二百三十三条　过失致人死亡的，处三年以上七年以下有期徒刑；情节较轻的，处三年以下有期徒刑。本法另有规定的，依照规定。

第二百三十四条　故意伤害他人身体的，处三年以下有期徒刑、拘役或者管制。

犯前款罪，致人重伤的，处三年以上十年以下有期徒刑；致人死亡或者以特别残忍手段致人重伤造成严重残疾的，处十年以上有期徒刑、无期徒刑或者死刑。本法另有规定的，依照规定。

第二百三十五条　过失伤害他人致人重伤的，处三年以下有期徒刑或者拘役。本法另有规定的，依照规定。

案例评议

方某1、方某2、方某3、吴某诉徐某案①

◆ 裁判规则

在认定四上诉人是否应当对徐某的损失承担赔偿责任时，二审法院认为，涉案事件系因医疗纠纷而引起，四上诉人在解决纠纷时采取措施不当，导致矛盾激化，造成医务人员徐某受伤，应承担相应的侵权责任。

◆ 评议

医务人员的合法权益与其他民事主体的合法权益一样受到保护。本案中患者在医院治疗期间死亡，死者亲属认为是医院用错药所致，为此进行医闹，纠集多名亲属对医务人员进行辱骂、围攻、拉扯、推搡、殴打，造成医务人员头部外伤、胸腹闭合伤、全身多处软组织挫伤。这一行为属于典型的侵权行为，而且涉嫌构成刑事犯罪。法院判决行为人对医务人员承担侵权损害赔偿责任。

① 浙江省金华市中级人民法院民事判决书，（2015）浙金民终字第852号。

第七章　环境污染和生态破坏责任

本章概要

本章是关于环境污染和生态破坏侵权责任的集中规定，规定了环境污染和生态破坏责任的归责原则、举证责任、两个以上侵权人环境生态侵权的责任承担，以及污染环境、破坏生态侵权责任中的惩罚性赔偿和第三人的过错，并规定了生态环境修复的责任形式和生态环境损害的赔偿费用。

第一千二百二十九条　【污染环境、破坏生态的归责原则】

因污染环境、破坏生态造成他人损害的，侵权人应当承担侵权责任。

本条来源

《侵权责任法》第六十五条规定："因污染环境造成损害的，污染者应当承担侵权责任。"

立法演变

《民法典侵权责任编草案》（一审稿）第一千零四条规定："损害生态环境的，侵权人应当承担侵权责任。"

《民法典侵权责任编草案》（二审稿）第一千零四条规定："因破坏生态环境造成他人损害的，侵权人应当承担侵权责任。"

《民法典侵权责任编草案》（三审稿）第一千零四条规定："因污染环境、破坏生态造成他人损害的，侵权人应当承担侵权责任。"此后无变化。

条文释义

本条是关于环境污染和生态破坏责任归责原则的规定。

一、概述

我国经过多年粗放式的工业化发展，对生态环境造成了较大破坏，因此面临着资源约束趋紧、环境污染严重、生态系统退化的严峻形势，已经影响到人民群众的生命健康和经济社会的可持续发展。我国陆续制定了一系列关于环境保护、防治污染方面法律，如《环境保护法》《海洋环境保护法》《水污染防治法》《大气污染防治法》《固体废物污染环境防治法》《环境噪声污染防治法》《放射性污染防治法》等。但这些法律的位阶较低，大多限于行政管理的角度，在执行过程中，经常与地方政府经济增长的目标相冲突，因此不少情况下执法力度不够理想。

为从源头上扭转生态环境恶化趋势，建设美丽中国，实现中华民族的永续发展，党的十八大把生态文明建设纳入中国特色社会主义事业五位一体总体布局。党的十八届三中全会作出的《中共中央关于全面深化改革若干重大问题的决定》进一步指出，要建设生态文明，必须建立系统完整的生态文明制度体系，用制度保护生态环境。党的十九大报告再次确立了以绿色发展理念引领国家发展的理念。习近平总书记在全国生态环境保护大会上的讲话指出："用最严格制度最严密法治保护生态环境，加快制度创新，强化制度执行，让制度成为刚性的约束和不可触碰的高压线。"

在中央的高度重视下，近年来国家对全国环境进行了严格治理，强化了环境立法、环境执法和环境监督。在地方立法工作方面，环境保护方面的立法取得了长足进步，例如，"截至 2019 年 2 月 26 日，31 个省（区、市）全部完成大气污染防治相关条例的制定或修订工作。同时，从 2018 年 10 月 1 日起，京津冀及周边地区工业企业全面执行大气污染物特别排放限值，大气污染防治重点地区的一些省份还结合本地实际和空气质量改善需要，制定或修订了 10 多项更加严格的地方排放标准。"① 此外，我国环境保护部门还加大了对环境执法的监督力度，开展全国巡查，采取切实措施保障生态环境保护的法律得到落实。

① 周誉东、王晓琳：《保卫蓝天 落地有声》，载《中国人大》2020 年第 4 期，第 15 页。

“2018 年生态环境部先后 7 批次对 29 个地方政府和 3 个省级部门实施约谈，推动解决突出生态环境问题。”① 在中央到地方的高度重视、高效行动下，我国生态环境恶化的趋势得到了及时遏止，生态环境趋于好转，蓝天白云、青山绿水重新回到人们的生活之中。

近些年来，在环境法学者的大力推动下，民法对于环境保护的范围，也从传统的环境扩大到了生态环境。有学者指出，应当“扩展环境侵权的原因行为范围，在侵权责任编中正式规定‘生态破坏’，在制度安排上将‘生态破坏’规定为与‘污染环境’并列的环境侵权原因行为。”②

本次民法典编纂过程中，对于《侵权责任法》环境污染责任一章作出了较多修改，将该法第 65 条“因污染环境造成损害的，污染者应当承担侵权责任”扩张为“因污染环境、破坏生态造成他人损害的，侵权人应当承担侵权责任”，形成了本条关于归责原则的规定。

二、内容

（一）环境和生态的含义

根据《环境保护法》的界定，环境，是指影响人类生存和发展的各种天然的和经过人工改造的自然因素的总体，包括大气、水、海洋、土地、矿藏、森林、草原、湿地、野生生物、自然遗迹、人文遗迹、自然保护区、风景名胜区、城市和乡村等。

生态，是指生物在一定的自然环境下生存和发展的状态。生态的范围比环境的范围更加广泛，环境侧重于人类的活动范围，而生态则包括了与人类活动有直接关联的一切生物的生存状态，以及它们之间和它与环境之间环环相扣的关系。所以生态是在一定空间范围内，植物、动物、真菌、微生物群落与其非生命环境，通过能量流动和物质循环而形成的相互作用、相互依存的动态复合体。

因此，污染环境与破坏生态既紧密联系，又有所区别。污染环境一般会直接对特定的权利人造成损害，而破坏生态则可能没有直接受害人，但损害的是更广泛的人群的利益，甚至是全人类的共同利益。例如对于北极圈冰山的破坏，或者将南美食人鱼投入长江流域，这些行为破坏了全球的气候环境，或者对特

① 周誉东、王晓琳：《保卫蓝天 落地有声》，载《中国人大》2020 年第 4 期，第 15 页。

② 吕忠梅、刘超：《拓展民法典侵权责任编环保功能》，载《检察日报》2018 年 7 月 30 日。

定水域生物的多样性造成破坏，但难以归入传统的污染环境的范围之中。因此，为了在更广泛的层面上保护人类的共同环境，保护大自然的生态，《民法典》正式将生态与环境并列，拓宽了侵权责任法保护的范围。

（二）污染环境、破坏生态侵权责任的归责原则

对于环境污染的归责原则，我国民事立法长期以来均是采取无过错责任的归责原则。从1986年《民法通则》开始，以及后来一系列环境保护法律中，都对环境污染侵权采取了无过错责任的归责原则。《民法通则》第124条规定："违反国家保护环境防止污染的规定，污染环境造成他人损害的，应当依法承担民事责任。"《侵权责任法》也同样规定环境污染责任采用无过错责任的归责原则。

根据本条规定，实施污染环境、破坏生态行为而造成他人损害的，侵权人就应当承担侵权责任，对其责任的判断，不以是否具有过错为要件。2015年《最高人民法院关于审理环境侵权责任纠纷案件适用法律若干问题的解释》第1条也规定，因污染环境造成损害，不论污染者有无过错，污染者应当承担侵权责任。污染者以排污符合国家或者地方污染物排放标准为由主张不承担责任的，人民法院不予支持。

虽然本条并未规定行为人减轻或者免除责任的事由，但由于《民法典》侵权责任编第1178条规定："本法和其他法律对不承担责任或者减轻责任的情形另有规定的，依照其规定。"因此，当发生本法所规定的免责事由时，或者具备其他单行法律所规定的某些情形下污染环境、破坏生态的减轻或免除责任事由的，应当依据相关规定减免行为人的责任。例如，在一些环境保护方面的单行法中，如《海洋环境保护法》《水污染防治法》《大气污染防治法》等环境保护单行法中，如果对不承担责任或者减轻责任的情形有所规定，主要集中在不可抗力、受害人故意和第三人责任方面，那么在这些情形下就可以成为行为人的免责事由。

法条关联

◆《环境保护法》

第六条　一切单位和个人都有保护环境的义务。

地方各级人民政府应当对本行政区域的环境质量负责。

企业事业单位和其他生产经营者应当防止、减少环境污染和生态破坏，对所造成的损害依法承担责任。

公民应当增强环境保护意识，采取低碳、节俭的生活方式，自觉履行环境保护义务。

第四十一条 建设项目中防治污染的设施，应当与主体工程同时设计、同时施工、同时投产使用。防治污染的设施应当符合经批准的环境影响评价文件的要求，不得擅自拆除或者闲置。

◆《水污染防治法》

第八十五条 有下列行为之一的，由县级以上地方人民政府环境保护主管部门责令停止违法行为，限期采取治理措施，消除污染，处以罚款；逾期不采取治理措施的，环境保护主管部门可以指定有治理能力的单位代为治理，所需费用由违法者承担：

（一）向水体排放油类、酸液、碱液的；

（二）向水体排放剧毒废液，或者将含有汞、镉、砷、铬、铅、氰化物、黄磷等的可溶性剧毒废渣向水体排放、倾倒或者直接埋入地下的；

（三）在水体清洗装贮过油类、有毒污染物的车辆或者容器的；

（四）向水体排放、倾倒工业废渣、城镇垃圾或者其他废弃物，或者在江河、湖泊、运河、渠道、水库最高水位线以下的滩地、岸坡堆放、存贮固体废弃物或者其他污染物的；

（五）向水体排放、倾倒放射性固体废物或者含有高放射性、中放射性物质的废水的；

（六）违反国家有关规定或者标准，向水体排放含低放射性物质的废水、热废水或者含病原体的污水的；

（七）未采取防渗漏等措施，或者未建设地下水水质监测井进行监测的；

（八）加油站等的地下油罐未使用双层罐或者采取建造防渗池等其他有效措施，或者未进行防渗漏监测的；

（九）未按照规定采取防护性措施，或者利用无防渗漏措施的沟渠、坑塘等输送或者存贮含有毒污染物的废水、含病原体的污水或者其他废弃物的。

有前款第三项、第四项、第六项、第七项、第八项行为之一的，处二万元以上二十万元以下的罚款。有前款第一项、第二项、第五项、第九项行为之一的，处十万元以上一百万元以下的罚款；情节严重的，报经有批准权的人民政府批准，责令停业、关闭。

◆《环境噪声污染防治法》

第六十一条　受到环境噪声污染危害的单位和个人，有权要求加害人排除危害；造成损失的，依法赔偿损失。

赔偿责任和赔偿金额的纠纷，可以根据当事人的请求，由生态环境主管部门或者其他环境噪声污染防治工作的监督管理部门、机构调解处理；调解不成的，当事人可以向人民法院起诉。当事人也可以直接向人民法院起诉。

◆《最高人民法院关于审理环境侵权责任纠纷案件适用法律若干问题的解释》

第一条　因污染环境造成损害，不论污染者有无过错，污染者应当承担侵权责任。污染者以排污符合国家或者地方污染物排放标准为由主张不承担责任的，人民法院不予支持。

污染者不承担责任或者减轻责任的情形，适用海洋环境保护法、水污染防治法、大气污染防治法等环境保护单行法的规定；相关环境保护单行法没有规定的，适用侵权责任法的规定。

案例评议

一、江苏省人民政府诉安徽海德化工科技有限公司生态环境损害赔偿案①

◆ **裁判规则**

在认定安徽海德化工科技有限公司是否应承担相应的赔偿责任时，法院认为，海德公司作为化工企业，对其在生产经营过程中产生的危险废物废碱液，负有防止污染环境的义务。海德公司放任该公司营销部负责人杨某将废碱液交给不具备危险废物处置资质的个人进行处置，导致废碱液被倾倒进长江和新通扬运河，严重污染环境。依据《环境保护法》第64条规定，因污染环境和破坏生态造成损害的，应当依照《侵权责任法》的有关规定承担侵权责任。故，海德公司应承担侵权赔偿责任。

◆ **评议**

因污染环境、破坏生态造成他人损害的，侵权人应当承担侵权责任。本案

① 江苏省高级人民法院民事判决书，(2018) 苏民终1316号。

中海德公司将废碱液交给不具备危废物处置资质的个人进行处置，导致废碱液被倾倒进长江和新通扬运河，严重污染环境，应当承担侵权责任。

二、山东省烟台市人民检察院诉王某1、马某1环境民事公益诉讼案[①]

◆ 裁判规则

在认定王某1、马某1是否应承担侵权责任时，法院认为，依据《侵权责任法》第65条规定，“因污染环境造成损害的，污染者应当承担侵权责任。”山东省莱州市人民法院作出的（2016）鲁0683刑初136号刑事判决书，认定王某1、马某1实施的环境污染行为与所造成的环境污染损害后果之间存在因果关系，王某1、马某1对此没有异议，并且已经发生法律效力。王某1、马某1应当对其污染环境造成社会公共利益受到损害的行为承担侵权责任。

◆ 评议

本案中行为人在未办理任何注册、安检、环评等手续的情况下，从事盐酸清洗长石颗粒项目，在作业过程中产生约60吨的废酸液，渗漏到周边土壤和地下水中，造成污染。后废酸液又被排入村北的消水河，对消水河内水体造成污染。行为人已经构成刑法上的污染环境罪，但刑事责任的承担，并不能免除其民事责任的承担，其依然要承担生态环境侵权责任。

第一千二百三十条　【污染环境、破坏生态的举证责任倒置】

因污染环境、破坏生态发生纠纷，行为人应当就法律规定的不承担责任或者减轻责任的情形及其行为与损害之间不存在因果关系承担举证责任。

本条来源

《侵权责任法》第六十六条规定：“因污染环境发生纠纷，污染者应当就法律规定的不承担责任或者减轻责任的情形及其行为与损害之间不存在因果关系承担举证责任。”

---

① 山东省烟台市中级人民法院民事判决书，（2017）鲁06民初8号。

立法演变

《民法典侵权责任编草案》（一审稿）第一千零五条规定：“因损害生态环境发生纠纷，侵权人应当就法律规定的不承担责任或者减轻责任的情形及其行为与损害之间不存在因果关系承担举证责任。”

《民法典侵权责任编草案》（三审稿）第一千零五条规定：“因污染环境、破坏生态发生纠纷，侵权人应当就法律规定的不承担责任或者减轻责任的情形及其行为与损害之间不存在因果关系承担举证责任。”

《民法典侵权责任编草案》（征求意见稿）第一千二百三十条规定：“因污染环境、破坏生态发生纠纷，行为人应当就法律规定的不承担责任或者减轻责任的情形及其行为与损害之间不存在因果关系承担举证责任。”此后无变化。

条文释义

本条是关于环境污染和生态破坏中举证责任的规定。

一、概述

由于生态环境侵权案件中，被侵权人对于侵权行为、因果关系方面的举证十分困难，所以各国一般都实行举证责任倒置，要求实施侵权行为的主体来承担举证责任，证明其行为与损害后果之间没有因果关系，或者其具备合法的抗辩事由。

《侵权责任法》第66条对此规定：“因污染环境发生纠纷，污染者应当就法律规定的不承担责任或者减轻责任的情形及其行为与损害之间不存在因果关系承担举证责任。”本次民法典编纂过程中，对该条予以了保留，仅增加了“破坏生态”的侵权形态，并将“污染者”相应地修改为“行为人”，以适应生态破坏的特点。

二、内容

（一）污染环境、破坏生态纠纷中被侵权人的举证责任

虽然污染环境、破坏生态侵权中实行举证责任倒置，但并不意味着被侵权人无需承担任何举证责任。被侵权人作为原告提起诉讼，必须负担基本的举证义务，否则将会导致滥诉，对被告方的合法权益形成侵害。

根据侵权责任的一般原理，即便是在无过错责任的侵权类型中，被侵权人

主张损害赔偿时，首先也应当举证证明行为人实施了侵权行为、自己遭受了损害等基本的事实。根据2019年《最高人民法院关于审理生态环境损害赔偿案件的若干规定（试行）》的规定，被侵权人作为原告提起诉讼，主张被告方行为人承担生态环境损害赔偿责任的，应当就以下事实承担举证责任：被告实施了污染环境、破坏生态的行为或者具有其他应当依法承担责任的情形；生态环境受到损害，以及所需修复费用、损害赔偿等具体数额；被告污染环境、破坏生态的行为与生态环境损害之间具有关联性。

在证明损害事实方面，负有相关环境资源保护监督管理职责的部门或者其委托的机构在行政执法过程中形成的事件调查报告、检验报告、检测报告、评估报告、监测数据等，经当事人质证并符合证据标准的，可以作为认定案件事实的根据。此外，当事人在诉前委托具备环境司法鉴定资质的鉴定机构出具的鉴定意见，以及委托国务院环境资源保护监督管理相关主管部门推荐的机构出具的检验报告、检测报告、评估报告、监测数据等，经当事人质证并符合证据标准的，也可以作为认定案件事实的根据。

（二）污染环境、破坏生态中行为人的举证责任

根据本条规定，在污染环境、破坏生态纠纷中，对行为人实行举证责任倒置。举证责任倒置是指依照法律的规定，将通常应由提出事实主张的当事人所负担的举证责任分配给对方当事人，由对方对否定该事实的主张承担举证责任。如果对方当事人不能就此举证证明，则推定事实主张成立。由于污染环境、破坏生态的侵权案件中，导致环境遭受污染、生态被破坏的因果关系链条可能比较复杂，或者因果链条过长，从而使受害人难以完成因果关系的证明责任。

因此，在因污染环境、破坏生态发生纠纷时，行为人应当就法律规定的不承担责任或者减轻责任的情形及其行为与损害之间不存在因果关系承担举证责任。根据《最高人民法院关于审理生态环境损害赔偿案件的若干规定（试行）》第7条的规定，作为被告的行为人欲反驳原告提出的侵权损害主张的，则应当提供证据加以证明。此时行为人应当证明其行为与生态环境遭到污染破坏之间，不存在因果关系。如果行为人主张其行为具有法律规定的不承担责任或者减轻责任情形的，那么也应当对此承担举证责任。如果行为人能够举证证明下列情形之一的，则表明其行为与损害之间不存在因果关系：排放的污染物没有造成

该损害可能的；排放的可造成该损害的污染物未到达该损害发生地的；该损害于排放污染物之前已发生的；其他可以认定污染行为与损害之间不存在因果关系的情形。

例如，在2020年5月8日最高人民法院发布的2019年度人民法院环境资源典型案例中，兰坪三江铜业有限责任公司诉兰坪汇集矿业有限公司财产损害赔偿纠纷一案就涉及被告的举证问题。2016年6月，兰坪县营盘镇清水河发生泥石流灾害。兰坪县国土资源局形成《兰坪县国土资源局关于上报兰坪县营盘镇清水河“6.07”泥石流灾害调查的报告》（以下简称调查报告），认定兰坪三江铜业有限责任公司（以下简称三江铜业公司）直接经济损失为233.91万元。调查报告同时指出，本次泥石流灾害以强降雨为主引发，兰坪汇集矿业有限公司（以下简称汇集公司）大板登铜矿矿区生产弃渣处置不当是加剧地质灾害灾损形成的直接因素，灾损各方应共同委托具有资质条件的技术单位开展专项调查工作，经责任认定后按照责任大小协商解决。因协商未果，三江铜业公司诉至法院，要求汇集公司赔偿其经济损失233.91万元。云南省兰坪白族普米族自治县人民法院一审认为，调查报告证明，案涉泥石流灾害与汇集公司大板登铜矿矿区生产弃渣处置不当之间存在因果关系，汇集公司未提供证据证明其存在免责事由或者其行为与损害结果不存在因果关系，应当承担环境侵权责任。

法条关联

◆《最高人民法院关于审理环境侵权责任纠纷案件适用法律若干问题的解释》

第六条　被侵权人根据侵权责任法第六十五条规定请求赔偿的，应当提供证明以下事实的证据材料：

（一）污染者排放了污染物；

（二）被侵权人的损害；

（三）污染者排放的污染物或者其次生污染物与损害之间具有关联性。

第七条　污染者举证证明下列情形之一的，人民法院应当认定其污染行为与损害之间不存在因果关系：

（一）排放的污染物没有造成该损害可能的；

（二）排放的可造成该损害的污染物未到达该损害发生地的；

（三）该损害于排放污染物之前已发生的；

（四）其他可以认定污染行为与损害之间不存在因果关系的情形。

案例评议

周某诉中国石油化工股份有限公司东北油气分公司案[①]

◆ **裁判规则**

在认定本案举证责任的分配时，法院认为，根据《侵权责任法》第66条的规定，因噪声污染环境发生的纠纷，应由污染者就法律规定的不承担责任或者减轻责任的情形及其行为与损害之间不存在因果关系承担举证责任。本案中，油气公司在周某经营的鱼池附近钻井产生噪声，周某认为，其养殖的鱼类为躲避噪声而涌向水库东北角，导致密度过大、供氧不足，最终造成鱼类大量死亡，并诉至人民法院。因此，本案是因噪声污染而发生，应属噪声污染责任纠纷，油气公司作为噪声排放单位，应当就其钻井行为与鱼类死亡之间不存在因果关系承担举证责任。

◆ **评议**

因污染环境、破坏生态发生纠纷，被侵权人就损害后果和侵权行为进行举证，然后应当由行为人就法律规定的不承担责任或者减轻责任的情形及其行为与损害之间不存在因果关系承担举证责任，油气公司在周某经营的鱼池附近从事钻井作业排放的环境噪声，经鉴定超过了国家规定的环境噪声排放标准，故构成环境噪声污染，应当承担赔偿责任。

第一千二百三十一条　【生态环境数人侵权的责任确定】

两个以上侵权人污染环境、破坏生态的，承担责任的大小，根据污染物的种类、浓度、排放量，破坏生态的方式、范围、程度，以及行为对损害后果所起的作用等因素确定。

本条来源

《侵权责任法》第六十七条规定："两个以上污染者污染环境，污染者承担

① 吉林省高级人民法院民事判决书，（2014）吉民一终字第8号。

责任的大小，根据污染物的种类、排放量等因素确定。”

立法演变

《民法典侵权责任编草案》（一审稿）第一千零六条规定：“两个以上侵权人损害生态环境，承担责任的大小，根据污染物的种类、排放量以及损害行为对损害后果所起的作用等因素确定。”

《民法典侵权责任编草案》（二审稿）第一千零六条规定：“两个以上侵权人损害生态环境，承担责任的大小，根据污染物的种类、浓度、排放量，破坏生态的方式、范围、程度，行为对损害后果所起的作用等因素确定。”

《民法典侵权责任编草案》（三审稿）第一千零六条规定：“两个以上侵权人污染环境、破坏生态的，承担责任的大小，根据污染物的种类、浓度、排放量，破坏生态的方式、范围、程度，以及行为对损害后果所起的作用等因素确定。”此后无变化。

条文释义

本条是关于两个以上侵权人污染环境、破坏生态责任承担的规定。

一、概述

在现实中，实施污染环境、破坏生态行为的，往往不止一个行为人，而是存在复数行为人。如果这些行为人是基于共同的意思联络而实施污染环境、破坏生态，则构成污染环境、破坏生态的共同侵权行为，应当承担连带责任。但实践中往往是多个主体分别独立实施污染环境、破坏生态的行为。例如，多家化工厂同时向河道排污，数家炼钢厂夜间都偷排废气，等等。

多个行为人共同进行污染环境、破坏生态的行为，既容易短时间就对生态环境造成严重破坏，又不利于侵权责任的认定。因此，有必要对数人实施污染环境、破坏生态行为中责任的认定作出规定。

《侵权责任法》第 67 条对此规定：“两个以上污染者污染环境，污染者承担责任的大小，根据污染物的种类、排放量等因素确定。”本次民法典编纂过程中，对该条予以保留，并作出了较大修改，不仅在侵权形式上增加了破坏生态的形式，对于确定责任大小的因素，也作了较多补充。

二、内容

（一）数个行为人实施污染环境、破坏生态的行为

不同于一般的污染环境、破坏生态，本条专门针对两个以上侵权人实施污染环境、破坏生态的侵权行为进行规定。此处的行为人虽然是复数，但彼此之间不存在意思联络，即行为人都实施了污染环境、破坏生态的行为，但其行为之间没有意思联络。否则构成共同侵权，应当适用《民法典》侵权责任编第1168条的规定，即“二人以上共同实施侵权行为，造成他人损害的，应当承担连带责任。”

此处数个行为人实施污染环境、破坏生态的行为，虽然没有意思联络，但应当造成了同一损害后果，否则就可以分为不同的侵权纠纷进行处理。正是因为不同主体的行为造成了同一后果，才有必要规定各自责任的认定标准。

也就是说，两个以上的行为人共同实施污染环境、破坏生态的行为造成损害的，被侵权人有权请求数个行为人承担连带责任；两个以上行为人分别实施污染环境、破坏生态的行为，造成了同一损害，每一个行为人的污染环境、破坏生态行为都足以造成全部损害，被侵权人也有权请求数个行为人承担连带责任；两个以上行为人分别实施污染环境、破坏生态的行为，造成同一损害，每一个行为人的行为都不足以造成全部损害的，如果能够确定责任大小，各自承担相应的责任；难以确定责任大小的，平均承担赔偿责任。

如果两个以上行为人分别实施污染环境、破坏生态的行为造成了同一损害，其中部分行为人的行为足以造成全部损害，部分行为人的行为只造成部分损害，那么，足以造成全部损害的行为人应当与其他行为人就共同造成的损害部分承担连带责任，并对全部损害承担赔偿责任。

（二）对不同侵权人责任大小的认定因素

两个以上侵权人污染环境、破坏生态，不构成共同侵权时，其承担责任的形式是按份责任，而非连带责任。那么对于各自份额的认定，就成为厘清责任、解决纠纷的关键。根据本条规定，在认定各个行为人责任大小时，应当考虑污染物的种类、浓度、排放量，破坏生态的方式、范围、程度，以及行为对损害后果所起的作用等因素，然后进行综合认定。

考虑这些因素，主要是为了划分不同行为人的行为，在导致损害的后果中所占的原因力比例。不同主体排放的污染物种类不同，其危害性也不同；浓度

和排放量不同，对于生态环境的负面影响自然也不相同。此外，行为的方式、范围、程度等因素，都会对原因力产生影响，例如两家不同的企业向河道排污，各自污染物的排放地距离、排放持续时间、污染物的有害性程度、排放量大小等，对河道水质的污染程度自然也各不相同。此外，还应当考察各个行为人有无排污许可证、是否超过污染物排放标准、是否超过重点污染物排放总量控制指标等因素。只有根据这些因素综合进行判断，才能较为科学准确地划分各个行为人的责任大小，进而确定各自的责任份额。

法条关联

◆《民法典》侵权责任编

第一千一百七十二条 二人以上分别实施侵权行为造成同一损害，能够确定责任大小的，各自承担相应的责任；难以确定责任大小的，平均承担责任。

◆《最高人民法院关于审理环境侵权责任纠纷案件适用法律若干问题的解释》

第二条 两个以上污染者共同实施污染行为造成损害，被侵权人根据侵权责任法第八条规定请求污染者承担连带责任的，人民法院应予支持。

第三条 两个以上污染者分别实施污染行为造成同一损害，每一个污染者的污染行为都足以造成全部损害，被侵权人根据侵权责任法第十一条规定请求污染者承担连带责任的，人民法院应予支持。

两个以上污染者分别实施污染行为造成同一损害，每一个污染者的污染行为都不足以造成全部损害，被侵权人根据侵权责任法第十二条规定请求污染者承担责任的，人民法院应予支持。

两个以上污染者分别实施污染行为造成同一损害，部分污染者的污染行为足以造成全部损害，部分污染者的污染行为只造成部分损害，被侵权人根据侵权责任法第十一条规定请求足以造成全部损害的污染者与其他污染者就共同造成的损害部分承担连带责任，并对全部损害承担责任的，人民法院应予支持。

第四条 两个以上污染者污染环境，对污染者承担责任的大小，人民法院应当根据污染物的种类、排放量、危害性以及有无排污许可证、是否超过污染物排放标准、是否超过重点污染物排放总量控制指标等因素确定。

案例评议

上诉人张某、江苏大屯铝业有限公司、江苏丰源铝业有限公司、江苏华丰铝业有限公司、沛县三环水务有限公司案①

◆ **裁判规则**

在认定大屯公司、丰源公司、华丰公司、三环公司四个污染者承担责任比例的划分时，法院认为，考虑到涉案污染事件的发生不能完全排除还有其他污染者等因素，应据此酌情减轻大屯公司、丰源公司、华丰公司、三环公司的赔偿责任，根据《侵权责任法》第67条规定："两个以上污染者污染环境，污染者承担责任的大小，根据污染物的种类、排放量等因素确定。"本案中，大屯公司、丰源公司、华丰公司、三环公司均未提供有效证据证实排放污染物种类、排放量或致害参与度小于其他污染者，基于公允角度，酌定大屯公司、丰源公司、华丰公司、三环公司平均承担按份赔偿责任。

◆ **评议**

本案中，四家公司排污到河水中，流至下游，导致被侵权人144亩水面养殖的鱼陆续死亡。由于四家排污公司均未提供有效证据证实排放污染物种类、排放量或致害参与度小于其他污染者，故法院要求四家公司平均承担按份赔偿责任。

第一千二百三十二条　【污染环境、破坏生态的惩罚性赔偿】

侵权人违反法律规定故意污染环境、破坏生态造成严重后果的，被侵权人有权请求相应的惩罚性赔偿。

本条来源

本条为新增条文。

① 山东省高级人民法院民事判决书，（2014）鲁民一终字第577号。

立法演变

《民法典侵权责任编草案》（一审稿）第一千零八条规定：“侵权人故意违反国家规定损害生态环境的，被侵权人有权请求相应的惩罚性赔偿。”

《民法典侵权责任编草案》（三审稿）第一千零八条规定：“侵权人故意违反国家规定污染环境、破坏生态造成严重后果的，被侵权人有权请求相应的惩罚性赔偿。”此后稍有调整。

条文释义

本条是关于污染环境、破坏生态惩罚性赔偿的规定。

一、概述

此前我国并没有对环境侵权作出过惩罚性赔偿的规定。在一些后果严重的恶性环境污染事件中，一般的赔偿已经不足以对行为人起到惩戒和教育的作用，因此，社会各界一直有观点认为应当在环境侵权领域引入惩罚性赔偿，通过高额赔偿来实现对不法行为的惩戒。《侵权责任法》并没有规定环境侵权领域的惩罚性赔偿，在该法中，惩罚性赔偿仅适用于产品责任领域。

最高人民法院近年来大力推动环保领域的司法改革，专门成立了环境资源审判庭。2018 年，最高人民法院印发的《关于为实施乡村振兴战略提供司法服务和保障的意见》中，明确表示：“依法妥善审理涉及乡村土壤、水源污染等环境侵权案件，准确认定责任主体，严格追究民事责任，探索惩罚性赔偿制度在环境污染和生态破坏纠纷案件中的适用，积极营造不敢污染、不愿污染的法治环境。积极稳妥审理乡村生态补偿案件，推动形成生态损害者赔偿、受益者付费、保护者受偿的工作机制。”这表明司法机关对于生态环境领域适用惩罚性赔偿制度已经开始了探索，并进行大力推动。

在审议民法典草案过程中，全国人大常委会王毅委员就提出，为了全面救济被侵权人、重点制裁恶意侵权人、吓阻其他不法行为人，应该规定：“明知污染环境、破坏生态会给他人造成严重损害后果仍然实施，造成他人死亡或者严重健康损害的，被侵权人有权请求实际损失的赔偿，并请求所受损失二倍以下的惩罚性赔偿。对污染环境、破坏生态没有依照法律规定采取相应的补救措施，造成他人死亡或者严重健康损害的，被侵权人有权请求实际损失的赔偿，并请求所受损失一倍以下的惩罚性赔偿。”① 全国人大常委会李锐委员也认为，生态环境损害侵权责任中增加了生态环境损害的惩罚性赔偿制度，对加大生态系统保护力度，让山更绿、水更清，将起到更加有效的立法引领作用，“实践中，生态环境受到污染，受害人有时很难取证，规定惩罚性赔偿在某种层面上，能弥补因为举证不能而无法获得充分赔偿的情况。”②

由于各界对于环境污染和生态破坏侵权责任中规定惩罚性赔偿呼声较高，因此，本次民法典编纂过程中，新增加了本条规定，确立了环境污染和生态破坏责任中惩罚性赔偿制度，为今后在环境污染和生态破坏案件中适用惩罚性赔偿奠定了基础。

二、内容

根据本条规定，在污染环境、破坏生态责任中适用惩罚性赔偿，必须具备如下条件：

第一，侵权行为人在主观上基于故意。惩罚性赔偿一般都只限于惩罚主观上为故意的侵权行为，本条规定也不例外。行为人在主观上的故意，在此体现为侵权人违反法律中相关生态环境保护的规定而故意实施污染环境、破坏生态的行为。在审议民法典草案期间，也有不少代表提出了不同看法，认为应当将重大过失甚至一般过失也纳入进去。例如，全国人大常委会张伯军委员就认为，应当将主观要件不限于故意，重大过失亦可适用惩罚性赔偿责任。③ 而全国人大常委会矫勇委员则提出：“重大的污染环境、破坏生态事件往往都不是故意而是过失，是疏于管理，安全责任不到位，发生安全生产事故而导致次生灾害。这些由于安全生产事故导致的环境生态的重大破坏，没有一定的惩罚性赔偿，恐怕对企业不容易起到更好的警示作用。建议在该惩罚性条款中加上‘过失’，即侵权人故意违反国家规定或过失污染环境、破坏生态造成严重后果的，应该

① 朱宁宁：《积极回应社会关切聚焦新情况新问题 侵权责任编草案尚有细化空间》，载《法制日报》2019 年 8 月 27 日。

② 张玉钗、舒颖：《侵权责任编草案：民生无小事，字句总关情》，载《中国人大》2020 年第 3 期，第 27 页。

③ 朱宁宁：《积极回应社会关切聚焦新情况新问题 侵权责任编草案尚有细化空间》，载《法制日报》2019 年 8 月 27 日。

承担惩罚性赔偿，这样会引起企业对安全生产事故带来的生态环境灾难的重视”。[①] 但最终本条还是保留了“侵权人违反法律规定故意污染环境、破坏生态”的主观要件，将行为人的主观心态限定为故意，是明显违法的故意，而不包括重大过失或一般过失。

第二，造成严重后果。污染环境、破坏生态责任中的惩罚性赔偿，要求造成的后果达到严重的程度。污染环境、破坏生态造成严重后果，往往是侵权行为已经造成严重环境污染、生态破坏，或者存在重大环境安全隐患以及产生重大不良社会影响，或者致使公私财产遭受重大损失或者造成人身伤亡等。例如，向水体排放油类、酸碱液体、剧毒废液、放射性固体废物等禁止排放的污染物以及超标排放废水造成水体严重污染；非法排放有毒有害污染物、违法违规存放危险化学品、非法处置危险废物等造成土壤严重污染；非法向海洋排放各类污染物及破坏红树林、滩涂、珊瑚礁等造成海洋生态环境严重破坏；非法捕猎、杀害珍稀、濒危野生动物等严重污染环境和破坏生态的行为。这些都属于污染环境、破坏生态造成严重后果。

第三，需被侵权人提出请求。惩罚性赔偿仍然是侵权损害赔偿的一种，是被侵权人所能够主张的损害赔偿范围。而污染环境、破坏生态责任仍然是侵权责任的一种，故惩罚性赔偿只能基于当事人的请求而产生，不能够由法院依职权做出，否则违背民事诉讼中的不告不理和处分原则。被侵权人在环境公益诉讼中，也包括提起诉讼的公益组织和检察院。

法条关联

◆《民法典》侵权责任编

第一千二百二十九条　因污染环境、破坏生态造成他人损害的，侵权人应当承担侵权责任。

---

① 朱宁宁：《积极回应社会关切聚焦新情况新问题 侵权责任编草案尚有细化空间》，载《法制日报》2019 年 8 月 27 日。

案例评议

刘某2环境污染责任纠纷案[①]

◆ **裁判规则**

在认定是否要求被告刘某2承担惩罚性赔偿时，法院认为，判令被告刘某2承担修复费用和鉴定费用仅是对公共利益的损害起到了最低限度的填平作用，事实上从刘某2从事非法经营活动对土壤造成污染以来，污染物残留在土壤中，其化学成分会有下渗或迁移，按照鉴定评估报告确定的“换土法”这一修复方案，并不能完全弥补土壤环境污染损害，因此，在此类环境污染侵权中，适用特殊的赔偿原则，即惩罚性赔偿原则更为适宜，但囿于诉讼请求和司法谦抑原则的限制，本院仍以填平原则为基础对本案进行审查。

◆ **评议**

行为人在未取得《危险化学品经营许可证》《危险化学品安全使用许可证》的情况下，租用黄河滩内位于黄河地表水源保护区的地块违法进行危化品生产、经营，对场地内土壤环境造成了污染。

侵权人故意违反国家规定污染环境、破坏生态造成严重后果的，被侵权人有权请求相应的惩罚性赔偿，这表明惩罚性赔偿必须由被侵权人提起，本案中法院认为适用惩罚性赔偿原则更为适宜，但由于原告方并未提起惩罚性赔偿的诉讼请求，故法院不能作出惩罚性赔偿的判决。

第一千二百三十三条　【第三人过错污染环境、破坏生态】

因第三人的过错污染环境、破坏生态的，被侵权人可以向侵权人请求赔偿，也可以向第三人请求赔偿。侵权人赔偿后，有权向第三人追偿。

本条来源

《侵权责任法》第六十八条规定：“因第三人的过错污染环境造成损害的，

① 河南省郑州市中级人民法院民事判决书，(2018) 豫01民初4131号。

被侵权人可以向污染者请求赔偿，也可以向第三人请求赔偿。污染者赔偿后，有权向第三人追偿。”

立法演变

《民法典侵权责任编草案》（一审稿）第一千零九条规定：“因第三人的过错损害生态环境的，被侵权人可以向侵权人请求赔偿，也可以向第三人请求赔偿。侵权人赔偿后，有权向第三人追偿。”

《民法典侵权责任编草案》（三审稿）第一千零九条规定：“因第三人的过错污染环境、破坏生态的，被侵权人可以向侵权人请求赔偿，也可以向第三人请求赔偿。侵权人赔偿后，有权向第三人追偿。”此后无变化。

条文释义

本条是关于因第三人的过错污染环境、破坏生态的责任的规定。

一、概述

本条是《民法典》侵权责任编总则部分关于第三人过错的规定在污染环境、破坏生态责任中的具体体现。按照总则部分关于第三人过错的规定，如果损害是因第三人造成的，则第三人应当承担侵权责任。在一些环境保护的单行法律中，也规定了关于第三人原因引起生态环境破坏的责任承担。例如，《水污染防治法》第 96 条第 4 款规定，水污染损害是由第三人造成的，排污方承担赔偿责任后，有权向第三人追偿。《海洋环境保护法》第 89 条第 1 款规定，造成海洋环境污染损害的责任者，应当排除危害，并赔偿损失；完全由于第三者的故意或者过失，造成海洋环境污染损害的，由第三者排除危害，并承担赔偿责任。

《侵权责任法》第 68 条对此也作出了规定：“因第三人的过错污染环境造成损害的，被侵权人可以向污染者请求赔偿，也可以向第三人请求赔偿。污染者赔偿后，有权向第三人追偿。”本次民法典编纂过程中，保留了本条规定，且增加了“破坏生态”的第三人过错形态。

二、内容

首先，第三人是指除行为人与被侵权人之外的第三人，其既不属于污染环境、破坏生态的行为人一方，也不属于被侵权人一方，第三人与双方当事人均不存在法律上的隶属关系，如雇佣关系、委托关系等。

其次，第三人与污染环境、破坏生态的行为人之间，不存在关于侵权行为的意思联络。否则，如果第三人与行为人之间具有意思联络，则第三人与行为人构成共同侵权。

最后，第三人的过错与污染环境、破坏生态的后果之间具有因果关系。也就是说，污染环境、破坏生态的后果之所以发生，并不是因为行为人的行为，而是因为第三人的过错。如果没有第三人的过错，则不会发生此种污染环境、破坏生态的后果。

关于第三人过错导致污染环境、破坏生态的纠纷，根据《最高人民法院关于审理环境侵权责任纠纷案件适用法律若干问题的解释》的规定，被侵权人可以分别起诉行为人与第三人，也可以同时起诉行为人与第三人。被侵权人请求第三人承担赔偿责任的，法院应当根据第三人的过错程度确定其相应赔偿责任。

根据本条规定，行为人与第三人之间承担的是不真正连带责任，如果被侵权人选择行为人提起诉讼主张赔偿，则行为人不得以第三人的过错造成损害为由进行抗辩、主张其不承担责任或者减轻责任。行为人只能在承担责任之后，再向有过错的第三人进行追偿。

2020 年 5 月 8 日，最高人民法院发布了 2019 年度人民法院环境资源典型案例，其中上海晟敏投资集团有限公司与普罗旺斯船东 2008 - 1 有限公司、法国达飞轮船有限公司、罗克韦尔航运有限公司船舶污染损害责任纠纷案就涉及第三人过错的责任承担问题。

2013 年 3 月，由普罗旺斯公司所有并由法国达飞公司光船租赁的“达飞佛罗里达”轮与罗克韦尔公司所有的“舟山”轮发生碰撞，致使“达飞佛罗里达”轮泄漏燃油共计 613. 28 吨。上海海事行政主管部门组织包括晟敏公司在内的各清污单位进行清污作业。“达飞佛罗里达”轮与“舟山”轮对案涉碰撞事故各承担 50% 的责任。晟敏公司诉至法院，请求普罗旺斯公司、达飞公司、罗克韦尔公司连带支付应急处置费 2299. 53 万元及利息。

宁波海事法院一审认为，晟敏公司对碰撞事故引发的污染损害进行防污清污措施，有权向责任方主张由此产生的合理费用。普罗旺斯公司、达飞公司分别为漏油船舶的所有人和登记光船承租人，应承担上述费用。罗克韦尔公司并非漏油船舶，不应承担连带责任。一审判决晟敏公司对普罗旺斯公司、达飞公司享有防污清污费923.40万元的债权。浙江省高级人民法院二审维持原判。最高人民法院再审认为，罗克韦尔公司系具有过错的第三人，应当按照其50%过错承担赔偿责任。最高人民法院改判普罗旺斯公司、达飞公司支付防污清污费人民币1580.46万元及利息；罗克韦尔公司支付防污清污费人民币790.23万元及利息。

在本案中，最高人民法院认定碰撞船舶所有人作为有过错的第三人亦应承担赔偿责任，全面反映了对污染者与第三人实行无过错责任原则、过错责任原则的基本内涵，即原则上污染者负全责，另有过错者相应负责。

法条关联

◆《民法典》侵权责任编

第一千一百七十五条 损害是因第三人造成的，第三人应当承担侵权责任。

◆《最高人民法院关于审理环境侵权责任纠纷案件适用法律若干问题的解释》

第五条 被侵权人根据侵权责任法第六十八条规定分别或者同时起诉污染者、第三人的，人民法院应予受理。

被侵权人请求第三人承担赔偿责任的，人民法院应当根据第三人的过错程度确定其相应赔偿责任。

污染者以第三人的过错污染环境造成损害为由主张不承担责任或者减轻责任的，人民法院不予支持。

案例评议

江汉油田鹏远工贸（潜江）有限责任公司、湖北绿色家园化工有限责任公司、玉柴东特专用汽车有限公司诉合肥经济技术开发区高刘镇人民政府案[①]

◆ **裁判规则**

在认定本案中赔偿责任的承担时，法院认为，本起环境污染损害系因第三人玉柴东特公司与鹏远工贸公司的过错造成，现受害人高刘镇政府已经诉请第三人玉柴东特公司与鹏远工贸公司赔偿，则家园化工公司在本案中不再承担赔

① 安徽省合肥市中级人民法院民事判决书，（2017）皖01民终1010号。

偿责任。鉴于玉柴东特公司与鹏远工贸公司在本起事故中过错程度相当，本院确定由玉柴东特公司与鹏远工贸公司各承担50%的赔偿责任。

◆ **评议**

本案中，运输化学物质时发生泄漏，涉案车辆未安装紧急切断装置，从而有泄漏隐患，属不合格产品。运输单位应当熟悉运输过程中的安全操作规范，但疏于对阀门的检查，以致蝶阀处的密封垫片因长期腐蚀变形未能及时予以发现并更换，也存在过错，亦应承担赔偿责任。被侵权人对行为人和第三人同时提起诉讼的情况下，法院判令确定由车辆生产企业与运输公司各承担50%的赔偿责任。

第一千二百三十四条　【生态环境损害修复责任】

违反国家规定造成生态环境损害，生态环境能够修复的，国家规定的机关或者法律规定的组织有权请求侵权人在合理期限内承担修复责任。侵权人在期限内未修复的，国家规定的机关或者法律规定的组织可以自行或者委托他人进行修复，所需费用由侵权人负担。

本条来源

《最高人民法院关于审理生态环境损害赔偿案件的若干规定（试行）》第十一条规定："被告违反法律法规污染环境、破坏生态的，人民法院应当根据原告的诉讼请求以及具体案情，合理判决被告承担修复生态环境、赔偿损失、停止侵害、排除妨碍、消除危险、赔礼道歉等民事责任。"

第十二条规定："受损生态环境能够修复的，人民法院应当依法判决被告承担修复责任，并同时确定被告不履行修复义务时应承担的生态环境修复费用。生态环境修复费用包括制定、实施修复方案的费用，修复期间的监测、监管费用，以及修复完成后的验收费用、修复效果后评估费用等。原告请求被告赔偿生态环境受到损害至修复完成期间服务功能损失的，人民法院根据具体案情予以判决。"

立法演变

《民法典侵权责任编草案》（一审稿）第一千零一十条规定："损害生态环境，能够修复的，法律规定的机关或者组织有权请求侵权人承担修复责任。侵权人在期限内未修复的，法律规定的机关或者组织可以自行或者委托他人进行修复，所需费用由侵权人承担。无法修复的，侵权人应当依法赔偿损失。"

《民法典侵权责任编草案》（二审稿）第一千零一十条规定："违反国家规定造成生态环境损害，能够修复的，法律规定的机关或者组织有权请求侵权人在合理期限内承担修复责任。侵权人在期限内未修复的，法律规定的机关或者组织可以自行或者委托他人进行修复，所需费用由侵权人承担。无法修复或者无修复必要的，侵权人应当依法赔偿损失。"

《民法典侵权责任编草案》（三审稿）第一千零一十条规定："违反国家规定造成生态环境损害，生态环境能够修复的，国家规定的机关或者法律规定的组织有权请求侵权人在合理期限内承担修复责任。侵权人在期限内未修复的，国家规定的机关或者法律规定的组织可以自行或者委托他人进行修复，所需费用由侵权人负担。"此后无变化。

条文释义

本条是关于生态环境修复的责任形式的规定。

一、概述

对于生态环境修复的责任形式，是近些年来环境法学者所大力倡导的责任形式，"完善环境侵权责任与环境公益救济责任的衔接条款，为环境民事公益诉讼提供'公法权利，私法操作'机制，'借用'民事责任承担方式追究侵害环境权、造成生态环境损害行为人的生态修复、环境治理、生态补偿等环境法责任。"① 同时，生态环境修复也是环境司法审判中所大力推进的责任形式。

在 2014 年发布的《最高人民法院关于审理环境民事公益诉讼案件适用法律若干问题的解释》第 20 条中就规定，原告请求恢复原状的，人民法院可以依法判决被告将生态环境修复到损害发生之前的状态和功能。无法完全修复的，可

① 吕忠梅：《用最严格制度最严密法治保护生态环境》，载《光明日报》2018 年 9 月 18 日。

以准许采用替代性修复方式。2015年《最高人民法院关于审理环境侵权责任纠纷案件适用法律若干问题的解释》第14条也规定，被侵权人请求恢复原状的，人民法院可以依法裁判污染者承担环境修复责任，并同时确定被告不履行环境修复义务时应当承担的环境修复费用。污染者在生效裁判确定的期限内未履行环境修复义务的，人民法院可以委托其他人进行环境修复，所需费用由污染者承担。

2019年《最高人民法院关于审理生态环境损害赔偿案件的若干规定（试行）》则系统性地创新了生态环境损害赔偿责任体系。该司法解释创新了责任承担方式，突出了修复生态环境的诉讼目的，首次将“修复生态环境”作为生态环境损害赔偿责任方式。并且创新了责任方式的顺位，突出修复生态环境和赔偿生态环境服务功能损失在损害赔偿责任体系中的重要意义。该解释还明确了责任范围，根据生态环境是否能够修复对损害赔偿责任范围予以分类规定，明确生态环境能够修复时应当承担修复责任并赔偿生态环境服务功能损失，生态环境不能修复时应当赔偿生态环境功能永久性损害造成的损失，并明确将“修复效果后评估费用”纳入修复费用范围。例如，该解释第11条就规定，被告违反法律法规污染环境、破坏生态的，人民法院应当根据原告的诉讼请求以及具体案情，合理判决被告承担修复生态环境、赔偿损失、停止侵害、排除妨碍、消除危险、赔礼道歉等民事责任。

二、内容

（一）生态环境公益诉讼的主体

提起生态环境修复诉讼的主体，是生态环境公益诉讼的主体。生态环境公益诉讼是保护以生态环境和资源免受污染和破坏为核心的社会公共利益的重要渠道。我国建立的生态环境公益诉讼制度，包括由有关社会组织“对已经损害社会公共利益或者具有损害社会公共利益重大风险的污染环境、破坏生态的行为”提起的生态环境民事公益诉讼，和人民检察院对“污染环境……损害社会公共利益的行为”提起的民事公益诉讼两种类型的侵权公益诉讼。

对于社会组织提起公益诉讼，2014年修订的《环境保护法》第58条明确规定：“对污染环境、破坏生态，损害社会公共利益的行为，符合下列条件的社会组织可以向人民法院提起诉讼：（一）依法在设区的市级以上人民政府民政部门登记；（二）专门从事环境保护公益活动连续五年以上且无违法记录。符合前款规定的社会组织向人民法院提起诉讼，人民法院应当依法受理。提起诉讼的社会组织不得通过诉讼牟取经济利益。”最高人民法院于 2015 年 1 月 6 日发布的《最高人民法院关于审理环境民事公益诉讼案件适用法律若干问题的解释》第 1 条规定：“法律规定的机关和有关组织依据民事诉讼法第五十五条、环境保护法第五十八条等法律的规定，对已经损害社会公共利益或者具有损害社会公共利益重大风险的污染环境、破坏生态的行为提起诉讼，符合民事诉讼法第一百一十九条第二项、第三项、第四项规定的，人民法院应予受理。”

而对于检察院提起的生态环境公益诉讼，2016 年发布的《人民检察院提起公益诉讼试点工作实施办法》第 1 条第 1 款规定：“人民检察院履行职责中发现污染环境、食品药品安全领域侵害众多消费者合法权益等损害社会公共利益的行为，在没有适格主体或者适格主体不提起诉讼的情况下，可以向人民法院提起民事公益诉讼。”第 28 条第 1 款规定：“人民检察院履行职责中发现生态环境和资源保护、国有资产保护、国有土地使用权出让等领域负有监督管理职责的行政机关违法行使职权或者不作为，造成国家和社会公共利益受到侵害，公民、法人和其他社会组织由于没有直接利害关系，没有也无法提起诉讼的，可以向人民法院提起行政公益诉讼。”

此外，“法律规定的机关”还包括单行法律明确规定可以提起环境公益诉讼的机关。例如，《海洋环境保护法》第 89 条第 2 款规定：“对破坏海洋生态、海洋水产资源、海洋保护区，给国家造成重大损失的，由依照本法规定行使海洋环境监督管理权的部门代表国家对责任者提出损害赔偿要求。”因此，“行使海洋环境监督管理权的部门”属于法律规定的机关，其可代表国家对破坏海洋生态、海洋水产资源、海洋保护区的行为人提出损害赔偿要求。

（二）生态环境具备修复的可能性

只有当生态环境具有修复的可能性时，才有适用修复生态环境这一责任形式的必要。从司法实践中来看，修复生态环境的方式，包括将危险废物进行非危险化处理、移转；将被有毒废水污染的土壤进行清挖、移转；通过增殖放流水产物来修复被破坏的海洋水域生态环境；在指定地点补种树苗数棵的方式修复被破坏的森林林地的生态环境；清除污染河流的污染物质；等等。

如果生态环境被污染破坏后，不具备修复的可能性，那么就应当要求行为人承担损害赔偿的责任形式。《最高人民法院关于审理生态环境损害赔偿案件的若干规定（试行）》第13条规定，受损生态环境无法修复或者无法完全修复，原告请求被告赔偿生态环境功能永久性损害造成的损失的，人民法院根据具体案情予以判决。

（三）侵权人在期限内未修复时需负担修复费用

修复生态环境是侵权行为人在符合条件时所应当承担的责任形式，应当由侵权行为人亲自履行修复生态环境的义务。

但如果侵权人在期限内怠于履行此种义务，导致生态环境未被修复，此时不能再任其拖延，否则将会对生态环境造成更为不利的影响。此时，国家规定的机关或者法律规定的组织就可以自行或者委托他人进行修复，所需费用由侵权人负担。

《最高人民法院关于审理生态环境损害赔偿案件的若干规定（试行）》第12条就规定，受损生态环境能够修复的，人民法院应当依法判决被告承担修复责任，并同时确定被告不履行修复义务时应承担的生态环境修复费用，而生态环境修复费用包括制定、实施修复方案的费用，修复期间的监测、监管费用，以及修复完成后的验收费用、修复效果后评估费用等。

在2020年5月8日最高人民法院发布的2019年度人民法院环境资源典型案例中，中山市围垦有限公司与苏某等5人、中山市慈航农业投资有限公司土壤污染责任纠纷案就涉及生态环境修复责任形式的运用。中山市围垦有限公司（以下简称围垦公司）系案涉地块土地使用权人。2015年3月，围垦公司将案涉地块租赁给中山市慈航农业投资有限公司（以下简称慈航公司）经营使用。2016年6月，慈航公司擅自将上述地块转租给苏某填土。2016年8月，胡某等人分两次将李某洗水场内的废弃物运输至苏某处用于上述填土工程。2017年7月，中山市环境科学学会针对上述污染行为提起环境公益诉讼。广东省广州市中级人民法院2018年9月作出生效民事判决，判令李某等5人、慈航公司共同赔偿生态环境受到损害至恢复原状期间服务功能损失费用205.21万元，修复案涉地块（原为水塘）水质至地表水第Ⅲ类标准、土壤第Ⅲ类标准。围垦公司诉至法院，请求苏某等5人、慈航公司连带清偿因委托第三方清运、处理案涉违法倾倒的固体废物以及打井钻探取样、检测支付的费用共计102.87万元，并恢复案涉污染土地原状、实施案涉土地的土壤修复、周边生态环境修复和周边水体的净化处理。该案中，通过委托专业机构对环境损害进行鉴定评估，确定了生态环境损害费用和污染治理的可行性修复方案，可以作为被告方承担赔偿责任的费用计算标准。

法条关联

◆《最高人民法院关于审理环境侵权责任纠纷案件适用法律若干问题的解释》

第十四条 被侵权人请求恢复原状的，人民法院可以依法裁判污染者承担环境修复责任，并同时确定被告不履行环境修复义务时应当承担的环境修复费用。

污染者在生效裁判确定的期限内未履行环境修复义务的，人民法院可以委托其他人进行环境修复，所需费用由污染者承担。

◆《最高人民法院关于审理生态环境损害赔偿案件的若干规定（试行）》

第十二条 受损生态环境能够修复的，人民法院应当依法判决被告承担修复责任，并同时确定被告不履行修复义务时应承担的生态环境修复费用。

生态环境修复费用包括制定、实施修复方案的费用，修复期间的监测、监管费用，以及修复完成后的验收费用、修复效果后评估费用等。

原告请求被告赔偿生态环境受到损害至修复完成期间服务功能损失的，人民法院根据具体案情予以判决。

案例评议

一、吉林省吉林市人民检察院与唐某环境污染责任纠纷案①

◆ **裁判规则**

在认定唐某所要承担的修复责任时，法院认为，本案唐某未经林业行政主管部门批准，擅自将承包的林地用钩机、铲车等设备予以铲除平整成场地，毁坏了林地及其上植被，使林地及植被无法得到自然恢复，严重破坏了当地的生态环境。唐某虽然在林业行政主管部门作出行政处罚决定后主动植树进行了恢复，但并未达到恢复原有生态环境状态的标准，林地及植被被毁状态仍在持续，

① 吉林市中级人民法院民事判决书，（2018）吉02民初13号。

明显侵害了社会公益，其应承担恢复原状的侵权责任。吉林市人民检察院请求唐某在判决生效后的一个植树周期内恢复被毁林地及植被符合法律规定，本院予以支持。

此外，根据《最高人民法院关于审理环境民事公益诉讼案件适用法律若干问题的解释》第20条第2款的规定，如果唐某在本院判决生效后的一个植树周期内未能恢复被毁林地及植被，根据吉林市大林森林资源资产价格评估有限公司的鉴定，其应承担恢复被毁林地及植被所需费用，本院予以支持。

◆ **评议**

修复生态环境的责任形式，有助于切实恢复环境，对侵权行为人起到教育惩戒的作用。本案中，行为人未经林业部门审批，将其承包部分林地进行了平整，林地及原有植被遭到严重破坏。法院判令行为人在一个植树周期内恢复被毁林地及植被，否则就承担恢复被毁林地及植被所需的费用。

二、广东省环境保护基金会与余某、夏某水污染责任纠纷案①

◆ **裁判规则**

在认定余某、夏某所要承担的修复责任时，法院认为，由于余某、夏某排放的电镀废水已经渗入涉案电镀厂周边区域的土壤中，而修复生态环境的专业性较强，余某、夏某也未提交证据证明其个人具备自行修复生态环境的能力，故广东省环境保护基金会要求余某、夏某对其污染环境行为承担赔偿损失的诉讼请求，本院予以支持。因此，为维护社会公共利益和修复生态环境，余某、夏某应赔偿生态环境修复费用。

◆ **评议**

生态环境修复具有较强的专业性，尤其是在化学物质污染环境的情形下，行为人未必具备修复的技术和能力。在此类情形下，就不必判令行为人承担修复责任，而可以直接判令原告可以委托他人进行修复，所需费用由侵权人负担。

---

① 广州市中级人民法院民事判决书，(2017) 粤01民初220号。

第一千二百三十五条　【生态环境损害赔偿范围】

违反国家规定造成生态环境损害的，国家规定的机关或者法律规定的组织有权请求侵权人赔偿下列损失和费用：

（一）生态环境受到损害至修复完成期间服务功能丧失导致的损失；

（二）生态环境功能永久性损害造成的损失；

（三）生态环境损害调查、鉴定评估等费用；

（四）清除污染、修复生态环境费用；

（五）防止损害的发生和扩大所支出的合理费用。

本条来源

《最高人民法院关于审理生态环境损害赔偿案件的若干规定（试行）》第十二条规定："受损生态环境能够修复的，人民法院应当依法判决被告承担修复责任，并同时确定被告不履行修复义务时应承担的生态环境修复费用。生态环境修复费用包括制定、实施修复方案的费用，修复期间的监测、监管费用，以及修复完成后的验收费用、修复效果后评估费用等。原告请求被告赔偿生态环境受到损害至修复完成期间服务功能损失的，人民法院根据具体案情予以判决。"该司法解释第十三条规定："受损生态环境无法修复或者无法完全修复，原告请求被告赔偿生态环境功能永久性损害造成的损失的，人民法院根据具体案情予以判决。"

立法演变

《民法典侵权责任编草案》（一审稿）第一千零一十一条规定："法律规定的机关或者组织有权请求侵权人赔偿下列损失：（一）生态环境修复期间服务功能的损失；（二）生态环境功能永久性损害造成的损失；（三）生态环境损害赔偿调查、鉴定评估费用；（四）为清除污染、修复生态环境或者防止损害的发生和扩大所支出的合理费用。"

《民法典侵权责任编草案》（二审稿）第一千零一十一条规定："违反国家

规定造成生态环境损害的，法律规定的机关或者组织有权请求侵权人赔偿下列损失和费用：（一）生态环境修复期间服务功能丧失导致的损失；（二）生态环境功能永久性损害造成的损失；（三）生态环境损害调查、鉴定评估等费用；（四）清除污染、修复生态环境费用；（五）防止损害的发生和扩大所支出的合理费用。”

《民法典侵权责任编草案》（三审稿）第一千零一十一条规定：“违反国家规定造成生态环境损害的，国家规定的机关或者法律规定的组织有权请求侵权人赔偿下列损失和费用：（一）生态环境修复期间服务功能丧失导致的损失；（二）生态环境功能永久性损害造成的损失；（三）生态环境损害调查、鉴定评估等费用；（四）清除污染、修复生态环境费用；（五）防止损害的发生和扩大所支出的合理费用。”此后稍有调整。

条文释义

本条是关于生态环境损害赔偿费用的规定。

一、概述

由于生态环境侵权责任形式中增加了修复生态环境的责任形式，当侵权行为人怠于履行修复生态环境的责任时，就只能由国家规定的机关或者法律规定的组织自行或者委托他人进行修复，所需费用由侵权人负担。那么此时就需要对于修复生态环境的费用作出较为明确的规定。

此外，生态环境遭受侵害之后，会导致其服务功能暂时丧失，直至生态环境被修复或自行恢复，此时权利人也会遭受一定的损失。由于生态环境损害的评估认定都是非常专业的领域，需要由相关领域的专家进行调查、鉴定、评估，这些费用是否应当纳入赔偿的范围，都需要作出规定。

2019年《最高人民法院关于审理生态环境损害赔偿案件的若干规定（试行）》对于生态环境损害赔偿的费用作出了较为详细的规定，本次民法典编纂过程中，在《侵权责任法》未对赔偿费用作出详细规定的情况下，结合相关司法经验，新增加了本条规定。

二、内容

当行为人违反国家规定造成生态环境损害时，国家规定的机关或者法律规定的组织可以作为原告提起生态环境公益诉讼，要求侵权人赔偿生态环境遭受污染破坏所造成的损失和费用。这些损失和费用主要包括：

第一，生态环境受到损害至恢复原状期间服务功能丧失导致的损失。生态环境服务功能包括供给服务（如提供食物和水）、调节服务（如调节气候、控制洪水和疾病）、文化服务（如精神、娱乐和文化收益）以及支持服务（如维持地球生命生存环境的养分循环）。服务功能损失，即在生态环境损害开始到恢复原状期间上述功能全部丧失或部分丧失。修复期间，就是指从生态环境遭到损害，至恢复原状的期间。《环境损害鉴定评估推荐方法（第Ⅱ版）》中将期间损失定义为生态环境损害发生至生态环境恢复到基线状态期间，生态环境因其物理、化学或生物特性改变而导致向公众或其他生态系统提供服务的丧失或减少，即受损生态环境从损害发生到其恢复至基线状态期间提供生态系统服务的损失量。

第二，生态环境功能永久性损害造成的损失。生态环境功能永久性损害，就表明生态环境遭受的侵害十分严重，已经无法进行修复，也不可能自行恢复原状，该部分生态环境的功能将会永久丧失。《最高人民法院关于审理生态环境损害赔偿案件的若干规定（试行）》第13条就规定，受损生态环境无法修复或者无法完全修复，原告请求被告赔偿生态环境功能永久性损害造成的损失的，人民法院根据具体案情予以判决。

第三，生态环境损害调查、鉴定评估等费用。生态环境损害调查、鉴定评估等费用，是指原告为生态环境损害赔偿磋商和诉讼而支出的调查、检验、鉴定、评估等费用。

第四，清除污染、修复生态环境费用。该部分费用是用于对污染物、污染源进行清除，并采用技术手段修复生态环境而支出的费用。《最高人民法院关于审理生态环境损害赔偿案件的若干规定（试行）》第12条规定，生态环境修复费用包括制定、实施修复方案的费用，修复期间的监测、监管费用，以及修复完成后的验收费用、修复效果后评估费用等。

第五，防止损害的发生和扩大所支出的合理费用。这是对于损害的发生或扩大进行预防、采取相关必要措施而支出的费用。此类费用必须是基于预防性措施而支出，并且必须在合理的范围内。

法条关联

◆《最高人民法院关于审理环境侵权责任纠纷案件适用法律若干问题的解释》

第十五条 被侵权人起诉请求污染者赔偿因污染造成的财产损失、人身损害以及为防止污染扩大、消除污染而采取必要措施所支出的合理费用的，人民法院应予支持。

◆《最高人民法院关于审理生态环境损害赔偿案件的若干规定（试行）》

第十三条 受损生态环境无法修复或者无法完全修复，原告请求被告赔偿生态环境功能永久性损害造成的损失的，人民法院根据具体案情予以判决。

第十四条 原告请求被告承担下列费用的，人民法院根据具体案情予以判决：

（一）实施应急方案以及为防止生态环境损害的发生和扩大采取合理预防、处置措施发生的应急处置费用；

（二）为生态环境损害赔偿磋商和诉讼支出的调查、检验、鉴定、评估等费用；

（三）合理的律师费以及其他为诉讼支出的合理费用。

第十五条 人民法院判决被告承担的生态环境服务功能损失赔偿资金、生态环境功能永久性损害造成的损失赔偿资金，以及被告不履行生态环境修复义务时所应承担的修复费用，应当依照法律、法规、规章予以缴纳、管理和使用。

案例评议

一、吉林省人民检察院长春林区分院与徐某财产损害赔偿纠纷案①

◆ **裁判规则**

在认定徐某应否赔偿生态环境的服务功能损失时，法院认为，依据《最高人民法院关于审理环境民事公益诉讼案件适用法律若干问题的解释》第21条规定："原告请求被告赔偿生态环境受到损害至恢复原状期间服务功能损失的，人民法院可以依法予以支持。"本案中，徐某非法破坏东小山林场61.689亩林地

① 长春林区中级法院民事判决书，（2018）吉76民初2号。

的森林植被，对当地的生态环境造成严重的后果，故，应当承担生态环境受到损害至恢复原状期间的服务功能损失。

◆ 评议

行为人未经林业局批准，连续多次非法开垦林地、谋取私利。行为人非法破坏东小山林场61.689亩林地的森林植被，对当地的生态环境造成严重的后果，应当承担生态环境受到损害至恢复原状期间的服务功能损失。经评估，该块被毁坏的林地生态效益价值包括涵养水源、水土保持、碳氮平衡等共计149583.12元，对于原告提起的这一生态环境受到损害至恢复原状期间的服务功能损失费用，法院予以支持。

二、广东省广州市人民检察院与邓某、吴某水污染责任纠纷案[①]

◆ 裁判规则

在认定邓某、吴某、徐某应否赔偿生态环境修复费用、应急处置费、事务性费用等相关经济损失时，法院认为，依照《最高人民法院关于审理环境民事公益诉讼案件适用法律若干问题的解释》第20条第2款规定："人民法院可以在判决被告修复生态环境的同时，确定被告不履行修复义务时应承担的生态环境修复费用；也可以直接判决被告承担生态环境修复费用。"《最高人民法院关于审理环境侵权责任纠纷案件适用法律若干问题的解释》第8条规定："对查明环境污染案件事实的专门性问题，可以委托具备相关资格的司法鉴定机构出具鉴定意见或者由国务院环境保护主管部门推荐的机构出具检验报告、检测报告、评估报告或者监测数据。"本案中，针对邓某、吴某、徐某的污染行为所造成的环境污染损害，广州市增城区石滩镇人民政府委托有评估资质的环境保护部华南环境科学研究院进行了评估。在邓某、吴某、徐某不能修复涉案受污染的水塘的水质的情形下，广东省广州市人民检察院主张邓某、吴某、徐某应赔偿上述生态环境损害费。此外，因涉案污染环境行为而产生的应急处置费用及事务性费用，经评估属于环境污染损害范围。因此，为维护社会公共利益和修复生态环境，邓某、吴某、徐某应赔偿生态环境修复费用、应急处置费、事务性费用等相关经济损失。

---

① 广东省广州市中级人民法院民事判决书，（2018）粤01民初505号。

◆ **评议**

行为人利用水泵将污泥倾倒在鱼塘内，鱼塘污染面积约为400平方米至500平方米，含水污泥呈灰白色。经鉴定，沉淀在水塘底部的非法倾倒废物含有汞、砷、锌、铅、铬等重金属物质，为含有重金属的污染物。

法院要求行为人修复涉案受污染的水塘的水质，不能修复的情形下，应赔偿上述生态环境损害费，因此，判令行为人赔偿生态环境修复费用、应急处置费、事务性费用等相关经济损失71.94万元。

第八章　高度危险责任

本章概要

本章是关于高度危险责任的集中规定，规定了高度危险责任的归责原则、民用核设施造成他人损害的责任、民用航空器造成他人损害的责任、高度危险物造成他人损害的责任、高度危险活动造成他人损害的一般规定、遗失和抛弃高度危险物造成他人损害的侵权责任、非法占有高度危险物致人损害的责任、高度危险区域管理人的免责事由，以及高度危险责任中赔偿限额的适用。

第一千二百三十六条　【高度危险责任的归责原则】

从事高度危险作业造成他人损害的，应当承担侵权责任。

本条来源

《侵权责任法》第六十九条规定："从事高度危险作业造成他人损害的，应当承担侵权责任。"

立法演变

《民法典侵权责任编草案》（一审稿）第一千零一十二条规定："从事高度危险作业造成他人损害的，应当承担侵权责任。"此后无变化。

条文释义

本条是关于高度危险责任归责原则的一般规定。

一、概述

高度危险责任，是指因从事高度危险活动或者保有高度危险物品造成他人损害，而应当承担的侵权责任。

在现代社会，对于高度危险物品的有效利用，是人类科技进步的一种体现，也是人类工业文明的体现。例如通过核能进行发电。此外，一些工商业活动也具有高度的危险性，此种危险性是基于活动本身给人们造成了高空、高压、高速等危险环境，这些工商业活动同样是工业文明的体现，为人们的生活带来了极大的便利，例如航空业、高速铁路运输等。

侵权责任法就需要在高度危险活动和高度危险物品的保障与受害人权利保护之间取得平衡，因为这些作业和物品本身并不违法，甚至是国家所大力发展、人们须臾不可离开的行业，但同时由于这些作业和物品具有较大的危险性，一旦造成损害，后果十分严重，所以又必须对被侵权人施以特殊保护。《民法典》侵权责任编第八章专章规定了高度危险责任，通过对高度危险责任采取无过错责任原则的方式，在行为自由与受害人保护之间进行平衡。

本条所规定的高度危险作业，其实是对高度危险活动的一种概括，严格地讲，应当包括高度危险活动和高度危险物品两类。高度危险活动，包括高空、高压、地下挖掘活动或者使用高速轨道运输工具的作业；高度危险物品，包括民用核设施、民用航空器、易燃、易爆、剧毒、高放射性、强腐蚀性、高致病性等高度危险物。当然，围绕高度危险物品而产生的一系列占有使用等活动，也可以视为高度危险作业。

我国1986年《民法通则》第123条就规定："从事高空、高压、易燃、易爆、剧毒、放射性、高速运输工具等对周围环境有高度危险的作业造成他人损害的，应当承担民事责任；如果能够证明损害是由受害人故意造成的，不承担民事责任。"这一规定虽然列举的情形有限，但其对高度危险作业采取无过错责任的归责原则这一立法态度，则一直被沿袭下来。此后我国关于高度危险作业的一系列单行法律法规，如《电力法》《铁路法》《民用航空法》等，也都在无过错责任原则的框架下对相关高度危险活动作业的民事责任等问题作出了规定。《侵权责任法》第69条规定："从事高度危险作业造成他人损害的，应当承担侵权责任。"本次民法典编纂中，对于高度危险责任归责原则的该条一般规定，未做任何修改而予以保留，形成本条。

二、内容

（一）高度危险作业的范围

本条对于高度危险责任的范围仅使用了“高度危险作业”的表述，以此涵盖了高度危险活动和高度危险物品两种具体情形，而且也没有采取《民法通则》第123条的典型列举形式。因为高度危险作业的概念可以涵盖高度危险活动和围绕高度危险物品而产生的一系列活动，可以说，凡是对周围环境和人群可能产生高度危险的作业形式，都属于高度危险作业。至于高度危险作业的具体形式，则在本章的其他条文中进行规定，无需再次进行列举，避免立法重复。

（二）高度危险作业的归责原则

高度危险作业的侵权责任归责原则，为无过错责任原则，即只要高度危险作业造成了他人人身、财产权益的损害，则无论行为人是否有过错，其都要承担侵权责任。对于高度危险活动采用无过错责任的归责原则，是世界通行的做法，只有这样才能在侵权法上实现对受害人的保护，否则受害人很难去证明行为人的过错。

本条虽然未规定行为人在承担高度危险责任时的免责事由，但并不意味着其不享有任何免责事由的抗辩。本章中关于民用核设施、民用航空器、易燃、易爆、剧毒、高放射性、强腐蚀性、高致病性等高度危险物品、高空、高压、地下挖掘活动或者使用高速轨道运输工具的活动等一系列具体条文规定中，大多明确规定了相关的免责事由。例如，受害人故意造成损害和不可抗力是比较普遍的抗辩事由，其他如受害人具有重大过失、管理人尽到高度注意义务等，在具体高度危险责任类型中也可能构成免责事由。此外，一些单行法还规定了关于高度危险作业的免责事由，这些都可以成为高度危险行为人的抗辩事由。

法条关联

◆《民法典》侵权责任编

第一千一百六十六条 行为人造成他人民事权益损害，不论行为人有无过错，法律规定应当承担侵权责任的，依照其规定。

案例评议

一、黄某、罗某案[1]

◆ 裁判规则

在认定灵川县马鞍山采石场应否就黄某受到的损害承担赔偿责任时，法院认为，公民的身体健康权受法律保护，从事高度危险作业造成他人损害的，应当承担侵权责任。本案灵川县马鞍山采石场为个人独资企业，负责人为罗某。在灵川县马鞍山采石场从事爆破作业系高度危险作业。灵川县马鞍山采石场准备实施爆破，安排黄某等人到指定房间内避险，但黄某仍被爆破的飞石砸伤，造成黄某损害的事实，应当承担赔偿责任。

◆ 评议

爆破采石行为是涉及易爆物的高度危险作业，被侵权人在行为人安排的指定房间内避险，爆破过后、警戒解除之前，原告在避险的房间内被飞石砸伤，行为人对此损害应当承担侵权责任。

二、河南迈奇能源技术有限公司诉唐某案[2]

◆ 裁判规则

在认定迈奇公司应否对唐某产生的损失承担赔偿责任时，法院认为，参照国家环境保护总局、国家发展和改革委员会、建设部、科学技术部、商务部联合发布的《废电池污染防治技术政策》，充电电池的制造商应当承担回收废电池的责任。本案中，迈奇公司对其生产过程中产生的废锂电池应当负责回收、处置。而迈奇公司工作人员未按照规定处置废锂电池，在处置过程中发生爆炸致唐某和案外人唐某1人身损害，根据《侵权责任法》第69条的规定，高度危险作业致人损害的侵权责任，适用无过错责任原则，迈奇公司应当对唐某因此而产生的损失承担赔偿责任。

◆ 评议

参照《危险货物品名表》的规定，锂电池属于易燃易爆的中度危险物品。

---

① 广西壮族自治区桂林市中级人民法院民事判决书，（2013）桂市民一终字第469号。

② 河南省鹤壁市中级人民法院民事判决书，（2014）鹤民一终字第1号。

处置废锂电池的行为，对周围的人身、财产安全构成了严重危险，具有高度的危险性，属于高度危险作业。本案中，在行为人迈奇公司仓库门口，被侵权人收取废锂电池时，废锂电池发生爆炸，造成人身伤亡和财产受损的后果。故应当适用无过错责任的归责原则，判令迈奇公司承担赔偿责任。

第一千二百三十七条 【民用核设施致害责任】

民用核设施或者运入运出核设施的核材料发生核事故造成他人损害的，民用核设施的营运单位应当承担侵权责任；但是，能够证明损害是因战争、武装冲突、暴乱等情形或者受害人故意造成的，不承担责任。

本条来源

《侵权责任法》第七十条规定："民用核设施发生核事故造成他人损害的，民用核设施的经营者应当承担侵权责任，但能够证明损害是因战争等情形或者受害人故意造成的，不承担责任。"

立法演变

《民法典侵权责任编草案》（一审稿）第一千零一十三条规定："民用核设施、核材料或者放射性核废料发生核事故造成他人损害的，民用核设施的营运单位应当承担侵权责任，但是能够证明损害是因战争、武装冲突、暴乱等情形或者受害人故意造成的，不承担责任。"

《民法典侵权责任编草案》（二审稿）第一千零一十三条规定："民用核设施或者运入运出核设施的核材料发生核事故造成他人损害的，民用核设施的营运单位应当承担侵权责任，但是能够证明损害是因战争、武装冲突、暴乱等情形或者受害人故意造成的，不承担责任。"

《民法典侵权责任编草案》（征求意见稿）第一千二百三十七条规定："民用核设施或者运入运出核设施的核材料发生核事故造成他人损害的，民用核设施的营运单位应当承担侵权责任；但是，能够证明损害是因战争、武装冲突、暴乱等情形或者受害人故意造成的，不承担责任。"此后无变化。

条文释义

本条是关于民用核设施造成他人损害责任的规定。

一、概述

民用核设施是相对于军用核装备、核武器的概念，是指以核能为动力或以放射性物质为原材料的用于民品生产经营的设施。根据我国 1986 年国务院颁布的《民用核设施安全监督管理条例》第 2 条的规定，民用核设施包括：核动力厂（核电厂、核热电厂、核供汽供热厂等）；核动力厂以外的其他反应堆（研究堆、实验堆、临界装置等）；核燃料生产、加工、贮存及后处理设施；放射性废物的处理和处置设施；其他需要严格监督管理的核设施。

因此，民用核设施造成他人损害的责任，就是指民用核设施发生事故后造成他人人身或财产权益损害而应当承担的侵权责任。民用核设施致人损害，往往伴随着核事故的发生。根据《民用核设施安全监督管理条例》的定义，“核事故”是指核设施内的核燃料、放射性产物、废料或运入运出核设施的核材料所发生的放射性、毒害性、爆炸性或其他危害性事故，或一系列事故。

对于民用核设施致人损害的侵权责任，《侵权责任法》第 70 条规定：“民用核设施发生核事故造成他人损害的，民用核设施的经营者应当承担侵权责任，但能够证明损害是因战争等情形或者受害人故意造成的，不承担责任。”本次民法典编纂中，对该条予以了保留，但在表述上进行了修改完善，主要是增加了“运入运出核设施的核材料”的情形，将“经营者”改为“营运单位”，并且增加了免责事由的列举情形，即增加列举了“武装冲突、暴乱”两类情形作为免责事由。

二、内容

民用核设施包括运入运出核设施的核材料发生核事故造成他人损害时，适用的归责原则同样是无过错责任原则，无论民用核设施的营运单位是否具有过错，都应当承担侵权责任。本次民法典增加核材料的规定，是对《侵权责任法》第 70 条的完善，因为《民用核设施安全监督管理条例》所列举的核事故的范围，就包括运入运出核设施的核材料所发生的事故。核材料具有高度放射性，在运入和运出核设施的过程中也可能发生泄漏事故而致人损害，这些核材料是核设施运行所必备的，属于核设施的组成部分，不同于本章其他条文所规定的单个的高放射性物品，所以也应当纳入民用核设施致人损害责任的范围内予以明确。

此外，对于责任的主体，从《侵权责任法》的“经营者”改为本条的“营运单位”，也是与《民用核设施安全监督管理条例》保持一致。“营运单位”，是指申请或持有核设施安全许可证，可以经营和运行核设施的组织。我国对于民用核设施实行核设施安全许可制度，由国家核安全局负责制定和批准颁发核设施安全许可证件，许可证件包括：（一）核设施建造许可证；（二）核设施运行许可证；（三）核设施操纵员执照；（四）其他需要批准的文件。因此，任何民用核设施从建造到运行，都需要申请相关许可，并且核设施的操纵员也需要申请执照，管理非常严格。

核设施营运单位直接负责所营运的核设施的安全，根据《民用核设施安全监督管理条例》，其主要职责是：遵守国家有关法律、行政法规和技术标准，保证核设施的安全；接受国家核安全局的核安全监督，及时、如实地报告安全情况，并提供有关资料；对所营运的核设施的安全、核材料的安全、工作人员和群众以及环境的安全承担全面责任。

根据本条规定，只有在发生核事故的情况下，才适用本条规定，如果未达到核事故的程度，民用核设施致人损害，则适用《民法典》侵权责任编其他条文的规定。根据1993年国务院《核电厂核事故应急管理条例》的规定，核事故是指可能或者已经引起放射性物质释放、造成重大辐射后果的核电厂核事故。

国际原子能机构（IAEA）起草并颁布的《国际核事故分级标准》（INES）将核事故分为7级，最低级别为1级核事故，最高级别为7级核事故。第1级核事件对外部没有任何影响，仅为内部操作违反安全准则；第2级核事件对外部没有影响，但是内部可能有核物质污染扩散，或者直接过量辐射了员工或者操作严重违反安全规则；第3级核事件是很小的内部事件，外部放射剂量在允许的范围之内，或者严重的内部核污染影响至少1个工作人员；第4级核事故非常有限，但明显高于正常标准的核物质被散发到工厂外，或者反应堆严重受损或者工厂内部人员遭受严重辐射；第5级核事故是有限的核污染泄漏到工厂外，需要采取一定措施来挽救损失；第6级核事故是指一部分核污染泄漏到工厂外，需要立即采取措施来挽救各种损失；第7级核事故是指大量核污染泄漏到工厂以外，造成巨大健康和环境影响。这一级别历史上仅有两例，为1986年切尔诺贝利核事故和2011年的日本福岛核事故。

那么在这7个等级中，只有4级至7级才称为“核事故”。由于《核电厂核事故应急管理条例》也强调，可能或者已经引起放射性物质释放、造成重大辐射后果的才属于核事故，因此核事故必须达到一定的严重程度。

根据本条的规定，民用核设施或者运入运出核设施的核材料发生核事故造成他人损害时，民用核设施的营运单位的免责事由包括战争、武装冲突、暴乱等情形，以及受害人故意这几类情形。民用核设施的营运单位需要对此承担举证责任，证明损害是由于这些原因造成，才能免于承担责任。

法条关联

◆《民用核设施安全监督管理条例》

第二十四条 本条例中下列用语的含义是：

（一）“核设施”是指本条例第二条中所列出的各项民用核设施。

（二）“核设施安全许可证件”是指为了进行与核设施有关的选址定点、建造、调试、运行和退役等特定活动，由国家核安全局颁发的书面批准文件。

（三）“营运单位”是指申请或持有核设施安全许可证，可以经营和运行核设施的组织。

（四）“核设施主管部门”是指对核设施营运单位负有领导责任的国务院和省、自治区、直辖市人民政府的有关行政机关。

（五）“核事故”是指核设施内的核燃料、放射性产物、废料或运入运出核设施的核材料所发生的放射性、毒害性、爆炸性或其他危害性事故，或一系列事故。

第一千二百三十八条 【民用航空器致害责任】

民用航空器造成他人损害的，民用航空器的经营者应当承担侵权责任；但是，能够证明损害是因受害人故意造成的，不承担责任。

本条来源

《侵权责任法》第七十一条规定：“民用航空器造成他人损害的，民用航空器的经营者应当承担侵权责任，但能够证明损害是因受害人故意造成的，不承担责任。”

立法演变

《民法典侵权责任编草案》（一审稿）第一千零一十四条规定：“民用航空器造成他人损害的，民用航空器的经营者应当承担侵权责任，但是能够证明损害是因受害人故意造成的，不承担责任。”此后无变化。

条文释义

本条是关于民用航空器造成他人损害责任的规定。

一、概述

民用航空器，是指除用于执行军事、海关、警察飞行任务外的航空器。我国改革开放以来，民用航空产业发展迅猛，与铁路、公路等交通方式一样，民航早已成为国民出行的重要方式之一。据中国民用航空局的统计，2013 年全国民航完成旅客运输量为 3. 5 亿人，2018 年全国民航完成旅客运输量增长为 6. 12 亿人；2013 年全国民航完成旅客吞吐量为 7. 54 亿人，2018 年全国民航完成旅客吞吐量为 12. 65 亿人。2019 年，全国民航完成运输总周转量 1292. 7 亿吨公里、旅客运输量 6. 6 亿人次、货邮运输量 752. 6 万吨。

2016 年中国民用航空局、国家发展改革委、交通运输部发布的《中国民用航空发展第十三个五年规划》曾计划，到 2020 年我国民航将实现旅客周转量比重达到 28%，运输总周转量达到 1420 亿吨公里，旅客运输量 7. 2 亿人次，货邮运输量 850 万吨，年均分别增长 10. 8%、10. 4% 和 6. 2%。可见，如果不是因为全球范围内新冠病毒引起的肺炎疫情，中国民用航空发展第十三个五年规划的目标应当能够实现。

随着技术的发展和管理的不断完善，航空运输的安全性也越来越高，从事故发生的概率来讲，民用航空运输发生事故的概率最小，其安全性能远远高于铁路、水路、公路运输。但是，由于民用航空具有高空飞行的特征，一旦发生事故，后果十分惨烈，并且随着全球航空运输的迅速发展，客运和货运航班都在不断增长，因此也时有空难发生，每一起空难都会引起全球的高度关注，对于民用航空器造成他人损害的赔偿问题，也是容易引起关注的问题。

我国 1986 年《民法通则》并未专门规定民用航空器致害的责任问题，只是在第123条笼统规定："从事高空、高压、易燃、易爆、剧毒、放射性、高速运输工具等对周围环境有高度危险的作业造成他人损害的，应当承担民事责任；如果能够证明损害是由受害人故意造成的，不承担民事责任。"对于民用航空器致人损害的责任，就只能解释为其中的"高速运输工具"来进行法律适用。

我国1995年颁布了《民用航空法》，该法对民用航空器造成乘客人身、财产损害和对地面第三人损害的民事责任作了具体规定。《民用航空法》在2009年、2015年、2016年、2017年、2018年进行了5次修正。2009年《侵权责任法》第71条规定："民用航空器造成他人损害的，民用航空器的经营者应当承担侵权责任，但能够证明损害是因受害人故意造成的，不承担责任。"本次民法典编纂过程中，对于该条未做实质改动，仅作个别字词和标点符号的改动。

本条主要是关于民用航空器造成他人损害的归责原则和免责事由，其他关于责任承担的具体事项，主要还是应适用《民用航空法》中的相关规定。

二、内容

（一）民用航空器的范围

航空器是飞行器的一个分类，是指通过机身与空气的相对运动，而不是由空气对地面发生的反作用，从而获得空气动力升空飞行的机器，常见的包括热气球、飞艇、飞机、滑翔机、旋翼机、直升机、扑翼机、倾转旋翼机等，因此火箭、气垫船就不属于航空器。

民用航空器是指除用于执行军事、海关、警察飞行任务外的航空器，主要用于两方面用途，即专门从事运送旅客、行李、邮件或者货物的运输飞行，或者通用航空，包括从事工业、农业、林业、渔业和建筑业的作业飞行，以及医疗卫生、抢险救灾、气象探测、海洋监测、科学实验、教育训练、文化体育等方面的飞行活动。

近些年发展迅速的无人机也属于航空器的一种，其中非军用、警用等公务用途的无人机，也属于民用航空器的一种。《民用航空法》第214条专门规定：国务院、中央军事委员会对无人驾驶航空器的管理另有规定的，从其规定。

（二）民用航空器造成他人损害的归责原则

本条规定，民用航空器造成他人损害的，民用航空器的经营者应当承担侵权责任，因此对于民用航空器造成他人损害的归责原则，为无过错责任原则。这也是各国和国际公约的通行做法。

民用航空器造成他人损害时，承担无过错责任原则的主体是民用航空器的经营者，即经营人，是指损害发生时使用民用航空器的人。民用航空器的使用权已经直接或者间接地授予他人，本人保留对该民用航空器的航行控制权的，本人仍被视为经营人。经营人的受雇人、代理人在受雇、代理过程中使用民用航空器，无论是否在其受雇、代理范围内行事，均视为经营人使用民用航空器。民用航空器登记的所有人应当被视为经营人，并承担经营人的责任；除非在判定其责任的诉讼中，所有人证明经营人是他人，并在法律程序许可的范围内采取适当措施使该人成为诉讼当事人之一。

未经对民用航空器有航行控制权的人同意而使用民用航空器，对地面第三人造成损害的，有航行控制权的人除证明本人已经适当注意防止此种使用外，应当与该非法使用人承担连带责任。

此外，民用航空器的经营者一般是公共航空运输企业，即以营利为目的，使用民用航空器运送旅客、行李、邮件或者货物的企业法人。企业从事公共航空运输，应当向国务院民用航空主管部门申请领取经营许可证。而要想取得公共航空运输经营许可，企业法人应当具备下列条件：有符合国家规定的适应保证飞行安全要求的民用航空器；有必需的依法取得执照的航空人员；有不少于国务院规定的最低限额的注册资本；法律、行政法规规定的其他条件。

（三）民用航空器造成他人损害的类型

由于民用航空器既可能对其乘客、货物造成损害，又可能对地面人员财产造成损害，因此，民用航空器造成他人损害包括两种情形：

其一，民用航空器在从事旅客、货物运输过程中，对所载运的旅客、货物造成的损害。根据《民用航空法》的规定，因发生在民用航空器上或者在旅客上、下民用航空器过程中的事件，造成旅客人身伤亡的，承运人应当承担责任；因发生在民用航空器上或者在旅客上、下民用航空器过程中的事件，造成旅客随身携带物品毁灭、遗失或者损坏的，承运人也应当承担责任。因发生在航空运输期间的事件，造成旅客的托运行李毁灭、遗失或者损坏的，承运人应当承担责任。航空运输期间，是指在机场内、民用航空器上或者机场外降落的任何地点，托运行李、货物处于承运人掌管之下的全部期间。航空运输期间，不包括机场外的任何陆路运输、海上运输、内河运输过程；但是，此种陆路运输、海上运输、内河运输是为了履行航空运输合同而装载、交付或者转运，在没有相反证据的情况下，所发生的损失视为在航空运输期间发生的损失。

其二，民用航空器对地面第三人的人身、财产造成的损害。因飞行中的民用航空器或者从飞行中的民用航空器上落下的人或者物，造成地面（包括水面）上的人身伤亡或者财产损害的，受害人有权获得赔偿。飞行中，是指自民用航空器为实际起飞而使用动力时起至着陆冲程终了时止；就轻于空气的民用航空器而言，飞行中是指自其离开地面时起至其重新着地时止。

（四）民用航空器经营者的免责事由

本条仅规定民用航空器造成他人损害时，经营者能够证明损害是因受害人故意造成的，不承担责任。但由于本编规定，本法和其他法律对不承担责任或者减轻责任的情形另有规定的，依照其规定，那么《民用航空法》等法律所规定的免责事由，同样可以适用。

民用航空法针对不同情况，规定了较为详细的不承担责任和减轻责任情形。例如，针对旅客的人身伤亡，如果完全是由于旅客本人的健康状况造成的，承运人不承担责任。针对货物、行李的毁灭、遗失或者损坏，如果完全是由于行李本身的自然属性、质量或者缺陷造成的；货物本身的自然属性、质量或者缺陷；承运人或者其受雇人、代理人以外的人包装货物的，货物包装不良；战争或者武装冲突；政府有关部门实施的与货物入境、出境或者过境有关的行为。这些情形下，民用航空承运人均不承担责任。

此外，无论是人员还是货物的损害，如果是飞行中的民用航空器或者从飞行中的民用航空器上落下的人或者物造成的地面上的损害，则不承担责任，但是故意造成此种损害的人除外。另外，民用航空器经营者对于武装冲突或者骚乱而直接造成的人员、财产损害均不承担责任。

法条关联

◆《民用航空法》

第五条 本法所称民用航空器，是指除用于执行军事、海关、警察飞行任务外的航空器。

第一百二十四条 因发生在民用航空器上或者在旅客上、下民用航空器过程中的事件，造成旅客人身伤亡的，承运人应当承担责任；但是，旅客的人身伤亡完全是由于旅客本人的健康状况造成的，承运人不承担责任。

第一百二十七条　在旅客、行李运输中，经承运人证明，损失是由索赔人的过错造成或者促成的，应当根据造成或者促成此种损失的过错的程度，相应免除或者减轻承运人的责任。旅客以外的其他人就旅客死亡或者受伤提出赔偿请求时，经承运人证明，死亡或者受伤是旅客本人的过错造成或者促成的，同样应当根据造成或者促成此种损失的过错的程度，相应免除或者减轻承运人的责任。

在货物运输中，经承运人证明，损失是由索赔人或者代行权利人的过错造成或者促成的，应当根据造成或者促成此种损失的过错的程度，相应免除或者减轻承运人的责任。

案例评议

一、赵某1、赵某、李某、陈某1诉北京乔海航空设备有限公司、陈某2、河南乔治海茵茨飞机制造有限公司案①

◆ 裁判规则

在认定对赵某的死亡承担侵权责任的主体时，法院认为，民用航空器造成他人损害的，民用航空器的经营者应当承担侵权责任，但能够证明损害是因受害人故意造成的，不承担责任。本案中，涉事航空器未取得中国民航的型号认可和生产许可证，未取得中国民航的适航证、国籍登记证和民用航空器电台执照，且涉事飞行活动未向军、民航空管部门申报，系一起非法飞行，涉事航空器的驾驶员亦未取得中国民航飞行执照或执照认可函，现乘坐该航空器的赵某在飞行事故中死亡，航空器的经营者应当承担侵权责任。北京乔海公司作为该航空器的所有者，河南乔治公司作为此次飞行活动的参与实施者，均应当承担侵权责任。陈某2虽然系北京乔海公司及河南乔治公司的实际控制人，但其行为应视为职务行为，所产生的法律后果由其代表的公司承受。

◆ 评议

轻型飞机也属于民用航空器，被侵权人乘坐两人座轻型运动飞机时，飞机失事坠毁，造成人员死亡的后果。涉事航空器未取得相关证照，且飞行行为为非法飞行，民用航空器的经营者也未能证明损害是因受害人故意造成的，故应

---

①　北京市密云区人民法院民事判决书，(2016)京0118民初3860号。

当承担赔偿责任。

二、重庆神州航空体育运动俱乐部有限公司诉邓某1案①

◆ 裁判规则

在认定神州运动俱乐部应否对邓某1的损失承担赔偿责任时，法院认为，依照《侵权责任法》第71条规定，民用航空器造成他人损害的，民用航空器的经营者应当承担侵权责任，但能够证明损害是因受害人故意造成的，不承担责任。《民用航空法》第157条规定，因飞行中的民用航空器或者从飞行中的民用航空器上落下的人或物，造成地面（包括水面，下同）上的人身伤亡或者财产损害的，受害人有权获得赔偿；但是，所受损害并非造成损害的事故的直接后果，或者所受损害仅是民用航空器依照国家有关的空中交通规则在空中通过造成的，受害人无权要求赔偿。本案中，神州运动俱乐部未举证证明损害是邓某1故意造成的，也未举证证明邓某1受伤仅是民用航空器依照国家有关的空中交通规则在空中通过造成的，故应当承担侵权责任。不过，邓某丙带着邓某1观看民用航空器飞行活动时，是骑坐在摩托车上的，且未放下摩托车的安全支架，其行为对邓某1摔倒受伤也存在过错，故应当减轻赔偿义务人的赔偿责任。因邓某丙是受邓某1父母的委托接邓某1放学，故邓某1父母与邓某丙构成了委托监护关系，邓某丙的过错责任由邓某1的法定代理人承担。因民用航空器属于高空、高速运输工具，对周围的环境具有高度危险性，故综合本案案情，酌情认定由神州运动俱乐部对邓某1的损失承担70%的赔偿责任。

◆ 评议

因民用航空器属于高空、高速运输工具，对周围的环境具有高度危险性。本案中，被侵权人让孙子坐在其胸怀前面，双脚支撑二轮摩托车，在公路边近距离停驻观看民用航空器返航着陆，结果两人随二轮摩托车摔倒在地，造成受伤。法院认为民用航空器的飞行与原告邓某1受伤存在因果关系。被告未举证证明损害是原告故意造成的，也未举证证明原告受伤仅是民用航空器依照国家有关的空中交通规则在空中通过造成的，故应当承担侵权责任。

---

① 重庆市第一中级人民法院民事判决书，（2017）渝01民终1667号。

第一千二百三十九条　【占有或使用高度危险物致害责任】

占有或者使用易燃、易爆、剧毒、高放射性、强腐蚀性、高致病性等高度危险物造成他人损害的，占有人或者使用人应当承担侵权责任；但是，能够证明损害是因受害人故意或者不可抗力造成的，不承担责任。被侵权人对损害的发生有重大过失的，可以减轻占有人或者使用人的责任。

本条来源

《侵权责任法》第七十二条规定："占有或者使用易燃、易爆、剧毒、放射性等高度危险物造成他人损害的，占有人或者使用人应当承担侵权责任，但能够证明损害是因受害人故意或者不可抗力造成的，不承担责任。被侵权人对损害的发生有重大过失的，可以减轻占有人或者使用人的责任。"

立法演变

《民法典侵权责任编草案》（一审稿）第一千零一十五条规定："占有或者使用易燃、易爆、剧毒、高放射性、强腐蚀性等高度危险物造成他人损害的，占有人或者使用人应当承担侵权责任，但是能够证明损害是因受害人故意或者不可抗力造成的，不承担责任。被侵权人对损害的发生有重大过失的，可以减轻占有人或者使用人的责任。"

《民法典侵权责任编草案》（征求意见稿）第一千二百三十九条规定："占有或者使用易燃、易爆、剧毒、高放射性、强腐蚀性等高度危险物造成他人损害的，占有人或者使用人应当承担侵权责任；但是，能够证明损害是因受害人故意或者不可抗力造成的，不承担责任。被侵权人对损害的发生有重大过失的，可以减轻占有人或者使用人的责任。"此后无变化。

条文释义

本条是关于高度危险物造成他人损害责任的规定。

一、概述

《民法通则》第123条就对于高度危险物致人损害的责任进行了规定，其第

123 条规定："从事高空、高压、易燃、易爆、剧毒、放射性、高速运输工具等对周围环境有高度危险的作业造成他人损害的，应当承担民事责任；如果能够证明损害是由受害人故意造成的，不承担民事责任。"随着我国工业的迅速发展，各类高度危险作业和高度危险物品越来越多，生活中常有烟花爆竹爆炸、矿山瓦斯爆炸、危险化学品泄漏、带有放射性的探测工具遗失等事故发生，这些都是因为高度危险物品而造成他人损害。

因此，2009 年《侵权责任法》专门针对高度危险品致人损害的责任作出了单独规定。《侵权责任法》第 72 条规定："占有或者使用易燃、易爆、剧毒、放射性等高度危险物造成他人损害的，占有人或者使用人应当承担侵权责任，但能够证明损害是因受害人故意或者不可抗力造成的，不承担责任。被侵权人对损害的发生有重大过失的，可以减轻占有人或者使用人的责任。"

在本次民法典编纂过程中，针对本条进行了修改完善，一是对个别表述不准确的概念进行修改，使之更为准确，这主要是将"放射性"改为"高放射性"。二是增加了一些社会中新出现或者重要性、危害性凸显的高度危险物品种类，这主要是强腐蚀性和高致病性物品。尤其是在今年新型冠状病毒疫情期间，病毒能够在全世界范围内迅速蔓延，对于高致病性物品必须严格监管，并将其纳入高度危险物品的范围内，完善相关的侵权责任规则。

二、内容

（一）高度危险物的含义与种类

对于易燃、易爆、剧毒、高放射性、强腐蚀性、高致病性等高度危险物的认定，需要借助于相关的专业标准，例如，对易燃、易爆、剧毒、放射性物品的认定，一般根据国家颁布的《危险货物分类和品名编号》《危险货物品名表》《常用危险化学品分类及标志》等来进行认定，这些标准会进行更新，是相关行业领域的通行标准。此外，《放射性污染防治法》《放射性物品运输安全管理条例》《传染病防治法》等法律法规也都对相关高度危险物品作出了规定。如《危险货物分类和品名编号》规定，危险货物（dangerous goods）是指具有爆炸、易燃、毒害、感染、腐蚀、放射性等危险特性，在运输、储存、生产、经营、使用和处置中，容易造成人身伤亡、财产损毁或环境污染而需要特别防护的物质和物品。

其中，发火物质即易燃物质（pyrophoric substances），是指即使只有少量物品与空气接触，在不到5分钟内便能燃烧的物质，包括混合物和溶液（包括易燃液体和易燃固体）。

爆炸性物质即易爆物质（explosive substances），是指固体或液体物质（或这些物质的混合物），自身能够通过化学反应产生气体，其温度、压力和速度高到能对周围造成破坏，包括不放出气体的烟火物质。

剧毒物质即毒性物质，是指经吞食、吸入或皮肤接触后可能造成死亡或严重受伤或健康损害的物质。毒性物质的毒性分为急性口服毒性、皮肤接触毒性和吸入毒性。分别用口服毒性半数致死量LD50、皮肤接触毒性半数致死量LD50，吸入毒性半数致死浓度LC50衡量。经口摄取半数致死量：固体LD50≤200mg/kg，液体LD50≤500mg/kg；经皮肤接触24小时，半数致死量LD50≤1000mg/kg；粉尘、烟雾吸入半数致死浓度LC50≤10mg/L的固体或液体。

放射性物品是指含有放射性核素，并且其活度和比活度均高于国家规定的豁免值的物品。该条例根据放射性物品的特性及其对人体健康和环境的潜在危害程度，将放射性物品分为一类、二类和三类：一类放射性物品，是指Ⅰ类放射源、高水平放射性废物、乏燃料等释放到环境后对人体健康和环境产生重大辐射影响的放射性物品；二类放射性物品，是指Ⅱ类和Ⅲ类放射源、中等水平放射性废物等释放到环境后对人体健康和环境产生一般辐射影响的放射性物品；三类放射性物品，是指Ⅳ类和Ⅴ类放射源、低水平放射性废物、放射性药品等释放到环境后对人体健康和环境产生较小辐射影响的放射性物品。由于放射性物品在生活中运用很广泛，包括医疗、工业、农业、地质调查、科研教学领域的放射源和射线装置，都需要运用到放射性物质。所以本条修改了《侵权责任法》的规定，将一般的放射性物质排除出高度危险物品范围内，而仅限于高放射性物品才属于高度危险物品，因此一类放射性物品才属于本条所列举的高放射性物品。

腐蚀性物质是指通过化学作用使生物组织接触时会造成严重损伤或在渗漏时会严重损害甚至毁坏其他货物或运载工具的物质。按腐蚀性的强弱，腐蚀性物质可分为两级。一级属于强腐蚀性物质，包括无机酸性腐蚀物质和一级有机酸性腐蚀物质。一级无机酸性腐蚀物质具有强腐蚀性和酸性。主要是一些具有氧化性的强酸如氢氟酸、硝酸、硫酸、氯碱酸等。还有遇水能生成强酸的物质，如二氧化氮、二氧化硫、三氧化硫、五氧化二磷等。一级有机酸性腐蚀物质是指具有强腐蚀性及酸性的有机物，如甲酸、氯乙酸、酸酰氯、乙酰氯、苯甲酰氯等。

高致病性是指极易在人群中互相传染、暴发、流行，并且具有危害性的传染病病原体。根据《传染病防治法》将传染病分为甲类、乙类和丙类，符合这三类标准的病原体就属于高致病性的高度危险物。甲类传染病是指鼠疫和霍乱。本次全球大流行的新型冠状病毒 COVID－19，也被卫健委列为甲类传染病管理。乙类传染病是指：传染性非典型肺炎、艾滋病、病毒性肝炎、脊髓灰质炎、人感染高致病性禽流感、麻疹、流行性出血热、狂犬病、流行性乙型脑炎、登革热、炭疽、细菌性和阿米巴性痢疾、肺结核、伤寒和副伤寒、流行性脑脊髓膜炎、百日咳、白喉、新生儿破伤风、猩红热、布鲁氏菌病、淋病、梅毒、钩端螺旋体病、血吸虫病、疟疾。丙类传染病是指：流行性感冒、流行性腮腺炎、风疹、急性出血性结膜炎、麻风病、流行性和地方性斑疹伤寒、黑热病、包虫病、丝虫病，除霍乱、细菌性和阿米巴性痢疾、伤寒和副伤寒以外的感染性腹泻病。

（二）高度危险物的归责原则与免责事由

根据本条规定，占有或者使用易燃、易爆、剧毒、高放射性、强腐蚀性、高致病性等高度危险物造成他人损害的，占有人或者使用人应当承担侵权责任，其归责原则为无过错责任原则。

本条所规定的免责事由中，就免除责任事由而言，仅限于受害人故意和不可抗力造成两类，并且由高度危险物的占有人或者使用人承担证明责任，证明损害是因这两类原因而造成的。就减轻责任事由而言，如果被侵权人对损害的发生有重大过失的，则可以减轻占有人或者使用人的责任，被侵权人仅具有一般过失或轻微过失则不得减轻占有人或者使用人的责任。

法条关联

◆《民法典》侵权责任编

第一千一百六十六条 行为人造成他人民事权益损害，不论行为人有无过错，法律规定应当承担侵权责任的，依照其规定。

◆《道路交通安全法》

第四十八条第三款 机动车载运爆炸物品、易燃易爆化学物品以及剧毒、放射性等危险物品，应当经公安机关批准后，按指定的时间、路线、速度行驶，悬挂警示标志并采取必要的安全措施。

案例评议

一、中油碧辟石油有限公司、中油碧辟石油有限公司广州分公司诉陈某1、文某、陈某2案[①]

◆ **裁判规则**

在认定广州分公司、石油公司对陈某的自焚行为是否存在过错时，法院认为，《侵权责任法》第27条规定：损害是因受害人故意造成的，行为人不承担责任。第72条规定：占有或者使用易燃、易爆、剧毒、放射性等高度危险物造成他人损害的，占有人或者使用人应当承担侵权责任，但能够证明损害是因受害人故意或者不可抗力造成的，不承担责任……本案中，陈某在加油站实施的自焚行为属于自杀行为，陈某的死亡是其故意造成的，广州分公司、石油公司对陈某的死亡不存在任何过错。

◆ **评议**

受害人故意或不可抗力，是高度危险物致人损害的抗辩事由，可以据此免于承担责任。虽然加油站涉及易燃易爆的汽油，但由于受害人故意实施自焚行为，故加油站无需承担赔偿责任。

二、内蒙古生力资源集团红旗化工有限公司诉贺某1、贺某2、贺某3、李某案[②]

◆ **裁判规则**

在认定红旗化工是否应当对贺某的死亡承担赔偿责任时，法院认为，《侵权责任法》第72条规定，占有或者使用易燃、易爆、剧毒、放射性等高度危险物造成他人损害的，占有人或者使用人应当承担侵权责任，但能够证明是因受害人故意或者不可抗力造成的，不承担责任。被侵权人对损害的发生有重大过失的，可以减轻占有或者使用人的责任。本案中，红旗化工作为生产民用爆炸品

① 广东省广州市中级人民法院民事判决书，（2014）穗中法民一终字第1842号。
② 呼和浩特市中级人民法院民事判决书，（2015）呼民一终字第00618号。

的企业，应当对其使用的具有危险性的设备进行妥善管理，因其管理不善，未按照国家有关规定对废旧设备进行统一销毁处理，导致具有高度危险性的废旧设备流入社会，因其废旧设备而产生的侵权属于高度危险物致人损害，应当由红旗化工举证证明不是该厂废弃的母液接收器爆炸导致贺某死亡，虽其依据的公安厅物证检验报告系爆炸发生后作出的，但不足以证明废弃母液接收器爆炸不是其公司生产使用的爆炸性物品残留而引起，故红旗化工应当承担赔偿责任。

◆ **评议**

本案中受害人在废品回收站内使用氧焊切割机切割回收的母液接收器时发生爆炸，经鉴定母液接收器内存在二硝基重氮酚（即爆炸母药）。红旗化工作为生产民用爆炸品的企业，因其废旧设备而产生的侵权属于高度危险物致人损害，应当承担赔偿责任。死者没有使用氧焊切割技术的相应资质，其自身存在重大过失，应当减轻责任人20%的责任。

第一千二百四十条　【高度危险活动致害责任】

从事高空、高压、地下挖掘活动或者使用高速轨道运输工具造成他人损害的，经营者应当承担侵权责任；但是，能够证明损害是因受害人故意或者不可抗力造成的，不承担责任。被侵权人对损害的发生有重大过失的，可以减轻经营者的责任。

本条来源

《侵权责任法》第七十三条规定：“从事高空、高压、地下挖掘活动或者使用高速轨道运输工具造成他人损害的，经营者应当承担侵权责任，但能够证明损害是因受害人故意或者不可抗力造成的，不承担责任。被侵权人对损害的发生有过失的，可以减轻经营者的责任。”

立法演变

《民法典侵权责任编草案》（一审稿）第一千零一十六条规定：“从事高空、

高压、地下挖掘活动或者使用高速轨道运输工具造成他人损害的，经营者应当承担侵权责任，但是能够证明损害是因受害人故意或者不可抗力造成的，不承担责任。被侵权人对损害的发生有重大过失的，可以减轻经营者的责任。”

《民法典侵权责任编草案》（征求意见稿）第一千二百四十条规定：“从事高空、高压、地下挖掘活动或者使用高速轨道运输工具造成他人损害的，经营者应当承担侵权责任；但是，能够证明损害是因受害人故意或者不可抗力造成的，不承担责任。被侵权人对损害的发生有重大过失的，可以减轻经营者的责任。”此后无变化。

条文释义

本条是关于高度危险活动造成他人损害的一般规定。

一、概述

《民法通则》第123条规定：“从事高空、高压、易燃、易爆、剧毒、放射性、高速运输工具等对周围环境有高度危险的作业造成他人损害的，应当承担民事责任；如果能够证明损害是由受害人故意造成的，不承担民事责任。”这一规定既包含了高度危险物品，又包含了高度危险活动，其中的“高速运输工具”还可能包括机动车、民用航空器以及铁路等轨道运输工具。由于《民法通则》颁行之后我国科技经济和工业发展迅速，所以该条中的内容已经被《侵权责任法》拆分为不同的条文分别进行规定。例如，对于机动车交通事故责任和民用航空器致人损害的责任都分别作出了规定，因此，《侵权责任法》仅将运输工具中的高度危险活动限定为“高速轨道运输工具”。

此外，针对日常生活生产中同样具有高度危险性的高空作业、高压作业、地下采矿、修建地下轨道交通等活动，以及高速轨道运输等高度危险活动，《侵权责任法》第73条规定：“从事高空、高压、地下挖掘活动或者使用高速轨道运输工具造成他人损害的，经营者应当承担侵权责任，但能够证明损害是因受害人故意或者不可抗力造成的，不承担责任。被侵权人对损害的发生有过失的，可以减轻经营者的责任。”

本次民法典编纂过程中，对该条予以了保留，且将免责事由中被侵权人的过失，修改为“重大过失”，使之更符合高度危险责任的性质，并且与本章其他条文的免责事由保持了一致。

二、内容

（一）高度危险活动的类型

本条是关于高空、高压、地下挖掘活动或者使用高速轨道运输工具造成他人损害的侵权责任的规定，关于这几类高度危险活动，分别有如下含义：

第一，高空作业。高空作业也称为高处作业，是指距坠落高度基准面 2 米及其以上，有可能坠落的高处进行的作业。高处作业分为一级、二级、三级和特级高处作业。作业高度在 2 米以上低于 5 米时，为一级高处作业；作业高度在 5 米以上低于 15 米时，为二级高处作业；作业高度在 15 米以上低于 30 米时，为三级高处作业；作业高度在 30 米以上时，为特级高处作业。生活生产中常见的如高层建筑建造施工、高层建筑玻璃清洗、高楼安装户外空调挂机、安装高层户外广告牌，此外，基于游览观光游玩目的而设置的高空缆车、摩天轮、过山车等，如果坠落高度基准面达到 2 米以上的，也都属于高空作业。

第二，高压作业。高压作业在工业上是指高电压和高气压作业。根据 2001 年《最高人民法院关于审理触电人身损害赔偿案件若干问题的解释》，高压电是指 1 千伏以上电压等级。高气压作业是指在高于大气压环境中作业的过程。例如潜水作业，一些水下作业如海水养殖、打捞、施工等，作业人员在水下承受的压力等于大气压与附加压之和，水下作业结束，潜水员在向水面上升的过程中，如果上升过快，则会使高压下溶于体内的氮气在血管组织中形成气泡，导致减压病。此外还有潜函作业，即在水下或隧道工程中，采用潜函（沉箱）将施工人员沉到水下作业，为防止潜函外的水进入箱内，需通入大于等于水下压力的高压气体。

第三，地下挖掘作业。地下挖掘作业是指从地表向下一定深度进行挖掘的活动，主要是地下采矿、地下施工、城市地铁工程及各类市政地下工程施工，需要进行地下挖掘作业。地下挖掘作业可能出现塌陷，从而对作业人员具有高度危险性。

第四，高速轨道运输工具。高速轨道运输工具是指沿固定轨道高速行驶的车辆，主要包括铁路、地铁、高铁、轻轨、磁悬浮、有轨电车等。铁路运输的速度分为几个档次：时速 100－120 公里称为常速；时速 120－160 公里称为中速；时速 160－200 公里称为准高速和快速；时速 200－400 公里称为高速；时速 400 公里以上称为特高速。我国铁路运输自 1997 年至 2007 年经过六次大提速之后，进入了高速铁路时代。截至 2019 年，中国高速铁路列车最高运营速度 350 千米/小时，居全球首位。

（二）高度危险活动的责任主体

从事高空、高压、地下挖掘活动或者使用高速轨道运输工具造成他人损害的，责任主体是相关高度危险活动的经营者。例如，从事高空作业的作业人、发电企业、输电企业（电网公司）、铁路运输企业等。

（三）高度危险活动的归责原则与免责事由

从事高空、高压、地下挖掘活动或者使用高速轨道运输工具造成他人损害的，对经营者的归责原则是无过错责任原则。

经营者的免责事由，仅限于受害人故意和不可抗力造成，这两种情形还应当由经营者承担举证责任，证明损害是由这两种行为引起，才可以免去自身责任。此外，如果被侵权人对损害的发生有重大过失的，可以减轻经营者的责任。但被侵权人的一般过失和轻微过失，则经营者不得主张减免责任。

法条关联

◆《电力法》

第六十条 因电力运行事故给用户或者第三人造成损害的，电力企业应当依法承担赔偿责任。

电力运行事故由下列原因之一造成的，电力企业不承担赔偿责任：

（一）不可抗力；

（二）用户自身的过错。

因用户或者第三人的过错给电力企业或者其他用户造成损害的，该用户或者第三人应当依法承担赔偿责任。

案例评议

刘某诉孔某1、谭某1、谭某2、吴某、国网湖北省电力公司当阳市供电公司、宜昌明宇玻璃有限公司、张某、当阳市林虹幼儿园案[①]

◆ **裁判规则**

在认定当阳供电公司和供电设施的经营者刘某应否对谭某的死亡承担侵权赔偿责任时，法院认为：根据《侵权责任法》第73条关于“从事高空、高压、

① 湖北省高级人民法院民事判决书，（2014）鄂民监二再终字第00028号。

地下挖掘活动或者使用高速轨道运输工具造成他人损害的，经营者应当承担侵权责任，但能够证明损害是因受害人故意或者不可抗力造成的，不承担责任。被侵权人对损害的发生有过失的，可以减轻经营者的责任”的规定，高压触电侵权应由“经营者”承担侵权责任。

造成高压触电损害的原因是受害人接触到带有高压电的输电线路或供电设施，但造成电击伤害的危险源，是输电线路或供电设施上的高压电流，而不是输电线路或供电设施本身，仅有输电线路或供电设施而没有高压电流不会造成高压触电损害。另外，高压电流是通过输电线路或供电设施作为载体而造成损害，没有输电线路或供电设施，高压电流无法输送，也不会造成高压触电损害。因此，《侵权责任法》第73条规定的“经营者”既可能是高压电能的经营者，也可能是输电线路或供电设施的经营者。只要高压电能的经营者或输电线路、供电设施的经营者的经营行为与受害人遭受损害之间存在因果关系，高压电能的经营者或输电线路、供电设施的经营者就应承担侵权责任。本案中，当阳供电公司负责电能的销售经营，是高压电能的经营者；刘某利用供电设施从事生产经营，是涉案供电设施的经营者。死者谭某是接触到带有高压电的供电线路而遭受损害，系高压电能和供电设施两者结合导致损害的发生。当阳供电公司和刘某均未能举证证明存在《侵权责任法》规定的法定免责事由。因此，高压电能的经营者当阳供电公司和供电设施的经营者刘某均应承担侵权赔偿责任。

◆ **评议**

高压触电侵权应由“经营者”承担侵权责任。受害人为拉电脑网线，爬木梯至院内高压电线杆上接线时，被高压电击伤，触电死亡。只要高压电能的经营者或输电线路、供电设施的经营者的经营行为与受害人遭受损害之间存在因果关系，高压电能的经营者或输电线路、供电设施的经营者就应承担侵权责任。故高压电能的经营者和供电设施的经营者均应承担侵权赔偿责任。

第一千二百四十一条 【遗失、抛弃高度危险物致害责任】

遗失、抛弃高度危险物造成他人损害的，由所有人承担侵权责任。所有人将高度危险物交由他人管理的，由管理人承担侵权责任；所有人有过错的，与管理人承担连带责任。

本条来源

《侵权责任法》第七十四条规定："遗失、抛弃高度危险物造成他人损害的，由所有人承担侵权责任。所有人将高度危险物交由他人管理的，由管理人承担侵权责任；所有人有过错的，与管理人承担连带责任。"

立法演变

《民法典侵权责任编草案》（一审稿）第一千零一十七条规定："遗失、抛弃高度危险物造成他人损害的，由所有人承担侵权责任。所有人将高度危险物交由他人管理的，由管理人承担侵权责任；所有人有过错的，与管理人承担连带责任。"此后无变化。

条文释义

本条是关于遗失、抛弃高度危险物造成他人损害的侵权责任的规定。

一、概述

高度危险物就是《民法典》侵权责任编第 1239 条所规定的易燃、易爆、剧毒、高放射性、强腐蚀性、高致病性等高度危险物。这些物品具有高度危险性，所以一般都有专门的法律法规对其生产、使用和管理进行规定。例如，《安全生产法》就规定，矿山、金属冶炼、建筑施工、道路运输单位和危险物品的生产、经营、储存单位，应当设置安全生产管理机构或者配备专职安全生产管理人员。生产经营单位使用的危险物品的容器、运输工具，以及涉及人身安全、危险性较大的海洋石油开采特种设备和矿山井下特种设备，必须按照国家有关规定，由专业生产单位生产，并经具有专业资质的检测、检验机构检测、检验合格，取得安全使用证或者安全标志，方可投入使用。检测、检验机构对检测、检验结果负责。生产、经营、运输、储存、使用危险物品或者处置废弃危险物品的，由有关主管部门依照有关法律、法规的规定和国家标准或者行业标准审批并实施监督管理。

如果对于这些高度危险物不妥加保管，一旦发生遗失、抛弃，被普通老百姓拾到，由于老百姓对其危害性并不知晓，就很可能造成严重损害后果。《侵权责任法》第 74 条规定："遗失、抛弃高度危险物造成他人损害的，由所有人承担侵权责任。所有人将高度危险物交由他人管理的，由管理人承担侵权责任；所有人有过错的，与管理人承担连带责任。”本次民法典编纂过程中对于该条完全予以了保留，未作修改。

二、内容

（一）遗失、抛弃高度危险物造成他人损害的归责原则

遗失、抛弃高度危险物造成他人损害的归责原则是无过错责任。至于责任的主体，如果是所有人对高度危险物进行管理，则由所有人承担侵权责任。如果所有人将高度危险物交由他人管理的，则由管理人承担侵权责任。

无论所有人或者管理人是否有过错，其对于被侵权人的损害均应当承担赔偿责任。实践中，由于高度危险物的生产、储存和处置均具有相应的安全操作规范，因此所有人、管理人应当采取必要的安全措施保管或者处置其所有的高度危险物。如果违反有关规定抛弃或者遗失高度危险物造成他人损害的，就应当承担侵权责任。

例如，据报道，2005年6月中旬，在黑龙江省哈尔滨市的一个居民小区，住在楼上楼下两户人家的居民相继得上了一种病：双手红肿、指甲发黑、全身乏力。而且病情越来越重，经医学抽血检查，红细胞、白细胞、血小板严重偏低。10月20号，一名患者死亡。事发地是一栋普通的居民楼，一共7层，一层有几间车库，原来是因为车库堆放的废金属中有一个不知什么时候捡回来的铱－192。后查明总共涉及117人遭铱－192辐射，其中有6人的身体指标出现了异常，1人死亡。据了解，目前我国放射源总数至少在8万枚以上，其中有相当比例的放射源没有得到有效控制，平均每年发生事故30余起，其中，丢失事故约占8成。

（二）所有人与管理人承担连带责任

所有人将高度危险物交由他人管理，管理人管理不善，导致高度危险物的遗失、抛弃，并造成他人损害的，由管理人承担侵权责任。但如果所有人也具有过错的，则应当与管理人承担连带责任。

所有人的过错一般体现为对管理人选任不当，或者未尽到必要的说明告知等义务。由于高度危险物的管理操作专业性很强，并且往往有资质要求，故所有人应当对管理人的选任尽到必要的审查义务，应当具备相关资质和技能，才能选任其担任管理人，交给其管理。此外，如果被管理的高度危险物存在需要

特别说明的情形而未予以说明，并且损害的最终形成与此具有因果关系的，则所有人同样具有过错。所有人具有过错的，承担责任的形式是与管理人承担连带责任。

法条关联

◆《民法典》侵权责任编

第一千一百六十六条　行为人造成他人民事权益损害，不论行为人有无过错，法律规定应当承担侵权责任的，依照其规定。

第一千一百九十一条　用人单位的工作人员因执行工作任务造成他人损害的，由用人单位承担侵权责任。用人单位承担侵权责任后，可以向有故意或者重大过失的工作人员追偿。

劳务派遣期间，被派遣的工作人员因执行工作任务造成他人损害的，由接受劳务派遣的用工单位承担侵权责任；劳务派遣单位有过错的，承担相应的责任。

◆《最高人民法院关于审理人身损害赔偿案件适用法律若干问题的解释》

第十一条　雇员在从事雇佣活动中遭受人身损害，雇主应当承担赔偿责任。雇佣关系以外的第三人造成雇员人身损害的，赔偿权利人可以请求第三人承担赔偿责任，也可以请求雇主承担赔偿责任。雇主承担赔偿责任后，可以向第三人追偿。

雇员在从事雇佣活动中因安全生产事故遭受人身损害，发包人、分包人知道或者应当知道接受发包或者分包业务的雇主没有相应资质或者安全生产条件的，应当与雇主承担连带赔偿责任。

属于《工伤保险条例》调整的劳动关系和工伤保险范围的，不适用本条规定。

案例评议

一、曾某诉朱某、桃源县成湘琳燃气经营有限责任公司、游某案[①]

◆ **裁判规则**

在认定本案责任如何划分时，法院认为，《侵权责任法》第74条规定：

① 湖南省桃源县人民法院民事判决书，（2013）桃民初字第487号。

“遗失、抛弃高度危险物造成他人损害的，由所有人承担侵权责任。所有人将高度危险物交由他人管理的，由管理人承担侵权责任；所有人有过错的，与管理人承担连带责任”。本案中，被告朱某为液化气罐（高度危险物）的所有人，被告游某上门收罐，朱某将其中一个液化气罐交与游某，应认定为所有人将高度危险物交由他人管理。被告游某、朱某在墟场人行道上倾倒罐装液化气残液，且朱某对游某的倾倒行为未制止，致使在附近摆摊的原告被烧伤。在本次事故中，原告无责任，两被告应负全部赔偿责任并承担连带责任。被告燃气公司与被告游某签订有聘任合同和协议书，约定甲方（燃气公司）聘任乙方（游某）为网点业务员及乙方经销甲方液化气，从事民用燃气送气上门服务及业务拓展并负责客户的售后服务。乙方应自觉遵守国家有关法律法规和甲方的有关规章制度，乙方的报酬在其所从事的业务中按物价部门的规定标准向用户收取，所涉及的交通、食宿、从业风险及事故责任由乙方自负。应认定被告游某是被告燃气公司的网点经营人，被告燃气公司对被告游某授权不明，且对被告游某负有监督和管理责任，故被告燃气公司与被告游某在本案中的赔偿责任应承担连带责任。

◆ **评议**

液化石油气是具有易燃易爆特性的高度危险物。液化气罐的所有人倾倒罐装液化气残液，导致他人被烧伤。这属于抛弃高度危险物造成他人损害的情形，由所有人承担侵权责任，所有人将高度危险物交由他人管理的，由管理人承担侵权责任，所有人有过错的，与管理人承担连带责任。

二、余某某诉刘某案①

◆ **裁判规则**

在认定本案的赔偿责任承担问题时，法院认为，原告误食中毒时刚满5周岁，该年龄段的未成年人无法分辨捡拾的鼠药是否可以食用，超越了其行为能力。本案中原告法定监护人未充分履行其法定监护职责，疏于照顾原告，致使原告误食毒鼠强，存在过错，故应承担与之相适应的过错责任即次要责任。被告抛弃毒鼠强明知有可能造成社会危害后果而未进行妥善处理，违反有关安全

① 甘肃省泾川县人民法院民事判决书，（2015）泾民初字第56号。

规范，本身有过错，被告应承担高度危险责任，即无过错责任。原告误食中毒后，原告委托代理人积极救治，其过失只是在监护原告的过程中未尽到注意义务，故可适当减轻被告的责任，并无法定的减轻或免除责任情况出现。根据《侵权责任法》第74条“遗失、抛弃高度危险物造成他人损害的，由所有人承担侵权责任”的规定，被告拥有并抛弃该高度危险物，应承担主要赔偿责任。

◆ **评议**

行为人非法购买国家禁止的灭鼠药毒鼠强，又将其弃至路边，导致他人误食中毒。毒鼠强具有极强毒性，行为人的行为属于抛弃高度危险物，应当对损害承担赔偿责任。

第一千二百四十二条　【非法占有高度危险物致害责任】

非法占有高度危险物造成他人损害的，由非法占有人承担侵权责任。所有人、管理人不能证明对防止非法占有尽到高度注意义务的，与非法占有人承担连带责任。

本条来源

《侵权责任法》第七十五条规定：“非法占有高度危险物造成他人损害的，由非法占有人承担侵权责任。所有人、管理人不能证明对防止他人非法占有尽到高度注意义务的，与非法占有人承担连带责任。”

立法演变

《民法典侵权责任编草案》（一审稿）第一千零一十八条规定：“非法占有高度危险物造成他人损害的，由非法占有人承担侵权责任。所有人、管理人不能证明对防止他人非法占有尽到高度注意义务的，与非法占有人承担连带责任。”

《民法典侵权责任编草案》（三审稿）第一千零一十八条规定：“非法占有高度危险物造成他人损害的，由非法占有人承担侵权责任。所有人、管理人不能证明对防止非法占有尽到高度注意义务的，与非法占有人承担连带责任。”此后无变化。

条文释义

本条是关于非法占有高度危险物致人损害责任的规定。

一、概述

易燃、易爆、剧毒、高放射性、强腐蚀性、高致病性等高度危险物极易造成他人人身、财产权益的损害，因此必须严格遵循相关的安全生产规范。高度危险物品的所有人和管理人必须对高度危险物进行妥善保管，将之储存在专用仓库、专用场地或者专用储存室内，并由专人管理。高度危险物出入库，必须进行核查登记并对库存高度危险物进行定期检查。剧毒化学品以及储存数量构成重大危险源的其他高度危险物必须在专用仓库内单独存放，实行双人收发、双人保管制度，并采取必要的保安措施，防止高度危险物被盗、丢失。

一旦发生高度危险物因为管理松懈、制度废弛、安全措施不力等因素而被偷、被抢、被盗等非法占有的情形，则很可能会对他人造成损害，甚至威胁到危险源周围多数人的生命健康安全，造成他人生命权、健康权、身体权受侵害的后果。

故有必要明确非法占有高度危险物造成损害的责任问题，对于责任主体、责任形式作出规定。《侵权责任法》第75条规定："非法占有高度危险物造成他人损害的，由非法占有人承担侵权责任。所有人、管理人不能证明对防止他人非法占有尽到高度注意义务的，与非法占有人承担连带责任。"本次民法典编纂过程中，对该条予以了保留，仅将"防止他人非法占有"中的"他人"删去。

二、内容

本条规定的情形是非法占有高度危险物造成他人损害的情形。非法占有，是指无权占有，是未经允许而擅自将高度危险物品进行占有的行为，例如对高度危险物品进行盗窃、抢劫、抢夺、侵占等，都是非法占有的主要形式。

非法占有高度危险物时，高度危险物处于非法占有人的控制之下，因此造成他人损害的，应当由非法占有人承担责任，此种侵权责任的归责原则同样是无过错责任原则。

由于易燃、易爆、剧毒、高放射性、强腐蚀性、高致病性等高度危险物在安全管理上，受到相应单行法规范的调整，往往施加了各类限制，要求所有人或者管理人对其占有的高度危险物尽到高度注意义务、采取严格的安全措施妥善进行保管。如果所有人或者管理人未尽到高度注意义务而导致高度危险物被非法占有，则表明所有人、管理人没有尽到应当尽到的高度注意义务，所以对损害的发生也负有责任，应当与非法占有人一起，承担连带责任。所有人、管理人在非法占有人造成损害之后，如果不想承担侵权责任，则应当证明其对于防止他人非法占有高度危险物品，已经尽到了高度注意义务；否则，无法证明其已经尽到了高度注意义务的，则应当与非法占有人承担连带责任。

法条关联

◆《民法典》侵权责任编

第一千二百三十九条　占有或者使用易燃、易爆、剧毒、高放射性、强腐蚀性、高致病性等高度危险物造成他人损害的，占有人或者使用人应当承担侵权责任；但是，能够证明损害是因受害人故意或者不可抗力造成的，不承担责任。被侵权人对损害的发生有重大过失的，可以减轻占有人或者使用人的责任。

案例评议

中国石油天然气股份有限公司大港油田分公司、窦某生命权、健康权、身体权纠纷案[①]

◆ **裁判规则**

在认定本案中侵权责任的承担主体时，法院认为，天然气，众所周知，具有易燃、易爆的危险性。根据《侵权责任法》第75条规定：非法占有高度危险物造成他人损害的，由非法占有人承担侵权责任。所有人、管理人不能证明对防止他人非法占有尽到高度注意义务的，与非法占有人承担连带责任。第76条规定：未经许可进入高度危险活动区域或者高度危险物存放区域受到损害，管理人已经采取安全措施并尽到警示义务的，可以减轻或者不承担责任。本案中，郑某等5名第三人共同对案涉“中6－55号”油井实施盗窃原油行为导致油井

① 天津市第三中级人民法院民事判决书，（2019）津03民终108号。

天然气泄漏、爆炸起火，5人虽均已被一审法院以破坏易燃易爆设备罪名判决相应刑罚，但从民事侵权责任角度该5人对于窦某被烧伤产生经济损失仍应承担连带赔偿责任。案涉“中6－55号”油井虽建设在先，但大港油田分公司对此后大量社会人员在油井周边危险区域范围内陆续违法搭建平房的行为，未能采取相应的安全隔离、警示或拆除、清理等有效措施，油井采油树裸露地面，以致无需具备太多相关专业技能或知识的人员亦能打开套管阀门放油放气。大港油田分公司作为案涉“中6－55号”油井的所有人、管理人，未能提供充分证据证明其已经“对防止他人非法占有尽到高度注意义务”以及“已经采取安全措施并尽到警示义务”，依照前述第75条规定，其在本案中应当与5名第三人承担连带责任。

◆ **评议**

非法占有高度危险物造成他人损害的，由非法占有人承担侵权责任。所有人、管理人不能证明对防止非法占有尽到高度注意义务的，与非法占有人承担连带责任。本案中，郑某等5名第三人共同实施盗窃大港油田分公司所有的长停状态油井过程中，天然气泄漏并发生爆炸起火，导致在油井附近私自搭建平房居住生活的窦某烧伤。郑某等属于非法占有高度危险物，此时造成他人损害的，由非法占有人承担侵权责任，但所有人、管理人不能证明对防止非法占有尽到高度注意义务的，与非法占有人承担连带责任。

第一千二百四十三条　【擅自进入高度危险区域的责任】

未经许可进入高度危险活动区域或者高度危险物存放区域受到损害，管理人能够证明已经采取足够安全措施并尽到充分警示义务的，可以减轻或者不承担责任。

本条来源

《侵权责任法》第七十六条规定：“未经许可进入高度危险活动区域或者高度危险物存放区域受到损害，管理人已经采取安全措施并尽到警示义务的，可以减轻或者不承担责任。”

立法演变

《民法典侵权责任编草案》（一审稿）第一千零一十九条规定："未经许可进入高度危险活动区域或者高度危险物存放区域受到损害，管理人能够证明已经采取足够安全措施并尽到充分警示义务的，可以减轻或者不承担责任。"此后无变化。

条文释义

本条是关于高度危险区域管理人的免责事由的规定。

一、概述

由于高度危险物品或高度危险活动都具有较高的风险，容易引起损害，因此，按照相关的法律法规等规范，实施高度危险作业或进行高度危险活动时，都需要在特定的区域内进行，不得随意在人员密集区域或者其他不宜从事相关高度危险作业的区域进行。

例如，《危险化学品安全管理条例》针对具有毒害、腐蚀、爆炸、燃烧、助燃等性质，对人体、设施、环境具有危害的剧毒化学品和其他化学品这类危险化学品的存储装置和设备所在的区域就作出了严格的限制。该条例第19条第1款规定："危险化学品生产装置或者储存数量构成重大危险源的危险化学品储存设施（运输工具加油站、加气站除外），与下列场所、设施、区域的距离应当符合国家有关规定：（一）居住区以及商业中心、公园等人员密集场所；（二）学校、医院、影剧院、体育场（馆）等公共设施；（三）饮用水源、水厂以及水源保护区；（四）车站、码头（依法经许可从事危险化学品装卸作业的除外）、机场以及通信干线、通信枢纽、铁路线路、道路交通干线、水路交通干线、地铁风亭以及地铁站出入口；（五）基本农田保护区、基本草原、畜禽遗传资源保护区、畜禽规模化养殖场（养殖小区）、渔业水域以及种子、种畜禽、水产苗种生产基地；（六）河流、湖泊、风景名胜区、自然保护区；（七）军事禁区、军事管理区；（八）法律、行政法规规定的其他场所、设施、区域。"

高度危险活动区域和高度危险物存放区域在选址和管理上已经考虑了避免他人进入的因素，但如果他人仍然擅自进入相关危险区域而导致自身受到损害，此时责任如何承担，就属于《侵权责任法》第76条规定的问题，即“未经许可进入高度危险活动区域或者高度危险物存放区域受到损害，管理人已经采取安全措施并尽到警示义务的，可以减轻或者不承担责任。”

本次民法典编纂过程中，对该条予以了保留，但是作了一些修改完善，主要是对管理人免责事由的条件进一步进行了限制。

二、内容

一般情况下，对于高度危险活动和高度危险作业的相关主体如所有人、管理人，均适用无过错责任的归责原则，这是针对高度危险物品或高度危险作业的行为而言。对于高度危险活动的区域或者高度危险物存放的区域，由于相关法律法规的规定，选址建造此类区域都必须遵守各类规范要求，所以区域本身并没有对外界的危险性。但是进入到区域内部之后，如果不熟悉路线、设施设备的性能、高度危险活动或者物品的性质，则很容易引发事故。例如，误闯入高压变电站工作区，碰到变电设备而触电。

按照相关规定的要求，高度危险活动区域或者高度危险物存放区域都必须与人民群众生活工作的活动场所相隔绝，且必须进行严格的出入管理，非工作人员不得入内。但如果管理人已经采取相关安全措施，并且通过各种形式如树立警告牌、张贴告示等尽到警示义务，此时被侵权人仍然执意进入高度危险活动区域或高度危险物存放区域，并最终造成自身损害，这表明行为人自身具有较为明显的过错，因此应当减免管理人的责任。

根据本条规定，未经许可进入高度危险活动区域或者高度危险物存放区域受到损害，管理人需要举证证明自己已经采取足够安全措施并尽到充分警示义务时，才可以减轻其责任，或者免于承担责任。

本条格外强调了采取的安全措施必须达到足够的程度，而不能仅仅是采取了一些安全措施，即采取的安全措施一般情况下足以阻止外人进入。管理人的警示义务也强调必须是尽到了充分的警示义务，即管理人不能主张自己做出过提醒警示，而必须是提醒和警示非常醒目、数量较多甚至随处可见，才能作为抗辩事由。至于抗辩事由的效果是免于承担责任，还是减轻承担责任，则要根据管理人采取安全措施的足够程度，以及尽到警示义务的充分程度，并且要结合被侵权人自身的过错程度来判断。

法条关联

◆《电力法》

第五十三条　电力管理部门应当按照国务院有关电力设施保护的规定，对电力设施保护区设立标志。

任何单位和个人不得在依法划定的电力设施保护区内修建可能危及电力设施安全的建筑物、构筑物，不得种植可能危及电力设施安全的植物，不得堆放可能危及电力设施安全的物品。

在依法划定电力设施保护区前已经种植的植物妨碍电力设施安全的，应当修剪或者砍伐。

◆《核电厂核事故应急管理条例》

第二十七条　因核事故应急响应需要，可以实行地区封锁。省、自治区、直辖市行政区域内的地区封锁，由省、自治区、直辖市人民政府决定；跨省、自治区、直辖市的地区封锁，以及导致中断干线交通或者封锁国境的地区封锁，由国务院决定。

地区封锁的解除，由原决定机关宣布。

第三十九条　本条例中下列用语的含义：

（一）核事故应急，是指为了控制或者缓解核事故、减轻核事故后果而采取的不同于正常秩序和正常工作程序的紧急行动。

（二）场区，是指由核电厂管理的区域。

（三）应急计划区，是指在核电厂周围建立的，制定有核事故应急计划、并预计采取核事故应急对策和应急防护措施的区域。

（四）烟羽应急计划区，是指针对放射性烟云引起的照射而建立的应急计划区。

（五）食入应急计划区，是指针对食入放射性污染的水或者食物引起照射而建立的应急计划区。

（六）干预水平，是指预先规定的用于在异常状态下确定需要对公众采取应急防护措施的剂量水平。

（七）导出干预水平，是指由干预水平推导得出的放射性物质在环境介质中的浓度或者水平。

（八）应急防护措施，是指在核事故情况下用于控制工作人员和公众所接受的剂量而采取的保护措施。

（九）核安全重要物项，是指对核电厂安全有重要意义的建筑物、构筑物、系统、部件和设施等。

案例评议

一、范某、徐某、黄某1、黄某2诉抚顺发电有限责任公司案[①]

◆ **裁判规则**

在认定本案中侵权责任的承担时，法院认为，未经许可进入高度危险活动区域或者高度危险物存放区域受到损害，管理人已经采取安全措施并尽到警示义务的，可以减轻或者不承担责任。本案中王某3与黄某及受害人黄某3谎称项目部人员，进入到具有高度危险的区域，受害人黄某3在可能认知不存在带电危险的情况下，主动触碰高压设备并致身亡的事实清楚，死者及所在单位与王某3所在单位均与抚顺发电有限责任公司无任何合作项目或拆迁合同关系，其三人进入厂区无合理的理由和依据，且受害人故意触碰设有围栏及警示标志的高压设备，对危险的发生持一种放任态度，其应自负主要责任。抚顺发电有限责任公司对王某3等三人身份审查不严，对事故的发生亦应承担一定责任，应由其承担20%责任。

◆ **评议**

受害人未经许可进入发电厂，触碰高压设备之后死亡。受害人自身具有明显过错，但发电厂对受害人身份审查不严，不能证明自己已经采取足够安全措施并尽到充分警示义务，故对事故的发生亦应承担一定责任。

二、陆某1、陆某2、陆某3、陆某4、陆某5、陆某6诉江苏广靖锡澄高速公路有限责任公司案[②]

◆ **裁判规则**

在认定锡澄高速公路公司是否应对陆某的死亡后果承担赔偿责任及各自责

---

① 辽宁省抚顺市中级人民法院民事判决书，(2015) 抚中民终字第00368号。

② 江苏省无锡市中级人民法院民事判决书，(2015) 锡民终字第1484号。

任比例应如何确定时，法院认为，不得进入高速公路的车辆、行人，进入高速公路发生交通事故造成自身损害，当事人请求高速公路管理者承担赔偿责任的，应适用《侵权责任法》第76条关于高度危险责任的规定。高速公路管理者已经采取安全措施并尽到警示义务的可以免责。本案中，锡澄高速公路公司已经在入口醒目处树立警示标牌，陆某从入口通道驶入时起落杆处于正常下放状态，岗亭亦有工作人员值守，鉴于收费站等级等客观限制，应认定其已为防范行人、非机动车等进入高速公路采取了必要的安全防范和警示措施。但是，高速公路入口的起落杆客观上没有完全封闭通道，陆某从间隙处驶入，值班人员亦未引起注意，应认定相应安全措施的阻却效果没有实现。为预防类似行为再次发生，锡澄高速公路公司管理责任仍有待进一步加强。反观陆某，其作为完全民事行为能力人，应当知道并自觉遵守《道路交通安全法》第67条关于行人、非机动车不得进入高速公路的规定。其未能注意警示标牌，驾驶人力三轮车从收费站入口起落杆未能阻拦的区域进入高速公路的行为，对损害发生具有主导性，系导致事故发生的直接原因，应自担损失绝大部分责任。据此，酌定陆某自担损失90%的责任，锡澄高速公路公司适当承担10%的责任。

◆ **评议**

受害人推着人力三轮车在行车道内行走，并由新安北广场收费站擅自进入高速公路，与重型厢式货车发生碰撞并导致死亡。受害人未经许可进入高度危险活动区域，高速公路公司防范行人、非机动车等进入高速公路采取了必要的安全防范和警示措施，但是，高速公路入口的起落杆客观上没有完全封闭通道，受害人从间隙处驶入时值班人员亦未引起注意，应认定相应安全措施的阻却效果没有实现，故判令受害人自行承担90%的责任，高速公司承担10%的责任。

第一千二百四十四条　【高度危险责任的赔偿限额】

承担高度危险责任，法律规定赔偿限额的，依照其规定，但是行为人有故意或者重大过失的除外。

本条来源

《侵权责任法》第七十七条规定：“承担高度危险责任，法律规定赔偿限额的，依照其规定。”

立法演变

《民法典侵权责任编草案》（一审稿）第一千零二十条规定：“承担高度危险责任，法律规定赔偿限额的，依照其规定，但是行为人有故意或者重大过失的除外。”此后无变化。

条文释义

本条是关于高度危险责任中赔偿限额适用的规定。

一、概述

高度危险物品和高度危险作业，虽然极其具有危害性，但同时也是工业发达程度的体现。现代社会人们所取得的科技上的重大突破，以及工商业经济上的巨大成就，许多都体现在高度危险作业的运用上。因此，必须一方面保护被侵权人的合法权益，另一方面保障高度危险作业的顺利发展。

对于高度危险作业的保障，除了体现为侵权责任中的免责事由之规定以外，还体现在法律对于高度危险作业赔偿责任的限额上，也就是说，承担赔偿责任的高度危险责任人，在赔偿的数额达到法律规定的赔偿限额时，就可以不再承担更多的赔偿责任。

对此，《侵权责任法》第77条规定：“承担高度危险责任，法律规定赔偿限额的，依照其规定。”本次民法典编纂过程中，对该条予以保留，但进行了补充完善，主要是增加了“但是行为人有故意或者重大过失的除外”的赔偿限额例外性规定。

二、内容

根据本条规定，承担高度危险责任的责任限额，只能基于法律的规定，而且往往是单行法律的规定。当相关法律对赔偿限额作出规定时，相关侵权责任纠纷的解决，适用该法律的限额规定。

关于赔偿限额的具体规定，往往由单行法进行规定。例如《民用航空法》对于国内航空运输承运人的赔偿责任限额，授权国务院民用航空主管部门制定，报国务院批准后公布执行。那么2006年国务院批准的《国内航空运输承运人赔偿责任限额规定》第3条就规定，国内航空运输承运人对每名旅客的赔偿责任限额为人民币40万元，对每名旅客随身携带物品的赔偿责任限额为人民币3000元，对旅客托运的行李和对运输的货物的赔偿责任限额，为每公斤人民币100元。

再如，《海商法》就规定了海事赔偿责任限额，关于人身伤亡的赔偿请求，总吨位300吨至500吨的船舶，赔偿限额为333000计算单位；总吨位超过500吨的船舶，500吨以下部分适用本项第1目的规定，500吨以上的部分，应当增加下列数额：501吨至3000吨的部分，每吨增加500计算单位；3001吨至30000吨的部分，每吨增加333计算单位；30001吨至70000吨的部分，每吨增加250计算单位；超过70000吨的部分，每吨增加167计算单位。

关于非人身伤亡的赔偿请求，《海商法》规定，总吨位300吨至500吨的船舶，赔偿限额为167000计算单位；总吨位超过500吨的船舶，500吨以下部分适用本项第1目的规定，500吨以上的部分，应当增加下列数额：501吨至30000吨的部分，每吨增加167计算单位；30001吨至70000吨的部分，每吨增加125计算单位；超过70000吨的部分，每吨增加83计算单位。

又如，国务院2007年发布的《关于核事故损害赔偿责任问题的批复》第7条就规定："核电站的营运者和乏燃料贮存、运输、后处理的营运者，对一次核事故所造成的核事故损害的最高赔偿额为3亿元人民币；其他营运者对一次核事故所造成的核事故损害的最高赔偿额为1亿元人民币。核事故损害的应赔总额超过规定的最高赔偿额的，国家提供最高限额为8亿元人民币的财政补偿。对非常核事故造成的核事故损害赔偿，需要国家增加财政补偿金额的由国务院评估后决定。"

但是，当高度危险作业中的行为人对于损害的发生存在故意或者重大过失时，相关法律规定的赔偿限额就不再适用，行为人必须承担全部赔偿责任，不再受到赔偿限额的保护。这是因为赔偿限额的目的是保护相关高度危险作业的经营者、管理者的营业积极性，不为过重的责任而拖累，保护其正常经营的动力。但如果高度危险作业的责任主体是基于故意或者重大过失而造成损害时，表明其未尽到应尽的注意义务，违反了相关法律法规的规定，应当予以惩戒，不允许再享有责任限额的格外保护，对受害人实行充分的赔偿。

法条关联

◆《国内航空运输承运人赔偿责任限额规定》

第三条 国内航空运输承运人（以下简称承运人）应当在下列规定的赔偿责任限额内按照实际损害承担赔偿责任，但是《民用航空法》另有规定的除外：

（一）对每名旅客的赔偿责任限额为人民币40万元；

（二）对每名旅客随身携带物品的赔偿责任限额为人民币3000元；

（三）对旅客托运的行李和对运输的货物的赔偿责任限额，为每公斤人民币100元。

◆《铁路法》

第十七条 铁路运输企业应当对承运的货物、包裹、行李自接受承运时起到交付时止发生的灭失、短少、变质、污染或者损坏，承担赔偿责任：

（一）托运人或者旅客根据自愿申请办理保价运输的，按照实际损失赔偿，但最高不超过保价额。

（二）未按保价运输承运的，按照实际损失赔偿，但最高不超过国务院铁路主管部门规定的赔偿限额；如果损失是由于铁路运输企业的故意或者重大过失造成的，不适用赔偿限额的规定，按照实际损失赔偿。

托运人或者旅客根据自愿可以向保险公司办理货物运输保险，保险公司按照保险合同的约定承担赔偿责任。

托运人或者旅客根据自愿，可以办理保价运输，也可以办理货物运输保险；还可以既不办理保价运输，也不办理货物运输保险。不得以任何方式强迫办理保价运输或者货物运输保险。

案例评议

一、江海公司与弘乘公司船舶碰撞损害责任案[①]

◆ **裁判规则**

本院认为，根据《海商法》第215条之规定，海事赔偿责任限制仅适用于

① 宁波海事法院民事判决书，(2019)浙72民初568号。

碰撞双方事故损失两个请求金额之间的差额，本案双方当事人的赔偿请求相互抵销后，弘乘公司、江某、应某、潘某赔偿江海公司的金额没有超过其海事赔偿责任限额，故双方当事人关于海事赔偿责任限制的主张没有意义，本院均不予支持。

◆ **评议**

承担高度危险责任，法律规定赔偿限额的，依照其规定，但如果当事人的赔偿责任尚未超出相关赔偿限额的规定，则当事人关于进行赔偿责任限制的主张，就没有任何意义。

二、韩某与一盛公司等海上财产损害责任案①

◆ **裁判规则**

“湘张家界货3003”轮作为内河船舶，不在海商法的调整范围之内，亦不属于交通部《关于不满300总吨船舶及沿海运输、沿海作业船舶海事赔偿限额的规定》规定的适用船舶范围，无权享受海事赔偿责任限制。

◆ **评议**

赔偿限额必须基于法律的规定，按照法律规定不享有赔偿限额的，则不得主张赔偿限额。

① 福建省高级人民法院民事判决书，（2019）闽民终759号。

第九章　饲养动物损害责任

本章概要

本章是关于饲养动物致人损害责任的集中规定，规定了饲养的动物造成他人损害的归责原则与免责事由、未依照规定对动物采取安全措施造成他人损害的责任承担、禁止饲养的危险动物造成他人损害的责任、动物园的动物造成他人损害的归责原则、遗弃及逃逸的动物造成他人损害的责任主体、第三人过错使动物致人损害的责任承担，以及对动物饲养人行为规范的倡导。

第一千二百四十五条　【饲养动物致害责任的一般规定】

饲养的动物造成他人损害的，动物饲养人或者管理人应当承担侵权责任；但是，能够证明损害是因被侵权人故意或者重大过失造成的，可以不承担或者减轻责任。

本条来源

《侵权责任法》第七十八条规定："饲养的动物造成他人损害的，动物饲养人或者管理人应当承担侵权责任，但能够证明损害是因被侵权人故意或者重大过失造成的，可以不承担或者减轻责任。"

立法演变

《民法典侵权责任编草案》（一审稿）第一千零二十一条规定："饲养的动物造成他人损害的，动物饲养人或者管理人应当承担侵权责任，但是能够证明损害是因被侵权人故意或者重大过失造成的，可以不承担或者减轻责任。"此后无变化。

条文释义

本条是关于饲养的动物造成他人损害的一般规定，也被称为饲养动物损害责任的一般条款、动物致人损害的一般规定。

一、概述

本条重点是针对饲养动物造成他人损害中归责原则和免责事由的规定。在长期的农耕时代，饲养的动物不受控制造成他人伤害，是人们日常生活中所面临的一大风险。例如，饲养的看家狗咬伤访客，马匹受惊撞伤路人，耕牛失控顶伤他人，等等。例如，《十二表法》第八表“私犯”就规定：“牲畜损害他人的，由其所有人负赔偿责任，或将该牲畜交与被害人。”“让自己的牲畜在他人田中吃食，应负赔偿责任；但如他人的果实落在自己的田中而被牲畜吃掉的，则不需负责。”

我国《民法通则》对于饲养的动物造成他人损害就专门作出了规定，其第127条规定：“饲养的动物造成他人损害的，动物饲养人或者管理人应当承担民事责任；由于受害人的过错造成损害的，动物饲养人或者管理人不承担民事责任；由于第三人的过错造成损害的，第三人应当承担民事责任。”该规定涉及了饲养的动物造成他人损害的归责原则，受害人过错，以及第三人原因时的责任承担问题，成为后来《侵权责任法》规定饲养的动物造成他人损害的重要依据。

随着社会的发展，人们饲养的宠物越来越多，同时各地兴建的城市动物园、野生动物园也越来越多，动物伤人事件每年都大量发生，不少城市都规定了类似于《养犬管理规定》的地方性法规。因此在民事法律上，需要更为详细的侵权法依据来调整动物伤人的侵权法律关系。在此背景下，《侵权责任法》设立专章规定饲养的动物造成他人损害的责任，对许多方面作出了更为细致的规定。关于饲养的动物造成他人损害的一般规定，《侵权责任法》第78条规定：“饲养的动物造成他人损害的，动物饲养人或者管理人应当承担侵权责任，但能够证明损害是因被侵权人故意或者重大过失造成的，可以不承担或者减轻责任。”这一规定将受害人过错限定为故意或者重大过失。

在本次民法典草案审议过程中，一些代表还希望本章能够规定得更为详细，例如全国人大常委会李锐委员就认为：“在实践中遇到动物饲养人或者管理人无法明确的情形时，就会缺乏可操作性，建议增加对于动物饲养人或管理人不明时，应以公平原则来确定补偿责任的原则性规定。”而全国人大常委会欧阳昌琼委员则提出：“饲养的动物造成他人损害的，这个‘他人’如果是具体的受害人，就比较容易找到被侵权的对象。有一些是属于公共利益受到损害的，比如在公园等公共场所对公共设施等公物和公共环境造成的损害，也应当由动物饲养人或者管理人承担侵权责任。建议在第九章第一千零二十一条加上有关公共利益损害的内容。”①

在本次民法典编纂过程中，对于《侵权责任法》的该条规定予以保留，仅作了文字上的少许调整，内容上未作改动，形成本条。

二、内容

（一）饲养的动物造成他人损害的归责原则

根据本条规定，只要是饲养的动物造成他人损害的，动物饲养人或者管理人就应当承担侵权责任。可见，对于饲养的动物致他人损害，在归责原则上采取无过错责任原则，即无论动物饲养人或管理人有无过错，只要其饲养的动物造成了他人的损害，其就应当对损害承担责任。

对于饲养的动物造成他人损害采无过错责任的归责原则，基于动物本身可能具有的较大危险性，无论是作为看家护院工具而饲养的大型犬、烈性犬，还是农家院内饲养的公鸡，都有可能造成他人人身权益严重受损的后果，此类案例为数不少。例如宠物狗将人严重咬伤，公鸡啄瞎小孩眼睛等。此外，动物饲养人或者管理人作为动物这一危险源的开启者，其也具有控制动物的能力和义务，例如对饲养的动物进行圈养或者拴绳等。在饲养动物中，动物饲养人或者管理人也是基于饲养行为的获益者，无论是通过家禽来完成农活，或者食用家禽家畜的肉蛋奶，还是通过饲养小动物获得心理上的安抚慰藉，都获得某种物质或精神上的利益。

因此，要求动物饲养人或者管理人对于动物造成他人损害承担无过错责任，具有合理性，也是各国通行做法。

（二）饲养的动物造成他人损害中的免责事由

本条规定了饲养的动物造成他人损害的两种免责事由，即被侵权人故意造

---

① 朱宁宁：《积极回应社会关切聚焦新情况新问题 侵权责任编草案尚有细化空间》，载《法制日报》2019 年 8 月 27 日。

成损害的，动物饲养人或者管理人可以不承担责任；被侵权人基于重大过失造成损害的，动物饲养人或者管理人可以减轻责任。

事实上，被侵权人故意造成损害的免责事由，也是属于《民法典》侵权责任编总则部分受害人故意在饲养的动物致人损害中的体现，即损害是因受害人故意造成的，行为人不承担责任。

被侵权人故意让他人饲养的动物对自己造成损害，这类情形在实践中相对少见。更多的是被侵权人基于重大过失而造成自身损害的情形。这也是《民法典》侵权责任编总则部分关于受害人与有过失规定在饲养的动物致人损害中的体现，即“被侵权人对同一损害的发生或者扩大有过错的，可以减轻侵权人的责任。”只不过本条中将此种受害人过错限定为重大过失，以体现对动物饲养人或管理人更为严格的要求。被侵权人的重大过失造成自身损害，实践中较为常见，例如，为了逃票而不顾层层警示、翻越围墙，进入动物园的狮虎猛兽区，最后导致自己被老虎咬伤咬死等。

当然，本章中其他条文对于动物饲养人或管理人的免责事由有规定的，同样可以适用其规定；根据《民法典》侵权责任编总则部分“本法和其他法律对不承担责任或者减轻责任的情形另有规定的，依照其规定”的规定，其他法律对于动物饲养人或管理人的免责事由有规定的，也应当适用其规定。

法条关联

◆《民法典》侵权责任编

第一千一百七十三条　被侵权人对同一损害的发生或者扩大有过错的，可以减轻侵权人的责任。

第一千一百七十四条　损害是因受害人故意造成的，行为人不承担责任。

案例评议

一、殷某 1 诉殷某 2 动物伤害案①

◆ **裁判规则**

在认定殷某 1 是否应对殷某 2 被狗咬伤造成的损失承担赔偿责任时，二审

① 北京市第二中级人民法院民事判决书，（2013）二中民终字第 16865 号。

法院认为，根据《侵权责任法》第78条规定："饲养的动物造成他人损害的，动物饲养人或者管理人应当承担侵权责任，但能够证明损害是因被侵权人故意或者重大过失造成的，可以不承担或者减轻责任。"本案中，殷某2被殷某1饲养的狗咬伤，殷某1上诉主张殷某2自身存在过错，殷某2参与了其父母与殷某1夫妇打架事件，刺激、诱发了动物的致害行为，但未就此提交充分的证据，且殷某2对此亦不认可，称其只是参与劝架，并在送殷某1夫妇到家离去时被殷某1院子里的小狗咬伤，故本院对殷某1认为殷某2自身存在过错的上诉主张，不予采信，殷某1应对殷某2的损失承担赔偿责任。

◆ **评议**

饲养的动物造成他人损害的，动物饲养人或者管理人应当承担侵权责任。如果动物饲养人或者管理人提出异议，则其应当承担举证责任，能够证明损害是因被侵权人故意或者重大过失造成的，才可以不承担或者减轻责任，如果不能完成举证责任，则按照无过错责任的归责原则，其应当承担赔偿责任。

二、陈某、周某诉杨某案①

◆ **裁判规则**

在认定上诉人陈某、周某应否对被上诉杨某人身损害产生的损失承担责任时，法院认为，本案是一起饲养动物致人损害民事纠纷，按照《民法通则》第127条和《侵权责任法》第78条所确立的法律责任原则，在该侵权责任纠纷中，动物饲养人承担的是无过错责任，即不论动物饲养人行为上有无过错，只要客观上造成他人损害的，就应当按照法律规定承担赔偿责任；只有在证实被侵权人存在故意或重大过失的情形下，动物饲养人才能免责或减轻责任。本案陈某、周某提出杨某是与其饲养的狗"相撞"，且杨某无摩托车驾驶证、行驶证的理由，均不符合法定的责任免除或责任减轻的条件，故陈某、周某应承担赔偿责任。

◆ **评议**

本案中，受害人无证驾驶二轮摩托车行驶中，与在此逗留的狗相撞，导致

---

① 新疆生产建设兵团第一师中级人民法院民事判决书，（2014）兵一民终字第61号。

受害人受伤。动物饲养人必须能够证明损害是因被侵权人故意或者重大过失造成的，才可以不承担或者减轻责任。至于受害人驾驶摩托车是否具有驾驶证和行驶证，与损害并无直接联系，不能因此而主张免责。

第一千二百四十六条　【未对动物采取安全措施的责任】

违反管理规定，未对动物采取安全措施造成他人损害的，动物饲养人或者管理人应当承担侵权责任；但是，能够证明损害是因被侵权人故意造成的，可以减轻责任。

本条来源

《侵权责任法》第七十九条规定："违反管理规定，未对动物采取安全措施造成他人损害的，动物饲养人或者管理人应当承担侵权责任。"

立法演变

《民法典侵权责任编草案》（一审稿）第一千零二十二条规定："违反管理规定，未对动物采取安全措施造成他人损害的，动物饲养人或者管理人应当承担侵权责任，但是能够证明损害是因被侵权人故意造成的，可以减轻责任。"此后无变化。

条文释义

本条是关于未依照规定对动物采取安全措施造成他人损害的责任承担之规定。

一、概述

由于动物并不具备人类的理性，无论是否长期饲养，动物所天然具备的兽性、野性都可能形成对他人的攻击，难以完全避免。而且动物大多具有锋利的爪牙，其速度甚至力量都为人类所难以比肩，所以一旦动物对他人进行攻击，在瞬间就可能造成他人人身伤亡的后果。

因此，为了避免饲养的动物对他人实施攻击而致人损害，同时又兼顾动物饲养人或者管理人的利益，各类法律法规、地方性法规或规章都规定了各类常见饲养动物的饲养管理规定，要求动物饲养人或者管理人根据所饲养动物的不同，而采取不同的管理措施，防止对他人造成损害。

如果违反这些管理规定，而未对动物采取安全措施，导致动物攻击他人、造成他人损害的，就表明动物饲养人或者管理人未尽到必要的注意义务，应当承担侵权责任。《侵权责任法》第 79 条对此规定："违反管理规定，未对动物采取安全措施造成他人损害的，动物饲养人或者管理人应当承担侵权责任。"本次民法典编纂过程中，对该条予以了保留，并作出了补充完善，增加了免责事由的规定，即损害是因被侵权人故意造成的，可以减轻动物饲养人或者管理人的责任。

二、内容

（一）未依照规定对动物采取安全措施造成他人损害的归责原则

根据本条规定，违反了相关饲养动物的管理规定，未对动物采取安全措施而造成他人损害的，动物饲养人或者管理人应当承担侵权责任，此种责任的归责原则是无过错责任原则。

同时，为了弥补《侵权责任法》第 79 条未明确规定此种情形下的免责事由，避免法律适用中因为受害人的故意就免除动物饲养人或者管理人的责任，或者基于受害人的故意就减轻动物饲养人或者管理人的责任，本条特别补充规定了免责事由，仅限于被侵权人故意造成损害后果发生时，才得以减轻动物饲养人或者管理人的责任。

"举重以明轻"，既然被侵权人故意造成损害后果发生时，才得以减轻而不能免除动物饲养人或者管理人的责任，那么当被侵权人不是基于故意，而是基于过失，无论是重大过失还是一般过失，均不应减轻动物饲养人或者管理人的责任。因为按照规定对饲养的动物采取安全措施，是动物饲养人或者管理人最基本、最重要的义务，是保证饲养的动物能够在人群密集的区域存在的基本保障，如果连这一最低限度的要求都不能实现，那么动物饲养人或者管理人的过错程度就十分严重，表明其未尽到最基本的注意义务，应当对于损害承担责任，受害人的过失均无法改变动物饲养人或者管理人具有严重过错的事实。例如，受害人见大树底下拴着一只小狗，便用语言挑逗小狗作乐，不料狗绳仅是虚绕一圈，并没有拴住，小狗跑来咬伤受害人，此时受害人具有挑逗动物的重大过失，那么并不能因此而减轻小狗饲养人、管理人的责任，因为其并未履行拴狗的基本义务。

（二）对饲养动物的管理规定

本条针对未对动物采取安全措施的限制，仅规定了“违反管理规定”，而未采取“违反法律”的规定，是因为在国家法律甚至法规、部门规章层面，对于饲养动物的管理规定都比较少，主要是各地人大、政府制定的地方性法规或地方政府规章。因此，仅要求存在相关的管理规定即可，不对管理规定的法律效力层级作出规定。当然，管理规定必须是动物饲养人或者管理人所应当受到约束的管理规定，例如，不能将北京的养犬规定拿来要求上海市民，等等。

以养犬为例，目前全国大多数省会城市和一些较大的城市均制定了关于养犬的规定。例如，2003 年《北京市养犬管理规定 》就规定，本市东城区、西城区、崇文区、宣武区、朝阳区、海淀区、丰台区、石景山区为重点管理区，其他区、县为一般管理区。重点管理区内的农村地区，经区人民政府决定，可以按照一般管理区进行管理。一般管理区的城镇和人口聚集的特殊区域，经区、县人民政府决定，可以按照重点管理区进行管理。在重点管理区内，每户只准养一只犬，不得养烈性犬、大型犬。禁养犬的具体品种和体高、体长标准，由畜牧兽医行政部门确定，向社会公布。养犬人不得携犬进入市场、商店、商业街区、饭店、公园、公共绿地、学校、医院、展览馆、影剧院、体育场馆、社区公共健身场所、游乐场、候车室等公共场所；不得携犬乘坐除小型出租汽车以外的公共交通工具；携犬乘坐小型出租汽车时，应当征得驾驶员同意，并为犬戴嘴套，或者将犬装入犬袋、犬笼，或者怀抱；携犬乘坐电梯的，应当避开乘坐电梯的高峰时间，并为犬戴嘴套，或者将犬装入犬袋、犬笼；居民委员会、村民委员会、业主委员会可以根据实际情况确定禁止携犬乘坐电梯的具体时间；等等。

只要是对饲养犬只作出了管理规定的城市，其要求都比较严格、科学，但日常生活中很少有养犬者严格遵守相关规定，这涉及执法的部门配合衔接和执法成本问题。“全国人大常委会副委员长王晨指出，虽然多地出台了犬只管理的地方性法规和规章，但职责涉及农业、公安、卫生等多个部门，存在责任落实不到位、工作衔接有漏洞，一些制度如办理养犬证和动物疫苗接种等规定流于形式，监管部门重事后处置、轻事前监管等问题，人民群众对此反应强烈。”①

① 汤瑜：《不文明养犬之乱》，载《民主与法制时报》2018 年 9 月 12 日。

随着我国城市管理水平的不断提高，对于城市居民饲养动物的管理水平也会不断提高，进而实现对饲养动物的妥善治理。

案例评议

一、艾某诉宗某案[①]

◆ **裁判规则**

在认定艾某的行为是否存在过错时，法院认为，艾某饲养的成年雄性拉布拉多犬，依规应当办理养犬登记，且属于体高超过45厘米的武汉市限养区内的个人禁养犬只。艾某饲养犬未办理养犬登记就在限养区携犬出户，违反了《武汉市养犬管理条例》第8条第1款“限养区内禁止无证养犬”、第13条第1项“限养区内，养犬人应当遵守下列规定：（一）携犬出户，带养犬登记证，为犬束犬链、挂犬只标识，并由具有完全民事行为能力的人牵引，避让老年人、残疾人、孕妇和儿童……”的规定，其行为有过错。

◆ **评议**

行为人饲养的拉布拉多犬在没有束犬链予以牵领的情况下，从旁边的小区跑出，经受害人身后将其撞倒致伤。在此，受害人不存在故意造成损害的情形，动物饲养人或者管理人应当承担侵权责任。

二、梁某1、梁某2诉梁某3、黄某1、黄某2、马某案[②]

◆ **裁判规则**

在认定马某应否承担责任时，法院认为，根据《侵权责任法》第78条的规定：“饲养的动物造成他人损害的，动物饲养人或者管理人应当承担侵权责任，但能够证明损害是因被侵权人故意或者重大过失造成的，可以不承担或者减轻责任。”首先推定由本案黄牛的饲养人马某承担民事责任，但根据公安机关对证人陆某的调查，梁某4虽然同意黄某3等人在牛栏外观看她家的公黄牛，但也警告“这头牛脾气暴，不要太靠近。”黄某3未尽高度注意义务，轻信能够避免，在用草喂牛时过于靠近牛，对事故的发生有过错，可减轻被告马某的责任。

---

① 湖北省武汉市中级人民法院民事判决书，（2013）鄂武汉中民二终字第01066号。
② 广西壮族自治区百色市中级人民法院民事判决书，（2014）百中民一终字第788号。

◆ 评议

动物饲养人明确对受害人进行了警告，并拒绝受害人进入牛栏看牛，但受害人不听，执意进入牛栏看牛，导致被牛顶伤死亡的后果。对此，牛的主人已警告并拒绝进入牛栏看牛，是行为人自己过于自信和疏忽大意，才导致损害结果的发生，应承担相应责任，并据此减轻被告动物饲养人的责任。

第一千二百四十七条　【禁止饲养的危险动物致害责任】

禁止饲养的烈性犬等危险动物造成他人损害的，动物饲养人或者管理人应当承担侵权责任。

本条来源

《侵权责任法》第八十条规定："禁止饲养的烈性犬等危险动物造成他人损害的，动物饲养人或者管理人应当承担侵权责任。"

立法演变

《民法典侵权责任编草案》（一审稿）第一千零二十三条规定："禁止饲养的烈性犬等危险动物造成他人损害的，动物饲养人或者管理人应当承担侵权责任。"此后无变化。

条文释义

本条是关于禁止饲养的危险动物造成他人损害的责任之规定。

一、概述

本条在规定禁止饲养的危险动物时，特别以烈性犬作为典型类型进行列举。因为城市中饲养烈性犬的并不少见，小区中常见狗主人牵着一只甚至多只烈性犬散步，大多未给烈性犬佩戴嘴套，甚至有的还不拴狗链，人人避之唯恐不及。

危险动物表明其性情猛烈，兽性十足，难以驯化，不温顺，且攻击性强、危害性大。此类动物不宜作为饲养的动物，尤其是不宜作为宠物在人员密集的城市中饲养。《侵权责任法》第 80 条对此规定："禁止饲养的烈性犬等危险动物造成他人损害的，动物饲养人或者管理人应当承担侵权责任。”本次民法典编纂过程中，对该条规定完全予以保留形成了本条规定。

二、内容

（一）禁止饲养的危险动物造成他人损害的归责原则

根据本条规定，只要是禁止饲养的烈性犬等危险动物造成他人损害的，动物饲养人或者管理人就应当承担侵权责任，对此类侵权责任的归责原则是无过错责任原则。并且应当注意到，在本条中未规定任何减轻或免除责任的事由。

这是因为，相关管理规定中，列明禁止饲养的危险动物，是对于危险源的禁止性规定，如果动物饲养人或者管理人执意违反规定、饲养禁止饲养的危险动物，那么就属于违法开启危险源，此后即便被侵权人存在故意或重大过失的过错，也不能改变动物饲养人或者管理人是造成损害的根本原因的事实。因为危险动物本身具有的攻击性、伤害性远远高于一般的动物，危险程度类似于高度危险物品，所以才会通过各种管理规定禁止饲养，此时如果动物饲养人或者管理人遵守规定，不饲养禁止饲养的危险动物，就不会造成危险动物伤人的后果，而且此种后果往往不同于普通的饲养动物伤人的后果，很可能造成受害人重伤或者死亡的严重后果。正因如此，本条作出了严格的规定，不仅适用无过错责任原则的归责原则，而且不规定免责事由。

（二）禁止饲养的烈性犬等危险动物种类

禁止饲养的烈性犬等危险动物种类，同样要根据各地的相关管理性规定。本条单独列举烈性犬，是因为烈性犬经常被城市居民作为宠物狗进行饲养，但此类犬只属于禁止饲养的危险动物范围中的一类。如果管理规定中将大型犬也作为禁止饲养的种类，则同样不得饲养大型犬。

例如，2003 年《北京市养犬管理规定》第 10 条第 1 款就规定：“在重点管理区内，每户只准养一只犬，不得养烈性犬、大型犬。禁养犬的具体品种和体高、体长标准，由畜牧兽医行政部门确定，向社会公布。”2004 年《贵阳市城镇养犬规定》第 6 条更是明确规定：“禁止城镇居民饲养烈性犬。”2013 年《吉林市人民政府关于禁止在城市建成区内饲养大型犬和烈性犬的通告》中指出：未经公安机关登记备案，禁止在城市建成区内擅自饲养大型犬和烈性犬，对违反规定擅自饲养大型犬和烈性犬的，由公安机关依法从严处理。

就宠物狗而言，常见的禁止饲养的主要是烈性犬和大型犬。大型犬主要是体型较大，从而对于体型较小的小孩、老人等具有很大的威胁。对于大型犬，认定标准相对简单，主要是从犬只的体高和体重来作出具体要求即可，例如《吉林市人民政府关于禁止在城市建成区内饲养大型犬和烈性犬的通告》指出，“本通告所称大型犬是指体高超过40厘米，体重超过10公斤的犬类”。

而对于烈性犬的认定则困难得多，也复杂得多。因为是否烈性，并不完全看犬只的体型，而是对于其攻击性的认定，这显然更为困难，对于犬类的专业性知识要求也更高。烈性犬有些属于大型犬，体型较大，但也有些烈性犬体型较小而攻击性十足。所以各地管理规定只能作出一些典型列举，且对于烈性犬的列举，各地并不一致。

例如2008年《重庆市农业局关于发布22种烈性犬攻击性犬种类的通告》列举了22种烈性犬、攻击性犬种类，包括：“藏獒、狼狗、中华田园犬（俗称：土狗）、高加索、纽波利顿（别名：意大利獒犬、拿破仑）、巴西菲勒（别名：巴西獒犬）、波尔多（别名：法国獒犬）、英国斗牛獒、英国獒犬（别名：马士提夫）、杜高（别名：阿根廷獒犬）、中亚牧羊犬、西班牙加纳利、日本土佐、标准牛头梗、卡斯罗、韩国杜莎、美国斗牛、斯坦福斗牛、爱尔兰猎狼、比特、重庆犬（别名：川东猎犬）、罗德西亚背脊犬以及具有上述犬种血统的杂交犬只。”

2009年《深圳市农林渔业局关于公布烈性犬名单的通告》列出了27种烈性犬品种名单及其中英文名称，包括：一、藏獒 TibetanMastiff；二、比特斗牛梗 PitBullTerrier；三、阿根廷杜高狗 Dogo Argentina；四、巴西非拉狗 Fila Brazil-iero；五、日本土佐犬 Japanese Tosa；六、中亚牧羊犬 CentralAsian ShepherdDog；七、川东犬；八、苏俄牧羊犬 Borzoi；九、牛头梗 Bull Terrier；十、英国马士提夫 Mastiff；十一、意大利卡斯罗 Cane Corso；十二、大丹犬 Great Dane；十三、俄罗斯高加索 Caucasian Owtcharka；十四、意大利扭玻利顿 Neopolitan Mastiff；十五、斯塔福 Staffordshire Terrier；十六、阿富汗猎犬 Afghan Hound；十七、波音达犬 Pointer；十八、威玛猎犬 Weimaraner；十九、雪达犬 Setter；二十、寻血猎犬 Bloodhound；二十一、巴仙吉犬 Basenji；二十二、英国斗牛犬 BullDog；二十三、秋田犬 Akita；二十四、纽芬兰犬 NewFoundLand；二十五、贝林登梗 Be-dlingtonTerrier；二十六、凯丽蓝梗 Kerry Blue Terrier；二十七、中华田园犬。

2013年《吉林市人民政府关于禁止在城市建成区内饲养大型犬和烈性犬的

通告》对烈性犬作出了9种典型犬类的列举："烈性犬是指藏獒、斗牛獒犬、法国狼犬、德国牧羊犬、牛头梗、杜宾犬、圣班纳犬、高加索犬、中华田园犬（土狗）等具有较强攻击性的犬类。"

可见在实践中，认定某种犬只是否属于烈性犬等禁止饲养的犬类，只能根据各地的管理规定来认定，目前尚未有统一标准。

案例评议

冯某诉刘某案[①]

◆ 裁判规则

在认定冯某应否对刘某的各项损失承担全部赔偿责任时，法院认为，《侵权责任法》第78条规定：饲养的动物造成他人损害的，动物饲养人或者管理人应当承担侵权责任，但能够证明损害是因被侵权人故意或者重大过失造成的，可以不承担或者减轻责任。也就是说饲养动物责任的归责原则为无过错责任。本案中刘某给冯某丈夫送快递时被上诉人饲养的狗咬伤。因冯某的商铺是开放式，被上诉人进入时狗也没有吠叫，而且拴狗的铁链长1.5米，完全可以在一定距离内攻击人，刘某没有挑逗、投打狗的行为，虽然送快递时没有预先打电话，但不属重大过失行为。且冯某未经有关部门批准饲养烈性的狼狗，根据《侵权责任法》第80条规定，应承担最为严格的无过错责任，因此冯某作为动物的饲养人和管理人对刘某的损失应承担全部赔偿责任。

◆ 评议

快递员送件时被狼狗咬伤，而狼狗属于禁止饲养的烈性犬，饲养人将狼狗拴在房屋里面，但商铺大门敞开，且没有任何警示或采取相应的防范措施，动物饲养人应当全额赔偿受害人的全部损失。

第一千二百四十八条　【动物园的动物致害责任】

动物园的动物造成他人损害的，动物园应当承担侵权责任；但是，能够证明尽到管理职责的，不承担侵权责任。

---

① 广西壮族自治区贵港市中级人民法院民事判决书，(2014）贵民一终字第230号。

本条来源

《侵权责任法》第八十一条规定："动物园的动物造成他人损害的，动物园应当承担侵权责任，但能够证明尽到管理职责的，不承担责任。"

立法演变

《民法典侵权责任编草案》（一审稿）第一千零二十四条规定："动物园的动物造成他人损害的，动物园应当承担侵权责任，但是能够证明尽到管理职责的，不承担责任。"

《民法典侵权责任编草案》（三审稿）第一千零二十四条规定："动物园的动物造成他人损害的，动物园应当承担侵权责任，但是能够证明尽到管理职责的，不承担侵权责任。"

《民法典侵权责任编草案》（征求意见稿）第一千二百四十八条规定："动物园的动物造成他人损害的，动物园应当承担侵权责任；但是，能够证明尽到管理职责的，不承担侵权责任。"此后无变化。

条文释义

本条是关于动物园的动物造成他人损害的归责原则之规定。

一、概述

除了城镇居民饲养的宠物和农村居民饲养的家禽家畜之外，还有一类大量饲养动物的主体，即动物园。根据饲养动物的主体不同，《侵权责任法》将动物致人损害分为动物园饲养的动物造成他人损害和其他人工饲养的动物造成他人损害两大类。

动物园是集中饲养动物以供人们观赏的地方，是现代社会为居民提供近距离观察感受原本处于野生状态的动物的重要渠道，对增进人们对于大自然的了解、促进人们对于生活多样性的理解具有重要作用。《城市动物园管理规定》第2条列举了综合性动物园（水族馆）、专类性动物园、野生动物园、城市公园的动物展区、珍稀濒危动物饲养繁殖研究场所几种城市动物园的类型。但在生活中，人们一般将动物园分为城市动物园和野生动物园，前者是对动物以圈养、笼养的方式，封闭起来供游客观赏，后者则是对动物以野生散养的方式进行较大范围的封闭管理，游客可以乘坐封闭式交通工具进入园中近距离观察动物。

前者如作为我国城市动物园发端的北京动物园，始建于1906年，是中国对公众开放最早的动物园和华北地区对公众开放最早的公园，目前占地面积约90公顷，展出珍稀野生动物约500种，5000余只，海洋鱼类及海洋生物500余种10000多尾。每年接待中外游客600多万人次，是中国最大的动物园之一，也是一所世界知名的动物园。

20世纪90年代，我国各地开始兴建大批的野生动物园，1993年，原林业部批准建立的全国第一家野生动物园——深圳野生动物园。2016年发生过有名的老虎伤人事件的北京大兴野生动物园，位于大兴区榆垡镇万亩森林之中，是经原国家林业局批准，北京市政府立项、北京绿野晴川动物园有限公司投资建设的集动物保护、野生动物驯养繁殖及科普教育于一体的大型自然生态公园，会集了世界各地珍稀野生动物200多种10000余头（只），分为步行游览区、自驾游览区、猛兽体验区三个区域，游客可以近距离观察野生动物、观赏猛兽。

对于动物园的动物造成他人损害的责任，《侵权责任法》第81条规定："动物园的动物造成他人损害的，动物园应当承担侵权责任，但能够证明尽到管理职责的，不承担责任。"本次民法典编纂过程中，对此规定予以了保留，仅作个别文字调整，形成了本条规定。

二、内容

在归责原则上，本条对于动物园的动物造成他人损害的情形，采取了过错推定的归责原则，不同于普通饲养动物主体的无过错责任原则。根据本条规定，动物园动物造成他人损害的，对动物园实行举证责任倒置，由动物园对其不存在过错负担举证责任。动物园的过错主要体现为未尽到管理职责。如果其不能证明自己已经尽到了管理职责，则应当承担侵权责任；反之，则无需承担侵权责任。

本章第1245条规定："饲养的动物造成他人损害的，动物饲养人或者管理人应当承担侵权责任；但是，能够证明损害是因被侵权人故意或者重大过失造成的，可以不承担或者减轻责任。"该条对于饲养的动物造成他人损害的归责原则，采取了无过错责任的一般性规定。那么本条规定与此不同，属于针对特殊主体、特殊事项的特别规定，相对于本章第1245条而言，本条规定属于特别规定。因此，在适用上，针对动物园饲养的动物造成他人损害的情形应当适用本条规定的归责原则，即过错推定责任原则。

对于动物园是否尽到管理职责的判断，如果存在相关的专门规定，则根据相关规定来判断，如果不存在相关规定，则由法院根据具体案件情况来判断动物园是否尽到了管理职责。例如，《城市动物园管理规定》对于动物笼舍和展馆设计就要求必须符合动物生活习性，保证动物、游人和饲养人员的安全。动物园管理机构还应当完善各项安全设施，配备相应的人员，加强安全管理，确保游人、管理人员和动物的安全。动物园管理机构还应当加强对游人的管理，严禁游人在动物展区内惊扰动物和大声喧哗，闭园后禁止在动物展区进行干扰动物的各种活动。

案例评议

欧阳某某诉本溪市动植物园管理办公室案[①]

◆ 裁判规则

在认定被告本溪市动植物园应否对原告欧阳某某所受伤害承担相应的赔偿责任时，法院认为，动物园的动物造成他人损害的，动物园应当承担侵权责任，但能够证明尽到管理职责的，不承担责任。原告被猴子咬伤后到被告饲养科告知被咬伤一事，随后被急救治疗。但被告对猴子笼舍铁丝是否完好并未及时采取保全措施，而仅凭其单方工作记录证明其已尽管理职责难以让人信服。即使在猴子笼舍完好的情况下，原告被猴子咬伤，被告的防护措施仍存在不妥之处。被告理应谙熟动物属性，具有管理动物的专门知识及专业注意，但未针对猴子的特点设立保障儿童安全的装置，禁止儿童接近。被告提供的温馨提示照片系于庭审前拍摄，不足以证明在原告被猴子咬伤前就已悬挂在猴子笼舍外，故不能证明被告已尽安全告知提醒义务。故，被告应对原告所受伤害承担相应的赔偿责任。

◆ 评议

小孩手指被笼子中的猴子咬伤，而猴子笼舍细铁丝制成网眼密度较小的防护网有破损处。动物园未能证明其尽到管理职责，所以应当承担相应的侵权责

---

① 辽宁省本溪市平山区人民法院民事判决书，（2015）平民初字第00020号。

任即80%的责任，原告父亲作为监护人对原告所受伤害承担次要责任即承担20%的责任。

第一千二百四十九条　【遗弃、逃逸的动物致害责任】

遗弃、逃逸的动物在遗弃、逃逸期间造成他人损害的，由动物原饲养人或者管理人承担侵权责任。

本条来源

《侵权责任法》第八十二条规定："遗弃、逃逸的动物在遗弃、逃逸期间造成他人损害的，由原动物饲养人或者管理人承担侵权责任。"

立法演变

《民法典侵权责任编草案》（一审稿）第一千零二十五条规定："遗弃、逃逸的动物在遗弃、逃逸期间造成他人损害的，由原动物饲养人或者管理人承担侵权责任。"

《民法典侵权责任编草案》（二审稿）第一千零二十五条规定："遗弃、逃逸的动物在遗弃、逃逸期间造成他人损害的，由动物原饲养人或者管理人承担侵权责任。"此后无变化。

条文释义

本条是关于遗弃、逃逸的动物造成他人损害的责任主体之规定。

一、概述

由于动物本身具有一定的危险性，当动物被饲养人遗弃，或者自行逃脱后，便处于无人管理控制的状态，且失去稳定食物来源，更容易具有攻击性，对社会公众的人身财产安全带来威胁。

在农村中饲养的家禽家畜，往往具有经济价值，因此饲养人或者管理人会勤于管理，不会轻易将之遗弃，即便发生逃脱的现象，饲养人或者管理人也会尽力寻找追回。但是在城市中，被城市居民饲养的宠物，尤其是各种猫狗，则容易发生被遗弃或逃逸的现象。因为城市居住空间一般都十分有限，难以为宠物单独制定笼子或特定生活空间，其伴随主人一同生活、出入，很容易逃逸或走失。加上一些宠物的饲养人不遵守管理规定，不对宠物拴绳，而是任由宠物自行追随主人，因此更容易丢失。还有一些宠物的饲养人因为无力继续负担饲养宠物的费用，或者因为搬家、另有新宠物等原因，而有意遗弃其所饲养的宠物。由于多种原因，城市中处于流浪状态的、脱离饲养状态的动物数量不少，为城镇居民带来了风险。

而一旦处于流浪状态的动物发生伤人事件，则受害人难以或者无法寻找相关责任人，因此所受损失难以得到弥补。为此，《侵权责任法》第 82 条规定："遗弃、逃逸的动物在遗弃、逃逸期间造成他人损害的，由原动物饲养人或者管理人承担侵权责任。"本次民法典编纂过程中，对该条予以了保留，仅作个别字词修改。

二、内容

本条专门针对逃离控制期间的动物造成他人损害情形作出规定，逃离他人控制的主要情形是动物被饲养人、管理人遗弃，或者动物自行逃逸未被找回。

首先，此种动物必须是饲养的动物，而不能是纯粹野生的动物。本章规定的动物造成他人损害的情形，都是专指饲养的动物造成他人损害，而不包括野生动物致人损害。由于野生动物资源属于国家所有，对于野生动物致人损害的责任，应当根据《野生动物保护法》第 19 条的规定，即野生动物造成人员伤亡、农作物或者其他财产损失的，由当地人民政府给予补偿。具体办法由省、自治区、直辖市人民政府制定。有关地方人民政府可以推动保险机构开展野生动物致害赔偿保险业务。有关地方人民政府采取预防、控制国家重点保护野生动物造成危害的措施以及实行补偿所需经费，由中央财政按照国家有关规定予以补助。

其次，本条的规定仅限于遗弃、逃逸的动物被遗弃、逃逸期间造成他人损害，如果是在遗弃、逃逸之前，或者事后找回重新饲养的，则都应当适用本章其他条文的规定。本条专门针对的是饲养的动物脱离控制期间致人损害的责任。

再次，本条的规定仅限于遗弃、逃逸的动物在被遗弃、逃逸之后，未被其他人进行饲养或管理。也就是说，该动物自从被遗弃、逃逸之后，一直处于流浪状态，没有被他人重新饲养，否则，该动物造成他人损害的，应当由新的饲养人、管理人承担侵权责任。

最后，遗弃、逃逸的动物在遗弃、逃逸期间造成他人损害的，承担责任的主体是动物原饲养人或者管理人。也就是说，一旦饲养了动物，那么将动物遗弃，或者管理不善导致动物逃逸的，此后动物造成的他人损害，动物原来的饲养人或者管理人仍然要承担侵权责任。这一规定是为了增强动物饲养人、管理人的责任意识，对饲养的动物妥善管理，并不得随意遗弃。

案例评议

一、刘某某诉董某案[①]

◆ **裁判规则**

在认定董某对刘某某受伤应否承担赔偿责任时，法院认为，根据《侵权责任法》第78条、第82条规定，饲养的动物造成他人损害的，动物饲养人或者管理人应当承担侵权责任，但能够证明损害是因被侵权人故意或者重大过失造成的，可以不承担或者减轻责任。遗弃、逃逸的动物在遗弃、逃逸期间造成他人损害的，由原动物饲养人或者管理人承担侵权责任。结合本案实际情况，被上诉人董某在捡到流浪狗后实际控制管理小狗，在董某打牌期间将小狗交给他人拴到路旁树上后，小狗将上诉人刘某某咬伤，董某作为小狗的管理者应当承当相应的侵权责任。在小狗已被拴在树上的情况下，刘某某作为无民事行为能力人路过时被咬伤，其监护人具有过失，也应自负部分责任，减轻董某的责任。

◆ **评议**

遗弃、逃逸的动物在遗弃、逃逸期间，被他人收养的，则收养人属于动物新的饲养人或管理人，此时应当由其而非动物的原主人承担赔偿责任。

二、马某诉王某案[②]

◆ **裁判规则**

在认定马某对王某的损失应否承担赔偿责任时，法院认为，根据《侵权责任法》第82条规定："遗弃、逃逸的动物在遗弃、逃逸期间造成他人损害的，由原动物饲养人或者管理人承担侵权责任。"第26条规定："被侵权人对损害的发生也有过错的，可以减轻侵权人的责任。"本案上诉人购买牛后，牛逃逸期间致被上诉人人身遭受损害，马某存在疏于管理的情况，应当承担损害赔偿责任。

---

① 河南省郑州市中级人民法院民事判决书，（2013）郑民二终字第1205号。
② 辽宁省大连市中级人民法院民事判决书，（2014）大民一终字第300号。

王某使用红桶倒脏水时被牛顶伤，王某主观上无故意或重大过失，故，马某应承担全部赔偿责任。

◆ **评议**

被告购买的牛在逃逸过程中将原告顶伤，属于动物逃逸期间致人损害，故被告作为动物饲养人，应当承担侵权损害赔偿责任。

第一千二百五十条 【第三人过错致使动物致害的责任】

因第三人的过错致使动物造成他人损害的，被侵权人可以向动物饲养人或者管理人请求赔偿，也可以向第三人请求赔偿。动物饲养人或者管理人赔偿后，有权向第三人追偿。

本条来源

《侵权责任法》第八十三条规定："因第三人的过错致使动物造成他人损害的，被侵权人可以向动物饲养人或者管理人请求赔偿，也可以向第三人请求赔偿。动物饲养人或者管理人赔偿后，有权向第三人追偿。"

立法演变

《民法典侵权责任编草案》（一审稿）第一千零二十六条规定："因第三人的过错致使动物造成他人损害的，被侵权人可以向动物饲养人或者管理人请求赔偿，也可以向第三人请求赔偿。动物饲养人或者管理人赔偿后，有权向第三人追偿。"此后无变化。

条文释义

本条是关于第三人过错使动物致人损害的责任承担之规定。

一、概述

由于动物不具有人类的理性，当动物受到第三人的挑逗、驱赶、殴打时，其有可能对无辜的路人实施攻击，造成他人损害。因此，第三人的过错是指被侵权人和动物饲养人或者管理人以外的人的过错，而且其过错对于动物造成被侵权人的损害具有因果关系。在因为第三人过错而致使动物造成他人损害时，被侵权人在主张损害赔偿过程中，可能面临动物饲养人或者管理人推诿责任，或者难以寻找到第三人的情形，从而导致其权益得不到保障。

为此，《侵权责任法》第 83 条专门规定：“因第三人的过错致使动物造成他人损害的，被侵权人可以向动物饲养人或者管理人请求赔偿，也可以向第三人请求赔偿。动物饲养人或者管理人赔偿后，有权向第三人追偿。”在本次民法典编纂过程中，对本条完全予以了保留，未做任何修改，形成本条规定。

二、内容

本条规定其实是《民法典》侵权责任编总则部分关于第三人过错在饲养动物造成他人损害中的体现。《民法典》侵权责任编第 1175 条规定，损害是因第三人造成的，第三人应当承担侵权责任。本条在此基础上，强调了动物饲养人或者管理人的责任。

首先，本条规定限于因第三人的过错致使动物造成他人损害的情形。饲养的动物造成他人损害，绝大多数情况下，是基于动物饲养人或者管理人自身的原因，例如饲养的动物是禁止饲养的大型犬、烈性犬等危险动物，或者在饲养动物过程中未遵守相关管理规定，不对动物实施有效控制等。但也有基于第三人原因而造成动物致人损害的情形。常见的第三人的过错，主要表现为有意挑逗动物，恐吓刺激动物，投掷殴打动物，投喂动物食物，这些行为都激发了动物的兽性，导致动物不受饲养人、管理人的控制而实施了造成他人损害的行为。

其次，在责任主体上，动物饲养人或者管理人和第三人都是承担侵权责任的主体，被侵权人可以向动物饲养人或者管理人请求赔偿，也可以向第三人请求赔偿。动物饲养人或者管理人和第三人之间形成了不真正连带之债。被侵权人可以选择向任何一方请求全部的赔偿。如果是选择第三人承担责任，则第三人本身就是终局责任人，就不存在追偿的问题。

再次，如果被侵权人选择向动物饲养人或者管理人请求赔偿，那么动物饲养人或者管理人向第三人承担赔偿责任之后，有权向第三人追偿，因为本条规定的情形中，第三人才是过错造成损害的原因，第三人是终局责任人。

最后，如果第三人的过错与动物饲养人或者管理人自身的原因相结合而致使动物造成他人损害的，例如动物饲养人或者管理人未对动物采取有效的安全措施，同时第三人有意投打动物，导致动物伤人，此时应当依据《民法典》侵权责任编总则部分关于数人侵权的规定，根据具体情形来确定责任形态，划分各方责任。

法条关联

◆《民法典》侵权责任编

第一千一百七十五条　损害是因第三人造成的，第三人应当承担侵权责任。

案例评议

梁某诉邓某案[①]

◆ **裁判规则**

在认定本案中梁某的赔偿责任的承担时，法院认为，本案事发前，梁某把牛拴在距离道路3米之外的地方而非在道路中间或边沿影响行人的通行，对牛采取了一定安全管理措施。本案事故发生的诱因是，邓某一家雇请的法师拜庙队伍敲锣打鼓路过牛旁边时，牛受到刺激和惊吓挣断绳子继而撞伤邓某，并非梁某未对牛采取安全管理措施或疏于管理所致。邓某监护人（父亲）没有尽到安全防范责任，致使敲锣打鼓等行为刺激和惊吓梁某拴住之牛而挣断绳子，并撞伤随行的邓某，对本案事故的发生具有重大过错，应当承担相应的责任。根据《侵权责任法》第83条的规定："因第三人的过错致使动物造成他人损害的，被侵权人可以向动物饲养人或者管理人请求赔偿，也可以向第三人请求赔偿。动物饲养人或者管理人赔偿后，有权向第三人追偿。"可由梁某向邓某承担责任后其再向韦某追偿。但就本案而言，邓某的监护人（父亲）韦某与邓某在权利上具有同一性，与梁某具有对立性，如判决梁某向邓某承担责任后再由梁某向邓某监护人（父亲）韦某追偿，不但造成诉累，也没有实际意义，故在本案中直接认定梁某承担赔偿责任的比例即可。

◆ **评议**

因第三人的过错致使动物造成他人损害的，第三人不能是行为人或者受害人任何一方的人。本案中，邓某的曾祖母去世，当邓某家人所请的法师敲锣与

① 广西壮族自治区河池市中级人民法院民事判决书，（2018）桂12民终22号。

众人及邓某行至沙子田处时，恰有梁某所有的水牛系在路边，牛因法师敲锣与众人路过而惊慌拉断牛绳，撞伤走在队伍后面的邓某。由于实施敲锣打鼓等行为刺激和惊吓梁某拴住之牛而挣断绳子的主体，正是被侵权人的监护人，故判令动物饲养人承担40%的赔偿责任，受害人自行承担60%责任。

第一千二百五十一条 【动物饲养人的行为规范】

饲养动物应当遵守法律法规，尊重社会公德，不得妨碍他人生活。

本条来源

《侵权责任法》第八十四条规定："饲养动物应当遵守法律，尊重社会公德，不得妨害他人生活。"

立法演变

《民法典侵权责任编草案》（一审稿）第一千零二十七条规定："饲养动物应当遵守法律，尊重社会公德，不得妨碍他人生活。"

《民法典侵权责任编草案》（三审稿）第一千零二十七条规定："饲养动物应当遵守法律法规，尊重社会公德，不得妨碍他人生活。"此后无变化。

条文释义

本条是关于动物饲养人行为规范的倡导性规定。

一、概述

随着人们生活水平的提高，城市中饲养各类宠物的越来越多，宠物的饲养人自身是否遵纪守法，是否尊重社会公德，是否对自身的饲养行为进行严格约束，关系其左邻右舍、小区其他业主甚至社会其他群体的生活安宁、人身财产权益安全的问题。

对此，《侵权责任法》第84条规定："饲养动物应当遵守法律，尊重社会公德，不得妨害他人生活。"本次民法典编纂过程中，对本条予以保留，仅作字词修改，并作为饲养动物损害责任的最后一条，旨在对动物饲养人的行为规范进行倡导。

当然，正如全国人大常委会吕薇委员指出的："'妨碍'的概念太广，不好界定。比如狗在家里叫影响邻居生活，或者在公共电梯中撒尿也有影响，但是实际中不太好确定。”① 所以本条主要是关于动物饲养人行为规范的倡导性规定。

二、内容

如果动物饲养人不严格遵守管理规定，那么饲养的宠物可能日夜发出狗吠声等噪声扰民；饲养人带宠物在小区散步时，如果不讲究卫生、不为宠物收拾粪便，则可能破坏小区环境；饲养人如果不遵守为宠物狗拴狗链、戴嘴套的规定，则可能对其他人形成惊吓，甚至发生动物伤人事件。在民法典草案审议过程中，全国人大常委会刘修文委员就认为，对于动物饲养人的行为，不应当停留在行为规范、道德倡导的层面上，而应当进一步明确为责任：“建议进一步细化完善饲养动物损害责任的规定，将第一千零二十七条置于本章第一条，并增加一款‘饲养动物妨碍他人生活或造成他人损害的，承担侵权责任’，同时进一步细化第一千零二十五条的规定。此外，对人与饲养的动物发生冲突时的正当防卫权以及伤害他人饲养的动物等情形的侵权责任也应作进一步规定。”②

如果饲养的动物造成他人损害，则可以直接适用本章其他相关条文的规定，所以本条主要是从法律和道德两个层面，对动物饲养人的行为规范进行了倡导，要求饲养动物遵守法律法规，尊重社会公德，不得妨碍他人生活。

各地关于养犬的一些规定，也都对饲养人的行为规范作出了规定。例如，2003 年《北京市养犬管理规定》第 17 条规定：“养犬人应当遵守下列规定：（一）不得携犬进入市场、商店、商业街区、饭店、公园、公共绿地、学校、医院、展览馆、影剧院、体育场馆、社区公共健身场所、游乐场、候车室等公共场所；（二）不得携犬乘坐除小型出租汽车以外的公共交通工具；携犬乘坐小型出租汽车时，应当征得驾驶员同意，并为犬戴嘴套，或者将犬装入犬袋、犬笼，或者怀抱；（三）携犬乘坐电梯的，应当避开乘坐电梯的高峰时间，并为犬戴嘴套，或者将犬装入犬袋、犬笼；居民委员会、村民委员会、业主委员会可以根据实际情况确定禁止携犬乘坐电梯的具体时间；（四）携犬出户时，

① 朱宁宁：《积极回应社会关切聚焦新情况新问题 侵权责任编草案尚有细化空间》，载《法制日报》2019 年 8 月 27 日。

② 朱宁宁：《积极回应社会关切聚焦新情况新问题 侵权责任编草案尚有细化空间》，载《法制日报》2019 年 8 月 27 日。

应当对犬束犬链，由成年人牵领，携犬人应当携带养犬登记证，并应当避让老年人、残疾人、孕妇和儿童；（五）对烈性犬、大型犬实行拴养或者圈养，不得出户遛犬；因登记、年检、免疫、诊疗等出户的，应当将犬装入犬笼或者为犬戴嘴套、束犬链，由成年人牵领；（六）携犬出户时，对犬在户外排泄的粪便，携犬人应当立即清除；（七）养犬不得干扰他人正常生活；犬吠影响他人休息时，养犬人应当采取有效措施予以制止；（八）定期为犬注射预防狂犬病疫苗；（九）不得虐待、遗弃所养犬；（十）严格履行养犬义务保证书规定的其他义务。”

2016年拉萨市人民政府制定的《拉萨市养犬规定》对于养犬人的行为规范作出了更为详细的规定，例如，不得携带犬只进入公共场所（导盲犬、警侦犬除外）；不得携带犬只乘坐除小型出租汽车以外的公共交通工具；携带犬只乘坐小型出租汽车时，应当征得驾驶员同意，并为犬只佩戴嘴套，或者将犬只装入犬袋、犬笼，或者怀抱（导盲犬除外）；携带犬只乘坐电梯的，应当避开乘坐电梯的高峰时间，并为犬只佩戴嘴套，或者将犬只装入犬袋、犬笼；携带犬只出户时，应当佩戴犬束、犬链并由成年人牵领，避让老年人、残疾人、孕妇和儿童（导盲犬除外）；烈性犬、大型犬应当拴养或者圈养，不得出户遛犬；因登记、年检、免疫、诊疗等出户的，应当将犬只装入犬笼或者为犬只佩戴嘴套、束犬链，由成年人牵领；携带犬只出户时，对犬只在户外排泄的粪便，携犬人应当立即清除；养犬不得干扰他人正常生活；犬吠影响他人休息时，养犬人应当采取有效措施予以制止；定期为犬只注射预防狂犬病疫苗；不得虐待、遗弃饲养的犬只；犬只死亡的，养犬人应当将犬尸送交市流浪犬收养中心进行无害化处理。

如果动物饲养人能够严格遵守各地相关的管理规定，则基本就能实现对他人生活最小限度的妨害。因此，动物饲养人遵纪守法、尊重社会公德，才能够兼顾其自身饲养动物的利益，与其他人人身财产安全和生活安宁的利益。

法条关联

◆《民法典》总则编

第一百三十二条　民事主体不得滥用民事权利损害国家利益、社会公共利益或者他人合法权益。

案例评议

侯某诉徐某案①

◆ **裁判规则**

在认定侯某的损伤与徐某拴牛的行为之间是否存在因果关系时，法院认为，《侵权责任法》第84条规定："饲养动物应当遵守法律，尊重社会公德，不得妨害他人生活。"徐某家牛圈门口有一条通行道路，但徐某将家中饲养的公牛拴在牛圈门口外栏杆上，影响了他人及牲畜在该道路上通行，妨害了他人生活，徐某拴牛的行为对侯某牵着牛从此处通过时造成的损害有一定的因果关系。

◆ **评议**

被告将家中饲养的公牛拴在牛圈门外通行道路边电杆上，原告牵着家中喂养的母牛回家经过被告牛圈门前时，原告家的母牛朝被告家的公牛奔去，导致原告丢开牛绳时摔伤。被告的行为影响了他人及牲畜在该道路上通行，所以应当承担赔偿责任。

① 四川省广元市中级人民法院民事判决书，(2014) 广民终字第49号。

第十章　建筑物和物件损害责任

本章概要

本章是关于建筑物和物件致人损害责任的集中规定，规定了建筑物、构筑物或者其他设施倒塌造成他人损害的一般规定，建筑物等物件脱落、坠落造成他人损害的责任主体，高楼抛物坠物的责任，堆放物倒塌、滚落或者滑落造成他人损害的责任，在公共道路上堆放、倾倒、遗撒妨碍通行物造成他人损害的责任，林木折断、倾倒或者果实坠落造成他人损害的责任，以及在公共场所或道路施工及窨井等地下设施造成他人损害的责任。

第一千二百五十二条　【建筑物等倒塌、塌陷致害责任】

建筑物、构筑物或者其他设施倒塌、塌陷造成他人损害的，由建设单位与施工单位承担连带责任，但是建设单位与施工单位能够证明不存在质量缺陷的除外。建设单位、施工单位赔偿后，有其他责任人的，有权向其他责任人追偿。

因所有人、管理人、使用人或者第三人的原因，建筑物、构筑物或者其他设施倒塌、塌陷造成他人损害的，由所有人、管理人、使用人或者第三人承担侵权责任。

本条来源

《侵权责任法》第八十六条规定："建筑物、构筑物或者其他设施倒塌造成他人损害的，由建设单位与施工单位承担连带责任。建设单位、施工单位赔偿后，有其他责任人的，有权向其他责任人追偿。因其他责任人的原因，建筑物、构筑物或者其他设施倒塌造成他人损害的，由其他责任人承担侵权责任。”

立法演变

《民法典侵权责任编草案》（一审稿）第一千零二十九条规定：“建筑物、构筑物或者其他设施倒塌造成他人损害的，由建设单位与施工单位承担连带责任，但是建设单位与施工单位能够证明不存在质量缺陷的除外。建设单位、施工单位赔偿后，有其他责任人的，有权向其他责任人追偿。因所有人、管理人、使用人或者第三人的原因，建筑物、构筑物或者其他设施倒塌造成他人损害的，由所有人、管理人、使用人或者第三人承担侵权责任。”在《民法典》侵权责任编审议中增加“塌陷”的情形。

条文释义

本条是关于建筑物、构筑物或者其他设施倒塌、塌陷造成他人损害的一般规定。

一、概述

衣食住行是人们日常生活所须臾不可分开的条件，而居住的建筑物是否安全，则更是关系千家万户的安危。因此，当建筑物和物件发生倒塌时，造成的损害后果一般都比较严重，此时就需要分清责任，对受害人进行有效救济。

1986 年《民法通则》第 126 条就对此规定：“建筑物或者其他设施以及建筑物上的搁置物、悬挂物发生倒塌、脱落、坠落造成他人损害的，它的所有人或者管理人应当承担民事责任，但能够证明自己没有过错的除外。”该条规定对于建筑物或者其他设施自身的倒塌，与建筑物之上的搁置物、悬挂物的倒塌，并列作出了规定。

在 2008 年汶川大地震中，大量房屋倒塌，其中不少存在质量问题，引起了全国人民对这一问题的广泛关注。再加上进入 21 世纪后，我国房地产事业发展过快，有些房地产企业只顾赶进度、省成本，导致楼房质量出现很大问题，甚至出现整栋楼倒塌的“楼脆脆”“楼歪歪”现象。因此，《侵权责任法》在《民法通则》的基础上，对建筑物和物件致人损害的责任问题进行了专章规定。

其中，关于建筑物和物件倒塌致人损害的一般规定，《侵权责任法》第 86

条规定："建筑物、构筑物或者其他设施倒塌造成他人损害的，由建设单位与施工单位承担连带责任。建设单位、施工单位赔偿后，有其他责任人的，有权向其他责任人追偿。因其他责任人的原因，建筑物、构筑物或者其他设施倒塌造成他人损害的，由其他责任人承担侵权责任。"本次民法典编纂过程中，对该条作出了一些修改，首先，增加了"但是建设单位与施工单位能够证明不存在质量缺陷的除外"的免责事项规定；其次，针对其他责任人的范围，作出了明确，列明了其他责任人就是"所有人、管理人、使用人或者第三人"。

此后，在2020年"两会"期间，代表们审议民法典草案的过程中，针对草案第1252条对建筑物、构筑物或者其他设施倒塌造成他人损害的侵权责任规定，有的代表提出，实践中，有的地方发生地面塌陷致人损害问题，严重危害人民群众的人身财产安全，建议对此作出规定。宪法和法律委员会经研究，建议在这一条中明确规定，建筑物、构筑物或者其他设施倒塌、塌陷造成他人损害的，由建设单位与施工单位承担连带责任，并对因他人原因导致倒塌、塌陷的侵权责任作出了规定。[①] 因此将本条的情形扩大到建筑物、构筑物或者其他设施倒塌和塌陷的情形。

二、内容

（一）建筑物、构筑物或者其他设施的含义

建筑物是指人工建造的、固定在土地上，其空间用于居住、生产或者存放物品的设施，如住宅、写字楼、车间、仓库等。

构筑物或者其他设施是指人工建造的、固定在土地上、建筑物以外的某些设施，例如道路、桥梁、隧道、城墙、堤坝等。

（二）本条仅指建筑物、构筑物或者其他设施倒塌、塌陷造成他人损害的情形

建筑物、构筑物或者其他设施的倒塌、塌陷，是指建筑物、构筑物或者其他设施发生坍塌、倾倒、塌陷，致使该建筑物、构筑物或者其他设施丧失基本使用功能。例如，楼房地基下陷而整体倒塌、塌陷，高架桥整体桥面倾倒掉落，发电厂的烟囱折断倾倒等。

---

① 董柳：《从"性骚扰"到"高空抛物"，各代表团审议后民法典草案作了100多处修改》，载《羊城晚报》2020年5月28日。

由于《民法典》侵权责任编第1253条专门规定了建筑物、构筑物或者其他设施及其搁置物、悬挂物发生脱落、坠落的情形，所以本条就不包括这些物件坠落、脱离的情形，而仅限于建筑物、构筑物或者其他设施整体发生倒塌致人损害的情形。

（三）建设单位与施工单位的连带责任及其抗辩事由

建设单位即业主单位，是指依法取得建设用地使用权，在该土地上建造建筑物、构筑物或者其他设施的主体，例如，房地产开发企业、取得建设用地使用权的用地单位等。建设单位往往是建筑物的产权人，也是建设工程合同的总发包人。

由于社会分工的发展，建造房屋具有较强的专业性，尤其是建造高层建筑，对于施工方的资质、设备、资金方面都有比较严格的要求。因此，建设单位一般会聘请专业的施工单位进行建造施工。建设单位或者其他发包人与施工单位签订建设工程合同，对建设工程进行施工。实践中，建筑公司是比较常见的施工单位。相关法律法规对于建筑工程的施工有各方面严格的要求。

当建筑物、构筑物或者其他设施发生倒塌、塌陷时，往往意味着建筑物等的质量存在严重问题，或者施工存在巨大缺陷，或者设计方案存在巨大隐患。对此，如果造成他人损害的，业主单位和施工方都难逃责任，那么依照本条规定，建筑物、构筑物或者其他设施倒塌、塌陷造成他人损害的，就应当由建设单位与施工单位对被侵权人的损害承担连带责任。本次增加了一个抗辩事由，即建设单位与施工单位能够证明不存在质量缺陷的除外，这就是说，如果建设单位与施工单位能够完成举证责任，证明建筑物、构筑物或者其他设施确实不存在质量缺陷，那么就表明建筑物、构筑物或者其他设施的倒塌、塌陷，是基于其他原因而造成的，例如不可抗力、使用人自身的破坏、第三人的原因等。此时建设单位与施工单位就可以免于承担责任，因为不存在质量缺陷的建筑物在使用寿命内是不可能倒塌、塌陷的，如果倒塌、塌陷了，那是基于其他原因，不是建设单位与施工单位的过错。

（四）建设单位和施工单位的内部追偿权

由于建筑物、构筑物或者其他设施的建设，往往是较为浩大的工程，需要多方协作。参与建筑过程的各方主体，除了建设单位和施工单位之外，往往还需要勘察单位、设计单位、监理单位等主体。例如，对于勘察、设计单位，《建筑法》规定，建筑工程的勘察、设计单位必须对其勘察、设计的质量负责，勘察、设计文件应当符合有关法律、行政法规的规定和建筑工程质量、安全标准、建筑工程勘察、设计技术规范以及合同的约定，设计文件选用的建筑材料、建筑构配件和设备，应当注明其规格、型号、性能等技术指标，其质量要求必须符合国家规定的标准。建筑设计单位不按照建筑工程质量、安全标准进行设计，造成损失的，承担赔偿责任。

再如，对于工程监理单位，《建筑法》规定，工程监理单位代表建设单位对施工质量实施监理，并对施工质量承担监理责任，如果工程监理单位不按照委托监理合同的约定履行监理义务，对应当监督检查的项目不检查或者不按照规定检查，给建设单位造成损失的，应当承担相应的赔偿责任。工程监理单位与承包单位串通，为承包单位谋取非法利益，给建设单位造成损失的，应当与承包单位承担连带赔偿责任。

由于这些勘察单位、设计单位、监理单位等主体往往是建设单位或者施工单位通过合同关系而聘请的参与方，所以属于建设单位和施工单位同一方主体，在建设单位和施工单位对外承担责任之后，如果发现建筑物、构筑物或者其他设施的倒塌，是属于其中某方或某几方的责任的，则可以进行内部追偿，要求负有责任的主体承担自己对外承担的赔偿责任。

（五）建设单位、施工单位之外的其他人造成倒塌、塌陷的，由其他人承担责任

因其他责任人的原因，建筑物、构筑物或者其他设施倒塌、塌陷造成他人损害的，由其他责任人承担侵权责任。此处的其他责任人，是指建设单位、施工单位之外的其他责任人，有别于上述基于合同关系而为建设单位、施工单位提供建设工程相关服务的主体。

本条相对于《侵权责任法》，进一步明确了其他责任人的范围，即其他责任人的原因，是所有人、管理人、使用人或者第三人的原因。这些原因是独立于建筑单位、施工单位之外的原因，是属于《民法典》侵权责任编总则部分规定的第三人原因，即“损害是因第三人造成的，第三人应当承担侵权责任。”因此，因所有人、管理人、使用人或者第三人的原因，建筑物、构筑物或者其他设施倒塌、塌陷造成他人损害的，由所有人、管理人、使用人或者第三人承担侵权责任。例如，地铁公司施工不当，将建筑物地基挖塌陷，并导致建筑物

倒塌，这就属于第三人原因造成的建筑物倒塌、塌陷，如果建筑物本身不存在质量缺陷，就应当由造成损害的第三人对被侵权人承担赔偿责任。

法条关联

◆《建筑法》

第五十二条　建筑工程勘察、设计、施工的质量必须符合国家有关建筑工程安全标准的要求，具体管理办法由国务院规定。

有关建筑工程安全的国家标准不能适应确保建筑安全的要求时，应当及时修订。

第六十一条　交付竣工验收的建筑工程，必须符合规定的建筑工程质量标准，有完整的工程技术经济资料和经签署的工程保修书，并具备国家规定的其他竣工条件。

建筑工程竣工经验收合格后，方可交付使用；未经验收或者验收不合格的，不得交付使用。

第六十二条　建筑工程实行质量保修制度。

建筑工程的保修范围应当包括地基基础工程、主体结构工程、屋面防水工程和其他土建工程，以及电气管线、上下水管线的安装工程，供热、供冷系统工程等项目；保修的期限应当按照保证建筑物合理寿命年限内正常使用，维护使用者合法权益的原则确定。具体的保修范围和最低保修期限由国务院规定。

第八十条　在建筑物的合理使用寿命内，因建筑工程质量不合格受到损害的，有权向责任者要求赔偿。

案例评议

林某、厦门金鸿鹄广告有限公司诉刘某、曾某案[①]

◆ **裁判规则**

在认定本案是属于物件脱落、坠落损害责任纠纷还是建筑物、构筑物倒塌损害责任纠纷时，法院认为，根据《侵权责任法》第 85 条的规定，物件的

① 福建省龙岩市中级人民法院民事判决书，(2014) 岩民终字第 568 号。

“脱落”是指附着于地上物上的某一部分与地上物主体相分离而下落；“坠落”是指搁置或者悬挂于建筑物上的物件掉落，以上必须是物件自然脱落、坠落，如果系有人使用这些物件致害则属于行为侵权而不能适用《侵权责任法》第85条的规定。《侵权责任法》第86条规定的“倒塌”则是指构筑物的整体或者部分结构倾倒、垮塌。结合本案案情，本院认为本案发生的事件属构筑物的“倒塌”而不是“脱落”或者“坠落”。本案应适用《侵权责任法》第86条的规定为宜，案由亦应是建筑物、构筑物倒塌损害责任纠纷。

◆ **评议**

受害人前往轮胎行更换汽车轮胎时，轮胎行门口的移动伸缩雨篷发生脱落，将受害人砸倒在地。雨篷的所有人对于雨棚发生倒塌，造成受害人受伤的后果具有过错，应承担赔偿责任。

第一千二百五十三条　【建筑物附属物脱落、坠落致害责任】

建筑物、构筑物或者其他设施及其搁置物、悬挂物发生脱落、坠落造成他人损害，所有人、管理人或者使用人不能证明自己没有过错的，应当承担侵权责任。所有人、管理人或者使用人赔偿后，有其他责任人的，有权向其他责任人追偿。

本条来源

《侵权责任法》第八十五条规定：“建筑物、构筑物或者其他设施及其搁置物、悬挂物发生脱落、坠落造成他人损害，所有人、管理人或者使用人不能证明自己没有过错的，应当承担侵权责任。所有人、管理人或者使用人赔偿后，有其他责任人的，有权向其他责任人追偿。”

立法演变

《民法典侵权责任编草案》（一审稿）第一千零二十八条规定：“建筑物、构筑物或者其他设施及其搁置物、悬挂物发生脱落、坠落造成他人损害，所有人、管理人或者使用人不能证明自己没有过错的，应当承担侵权责任。所有人、管理人或者使用人赔偿后，有其他责任人的，有权向其他责任人追偿。”此后无变化。

条文释义

本条是关于建筑物等物件脱落、坠落造成他人损害的规定。

一、概述

建筑物、构筑物或者其他设施上的搁置物、悬挂物，是指不属于建筑物、构筑物或者其他设施本身组成部分，而是搁置、悬挂其上的物品。例如，悬挂在外墙壁上的空调外挂机、搁置在阳台上的花盆、摩天大楼上悬挂的清洗玻璃的吊篮，等等。

建筑物、构筑物或者其他设施上的搁置物、悬挂物由于不属于建筑物的组成部分，而是临时搁置、悬挂其上，所以在遇到绳索断裂、大风天气、自身质量问题等原因时，很容易发生脱落、坠落，造成他人损害。

同时，建筑物、构筑物或者其他设施自身的组成部分也有可能发生脱落、坠落，例如建筑物外墙壁上的瓷砖使用日期较久之后发生脱落，建筑物外墙皮因质量问题在遭遇降雨天气后隆起进而脱落，建筑物顶上设置的雕塑在大风天气掉落。为了调整此类情形下的侵权法律关系，划分各方责任，1986 年《民法通则》第 126 条规定：“建筑物或者其他设施以及建筑物上的搁置物、悬挂物发生倒塌、脱落、坠落造成他人损害的，它的所有人或者管理人应当承担民事责任，但能够证明自己没有过错的除外。”该条规定对于建筑物或者其他设施自身的倒塌，与建筑物之上的搁置物、悬挂物的倒塌，并列作出了规定。

2003 年《最高人民法院关于审理人身损害赔偿案件适用法律若干问题的解释》第 16 条也规定了人工建造的构筑物存在瑕疵而致人损害时的责任问题：“下列情形，适用民法通则第一百二十六条的规定，由所有人或者管理人承担赔偿责任，但能够证明自己没有过错的除外：（一）道路、桥梁、隧道等人工建造的构筑物因维护、管理瑕疵致人损害的；（二）堆放物品滚落、滑落或者堆放物倒塌致人损害的；（三）树木倾倒、折断或者果实坠落致人损害的。前款第（一）项情形，因设计、施工缺陷造成损害的，由所有人、管理人与设计、施工者承担连带责任。”

《侵权责任法》第85条对此规定："建筑物、构筑物或者其他设施及其搁置物、悬挂物发生脱落、坠落造成他人损害，所有人、管理人或者使用人不能证明自己没有过错的，应当承担侵权责任。所有人、管理人或者使用人赔偿后，有其他责任人的，有权向其他责任人追偿。"本次民法典编纂中，对本条完全予以保留，未作修改，形成本条规定。

二、内容

（一）建筑物等物件脱落、坠落造成他人损害的责任主体

建筑物、构筑物或者其他设施及其搁置物、悬挂物发生脱落、坠落而造成他人损害的，责任人包括建筑物、构筑物或者其他设施的所有人、管理人或者使用人。

因为所有人、管理人或者使用人是建筑物、构筑物或者其他设施的产权人或者占有使用人，其有义务对建筑物等进行日常的管理、维护、修缮、检查，避免发生物件脱落、坠落事件而给他人造成损害。

其中，所有人是指对建筑物、构筑物或者其他设施及其搁置物、悬挂物拥有所有权的人，即建筑物的业主。建筑物、构筑物或者其他设施及其搁置物、悬挂物的管理人是依法或依照合同约定，对建筑物等设施及其搁置物、悬挂物负有管理、维护义务的人。例如，国家举办的事业单位就是对其单位直接支配的不动产的管理人，学校也是校园建筑物的管理人。建筑物、构筑物或者其他设施及其搁置物、悬挂物的使用人，是指基于租赁合同、借用合同或者其他法律关系而使用建筑物等设施的人。

判断所有人、管理人或者使用人的依据，要看谁负有对建筑物、构筑物或者其他设施进行日常管理、维护维修的义务，并且此种义务具有法律或合同的明确依据。

（二）所有人、管理人或者使用人承担责任的归责原则

根据本条规定，建筑物、构筑物或者其他设施及其搁置物、悬挂物发生脱落、坠落造成他人损害，所有人、管理人或者使用人不能证明自己没有过错的，应当承担侵权责任。可见，在归责原则上，本条采用过错推定的归责原则。

因此，发生脱落、坠落造成他人损害的事实之后，首先推定所有人、管理人或者使用人对此存在过错，如果其认为自己不存在过错的，则应当承担举证责任，进行举证。这是因为被侵权人通常无法了解建筑物、构筑物或者其他设

施及其搁置物、悬挂物的产权归属、日常管理运行、维护维修等情况，无法完成对所有人、管理人或者使用人具有过错的举证责任。更何况，一旦发生此类脱落坠落致人损害的侵权事件，被侵权人被砸中之后，往往身负重伤，更是无法完成调查举证的任务。因此，对所有人、管理人或者使用人的过错实行推定，进行举证责任倒置，有利于保护被侵权人的合法权益。

（三）所有人、管理人或者使用人的对内追偿权

与建筑物、构筑物或者其他设施发生倒塌类似，建筑物、构筑物或者其他设施及其搁置物、悬挂物发生脱落、坠落，也有可能是由于设计缺陷、施工缺陷等问题，或者后期聘请的承揽安装工人的过错。那么所有人、管理人或者使用人对被侵权人进行赔偿后，自然有权在内部进行追偿，即有权向其他责任人追偿。

本条虽然没有规定第三人原因造成损害的责任问题，但在建筑物、构筑物或者其他设施及其搁置物、悬挂物发生脱落、坠落是因为第三人原因造成时，应当直接适用《民法典》侵权责任编总则部分关于第三人原因的规定，由第三人直接对被侵权人承担侵权责任。例如，阳台上的花盆系他人用弹弓打碎掉落，或者屋顶雕塑系无人机坠落砸到而断裂掉落，等等。

案例评议

一、青海泰阳房地产开发有限公司、浙江省东阳第三建筑工程有限公司青海分公司、浙江省东阳第三建筑工程有限公司、青海易居物业管理有限公司案①

◆ **裁判规则**

在认定东阳三建公司及东阳三建青海分公司应否承担责任时，法院认为，发生事故的大门系东阳三建青海分公司因工程建设施工需要修建的临时大门，该大门于2008年由东阳三建青海分公司修建，主要目的和基本用途在于施工单位堆放建筑材料和施工机械、设备，包括人员的出入，是满足于施工单位从事施工生产的需要而修建，待工程完工需拆除的临时设施。该大门为施工单位也

① 青海省高级人民法院民事判决书，（2015）青民二终字第137号。

即东阳三建青海分公司所实际使用，其也是最终负责拆除的责任主体。《建筑法》第45条规定，施工现场安全由建筑施工企业负责。赋予了施工单位对于施工现场安全保障的法定义务。因此，东阳三建青海分公司对基于建设施工法律关系而修建并实际控制、管理和使用案涉大门，应当负有相应管理、维护义务。在部分工程交付后，没有及时拆除该大门，对其应负的法定安全保证义务存在放任，其应当承担因涉事大门脱落致人损害的赔偿责任。因东阳三建青海分公司不具有法人资格，其民事责任由东阳三建公司承担。

◆ **评议**

案涉大门系建设施工需要修建的临时大门，因该大门管理维修不善造成他人人身损害，所有人、管理人或者使用人不能证明自己没有过错的，应当由大门的所有人、管理人或使用人承担责任。

二、曲靖佰腾数码科技有限公司诉窦某、武某案①

◆ **裁判规则**

在认定曲靖佰腾数码公司在此次事故中应否承担侵权责任时，法院认为，根据《侵权责任法》第85条规定："建筑物、构筑物或者其他设施及其搁置物、悬挂物发生脱落、坠落造成他人损害，所有人、管理人或者使用人不能证明自己没有过错的，应当承担侵权责任。所有人、管理人或者使用人赔偿后，有其他责任人的，有权向其他责任人追偿。"本案中，上诉人曲靖佰腾数码公司在举办商业活动过程中桁架发生倒塌致伤被上诉人窦某，曲靖佰腾数码公司作为桁架的使用人，其不能证明自己在此次事故中无过错，应承担侵权责任。

◆ **评议**

搭建的桁架垮塌，造成他人损害的，曲靖佰腾数码公司作为桁架的使用人，其不能证明自己在此次事故中无过错，则应承担侵权责任。

---

① 云南省曲靖市中级人民法院民事判决书，（2014）曲中民终字第258号。

第一千二百五十四条　【高空抛物坠物责任】

禁止从建筑物中抛掷物品。从建筑物中抛掷物品或者从建筑物上坠落的物品造成他人损害的，由侵权人依法承担侵权责任；经调查难以确定具体侵权人的，除能够证明自己不是侵权人的外，由可能加害的建筑物使用人给予补偿。可能加害的建筑物使用人补偿后，有权向侵权人追偿。

物业服务企业等建筑物管理人应当采取必要的安全保障措施防止前款规定情形的发生；未采取必要的安全保障措施的，应当依法承担未履行安全保障义务的侵权责任。

发生本条第一款规定的情形的，公安等机关应当依法及时调查，查清责任人。

本条来源

《侵权责任法》第八十七条规定："从建筑物中抛掷物品或者从建筑物上坠落的物品造成他人损害，难以确定具体侵权人的，除能够证明自己不是侵权人的外，由可能加害的建筑物使用人给予补偿。"

立法演变

《民法典侵权责任编草案》（一审稿）第一千零三十条规定："从建筑物中抛掷物品或者从建筑物上坠落的物品造成他人损害，难以确定具体侵权人的，除能够证明自己不是侵权人的外，由可能加害的建筑物使用人给予补偿。"

《民法典侵权责任编草案》（三审稿）第一千零三十条规定："禁止从建筑物中抛掷物品。从建筑物中抛掷物品或者从建筑物上坠落的物品造成他人损害的，由侵权人依法承担侵权责任；经调查难以确定具体侵权人的，除能够证明自己不是侵权人的外，由可能加害的建筑物使用人给予补偿。可能加害的建筑物使用人补偿后，有权向侵权人追偿。建筑物管理人应当采取必要的安全保障措施防止前款规定情形的发生；未采取必要的安全保障措施的，应当依法承担未履行安全保障义务的侵权责任。发生本条第一款规定的情形的，有关机关应当依法及时调查，查清责任人。”

《民法典侵权责任编草案》（征求意见稿）第一千二百五十四条规定：“禁止从建筑物中抛掷物品。从建筑物中抛掷物品或者从建筑物上坠落的物品造成他人损害的，由侵权人依法承担侵权责任；经调查难以确定具体侵权人的，除能够证明自己不是侵权人的外，由可能加害的建筑物使用人给予补偿。可能加害的建筑物使用人补偿后，有权向侵权人追偿。物业服务企业等建筑物管理人应当采取必要的安全保障措施防止前款规定情形的发生；未采取必要的安全保障措施的，应当依法承担未履行安全保障义务的侵权责任。发生本条第一款规定的情形的，有关机关应当依法及时调查，查清责任人。”《民法典》侵权责任编审议时将“有关机关”修改为“公安等机关”。

条文释义

本条是关于建筑物中抛物坠物责任的规定。

一、概述

高空抛物或高楼坠物致人损害的侵权行为，是近些年我国发生较多的侵权案件类型，这类案件的高发需要具备一些条件，一是居民人口密集，二是建筑物密集，三是建筑物层数较高。在我国城镇化加快、房地产市场快速发展、城市土地价格昂贵、城镇人口高度集中的现状下，这类案件的发生就较为频繁，例如重庆发生的此类案件就比较多。如果是地广人稀、建筑物较矮小或独门独栋、道路宽广、离建筑物较远等环境下，这类案件就不易发生。

现在的都市，高楼林立，小区环境逼仄，容积率高而公摊面积小是常态，临街道路人流量大，在这样的环境下，发生高空抛物坠物的可能性大大增加，而且楼层越高，致害后果越严重。据报道，一枚60克的鸡蛋从4楼抛下来会让人起肿包，从18楼抛下就可以砸破头骨，从25楼抛下可使人当场死亡。而目前各地发生的案件中，从高楼抛下或坠落的物品五花八门，小的有螺丝、铁钉、苹果，大的有烟灰缸、菜刀、切菜板、铁叉晾衣竿、砖头、混凝土块、猫狗、窗户等，还有扔下避孕套和粪便的。这些物品携重力加速度从摩天大楼上呼啸而至，被击中的受害人非死即伤，后果十分严重。

2009年《侵权责任法》颁布之前，全国各地均有一些高空抛物坠物而无法找到真正行为人的案例，各地法院做法不一，有的法院按照民事诉讼谁主张、谁举证的原则，要求受害人指明行为人，否则不予受理；有的法院判决物业服务企业承担责任；有的法院判决二楼以上的住户均承担按份赔偿责任。《侵权责任法》对此专门作出了规定，其第 87 条规定：“从建筑物中抛掷物品或者从建筑物上坠落的物品造成他人损害，难以确定具体侵权人的，除能够证明自己不是侵权人的外，由可能加害的建筑物使用人给予补偿。”

高空抛物或者高楼坠物案件，如果能够找到具体侵权人，则相对而言法律关系还算简单，如果无法找到具体侵权人，则较为麻烦。因为按照《侵权责任法》的规定，除能够证明自己不是侵权人的外，由可能加害的建筑物使用人给予补偿。法院一般会要求二层以上的住户提供自己案发时不在建筑物的证据，否则二层以上住户都可能承担责任，例如有的案件中法院要求几十户住户每户赔 4000 元给受害人。如此将会导致两个后果，一是仍然无法对真正的施害人进行惩罚，因为其他邻居帮他分担了赔偿款；二是对施害人以外的其他住户而言不够公平，因为他们确实没有从事加害行为，这被称为“人在家中坐，祸从天上来”。

但《侵权责任法》的规定是权衡各种方案之后做出的选择，因为如果让受害人自己指出具体的加害人，则极为困难，甚至不可能，如果不能指出具体加害人就得不到赔偿，那么就相当于让受害人自己承担损害后果，不仅极不公平，而且会造成人人自危、不敢出门的局面，防不胜防。所以《侵权责任法》的方案是让可能的建筑物使用人一起承担赔偿责任，而且使用的是“补偿”的字样，表明这不是一种侵权责任，而是一种对受害人损害的补偿。

即便如此，由几栋楼、几十上百户共同承担补偿责任，在执行中也是十分困难，因为被执行人众多，且不少人对这一结果不服，有抗拒心态，法院对这类案件也感到棘手。

从实践效果来看，《侵权责任法》的这一规定并未起到对高空抛物坠物行为有效的警示、阻止、告诫作用，此类案件越来越高发。记者统计，仅 2019 年 6 月，全国就发生了多起高楼抛物坠物的恶性事件。例如，2019 年 6 月 19 日下午 5 点 40 分，南京市鼓楼区东宝路 8 号时代天地广场北侧路面，一名女童被楼上高空抛物砸中。次日凌晨 1 时 55 分，南京市公安局鼓楼分局发布通报称，这名女童系被楼上一名 8 岁男童高空抛物砸中，女童随即被送往医院救治，目前生命体征平稳，暂无生命危险。案件发生后，警方即投入大量警力进行调查，并于当日查实案件事实情况。同日，江苏省江阴市一名10岁男童在上学途中路过一建筑工地时，被坠落的钢管砸中头部，后被紧急送医。2019年6月20日，江阴市中医院宣传科工作人员证实此事，称受伤男童目前已脱离生命危险。2019年6月13日，广东省深圳市福田区某小区一整块玻璃窗从天而降，砸中一名5岁男童，这名男童于事发3天后抢救无效去世。2019年6月5日，江苏省昆山市首个安全示范区新江南社区内，一名4岁男童被一块200斤重的钢化玻璃砸中身亡。①

难以找到受害人，主要是取证困难，由于这类案件一般被作为民事案件对待，除非造成重大伤亡，否则警方一般不会动用技术侦查手段，加上受害人或者群众往往证据意识不足，物品上的指纹、使用痕迹、案发现场等，第一时间可能就被破坏，加上这些物品大多是种类物，较少有明确的私人印记，或者物品在高速撞击下发生变形、碎裂，这些都导致了取证的异常困难。甚至在高楼环立的情况下，要确定物品是从哪一栋楼抛出坠下的都很困难。地面的摄像头无法提供有价值的线索，加上风速风向等不确定因素，使得这类案件的取证十分困难。

在本次民法典编撰过程中，《侵权责任法》第87条的这一规定为《民法典草案》的一审稿和二审稿沿袭，但其间一直存在争议。不少学者认为该条实施效果不佳。也有不少人认为不如改成在无法查明具体行为人的情况下由物业公司承担赔偿责任，这样可以倒逼物业公司安装有效监控，进行安全隐患的排查等。

随着2019年几起典型且恶性高楼抛物坠物伤人的案件发生，引起了社会各界的广泛关注，也引起了中央和立法机关的高度关注，认为有必要对高楼抛物坠物现象进行有力治理，也有必要在民法典草案中作出更有针对性的回应和修改。2019年10月21日，《最高人民法院关于依法妥善审理高空抛物、坠物案件的意见》发布，针对高楼抛物坠物中的民事、行政和刑事责任作出了系统规定，其中强调要依法确定物业服务企业的责任："物业服务企业不履行或者不完全履行物业服务合同约定或者法律法规规定、相关行业规范确定的维修、养护、

① 参见赵丽、罗莎莎：《多地高空抛坠物致人伤亡事件频发 谁来为头顶安全撑起防护网》，载《法制日报》2019年6月24日。

管理和维护义务，造成建筑物及其搁置物、悬挂物发生脱落、坠落致使他人损害的，人民法院依法判决其承担侵权责任。有其他责任人的，物业服务企业承担责任后，向其他责任人行使追偿权的，人民法院应予支持。物业服务企业隐匿、销毁、篡改或者拒不向人民法院提供相应证据，导致案件事实难以认定的，应当承担相应的不利后果。”

随后，在《民法典草案》三审稿中，对此前草案作出了重大修改，并保留到草案审议结束，形成了本条规定。全国人大沈跃跃副委员长在分组审议中就表示，对高空抛物坠物增加相关规定，非常有必要，“这说明高空抛物坠物不管是有意还是无意失手，不仅要受到道德的谴责，而且法律也要有明确的规定，要追究法律责任，通过法律规定防止高空抛物坠物伤害人身权利。”① 该条在2020年“两会”期间，仍然受到代表们的广泛关注，在会议期间还对该条提出了许多修改意见，最后根据代表们的意见，将“有关机关”进一步明确为“公安等机关”，以便于明确主体、落实责任，查明真正行为人，彻底解决纠纷。

二、内容

（一）高楼抛物坠物，能够查明侵权人的，由侵权人承担责任

本条先对于高空抛物作出禁止性规定，即禁止从建筑物中抛掷物品。从建筑物中抛掷物品是危险的、不道德的行为，会引起民法、行政法和刑法上的诸多法律责任。禁止从建筑物中抛掷物品，这是在民法典中表明立法机关的态度，对于高楼抛物是禁止和反对的态度，代表立法机关对于高楼抛物行为的明令禁止态度，是对这种行为的明确谴责。立法明确作出规定，强化了高楼抛物行为的非法性，是对人们的一种明确警示，是侵权法教育功能的体现。

如果能够查明行为人的，即从建筑物中抛掷物品或者从建筑物上坠落的物品造成他人损害的，由具体侵权人依法承担侵权责任。例如在深圳和南京发生的两起儿童被高楼抛物造成伤亡案件，最后都在公安机关的帮助下，查找到了真正行为人，有的行为人还是未成年人。只要能够找到真正行为人，就应当由行为人承担责任，这是一种应当适用过错责任原则的归责原则，在赔偿上针对人身或财产的损失而分别适用《民法典》侵权责任编总则部分关于损害赔偿的规定。

---

① 张玉钗、舒颖：《侵权责任编草案：民生无小事，字句总关情》，载《中国人大》2020年第3期，第26页。

（二）难以确定具体侵权人的，可能加害的建筑物使用人给予补偿，并有权追偿

经调查难以确定具体侵权人的，除能够证明自己不是侵权人的外，由可能加害的建筑物使用人给予补偿。可能加害的建筑物使用人补偿后，有权向侵权人追偿。这一规定沿袭了侵权责任法规定的“连坐”制度。实践中，可能加害的建筑物使用人往往被认为是涉案楼房二楼以上的全部住户，除非能够提供自己或全家人均不在场的证据。但此类证据很难提供，因为缺乏有效的证据能够证明自己在案发时不在家中，并且家中没有任何人。

（三）物业服务企业的安全保障义务

本次民法典编纂，对于该条最大的、具有实质意义的变化，是增加规定了物业服务企业的安全保障义务。

从建筑物上坠落物品，即高楼坠物，与从建筑物中抛掷物品，即高楼抛物，两者还有所不同。从建筑物上坠落物品主要是建筑物、构筑物或者其他设施及其搁置物、悬挂物发生脱落、坠落，例如，外墙皮脱落、瓷砖掉落、广告牌坠落等，是静态的，是建筑物、构筑物或者其他设施及其搁置物、悬挂物发生的物品掉落现象；从建筑物中抛掷物品则是建筑物中的人向外抛掷物品，如将吃完的苹果核随手扔向窗外，或者建筑物中的人放置的物品发生坠落，如放在阳台上的花盆因刮风坠下，是动态的、明显由人的行为直接引发的现象。

建筑物发生坠物的，推定建筑物的所有人、管理人或者使用人存在过错，由他们反证自己没有过错，不能证明的，就要承担赔偿责任。如果是建筑物的质量存在问题而导致发生坠物伤人的，在所有人、管理人或者使用人赔偿之后，还可以向建筑物的开发商、建造者等主体进行追偿。如果是后期保养不当造成的，则一般可能要由物业公司承担赔偿责任，因为全体业主已经委托物业公司来进行建筑物的管理维护，物业公司是管理人。

本条对《侵权责任法》第87条增加了建筑物管理人的安全保障义务，这应当与《民法典》侵权责任编中的安全保障义务的规定结合起来理解。结合这两条规定，就可以知道，立法已经明确将高层建筑物列为公共场所，那么此类公共场所的管理者即物业公司未尽到安全保障义务、造成他人损害的，应当承担侵权责任；因第三人的行为即抛物行为人而造成他人损害的，由第三人承担侵权责任，但管理者未尽到安全保障义务的，要承担相应的补充责任，事后可以

向第三人追偿。

这就给建筑物的管理人增加了采取必要安全保障措施的义务，如果因高楼抛物发生损害的，建筑物管理人未采取必要的安全保障措施的，就要承担相应的补充责任。相应的补充责任并不是直接的侵权责任，而是根据建筑物管理人在履行安全保障义务方面欠缺的程度来判定的补充责任。根据本条的规定，建筑物管理人的安全保障义务主要是“应当采取必要的安全保障措施防止前款规定情形的发生”，也就是说，物业公司要在事先做好防范、宣传、教育等方面的工作，在其能力范围内切实采取了必要的安全保障措施，否则一旦发生损害，就可能承担相应的补充责任。

这一规定意义重大，因为当年在《侵权责任法》起草过程中，如何对高楼抛物受害人进行救济，就存在不同的看法，其中一种看法就是，干脆规定由物业公司来承担赔偿责任，以督促其履行监督管理责任。虽然当时立法未采纳这一观点，但此种呼声一直存在。那么本条规定无疑将物业公司直接纳入了责任人的范围之内，明确赋予了物业公司“应当采取必要的安全保障措施防止前款规定情形的发生”的安全保障义务。

当然，安全保障义务的范围存在一定的模糊性，在民法典草案审议过程中，全国人大常委会王胜明委员就认为，《侵权责任法》中的“安全保障义务”是个专业术语，其适用范围是什么、不同的建筑物管理人该如何承担侵权责任，都不够明晰，“区分好的小区和不怎么好的小区，主要依据物业管理合同和物业费的高低，物业管理品质相差很大，必要的安全保障措施该如何认定？建筑物管理人及物业管理人形形色色，有的是规模很大的专业机构，属于企业法人，有的是小区物业聘请的公民个人，有的具有独立财产，有的不具有独立财产，这些情况如何区分？”因此王胜明委员建议对物业服务企业等建筑物管理人的安全保障义务进一步深入研究。①

相对于整栋楼的大部分居民共同分担赔偿责任，由物业服务企业等建筑物管理人承担一定的安全保障义务毕竟更有其合理性，因为在现代住宅小区中，居民互不相识，物业公司对于各户居民的情况更加清楚，也更有能力对楼宇进

① 朱宁宁：《“有关机关”是指哪些机关？“依法”调查依什么法？——对于高空抛物，委员们认为细节很重要》，载《法制日报》2019 年 8 月 27 日。

行管理、巡视，对小区居民进行宣传、教育以及上门谈话、取证等。

具体而言，要履行“采取必要的安全保障措施防止前款规定情形的发生”的安全保障义务，物业公司至少应当做到如下几点：

第一，在小区内进行高楼抛物危害的法制知识宣传普及，设置警示牌、提醒牌；

第二，在不侵犯居民隐私的情况下，提前安装必要的摄像头，且摄像头的安装能够捕捉高楼抛物的运动轨迹、能够指向肇事的具体楼层房间；

第三，在发生过高楼抛物的楼宇低层，安装防护网、遮挡装置；

第四，发生高楼抛物的事件后，积极救助受害人、保护现场、主动报警，即便未造成损害后果，也要积极进行调查，并对肇事者上门批评教育，杜绝再犯。

物业公司至少要做到这几点，才算是尽到了安全保障措施，否则一旦发生损害，很容易被受害人追究违反安全保障义务的责任。

事实上，能够有效起到证据调查作用、帮助查明真正行为人的技术手段，主要还是依靠安装必要的摄像头。例如，记者发现，“浙江省杭州市某小区就购置了 47 个广角摄像头，呈现 60 度至 80 度朝天仰拍，每个距离单元楼约 10 米。据工作人员介绍，监控内容可存 1 个月，24 小时可查看，且有特定角度，不会侵犯住户隐私。至今，这个小区未发生一起高空抛物事件。”①

据行业调查公司 IHS Markit 2017 年的数据显示，中国在公共和私人领域共装有 1.76 亿个监控摄像头，相较美国多 1.26 亿个。只要安装摄像头，就会存在安全管理和隐私保护之间的冲突。但如果公共安全受到比较大的威胁时，那么安装摄像头在提供犯罪线索、进行嫌疑人查明等方面就具有无可替代的作用。现代小区的各种摄像头并不少，但主要是指向地面和道路，而对于高楼抛物而言，可能需要安装一些指向高楼本身的摄像头，而且必须是高清的、能够捕捉高速运动轨迹的摄像头，这对于阳台上、窗户内居民的活动确实构成了隐私方面的威胁。但如果安装摄像头是解决高楼抛物致害问题的必要手段，那么物业公司也应当注意一些原则：

---

① 赵丽、罗莎莎：《多地高空抛坠物致人伤亡事件频发 谁来为头顶安全撑起防护网》，载《法制日报》2019 年 6 月 24 日。

一是尽量使摄像头的功能和目的是捕捉高楼抛物的行为，而不是聚焦观察特定区域住户的行为；二是在摄像头能够覆盖采集的区域，对住户进行充分的提示，揭示阳台和窗户的活动会纳入摄像头的覆盖区域；三是严格对摄像头采集数据的管理和保密工作，除非发生高楼抛物事件、应当事人或警方请求，任何人不得查阅观看这些摄像头采集的数据，更不能将这些数据对外传播、出售；四是建立起规范的摄像头数据储存和销毁制度，由于高楼抛物事件一旦发生且造成损害，很快就会引起关注，进而产生调阅数据的需求，所以此类摄像头保留数据的期限无需像其他摄像头一样长，可以设置较短的数据自动覆盖销毁的期限，例如半个月或一个月。通过类似这些措施，贯彻《民法典》人格权编关于个人信息利用的合法、正当、必要等原则，尽量保护高楼居民的隐私和个人信息，在公共安全维护与隐私及个人信息保护之间取得平衡。

（四）公安等机关的及时调查义务

本条还规定，发生从建筑物中抛掷物品或者从建筑物上坠落的物品造成他人损害的，公安等机关应当依法及时调查，查清责任人。那么公安等机关主要是指公安机关，即公安机关在接到此类高楼抛物坠物伤人的报案线索之后，应当立即进行调查，力争查明具体行为人。

在《民法典侵权责任编草案》三审稿对本条作出重大修改之后，一直使用的是“有关机关”的表述，但在代表们审议民法典草案时，对于本条中的“有关机关”的概念一直存在不同意见，例如，全国人大常委会周敏委员就质疑：“这里没有调查主体，谁来调查？是公安机关调查？还是建筑物的管理人调查？还是被侵权人调查？如果不明确主体，实践中理解上就会造成歧义。”周敏委员认为，被侵权人起诉到法院后，其他人可以说还没有调查清楚，难以确定具体侵权人，这样会引起难以执行的情况或纠纷。周敏建议明确规定为公安机关和建筑物管理人经调查，或者公安机关、建筑物管理人、被侵权人经调查后难以确定侵权人的，“否则在执行当中容易引发纠纷”。[①] 全国人大常委会曹建明副委员长就建议“将‘有关机关’明确为‘公安机关’。公安机关作为治安行政和刑事司法的专门机关，具有专业性和权威性，可以采取必要措施，对高空抛

① 朱宁宁：《“有关机关”是指哪些机关？“依法”调查依什么法？——对于高空抛物，委员们认为细节很重要》，载《法制日报》2019 年 8 月 27 日。

物坠物进行调查，有利于查清案件事实和责任人。”①

这种争议一直持续到2020年“两会”期间，人大代表们审议民法典草案，针对草案第1254条第3款的规定，有的代表又提出，高空抛物或者坠物行为危害公众安全，公安机关有责任进行调查以查清责任人，建议将“有关机关”明确为“公安等机关”。宪法和法律委员会经研究，建议采纳这一意见，将上述规定中的“有关机关”修改为“公安等机关”。②

之所以在许多高楼抛物坠物案件中，没有查明真正行为人，很大程度上是因为公安机关介入比较晚，导致现场被破坏，取证困难，还有些情形下，如果损害后果不太严重，则公安机关会认为这属于民事侵权案件，不愿介入。

事实上，高楼抛物的行为，无论是否致人伤亡，都可能构成刑事犯罪。如果楼下人流量较大，抛掷的物品具有一定的重量，那么无论是否构成了伤亡后果，其社会危害性都是极大的，都毫无疑问构成刑事犯罪，只不过是故意或过失、既遂或未遂的区别而已。与高楼抛物直接相关的刑事罪名，主要是以危险方法危害公共安全罪、故意伤害罪、故意杀人罪，以及伤害与杀人的过失犯罪。对此应当分别根据楼宇所处环境、抛掷物的性质、造成或可能造成的后果等因素来进行认定。这也是《最高人民法院关于依法妥善审理高空抛物、坠物案件的意见》所确认的几种罪名。

之前高空抛物大多作为民事侵权案件进行处理，有关机关怠于积极进行侦查调查，原因有如下几点：

第一，基层公安机关对此类案件后果的严重性认识不足。此类高空抛物伤人案，大多是偶发的，并非针对特定人，基层公安机关平时在工作中处理故意伤害罪之类的针对特定对象的故意犯罪较多，未能考虑到高空抛物、坠物事件对于公共安全的严重危害性，对于此类行为对于社会和谐稳定的严重后果估计不足，所以没有将之上升到以危险方法危害公共安全罪的程度，所以只是将其作为民事侵权纠纷处理。

---

① 田宇、舒颖、王博勋：《全国人大常委会组成人员审议民法典侵权责任编草案时建议 密织法网“兜住”高空抛物坠物 让“头顶”更安全》，载《中国人大网》2019年8月24日，http：//www.npc.gov.cn/npc/c30834/201908/d152982edf7844dfa5e2e6c3091f595f.shtml。

② 董柳：《从“性骚扰”到“高空抛物”，各代表团审议后民法典草案作了100多处修改》，载《羊城晚报》2020年5月28日。

第二，受到《侵权责任法》对此进行明确规定的影响，认为此类行为仅是民事侵权行为。2009 年《侵权责任法》在第十一章“物件损害责任”中的第 87 条专门规定了高空抛物坠物的侵权责任，即“从建筑物中抛掷物品或者从建筑物上坠落的物品造成他人损害，难以确定具体侵权人的，除能够证明自己不是侵权人的外，由可能加害的建筑物使用人给予补偿。”根据该条规定，难以确定具体侵权人的，除能够证明自己不是侵权人的外，由可能加害的建筑物使用人给予补偿。有些基层公安机关的工作人员可能认为，既然《侵权责任法》明确规定了此类行为是民事侵权行为，而且规定了赔偿责任人是可能加害的建筑物使用人，那么出现高楼抛物坠物案件之后，按照民法的这一规定进行索赔即可，公安机关可以帮助协调，但没有必要再作为刑事案件进行立案侦查。

第三，高空抛物坠物案件侦查难度大，难以确定真正行为人，事后作为刑事案件立案侦查经常也难以查明真相，侦查机关容易出力不讨好。

高空抛物坠物的取证十分困难，首先，受害人或者群众往往证据意识不足，发生伤亡事件后，急于救人而不懂维护现场证据，导致坠落物品上的指纹、使用痕迹、案发现场等，第一时间可能就被破坏，为警方的侦查带来极大难度。其次，坠落的物品大多是市面上可见的种类物，较少有明确的私人印记，难以仅凭某件物品就确定其所有人。再次，除非是大件的、坚固的物品，或者抛出距离和高度比较有限的物品，否则小件物品在高速抛出并撞击的情况下，极易发生变形、碎裂，导致了取证的异常困难。例如，曾经发生的高楼抛出的苹果和小混凝土块砸伤婴儿的事件，苹果和混凝土块都已碎裂成碎末状，难以通过鉴定来追踪行为人。复次，如果在高楼环立的情况下，某件物品从天而降砸伤路人，那么要确定物品是从哪一栋楼抛出坠下的都很困难。最后，目前各小区即便安装了摄像头，也大多是为了停车或路口的监控，这种指向地面的摄像头无法提供有价值的线索，加上风速风向等不确定因素，普通摄像头难以提供清晰的、能够定位物品抛出、坠落发生单位的线索。这些现实因素综合在一起，造成了这类案件的取证困难。在此情况下，即便进行刑事立案，也经常难以进行结案。有些基层治安单位为避免出力不讨好，就倾向于将之作为民事纠纷处理而不做刑事立案。

但是，公安机关对高楼抛物坠物行为进行侦查，对于查明真实行为人至关重要，如果能够找出真正行为人，则对于损害赔偿问题的解决，是最有利的，不至于引发其他建筑物使用人的责任和物业服务企业的安全保障义务违反的责任。全国人大常委会法制工作委员会发言人臧铁伟在民法典草案第一次记者会上就介绍说，对于高空抛物坠物，我国现行法律从刑事责任、行政责任和民事责任等方面作了全面明确的规定。这类行为有可能构成犯罪，尚未构成刑事犯罪的也可依据治安管理处罚法、建筑法、安全生产法等法律规定追究行政责任。同时，追究刑事责任和行政责任，并不能免除行为人的民事责任。同时也表示，“难点主要在于要及时准确查明高空抛物和坠物的责任人，这就要求公安机关等相关机关及时调查、认真查清。要充分发挥法律的威慑作用，查明责任人之后，该承担什么责任就要承担什么责任，严格执法。另外，还要提高建筑物设计施工的质量，提高公民素质，切实减少高空抛物和坠物情况的发生。”①

《最高人民法院关于依法妥善审理高空抛物、坠物案件的意见》明确指出了高空抛物入罪可能涉及的6种罪名，即以危险方法危害公共安全罪、故意伤害罪、过失致人重伤罪、故意杀人罪、过失致人死亡罪，以及重大责任事故罪。那么是否构成犯罪，要根据这几种犯罪的构成要件来进行判断，尤其应当根据行为人的动机、抛物场所、抛掷物的情况以及造成的后果等因素，全面考量行为的社会危害程度，分清罪与非罪、此罪与彼罪。

首先，以危险方法危害公共安全罪。这一罪名有两种情况，分别在《刑法》第114条和第115条进行了规定。对于该罪名，一定要结合犯罪行为造成的人身伤亡后果、严重财产损失，以及对公共安全和公共秩序造成的严重影响来进行判断。根据《刑法》第114条的规定，以高空抛物的危险方法危害公共安全但尚未造成严重后果的，对行为人处三年以上十年以下有期徒刑。也就是说，故意从高空抛弃物品，尚未造成严重后果，但足以危害公共安全的，就适用该条规定来定罪处罚。如果高空抛物的行为造成了他人伤亡或财产受损的严重后果，行为人还是构成以危险方法危害公共安全罪，但应当依据《刑法》第115条的规定来进行定罪处罚，即以危险方法致人重伤、死亡或者使公私财产遭受重大损失的，处十年以上有期徒刑、无期徒刑或者死刑。过失犯前款罪的，处三年以上七年以下有期徒刑；情节较轻的，处三年以下有期徒刑或者拘役。

① 罗沙、曹典：《全国人大常委会法工委发言人首次亮相 回应“高空抛物坠物”等热点问题》，新华社北京8月21日电。

也就是说，高空抛物行为致人重伤、死亡或者使公私财产遭受重大损失的，就要依据该条而非第 114 条来进行处罚。

其次，如果高空抛物行为人是针对特定人员目标而进行的，例如，为了伤害、杀害特定人员而对其进行高空物品投掷行为的，则构成《刑法》第 234 条的故意伤害罪或《刑法》第 232 条的故意杀人罪。对于故意伤害罪，依据《刑法》第 234 条的规定，故意伤害他人身体的，处三年以下有期徒刑、拘役或者管制。犯前款罪，致人重伤的，处三年以上十年以下有期徒刑；致人死亡或者以特别残忍手段致人重伤造成严重残疾的，处十年以上有期徒刑、无期徒刑或者死刑。对于故意杀人罪，依据《刑法》第 232 条的规定，故意杀人的，处死刑、无期徒刑或者十年以上有期徒刑；情节较轻的，处三年以上十年以下有期徒刑。

再次，如果行为人不是基于故意，而是基于过失，导致物品从高空坠落，致人死亡、重伤的，则可能构成《刑法》第 235 条的过失致人重伤罪和《刑法》第 233 条的过失致人死亡罪。过失犯罪的量刑幅度要低于故意犯罪。例如，过失伤害他人致人重伤的，处三年以下有期徒刑或者拘役；过失致人死亡的，处三年以上七年以下有期徒刑；情节较轻的，处三年以下有期徒刑。

复次，如果高空抛坠物不是发生在已经业主入住的小区，而是发生在正在建筑作业的工地，则其行为性质和责任人就发生了变化，造成损害主要是因为施工作业等生产行为违反了相关的安全管理规定，从而构成《刑法》第 134 条规定的重大责任事故罪。根据该条第 1 款的规定，在生产、作业中违反有关安全管理的规定，因而发生重大伤亡事故或者造成其他严重后果的，处三年以下有期徒刑或者拘役；情节特别恶劣的，处三年以上七年以下有期徒刑。

最后，如果高空抛物坠物的行为人多次进行此类行为的，或者楼宇所处环境为人员密集区域、行为可能造成的后果十分严重的，则高空抛物行为在触犯刑法的同时，还可能受到司法机关的从重处罚，并不允许适用缓刑，例如，多次实施高空抛物行为的；经劝阻仍继续实施的；受过刑事处罚或者行政处罚后又实施的；在人员密集场所实施的；等等。

总之，要想有效实现对高楼抛物坠物现象的治理，除了加强民事立法、制定司法解释以外，还需要社区加强对此类事件危害性和违法性的宣传，以及街道、社区对于各个小区建设智慧小区情况的支持和了解，社区民警也应当从治安层面加强对小区安全隐患的排查和教育，等等。

当然，从根源上解决这一问题，最终还得依靠高层楼宇居民住户个人素质的提高，要有安全意识、风险意识，做好高层阳台和窗户的封闭防护措施，养成不乱扔东西的好习惯，等等。

法条关联

◆《最高人民法院关于依法妥善审理高空抛物、坠物案件的意见》

10. 综合运用民事诉讼证据规则。人民法院在适用侵权责任法第八十七条裁判案件时，对能够证明自己不是侵权人的“可能加害的建筑物使用人”，依法予以免责。要加大依职权调查取证力度，积极主动向物业服务企业、周边群众、技术专家等询问查证，加强与公安部门、基层组织等沟通协调，充分运用日常生活经验法则，最大限度查找确定直接侵权人并依法判决其承担侵权责任。

12. 依法确定物业服务企业的责任。物业服务企业不履行或者不完全履行物业服务合同约定或者法律法规规定、相关行业规范确定的维修、养护、管理和维护义务，造成建筑物及其搁置物、悬挂物发生脱落、坠落致使他人损害的，人民法院依法判决其承担侵权责任。有其他责任人的，物业服务企业承担责任后，向其他责任人行使追偿权的，人民法院应予支持。物业服务企业隐匿、销毁、篡改或者拒不向人民法院提供相应证据，导致案件事实难以认定的，应当承担相应的不利后果。

案例评议

一、周某某、龚某某、龚某1、刘某诉冯某某、冯某1、王某案[①]

◆ **裁判规则**

在认定龚某某、冯某某在本案中是否应承担补偿责任时，法院认为，公民的生命健康权受法律保护，原告周某某被砸伤理应得到赔偿。《侵权责任法》第87条规定：“从建筑物中抛掷物品或者从建筑物上坠落的物品造成他人损害，难以确定具体侵权人的，除能够证明自己不是侵权人的外，由可能加害的建筑

① 重庆市第四中级人民法院民事判决书，（2014）渝四中法民终字第00453号。

物使用人给予补偿。”本案中，不能排除龚某某有扔石头的行为以及确定冯某某有扔石头的行为，故当由可能加害的龚某某和冯某某承担补偿责任，因二人均系未成年人，当由二人的监护人承担补偿责任。同时，原告周某某亦系未成年人，其监护人放任其在沙堆上玩耍以致受伤，未尽到完全的监护责任，当承担一定的监护责任并减轻被告的补偿责任。结合本案案情，由原告方承担20%的责任，由龚某某和冯某某各承担40%的责任为宜。

◆ 评议

两名小朋友在楼顶向下扔石头，将他人砸成重伤，经过法院查明，认定了真正行为人，那么从建筑物中抛掷物品或者从建筑物上坠落的物品造成他人损害的，能找到侵权人的，则由其依法承担侵权责任。

二、鞍山九建工程有限公司诉樊某、刘某、李某、樊某案[①]

◆ 裁判规则

在认定本案中对樊某1的死亡给予补偿的主体时，法院认为，根据《侵权责任法》第87条之规定：“从建筑物中抛掷物品或者从建筑物上坠落的物品造成他人损害，难以确定具体侵权人的，除能够证明自己不是侵权人的外，由可能加害的建筑物使用人给予补偿。”本案死者樊某1在鞍山市铁西区繁荣八道街83栋楼房北侧、上诉人在建繁荣大厦建筑工地南侧，被坠落木方砸伤致死，难以确定具体侵权人。现场目击证人付某在木方坠落当天在公安机关询问时证明，付某看到从樊某1和刘某站的位置的北侧天空上掉下来一条木头方子。该证人证言可以证明坠落木方不是从铁西八道街83栋楼所处的方向落下，而是从在建繁荣大厦方向落下。存在木方从在建繁荣大厦抛掷或坠落的可能。铁西八道街83栋楼所处的位置不具有造成木方坠落致使本案损害发生的可能性，故可以认定83栋居民不是侵权人。铁西八道街83栋一楼店铺与在建繁荣大厦之间的水平距离为18.76米。经公安机关现场实验得出实验意见，铁西八道街83栋顶层高度落下木方，接触大约170厘米高的人体落地后，木方的损坏程度明显小于“樊某1死亡”事件的木方损坏程度，也可以看出铁西八道街83栋楼所处的位置不具有造成木方坠落致使本案损害发生的可能性，故可以认定83栋居民不是

① 辽宁省鞍山市中级人民法院民事判决书，(2014)鞍民二终字第681号。

侵权人；而从在建繁荣大厦一定高度抛出木方，落地点可以达到其南侧18.76米远的铁西八道街83栋一层商铺，即从在建繁荣大厦一定高度抛出木方可能导致本案损害后果发生，不能排除木方系从在建繁荣大厦抛掷或坠落。被上诉人天利公司系在建繁荣大厦的发包方，上诉人九建公司系在建繁荣大厦的承包方，事发时间为施工期间，在建繁荣大厦处于上诉人九建公司管理期间，故上诉人九建公司系在建繁荣大厦的使用人，且上诉人九建公司不能够证明自己不是侵权人，故本案被上诉人所受损失，应由上诉人九建公司给予补偿。

◆ **评议**

被侵权人被坠落木方砸中头部，后被送至鞍山市中心医院进行抢救，经抢救无效死亡。法院排除了附近的几栋楼之后，认为只有从在建繁荣大厦抛出木方才可能导致本案损害后果发生，故将在建繁荣大厦作为可能加害的建筑物使用人，判令其对受害人给予补偿。

第一千二百五十五条　【堆放物致害责任】

堆放物倒塌、滚落或者滑落造成他人损害，堆放人不能证明自己没有过错的，应当承担侵权责任。

本条来源

《侵权责任法》第八十八条规定："堆放物倒塌造成他人损害，堆放人不能证明自己没有过错的，应当承担侵权责任。"

立法演变

《民法典侵权责任编草案》（一审稿）第一千零三十一条规定："堆放物倒塌、滚落或者滑落造成他人损害，堆放人不能证明自己没有过错的，应当承担侵权责任。"此后无变化。

条文释义

本条是关于堆放物倒塌、滚落或者滑落造成他人损害责任的规定。

一、概述

堆放物，是指堆放在土地上或者其他平面上的物品。堆放物具有临时性，必须是未固定在其他物体上，而且不属于其他物体的一部分，例如，建筑工地上堆放的沙袋、垒积的砖块，林场空地上堆放的圆木，仓库码放的麻包，等等。

堆放物倒塌，是指堆放物整体发生垮塌。堆放物滚落，是指部分堆放物从内向外发生翻滚，往往是顶端的物品发生翻滚。堆放物滑落，是指部分堆放物从高处向下跌落，往往是堆放于外侧的物品发生滑落。例如，码放的柴垛在大风天气整体倒塌，堆放的原木顶端发生滚落，仓库堆放的袋装大米有数包发生滑落，等等。

《民法通则》没有针对堆放物倒塌等致人损害的问题作出规定，《最高人民法院关于贯彻执行〈中华人民共和国民法通则〉若干问题的意见（试行）》仅在第155条规定："因堆放物品倒塌造成他人损害的，如果当事人均无过错，应当根据公平原则酌情处理。"《最高人民法院关于审理人身损害赔偿案件适用法律若干问题的解释》针对房屋倒塌的侵权责任问题专门作出了规定，其第16条规定："下列情形，适用民法通则第一百二十六条的规定，由所有人或者管理人承担赔偿责任，但能够证明自己没有过错的除外：……（二）堆放物品滚落、滑落或者堆放物倒塌致人损害的……"

《侵权责任法》吸收了该司法解释的部分经验，在第88条规定："堆放物倒塌造成他人损害，堆放人不能证明自己没有过错的，应当承担侵权责任。"本次民法典编纂过程中，对本条予以了保留，但作出了补充完善，即增加了堆放物滚落或者滑落的两类情形，应当说，本条更加接近司法解释的规定，是对司法解释经验的完整采纳。

二、内容

堆放物倒塌、滚落或者滑落造成他人损害的，责任主体是堆放人。堆放人即实施和完成了堆放物品行为的人。雇佣他人进行堆放的，雇主为堆放人。

对于堆放物倒塌、滚落或者滑落造成他人损害的归责原则，根据本条规定，是过错推定原则，即只要发生了堆放物倒塌、滚落或者滑落造成他人损害的事实，就首先推定是基于堆放人的过错而导致。如果堆放人对此持有异议，则其应当负担举证责任，证明自己并没有过错，否则就应当承担侵权责任。

除此之外，《民法典》侵权责任编总则部分规定的免责事由，也可以适用于堆放物倒塌、滚落或者滑落造成他人损害的情形，例如受害人故意、第三人原因等。

法条关联

◆《最高人民法院关于审理人身损害赔偿案件适用法律若干问题的解释》

第十六条 下列情形，适用民法通则第一百二十六条的规定，由所有人或者管理人承担赔偿责任，但能够证明自己没有过错的除外：

（一）道路、桥梁、隧道等人工建造的构筑物因维护、管理瑕疵致人损害的；

（二）堆放物品滚落、滑落或者堆放物倒塌致人损害的；

（三）树木倾倒、折断或者果实坠落致人损害的。

前款第（一）项情形，因设计、施工缺陷造成损害的，由所有人、管理人与设计、施工者承担连带责任。

案例评议

一、邱某、余某、平凉商城综合批发市场诉童某、白某案[①]

◆ **裁判规则**

在认定邱某、余某在本案中应否负侵害被害人死亡这一结果的民事过错责任时，法院认为，根据《侵权责任法》第88条“堆放物倒塌造成他人损害，堆放人不能证明自己没有过错的，应当承担侵权责任”的规定，第一，堆放物倒塌致害责任是一种物件致害责任。第二，堆放物致害责任是一种替代责任，其赔偿义务主体是有过错的堆放人。第三，堆放物致害责任的归责原则是过错推定原则。邱某、余某作为在平凉商城副食蔬菜调料区经营摊主，其负有对该堆放物因坍塌、滑落、滚落等致人损害的注意义务，现因他人攀爬、踏跳致堆放货包倒塌压伤受害人并致其死亡，邱某、余某虽然举证证明系他人行为所致，但不能进一步证实系何人直接侵权。因此，邱某、余某主张其无过错，但用以证明的证据不足，故推定其应负侵害被害人死亡这一结果的主要民事过错责任。

① 甘肃省平凉市中级人民法院民事判决书，（2014）平中民一终字第16号。

◆ 评议

几名小孩在行为人堆放的毛毯货包处玩耍，因货包倒塌致受害人被压其下，受伤死亡。堆放物倒塌、滚落或者滑落造成他人损害，堆放人不能证明自己没有过错的，应当承担侵权责任。因此判令由堆放人承担赔偿责任。

二、邓某诉毛某案[①]

◆ 裁判规则

在认定邓某应否对毛某受伤承担赔偿责任时，法院认为，本案中，邓某作为水泥的堆放人，其对堆放的水泥负有安全管理义务。邓某店里堆放的水泥突然倒塌致毛某受伤，毛某受伤与堆放物倒塌的致害行为之间具有因果关系。根据《侵权责任法》第 88 条“堆放物倒塌造成他人损害，堆放人不能证明自己没有过错的，应当承担侵权责任”的规定，邓某应当对毛某受伤承担赔偿责任。同时，因为毛某自身存在过失，应酌情减轻邓某的责任。

◆ 评议

毛某在邓某店内装水泥送给吴某，毛某在店内搬运水泥时，店内堆放的水泥突然倒下 15—20 包，将毛某压伤。邓某未能证明自己对此没有过错，因此邓某对毛某的损害应当承担赔偿责任。同时，法院认为，事发时，毛某的搬运行为在不断改变堆放物的受力状态，也有可能是构成堆放物倒塌的原因力之一，而且毛某作为常年从事搬运工作的专职搬运工，在搬运过程中对工作环境安全和自身安全未尽到谨慎注意义务，故毛某自身对损害的发生也有过错，酌情可以减轻邓某 30% 的赔偿责任。

第一千二百五十六条　【在公共道路上堆放、倾倒、遗撒物品责任】

在公共道路上堆放、倾倒、遗撒妨碍通行的物品造成他人损害的，由行为人承担侵权责任。公共道路管理人不能证明已经尽到清理、防护、警示等义务的，应当承担相应的责任。

---

① 江西省抚州市中级人民法院民事判决书，（2014）抚民一终字第 166 号。

本条来源

《侵权责任法》第八十九条规定："在公共道路上堆放、倾倒、遗撒妨碍通行的物品造成他人损害的，有关单位或者个人应当承担侵权责任。"

立法演变

《民法典侵权责任编草案》（一审稿）第一千零三十二条规定："在公共道路上堆放、倾倒、遗撒妨碍通行的物品造成他人损害的，由行为人承担侵权责任。公共道路管理人不能证明已经尽到清理、防护、警示等义务的，应当承担相应的责任。"此后无变化。

条文释义

本条是关于在公共道路上堆放、倾倒、遗撒妨碍通行物造成他人损害责任的规定。

一、概述

公共道路是供不特定人通行使用的道路，关系社会大众的利益，如果在公共道路上堆放、倾倒、遗撒妨碍通行的物品，就会影响大众的交通。尤其是当机动车在公共道路上通行时，如果道路上存在障碍物，基于机动车较快的速度，撞伤障碍物，很容易发生交通事故，造成车辆毁损、人员伤亡的严重后果。

为强调道路通行安全，我国《公路法》第46条规定："任何单位和个人不得在公路上及公路用地范围内摆摊设点、堆放物品、倾倒垃圾、设置障碍、挖沟引水、利用公路边沟排放污物或者进行其他损坏、污染公路和影响公路畅通的活动。"《道路交通安全法》第48条第1款也规定："机动车载物应当符合核定的载质量，严禁超载；载物的长、宽、高不得违反装载要求，不得遗洒、飘散载运物。"这些规定都是为了保障公共道路通行安全，防止因堆放、倾倒、遗撒等行为出现妨碍通行的物品，避免造成损害。

《最高人民法院关于审理道路交通事故损害赔偿案件适用法律若干问题的解释》第10条对此类行为作出了详细规定："因在道路上堆放、倾倒、遗撒物品等妨碍通行的行为，导致交通事故造成损害，当事人请求行为人承担赔偿责任的，人民法院应予支持。道路管理者不能证明已按照法律、法规、规章、国家标准、行业标准或者地方标准尽到清理、防护、警示等义务的，应当承担相应的赔偿责任。”

对于在公共道路上堆放、倾倒、遗撒妨碍通行的物品造成他人损害的侵权责任，《侵权责任法》第89条规定：“在公共道路上堆放、倾倒、遗撒妨碍通行的物品造成他人损害的，有关单位或者个人应当承担侵权责任。”本次民法典编纂过程中，对此予以保留的同时，进行了较多修改，一是将“有关单位或者个人”修改为“行为人”；二是增加了对公共道路管理人的过错推定。

二、内容

首先，堆放、倾倒、遗撒妨碍通行物，是指在公共道路上堆放、倾倒、遗撒物品，影响行人或机动车辆等交通参与主体对于该公共道路正常、合理的使用。在公共道路上堆放、倾倒、遗撒妨碍通行物，既可以是堆放、倾倒、遗撒固体物，例如，故意在公共道路上设置路障向过往车辆索要钱财，农民在公共道路上晾晒粮食，运输碎石子的货车包装不严遗撒碎石子，水泥搅拌车将水泥泄露在路上等；也可以是倾倒液体、排放气体，例如，运油车漏油，运输化学物质的车辆发生气体泄漏等。

其次，造成他人损害是指被侵权人因堆放、倾倒、遗撒的妨碍通行物而受到损害，例如，行人在公共道路上被妨碍通行物绊倒，机动车因轮胎碾轧到道路上泄露的石油而失控打滑而撞伤他人等。

再次，在公共道路上堆放、倾倒、遗撒妨碍通行的物品造成他人损害的，由行为人承担侵权责任，此处不需要考虑行为人的过错，因为在公共道路上实施此类行为，本身就是违法行为，就表明其具有重大过错。如果是因为第三人原因，或者受害人故意等原因造成损害，则可以直接援引《民法典》侵权责任编总则部分的相关免责事由进行抗辩。

最后，公共道路管理人不能证明已经尽到清理、防护、警示等义务的，应当承担相应的责任。这种责任是过错责任，实施的是举证责任倒置，即发生损害后，行为人自然要承担责任，但此时公共道路的管理人如果不能证明自己已经按照有关法律、法规、规章、国家标准、行业标准或者地方标准尽到了清理、防护、警示等义务的，则其也应当承担相应的赔偿责任。此种赔偿责任不是与行为人一起承担连带责任，而是基于其对清理、防护、警示等义务的违反情况，以及其过错与损害之间的原因力大小，来判断其应当承担赔偿的份额。

法条关联

◆《道路交通安全法》

第四十八条第一款 机动车载物应当符合核定的载质量，严禁超载；载物的长、宽、高不得违反装载要求，不得遗洒、飘散载运物。

◆《道路交通安全法实施条例》

第六十二条 驾驶机动车不得有下列行为：

（一）在车门、车厢没有关好时行车；

（二）在机动车驾驶室的前后窗范围内悬挂、放置妨碍驾驶人视线的物品；

（三）拨打接听手持电话、观看电视等妨碍安全驾驶的行为；

（四）下陡坡时熄火或者空挡滑行；

（五）向道路上抛撒物品；

（六）驾驶摩托车手离车把或者在车把上悬挂物品；

（七）连续驾驶机动车超过 4 小时未停车休息或者停车休息时间少于 20 分钟；

（八）在禁止鸣喇叭的区域或者路段鸣喇叭。

◆《最高人民法院关于审理道路交通事故损害赔偿案件适用法律若干问题的解释》

第十条 因在道路上堆放、倾倒、遗撒物品等妨碍通行的行为，导致交通事故造成损害，当事人请求行为人承担赔偿责任的，人民法院应予支持。道路管理者不能证明已按照法律、法规、规章、国家标准、行业标准或者地方标准尽到清理、防护、警示等义务的，应当承担相应的赔偿责任。

案例评议

一、湖州市水务集团有限公司、湖州市公路管理处吴兴公路段诉王某 1、申某、王某 2、王某 3 案[①]

◆ 裁判规则

在认定水务集团应否对损害结果的发生承担赔偿责任时，法院认为，根据

① 浙江省湖州市中级人民法院民事判决书，（2011）浙湖民终字第 310 号。

《侵权责任法》第89条的规定："在公共道路上堆放、倾倒、遗撒、妨碍通行的物品造成他人损害的，有关单位或者个人应当承担侵权责任。"因此，在公共道路上堆放、倾倒、遗撒妨碍通行物品与道路管理瑕疵造成受害人的损害，系共同因果关系，堆放、倾倒、遗撒行为人与道路管理部门相互之间承担按份责任。本案中，水务集团对其排水、供水管道负有妥善维护职责，事发时间为冬季，水务集团理应预见到气候寒冷，易引发水管破裂漏水，对交通造成影响，而未及时对供水管道进行维护、保养，致使水管破裂、漏水，后在路面结冰，具有一定过错，是造成损害结果的直接原因，理应承担赔偿责任。

◆ **评议**

受害人驾驶二轮摩托车时，车辆通过结冰路面时发生侧翻，经抢救无效于事发当日死亡。冰面因水务集团铺设的自来水管道破裂，在路面积水后结合天气原因形成。此种行为属于在公共道路上倾倒妨碍通行的物品，故由行为人承担侵权责任。同时，公路段在本案中并未尽到巡查养护职责，具有一定过错。

二、岳阳市一〇七国道管理处诉杨某、魏某1、魏某2、周某、邱某案[①]

◆ **裁判规则**

在认定岳阳市一〇七国道管理处对杨某受伤应否承担赔偿责任时，法院认为，《侵权责任法》第89条规定，"在公共道路上堆放、倾倒、遗撒妨碍通行的物品造成他人损害的，有关单位或者个人应当承担侵权责任。"该条规定涉及的责任主体不仅指与"堆放、倾倒、遗撒妨害通行物品"行为有关的单位或个人，也包含未尽到相关管理义务的道路管理部门。本案中，邱某卸倒土石的行为发生在2011年8月29日13时许，而杨某撞到土石堆造成事故是在当日19时许。在长达六小时的时间内，岳阳市一〇七国道管理处对堆放在公路上妨碍通行的土石堆没有及时发现、制止，亦没有及时排除公路上存在的妨碍交通安全的障碍，未尽到法定的管理义务，存在管理上的过错，且其疏于管理的行为与杨某受伤之间客观上存在因果关系，故岳阳市一〇七国道管理处应承担与其过错相适应的民事赔偿责任。

---

① 湖南省岳阳市中级人民法院民事判决书，(2013)岳中民再终字第24号。

◆ **评议**

行为人驾驶运输土石的货车陷于路边，遂将车上部分土石卸在非机动车道上，形成了土石堆，并有少量土石散落在机动车道上。杨某驾驶无牌摩托车撞到土石堆，摩托车侧翻并受伤。这是在公共道路上堆放、遗撒土石的行为，由行为人承担侵权责任。岳阳市一〇七国道管理处对在公路上堆放土石的行为没有及时发现、制止，亦没有及时排除公路上存在的妨碍交通安全的障碍，未尽到法定的管理义务，存在管理上的过错，应当承担相应的责任。

第一千二百五十七条　【林木致害责任】

因林木折断、倾倒或者果实坠落等造成他人损害，林木的所有人或者管理人不能证明自己没有过错的，应当承担侵权责任。

本条来源

《侵权责任法》第九十条规定："因林木折断造成他人损害，林木的所有人或者管理人不能证明自己没有过错的，应当承担侵权责任。"

立法演变

《民法典侵权责任编草案》（一审稿）第一千零三十三条规定："因林木折断、倾倒或者果实坠落等造成他人损害，林木的所有人或者管理人不能证明自己没有过错的，应当承担侵权责任。"此后无变化。

条文释义

本条是关于林木折断、倾倒或者果实坠落造成他人损害的责任之规定。

一、概述

我国是林业大国，植被丰富，近些年随着国家大力推行退耕还林、强化环保的政策，森林覆盖率逐年上升。2020 年 3 月 11 日全国绿化委员会办公室发布的《2019 年中国国土绿化状况公报》显示，仅 2019 年我国就完成造林 706.7 万公顷、森林抚育 773.3 万公顷，种草改良草原 314.7 万公顷。目前我国森林覆盖率达 22.96%，森林面积 2.2 亿公顷。

丰富的森林资源，茂盛的林木，为我国提供了大量的木材资源，改善了人们的居住环境，在涵养水土、改善空气、调节气候等多个方面起着无比重要的作用。人们的生活离不开林木，但是如果林木发生折断、倾倒时，也可能给人们的人身和财产带来一些威胁或损害，林木上的果实坠落时，如果砸到行人，也会造成人身伤害。因此，有必要在民事法律上对于林木折断等造成他人损害的责任问题作出规定。

我国制定于 1984 年的《森林法》（该法于 1998 年、2009 年作出两次修正，于 2019 年 12 月 28 日第十三届全国人民代表大会常务委员会第十五次会议进行了修订，将于 2020 年 7 月 1 日起施行）未规定林木折断、倾倒致人损害的责任问题，1986 年《民法通则》也未对林木折断致人损害问题作出规定。

《最高人民法院关于审理人身损害赔偿案件适用法律若干问题的解释》第 16 条规定，树木倾倒、折断或者果实坠落致人损害的，由所有人或者管理人承担赔偿责任，但能够证明自己没有过错的除外。

2009 年《侵权责任法》第 90 条吸收了这一司法经验，对此作出了规定："因林木折断造成他人损害，林木的所有人或者管理人不能证明自己没有过错的，应当承担侵权责任。"最高人民法院《民事案由规定》中，也设置了林木折断损害责任纠纷的案由。本次民法典编撰过程中，对本条予以了保留，并作出了增补完善，在林木折断的情形之外，增加了林木倾倒以及果实坠落的情形，是对司法解释经验的完整吸收。

二、内容

（一）林木的含义

根据《森林法》的定义，林木，包括树木和竹子。森林，按照用途可以分为防护林、特种用途林、用材林、经济林和能源林。本条规定的林木，并未限定于自然生长的树木和竹子，人工种植的林木也包括在内。

此外，关于林木的生长范围，本条并未采用"森林"的概念，而是采用"林木"的概念，就表明，只要是树木和竹子发生折断、倾倒或者果实坠落伤人事件，都属于本条的调整范围之内。因此无论是成片生产的森林，还是公园中种植的林木，还是公共道路两旁的林木，以及住宅小区、建筑物周围的树木，只要是发生了折断等情形造成他人损害的，都属于本条的调整范围。

在大风、暴雨天气，很容易出现树木被摧毁折断或者倾倒的现象，将路边停放的汽车砸坏，绊倒过往行人，高速公路两旁的林木倾倒还可能导致车辆避让不及发生重大交通事故。此外，林木的枝叶、果实坠落，也可能对他人人身、财产安全造成损害，例如椰子树、槟榔树的巨大树叶掉落，或者椰果坠落，都可能给人们的人身和财产权益造成侵害。

（二）林木折断、倾倒或者果实坠落等造成他人损害的责任主体

林木折断、倾倒或者果实坠落等造成他人损害，在本质上属于物的责任，因此应当由物的所有人、控制人来承担责任。根据本条规定，发生林木致人损害时，由林木的所有人或者管理人作为责任主体，承担侵权责任。

根据《森林法》的规定，林地的所有人或管理人可以根据权属不同分为如下几类：

第一，国家所有的森林资源。森林资源属于国家所有，由法律规定属于集体所有的除外。国家所有的森林资源的所有权由国务院代表国家行使。国务院可以授权国务院自然资源主管部门统一履行国有森林资源所有者职责。

同时，国家所有的林地和林地上的森林、林木可以依法确定给林业经营者使用。林业经营者依法取得的国有林地和林地上的森林、林木的使用权，经批准可以转让、出租、作价出资等。

第二，集体所有或使用的林地。集体所有和国家所有依法由农民集体使用的林地（即集体林地）实行承包经营的，承包方享有林地承包经营权和承包林地上的林木所有权，合同另有约定的从其约定。承包方可以依法采取出租（转包）、入股、转让等方式流转林地经营权、林木所有权和使用权。对于未实行承包经营的集体林地以及林地上的林木，则由农村集体经济组织统一经营。经本集体经济组织成员的村民会议三分之二以上成员或者三分之二以上村民代表同意并公示，可以通过招标、拍卖、公开协商等方式依法流转林地经营权、林木所有权和使用权。

第三，集体、单位和个人的林木。国有企业事业单位、机关、团体、部队营造的林木，由营造单位管护并按照国家规定支配林木收益。农村居民在房前屋后、自留地、自留山种植的林木，归个人所有。城镇居民在自有房屋的庭院内种植的林木，归个人所有。集体或者个人承包国家所有和集体所有的宜林荒山荒地荒滩营造的林木，归承包的集体或者个人所有；合同另有约定的从其约

定。其他组织或者个人营造的林木，依法由营造者所有并享有林木收益；合同另有约定的从其约定。

因此，林地的所有人或管理人，既可能是代表国家行使所有权的国务院自然资源主管部门，也可能是农村集体经济组织，也可能是单位、个人，还可能是林业经营者、集体林地承包方、四荒土地承包方等不同的主体。

（三）林木折断、倾倒或者果实坠落等造成他人损害的归责原则

本条对于林木折断、倾倒或者果实坠落等造成他人损害的归责原则，采用过错推定的原则。即林木折断、倾倒或者果实坠落等造成他人损害的，首先推定林木的所有人或者管理人对于损害的发生具有过错，如果其认为自己没有过错的，则应当负担举证责任，证明自己对此没有过错才能免责，否则就应当承担责任。

这是因为林木折断、倾倒或者果实坠落可能是由于多种原因造成，既可能是构成不可抗力的极端天气，也可能是管理不善、未及时修剪枝叶，或者未及时清理病虫害，还可能是第三人砍伐造成。但无论何种原因造成，林木的所有人、管理人都负有定期检查、及时清除、保养维护等义务，所以即便是他人原因造成的林木损坏，但如果所有人、管理人有时间去进行清理而未清理，并最终造成损害的，其仍然负有责任。如果要求受害人去证明林木的所有人、管理人对于损害的发生具有过错，则无疑更为困难。因此本条对林木的所有人、管理人实行过错推定，由其自证无过错，从而实现对被侵权人的保护。

林木的所有人、管理人如果要证明自己无过错，即必须证明自己尽到了应尽的注意义务，这主要是对林木的定期检查、病虫害防治、障碍清除、极端天气的预防措施等义务。例如，根据《森林法》第 35 条第 1 款和第 4 款的规定，县级以上人民政府林业主管部门负责本行政区域的林业有害生物的监测、检疫和防治。林业经营者在政府支持引导下，对其经营管理范围内的林业有害生物进行防治。再如，《道路交通安全法》第 28 条也规定，道路两侧及隔离带上种植的树木或者其他植物，设置的广告牌、管线等，应当与交通设施保持必要的距离，不得遮挡路灯、交通信号灯、交通标志，不得妨碍安全视距，不得影响通行。如果道路两侧及隔离带上种植的树木、竹子，发生折断、倾倒、果实坠落影响通行，造成交通事故的，其所有人或管理人就要承担侵权责任。

当然，《民法典》侵权责任编总则部分所规定的免责事由也可以适用于本

条的情形，例如树木折断砸坏车辆，是因为被侵权人自己驾车撞到了树木而造成，等等。

法条关联

◆《最高人民法院关于审理人身损害赔偿案件适用法律若干问题的解释》

第十六条 下列情形，适用民法通则第一百二十六条的规定，由所有人或者管理人承担赔偿责任，但能够证明自己没有过错的除外：

（一）道路、桥梁、隧道等人工建造的构筑物因维护、管理瑕疵致人损害的；

（二）堆放物品滚落、滑落或者堆放物倒塌致人损害的；

（三）树木倾倒、折断或者果实坠落致人损害的。

前款第（一）项情形，因设计、施工缺陷造成损害的，由所有人、管理人与设计、施工者承担连带责任。

案例评议

一、广西壮族自治区平乐公路管理局诉李某、银某案①

◆ **裁判规则**

在认定广西壮族自治区平乐公路管理局应否对李某1的死亡承担赔偿责任时，法院认为，《侵权责任法》第90条规定："因林木折断造成他人损害，林木的所有人或者管理人不能证明自己没有过错的，应当承担侵权责任。"根据该条规定，确定树木折断致人损害的侵权责任适用过错推定责任原则，即只要树木的所有人或者管理人不能证明自己对树木折断致人损害不存在过错的，就应当承担损害赔偿责任。

◆ **评议**

本案中，路边的鬼柳树已干枯死亡，广西壮族自治区平乐公路管理局平时管护时应当预料到大风可能导致干枯的鬼柳树折断而没有及时清理干枯的鬼柳树，导致干枯的鬼柳树横倒在公路路面上，将机动车道和非机动车道完全挡住，

---

① 广西壮族自治区桂林市中级人民法院民事判决书，（2014）桂市民一终字第529号。

致使李某1发生事故。

李某1的死亡后果，与树木折断具有因果关系，广西壮族自治区平乐公路管理局也无法证明自己没有过错，故应承担主要的民事赔偿责任。

二、平定县冠山镇洗马堰村村民委员会诉王某案①

◆ 裁判规则

在认定平定县冠山镇洗马堰村村民委员会应否对王某的损失承担赔偿责任时，法院认为，《侵权责任法》第90条规定："因林木折断造成他人损害，林木的所有人或者管理人不能证明自己没有过错的，应当承担侵权责任。"本案中，被上诉人王某在人行道上候车时被道旁折断的树木砸伤的事实存在。平定县冠山镇洗马堰村村民委员会应当举证证明该路段的树木不属其所有或管理，以及由于不可抗力和受害人因自己的过错造成损害事实才能免责。因上诉人提供的气象局气象证明中反映，在发生事故时风力达9级，风力等级表显示9级风级，不会造成正常成年树木发生折断的现象，且该路段的其他树木均未出现折断的情况，故不构成不可抗力情形。事实上，由于常年缺乏对树木的管理维护，才出现树木折断的事故发生。而平定县冠山镇洗马堰村村民委员会与平定县住房保障和城乡建设管理局以及河南×××建设集团有限公司三方签订的补偿协议可证明该树木属于村民委员会所有，故其没有尽到维护、管理义务具有主要过错，应当承担受害人王某70%的赔偿责任。

◆ 评议

原告王某在路右侧人行道上等候公交车时，路西人行道旁的一棵老树被风吹断落入人行道，将原告砸伤。在发生事故时风力达9级，不会造成正常成年树木发生折断的现象，且该路段的其他树木均未出现折断的情况，故不构成不可抗力情形。事实上，由于常年缺乏对树木的管理维护，才出现树木折断的事故发生。故不存在不可抗力和受害人故意的免责事由，上诉人认为该树木不属其所有或管理、本案损害事实是因发生不可抗力以及受害人自己的过错造成的理由，证据不足。故树木的产权人村民委员会没有尽到维护、管理义务，具有主要过错，应承担受害人王某70%的赔偿责任。平定县住房保障和城乡建设管

① 山西省阳泉市中级人民法院民事判决书，（2014）阳民终字第229号。

理局在进行扩建改造该路段时，作为管理人没有尽到合理的管理义务，对损害的发生也具有一定的过错，应承担受害人王某30%的赔偿责任。

第一千二百五十八条　【道路施工及地下设施致害责任】

在公共场所或者道路上挖掘、修缮安装地下设施等造成他人损害，施工人不能证明已经设置明显标志和采取安全措施的，应当承担侵权责任。

窨井等地下设施造成他人损害，管理人不能证明尽到管理职责的，应当承担侵权责任。

本条来源

《侵权责任法》第九十一条规定："在公共场所或者道路上挖坑、修缮安装地下设施等，没有设置明显标志和采取安全措施造成他人损害的，施工人应当承担侵权责任。窨井等地下设施造成他人损害，管理人不能证明尽到管理职责的，应当承担侵权责任。"

立法演变

《民法典侵权责任编草案》（一审稿）第一千零三十四条规定："在公共场所或者道路上挖坑、修缮安装地下设施等造成他人损害，施工人不能证明已经设置明显标志和采取安全措施的，应当承担侵权责任。窨井等地下设施造成他人损害，管理人不能证明尽到管理职责的，应当承担侵权责任。"

《民法典侵权责任编草案》（三审稿）第一千零三十四条规定："在公共场所或者道路上挖掘、修缮安装地下设施等造成他人损害，施工人不能证明已经设置明显标志和采取安全措施的，应当承担侵权责任。窨井等地下设施造成他人损害，管理人不能证明尽到管理职责的，应当承担侵权责任。"此后无变化。

条文释义

本条是关于在公共场所或道路施工及窨井等地下设施造成他人损害的责任

之规定。

一、概述

公共场所是面向不特定的社会公众开放的场所，而道路一般也是指公共道路，不特定人均可以进入和通行。因此，当公共场所或者道路因挖掘、修缮安装地下设施等，必然变得不适宜通行，或者对局部区域造成通行障碍。那么，如果前往通行的人们没有及时收到警示，则可能会掉入挖掘的坑中，或者因为维修活动设置的障碍物而绊倒受伤。因此有必要在民事法律上设置相关的责任规则，分清责任，进而起到指引行为、预防损害的作用。

我国《民法通则》第 125 条就规定，在公共场所、道旁或者通道上挖坑、修缮安装地下设施等，没有设置明显标志和采取安全措施造成他人损害的，施工人应当承担民事责任。《最高人民法院关于审理人身损害赔偿案件适用法律若干问题的解释》第 16 条也规定，道路、桥梁、隧道等人工建造的构筑物因维护、管理瑕疵致人损害的，由所有人或者管理人承担赔偿责任，但能够证明自己没有过错的除外。

《侵权责任法》第 91 条对于公共场所和道路施工致人损害的责任问题作出了规定："在公共场所或者道路上挖坑、修缮安装地下设施等，没有设置明显标志和采取安全措施造成他人损害的，施工人应当承担侵权责任。窨井等地下设施造成他人损害，管理人不能证明尽到管理职责的，应当承担侵权责任。"在本次民法典编纂过程中，对该条予以了保留，但进行了调整和完善，一是将"挖坑"改为"挖掘"，使之包含的范围更广泛；二是对第 1 款的表述方式进行了调整，使之更符合过错推定责任的传统表述方式。

二、内容

(一) 在公共场所或者道路上挖掘、修缮安装地下设施等造成他人损害的责任

在公共场所或者道路上挖掘、修缮安装地下设施，将会破坏地面、路面的完整性和平整性，人为制造通行障碍，一般来说，只能是负有管理义务的主体基于对场所、路面或其地下设施的管理、修缮的目的，才能实施挖掘等行为，否则即构成违法行为。即便是有权实施此类挖掘、修缮行为，也必须遵循相关的管理规定，规范作业，否则很容易对路人、行人等造成损害。

例如，《道路交通安全法》第 104 条就规定了擅自从事道路挖掘行为的行政

责任，即“未经批准，擅自挖掘道路、占用道路施工或者从事其他影响道路交通安全活动的，由道路主管部门责令停止违法行为，并恢复原状，可以依法给予罚款；致使通行的人员、车辆及其他财产遭受损失的，依法承担赔偿责任。有前款行为，影响道路交通安全活动的，公安机关交通管理部门可以责令停止违法行为，迅速恢复交通。”

本条对在公共场所或者道路上挖掘、修缮安装地下设施等造成他人损害采取了过错推定的归责原则，即首先推定施工人对于损害具有过错，如果施工人提出异议，则由其承担举证责任，证明自己已经设置明显标志和采取安全措施方可免责，否则即应承担侵权责任。

设置明显设施和采取安全措施，是本条规定的施工人已经尽到相关注意义务的标准，违反这一标准，即存在过错。设置明显设施，是指在施工范围内、安全距离外，设置明显的设施以提醒往来行人、机动车驾驶人予以注意，并应当避免行人、机动车等主体进入施工区域。采取安全措施，是指设置明显措施之外，还应当采取的其他安全措施，例如提前发布公告、请求公安机关交通管理部门提供协助，中断交通，设置临时通道分流等。

对于设置明显设施和采取安全措施，一些法律法规作出了更为具体的要求，应当满足这些要求。例如，《道路交通安全法》第 32 条第 1 款和第 2 款就规定，“因工程建设需要占用、挖掘道路，或者跨越、穿越道路架设、增设管线设施，应当事先征得道路主管部门的同意；影响交通安全的，还应当征得公安机关交通管理部门的同意。施工作业单位应当在经批准的路段和时间内施工作业，并在距离施工作业地点来车方向安全距离处设置明显的安全警示标志，采取防护措施；施工作业完毕，应当迅速清除道路上的障碍物，消除安全隐患，经道路主管部门和公安机关交通管理部门验收合格，符合通行要求后，方可恢复通行。”

《道路交通安全法实施条例》第 35 条也规定：“道路养护施工单位在道路上进行养护、维修时，应当按照规定设置规范的安全警示标志和安全防护设施。道路养护施工作业车辆、机械应当安装示警灯，喷涂明显的标志图案，作业时应当开启示警灯和危险报警闪光灯。对未中断交通的施工作业道路，公安机关交通管理部门应当加强交通安全监督检查。发生交通阻塞时，及时做好分流、疏导，维护交通秩序。道路施工需要车辆绕行的，施工单位应当在绕行处设置标志；不能绕行的，应当修建临时通道，保证车辆和行人通行。需要封闭道路中断交通的，除紧急情况外，应当提前5日向社会公告。”

（二）窨井等地下设施造成他人损害的责任

“窨井”，是指上下水道或者其他地下管线工程中，为便于检查或疏通而设置的井状构筑物。2012年《厦门市窨井设施管理办法》则对窨井设施定义为：是指电力、有线电视、通信、燃气、供水、排水、中水、照明、交通信号等各类管线的检查井、阀门井、进水井及其井盖（板）、井框、井箅等设施。“其他地下设施”，则包括地窖、水井、下水道以及其他地下坑道等。

在城市中，所有的公共供水、污水渠、电话线、光纤网络都可能透过窨井下的地下通道联结。窨井是其向地面的出口，被窨井盖覆盖。地下管道多是直线的，当需要转向时，在转向位设置窨井，目的是使直线管道不易阻塞，而且易于安装管线。除此之外，为了地下施工作业的便利及安全，在一定长度的地下管道中途，都会设置一些窨井，以便进出管道。窨井等地下设施一般都比较深，与地面处置距离较高，空间狭窄，而且往往与下水道等地下水流相通，如果发生行人坠落事件，极易造成被侵权人人身伤害甚至死亡的事件。

实践中，窨井等地下设施往往加盖了井盖，在井盖坚固安全时，一般不会造成行人等主体伤害，但如果存在井口与地面不平整、井下物品探出地面、井盖破裂、井盖遗失或被水流冲走等情况时，则极易对过往人员造成伤害。尤其是城市中井盖容易被盗、遗失，或者在暴雨天气被暴涨的地下流水冲走等，形成严重安全隐患。

2013年《住房和城乡建设部关于进一步加强城市窨井盖安全管理的通知》就指出，井盖是市政基础设施的重要组成部分，井盖管理是城市管理的重要内容，关系到广大人民群众的切身利益，关系到党和政府的形象，反映了一个城市的管理水平。近期，部分城市发生多起窨井吞人、伤人的事故，严重影响了人民群众生命财产安全，社会反响强烈。

窨井等地下设施造成他人损害的责任主体，是窨井等地下设施的管理人。管理人是指依法或依约定负责对窨井等地下设施进行管理、维护的单位或者个人。城市窨井等地下设施大多存在不同的用途，例如用于输水、输油、输气、输电、泄洪等，而不同用途的地下设施往往归不同的单位所有和管理。因此，窨井等地下设施的管理人，往往是相关设施的产权单位。因此，在窨井等地下设施造成他人损害后，要找到相关设施的管理人，由其作为责任人承担侵权责任。

例如，对于井盖的管理责任主体，《住房和城乡建设部关于进一步加强城市窨井盖安全管理的通知》就指出：按照“谁所有、谁负责”的原则，认真落实井盖的维修、养护和管理责任。所有权人、管理人、使用人之间有约定管理责任的，由约定的责任人负责维修、养护管理。城市供水、排水、燃气、热力、房产（物业）、电力、电信、广播电视等井盖主管部门（管理单位）要按照各自职责，承担各自井盖的管理责任，落实井盖安全管理的各项管理制度。《厦门市窨井设施管理办法》则明确规定，窨井设施的产权单位或者其委托的维护和管理单位是窨井设施维护和管理的责任单位。

对于窨井等地下设施造成他人损害的归责原则，同样实施过错推定责任原则，损害发生后，推定管理人具有过错，由其证明自己已经尽到了管理职责，才能免于承担侵权责任。

对于管理人的管理职责，相关法律法规、部门规章和规范性文件有规定的，应当按照相关的管理规定来判断，没有规定的，由法院根据具体情况来判断管理人是否尽到了管理职责。一般来说，管理职责主要包括定期巡视巡护、设备检查、隐患排查、故障及时处理等。

例如，《住房和城乡建设部关于进一步加强城市窨井盖安全管理的通知》就要求，井盖管理单位要全面摸清井盖运行存在的安全隐患，发现问题及时处理；开展无主井盖确权及其隐患治理工作；在隐患排查的基础上，制定井盖更新改造计划，井盖管理部门要加快对存在安全隐患的井盖更新改造，增设各类井盖防坠落保护装置和防盗保护装置，提高井盖的安全防护等级；短时间难以进行改造的，应完善相应安全措施，设置明显的警示标志，健全预警监控机制，切实消除安全隐患。井盖管理单位还要强化日常运行及施工维护时的监测监控、预报预警，配备专门人员对井盖进行日常巡护，发现井盖安全隐患及时处理，确保其处于良好状态。要配合公安机关严厉打击偷盗、破坏井盖的行为。针对井盖可能存在的各类安全事故，制订专项预案，建立应急工作机制，落实应急保障措施和人员，组织培训并定期演练，切实提高事故防范和应急处置能力。

再如，《厦门市窨井设施管理办法》就对于窨井设施的维护管理职责作出了详尽的规定：窨井设施的维护和管理责任单位在履行职责时应当建立窨井设施维护和管理档案以及日常巡查台账制度，配备维护和管理人员；在窨井井盖（板）上标明产权单位标识或者使用性质，不得混用不同使用性质的井盖

（板）；对出现井盖（板）、井框、井箅丢失、损毁、移位以及井体下沉、塌陷等危及公共安全情形的窨井设施，及时予以补缺和修复；对废旧、破损的窨井井盖（板）、井框、井箅统一回收处理，对废弃的窨井设施及时采取填埋等措施处置；对窨井设施进行检查、维护作业时，应当设置安全防围设施和警示标志；施工结束后，应当及时清理现场，恢复原状；电力、有线电视、通信、燃气、供水、排水、中水、照明、交通信号等专业管线管理单位应当向社会公开24小时值班电话，并配备应急抢修人员；窨井设施出现井盖（板）、井框、井箅丢失、损毁、移位以及井体下沉、塌陷等危及公共安全情形的，维护和管理责任单位在日常巡查中发现的，应当立即设置安全防围设施和警示标志。属于其维护和管理的，应当按时补缺和修复；不属于其维护和管理的，应当立即报告市市政设施管理机构，由市市政设施管理机构通知相关维护和管理责任单位按时补缺和修复；窨井设施的维护和管理责任单位接到通知或者举报后，应当在1小时内到达现场，设置安全防围设施和警示标志，对于丢失、损毁、移位井盖（板）、井框、井箅的，应当在24小时内补缺和修复；对于窨井井体下沉、塌陷的，应当采取排险措施，及时进行修复。

法条关联

◆《道路交通安全法》

第三十二条　因工程建设需要占用、挖掘道路，或者跨越、穿越道路架设、增设管线设施，应当事先征得道路主管部门的同意；影响交通安全的，还应当征得公安机关交通管理部门的同意。

施工作业单位应当在经批准的路段和时间内施工作业，并在距离施工作业地点来车方向安全距离处设置明显的安全警示标志，采取防护措施；施工作业完毕，应当迅速清除道路上的障碍物，消除安全隐患，经道路主管部门和公安机关交通管理部门验收合格，符合通行要求后，方可恢复通行。

对未中断交通的施工作业道路，公安机关交通管理部门应当加强交通安全监督检查，维护道路交通秩序。

第一百零四条　未经批准，擅自挖掘道路、占用道路施工或者从事其他影响道路交通安全活动的，由道路主管部门责令停止违法行为，并恢复原状，可以依法给予罚款；致使通行的人员、车辆及其他财产遭受损失的，依法承担赔偿责任。

有前款行为，影响道路交通安全活动的，公安机关交通管理部门可以责令停止违法行为，迅速恢复交通。

案例评议

一、广州市番禺区水务局诉黄某1、蓝某、黄某、广州市番禺区南村镇江南村民委员会、广州市番禺区城市管理局案①

◆ **裁判规则**

在认定本案赔偿责任由谁承担时，法院认为，《侵权责任法》第91条规定："在公共场所或者道路上挖坑、修缮安装地下设施等，没有设置明显标志和采取安全措施造成他人损害的，施工人应当承担侵权责任。窨井等地下设施造成他人损害，管理人不能证明尽到管理职责的，应当承担侵权责任。"《最高人民法院关于审理人身损害赔偿案件适用法律若干问题的解释》第16条第1款第1项规定，道路、桥梁、隧道等人工建造的构筑物因维护、管理瑕疵致人损害的，由所有人或者管理人承担赔偿责任，但能够证明自己没有过错的除外。水流属于国家所有是指水资源属于国家所有，番禺水务局是水务方面的行政管理单位，并非案涉沟盖道路设施这个物件的所有人、管理人或者使用人。案涉水沟土地属于江南集体所有，人工建造的沟盖道路设施作为村里面的公共道路设施也属于江南集体所有，江南村民委员会作为代表江南集体行使所有权与管理权的民事主体，依法应当对案涉沟盖缺损致人损害承担相应的赔偿责任。

◆ **评议**

本案中，江南的村民与江南村民委员会为了村民出入方便，在水沟上面加盖水泥板，最终将南里路段的排水沟全部覆盖，已经将水沟改造成为村里面的公共道路设施。在公共场所或者道路上挖掘、修缮安装地下设施等造成他人损害时，施工人不能证明已经设置明显标志和采取安全措施的，应当承担侵权责任。卓某是因为沟盖缺损掉落水沟导致死亡，属于人工建造的道路设施存在维护、管理瑕疵致人损害，江南村民委员会应当对案涉沟盖缺损致人损害承担相应的物件损害责任。

---

① 广东省高级人民法院民事判决书，（2016）粤民再481号。

二、江苏金帝置业有限公司诉王某案[①]

◆ 裁判规则

在认定本案赔偿责任的承担时，法院认为，《侵权责任法》第91条第1款规定："在公共场所或者道路上挖坑、修缮安装地下设施等，没有设置明显标志和采取安全措施造成他人损害的，施工人应当承担侵权责任。"本案中，江苏金帝置业有限公司在施工现场留有土堆，虽然在土堆周围立有四根红黄柱，用彩旗相连，但缺少照明物的设置，致使王某于凌晨行驶经过时，撞到土堆受伤。江苏金帝置业有限公司在施工地点所采取的标志和措施不足以达到保障他人安全之程度，构成对注意义务的违反，对王某因此造成的人身损害应承担赔偿责任。王某醉酒后且未按规定戴安全头盔驾驶未定期进行安全技术检验的机动车，又未靠右侧行驶，对本起事故的发生存在主要过错，故，根据王某过错程度，应酌情减轻江苏金帝置业有限公司赔偿责任。

◆ 评议

本案中，王某醉酒后驾驶二轮摩托车，撞到江苏金帝置业有限公司施工后留下的土堆发生事故，致王某受伤、车辆受损。在公共场所或者道路上挖掘、修缮安装地下设施等造成他人损害，施工人一是要设置明显标志，二是要采取其他安全措施。行为人不能以设置了标志而主张免责，其必须采取足以起到警示、提醒和阻止的有效措施，否则就应当承担侵权责任。施工人应尽到善良管理人的注意义务，施工标志的设置必须具有鲜明性和警惕性，并且将施工标志放置在足以能警示车辆和行人安全通行的安全距离外，达到足以预防事故发生的程度，如在夜间使用明显的红灯警示、使用钢结构等硬隔离带圈定施工工地等措施。本次事故发生在深夜，江苏金帝置业有限公司采取的安全及围护措施尚不完善，没有做好足够的防范措施以提醒行人注意安全，未能尽到谨慎的管理义务，并导致损害的发生，应当承担赔偿责任。

---

① 江苏省泰州市中级人民法院民事判决书，（2014）泰中民终字第0052号。

图书在版编目（CIP）数据

民法典侵权责任编释论：条文缕析、法条关联与案例评议／孟强著．—北京：中国法制出版社，2020

ISBN 978－7－5216－1073－4

Ⅰ．①民… Ⅱ．①孟… Ⅲ．①侵权行为－民法－法律解释－中国 Ⅳ．①D923.75

中国版本图书馆 CIP 数据核字（2020）第 080184 号

责任编辑：刘晓霞、李槟红　　封面设计：李　宁

民法典侵权责任编释论：条文缕析、法条关联与案例评议

MINFADIAN QINQUANZERENBIAN SHILUN：TIAOWEN LÜXI、FATIAO GUANLIAN YU ANLI PINGYI

著者/孟强

经销/新华书店

印刷/三河市国英印务有限公司

开本/710 毫米×1000 毫米　16 开　　印张/ 44　字数/ 616 千

版次/2020 年 9 月第 1 版　　2020 年 9 月第 1 次印刷

中国法制出版社出版

书号 ISBN 978－7－5216－1073－4　　定价：129.00 元

北京西单横二条 2 号

邮政编码 100031　　传真：010－66031119

网址：http：//www.zgfzs.com　　**编辑部电话：010－66075800**

市场营销部电话：010－66033393　　**邮购部电话：010－66033288**

（如有印装质量问题，请与本社印务部联系调换。电话：010－66032926）